中央民族大学"985工程"二期重点建设项目
(项目编号：CUN985-2-3)

PEARSON

Kent L.Koppelman
WITH R.Lee Goodhart

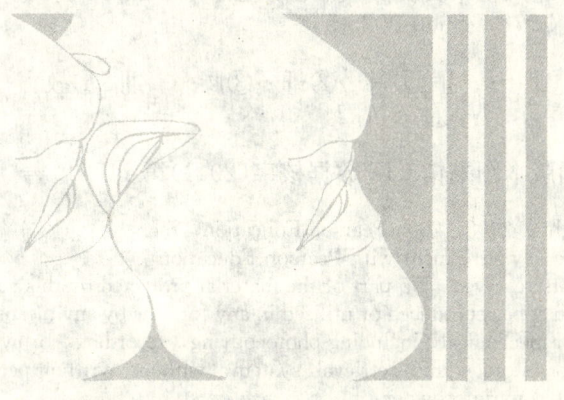

Understanding
HUMAN DIFFERENCES
MULTICULTURAL EDUCATION
FOR A DIVERSE AMERICA

理解人类差异

——美国的多元文化教育

[美] 肯特·科普曼　李·哥德哈特／著

滕星　朱姝　等／译

中央民族大学出版社
China Minzu University Press

图书在版编目（CIP）数据

理解人类差异：美国的多元文化教育 / [美] 肯特·科普曼，[美] 李·哥德哈特著；滕星、朱姝等译. —北京：中央民族大学出版社，2011.10
ISBN 978-7-5660-0025-5

Ⅰ.①理… Ⅱ.①科…②哥…③滕… Ⅲ.①教育-研究-美国 Ⅳ.①G571.2

中国版本图书馆 CIP 数据核字（2011）第 117240 号

Copyright ©2008，2005 Pearson Education，Inc.
Published by agreement with Pearson Education
All rights reserved. No part of the material protected by this copyright notice may be reproduced or utilized in any form or by any means, electronic or mechanical, including photocopying, recording, or by any information storage and retrieval system, without written permission from the copyright owner.
ISBN 10：0-205-53104-0
ISBN 13：978-0-205-53104-2

理解人类差异
——美国的多元文化教育

作　　者	[美] 肯特·科普曼　李·哥德哈特
译　　者	滕星　朱姝等
责任编辑	李苏幸
封面设计	布拉格
出 版 者	中央民族大学出版社
	北京市海淀区中关村南大街27号　邮政编码：100081
	电话：68472815（发行部）　传真：68932751（发行部）
	68932218（总编室）　　　68932447（办公室）
发 行 者	全国各地新华书店
印 刷 厂	北京宏伟双华印刷有限公司
开　　本	787×1092（毫米）　1/16　印张：34
字　　数	600千字
印　　数	2000册
版　　次	2011年10月第1版　2011年10月第1次印刷
书　　号	ISBN 978-7-5660-0025-5
定　　价	68.00元

本书封面贴有 Pearson Education（培生教育出版集团）激光防伪标签。无标签者不得销售。
版权所有　翻印必究

目　录

中文版序言 ·· 肯特·科普曼博士（1）
序言 ···（1）
    为什么我们需要理解多样性？ ··（1）
    采用探究的方式 ··（1）
    本书的概念框架 ··（3）
    本书的目的 ···（5）
    学生反馈 ···（5）
    辅助材料 ···（6）
    致谢 ··（7）

第一部分　个人态度和人际关系 ···（1）

第一章　理解我们自己与他人：净化价值观与语言 ···················（2）
    信念和价值观的不同是什么？ ··（2）
  人类差异中价值观的角色 ··（3）
    一个人的价值观和行为有什么关系？ ··（4）
    美国人的价值观和行为间存在哪些不一致？ ································（5）
    是我们个人选择还是有人教授给我们某种价值观？ ······················（6）
    "价值观是被教会的"如何解释价值观和行为之间的不一致？ ······（8）
    为什么每个人都要思考价值观和行为间的不一致？ ······················（9）
    应该是家长而不是学校向孩子教授价值观吗？ ····························（9）
    什么问题会干扰我们做出合乎伦理的决定？ ······························（10）
  与人类差异相关的术语的定义 ···（11）
    负面态度是如何产生、发展的？ ···（12）
    种族、族群和国籍的区别是什么？ ··（13）
    什么是少数群体？为什么称他们为少数群体？ ··························（16）
    主流群体是如何看待少数群体的？ ··（17）

标签如何被用来界定和控制边缘群体?⋯⋯⋯⋯⋯⋯⋯⋯（18）
　　　标签会对被贴上标签的个体产生什么影响?⋯⋯⋯⋯⋯⋯（19）
　　　消极的官方术语为何与社会中的嘲弄术语一样具有伤害性?⋯⋯（20）
　　　我们的社会对少数群体经历的社会问题是如何回应的?⋯⋯（22）

第二章　理解偏见及其成因⋯⋯⋯⋯⋯⋯⋯⋯⋯⋯⋯⋯⋯⋯⋯⋯（35）
　关于偏见的概念和误解⋯⋯⋯⋯⋯⋯⋯⋯⋯⋯⋯⋯⋯⋯⋯⋯（35）
　　　关于偏见有哪些误解的例子?⋯⋯⋯⋯⋯⋯⋯⋯⋯⋯⋯（35）
　　　偏见有多广泛?⋯⋯⋯⋯⋯⋯⋯⋯⋯⋯⋯⋯⋯⋯⋯⋯⋯（36）
　　　美国的媒体和语言如何反映了偏见?⋯⋯⋯⋯⋯⋯⋯⋯（37）
　　　我们的语言中有哪些偏见的例子?⋯⋯⋯⋯⋯⋯⋯⋯⋯（38）
　　　我们的语言中有哪些例子带有性别偏见?⋯⋯⋯⋯⋯⋯（39）
　　　哪些嘲弄的表述助长了对女性的负面态度?⋯⋯⋯⋯⋯（41）
　　　哪些用于男人的字眼是嘲弄性的?⋯⋯⋯⋯⋯⋯⋯⋯⋯（41）
　　　偏见有积极意义吗?⋯⋯⋯⋯⋯⋯⋯⋯⋯⋯⋯⋯⋯⋯⋯（42）
　偏见的后果和成因⋯⋯⋯⋯⋯⋯⋯⋯⋯⋯⋯⋯⋯⋯⋯⋯⋯⋯（43）
　　　偏见是社会歧视行为的主要原因吗?⋯⋯⋯⋯⋯⋯⋯⋯（44）
　　　利益理论如何解释歧视行为?⋯⋯⋯⋯⋯⋯⋯⋯⋯⋯⋯（45）
　　　内部殖民主义理论是如何涉及个人利益的?⋯⋯⋯⋯⋯（45）
　　　制度性歧视理论是如何解释歧视行为的?⋯⋯⋯⋯⋯⋯（45）
　　　哪些因素促进了偏见的发展?⋯⋯⋯⋯⋯⋯⋯⋯⋯⋯⋯（46）
　　　挫败感如何会引起偏见?⋯⋯⋯⋯⋯⋯⋯⋯⋯⋯⋯⋯⋯（47）
　　　刻板印象和不确定性有何关系,又是如何导致歧视的?⋯⋯（48）
　　　对自尊心的威胁是如何导致歧视的?⋯⋯⋯⋯⋯⋯⋯⋯（50）
　　　对地位、财富和权力的竞争是如何导致歧视的?⋯⋯⋯（51）
　偏见的长期存在⋯⋯⋯⋯⋯⋯⋯⋯⋯⋯⋯⋯⋯⋯⋯⋯⋯⋯⋯（51）
　　　偏见是如何长期存在的?⋯⋯⋯⋯⋯⋯⋯⋯⋯⋯⋯⋯⋯（52）
　　　否认型合理化（Denial rationalizations）⋯⋯⋯⋯⋯⋯⋯（52）
　　　谴责受害者合理化（Victim-blaming rationalizations）⋯⋯（53）
　　　回避型合理化（Avoidance rationalizations）⋯⋯⋯⋯⋯（54）

第三章　沟通、冲突和冲突的解决⋯⋯⋯⋯⋯⋯⋯⋯⋯⋯⋯⋯（65）
　沟通和冲突⋯⋯⋯⋯⋯⋯⋯⋯⋯⋯⋯⋯⋯⋯⋯⋯⋯⋯⋯⋯（65）

目 录

对沟通的恰当定义是什么？……………………………（65）
"赋予意义"怎样导致了冲突？…………………………（66）
非语言沟通怎样引发冲突？……………………………（68）
关于沟通的有哪些误解？………………………………（70）
有效的沟通是怎样产生的？……………………………（74）
沟通模型对于解决冲突有什么启示？…………………（75）
对人或群体的态度会怎样导致冲突？…………………（77）
文化意识…………………………………………………（77）
文化、沟通方式和冲突……………………………………（78）
由于文化不同导致的沟通方式差异有哪些？…………（79）
性别怎样影响沟通方式？………………………………（80）
沟通方式的性别差异如何导致误解和冲突？…………（82）
冲突的解决…………………………………………………（82）
面对误解产生的种种可能性，我们应该如何化解冲突？……（83）
人的道德推理能力是如何形成的？……………………（84）

第二部分 压迫行为在美国的文化基础……………（97）

第四章 移民和压迫：移民国家中的本土主义矛盾………（99）

英国殖民者作为优势民族是如何应对民族多样性问题的？……（99）
美国惧外心理和本土主义产生的原因……………………（100）
本土主义中的反天主教主义……………………………（101）
本土主义中的反激进主义………………………………（102）
本土主义、政治以及社会变迁……………………………（103）
本土主义者在他们的政治活动中曾有多成功？………（103）
为什么本土主义没能在美国成为主流运动？…………（104）
20世纪美国本土主义者的态度受到了什么影响？……（105）
什么样的新发展影响了美国的惧外心理？……………（106）
种族主义是如何影响本土主义者的态度和行为的？…（107）
惧外心理与种族主义的结合影响了哪些群体？………（108）
美国移民法案的修订是如何影响本土主义心态和行为的？…（109）
为什么说唯英语运动是惧外行为的一个例证？………（111）
美国可以采取哪些适当措施来鼓励移民学英语？……（112）

惧外心态是如何导致暴力行为的？ …………………………… (113)
当今美国本土主义者的态度是什么？ …………………………… (113)
外来移民对美国经济作出了怎样的贡献？ ……………………… (116)
美国人都相信哪些有关移民的迷思？ …………………………… (117)

第五章 种族和压制：美国有色人种的经历 ……………………… (132)
  美洲印第安人 ………………………………………………………… (132)
    欧洲人从美洲土著人那里学到了什么？ …………………………… (133)
    欧洲殖民者本可以从美洲土著居民那里学到什么？ ……………… (134)
    殖民者与土著居民是什么关系？ …………………………………… (136)
    欧洲人和印第安人之间的冲突根源是什么？ ……………………… (137)
    为什么印第安条约（Indian treaties）至今仍然很重要？ … (138)
    为什么美洲土著居民的条约屡遭违背？ …………………………… (139)
    现今困扰土著居民的问题还有哪些？ ……………………………… (140)
  非裔美洲人 …………………………………………………………… (142)
    黑人契约佣工是怎样被区别对待的？ ……………………………… (143)
    英国人从哪儿、又是怎样获得非洲奴隶的？ ……………………… (143)
    为什么如此多的非洲人在中间航道（the Middle Passage）
      中死去？ ………………………………………………………… (144)
    成为奴隶意味着什么？ ……………………………………………… (144)
    谁反对奴隶制，他们做了些什么？ ………………………………… (145)
    为什么在独立战争期间，黑人站在了美国人一边？ ……………… (145)
    美国宪法对奴隶制度这个问题是如何处理的？ …………………… (146)
    反奴隶制度的组织是否受到了广泛的支持，其活动发挥了
      多大作用？ ……………………………………………………… (146)
    什么是"地下铁路"？ ……………………………………………… (147)
    黑奴及已获自由的黑人在美国内战期间是否站在北方
      联邦一边？ ……………………………………………………… (147)
    在塑造"新南方"的过程中，黑人们是否扮演了重要角色？ …… (148)
    南方的黑人是如何应对这一转变的？ ……………………………… (149)
    杜波依斯想为美国黑人争取什么？ ………………………………… (149)
    非裔美国人当时是如何应对种族问题的？ ………………………… (150)

目　录

什么是"哈勒姆文艺复兴"(the Harlem Renaissance)? … (151)
第一次世界大战后对黑人的歧视是否有所减弱? …………… (152)
罗斯福"新政"(the New Deal)是否对美国黑人有所帮助? …… (153)
第二次世界大战期间美国黑人获得了哪些权益? …………… (153)
第二次世界大战之后非裔美国人状况如何? ………………… (154)
民权运动为非裔美国人争取到了什么? ……………………… (154)

亚裔美国人 ……………………………………………………… (157)

本土主义者最初采取什么行为反对在美华人? …………… (157)
为什么华人男性没有将他们的妻子和家人一起带到美国? …… (157)
华人从事什么工作? ……………………………………… (158)
华人遭遇了怎样的敌对行为? …………………………… (158)
第二次世界大战前美国人是怎样看待日本人的? …………… (159)
什么是"照片新娘"? ………………………………………… (160)
哪些地方雇佣日本移民? ………………………………… (160)
第二次世界大战是如何影响美国人对在美日本家庭的
　态度的? ……………………………………………… (161)
第二次世界大战期间都有哪些反日措施? ………………… (161)
还有哪些亚裔移民遭受了反亚裔的对待? ………………… (162)
什么是"模范少数民族"迷思(the model minority myth)? …… (164)
"模范少数民族"迷思是如何歪曲事实的? ………………… (164)

讲西班牙语的美国人/拉美人/美属萨摩亚人 ……………… (165)

首先来到美国的讲西班牙语的群体是谁? ………………… (165)
移居美国的墨西哥移民有何经历? ………………………… (167)
本土主义者是如何阻止墨西哥人移民美国的? …………… (168)
二战期间墨西哥人受到的对待为什么发生了改变? ……… (168)
什么是"阻特装暴乱"? …………………………………… (169)
二战后讲西班牙语的移民处境是否有所好转? …………… (170)
二战后墨西哥裔美国人是如何应对歧视的? ……………… (171)
波多黎各人是如何成为美国公民的? ……………………… (172)
成为美国的一部分对于波多黎各有何影响? ……………… (172)
波多黎各人在美国的经历与其他讲西班牙语的群体有何不同? …… (174)
为什么古巴人的经历与波多黎各人如此不同? …………… (175)

来到美国的古巴人都有什么样的遭遇?………………………(175)
　　　还有哪些讲西班牙语的群体居住在美国?……………………(176)

第六章　宗教与压迫:为宗教信仰自由而斗争…………………(192)
　美洲殖民地的宗教多样性……………………………………………(192)
　　　早期的殖民者如何处理宗教多样性问题?……………………(193)
　　　殖民地是如何推进宗教自由观念的?…………………………(194)
　　　宗教自由的原则是如何在所有殖民地建立的?………………(195)
　宗教自由观念的出现………………………………………………(197)
　　　自然神论和基督教之间是什么关系?…………………………(197)
　　　为什么原宪法中很少提到宗教?………………………………(198)
　　　为什么宗教自由没有得到宪法的保障?………………………(199)
　　　第一修正案是否在新的国家建立了宗教信仰自由?…………(200)
　　　是否有团体因为宗教信仰而受到迫害?………………………(201)
　反天主教的兴起与衰落……………………………………………(202)
　　　大量天主教移民的后果…………………………………………(203)
　　　为什么所有敌意都针对天主教徒?……………………………(203)
　　　什么是费城圣经骚乱事件?……………………………………(204)
　　　是什么平息了美国的反天主教情绪?…………………………(205)
　　　南北战争后宗教多样性是怎样加强的?………………………(205)
　　　移民们有哪些非基督教的宗教?………………………………(206)
　　　非基督教徒的增多是否平息了反天主教的局势?……………(207)
　　　反天主教偏见是如何存在于1928年选举之中的?…………(208)
　　　"宗教美国化"是如何影响犹太人的?………………………(209)
　美国的反犹太主义……………………………………………………(209)
　　　反犹太主义是如何被推进的?…………………………………(210)
　　　犹太大屠杀对美国人的态度有什么影响?……………………(212)
　宗教多样性对移民改革的影响……………………………………(212)
　　　美国移民法改革的后果是什么?………………………………(213)
　　　学校怎样培养学生的宗教自由观念?…………………………(215)
　　　公立学校如何以尊重不同宗教的立场来讲授宗教?…………(216)

第七章　反对压迫性关系:多元社会的文化多样性逻辑…………(226)

目　录

美国的种族多样性问题 …………………………………………（226）
　　人口多数群体成员如何应对多元的群体? …………………（227）
对于多样性的态度 ………………………………………………（229）
　　采用盎格鲁同化的观点意味着什么? ………………………（229）
　　BIA寄宿学校如何在印第安儿童中促进盎格鲁同化? ……（230）
　　哪些移民群体受益于盎格鲁同化? …………………………（231）
　　把美国描述为一个大熔炉意味着什么? ……………………（231）
　　隔离主义的观点有多么消极? ………………………………（233）
　　多元主义对多样性持何观点? ………………………………（234）
　　为什么美国社会要变得多元化? ……………………………（236）
个体差异的价值 …………………………………………………（239）
　　一个人是否必须积极参与改变,成为多元主义者? ………（239）
　　什么样的行为能够改变社会? ………………………………（241）

第三部分　当下族际关系的两难状态 …………………………（255）

第八章　种族主义:美国所面临的历史遗留问题 ……………（257）
文化种族主义 ……………………………………………………（258）
　　在学校种族主义是如何传授给儿童和青年的? ……………（258）
　　社会如何强化了学校文化种族主义的传授? ………………（259）
个体种族主义 ……………………………………………………（262）
　　为个体种族主义辩解的否认性理由是怎样的? ……………（262）
　　为个体种族主义辩解是如何以指责受害者为理由的? ……（264）
　　为种族主义辩解采用了什么样的回避性理由? ……………（265）
制度化种族主义 …………………………………………………（267）
　　就业统计是如何反映制度化种族主义的? …………………（268）
　　制度化种族主义如何影响着聘用决定? ……………………（269）
　　制度化种族主义如何使社区进一步隔离? …………………（270）
　　制度化种族主义在学校的存在情况如何? …………………（272）
　　制度化种族主义如何影响政治活动? ………………………（273）
　　如何在美国减少制度化种族主义? …………………………（275）
　　肯定性行动计划的倡导者和批评者如何评估其效力? ……（275）
　　种族歧视的后果是什么? ……………………………………（277）

解决制度化种族主义的问题有什么样的措施?……………(277)

第九章 性别歧视:从私人问题到政治问题……………(289)
  男女间日常的人际交往对性别歧视者的态度有何影响?……(289)
 文化性性别歧视………………………………………………(290)
  在美国历史早期女性遭遇了哪些性别偏见?………………(290)
  性别歧视的形式在何时产生过怎样的改变?………………(291)
  美国内战对女性性别平等的要求产生了什么影响?………(292)
  20世纪早期女性权利取得了哪些进步?又遭遇了哪些阻力?……(293)
  女性工人在二战期间是否证明了她们的能力?……………(293)
  媒体在迫使女性失业中扮演了什么角色?…………………(294)
  女性是如何应对"待在家里和没有工作"的压力的?………(295)
  在美国文化中还存在哪些性别歧视信息?…………………(296)
  学习存在性别歧视的语言如何影响人们的态度和行为?……(296)
  相关研究是如何解释在我们的文化中谁从婚姻中获益这个
   问题的?………………………………………………………(299)
 个体性性别歧视………………………………………………(299)
  成为"大男子主义者"或"女权主义者"意味着什么?……(299)
  "双性同体"意味着什么?……………………………………(300)
  在美国女性会遭遇哪些侮辱?………………………………(301)
  在美国强奸是如何被误解的?………………………………(301)
  为什么女性在遭遇强奸或强奸未遂后选择不举报?………(302)
 制度性性别歧视………………………………………………(303)
  为什么男人比女人挣得多?…………………………………(306)
  制度性性别歧视会在经济方面给女性带来哪些影响?……(308)
  对女性职工来说,工作场所中的性骚扰行为有多严重?……(309)
  女性认为构成性骚扰的最常见行为有哪些?………………(309)
  在美国的工作场所中有关性骚扰问题的准则是什么?……(310)
  美国的老板们会遵守应对性骚扰的工作准则吗?…………(310)
  学校中的性骚扰问题有多严重?……………………………(311)
  性骚扰是学校中的主要性别问题吗?………………………(311)

第十章 非异性恋歧视:让同性恋由离经叛道变为与众不同……………(323)

目　录

　　何为异性恋假设？……………………………………………………（323）
　　异性恋假设何时受到了挑战？………………………………………（324）
　　金赛性学报告是如何挑战异性恋假设的？…………………………（324）
　　金赛性学报告的影响…………………………………………………（325）
　　关于同性恋研究的近期成果是什么？………………………………（328）
文化性非异性恋歧视………………………………………………………（329）
　　历史是如何描述同性恋的存在的？…………………………………（329）
　　美国人对同性恋的态度是怎样改变的？……………………………（331）
　　众多美国人一直持反同性恋态度的原因何在？……………………（334）
个体性非异性恋歧视………………………………………………………（335）
　　有关同性恋的迷思有哪些？…………………………………………（335）
制度性同性恋歧视…………………………………………………………（338）
　　同性恋者的权利诉求真的是要求特殊的待遇吗？…………………（339）
　　在没有暴露身份的情况下，同性恋者是如何被歧视的？…………（340）
　　为什么同性恋者要求同居关系获得法律认可？……………………（341）
　　如果同居关系被承认，为什么同性恋者还想结婚？………………（342）
　　孩子由同性恋父母抚养有哪些害处？………………………………（342）
　　为什么同性恋者通常不能服兵役？…………………………………（343）
　　为什么应该允许同性恋者成为教师？………………………………（345）

第十一章　阶级歧视：关于贫穷的迷思和误解……………………（358）
文化阶级歧视………………………………………………………………（358）
　　在英国人们如何对待贫民？…………………………………………（358）
　　美国在殖民地时期是如何应对贫困问题的？………………………（359）
　　出于宗教义务帮助贫民时情况会发生什么变化？…………………（360）
　　为什么有工作的人也会濒临贫困？…………………………………（361）
　　为什么找工作如此之难？……………………………………………（361）
　　为什么人们认为贫民院是解决贫困的一个方法？…………………（362）
　　小孩为什么不准进入贫民院？………………………………………（362）
　　如何应对贫民的需求？………………………………………………（363）
　　工会最终如何帮助工人获得较高薪水？……………………………（364）
　　20世纪30年代联邦政府如何处理失业问题？………………………（365）

新政产生了什么样的结果？……………………………………（366）
　个人阶级歧视………………………………………………………（367）
　　　来自低收入家庭的儿童为何在学校不占优势？…………………（368）
　　　学校如何使贫困儿童的生活有所改变？…………………………（368）
　　　联邦政府怎样处理低收入家庭学生的处境不利问题？…………（369）
　　　为什么儿童在校外的问题会影响他们在学校的表现？…………（370）
　　　为什么解决贫困儿童的社会问题会提高他们的学业成就？……（371）
　　　关于福利救济者有哪些迷思？……………………………………（372）
　制度性阶级歧视……………………………………………………（374）
　　　为什么美国贫富差距不断增大？…………………………………（374）
　　　近期的经济变化如何影响美国人的工资？………………………（376）
　　　美国贫富差距到底有多大？………………………………………（377）
　　　在美国收入水平如何决定社会阶层？……………………………（378）
　　　谁遭受贫困的影响最大？…………………………………………（379）
　　　制度怎样剥削穷人？………………………………………………（381）
　　　企业是如何歧视贫民的？…………………………………………（382）
　　　联邦和州政府怎样帮助处于贫困的家庭？………………………（383）

第十二章　残疾歧视：残疾并不意味着无能……………………（396）
　　　残疾人为什么就该被视为弱势群体？……………………………（396）
　文化性残疾歧视……………………………………………………（399）
　　　人们对残疾人的历史性观点是什么？……………………………（399）
　个体性残疾歧视……………………………………………………（403）
　　　我们对残疾人有哪些主观臆断？…………………………………（403）
　　　哪些称呼体现了对人的合理定义？………………………………（405）
　　　如何转变消极态度？………………………………………………（406）
　制度性残疾歧视……………………………………………………（406）
　　　为何将残疾人送入收容所？………………………………………（407）
　　　美国的残疾人收容所是如何建立起来的？………………………（409）
　　　哪些证据能够证明对残疾人的消极态度曾在收容所和
　　　　社会中盛行？……………………………………………………（409）
　　　当前的残疾人收容所提供良好的服务了吗？……………………（411）

用什么来替代收容所? ……………………………………… (411)
照顾残疾人需要多少费用? ……………………………… (411)
其他国家如何响应残疾人的需求? ……………………… (412)
美国政府如何为残疾人提供帮助? ……………………… (413)
美国是如何帮助想独立生活的残疾人的? ……………… (413)
生活在社区中的残疾人也受到歧视吗? ………………… (414)
改变人们的态度有多难? ………………………………… (417)

第四部分　多样性向美国各机构提出的挑战 ………… (429)

第十三章　学校中的多元主义：多元文化教育的未来 …… (430)

多元文化教育的定义 …………………………………………… (430)
 被称为多元文化的教育意味着什么? …………………… (431)
 多元文化教育的确切定义是什么? ……………………… (432)

美国教育的传统假设 …………………………………………… (433)
 要素主义（essentialists）认可哪一类知识? …………… (433)
 哪种必不可少的人类价值需要学校教授? ……………… (433)
 要素主义者如何界定或描述学习? ……………………… (433)
 要素主义的教师在帮助学生学习中扮演什么角色? …… (434)
 为什么在要素主义的学校学生不爱学习? ……………… (434)

多元文化教育的假设 …………………………………………… (435)
 多元文化教育工作者对课程做什么样的假设? ………… (435)
 为什么在课程中必须要有观念导向的方法? …………… (436)
 什么是隐性课程? ………………………………………… (437)
 为什么学校要实施多元文化课程? ……………………… (438)
 多元文化教育工作者如何描述学习? …………………… (439)
 个人以哪些不同的方法来学习? ………………………… (440)
 为什么学习需要自信心? ………………………………… (441)
 为了实施多元文化教育方法教师必须做什么? ………… (441)
 在学校推行民主的做法意味着什么? …………………… (444)
 向教师推荐什么样的具体教学策略? …………………… (445)
 多元文化教育如何才能有助于减少学生的偏见? ……… (447)

城区学校的多元文化教育 ……………………………………… (447)

　　　　城区学校的多元文化教育应该是什么样子的？……………………（448）
　　　　城区学校已经实施多元文化教育了吗？……………………（449）
　　　　多元文化教育太理想主义吗？……………………（451）
第十四章　社会中的多元主义：在多元化的美国创建一体化……（467）
　　联邦政府……………………（468）
　　　　关于肯定性行动的辩论……………………（469）
　　　　肯定性行动的裁决困境……………………（470）
　　　　肯定性行动与定额……………………（470）
　　　　对少数群体企业的肯定性行动……………………（471）
　　　　肯定性行动的前景……………………（472）
　　高等教育……………………（473）
　　　　对高等教育多元化目标的批判……………………（474）
　　　　高校教师和课程内容的多元化……………………（474）
　　　　结果和可能性……………………（476）
　　公司和小企业……………………（477）
　　　　公司诉讼……………………（478）
　　　　工作场所的多元性……………………（480）
　　　　多元化培训课程……………………（481）
　　　　问题的延续……………………（482）
　　大众媒体……………………（483）
　　　　增加体现人类多样性的内容……………………（484）
　　　　媒体展示和媒体语言……………………（484）
　　　　在媒体中体现多样性：现在和未来……………………（486）
　　服兵役……………………（487）
　　　　废除军队中的种族隔离……………………（487）
　　　　整合问题……………………（488）
　　　　多元化政策与性别……………………（490）
　　　　宗教与性倾向……………………（491）
　　　　军队领导力……………………（492）

后记……………………（508）
译者后记……………………（516）

中文版序言

肯特·科普曼博士（威斯康星大学拉克若斯校区）

至1800年，世界人口达到了10亿，然而却在125年后升至20亿。之后不到50年人口又翻番至40亿。在1999年，世界人口为60亿。人口学家预计2011年世界人口为70亿（Münz and Reiterer，2009）。全球有58%的人口居住在亚洲，12%在欧洲，10%在亚撒哈拉（Sub-Saharan）非洲，9%在拉美，6%在北非（及中东），5%在美国及加拿大，在澳大利亚及新西兰和其他太平洋岛国有0.005%的人居住（Larsen，2002）。全球的70亿人口住在190多个国家中，由6000多个族群组成（Müller，2009）。全球约有2000多个民族，然而国际法只认可200多个民族国家（Rifkin，2004）。如今大多数的人都是少数民族——无论他是住在出生国或已经移居他国。

全球老龄化是21世纪出现的一个新问题。在2008年，世界半数人口年龄超过28岁。到2050年人口专家预计世界半数人口年龄超过38岁，而在欧洲人们的平均年龄为52.3岁（Münz and Reiterer，2009）。随着各国人口寿命的增长，老年人的数量不断增长，然而生育率却在下降。Münz and Reiterer（2009）认为："世界出现了未曾有过的迅速老龄化，这成为现今人口变化的最重要的特征。"（p. 235）

人口构成中年轻人居多的地区有非洲、亚洲和南美。全球化促进了人口流动，使很多人摆脱了贫困。近期由于人口下降，德国、法国、西班牙、瑞典及意大利接受了一些移民，约有50万罗马尼亚人移居到意大利来填补这个老龄化国家的劳动力空缺（Appleby，2010）。日本和一些欧洲国家在讨论吸引相关技术移民来弥补低生育率造成的问题（Münz and Reiterer，2009）。移民们为这些国家增加了多样性特征。

一些全球化的批判者认为新出现的大量移民会导致移民文化特征的丧失，并使得世界文化向西方尤其是美国的模式同质化。然而全球化的倡导者们认为现今是移民最容易保持其文化特征的时期。卫星电视从移民的祖国播送电视节目，有些甚至一天24小时都有。网络的文化网站使移民能紧密地了解祖国的事件。双重国籍允许他们在选举时在祖国投票。此外，电子邮件和手机使移民和祖国的家人及朋友们保持亲密的关系。Rifkin（2004）认为文化已经是跨越国籍了的："在虚拟与现实世界中，文化存在于多个领域……文化让人们适应日益全球化的世界并在其中保持他们的认同感。"Marling（2006）赞同 Rifkin 的说法，并认为全球化使不同民族、宗教与语言的群体更有活力，全球化使他们的多样性加强而非减弱。

此外，有证据说明全球化促进了文化在其母国的发展。全球化使小的国家独立于大国、邻国或其殖民国而得到发展。比如，巴斯克人支持西班牙加入欧盟（EU），因为他们愿意持有欧盟的护照，这样他们就可以在任何欧盟国家工作，这比他们只有西班牙护照只能在西班牙工作要好（Enriquez，2000）。如果巴斯克人决定从西班牙分离，就需要有新的货币、新的海关法律，并在贸易、雇用及旅行中失去特权。恩里克斯（Enriquez，2000）认为："在超国家层面上的聚合会产生国家分裂"（p.26）。这一论点被一些文化团体，如英国的苏格兰人及西班牙的加泰罗尼亚人所接受，他们认为加入欧盟会获得更多的自由。

赫尔德和麦克格鲁（Held & McGrew，2002）指出：在第二次世界大战后民族的数目增加了一倍，恩里克斯发现目前有 75％的民族在 1950 年是不存在的。宗教、族群、语言及文化等都是促使进一步分化的因素。恩里克斯（2000）还发现："在几个世纪的风雨之后，查看几个世纪前的地图时会更好地理解这些冲突。"国家增多及变小在英国等地签署政治协约时有所体现，比如英国国会给了苏格兰设立其独立国会的特殊权利，并为威尔士作了政治及语言上的调整。

随着全球化的普及，许多学者呼吁各个国家自己通过解决文化多样性和社会公正的问题来形塑全球化（Rutz，2002），其中重要的是如何教育他们的青少年。正如班克斯（Banks，2006）所言："面对世界民族国家的一个问题是如何认可并使差异性合法化，并建立凌驾于一切以上的国家认同感，这个认同感包含了各个不同群体的声音、经验和希望"（p.152）。单凭教育是不够的，国家必须要通过行动来确保全球化肯定了多样性并促进了合作性的关系来共同和平地解决全球性的问题。

所有国家需要在高等教育领域更多地强调文化研究，这点日渐重要，尤其是国内及国家间的多样性研究。因此我非常高兴为此书的中文版写序。我认为若是不了解美国不同群体间的文化多样性就无法理解如今在美国普遍争论的问题。这种多样性一直存在，只是过去那些声音一直被掩盖着。因此，我在本书中提供了历史背景，然后主要谈论了美国人为实现国父们的理想而不断做出的努力。

尽管美国仍存在社会不公正，美国的不同群体一直在与社会不公正对抗并为国家发展做出了成绩。我们需要了解在美国多样性是如何产生冲突，又如何在不同人群中解决冲突的。多样性是美国最重要的一个特征，多样性的重要性由于全球化在全世界都更为显著。美国人民及其他国家的人民如何应对日渐增强的多样性将会在很大程度上决定日益增多的世界人口的生活质量。

References

Appleby, J. (2010). The relentless revolution. New York: W. W. Norton and Company.

Banks, J. A. (2006). Democracy, diversity, and social justice: Educating citizens for the public interest in a global age. In G. Ladson-Billings and W. F. Tate (Eds.). Education research in the public interest: Social justice, action, and policy. (pp. 141-157). New York: Teachers College Press.

Enriquez, J. (2000). Too many flags? In K. Sjursen, (Ed.). Globalization. (pp. 23-34). New York: The H. W. Wilson Company.

Held, D. and McGrew, A. (2002). Globalization/Anti-Globalization. Cambridge, U. K.: Polity Press.

Larsen, U. (2002). Population. In V. Tomaselli (Ed.) World at risk. (pp. 498-521). Washington, D. C.: CQ Press.

Marling, W. H. (2006). How "American" is globalization? Baltimore, MD: The Johns Hopkins University Press.

Müller, H. (2009). Building a new world order: Sustainable policies for the future. London, U. K.: Haus Publishing.

Münz, R. and Reiterer, A. (2009). Overcrowded world? Global populations and international migration. London, U. K.: Haus Publishing.

Rifkin, J. (2004). The European dream: How Europe's vision of the future is quietly eclipsing the American dream. NY: Jeremy P. Tarcher/Penguin.

Rutz, H. J. (2002). Cultural preservation. In V. Tomaselli (Ed.) World at risk. (pp. 68-88). Washington, D. C.: CQ Press.

序　言

为什么我们需要理解多样性？

美国是这个世界上最具种族、族群、社会多样性的国家。然而，我们在日常生活、工作、娱乐时，却常常觉得只有我们自己所属的社会群体、性别群体或宗教群体，才是唯一需要我们关心的群体。我们认为每位读者都必须尽可能地多寻找有关多样性方面的真实信息，多考虑这方面的议题，才能提高与其他群体成员有效交流的能力，才能更好地享受多样性的魅力。本书不是一本汇聚文化多样性研究观点的文集（已经有很多书论述了此类议题），而是用一些研究成果去探寻美国社会存在的问题、误解以及文化多样性的可能发展方向。欣赏我们社会所存在的文化多样性的前提是理解多样性。

如果我们要重视和尊重文化多样性，我们就必须重视和尊重不同的群体及他们不同于我们的观点。我们不需要同意别人说的每一句话，但我们应该保证在互相尊重的前提下，经过思考再表达对别人的反对意见。

本书讨论的并不是什么新问题：从每章中引用的不同时代的名人名言就可以看出人类以这样或那样的方式被这些问题困扰很久了。书中这些名人名言并非随意引用的，而是放在和章节内容有关联的地方。例如，第二章我们在阐释为什么偏见总是消极的这部分内容时，同时批判了"偏见可以是积极的"这一错误观点，此处就引用了查尔斯·兰姆（Charles Lamb）的话。他就认为偏见包括"喜好和反感"。因为兰姆是位享有盛名的作家，所以个体对偏见的理解不能简单地归因于受教育程度低或者缺乏文化素养，这反映了错误认识的由来已久。

采用探究的方式

本书的章节是以探究的方式撰写的。在一段简要介绍之后，每章都涵盖了一系列与本章内容相关的问题，并结合多学科的研究成果与作者的理解，给出了问题的解答。从参考文献中不难看出，本书中的资料取自行为科学诸多领域的研究成果，这些学科包括教育学、心理学、社会学、人类学、历史学、自然科学和文学。尽管本书的主要资料来源是比较新的出版物，但我们也使用了一些较老的资料。引用老资料的原因，有的因为其仍是该领域的权威观点，有的尽管某些结论已被其他研究重复验证，但是后续研究没有先前研究阐释得清晰。

第一编关注的是个体和人际关系。第一章定义了在讨论多样性问题时所必需的术语，对诸如偏向（bias）、偏见（prejudice）和偏执（bigotry）这类术语做出区分，这对个体和群体差异至关重要。第一章还介绍了价值观的概念。这些由特定文化发展出的价值观塑造了生活在该文化中的个体的价值观、信念和行为。我们的文化价值观定义了我们是谁，以及我们认为重要的事情；也塑造了我们所信奉的理想生活模式。

第一编还讨论了影响所有人，尤其是那些生活在多元社会中的人的诸多问题：偏见的成因以及偏见所造成的影响。同时提供了交流、冲突、道德推理和冲突的解决方案。

第二编阐释了社会文化偏向（cultural biases）的历史背景。因为如果要讨论第三编的问题——我们这个多元社会中的族际关系，我们就必须对这部分内容有所了解。第二编描述了压迫存在的基础。这种压迫在创建这个新国家的首批欧洲殖民者和源源不断来到这个国家的各类移民的早期互动中就存在着。根据首批欧洲殖民者的后裔对后续移民潮的态度，恐怕实现"美国是一个充满机会和自由的国度"这一理想是非常困难的。反移民的情绪对那些有色人种的移民尤其具有敌对性，这就需要我们审视四种美国主要种族群体的历史经历。另外，反移民情绪也因为宗教信仰问题而波及新移民，最终形成了鲜明的反天主教和反犹主义的态度。

第二编的最后一章回顾了美国人针对移民以及移民带来的多样性问题提出的其他观点，这其中就包括多元主义的观点（或可称为多元主义的理想），也被称为文化多元主义。本章还详细介绍了在一个多元社会推行文化多元主义的基本理念及方法。

第三编介绍了特定少数群体在我们这个社会被压制的诸多形式。在描述主流群体和边缘群体的关系时，对当前的文化行为、个体行为、制度性行为进行了分析。并对以下问题进行了举例说明：针对特定群体的文化偏见；主流群体对边缘群体成员的个体歧视、成见以及刻板印象；有利于主流群体，而不利于边缘群体的政策和实践。

第四编讨论了在美国诸多机构中已经发生的一些变化，这些变化反映出美国的多元主义的转向。第四编作为全书的最后一编，介绍了美国在引导个人和组织的态度与行为，以及接受多元主义作为一个多元社会的最佳方案所做的努力。美国作为世界上最多元的国家蕴含着巨大的挑战，本书最后一章指出了美国在应对未来变化时应采取的措施。

本书的概念框架

了解人类的差异始终是一个挑战。起先，学者们集中讨论了个体态度和行为；其次描述了文化期待在塑造个体态度方面的影响；最后，讨论了相关的政策和实践，这些政策或实践要么自身就有歧视少数群体的意识，要么在无意中造成了歧视的产生。维加（Vega,1978）阐述的概念框架综合了以上三个因素，来理解人类差异和少数群体受到的来自主流群体的压制。因此，当我们讨论个体态度和行为、文化偏见的演化和制度性歧视的形成时，这个框架为本书的组织结构提供了基础。（见图1）

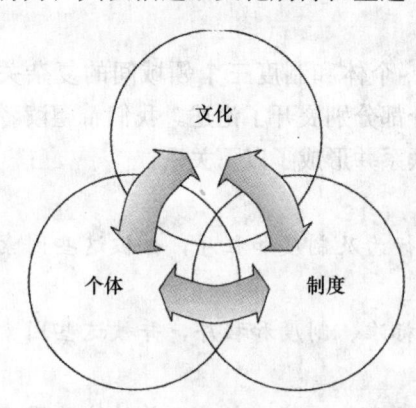

图 1 群体关系研究的概念框架

维加的概念框架使我们能够分析美国文化、个体和制度性行为，进而了解文化差异。在探索什么是文化的过程中，我们的目标是描述文化规范和文化标准。哪些形象是和理想模式联系在一起的？每种文化都会将特定的形象和理想中的女人、男人和家庭联系在一起。对于很多美国人来说，这些形象主要是生活在核心家庭中的中产阶级白人。规范和标准对个体的期待和行为起着强大的决定作用，用从文化指向个体的箭头表示。一旦我们理解了规范和标准，我们就会开始理解文化偏向（cultural bias）的深层意味。在一个多元文化社会中，文化偏向（cultural bias）对那些规范、标准与主流文化不一致的少数群体来说是有害的。

一旦我们理解了文化对个体的影响，我们就能够分析个体信仰、态度、价值观、见解、行为以及无行为（inaction）；有时候，一个人选择不做什么能够提供和他/她做什么等量的信息。尽管个体受他们的文化范式和标准的影响，但是，维加的概念框架中的箭头是双向的，这就意味着当有相当数量的人接受某些文化模式，对其表示赞同并按此行事时，这些文化模式和标准就得到强化。任何对个体行为的分析必须包括偏见（prejudice）对个体选择的影响。

最后，我们分析了既受文化规范和标准影响，也受个体态度和行为影响的制度性实践、政策和标准行为模式。在某种程度上，制度性实践和标准行为模式不但反映了文化规范和标准，而且反映了个体态度和行为，同时，制度也反过来强化了文化规范和标准、个体态度和行为。如果要将制度和人类差异联系起来，我们就必须分析歧视性行为，这些歧视性行为有两种形式，一种是有意识地歧视特定群体，另一种是无意识地使某些群体获益，而某些群体利益受损。

尽管维加的概念框架描述的是文化、个体和制度三个领域间的复杂关系，但是本书在具体的章节中对每个部分都分别展开了论述。我们希望读者时刻牢记双箭头意味着这三个领域相互联系并形成了以下关系：

1. 文化规范和标准影响个体态度、行为及制度和程序，并被这些因素所强化。
2. 个体态度和行为影响文化规范和标准、制度和程序，并被这些因素所强化。
3. 制度和程序影响文化规范和标准及个体态度、行为，并被这些因素所强化。

在总结维加的概念框架所做出的阐释之前，读者可以用下面这个例子来理解文化、个体和制度性行为是如何相互依存的。尽管美国存在很多种家庭模式，我们的文化偏向是核心家庭（标准家庭）。受这种文化偏向的影响，美国人倾向于组成核心家庭。以致那些有着"大家庭"文化传统的人们移民到美国之后，在几代之内也倾向于组成核心家庭，有时也会改变他们的习俗，年迈的父母会在养老院而不是在家里养老。

美国的制度鼓励组建核心家庭，因为在一个对雇员流动性有着极高要求的时代，核心家庭更容易迁移。在分析歧视性行为时，对重视大家庭的少数亚文化群体而言，如果他们保持原有价值观而不是适应文化规范（即重视核心家庭），问题就会出现。就像这个例子所展示的，维加的概念框架指出了主流群体对少数群体压制中的相关因素，有助于我们弄清复杂的群际关系。

讨论练习

为了帮助读者探究严肃的伦理问题，本书在每章的最后还提供了用于小组讨论的练习。这些针对特定话题的活动，鼓励读者反思并讨论那些涉及伦理道德两难情境的问题。设计这些练习的目的并不是要引导读者得出"政治性正确"的解决方法，而是为了让读者有机会听到各式各样的回答，让读者理解当今美国社会中有关个体、制度和文化问题的复杂性。

本书的目的

本书中提供的内容，旨在促使读者思考并讨论那些我们作为多元文化社会中的公民应该考虑的问题；这本书的目的并不是要改变读者的价值观，而是要改变那些因为片面或错误信息而产生的态度（有关价值观和态度的区别请参见第一章）。多样性既会带来益处，也会带来挑战。要充分享受多样性之美，就必须带着从所有行为科学领域的诸多研究中得来的坚实的知识基础和洞察力去应对挑战。如果读者阅读完这本书之后，对本书讨论的问题有了更深的了解，那么本书的主要目的就达到了。至于在了解的同时，是否会伴随着态度上的改变，则完全取决于每个人的情况。辅助这本教材的教师手册中有一份态度量表，你的老师可能会让你在上本课程之前、之中或之后帮助填写。本书的目的，是澄清我们对人类差异的了解以及这种差异在人际和族际关系中扮演的角色。维加的概念框架让我们认识到文化偏向（cultural bias）、个体态度和行动以及制度和实践，交织在一起造成了美国社会的不平等，这种不平等继续分化着美国人，阻碍着美国人实现两个世纪以前先人们关于一个全新的国家的构想：即这个国家赋予每个公民自由，使他（她）成为自己所期望成为的那个人。

学生反馈

以下是学生们在这门课结束后的感言，这些感言可以说明我们希望达到的效果：

"如果你在这学期开始的时候问我，我需不需要多理解多样性，我很可能会说不需要……但是现在我的观念改变了……这门课让我思考了社会中的很多问题以及存在的很多差异"。

"这堂课上完以后，我没再听到过那些轻率的笑话了。太多笑话是以伤害其他人的种族、能力、贫困、性别或性取向为代价的。"

"我能够更好地考虑别人的需要和处境了，谢谢。在我开始职业生涯时，这种行为上的改变是一次巨大的提升。"

"我更加了解我自己了，我也更了解偏见（prejudice）和白人特权了。"

"（作为一个白人）我之前并不十分了解在找房子、就业甚至商场购物的过程中我所具有的巨大优势。当我知道仅仅因为我的出身，我就比别人多了一种优势时，感觉有点不舒服。"

辅助材料

教师手册/试题库

这部分资源能够帮助教师深入地理解本书的章节、结构、设计以及每一个独立的部分。手册/试题库中还有对学生关于人类差异的态度的正式及非正式的评价题。这些内容有以下特色：

● 14 个关于美国多样性的问题（含答案）。每个问题都代表了相关章节的一个核心概念。教师可以用这些问题对课程做备课准备，或者用这些问题来引导每章的讨论。

● 对目标活动的解释：本章小结、辨析题以及社区活动（含答案）。

● 课程评价和教师评价、反馈和评估工作表。

● 计算机题库中所有新增的多项选择题、判断正误、填空题和连线题的题目合集。

TestGen 计算机题库

题库的电子版可以通过我们计算机化的考试系统——TestGen 中获得。教师可以使用 TestGen 从题库中选择题目、改编题目或者编制新题目，在数分钟内生成一套考试题。要了解从教师资源中心 www.ablongman.com/irc 下载 TestGen 软件和以上试题的相关信息请咨询 Allyn&Bacon 的当地服务商。

PowerPoint[R] 演示

这一版比第二版增加了 PowerPoint（r）幻灯片，每章大约有 25 张幻灯片，教师既可以按照"原样"使用，也可以根据具体的需要进行个性化设置。幻灯片除了强调每章重点和重要信息外，还包括精选的表格、图表和卡通画。从教师资源中心 www.ablongman.com/irc 下载幻灯片的相关信息请咨询 Allyn&Bacon 的当地服务商。

相关网站

www.ablongman.com/koppelman2e 是一个新增的辅助资源。网站内容由作者编写，用于辅助本书的文本内容。对于每一章来说，网站包括以下几个部分主题：本章总结、多项选择题和自我评估的论述题以及相关网站的链接。学生们也可以在电子教学卡片上找到术语及其定义，每章还有两个新增的研究案例或者批判性思维练习题。

MyLabSchool

MyLabSchool（www.mylabschool.com）包含了一系列网上工具，这些工具能够帮助学生在本课程、资格证考试和他们将来的教学生涯中取得成功。持有 Allyn&Bacon 出版书籍的学生付费后即可进入这个有密码保护的站点。网站含有采自真实课堂的录像片段，为学生对录像进行反馈提供了机会，学生们可以就如何将理论运用于实践的问题提出他们的想法和建议；文本和多媒体个案的扩展库为教学提供了有价值的观点；Allyn&Bacon 的 Lesson and Portfolio Builder 课程和作品集辅助应用软件程序，包括 Research Navigator™（研究导航）能够链接到三个数据库，EBSCO's ContentSelect Academic Journal Database（EBSCO's 内容选择学术期刊数据库），New York Times Search by Subject Archive（《纽约时报》主题搜索库）和 "Best of the Web" link library（"最好的网站"的链接图书馆）；以及一个 Career Center（就业中心），提供 Praxis 考试、资格证备考、找工作、面试技巧方面等资源。

致谢

感谢约翰·戴维斯博士帮助撰写了第十三章的都市学校部分。感谢阅读这版并提出建议的人们：梅勒迪斯大学的嘉莉·科克利、维拉诺瓦大学的爱德华·菲耶罗斯、梅勒迪斯大学的玛丽·香农、约翰斯通、拉斯韦加斯内华达大学的卡利·凯尔斯，莫曼戴勒社区学院的 M·威尔伯勒德·梅德祖让、福坦莫大学的克拉拉·罗瑞格兹、得克萨斯州立大学阿灵顿分校的穆列尔·M·余以及圣克劳州立大学的费特曼·扎格阿密。

第一部分　个人态度和人际关系

第一部分考察了人类个体的差异。从人类产生始，我们就是社会性动物，而人际关系是社会的基石。一系列有关价值观、态度、信念、臆断、行为和社交技能复杂的组合决定了我们对他人的理解和反应。

第一章从文化环境方面探讨了个人价值观。我们会分享某些特定的主流文化价值观，然而我们不仅需要去理解个体是如何在家庭和社区中形成价值观的，还需要理解这些价值观是如何影响个体行为的。第一章给出了许多重要的术语和概念的定义，比如种族、族群、民族和少数群体。少数群体经常被贴上标签，所以本章解释了正式的和非正式的标签是如何用来界定和定义群体的。分享这些重要术语和概念的定义是必要的，理解这些标签对人类差异意识所产生的影响也是必要的。

因"偏见"（prejudice）一词经常同别的术语相混淆，第二章特意对重要及相关术语的区别做出了解释，如偏向（bias）、刻板印象、歧视、偏执和歧视行为。因为偏见不是天生的，而是习得的，这一章描述了日常语言针对不同群体是如何反映和传递消极态度的。虽然偏见可以导致歧视，但有些理论认为歧视并不一定是偏见的结果。本章描述了在我们的社会偏见形成的原因，以及人们用来拒绝承认和正视他们偏见的辩解，并在此基础上得出结论。

第二章介绍如何感知及应对人类差异造成冲突的消极行为。冲突并不一定是破坏性的暴力。第三章通过分析对交流的误解来研究人际交流。在交流模式的帮助下，本章解释了交流的基础、人际冲突的源头和促使冲突解决的特定态度。在本编结尾论述了人类如何发展道德推理以及道德推理在冲突解决中的作用。

第一章 理解我们自己与他人：
净化价值观与语言

> "我没有去嘲笑人类的行动，也不会为他们哭泣，
> 更不会憎恨他们，我只是力求去理解他们。"
>
> 巴鲁赫·斯宾诺莎（1632—1677）

中国有句谚语，"宁为太平犬，不做乱世人"。这句话是说人生活在不脱离常规，没有争议发生的时候更为轻松愉快。作为美国人，生活在一个复杂而文化多元的社会，毫无疑问我们的生活纷繁复杂。我们是生在盛世还是乱世呢？这个问题就像在问，这个玻璃杯一半是空的还是一半是满的。答案是因人而异的。我们可以去积极面对挑战和机遇，也可以选择消极避世。因为美国不仅是一个多样性丰富的社会，还是一个民主的社会，我们有选择我们感知、判断和行为的自由。

如果认真思考斯宾诺莎的格言，就需要去理解各种的多样性——包括观点、表征、价值观和信念，除此之外还有种族、民族、社会阶层、性别、性取向和残障等问题。对于人类多样性的研究显然需要对遭遇歧视的社会群体进行考察。然而，除了聚焦于群体间社会文化的不同外，我们也必须认识到个体差异的重要性。事实上，每个人都想成为被认可的个体。有很多因素影响了我们的经历，包括你是白人还是有色人种、女性还是男性、来自于低收入、中等收入还是高收入家庭、家在农村、郊区还是城区。每个个体的观点都提供了一个独特的视角，这个视角只有让个体充分表达才能被理解。我们作为听众的任务就是尽我们所能去理解，理解我们遇到的个体所明确表达的观点、价值观和信念。

信念和价值观的不同是什么？

可尼克（Kniker, 1977）认为信念是对现实的描述性、评价性及规范性

的推断。我们用比喻来阐释描述性信念：人们观察发现，当船舶驶向地平线时，船体消失了而帆依然可见，这使其坚信地球是圆的而非平的。温斯顿·丘吉尔（Winston Churchill）通过研究历史得出的有关民主的结论可以说明什么是评价性信念。他理解了为什么一些人把民主称为最糟糕的治理形式，但同时又认为民主比至今所尝试过的其他治理形式要好。一个关于规范性信念的例子是让学生参与制定课堂规则，研究表明那些参与制定规则的学生更容易合作并遵循这些规则。各种的信念都会产生相应的行动。罗基奇（Rokeach）断言，一连串相关的信念形成一种态度。他将价值观定义为"产生行动的态度的组合或者是无行动（inaction）的深思熟虑后的选择"（Kniker，1977，p33）。

人类差异中价值观的角色

罗基奇（Rokeach）说过价值观决定我们的选择：价值观是我们选择行动或是不行动的基础（见图 1.1）。美国人对于财富的价值观是什么样的呢？对一些人而言，金钱和财物是衡量成功的首要的标准。他们羡慕富人和有成就的人，他们还以收入和财富来界定自己的价值。对另一些人而言，金钱并不是优先考虑的因素。他们认为赚足够的钱，能维持一种由自己选择的舒适的生活方式就行。还有一些人相信圣经的警示，"金钱乃是万恶之源"，他们拒绝让财富在他们的选择中发挥重要作用。这些行为反映了他们的价值观。当托马斯·杰弗逊为约翰·亚当斯副总统时，他曾被一个高档宾馆拒绝进入，原因是他的衣服脏兮兮的，而且也没有助手跟从。当宾馆的老板得知他

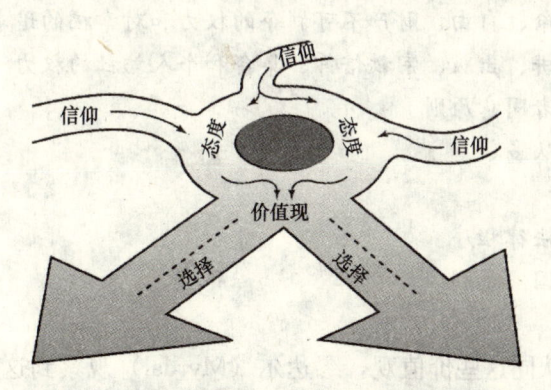

图 1.1 价值观、信仰、态度与选择之间的关系

拒绝的人是谁的时候他赶紧告诉杰弗逊他可以入住任何一个房间。这时,杰弗逊已经入住其他的宾馆了,他礼貌地回绝了那个宾馆的老板,并且提醒他说,如果你的宾馆没有一间让"脏兮兮的农民"住的房间,那肯定也没有让副总统住的房间。

一个人的价值观和行为有什么关系?

在美国,人们很早就开始探讨价值观在生活中所扮演的角色了。很多学者对价值观和行为之间的关系进行了研究。在价值观研究中寻找相同的模式具有挑战性。然而一些研究和案例反复证明了社会评论家的一个主题:我们所标榜的价值观和我们实际的行为之间经常存在不一致性(Aronson,1999;Lefkowiz,1997;Myrdal,1944)。

美国人倾向于口头上说相信某种价值观,但是却有相矛盾的行为。这种现象很奇怪,但却是惯常的模式。人类矛盾的行为已遭到散文作家、小说家和美国社会观察家的批评及嘲讽。在1938年,卡内基基金会邀请瑞典社会经济学家纳纳·缪达尔(Gunnar Myrdal)来美国,请他针对"美国黑人问题"进行研究。缪达尔的研究(Myrdal,1944)远远超出了种族关系,他试图对美国社会的核心价值观进行辨别和理解。

瑞斯伯格(Risberg,1978)在对缪达尔(Myrdal)研究的分析中,他归纳了九种美国人接受的文化价值观:

1. 个体的价值和尊严
2. 平等
3. 对于生命、自由、财产不可剥夺的权力和对幸福的追求
4. 自由演讲、出版、宗教信仰、集会和个人结社的权力
5. 被统治者同意原则
6. 少数服从多数
7. 法治
8. 正当的法律程序
9. 社区和国家福利

尽管人们认同这些价值观,缪达尔(Myrdal)观察到这些价值观经常与美国人的行为相矛盾。他提供了通过观察得到的一些主要基于种族关系的

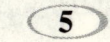

案例，以证明他的结论。

美国人的价值观和行为间存在哪些不一致？

> 民主之根本原则是个人的价值和尊严。
> 爱德华·贝拉米（Edward Bellamy, 1850-1898）

虽然美国人经常强调个性，但是美国社会一直以来也需要一致性。美国人似乎经常对差异感到不舒服，常把差异缩小或忽略。在动荡的20世纪60年代，许多年轻人抗议越南战争，挑战大学校园和美国社会其他领域的权威。年轻的男女在他们选择的生活方式和音乐风潮中公开挑战传统性别角色。可是大多数美国人并不赞同年轻人的反文化行为，不认为这是个性的张扬，相反许多人指责他们的行为。很多家庭分裂了，社会评论家认为这会使美国价值观衰落。抗议过后，人们开始期望美国人能够团结一致。

同辈人对个体行为的影响说明从众的力量是很大的。研究同辈压力影响的社会心理学家曾报道过，人们会在集体中做出独自不会做的行为（Aronson, 1999; Haag, 2000; Terry, Hogg, Duck, 1999）。根据莱本（LeBon, 1968）的观点，当个人集合起来，这个群体"表现出新的特征，这些特征不同于组成群体的个体特征"(p.27)。富兰克林（Franklin, 2000）曾对抨击同性恋的年轻男子做过一个研究，他发现他采访的很多人都对同性恋表现出一种宽容的态度，尽管他们承认，当他们和朋友一起的时候，他们参与过对同性恋者的口头和身体的攻击。当被问到为什么的时候，其中35%的人说，他们被一种要证明他们是"爷们"的欲望所驱使，而且他们也会和反同性恋朋友的关系更好。

在美国人重视平等的信念里，同样也存在矛盾行为。《独立宣言》宣告美国建立在"人人生而平等"的信念之上，可是撰写这个宣言的人却拥有奴隶。在第二次世界大战期间，拳击冠军乔·路易斯（Joe Louis）和苏拉·雷·罗宾逊（Sugar Ray Robinson）报名参军。在阿拉巴马州的一个公共汽车站，有一个军警坚持让他们两个"有色士兵"到车站的后边。他们拒绝后便遭到了逮捕。军官训诫他们时，路易斯（Louis）回应，"长官，我同其他美国士兵一样，不想因为是个黑人就被推到后边"（Mead, 1985, p.231）。

虽然种族不平等在美国已经在一定程度上减少了，但是贫富差距却变得比以前更大了。芝加哥第一国民银行的董事会主席承认，捍卫一个像美国这样有如此悬殊的收入差距的经济系统是非常困难的（Terkel，1980，p.23）。

建立在法律约束力和人人平等的司法信念上的美国传统规范，往往遭到有财富和地位之人的规避。我们的法庭审判偏向那些能负担起好律师的人，这个观点已被广泛证实，而且经常被电视剧和电影所描述。尽管存在争议，美国人仍然相信正义会在法庭上获胜，如果认为能胜诉的案子却没有如其所愿，他们会感到愤懑。很多美国人对辛普林（O. J. Simpson）的案子感到生气，他们相信他的无罪释放归功于他的财富、社会地位和昂贵的律师费。去看克劳斯·范·布罗（Claus von Bulow）的案子更为有用，因为这个案件有造成种族分裂的倾向，克劳斯·范·布罗因为试图谋杀他的妻子而被审判和定罪。他随后雇佣了著名的辩护律师艾伦·德施威茨（Alan Dershowitz），这个律师认为他的当事人案件的法律技术细节需要重新审判。在重新审讯的时候，陪审团认定范·布罗谋杀未遂而将其无罪释放了（Wright，1983）。除了范·布罗本人，无人知道他到底是否有罪。今天在监狱里只有穷人，因为他们聘用不起像艾伦·德施威茨这样有能力的律师。

> 法律具有平等性，既禁止了富人也禁止了穷人睡在桥下、在大街上乞讨或偷窃面包。
>
> 　　　　　　　　　　阿纳托儿·法郎士（Anatole France, 1844－1924）

缪达尔在20世纪40年代的观察和报道，在今天看来依然正确。美国人不仅表现不一致，还具有同他们所表达的价值观相矛盾的行为。缪达尔的观察更多地支持了美国社会评论家这些年一直强调的状况，也支持了从20世纪40年代来的调查和案件研究所记载的事实。这些观察需要一些解释，我们应从人们如何选择价值观来入手。

是我们个人选择还是有人教授给我们某种价值观？

以被教授的方式所获得的价值观，在我们所持有的价值观中占有重要的地位。个体、亚文化和社会组织都参与教授价值观；父母、老师、同龄人、神职人员、亲戚和年轻人辅导员就是一些例子。针对美国的个体和组织怎样教青少年价值观进行的研究，拉斯、哈尔民和西蒙（Rath，

Harmin&Simon，1966）识别了七种传统的路径（p.39—40）。

教授价值观的第一种方式是（1）**树立榜样**。父母和老师被认为是孩子们和年轻人的榜样。年轻人也经常被告知向不同的人学习——从历史上的领导人到当代的运动员，他们的成就归因于实践了某种价值观。同样，学校和一些组织用（2）**规则和规章**去促成展现重要价值观的行为。学习守时被认为很重要，如果学生上课迟到了，就会被送到校长办公室，延迟上课。这件事非常有意思，学习被认为是学生上学的主要目的，因为学生从校长那里获得了延迟上课的处罚，其他同学在进行学习时他就不能在教室里，从而失去了在教室学习的时间。

另外一种途径是（3）**说服或让别人信服**。理由充分又尊重人的讨论可以让别人相信自己所持的价值观可以使人过上美好的生活。与此相关的另一途径是（4）**唤醒良知**。用这种方式，家长或者老师可以挑战那些持有不恰当价值观和信念的孩子或年轻人。当一个老师回应一个学生的不当话语时，他可以说，"你并不真的认为如此，是么？"这样问的关键，是不给学生机会去解释和辩解他所说的话，并带给他一种微妙而持续的道德压力，从而强制学生拒绝不当的观点。

父母们经常通过（5）**限制选择教授价值观**。通过限制选择，父母意在指引孩子做出合理的决定。如果妈妈很重视合作，并且告诉她的孩子们，作为家庭成员要分担点家务，那么如果有个孩子拒绝做家务该怎么办呢？她让一个孩子每周洗两次盘子，可是这个孩子不想洗盘子就拒绝了。妈妈可以说，"你必须同意每周洗两次盘子，否则就不允许你下学后和伙伴一起玩。"这个孩子就被限制在两个选择之中，这强化了妈妈最初想让孩子学习分担家庭责任的目的。

一些组织使用过这种途径：（6）**激励人们接受某种价值观**，经常通过举办一个"休养会"，在会中有鼓舞人心或励志的演讲者，或者结合演讲者、电影和活动等，这些是设计用来产生情感和心灵的冲击的。虽然宗教团体也使用这种途径，但是公司发起这种活动是为了激励员工辛勤工作，以达到个体和集体的目标，并且会促进组织目标的实现。

一些宗教群体和世俗的组织强调（7）**用宗教及世俗的教条来教授价值观**。不经质疑地接受这些信念是教条的。如果一个教条的基督徒被提问的时候，他或她会说，"这是圣经上的"。一个教条的穆斯林会说，"这是古兰经上的"。甚至人们对于耶稣和穆罕默德的教导的解释都不同。早期的基督徒对于耶稣的生活和话语的意思，有着广泛而多样的观点（Pagels，1979）。教条化的信仰通过强调传统，"这是我们一直都信奉的"来压制争议。

教条化的信仰同样在世俗生活里存在。当有人质疑基于文化信仰的价值观时，一个教条化的回答会是，"我们一直都是这样做的"。以呼吁保持传统来反对改变。比如把美洲土著人当作学校的吉祥物，将一些南方州的官方旗帜中包含南部同盟旗。到了2003年，佐治亚州才改变了它的州旗，把同盟标志撤掉了。

> 当人们有自由想做什么就做什么的时候，他们却经常相互模仿。
> 艾瑞克·胡佛（Eric Hoffer, 1902－1983）

理解价值观的灌输途径使我们能深入分析，并回答为什么人们惯常的行为与他们所表达的价值观相矛盾。在教授价值观的时候，这七条路径的每一条似乎都基于一个普通的假设，这个假设可以解释不一致的行为。

"价值观是被教会的"如何解释价值观和行为之间的不一致？

这七条传统途径在教授价值观上有什么共同点吗？它们都基于一种假设，即某种既定的价值观需要被教授，而且被指导的个体应该接受这些价值观。教授价值观的主体——教师、家长、童子军队长、班长、牧师、拉比（犹太教教士）、伊玛目（伊斯兰教带领做礼拜的宗教人士）和雇主知道哪种价值观是适当的。他们的目的就是说服学生、孩子、教徒或是雇员接受那些价值观。实际上，每种路径都是一种灌输思想的形式，目的是强行要求文化价值观必须被接受，而不是帮助人们对价值观进行判断。

拉斯等（Rath et al., 1966）质疑了这七种教授价值观的结论。是否所有的途径都只能使人们去说对的话，而不会去做对的事情。如果这是真的，那么价值观应该如何被教授就有重要的意义了。教授我们日常生活中拥护却不实行的价值观既不道德也不合理。这并不是在教授价值观，而是虚伪的谎言。如果教的目的是帮助学习者理解他们真正相信的东西，选择某种价值观运用到行为中，那么教授者必须要认识到强制孩子和年轻人假装接受指定价值观的局限性。要让美国人与所表达的价值观行为一致，我们就必须展示我们真实的信条。

为什么每个人都要思考价值观和行为间的不一致？

如果我们理解我们的价值观并且按价值观行动，那么我们的选择就更有可能反映我们的最高理想。我们经常面临道德困境，这挑战了我们的价值观并需要我们做出艰难的选择。学者们仍然在试着去解释，像德国人那样受过良好教育并且充满智慧的人民，怎么会背叛自己的道德观，对吉普赛人、同性恋者、有精神疾病的人和超过 600 万犹太人进行迫害（见图 1.2）。清楚了解一个人的价值观并保持相一致的行动，就能够理解解决冲突的道德推理和行为。20 世纪 30 年代，在菲奥雷洛·拉瓜迪亚（Fiorello La Guardia）当纽约市市长的时候，有一个纳粹政府的官员被派到纽约访问。市长拉瓜迪亚（La Guardia）并不想接待这个德国访客，不过他别无选择。德国领事馆要求警方提供保护，因为害怕犹太人的激进分子会袭击他们的代表，以报复纳粹暴行。拉瓜迪亚同意提供警察保护，并且还确保每一个被挑选出来保护这位纳粹外交官的警察都是犹太人（Mann，1965）。

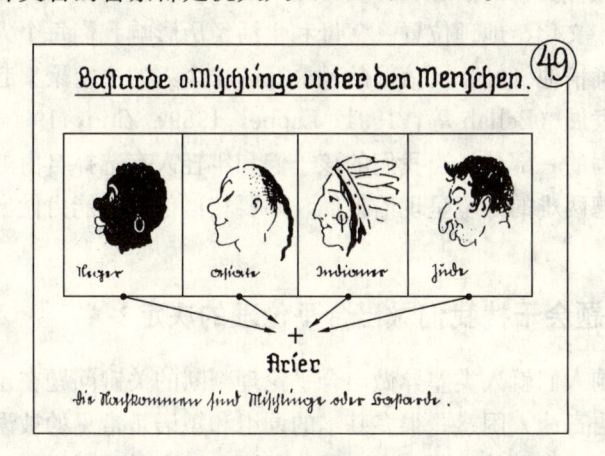

图 1.2 纳粹教材
如图所示，在纳粹德国，教育者教授雅利安人至上的价值观及反犹主义思想。

应该是家长而不是学校向孩子教授价值观吗？

这个关于谁应该教授价值观的问题是个反问句。在美国，家长和学校都期望能促进孩子价值观体系的发展。我们经常遇到一些在日常的话语和行动上都显现其价值观的人。老师们展示他们的价值观，不管他们是否是有意识地那么去做。问题的关键并不是价值观是否应该被教授，而是该怎样去教授。

在许多教授价值观的途径中，可尼克（Kniker，1977）认为最有作用的途径是允许孩子们和年轻人探讨、辩论和参加活动，因为这样会激励他们来思考自己的信念，倾听他人的观点，并且思考不同的决定对自己和他人会产生什么影响。对价值观的讨论及相关的行为可以让年轻人接触不同的看法。与同龄人评论不同的价值观，可以帮助他们发现哪些价值观更吸引人、更有意义。在这个过程中，我们不仅学到哪种价值观对我们来说是重要的，而且还学到接受与我们的价值观不同的人。

> 我们有意识地教授知识，却在无意中教学生做人。
> 唐·哈梅克（Don Hamachek，现代）

作为成年人，我们不会在某刻决定了自己的价值观就不再改变。我们的价值观基于经常变化的信念和态度，是一个我们对生活做出决定和重新评价的持续过程。文化、地理位置、父母和生活经历影响我们每个人的决定。每个人都必须确信他（她）所信仰的是最好的，个人的决定聚集起来将会影响我们社会的发展（Bellah 等，1991；Lappe，1989；Zinn，1990）。学校课堂就是这个过程的一部分。当我们的孩子们和年轻人有选择自由的时候，老师们必须把道德两难的处境呈现给他们，并要相信他们有能力做出符合伦理的决定。

什么问题会干扰我们做出合乎伦理的决定？

对于影响人们就人类差异做出合乎伦理判断的关键问题在于：用来说明这些差异的语言让人困惑。很多基本的词组和短语是常见的被误用了很久的术语，或者是不常见的术语。令人困惑的语言经常反映了人们对敏感问题的不良感觉。比如说，racism 这个单词直到 20 世纪 60 年代才在大多数词典中出现。当民权运动从全美的媒体和人民支持中得到动力并吸引了很多人注意的时候，我们不再避免使用这个术语了。同样，sexism 一词直到 20 世纪 70 年代初随着女性运动逐渐成功地使人们关注妇女待遇问题时才出现在词典中（Miller & Swift，1977）。

当我们解释敏感、晦涩的议题的时候，使用不精确或者模糊的语言会导致问题的出现。为了使人类差异的讨论更加明确有意义，我们必须清晰地阐述我们的意思，并且清晰恰当地使用重要词语和概念。

与人类差异相关的术语的定义

有人也许会期盼请教学术权威，期望他们提供诸如 Prejudice 这些术语的定义，可是学术界本身也存在着困惑。一些教科书把 Prejudic 定义为"积极或是消极的预先判断"。这个定义混淆了 Prejudice 和 Bias，后者是一种支持或反对某事或某人的感觉。Stereotypes 经常也指人，经常可以是积极或是消极的。与 Stereotypes 相比，Prejudice 也经常指人，不过它经常是消极的。

> 用错了词而产生误解的情况比比皆是。
> 赫伯特·斯宾塞（Herbert Spencer, 1820-1903）

这一章包括一系列旨在阐明关于人类差异的相关术语。本书的术语基于行为科学很多领域学者的工作，这些领域包括种族和民族研究、妇女研究、教育学、社会学和人类学。除去一些引文，这些定义反映了不同学术来源的一些共同主题的精华（Andrzejewski, 1996; Feagin Feagin, 2003; Herdt, 1997; Levin Levin, 1982; Schaefer, 2004; Simpson Yinger, 1985）。以下这些定义对这些术语做出了区分并指出了它们的关系。

Bias：一种赞同或不赞同的偏好或倾向，通常会阻碍公正的评价。
Stereotype：刻板印象，和某个群体或群体中的个体相联系的积极或消极的特征。
Prejudice：偏见，针对一个群体或被认为是那个群体中的个体的负面态度；对一个群体成员采取负面行为的倾向。
Bigotry：偏执的行为信念，对某群人或某个群体成员的憎恨。
Discrimination：歧视行为，主流群体（**dominant group**）的代表或成员采取的有区别性的，且对从属或边缘群体产生负面影响的行为或实践。

请注意上面所列出的前面四个术语，每个术语都比上一个术语在态度上更为强烈。关于偏向（bias）和刻板印象（Stereotyping），态度可以是积极的或是消极的，它可以影响一个人对别人和群体的看法。对一个群体的偏见（prejudice）态度可以导致一种喜欢或讨厌那个群体中某个人的倾向。对一个群体的刻板印象表明一种预想，那就是这个群体的大多数成员都会以一种积极或消极的态度行动。在歧视和偏执（bigotry）的行为信念中没有积极的因素存在，而且这些态度更为强烈。偏见是基于预先判断，而对一个群体采取消极的态度。偏执涉及愤恨和代表一种针对个体或者群体的更为苛刻的预断。请注意偏向、刻板印象、偏见和偏执是与态度相关的，歧视指的是一种表明消极态度的行为。人可以产生偏向、刻板印象和偏见及偏执，这没有产生消极或积极的行为。除非公开表达个人态度，别人才有可能注意到他们。歧视（Discrimination）行为可以被观察或记录，会伤害人的身体和情感。

负面态度是如何产生、发展的？

在成长过程中，我们会学到不同的偏见、刻板印象和歧视态度。我们可以有偏向地喜欢或者讨厌某种食物、某类型的书、某风格的衣服或者某些人格特性。偏见可以影响我们选择吃什么、读什么和穿什么。也可以影响我们对朋友的选择。刻板印象是会因为某人是某个特定群体的成员就产生具有某种特征的猜想。虽然一些特性被认为是积极的，比如黑人的韵律感较好，亚洲人擅长数学。而有些特性则是消极的，比如某些人是懒散、诡计多端、不诚实或者是暴力的。虽然消极的刻板印象是不被接受的，很多人却接受积极的刻板印象。那么积极的刻板印象的问题在于，它让我们对个体或者群体有特定的期盼，甚至对于这些设想我们没有任何证据。积极的刻板印象有可能对构建个人真实准确的过程造成破坏。

在中西部一所大学里面，有三名受雇于学生服务办公室的亚裔美国女士，她们在喝咖啡的时候追忆起她们的大学时代。她们抱怨数学曾经是多么难，当她们回忆起她们的应对计策的时候，她们哈哈大笑起来。学生服务办公室的主管是个非洲裔的美国人，他刚好走进休息室并听到了她们的话。他打断了她们，说，"你们得了吧！"他还说他对她们非常的失望。然后，他走开了。

当这个主管走开以后，这三位女士吃惊地无言以对。她们开始谈论这事的时候，觉得问题在于主管认为她们应该都有很好的数学技能，但是她们说这事的时候很不诚实。女士们意识到主管让一个刻板印象歪曲了对她们的理解的时候，她们感到非常的生气和伤心。她们特别地生气，因为她们并没有期望一个有色人种会相信一个刻板印象，尽管这是个关于亚洲人数学能力的积极印象，但是显然主管就是相信了。

如果消极的刻板印象增强了消极的偏见，歧视就可以产生发展了，而且歧视经常是消极的。虽然歧视仅仅是种态度，但是消极的态度经常导致消极的针对个人或群体的行动。采取消极的行动也许会增强一个人的歧视态度，并成为一种偏执性的憎恶，这就是一些"白人至上主义者"群体的基础，这种群体有：三K党（Ku Klux Klan）、新纳粹（neo-Nazis）和雅利安人组织（Aryan nation）。因为憎恶是一种很强的情感，偏执分子更容易用行动来表达他们的憎恶，甚至用暴力。消极的行为经常会用于反对具有不同种族、族群和民族差异的社会群体的成员。

种族、族群和国籍的区别是什么？

种族并不是个科学的概念，而是不同人类肤色的社会现实所规定的。人类甚至把皮肤的颜色当作分门别类的基础，这是非常荒谬的。非洲裔美国人因为肤色黑而被识别，但是很多非洲裔美国人的肤色被更准确说是棕色的。与种族主义术语"红色皮肤（redskin）"相反的是，美国土著人皮肤的颜色并不是红色的。黄色是针对亚洲移民的肤色不准确的描述。在明尼阿波利斯市的一所小学里，小孩子们正在创作主题是"人类的彩虹"的海报。这个彩虹的第一条色带是用淡棕色的蜡笔上的色，然后外面的每一条色带都比里面的色带轻微地加深一点棕色，到最外面的色带是用的非常深的棕色，看起来就像是黑色的。孩子们已经创造了一种现实的方式去描绘和理解黑色素对人类肤色起的作用。

讨论种族这个概念，既容易也困难。大多数美国人认为他们知道这个术语的意思，可是科学界还没有明确的种族分类。种族体系已经被设计成数十个类别，或者只有三种——高加索人、黑人和蒙古人种。在20世纪30年代，像人类学家弗朗茨·博厄斯（Franz Boas）这样的科学家质疑此类描述种族等级的理论（Gosset，1963）。在1937年，美国历史学家雅各·巴赞（Jacques Barzun）大胆谴责将种族作为合理的科学的概念：

（种族的分类）就是为了把人类分成固定的类型和种族，反反复复地显然是没完没了。每种说法都只是重新说明了种族群体并不是自然形成的，而是人类在某时期重视的思维模式或是机械效率而形成的。这些历史表明，人类的思想中的这些种族理论，是别有用心的。

来自西班牙殖民时代一系列的油画可以支持巴赞（Barzun）的观点，关于史学的努力去找到分类和标签人类的方式。今天的大多数人类学家断言，世界只有一种种族，那就是人类，其中不同的群体只不过表现出一些变化，他们的不同只是对环境的调节。（Marks，1995；Olson，2002）。

> 若主张人类种族的统一，我们必须反对令人不快的种族等级差异的假设。
> 亚历山大·冯·亨布尔特（Alexander von Humboldt, 1769-1859）

虽然种族基于对身体差别的感知，但是族群是由于不同文化而产生的（Jones，1997）。族群是关于个人家庭历史的起源。对于到美国的移民来说，族群可以区分他们的原国籍，或者他们的祖先来自哪个国家：波兰、墨西哥、中国、意大利、古巴、埃塞俄比亚、俄罗斯或者伊朗。对于那些他们的祖先迁移自不同的国家的人，族群代表了基于文化的个人身份。正如代尔顿（Dalton）解释的：

（族群）描述我们遗传的方面，它给我们母语，形成我们的价值观、世界观、家庭结构、我们的仪式、我们吃的食物、我们的生育习惯、我们的音乐……总之，我们日常生活的方方面面（p.16）。

大多数美国人的祖先不止一个族群，正因为如此，族群可能就没有意义了，因为缺少对某一个群体的强烈文化认同。我们当中一些具有多重族群遗传的人，可能承认与其中一个群体有更强的文化类同性。一个人可能是爱尔兰、德国和瑞士血统的混合，但是，大概因为她的姓是爱尔兰的，或者因为她的家庭非常宣扬爱尔兰传统，所以她非常认同自己为爱尔兰人（Banks，1994）。

对于美国土著人而言，族群通常是关于部落的从属关系：阿巴契人、夸扣特尔人、切罗基族、塞米诺尔人、摩霍克族、霍皮族或者拉科他族人。对于大多数非洲裔美国人而言，种族认同被贩卖为奴隶的经历所抹去，无法追

第一章 理解我们自己与他人：净化价值观与语言

图 1.3 18 世纪关于 "Castas" 的油画

18 世纪的一系列南美油画区分了不同类型的人（比如美国印第安人、西班牙及中国人）以及混血儿的名字。比如西班牙人和黑人的孩子叫做 Mulatto，西班牙人和 Mulatto 的孩子是 Morisco。在这三幅画中，画家描述了一对西班牙人和印第安人夫妇的后裔是可以争取到白人地位的。西班牙人和印第安人的孩子是 Mestizo，西班牙人和 Mestizo 所生的孩子是 Castiza，西班牙人和 Castiza 生的孩子被视为西班牙人。

资料来源：DE Espanol, y India, na ce Mestiza（190.1996.1），DE Espanol, Mestiza（190.1996.3），and De（190.1996.2）. c. 1775, Francisco Clapera, Frederick and Jan Mayer Collection, Denver Art Museum.

寻他们来自哪个特定的部落了，比如说，豪萨人、伊博人和图西人。20 世纪 80 年代，术语"非洲裔美国人"的出现是要为黑人提供一个"族群"的标签以做种族的区分（Dalton，2002）。正是因为有独特的家庭口述史，阿莱克斯·哈雷（Alex Haley，1976）能够像书《根》（Roots）描述的那样，与他的族群重新取得了联系。

国籍指的是一个人在一个国家拥有公民身份。询问人们的国籍也就是问他们在哪里定居或者是问他们护照上写的是哪个国家。人们对他人的族群传承感到好奇，经常会问到，"你是哪个国家的？"而不是问，"你是哪个族群的？"被问到国籍的人会觉得有侮辱性，因为这暗示了询问者并没有把他当成美国人，而是当成另外一个国家的人（见图 1.4）。那么术语种族、族群和国籍有什么共同点呢？每个术语都指的是在美国的那些被认为代表少数群体的人。

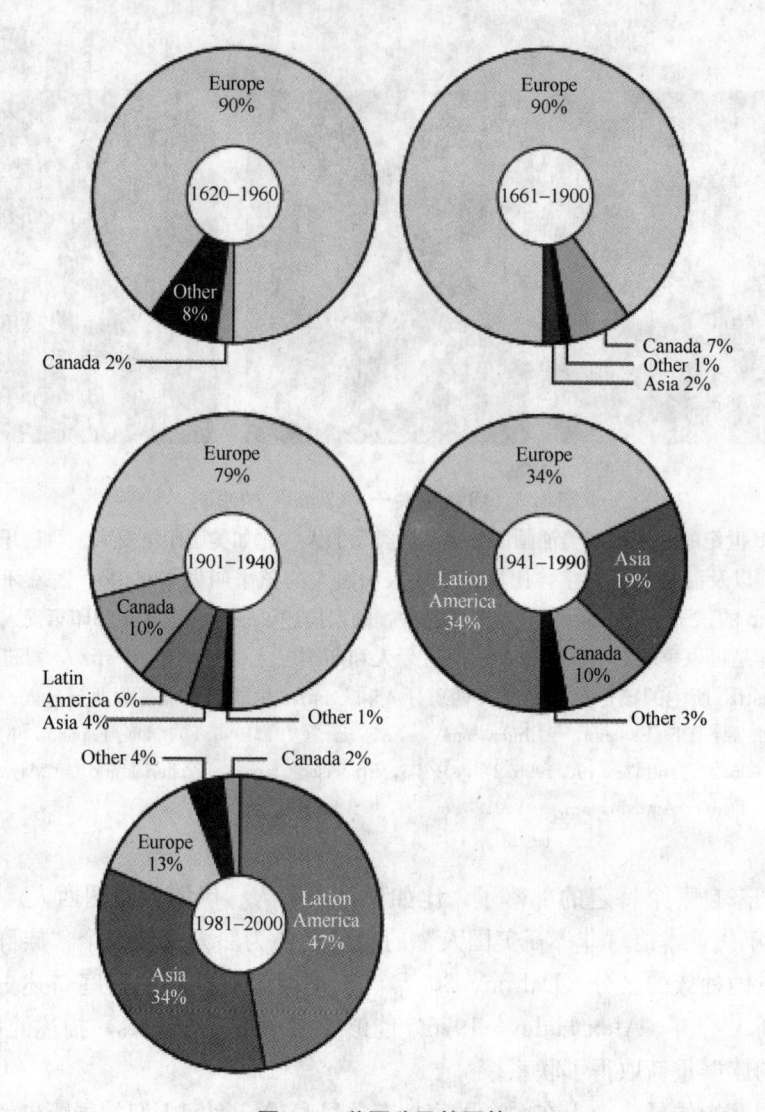

图 1.4　美国移民的国籍

资料来源：Schaefer, R. T. Racial and ethnic groups, 10th Edition, Copyright© 2006, p. 101. Reprinted by permission of Pearson Education, Inc., Upper Saddle River, NJ.

什么是少数群体？为什么称他们为少数群体？

术语少数群体不一定指群体中的人数，而是暗示了他们的权力状况。与主导群体成员相比，少数群体成员只有有限的能力。少数群体有可能比主导群体人数多，但是他们有限的权力决定了他们属于少数民族。当白人少数群体获得南非的政权时，南非的黑人就人口来说是大多数，可是他们被认为是少数群体，因为他们在这个种族系统的隔离政策之下是缺乏能力的。在美国，妇女们肯定性行动及平等计划中，也被包含在少数群体中，即使在数量上她们是大多数。因为在历史上，她们就没有获得过同男人一样多的权力。

基于一些与他们群体的某些特征，像种族、族群、性别、性取向、社会经济地位、宗教或者残疾等，少数群体的个体必须克服一些障碍（不利的条件）。一些人提到少数群体和多样性这两个术语好像是同义的，然而多样性指的是人类感知到的存在或者基于人类个性多样的实际存在的不同。多样性存在于没有少数群体的班级里，也存在于所有同学都是非洲裔的班级里。这些差异经常会导致一些孩子被别的孩子羞辱和边缘化。多样性的概念包括少数群体和具有其他差异的群体，如年龄、婚姻状况、父母情况、受教育状况、地理位置、身体特征和影响个体个性和行为的别的因素。正如班克斯（Banks，2001）指出的，为了理解个人的行为，认清这些变量的相互影响是必要的。

主流群体是如何看待少数群体的？

主流群体为少数群体的成员起了贬损性的称谓。当一个主导群体为边缘群体贴了标签，其他人会一直把标签和来自边缘群体的个人联系起来。标签的影响力决定了对群体中人们权力的实施，不仅对主流群体是这样，有时候对于被标签的群体成员也是这样。在认可了标签的权力后，很多群体已经致力于用积极的方式来标签他们自己。在20世纪60年代，有的群体被主流群体标签为"有色人种"或者"Negroes"，这个群体的很多人拒绝主流群体的命名，他们称自己为"blacks"并主张"黑人权力"和"黑人是美丽的"。许多黑人一直都比较喜欢这种称呼，因为他们相信它会对个人的认同带来积极的贡献。自从20世纪60年代以来，"非洲裔美国人"作为积极的群体标签，成为黑人和其他人常用的称呼。

当主流群体有能力去标签和定义那些属于少数的群体，他们同样可以控制边缘群体成员，显然可以通过限制他们的机会，不过有时候也以一种更隐蔽的方式进行控制。马塞多和巴特勒姆（Macedo & Bartoleme，2001）比较了"移居者（migrant）"和"定居者（settlers）"两个术语。前者经常指的是拉丁美洲人在美国寻找经济机会，后者被用于称呼英国人和其他欧洲人移民到美国改善他们的经济机会。即使它们都在描述人致力于相同的需求，但给人的感觉完全不同。

标签如何被用来界定和控制边缘群体？

标签具有界定的能力，也有控制的权力，这个观点可以两个喜欢看大学橄榄球赛的人的例子来说明。其中一个人是已婚的大学教授，另一个是年轻人，他被标签为智力迟钝，并且住在家庭式宿舍里面。在周六早上，这个教授和年轻人都在观看 ESPN 台的大学橄榄球赛。到了中午，他们俩都决定午餐吃热狗。他们都把热狗放在有水的平底锅里，打开了炉灶，然后回到了各自的起居室里。他们继续看球赛，并且忘了正在煮的热狗。直到水烧完了，热狗发出了烤焦的气味，他俩才冲进厨房去关掉了炉灶。

这个教授的妻子也许会说，他忘掉了热狗的事是因为他对球赛着了迷，而其他人也许会与分神的教授开玩笑。至于对另一个人，人们则会说，"看吧，你知道，他有点迟钝。"

对于一个被标签为"智力迟钝"的人的行为，特别是负面的行为，经常被解释为"智力迟钝"这个单一的因素。规则、准则和政策都在阻止被标签为智力迟钝的人们参加某些活动或者某种工作。这个标签视他们为不可信任的人。因此，他们的机会被限制了，并且他们感觉那些"为了自己好"的限制是正当的。这个年轻人会一辈子被打上智力迟钝的标签，他的生活质量会主要被那个标签控制和决定了。

像"认知性障碍"这样的标签是官方的、正式的术语，有些是非正式的社会性术语——这些术语在日常生活中被人们经常用到和听到。嘲弄性标签的存在和它们的多样性，表明了歧视存在的广度。这种术语反映了关于种族、等级、残疾、性取向和性别的轻蔑和嘲弄的意识。像 nigger（黑人[贬]）、spic（西班牙裔美国人[贬]）、chink（中国人[贬]）、buck（黑人男青年[贬]）和 squaw（女人[贬]）这样的词只是几个英语里有关种族主义的术语。韦斯勒（Wessler，2001）描述过他对小学教育者的观察，这个教育者曾听到孩子们用那些标签，特别是放假的时候，孩子们可能觉得可以更自由地表达他们自己。斯蒂芬（Stephan，1999）强调，减少歧视需要老师帮助孩子们意识到自己给别人贴上负面标签的倾向。毕竟，那些词语可以在美国的公共活动场所听到，甚至出现在教材中，像地图、教科书或者某些组织的活动中，比如词语 squaw（女人[贬]）。

第一章　理解我们自己与他人：净化价值观与语言

一种关于单词 squaw 起源的理论是这样的，它衍生于意思是阴道的法语词汇，并且被早期法国设陷阱捕兽的人经常用于在议价和交易之后表明他们想要性行为时（Chavers，1997）。其他语言学家认为 squaw 有一个更中立的起源就是指女人。然而如格林（Green，1975）解释的那样，它的用法一直是负面的。单词 squaw 现在仍然可以在小学的教材中及美国的湖和其他地理场所的命名中找到。

因为反对这个术语，明尼苏达州的大学生们已经成功的游说了州立法机关，修改包含"squaw"的地理场所的名字，但是在明尼苏达州至少有一个白人社区——Squaw Lake，拒绝修改名字。据查弗斯（Chavers，1977）报道，学生们正在游说其他州的立法机关，以在地理场所和城镇名字中删除 squaw 这个单词，因为这个单词是对美国本土妇女的冒犯和侮辱。

标签会对被贴上标签的个体产生什么影响？

赖特（Wright，1998）认为，小孩子只能仅意识到皮肤的颜色的区别，对种族没什么意识。当问到她是什么颜色的时候，一个三岁的穿着粉红色和蓝色的裙子的黑人小女孩回答到，"我是粉红色的和蓝色的，你是什么颜色的啊？"当问到一个四岁的孩子的时候，他们开始知道皮肤的颜色是不会变的，但不认为有消极性。到了五岁的时候，孩子们就很容易对肤色的不同感兴趣了，并且会问老师们很多问题。他们也开始意识到种族和关于种族差异的社会态度了。可是，真正的种族意识到了孩子八岁或九岁的时候才成为一个重要的问题。因为孩子们对皮肤颜色和种族态度的意识逐渐增强，老师们必须正视在班级或活动场所学生间的辱骂和其他形式的歧视。

种族主义的辱骂经常都是些无耻的、丑恶的词汇，并且带有粗暴的消极的含义，如：coon（黑鬼[贬]）、jungle bunny（黑鬼[贬]）、gook（黄种人[贬]）、greaser（外国佬[贬]）、wetback（偷渡客，尤指非法进入美国的墨西哥人[贬]）、timber nigger（黑鬼[贬]）。一个孩子听到这样的词汇会受到什么影响呢？有些时候，边缘群体的成员相信并内化了这些主导群体所表达的误解、刻板印象和歧视。至于对那些不把消极信息内在化的孩子，这些绰号也会对他们产生影响。人类学家贾马特·海华特（Jamake Highwater）是个美国土著人，也是个孤儿、同性恋者，他评论了很多小时候听到的嘲弄的术语：

一开始，我不知道这些词汇的意思。甚至当被告知它们的意思后，我还是不大明白为什么它们应该是可耻的……那些词汇在教室里被嘀咕着，当大人不在身边的时候，就被残酷无情地大喊出来。在操场上、更衣室里，在周六日场电影的包厢阴暗处。那些词汇充斥在我的儿童时光中。

那些词汇激起喊叫者们一种权力和自我增强的意识，却给被喊的对象带来了羞耻和屈辱。话语是武器，为了阻挡外来者的侵扰而快速持续地开火。外来者（"他们"）是陌生人、异常者、变态者和野蛮人。词汇是心理上的中国长城，坚定地保卫着一致的边界，守卫着内部人冷酷的优越感（1997，第24—25页）。

海华特认为那些嘲弄的和贬损性的术语损害了主导群体、边缘群体或少数群体中的个体，因为嘲弄的语言造成了界限，把压迫者界定为优等者，被压迫者为劣等者。赫布斯特（Herbst, 1997）认为那些术语使主导群体成员产生怀疑、恐惧和轻蔑，并引起边缘群体个体的沮丧和气愤。在追求社会公正的奋斗中，马丁·路德·金（Martin Luther King, jr. 1963）坚持让他的跟随者不要恨压迫者，而是要恨压制主义。一些团体尝试去借用某种词汇，"替代"或者重构贬损术语，从而让它们不那么具有伤害性。非洲裔美国人，特别是在城市的黑人，已经按照自己的意思替换了词汇 nigger，正如可以在说唱音乐里听到的那样。男同性恋和女同性恋，特别是年轻人，用词汇 queer 作为同性恋群体通用的术语，并且同性恋研究的课程在大学校园里发展迅速，以尝试改变正式的、官方的语言。

消极的官方术语为何与社会中的嘲弄术语一样具有伤害性？

当我们想到嘲弄的术语时，我们经常想到那些非正式的社会标签。嘲弄社会等级的术语，比如乡巴佬或红脖子，经常最早在某些地方使用，广泛传播于 white trash（贫困的美国白人）中，这个术语有着多样的形式，包括 trailer park trash（地位低的美国白人）。可是，一些人认为对低收入者最具伤害的嘲弄术语来自正式的渠道，比如政府报道和学术研究。这些术语包括 culturally deprived（文化被剥夺）、culturally disadvantaged（文化劣势）、welfare household（福利救助家庭）、inner-city residents（贫民区居民）。那些术语可以引起什么情况呢？嘲弄的官方术语背后权威的认可很有力地强化了消极形象。

第一章 理解我们自己与他人：净化价值观与语言

除此消极的形象外，嘲弄的官方术语还发出了消极的信息。被标签为文化贫乏代表着对受害者的指责。我们在讨论什么群体呢？他们缺少什么呢？术语"文化剥夺"（culturally deprived）表明穷人缺少一种欣赏艺术和文学的能力。这并没有表明实际他们在经济上被剥夺，他们需要工作培训、就业机会和更好的医疗保障等经济援助。标签穷人文化贫乏，暗示着一种文化品质，可能是某种价值观的缺失而造成了他们的问题。

残疾者被社会的和官方的嘲弄术语所标签。全世界的人们在小的时候，都听过或讲过"傻子的笑话"。林顿（Linton，1998）说到，当孩子们通过称呼傻子、笨蛋、跛子或瘸子来侮辱别人的时候，表明他们支持人的正常状态，拒绝接受那些因为残疾而不正常的人。在官方的定义中，术语 handicapped（残疾人）标签人们为不正常的人。残疾人士反对这个术语 handicapped 已经有五十多年了。并且，他们基本成功地游说官方从用法中移除这个词汇。嘲弄的官方术语也都包含"智障的"（retarded）和"残疾的"（disabled）这样的短语。这些术语将用于某个残疾人的形容词变成了名词以标签这个团体。根据查尔顿（Charlton，1998）的观点，有残疾的人们一直在反对用那样的形容词来标签他们，因为"它们的人性被去掉了，人也被抹去了，只剩下一种状况——残疾"（p.54）。

> 一个人如果在世界上活着就会不自觉地学会歧视，就像一个人如果不努力就会下地狱一样。
>
> ·H.L·曼肯（H.L.Mencken，1880–1956）

想要理解查尔顿的意思，设想一个人，他是活跃或温和的、勇敢或害羞的、愤世嫉俗的或是有同情心的、凶恶的或是虔诚的，现在在上述描述中加上"残疾的"这个词。如果这个最后的形容词被挑出来，并把它变成名词，那个词就足以描述这个人的特征了。使用术语残疾人（the disabled）定义和贬低那些有残疾的人们，会使这些人的特征聚焦于"残疾"这一个方面。历史上，美国身体健全的人大都经常对有残疾的人持有一种观点，那就是他们不能照顾自己。智障者（the retarded）和残疾人（the disabled）已经被制度化了，而且这种行动被宣称是公正的，"为了他们自己好"。有残疾的人被制度化的历史说明了，日常语言标签和定义的力量，最终控制了那些被标签者的生活质量。

我们的社会对少数群体经历的社会问题是如何回应的？

瑞恩（Ryan，1976）描述了两个解决社会问题的不同路径。异常性视角（the exceptionalistic perspective）关注个体，它认为所有的问题是当地的、独特的和不可预测的。因为这些问题被看成个体缺陷、意外或不幸情况的后果，任何补救措施必须是特制的，以适合每个个案，这些个案相对于普通情况都是"异常的"。一种对于这种路径的批评是，它只针对问题的特征，却不关注原因。异常性补救措施被嘲笑为"补丁措施"，它只能减轻却不能解决问题。

瑞恩描述的另一个路径是，普遍性视角（universalistic perspective）。这个视角把社会问题看成是系统的，始于一个社区或社会的基本社会结构中。社会结构必然是不完美和不公平的，因为不仅涉及个体的情况，也是很多人普遍的状况，因此，问题的出现是不可预测且无法避免的。普遍性视角强调进行数据的收集和分析，并且强调辨识可预测某些结果的模式。一旦模式和根本原因被辨识了，就会通过公共行动、制度化的政策或者法律来产生和实施合适的解决方法。调研需要时间，所以这个普遍化的路径被批评，因为它不能立即解决问题或直接帮助当前遭受特殊状况的人们。

为了说明异常性和普遍性视角的不同，瑞恩描述了两种对于天花问题的反应。异常性的路径会给天花患者提供医疗救助，以帮助他们恢复健康；普遍性的路径首先会要求立法拨款，用以给人们接种，来防止疾病的传播。这个对照与来自科尔伯恩（Kilbourne，1999）隐喻很相似：人们掉在河里漂着，救护车也被喊来抢救溺水的人们。虽然从河里救人是很重要的，派人到上游调查落水的原因也很重要（p.30）。

这个隐喻说明了对于这两种路径的需要。当人们在研究问题的时候，必须马上帮助那些正在遭遇问题的人。如果每个人都去上游去看人们是怎么掉河里的，就没人留下来搭救那些溺水者了；如果每个人都留在下游去救溺水的人，那么就找不到问题的原因。不管如何努力去解决社会问题，这两种视角都不可被忽略。

后记

本章开始于关于多样性和个性的讨论。不同的价值观既存在于多样性中也存在个性中。我们选择的价值观受群体成员的影响，这些群体是被种族、族群、性别和社会等级等一些因素所界定的。然而，信奉哪种价值观最终是由个人决定的。几乎每个人都有与他的父母相似的价值观，也有与他的父母不同的价值观。我们与朋友分享价值观，可是我们也有与他们不同的价值观。价值观是人类差异的一部分，我们需要去理解并欣赏她的多样性。

> 自由是一种选择的权力：为自己创造可选择的权利。若没有选择性，人类就不称其为人类，而只是工具罢了。
> 阿奇博尔德·麦克利什（Archibald MacLeish，1892–1982）

语言是我们理解事物的重要工具。当我们使用标签一个群体的语言时，我们会产生误解。观察和评价别人的行为是非常重要的，可是如果不与他们互动或是阅读他们的作品，我们就不会理解他们。迷惑性的或是模糊的语言就像是显微镜镜片上的污点，它妨碍了我们清楚地理解我们的实验对象。这一章尝试去澄清一些迷惑性的术语，这样在我们研究人类差异性的时候，我们的观点就不会被歪曲。

当犹太作家艾萨克·巴什维斯·辛格（Isaac Bashevis Singer）被问及他是否相信人们有自由意志时，他回答，"我们当然有自由的意志，我们没有选择。"作为一个民主国家的公民，我们有很多的选择。当人们身处一个多元的全球文化包围着的多元化社会，那么试着去理解人类的差异似乎是个必要的选择。对于已经做出这种选择的读者来说，这本书给出的观点和信息可以增强你的理解。对于还没有做出这种选择的读者来说，这本书可能帮助你理解这种选择的必要性。可是，这仍然是每个人做出的选择，正如辛格（Singer）所言，"我们对此别无选择"。

术语和定义

态度（Attitude）：一系列特定相关的信仰、价值观和观点。

信念（Beliefs）：一个人对现实的推断。有三种形式：描述性、评价性和规范性信仰。

偏向（Bias）：一种喜欢或不喜欢的喜好或倾向，通常会阻止公正的判断。

偏执（Bigotry）：对一个团体或其成员的憎恶。

嘲弄性标签（Derisive labels）：对某些群体成员的轻视或嘲讽的名称。

歧视（Discrimination）：主导群体成员或代表对边缘群体成员的具有区别性的消极行为或惯例。

多样性（Diversity）：人类多样特征带来的显著或实际存在差异的现象。

教条性（Dogmatic）：不质疑就接纳所教的想法。

族群性（Ethnicity）：根据一个人的民族起源或独特的文化模式来区分此人。

异常性视角（Exceptionalistic perspective）：将社会问题视为个人的、本地的、独有而不可预知的，往往是由于个人缺陷、意外事故或不幸状况所导致的，需要适合个案的符合个人条件的补救措施。

教条灌输（Indoctrination）：为使学习者接受一定价值观和信仰并接纳特定的意识形态和视角的教学。

少数群体（Minority group）：与主导群体相比，具有对自己很少控制权力的边缘群体。

国籍（Nationality）：某个个人公民地位所属的国家。

偏见（Prejudice）：对一个群体或个人所具有的消极态度；对一个群体的成员倾向性的消极行为。

种族（Race）：根据诸如肤色等身体特征来划分人的无科学依据的社会学概念。

刻板印象（Stereotype）：与某一群体或其成员相关的积极或消极的特征。

普遍性视角（Universalistic perspective）：将社会问题视为公众的、国家的、普遍的及可预知的，往往是社会分配不合理或不公正所导致的，需要确定问题的模式和原因并由公共机构采取补救措施来消除问题。

参考文献

Andrzejewski, J. (Ed.). (1996). Definitions for understanding oppression and social justice. *Oppression and social justice: Critical frameworks*. Needham, MA: Simon & Schuster.

提供了讨论不同群体间关系时所必需的各种术语的定义。

Aronson, E. (1999). *The social animal* (8'h ed.). New York: W. H. Freeman.

第一章 理解我们自己与他人：净化价值观与语言

概述了社会心理学的研究。在第二章关于一致性中描述了人们的言行不一。

Banks, J. A. (1994). The complex nature of ethnic groups in modern society. In *Multiethnic education：Theory and practice* (3rd ed.). Boston：Allyn & Bacon.

描述了美国民族的多样性、少数民族群体在历史中遇到的同化问题和当代社会中民族对个体身份认同的影响。

Banks, J. A. (2001). Multicultural education：Characteristics and goals. In J. A. Banks & C. A. McGee Banks(Eds.), *Multicultural education：Issues and perspectives*. New York：Wiley.

描述了多元文化教育的形成发展、群体认同的重要性和如何实现多元文化教育以满足不同学生的需求。

Barzun, J. (1965). *Race：A study in superstition* (rev. ed.). New York：Harper & Row.

解释了为什么种族是一个伪科学概念并附录了一些来自作家和科学家的有关种族主义的引文。

Bellah, R., Madsen, R., Sullivan, W., Swidler, A., & Tipton, S. (1991). *The good society*. New York：Vintage.

提供了从对美国人的访谈中得到的质性和量化数据。这个访谈是让美国人谈谈塑造一个良好社会所必需的价值观和行为。

Botkin, B. A. (1957). *A treasury of American anecdotes*. New York：Bonanza Books.

收录了300个关于美国名人和不见经传的普通人的逸闻趣事。那则杰斐逊(Jefferson)的趣闻原载于在宾夕法尼亚出版的德国年鉴上。

Charlton, J. I. (1998). *Nothing about us without us*. Berkeley：University of California Press.

研究了各种不同文化中的残障人士的状况。

Chavers, D. (1997). Doing away with the "S" word. *Indian Country Today*, 16(37), 5.

描述了高中生为了使明尼苏达州改变该区内含有"squaw"(对印第安女性的一种不敬的称谓)的地理名称所做的努力。

Dalton, H. (2002). Failing to see. In P. Rothenberg(Ed.), *White privilege：Essential readings on the other side of racism*. New York：Worth.

讨论了种族和民族以及白人如何被界定为美国的典型代表而使白人在构建身份时显而易见的定位。

Feagin, J., & Feagin, C. (2003). Basic concepts in the study of racial and ethnic relations. *In Racial and ethnic relations* (7th ed., pp. 3—21). Upper Saddle River. NJ：Prentice Hall.

解释了群体间关系的主要术语和概念。也汇编了该书中所有使用过的术语概念。

Franklin, K. (2000). Anti-gay behaviors among young adults. *Journal of Interpersonal Violence*, 15, 339—363.

一项对484名青年参与对同性恋辱骂和身体暴力和威胁的调查。

Gosset, T. F. (1963). *Race: The history of an idea in America*. Dallas: Southern Methodist University Press.

描述了美国殖民地时期对种族的态度，种族这个概念在19世纪演化为一个伪科学理论的过程和在1930年学者对它的批驳。

Green, R. (1975). The Pocohontas perplex: Image of Indian women in American cultures. *Massachusetts Review*, 16, 698—714.

讨论了"squaw"(对印第安女性的一种不敬的称谓)这个词的历史用法。

Haag, P. (2000). *Voices of a generation: Teenage girls report about their lives today*. New York: Marlow.

调查了2000多名11岁—17岁女性对六个问题的回答，这六个问题揭示了与她们的社会生活和个人生活相关的各种明显的和隐含的问题。

Haley, A. (1976). *Roots*. Garden City, NY: Doubleday.

描述了作者在建立其在非洲的民族背景时对家庭故事的使用。

Herbst, P. (1997). Ethnic epithets in society. In *The color of words: An encyclopedic dictionary of ethnic bias in the United States* (pp. 255—259). Yarmouth, ME: Intercultural Press.

描述了民族诋毁语(ethnic slurs)和它对使用者的影响。

Herdt, G. (1997). *Same sex, different cultures: Exploring gay and lesbian lives*. Boulder, CO: Westview

介绍了人类学和跨文化方面对性别倾向的态度的事例，并汇编了必要的术语概念。

Highwater, J. (1997). *The mythology of transgression: Homosexuality as metaphor*. New York: Oxford University Press.

在第二章"围墙之内"(Inside the Walls)描述了嘲笑语所产生的影响，这些嘲笑语被用于被其他人认为"不同"的孩子。

Jones, J. (1997). *Prejudice and racism* (3rd ed.). New York: McGraw—Hill.

整合了来自心理学、社会学和历史学的数据，解释在相应社会历史文化背景下偏见和种族主义二者之间的关系。

Kilbourne, J. (1999). *Deadly persuasion: Why women and girls must fight the addictive power of advertising*. New York: The Free Press.

论证了广告是一种很普遍的文化现象。它促使人们把彼此客体化，在某种方式上降低了人与人之间的关系的质量。

第一章 理解我们自己与他人：净化价值观与语言

King，M. L.，Jr. (1963). *Strength to love*. Philadelphia：Fortress.
包含了关于不要憎恨压迫者即"爱你的敌人"的思想的许多说教。

Kniker，C. R. (1977). *You and values education*. Columbus，OH：Charles E. Merrill. 总结了有关价值观的研究和理论，描述了在学校教授价值观的其他方法。

Lappe，F. M；(1989). *Rediscovering America's values*. New York：Ballantine.
呈现了一则对话，一方强调个人主义而另一方强调集体主义和平等主义。

LeBon，G. (1968). The mind of crowds. In R. Evans(Ed.)，*Readings in collective behavior*. Chicago：Rand McNally.
研究了集体和集体行为的一般特征，特别是情感和道德因素对集体行为的影响。

Lefkowitz，B. (1997). *Our guys：The Glen Ridge rape and the secret life of the perfect suburb*. Berkerly：University of California Press.
解释了在一些来自郊区的"美国式"男孩的成长和行为中的矛盾，这些男孩强暴了一个智力发育迟缓的女孩。

Levin，J.，& Levin，W. (1982). *The functions of discrimination and prejudice* (2nd ed.). New York：Harper & Row.
描述了偏见在多数群体与少数群体中的影响及其后果。

Linton，S. (1998). Reassigning meaning. *In Claiming disability：Knowledge and identity* (pp. 8—33). New York：New York University Press.
讨论了用于残障人士的"褒言"和"贬语"并解释了为什么一些残障人士开始把"瘸子"当作褒义词使用。

Macedo，D.，& Bartolome，L. I. (2001). *Dancing with bigotry：Beyond the politics of tolerance*. New York：Palgrave.
论述了关于语言、种族、民族和宽容教育的局限等方面的问题，并在第一章对移民和常住居民进行了对比讨论。

Mann. A. (1965). *La Guardia comes to power：1933*. Philadelphia：J. B. Lippincott.
描述了拉瓜迪亚菲奥雷洛(Fiorello La Guardia)如何成为纽约市市长（这是他的由两部分组成的自传中的第二部分，第一部分记述了他从1882年到1932年的生活）。

Marks，J. (1995). *Human biodiversity：Genes，race and history*. New York：Aldine de Gruyter.
提供了关于科学界公认的种族这个概念没有科学依据的例证。

Mead，C. (1985). *Champion：Joe Louis—black hero in white America*. New York：Charles Scribner.
描述了乔．路易斯(Joe Louis)的生活和拳击职业生涯以及他与种族主义的斗争。

Miller，C.，& Swift，K. (1977). *Words and women*. Garden City，NY：Anchor Press/Doubleday.

分析了英语语言中的性别歧视并提供了许多事例,在 141 页中讨论了字典中包含的种族偏见和性别歧视。

Myrdal, G. (1944). *An American dilemma: The Negro problem and modern democracy*. New York: Harper & Row.

描述了美国文化中价值观和矛盾及其与美国社会中普遍存在的偏见之间的关系。

Olson, S. (2002). *Mapping human history: Discovering the past through our genes*. Boston: Houghton Mifflin.

描述了最近关于 DNA 的研究所揭示的关于人类历史的结论:整个人类在非洲有着共同的祖先,没有种族的区分。

Pagels, E. (1979). *The Gnostic gospels*. New York: Vintage.

解释了诺斯替教(Gnostic)对于在早期基督教中关于耶稣重生、神学、一神论和宗教中的性别角色等方面的争论的看法。

Raths, L., Harmin, M., & Simon, S. (1966). *Values and teaching: Working with values in the classroom*. Columbus, OH: Charles E. Merrill.

解释了诺斯替教(Gnostic)对于在早期基督教中关于耶稣重生、神学、一神论和宗教中的性别角色等方面的争论的看法。

Risberg, D. F. (1978, June 18). *Framework and foundations: Setting the stage and establishing norms*. Paper presented at the first annual National Conference on Human Relations, Minneapolis, MN.

描述了人类关系作为一个独立学科的发展。它吸收整合其他学科知识的同时又创造了自己的结构、范式和学科语言

Ryan, W. (1976). *Blaming the victim* (2nd ed.). New York: Vintage.

研究了个体与群体的关系和个体态度与群体行为态度模式的趋同性对态度行为一致性的影响。

Schaefer, R. T. (2004). *Racial and ethnic groups* (9th ed.). Upper Saddle River, NJ: Pearson.

提供了关于种族和少数民族的相关信息,书中含有关于妇女、宗教多样性、移民、跨文化比较等方面的章节。

Simpson, G. E. & Yinger, J. M. (1985). *Racial and cultural minorities: An analysis of prejudice and discrimination*. New York: Plenum.

研究了偏见和歧视在美国的起因和引起的后果,给出了主要术语概念的定义。

Stephan, W. (1999). *Reducing prejudice and stereotyping in schools*. New York: Teachers College Press.

回顾了有关偏见和刻板印象的理论,研究了促进负面态度改变的条件并描述了在学校中改善种族关系的一些技巧。

Terkel, S. (1980). *American dreams: Lost and found*. New York: Ballantine.

采访了不同人对美国的看法，包括第一国民银行的盖洛德弗里曼(Gaylord Freeman)

Terry, D., Hogg, M., & Duck, J. (1999). Group membership, social identity, and attitudes. In D. Abrams & M. Hogg (Eds.), *Social identity and social cognition* (pp. 280—314). Malden, MA: Blackwell.

审视了个体态度在群体规范中的一致性问题，及其对个体及群体成员的重要性。

Terry, R. W. (1993). *Authentic leadership: Courage in action*. San Francisco: Jossey Bass.

研究了6种领导风格。书中把领导界定为能正确地确定问题并合理合法使用权利应对问题的能力。

Wessler, S. L. (2001, January). Sticks and stones. *Educational leadership*, 58(4), 28—33.

描述了在学校中孩子使用的脏话和暴力语言，以及这些语言对受害人的影响。

Wright, W. (1983). *The Von Bulow affair*. New York: Delacorte.

详细描述了案件，有趣的是在录影带中有电影"财富逆转"(reversal of fortune)，它由阿兰·德肖维茨(Alan Dershowitzs)的书改编。

Zinn, H. (1990). *Declarations of independence: Cross-examining American ideology*. New York: HarperCollins.

研究了美国的信仰和其行为和理想二者之间的不一致。

Wright, M. A. (1998). *I'm chocolate, you're vanilla: Raising healthy black and biracial children in a race-conscious world*. San Francisco: Jossey-Bass.

描述了随着孩子的成长他们对肤色的认知和他们的种族态度的不断变化，并对保持孩子的抗压乐观给出了建议性策略。

复习和讨论

总结练习

总结练习需在3—5人的小组内完成，这有助于学生深入理解本章内容。本章的总结练习有两种：1. 要点复习；2. 术语和概念复习。

总结练习1

在小组内写出至少5个总结性论述以复述本章内容。

建议步骤：
A. 对文中概念进行语言重组或解释提炼而不要争论概念的优劣。
B. 在你们各自的笔记本上记下你们的总结性论述。
C. 确保小组中所有成员对每个论述的用词表达都没有异议。
D. 写完后选出其中的两个与另一个小组分享。
E. 根据你们所解释的概念与那个小组讨论本章的内容。

总结练习 2

参考本章结尾部分的术语及其定义，解释每一个术语名词与你们更好地理解价值观是通过语言传播这一概念之间的联系。

提示：这个练习可能需要花费一定的时间，但这些概念术语对你们学习我们是如何体察人类的差别至关重要。

建议步骤：
A. 在你不是很理解的术语前画上"＊"。
B. 在你认为已经理解的术语前画上"♯"。
C. 考察你们小组所不理解的术语，并分享彼此的理解，从而使对每个术语都进行了 1—3 分钟的讨论，并记下每个概念所在的页数以方便参考。
D. 当小组讨论时，对自己笔记本上的每一个术语和它的定义添加批注。
E. 小组整体浏览剩下的术语定义以确保你们都已理解。
F. 把解释添加到你们的笔记上或是添加在课文中概念的旁边。

注意：在每章活动部分开始时的总结练习也可以在同步配套的网站中找到。

辨析题

辨析题如是小组讨论或两人讨论有助于理解本章课文中的概念。

辨析练习 1. 一项对个人态度和价值观的调查

说明：这项简短的调查会简略地勾画出你的态度和价值观。完成下面 5 道题并基于此讨论这反映了怎样的个人态度和价值观。把你的答案和班级的其他同学进行比较。这一系列的答案怎样反映了你们这个群体的态度和价值观？又会怎样反映更大社会群体的态度和价值观呢？

1. 在生活中衡量成功的最重要标准是什么？
   A. 成为最好的人
   B. 保持着生活和工作的平衡
   C. 信仰上帝
   D. 工作
   E. 家庭和朋友

2. 下列哪一个最符合你的观点？
   A. 我会为了更好的工作机会、更高的薪水放弃与家人在一起的时间
   B. 我会为了与家人更长时间地待在一起而放弃更好的工作机会和更高的薪水。

3. 在家时，你在休闲时间做什么？用百分比回答（如 20% 的时间看电视）全部时间就是 100%。
   A. 和家人待在一起
   B. 和朋友出去逛
   C. 锻炼运动
   D. 看电视
   E. 参加运动比赛
   F. 做家务

4. 和别人讨论你的个人问题时你有怎样的感受？
   A. 舒服
   B. 不舒服

5. 为了成功，你计划一周工作多长时间？
   A. 40 小时
   B. 40 小时以上
   C. 40 小时以上并加上周末时间

改编自米歇尔·德雷克林（Michele Drecklin）的《压力和超级爸爸》2004.8.23。

辨析练习 2. 我的价值观：我相信什么

说明：记下你对下面 10 项问题的回答并与几个人分享彼此的答案，听听对于同一个问题他们的答案是什么，然后选出不同的 4 项与每一个人探讨。

1. 过去与将来：假设你有了孩子，你会用你的爸爸妈妈对待你的方式

对待你的孩子吗？为什么？

2. 成功与成就：如果明天你醒来时可以获得一种能力，你想它是什么？你为什么想要这种能力？

3. 朋友与个人生活：如果你决定去做某件事，但你的朋友听说后极力反对，你会怎么办？

4. 拥有与抉择：如果你可以拥有一段将令你终生难忘的经历或者是一件你一直想要得到的东西，你会选择哪一个？

5. 钱与价值：你愿意把100万拥为己有还是想把它匿名捐给陌生人？如果是前者你将怎样使用这笔钱，如果是后者你又将如何安排去捐赠这些钱？

6. 生与死：你的生活曾因一些偶然的你无法控制的事件而被戏剧性地改变了吗？你认为在多大程度上或以怎样的方式人可以掌控自己的生活？

7. 身体健康和残障情况：你愿意要个比自己更聪明、更漂亮的孩子吗？如果你的孩子智力发育迟缓或是其貌不扬，这会带给你困扰吗？

8. 领导与责任：如果你可以根据自己的意愿全权负责制作一期一个小时的电视节目，这个节目将有上百万的观众观看，它的内容是什么？

9. 个体与选择：如果你会使用一种魔法，你想要什么？

10. 社会责任和个人决定：什么时间帮助一个患致命疾病的人结束生命是合法的？如果一个人不是患有致命疾病而是陷入慢性疾病的苦痛，那么应该帮助其结束自己的生命吗？如果这个人不是由于身体的痛苦而是心理的痛苦呢？

Selected and adapted from Gregory Stock，*The Book of Questions*（1987）and *The kid's Book of Questions*（1988）（New York：Workman Publishing）.

小组活动

组间练习为读者提供问题讨论，创造对事实、事件和现象反馈的机会。在练习中两人一组讨论或小组讨论或在更大范围内的讨论能促进个体理解，同时也会使其产生对文中问题的深刻见解。

小组练习1. 互相支持的困境

说明：5人一组阅读下面的案例，在小组内讨论并回答故事后面的一系列问题。然后准备向全班解释你们小组选择的立场。

第一部分：阅读下面的案例，你可以独自阅读，也可以在小组内大声朗读。

玛丽（Mary）和卢克（Luke）的故事：互相支持的困境

玛丽和卢克在他们大学四年级时结婚了。毕业后玛丽留校在注册办公室做秘书，卢克在本校继续读研究生。五年后当卢克完成了他的博士学位时，玛丽也已经工作了五年。并且他们在这五年中的第二年有了第一个宝宝，当时玛丽只修了2个月的假。

现在东部一所有名的学校要聘请卢克做副教授，卢克很想去，但这时玛丽已经申请并考上了芝加哥大学的研究生，她希望能拿着该校提供的助学金上学。

玛丽认为现在卢克已经完成了自己的学业，那么也应该支持她获得受教育的机会。并且芝加哥社区大学也愿意聘请卢克。但卢克说他决定去东部工作，他认为玛丽可以去那边找个学校上学。

如果玛丽拒绝跟着卢克去东部，卢克决定提出离婚并要争取对三岁女儿的监护。

第二部分：讨论问题

1. 如果你是玛丽，你会怎么做？
2. 对卢克你有什么建议？
3. 为了让玛丽和卢克都不放弃自己的追求，这种情况该如何处理？
4. 你们小组是否同意让玛丽或卢克一方放弃？

延伸：向全班解释你们组共同达成的意见，在笔记本上记下三个卢克和玛丽的结果。然后让其他人进行投票，由多数确定哪一个是他们最希望的结果。

社区活动

社区活动包括行动学习活动和服务学习机会。如下所述。

行动学习：指各种课外活动。它能促进我们对所在社区的了解。行动学习是一种亲身经历而非在网络上或于图书馆中进行的调查。大多数情况下行动学习是到某一具体地点，时间长达6—30个小时。这会根据指导老师的不同要求而定。参加者被要求广泛记录他们所参与的活动，并要始终配合所在地点的组织机构的管理体系。

服务学习：指为个体提供的进入社区直接参与一个组织机构为其服务贡献自己的力量的机会。和行动学习一样，服务学习也会涉及个体参与美国现代社会基础机构的实际运作，也希望参加者能始终配合所在地点的组织机构的管理体系，并对多参与的活动进行广泛的记录。

行动研究

在你们学校，外国学生的价值观和你的价值观有何不同？找到你们学校国际教育办公室或者是学生服务办公室，让其安排你做一个刚入学的外国留学生的一学期的语言伙伴。当你和那个学生交流时讨论彼此在儿时所形成的价值观的异同。记下你们的谈话日志，特别是其中有关相同点和差异的部分。

社区服务

什么样的个人价值观会导致文化不能接受的行为？拜访你的学校附近的监狱，并参与其中定期为被监禁的犯人服务。在尽可能完成你的服务任务的同时注意去理解他们的价值观如何导致了社会不能接受的行为，这些价值观和行为与你的价值观和行为有何不同？每次拜访时坚持按要求记下你的服务日志和个人反思。

第二章　理解偏见及其成因

"没有人生来就憎恨黑人、犹太人或者其他人。大自然反对那些自我毁灭性的行为。"

亨利·布里奇（1900—1990）

目前还没有研究证实，偏见（prejudice）是人类天性的表现。相反，根据布里奇的观点，偏见是后天习得的。同样重要的是，偏见是一种态度，而不是行为。不管你是在字典中查询定义，还是阅读学术作品，都不可避免地在应用术语"偏见"时有所困惑。有些文献认为，偏见是对别人的憎恨，可是憎恨是一种偏执（bigotry）。基于对世界文化的研究，人类学家得出的观点是：世界各地的人都具有偏见，可是他们都不承认憎恨（或是偏执）是普遍存在的。

一种定义认为偏见与偏执同义。这种定义会使很多人否认自己的偏见：偏执的人才憎恨，我们确信我们并不憎恨任何人。另外，我们因为没有看到无处不在的憎恨，因此就否认了偏见的普遍性；因此，混淆偏见和偏执导致对偏见的本质及其外延的误解。

关于偏见的概念和误解

关于偏见有哪些误解的例子？

我们把偏见同偏向（bias）、刻板印象（stereotypes）和偏执（bigotry）混淆了。正如第一章的定义，偏向（bias）是对某人或某物的一种适度的积极或是消极的感觉；而刻板印象是赋予一群人积极或是消极的特征。偏见（prejudice）是一种强烈的常常是消极的感觉，并且它常常与一群人相关。偏见使我们倾向消极对待属于某个群体的人。当偏见发展到憎恨的时候，就会变成偏执。

有些词典把偏见定义为：不根据相关的事实就形成观点的过程。具有偏见的人可能了解了相关事实便根据自己的偏见加以阐释。其他定义认为偏见是非理性的，暗示了我们这些被视为理性的人不可能具有偏见。这里的问题是理性的人同样也持有偏见；我们通过阅读他们的作品可以得知。亚里士多德曾说过，女人低男人一等。亚伯拉罕·林肯相信黑人在智力上低白人一等。卡罗尔（Carroll）引用马丁·路德警告德国基督徒的话，"不要怀疑，除了魔鬼，没有比犹太人更残酷、更恶毒、狠毒的敌人了。"可是，偏见并没有阻止他们中任何人对人权改进作出贡献。

今天，我们很容易嘲笑古时的种族和性别态度，并且声称以前的偏见是荒谬的。可是，我们往往不能认识现在普遍存在的偏见，将来的人也许会发现这是荒谬的。在未来50年或者100年里，人们会怎么看待现在美国对待穷人的模式？或者，残疾人常常怎样被孤立和忽视的？男同性恋和女同性恋者是如何被众人所谴责的？

偏见有多广泛？

虽然这本书关注美国人的态度问题，偏见并不会局限于哪个国家或哪个种族。世界上每个国家的人们，会对他们国家或周边国家的人持有消极的态度。偏见曾被忽略、加强、或是容忍，可是很少受到挑战。当偏见被挑战的时候，这个事件常常会变得满城风雨，正如埃米尔·左拉（Emile Zola）发表"我控诉"的情况。那是一篇公开谴责法国因叛国罪起诉阿尔弗雷德·德雷福斯（Alfred Dreyfus）时的反犹太主义（Bredin，1986）的文章。让·保罗·萨特（Jean-Paul Sartre，1976）在1945年描述了一种持久的偏见，即犹太人在二战后返回法国时遭受的反犹主义待遇，即便法国人知道犹太人已经遭受了纳粹集中营和种族灭绝的伤痛。

> 每个时代，都有新的错误需要改正，新的偏见需要抵制。
> 　　　　萨缪尔·约翰逊（Samuell Johnson, 1709—1784）

经济全球化进程加快与人口大量迁移改变了人口的构成，所有国家都不得不面对传统的偏见。对移民的一些反应揭示了历史上持久的偏见。辛普森和英格尔（Simpson & Yinger，1985）在他们关于偏见和歧视一书的开头部

分描述了这种现象:

在西欧国家上百万的"外来工人",不只是经济机器上的齿轮。比如在英格兰有来自印度、巴基斯坦、孟加拉、非洲和西印度群岛的移民,当政府发现肤色歧视等诸多问题时,通过了一项史无前例的法律来限制移民。在东非的新成立的国家中出现了对印度后裔的抵制,这不仅重塑了群体间的关系,还影响了英国限制性的移民政策(p.3)……

如果族群在相对独立的环境中生存,对距离较远族群的偏见不会有太大害处。在需要国家相互尊重的全球经济中,偏见能成为毁灭性的力量,无论是对整个世界或个体社会,尤其是更具多样性社会(Gioseffi,1993)。语言是理解文化的重要资源,因为分析语言能揭示一种文化的假设、信念和价值观。一些国家正在通过改变或消除引发消极的态度的媒体形象和语言来矫正历史上的偏见。

美国的媒体和语言如何反映了偏见?

我们需观察种族或文化群体在社会中普遍的一些形象来理解偏见在我们的文化中是如何传播的。正如吉鲁(Giroux,1998)所说的:

我关注那些表现形式……并不判断它们好坏的性质,而是分析它们在教学上的影响。那就是这些表现形式带来或排除了哪些知识、价值观和快感?(p.27)

以美国印第安人、亚裔美国人或西班牙裔美国人的杂志广告为例。我们会发现大多数广告倾向用非裔美国人的形象去反映多元化?如果广告中包含了有色人种,为什么他们常常都会展现一直以来的刻板印象(stereotype)?美国印第安人都是19世纪勇士的形象;亚裔美国人经常是以从事计算机工作或者做数学相关职业的面目出现;墨西哥裔美国人总是做园丁和仆人。刻板印象和忽略某些群体的问题同样也影响其他的群体:残疾人经常被忽略;蓝领工人总给人劳苦的形象;妇女在广告中被当作性感目标频繁出现,以此来销售产品。然而,我们一向不认为这些广告是刻板印象,因为这些形象是那么的熟悉,仿佛是描绘了现实。这就是为什么很多美国白人不理解美国印第安人为什么反感体育运动用印第安的吉祥物（见图 2.1）。识别那些刻板印象的困难可能部分来源于嵌入在我们语言中的偏见。

图 2.1　噢，你看着不像是印第安人……

我们的语言中有哪些偏见的例子？

英语中遵守称为黑/白症（black/white syndrome）的一种形式。学者们称，当英国人还不知道黑人居住在非洲的时候，这种语言形式就在英语中出现了（Moore，2000）。虽然这种语言形式也有可能源于圣经中关于撒旦、魔鬼和地狱是黑色或黑暗的用语。有人认为，黑色一贯表现为消极的内容，这影响了英国人对非洲人的看法，他们把黑色用到所有深肤色的人们。黑色的消极形式在英语中一直持续着，正如我们在日常短语中看到的那样：black deed（恶劣行径）、black day（糟糕的一日）、black hearted（黑心）、black mass（渎神弥撒）、black magic（巫术）、the Black Death（黑死病）、black thoughts（邪念）、black looks（怒气冲冲）和 blacklist（黑名单）。

相反，白色在英语里一直都是积极的形式：telling a white lies（善意的谎言）、having a white wedding（纯洁的婚礼）、cheering white knight（in shining armor）（披着闪亮盔甲的白马王子），人们通过说"that's really white of you（你真善良）"表达赞同，甚至说 white-collar crime（白领犯罪，也被认为比别的犯罪轻得多）。有些作家利用这种普遍的黑/白模式（black/white pattern），使用白色代表贫瘠、死亡或魔鬼的形象，以这样未被期望的关联来震动读者。罗伯特·福斯特（Robert Frost）在他的一些诗中采用了这种颠倒，而且在作家赫尔曼·梅尔维尔（Herman Melville）创作《白鲸》中，在阿哈比的噩梦中白色的鲸鱼是邪恶的象征。

有时候，偏见是不明显的。比如说，俗语"有志者，事竟成"像是在鼓励孩子们和年轻人好好学习，可是它还有别的意思：如果所有成功的人都是有毅力的，那么那些不成功之人是由于他们并没有付出足够的努力。这个理念导致了对受害者（不成功者）的谴责，并给中产阶级提供了一个道德上的逃脱。毕竟，如果他们的成功是因为努力工作，那么穷人一定是没有努力工作，大概是因为他们懒惰或是没有能力。

那种对于"穷人"的刻板印象进一步支持了中产阶级的结论，就是穷人要为他们的贫困负责，中产阶级没有义务去帮助他们。当与销售人员砍价的时候，人们也许会说，"我像犹太人那样砍价"，这也暗指了一个古老的刻板印象。家长和老师们偶尔能听到，告诫孩子们不要表现得"像一群印第安野人"。青少年说的"如此娘娘腔"也不是什么好话。男孩们经常被这样嘲弄，"他像个女孩子"或者"他很娘娘腔"。孩子们没有顾忌地用着"娘娘腔（sissy）这个词。今天，甚至小学生也可以听到用"男同性恋"（faggot）这个词来骂人。他们也许并不理解这个词的意思，可是他们知道这是个消极的术语（Wessler, 2001）。

> 你可以从广告中得知一个民族的理想。
> 诺曼·道格拉斯（Norman Douglas, 1868-1952）

有很多基于种族主义、民族歧视、性别歧视或是其他偏见的笑话。当抱怨这些笑话并无幽默性的时候，我们可能被认为没有幽默感，"这是个玩笑！"只是一个玩笑。虽然现在人们对于种族主义的玩笑更小心了，但关于性别歧视的玩笑还经常出现在工作和学校中。大概是因为我们的语言中有太多关于性别歧视的词汇和短语，这让我们更易于公开表达对性别的态度。

我们的语言中有哪些例子带有性别偏见？

不像其他语言，英语并没有一个中性的代词能涵盖男人和女人。所以，he 这个词经常被用来指代无法确定性别的人，而且 man 这个词一直涵盖女性（即使有像"人类"和"人们"这样的中性名词）。一些人坚持认为 man

在一些词汇的用法是普遍的，比如说：businessman（商人）、chairman（主席）、Congressman（议员）、fireman（消防队员）、layman（外行）、mailman（邮递员）、policeman（警察）、salesman（售货员）、spokes-man（发言人）和 statesman（政治家），可是有研究并不支持这种理论。阿里斯（Arliss，1991）对从小学生到成年人做的研究表明，所有这些普遍性的语言唤起的都是男性的形象。

在米勒和斯威夫特（Miller & Swift，1977）对 500 名大三学生所做的研究中，一组学生收到指示去画从事不同活动的"早期人类"（early man），并且给每个所画的人都写上了名字（这样研究者就可以知道所画的是男性还是女性了）。大多数学生对从事每种活动的人都画了男性，除了一种代表照顾婴儿的活动，即使是这种活动，也有 49% 的男生画了男性。第二组学生被指示去画从事同一种活动的"早期的人们"（early people），并且要给每个人像标上名字。同样，大多数学生所画的还是男性。也可能是这个短语 early people 听起来很奇怪，大部分同学把它理解成"山洞人"（cave man）而画了男性。第三组学生被要求画"早期的男人和女人"（early man and woman），也要求给每个人像写上名字。只有在这一组中，大部分学生所画的形象是女性，可是即使在这种指示下，还是有学生包括女生只是画了男性图像。

致力于推动性别平等的女性主义者呼吁不同职业群体用中性的语言代替性别歧视的语言。她们通过使用不仅更中性（包括男人和女人），而且更精确的术语代替性别歧视的术语，以达到改变文化的目标。女性主义者已经成功地说服了一些组织在专业出版物中推进使用不含性别歧视的语言。美国心理学协会发行的第五版的文体手册中有这样一条规定，即使用非种族主义和非性别歧视的语言。尽管取得了进步，学者们还是在常用的词和短语中使用了相当多的性别歧视语言。在雇佣女性的工厂如何生产出来 man-made（手工制作，英文直译为男人制造）的产品？一个女性组织能"man the desk"（安置人员）吗？兄弟间（brotherly love）的爱包括姐妹吗？普通人（common man）包括女性吗？还是女性是不普通的（uncommon）？

替代性别歧视术语的有：产品是手工制作的（handmade），妇女可以配置人员（staff the desk），普通人（average person）可以表达他的或者她的观点。可是，中立的语言更准确么？常用的表达"开国者"（founding fathers）否认了历史上女性角色的重要性。伊文思（Evans，1989）坚持认为与其他国家殖民者相比，英国殖民地的妇女和儿童影响了美国社会的演变，

第二章 理解偏见及其成因

否认含有女性的表述则扭曲了历史发展的事实。虽然女性主义者在改变语言上做出了努力，但是还需努力消除消极的性别语言，特别是嘲弄女性的表述。

哪些嘲弄的表述助长了对女性的负面态度？

女性主义者认为一些男人用来称呼女人名字的词语是具有嘲弄性的，比如 doll、peach 或是 honey。男人可能会辩说这些词汇是用来称赞女人的，可是他们把女人描绘成了东西而不是人类。把女人比成漂亮的或是甜蜜的东西是把她们物质化了，是把女人从人简化成了令人愉快的"东西"。

大多数美国妇女都经历过这种物化她们的虚伪的赞美。试想一下，两个女性朋友在酒吧里谈话，这时来了个男人向她们其中一个搭讪。他可能会称她为 honey（甜心）或是 baby（宝贝），可是如果这个女人坚定而且毫不含糊地拒绝了他，她可能会听到 bitch（婊子）、dyke（同性恋）或是其他不友好的表述。只要女人高兴，并给男人他们想要的注意，赞美就会持续下去。

在衣帽间，能听到对女人最贬低的评论。在那里，男人会把女人说成 a piece of ass（大屁股）或 cunt（女性阴部）。出了衣帽间，当男人成群聊天的时候，那种侮辱性的词语并不只是针对那些被认为随便的女人，而是适用于所有的女人。用有关她们身体一部分的词汇提及女性，这是把她们从人转换成物。使用这些关于性的词汇忽略了女性的能力而使男人快乐。女人的性被认为是客观的，纯粹身体的，比如说，"用袋子罩住头，她们看起来都是一样的"，或者"她们从腰部往下都是一样的"，像这样的评论贬损了女性并使她们失去了人性。女性主要是被定义为一种性愉悦，这种性愉悦是一种非情感性的行为。教导人们进行性别歧视的语言如此泛滥，难怪强奸如此频发。虽然对于女性有过多的嘲弄的字眼，但是直接嘲弄男性的语言含有混合的信息。

> 简单地说，我就是包括喜欢和厌恶的一个偏见组合体。
> 查尔斯·兰姆（Charles Lamb, 1775—1834）

哪些用于男人的字眼是嘲弄性的？

把一个男人称为 prick（蠢货）或 bastard（杂种），可能被认为是种侮辱，不过也可以认为使用这些字眼的人嫉妒这个男人的能力或者地位。男人可能感觉到，如果他们想在一个"狗咬狗的世界"里成功的话，就必须强硬和冷酷无情。那样的语言可以被认为是对一个男人英勇和男子气概的赞美。

在美语中，对男人来说，直白的嘲弄性表述经常将他们女人化。没有一个小男孩愿意被人称为女孩子（sissy）；也没有哪个男人愿意被别人称为瘪三（wimp）或者小妞（pussy）。虽然男人并不想用女人的名字被称呼，但是据贝克尔说，更具侮辱性的是用暗示他被女人控制的词来称呼他。比如说他 pussy whipped（怕老婆）。男人们经常在开玩笑时这么说，不过传递的信息倒是很严肃的。

有人认为与女人对比是男人的耻辱，有个刚发生在这个夏天的例子。当扣篮活动还没开始的时候，有个男人和他的儿子就已经跃跃欲试。三个人来到了展位，想报名当志愿者。管理展位的人对他们表示了感谢，并说明他们已经招满了。这三个人刚喝完酒，跟管理展位的又纠缠了几分钟才放弃。当他们走开后，展位的人说了一句，"再见，女孩们！"那三个人中的一个马上回头并大喊，"你他妈刚才说什么？"尽管这个上年纪的男人的话语表达了很平常的性别歧视态度，可是这个年轻人反应如暴风雨般强烈，准备要打一架。即使那个父亲的儿子就站在旁边，他还是准备用暴力去维护他的男子气概。

这时，有位妈妈和她的女儿正在附近排队等着做面部彩绘，看到了眼前发生的冲突，这位妈妈朝这个年轻人挖苦地喊道，"噢，这么说你又怎么了。"他看了一眼正在等待化妆的队伍，其他的妈妈和她们的女儿也发出同样的议论。当这个年轻人看向她们的时候，表现得很尴尬。之前的气氛缓和了，他的肩垂下了，显得有些羞怯了。当他接近展位那个男人的时候，他还是很生气，但不准备使用暴力了。在简短的交谈之后，保安把这个年轻人送走了。因为这种轻率的评论如此容易引起冲突，我们想知道男人对被称为女人的这种反应是怎么来的。一个男人这么恨被称作女性，然而潜意识并不恨女性，这是怎么回事？

偏见有积极意义吗？

有些人误用了术语 prejudice，说他们对某物有偏见，但是偏见是指消极的态度。对于喜欢或讨厌某物或某人更为温和的态度是 bias（偏向）；偏见这个概念包含了我们习得的对于其他群体的害怕、不信任或强烈的刻板印象。一旦形成了对某一群体的偏见，我们就会消极地对待那个群体的成员。消极的行为就是歧视：指我们不只有消极的态度——并且有了消极的行动。

偏见的后果和成因

对于歧视的行动，奥尔波特（Allport，1979）认为偏见造成五种消极的行为：朋友之间的相互的（1）对特殊群体成员的口头谩骂。谩骂可以逐步升级为（2）身体攻击。受害者甚至不是那个被鄙视群体的一员；任何人只要是"他们"的人，都可能成为受害者。当来自东南亚大约 50000 人的苗族（ethnic Hmong）族群定居在威斯康星州的一个社区后，当地居民并不接受他们。所在社区的大学，有个日本交换生被一个白人男子暴打了一顿，因为他被误认为是苗族。另一个因为误解而采取暴力的例子是，异性恋的男子被认为是同性恋而遭到攻击。

如果偏见发展成了偏执（bigotry），一个人的憎恨可以导致（3）极端的暴力，包括谋杀的欲望。这样的行为现在被称为"仇视性犯罪"。在 1982 年，两个底特律人失掉了在汽车厂的工作，他们认为进口日本车太多造成了这样的后果。当遇到中国裔美国人 Vincent Chin 时，他们误认为他是日本人。在憎恨和愤怒的驱使下，他们残忍地谋杀了他。如果杀人倾向的愤怒传播开来的话，它可能会导致暴力的极端形式——种族灭绝，即系统和蓄意地灭绝一个民族、种族或族群（Feagin，2003）。有人支持种族灭绝。第二次世界大战后，大多数德国人（还有波兰人、奥地利人和别的国家的人）声称他们并不知道集中营里有 600 万犹太人被杀害了；有人收集了可靠证据证明他们知道这件事，然而他们对此并不表态（Goldhagen，1996）。

与源于偏见和偏执的对抗性的消极行为比起来，对偏见更为消极的反应是避开其他群体的成员。我们（4）减少与来自别的种族或民族的人们交流。伯格杜斯（Bogardus）测量了回避他人的态度；这个研究使用一个社会距离量表，在这个量表里给人们列出一张清单，包括种族、民族和宗教群体，并要求人们按照偏好对其排序（Schaefer，2004）。人们总是一致地偏好那些类似自己的群体，较少关心那些与他们群体相异的人。

另外一个避开某个群体的方式是（5）在教育、职场和居住之类领域进行或容忍歧视。要说明这种行为，就要考虑人们是如何选择他们邻居的。20

世纪 60 年代,当法院命令市区学校取消种族隔离时,很多学校管理者使用校车接送学生去各个学校,这个具有争议的措施造成了从城市到郊区的白人家庭的大规模运动,这就是白人迁移现象(见图 2.2)尽管 1968 年实行了国家公平住宅法案,研究表明大多数美国人还是偏好住在种族隔离的邻居里(法雷,Farley,2000;麦斯,Messey,2001)。正如麦斯(Messey)所说,公平住宅法案在理论上结束了住宅歧视;可是,居住隔离依然在持续。"(p.424)

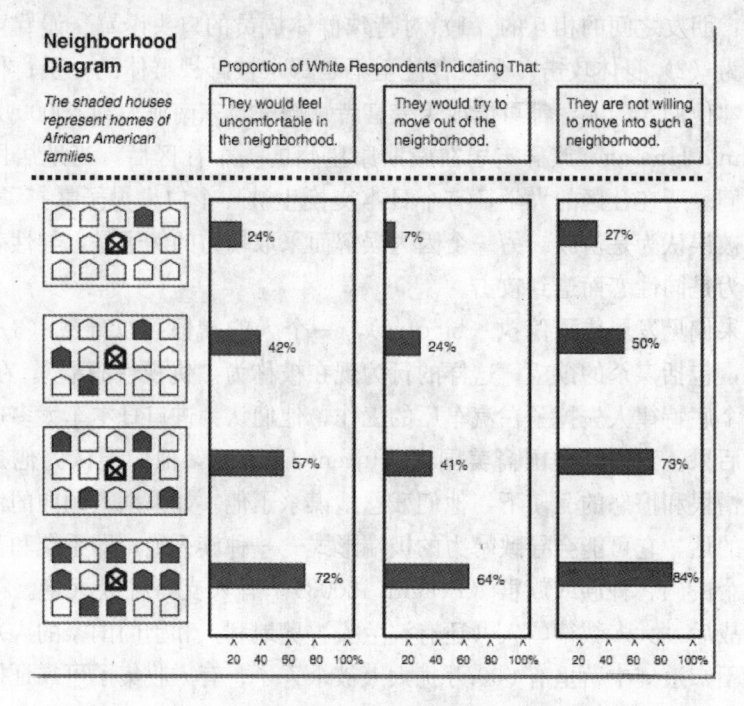

Neighborhood Diagram

Proportion of White Respondents Indicating That:

The shaded houses represent homes of African American families.

	They would feel uncomfortable in the neighborhood.	They would try to move out of the neighborhood.	They are not willing to move into such a neighborhood.
	24%	7%	27%
	42%	24%	50%
	57%	41%	73%
	72%	64%	84%

图 2.2 白人的邻里偏好

根据法雷(Farley,2005)的研究,受试者拿到一个有 15 户住宅的图表,打着"X"的代表他们自己的住房。有阴影的房子是非裔美国人的住房。白人需要描述他们在每个住宅区的感受。如果他们不愿意住在那里是否会离开?他们是否会搬到这样的住宅区住?只要有五分之一的非裔美国居住,白人就会移居。

偏见是社会歧视行为的主要原因吗?

多年来,我们认为歧视是由偏见造成的;因此,减少歧视的方式是减少偏见。为了处理和减少偏见,我们在学校主流文化中做了很多努力,也产生了积极的结果。近年来，研究表明，偏见显著减少了；可是研究也报道了歧视并没有减少（Astor，1997）。基于学者们寻找其他解释的努力，费金夫妇（Feagin&Feagin，1986）描述了三种有关歧视的理论：利益理论、内部殖民主义理论和制度性歧视理论。这三种理论都说明了偏见在历史和当代都是造成持续不公平的原因。

利益理论如何解释歧视行为？

利益理论描述了由于人们保护他们的权利和特权所造成的歧视。人们歧视那些边缘群体的个人，并不是受偏见的驱使，而是因为他们是自利的。举例来说，白人可能会反对肯定性行动，并不是因为偏见，而是由于他们害怕这个政策会减少他们被雇佣、聘任和提升的机会。房产所有者可能会说服他们的邻居不要把房子卖给有色人种，因为他们担心他们房产的价值会跌。歧视的作用是保护私人的利益；这与内部殖民主义理论相似。

内部殖民主义理论是如何涉及个人利益的？

歧视的内部殖民主义理论分析了特权是如何在美国产生的，主流群体（美国白人）试图剥削边缘群体控制美国的资源：印第安人的领土、来自非洲免费的劳动力和妻子的薪水和财产等。而且，通过控制资源和剥削边缘体的获益，某些欧洲白人男子获得了某种地位，他们参与技术革新，控制美国工业发展，包括军事技术。一旦处于一个有权力的地位，他们就会尽可能维持自身的优势和权力。

虽然一开始要靠暴力来建立，但不公平的分配、对经济和政治资源的控制最终会制度化。内部殖民主义理论主张使白人对非白人和妇女的持续性支配制度化。内部殖民主义理论是制度性歧视理论的基础。

制度性歧视理论是如何解释歧视行为的？

制度性歧视理论沿用了内部殖民主义的历史，关注当代的歧视。这个理论描述了制度性的政策和实践给边缘群体带来的不同和消极的作用。这个理论考察了特权和优势是如何嵌入组织的准则、规定、非正式的规定及角色中的，以实现其成员具有特殊职责和权力的社会地位。一项基于这种理论的分析试图在制度性的政策和实践中理解导致歧视的机制。与前两种理论相似，制度性歧视理论并不关注偏见（美国法院称之为"恶意企图"），而是持有

"如今很多歧视都不是有意的"这种假设。

当一个研究项目在采访市区政府部门工作的妇女们时，一个部门的领导解释了该部门的女性领导是如何解决问题的。在每个工作日结束时，她们都想立即回去，因为担负着照顾家庭的责任，比如说要去接孩子和做饭。男性部门的领导每周都有一到两次下班后去喝酒，周末一起打高尔夫的时间，而这时候女性领导要陪伴家人。在决策使用项目基金的会议上，女性领导是沮丧的，因为她们不能像男同事那样有效地相互支持。

女性理解了男性具有优势的原因。在共同的社会活动中，男性部门领导对彼此部门了解得更多，所以他们可以做出有见地的评论来支持彼此的项目。为了拥有同样的优势，女人们开始从每个月抽出一个晚上聚一次（有人照顾小孩），谈论她们的项目和需要，并就项目基金的使用次序展开讨论。这样努力的结果使女性领导的部门被分配了大量的资金。

制度性歧视理论为理解歧视提供了一个现实的基础：男性部门领导的行动并不是基于对女性的歧视；而是他们根据有利于部门的历史惯例来进行工作。女人知道解决方法不是斥责男人，而是策划一个策略以抵消男人部门领导已有的优势。虽然非正式的制度程序对男人有利，女人找到了一个更有效的"玩这个游戏"的方式。尽管偏见使一些人产生歧视行为，但歧视通常有更敏感和复杂的原因。即使偏见可能不是造成歧视的主要原因，我们还是应该继续研究是什么造成了偏见，以及我们如何才能减少偏见。

哪些因素促进了偏见的发展？

已有研究考察了个人是如何形成偏见的。有研究表明，精英的态度促成了偏见。精英主义理论是指在社会中有能力的人获得成功并成为统治阶层，而没有能力的人不能成功，因为他们在某些地方有缺点或者是缺少成功的必要素质。这种态度宣扬的理念是，社会中底层的人就应该是那样，成功者的社会地位是努力争取的，不成功的人要为他们的失败负责。社会支配理论研究的主要问题是精英态度（Howard, 1999; Stephan, 1999）。

开始于19世纪初的优生运动认为个人的基因遗传决定人们的命运，而环境因素在人类发展中影响几乎很少或者没有(Selden, 1999)。基于这种理论，美国优生运动的支持者宣扬精英人物的态度。美国生物学家乔治·W·亨特（George W. Hunter）曾写了多本生物教科书，在1914到1941年间，他的教科书被学校广泛使用，塞尔顿（Selden）的引文清楚地表达了亨特的精英主义的态度：

> 那些低智商的人在最好的条件下也不会做得好，而那些高智商的人不管有什么障碍都可以做得好（p.75）。

其他的研究表明偏见和态度在权力上有关联。一些人表达了零和（zero-sum）的观点，假定一个人的得一定会造成一个人的失，这是一种对权力的竞争性的倾向；因此，分享权力即被认为减少了权力。根据雷文夫妇（Levin & Levin, 1982）的观点，个人对于权力有零和的倾向，他就容易变成有强烈偏见的人。索罗（Thurow, 1980）描述了零和观点普遍流行社会中的不利影响。研究还表明，具有权力主义的人会更有偏见，虽然有些研究驳斥了这个观点（Farley, 2000）。有些人甚至认为偏见是天生的，但是没有科学研究来支持这种观点。

> 每个人都是他自己经验的囚犯。没人可以根除偏见——只能认识它们。
>
> 爱德华·R·穆罗（Edward R. Murrow, 1908－1965）

偏见一直普遍且持续存在，它必然使某些个人或团体社会达到了某些目标或获得了一些利益。雷文夫妇（Levin & Levin, 1982）回顾了关于偏见成因的研究，他们认为有四种主要的原因：（1）个人的挫败感；（2）他们所归属的群体缺乏知识和经验，从而对其中某人具有不确定感；（3）对一个人自尊的威胁；（4）个人对地位、财富和权力等目标的竞争。

挫败感如何会引起偏见？

挫败感—攻击假说认为，产生挫败感会导致侵犯性行动。挫败感会一直增加压力，直到个人发泄挫败感以减轻压力。琼斯（Jones, 1997）和其他人把这称为"替罪羊现象"。单词替罪羊起源于古希伯来的风俗，记载在圣经《利未记》16：20-22 中，每一年希伯来人在赎罪的季节反省他们的罪孽。在那段时间结束时，一个精神领袖会站在他们和羊的面前，把手放在羊的头上列举出人们的罪孽，这就把人的罪孽转到羊的身上。在现代美国，这个术语通常指谴责了不该谴责的人或者群体。

当我们采取侵犯性的行动（从语言到暴力）时，不可避免会给别人造成伤害。因为大多数人会根据某些标准把自己标榜为"好人"，他们经常能找到使他们的行动合理化的方式，使他们看起来是好意或者至少是正当的。19世纪末和20世纪初，南方人用死刑处死黑人，并认为黑人是懒惰、淫荡和撒谎的人种，所以他们认为对黑人的偏见是正当的。引用卡夫卡斯基（Kafkaesque）的解释，即所有的黑人是有罪的，因此不论黑人犯下了何种罪（即便是莫须有），都会被处死。

具有讽刺意味的是，有研究数据表明，侵犯性行为不一定能够减轻挫败感，反而有可能加重这种感觉。在一项研究中，要求两组实验对象允许医护人员检查他们的身体。在身体检查后，医护人员用贬损性的语言来激怒实验对象。如果他们想要发泄的话，将会被带到医护人员的"监督者"那里；而另一组将不许发泄。研究者认为，允许"发泄"愤怒的那一组成员后来应该对医护人员的敌意减少，可事实是，那些被允许发泄的人比那些不允许发泄的人表现出更强的敌意（Aronson，1999）。这种结果表明，对替罪羊发泄挫败感不会解决问题，反而会使之更糟糕。

家庭暴力案件也可以说明，找到一只替罪羊并不能解决问题。当一个男人把他的挫败感发泄到他的伴侣身上时，就必须要解释他行为的原因。男人因为他的家庭暴力被捕后，大都会这样解释他们的行为，"她逼我这么做的，"或者是"她一直唠叨，不停地唠叨。"这不仅把男人描述成了受害者（痛苦的丈夫），还加强了对唠叨妻子的刻板印象，给了丈夫一个借口去攻击他曾经求爱的女性。因为家庭抱怨增加，家庭暴力逐步升级。显然谴责配偶或者伴侣并不能解决问题，甚至还可能造成施暴者因外界干涉而变得更加暴力。

因为警察在处理家庭暴力案件的伤亡率上升，许多城市、郡县和州要求警官直接把暴力案件备案。甚至在被施暴者反对的情况下，法庭经常强行要求向施暴者提供咨询，使施暴者理解性别偏见和刻板印象是如何产生导致暴力的消极态度的，并且教给施暴者有效的非暴力的策略去控制愤怒。性别刻板印象的角色导致了家庭暴力，这引出了造成偏见的另一个主要原因——不确定性。

刻板印象和不确定性有何关系，又是如何导致歧视的？

通常情况下，大多数人只知自身所属的群体而不了解别的群体。在美国，学校开设的历史学课程反映了白人群体的观点、贡献和经历；现在，我

第二章 理解偏见及其成因

们许多的邻近社区仍然被种族和社会等级所隔离。这样导致的结果是，来自不同种族和民族群体的人们没有机会互相了解。因为缺乏准确的信息，我们可能以刻板印象来了解某些群体。（见图2.3）刻板印象可以被一些形象和信息所强化，这些强化常出现在诸如广告、教科书和电影这些媒体中。

图2.3 这幅图经常用于研究。图片中要求一个人看这幅图后向另一个人描述图中信息，然后大家互相传递信息。最后听到的人往往会说一个拿着武器的黑人正准备袭击一个着装考究的白人。这可以体现出种族刻板形象的力量。

当一个人遇到一个来自不同种族、民族或社会等级的个体的时候，对那些不同个体行为的选择性认知经常会增强这个人对他们的刻板印象。斯蒂芬（Stephan，1999）曾报道过一个研究，给予实验对象关于他们所属及非所属群体的等量的积极和消极的信息。实验对象倾向于更多回忆关于他们所属群体的积极的信息，对非所属群体则是消极的信息。根据斯蒂芬的观点，我们记忆中消极的态度会随时间的推移而趋于增加。

在另外的研究中，两组实验对象观看了两个录影带，这个实验阐明了选择性知觉：第一个录影带是一个四年级小姑娘正和她的朋友在玩耍；第二个录影带同样是这个姑娘，是在学校中做一个口语测试，她正确地回答了很难的问题却没回答出简单的问题。第二个录影都给两个组播放了，但是第一个录影带给一个组看的是，这个女孩在低收入的社区玩耍，而给另一个组看的是，女孩在高收入的社区里玩耍。那些观看她在低收入社区玩耍的人认为她的学习能力低，而那些观看她在富裕社区玩耍的人认为她的学习能力要高一些。受试者对这个女孩答题的结果受到了其所在社区的影响，以及基于富裕和贫穷的刻板印象（Aronson，1999）。

研究人员同样表明，对别人的更多了解可以帮助人们超越刻板的认知。在一个全是白人工作人员的精神病医院里，病人们如果表现出暴力会被关到"隔离室"中，或者遭受更严厉的处罚，被束缚住并注射镇静剂。在调查研究的第一个月，黑人和白人病人都被接纳。虽然被接纳的黑人被诊断比白人病人有较少的暴力倾向。但是，如果他们有暴力倾向，就会比白人有四倍的可能性受管制并注射镇静剂。这种白人工作人员处理方式的差异表明他们刻板地认为黑人更倾向于暴力。当工作人员更熟悉病人后，他们对于暴力事件会更加平等地对白人或黑人进行管制。一个群体的暴力、懒惰或者是低智商的刻板印象可以影响一个人的行为；刻板印象还可能威胁到一个人的自尊心，这也是在研究中造成偏见的又一个主要原因。

> 有时候，偏见就像是一根头发横过你的脸颊。你看不到它，用手指也找不到它，可是你一直都想拂去它，因为这种感觉实在是恼人。
>
> 玛丽安·安德森（Marian Anderson, 1897-1993）

对自尊心的威胁是如何导致歧视的？

在美国，人们被鼓励通过与别人竞争来树立自尊。我们在学校评分、音乐比赛、辩论赛和运动比赛中都是这么做的。可是，当感到比别人的优越而有了积极的自尊心之后又会怎样呢？或者，我们通过表达别人或别的群体更为劣等，从而实现优越感。如果相信与别的群体相比，我们是天生优越的，那么我们相信我们会比劣势群体中的每个人都强。如果劣势群体中的成员成功了，他们的成就会威胁到那些自尊心基于群体优越感的人，而且这些人的态度不知不觉地变成了偏见。

当有色人种遇到白人的自尊心被他们的成功所威胁的时候，他们面临着基于种族偏见的自尊心的问题。第一个在哈佛大学法学院任职的非洲裔美国人这样评论道：

你发挥了较高水平的时候不要试图惹怒那些发现你并不是无能力的、平庸的人；不要陷入长期以来关于有色人种不被承认却挑战了他们自尊心的观点中（Bell，2002，p.66-67）。

当持有这种自尊心的时候，我们是不安全的并容易被威胁。科尔曼 (Coleman, 1997) 认为那些认为别人是劣势者的人"更容易对被污蔑群体的成员保持消极的刻板印象"(p.222)。

研究表明，男性性别带给了男人自尊心。在密歇根州，有 1000 多学生写了假如他们成为女性的文章。虽然几乎一半的女孩找出了许多作为男性的积极的方面，但是 95% 的男孩找不出作为女性的积极方面（萨德柯，Sadker&Sadker, 1994）。同样的态度出现在成人中。在关于自尊心的研究中，马蒂内兹和杜克斯 (Matinez&Dukes, 1991) 认为，男性比女性表现出较高的自尊心，白人男性在所有的群体中有最强的自尊心。

当男性的自尊心来源于性别优越感的时候，那么这很容易被女性的成就所威胁。美国男人经常认为女性的成功是因为其他原因，而不是由于她们的能力。这种想法带着恼怒，这加剧了最初造成错觉的优越性的偏见。如果一个女性得到了另一个男人想要的提拔，这个男人可能会抱怨她是通过"与上司睡觉"得到的。因为基于性别优越感的自尊心是个错觉，最终会派不上用场。害怕一个有"劣势"的人会得到有"优势"的人应得的，这就涉及第四个造成偏见的主要原因：对地位、财富和权力的竞争。

对地位、财富和权力的竞争是如何导致歧视的？

有证据表明，竞争促进了偏见态度。琼斯 (Jones, 1997) 描述过对一个夏令营的研究，在那里童子军花时间彼此熟悉并发展友谊，然后把他们分成两组并安置在分开的简陋房里，其中每个男孩大约有 2/3 的朋友在另外一个简陋房里。这两个组被鼓励去玩一些竞争性的游戏，比如拔河、足球和棒球。那些互相喜欢的男孩们变得彼此不喜欢并开始谩骂。虽然他们在一组内团结一致，但是男孩们建立的友谊关系消失了。在竞争性的比赛结束后，研究人员把孩子们召集在一起，可是他们间的憎恶还存在，直到给予他们互相协作的任务。为实现共同的目标而一起工作消减了敌意，并使孩子们重新与别组的成员交朋友。

偏见的长期存在

每个人都想成功并会尽力增加他们的私利。当一组的成员觉得别组的成员比他们更成功的时候，他们可能会对那些成员很气愤（甚至会对整个组怀有敌意），他们认为别人的成功会是由于所占的优势，而不是天赋或技能。美国白人男子有时憎恨肯定性行动计划，因为他们相信这给妇女、别的种族或少数民族提供了一个被雇佣和提升的优势。对高薪的好工作和地位的经济竞争所产生的憎恨促进了偏见。由于人类能够分辨造成偏见的多种原因，所以人们应该能认识到他们的偏见并试图消除偏见，这似乎也符合逻辑。

偏见是如何长期存在的？

偏见长期存在的一个主要因素是偏见合理化的趋势和与之相应的负面行为。正如芝瑟夫（Gioseffi，1993）指出的那样，"就像个人会使他的敌意行为合理化……国家也会这么做"（p. xvii）。维嘉（Vega，1978）描述过合理化（rationalization）有三种形式：否认型、谴责受害者型和回避型。为了去除偏见并应对别人的偏见，我们需要认识这些合理化手段。

否认型合理化 (Denial rationalizations)

在否认型合理化的时候，我们拒绝承认导致偏见和歧视的社会问题。这种主张无知到使人吃惊，却层出不穷。大多数否认型合理化在种族主义问题上颠倒了歧视的论点，反而声称女性和少数民族群体因为肯定性行动计划得到了最好的工作。这种宣称还有任何事实而言么？

据统计，现在女性大概组成了一半的劳动大军；有色人种组成了其他10%，这意味着白人男子约占劳动力的40%（达福特，Daft，2003）。年薪五万以上的工作代表某种程度的权威、地位和决策力。有多少这样的工作由白人男子掌控呢？如果稍微少于一半的白人男子拥有这样的工作，那还是符合他们在劳动大军中的比例的。可是，根据劳动统计局的数据，白人男子占据了超过 3/4 的这样的位置，大概是他们在劳动大军中比例的两倍。因此声称白人男子受到肯定性行动的歧视，是多么不可信（见表 2.1）。

表 2.1 全美各群体全职工人的年收入统计

Race/Gender	Median Weekly Earnings 1994	2004
White males	$690 (100%)	$732 (100%)
Black males	$505 (73.2%)	$569 (77.7%)
Hispanic males	$433 (62.8%)	$480 (65.6%)
White females	$514 (74.5%)	$584 (79.8%)
Black females	$437 (63.3%)	$505 (69.9%)
Hispanic females	$384 (55.7%)	$419 (57.2%)

source: U. S. Census Bureau (2004). *Statistical abstract of the United States.*

第二章 理解偏见及其成因

关于性别歧视，大多数常见的否认型合理化认为这是"自然的"，它否认了性别歧视，宣称女性天生做一些事情要比男性好，而男性在一些事情上也比女性做得好。这种否认型合理化为男性和女性在历史上一直从事某种工作提供了一个解释。这个理论并不能解释男裁缝和女裁缝技能相当却薪酬相差不少。它也不能解释为什么建筑工人（大多是男性）比大学毕业的社会工作者（大多是女性）挣得多。历史上，在做同样工作的情况下，女性一直以来都比男性挣得少，并且以女性为主导的职业仍然比以男性为主导的职业支付较少的薪水（劳动统计局，2001）。这就是现实，否认型合理化和现实无关。

> 偏见遮人眼目，无知使人愚钝；冷漠叫人充耳不闻，憎恨使人失去手脚；这些将人们的灵魂摧毁。
>
> 玛丽·罗宾逊（Mary Robinson, 1944- ）

最不明显的否认型理由是个人的否认。一个人可能会说，"我怎么可能是性别歧视者呢？我爱女性！我娶了一个女性。我还有个女儿。"这似乎是合理的陈述：有人否认他有性别偏见，但并不能否认广泛存在的对女性性别歧视的存在——可是这个陈述实际上暗含了一个更普遍的否认。大多数人在心理上感觉他们是正常的普通人。如果一个人否认有歧视行为，他或她事实上也否认了别的平常人的歧视行为。说上述话的这个人并不认为偏见和歧视是个严重的社会问题。如果有人质疑这种观点，那么做出这种否认型合理化的人可能会求助于谴责受害者型合理化的回答，因为这两者紧密相关。

谴责受害者合理化（Victim-blaming rationalizations）

谴责受害者合理化的人们驳斥偏见和歧视是普遍的社会性观念，即使他们承认问题是存在的。可是他们认为问题都与少数群体成员的不足或缺点相关（Ryan, 1976）。谴责受害者的人关注被社会偏见伤害的群体并坚信社会不需要改变，而是某些群体需要改变。谴责受害者的人要求个人不要敏感、爱出风头，应该努力工作并放弃抱怨。人们要为必须解决的问题负责。

谴责受害者行为经常发生在那些相信社会是正义的人之中。在一个研究中，受试者观察到两个人在工作中同样卖力。在任务结束后，研究者随机给其中一个人大的奖励；而另一个人却什么也得不到。当要求受试者评估这两个人工作中所付出的努力时，受试者倾向于认为什么也没得到的工作者没有受奖励的那个人那么努力。安若森（Aronson，1999）对于这个研究做出了分析，并认为，"我们发现生活在这样的世界里是可怕的，在那里人们并没有过错却被剥夺了他们应得的或需要的东西"（p.299）。

运用谴责受害者合理化的人们经常在谴责外还会提出解决措施。通过把问题定义为受害者群体存在的不足，谴责受害者的人提出的措施都是关于受害者需要做什么，因为他们是有问题的。大学校园里的强暴案不是在增加吗？那是女性的问题，她们不应该穿挑逗性的衣服，避免深夜外出，应该学习武术或带着胡椒雾剂来保护自己。强暴实施不了，这个男人还能怎么样呢。谴责受害者的人提供了解决措施，所以很容易把谴责受害者和回避型合理化混淆。

回避型合理化（Avoidance rationalizations）

不像否认型和谴责受害者型手段，回避型合理化手段可以识别社会中由于偏见和歧视所产生的问题。这与之前的合理化有重大的不同。即使一个认可回避型合理化的人承认存在问题，他（她）不会处理这些问题，而是会使用一个理由来回避它们。回避所面对问题的方式包括提供一个只能解决部分问题的措施，或者建议一个错误的、根本不能解决问题的措施。

大学行政人员要求学生选修民族研究的课程来解决偏见问题，这会解决小部分种族歧视和偏见造成的问题。学习关于民族群体的知识是个好主意，可是如果高校认真积极地反对种族主义并改善种族关系，行政人员和教职工必须招收更多不同背景的学生，雇佣多元化的教职工，并在校园里和社区中通过讲习班和研讨会宣传多元文化。

错误的解决措施不能解决性别歧视的问题，不管建议是什么，比如"如果我们不刻意关注它，性别歧视就会消失。"性别歧视产生的问题不会突然出现，也不会消失，除非人们用行动去挑战和改变性别歧视者的态度、政策和法律。任何解决社会问题和改善情况的方式都要分析问题，找出合适的解决措施，实施看起来最可能有效的措施，之后评估这些措施的影响。

另一种回避型合理化的手段就是使人偏离正在被讨论的问题。比如一群人正在讨论促进社会公正的努力。突然有人说，"你们太理想化了。我们永远不会解决这个问题，因为我们永远不会有一个乌托邦。"说这话的人并不是想要建立一个乌托邦，一个完美的社会，而只是寻找改善社会的方式。通

第二章　理解偏见及其成因

过说乌托邦是不可能的，这个人已经把谈话的焦点转移到了不同的话题上，而回避了这个问题。相信有可能建立一个完美的社会，这是不现实的，可是应该（事实上很有必要）相信任何社会都可以被改进。

关于在工作场所设立托儿所的讨论，有人也许会说，"我支持这个观点，可是需要时间；这不是一夜之间能发生的。"似乎是一个合理的回答，但如果事情就此结束了，会实现什么呢？若要成功地实施任何决策，人们必须阐明：需要完成什么？谁来做哪些事情？下个月要做什么？我们期待六个月后会怎么样？谁及如何确定有效运行的决策？阐述一个决策会花时间是事实，但需要讨论如何来实施它。回避这个讨论就是回避这个问题。问题是不能通过讨论和消磨时间来解决的，只能通过实施某种行动来解决。

后记

如果偏见是人类的天性，人类最终会为自己毁灭自己而感到绝望。然而相关研究都表明偏见是后天习得的，这个事实展示了一个希望，后天的习得都可被舍弃。教育可以解决媒体和语言中的消极态度，以帮助学生舍弃他们曾经学到的偏见，同样使他们理解为什么无偏见的行动符合每个人的利益。

> 有一个非常不合理的观念，在时间流逝中，必然有东西会治愈所有的弊病。而时间是中立的，既可被破坏性地使用也可被建设性地使用。
> 　　　　　　　　　　　　　　马丁·路德·金 (Martin Luther King, Jr, 1929–1968)

偏见可以被减少，通过传递准确信息，正式与非正式的学习和建立工作场所公正准则和惯例等。偏见同样可以通过朋友间互相挑战对方的消极的态度进行消减。即使有些人可能不会放弃他们的偏见，他们不再会依偏见去行动。我们受偏见的控制不是无法避免的。当认识到偏见并知道它是怎样习得的，我们可以限制与控制偏见对我们行为的影响。

当做出积极决策的时候，我们确信这是使未来充满希望的基础。从古至今，个人所做的积极决策都促成了人类真正的进步。如果我们的社会得益于它的多元性，那是因为美国人选择把多元化看成财富并能正视他们的偏见。今天，那些做出积极决策的人会重塑一个社会，这个社会是我们的孩子和他们的孩子都必须生活的地方。

术语和定义

回避型合理化（Avoidance rationalization）：对某一社会问题的应对方式（比如对某一少数群体的不公正问题）。承认问题存在，但会通过提供部分或错误的解决方案来避免解决问题，会说一些不解决问题的话语，如："是啊，但你得看这情况在去年有多糟。"

黑/白综合征（Black/white syndrome）：英语中短语中有单词Black（黑）的多为贬义，而White（白）的短语多为褒义。

否定型合理化（Denial rationalization）：对某一社会问题的应对（比如对某一少数群体的不公正问题）。不承认问题的存在并坚称无不公正的现象，伴随诸如："那不是歧视，男人一直都是老板；事情就该如此"的言论。

精英主义（Elitism）：认为优秀的人应该把持高位，成为统治阶层。没有成功的人是因为缺乏在社会中必要的某些素质。

种族屠杀（Genocide）：对某一国家、种族、民族或少数群体的系统性灭绝。

中性语言（inclusive language）：不特指某一性别的包含两性的词句。

制度性歧视理论（institutionalized discrimination theory）：对社会边缘群体具有区分性及消极影响的制度化政策和惯例。

利益理论（interest theory）：人们为保护权力和特权而进行或默许歧视性的行动。

内部殖民理论（internal colonialism theory）：把现今的歧视现象解释为由于支配群体对边缘群体的历史性剥削所造成的持续不平等。

歧视（prejudice）：对某一群体或其成员的消极态度。

替罪羊（scapegoat）：由于他人问题或过失而背负谴责；替罪羊经常被某人或某群体用于辩解其消极行为。

谴责型合理化（victim-blaming rationalization）：对某一社会问题的应对（比如对某一少数群体的不公正问题）。认为问题的出现是由于少数群体的不足所造成的，不是社会性的。比如："如果穷人要摆脱贫困，他们必须得努力工作。"

白人迁移（White flight）：由于法院要求城区学院解除种族隔离所造成的白人家庭从城区迁至郊区的现象。

零和定理 (Zero sum)：根据稀缺理论对权利和资源的观点，认为某人达到自己目标时会以别人的利益为代价。分享权力则意味着权力的减少。

参考文献

Allport, G. (1979). *The nature of prejudice*. Reading, MA：Addison-Wesley.
考察了偏见对因偏见而受到伤害的个体的影响。

Arliss, L. P. (1991). *Gender communication*. Englewood Cliffs, NJ：Prentice Hall.
在该书第三章"有关语言和性别歧视的讨论中"对性别歧视的语言进行了分析。

Aronson, E. (1999). *The social animal* (8th ed.). New York：W. H. Feeman.
综述了社会心理学研究并描述了有关人类行为模式和行为动机的相关研究。

Astor, C. (1997, August). Gallup poll：Progress in black/white relations, but race is still an issue. USIS electronic journal, *U. S. Society & values*, 2(3), 19—212.
强调了盖洛普民意测验特别报告中"美国白人和黑人关系"的相关信息．如果想了解完整的民意测验请查阅 http://www.gallup.com

Baker, R. (1981). "Pricks" and "chicks"：A plea for persons. In M. Vetterling-Braggin (Ed.), *Sexist language：A modern philosophical analysis* (pp. 161-182). Lanham, MD：Littlefield, Adams.
探讨了在与性别有关的俚语中所传达的社会中的性别歧视态度。

Bell, D. (2002). *Ethical ambition：Living a life of meaning and worth*. New York：Bloomsbury.
讨论了决定人的生活意义和生活质量的六要素，包括激情、勇气、信仰、人际关系、榜样、谦逊。

Bredin, J. (1986). *The affair：The case of Alfred Dreyfus*. New York：George Braziller.
描述了代表反犹太主义的典型案例的历史背景和与其有关的争议。

Bureau of Labor Statistics. (2001). Chapter 1：Counting Minorities：A brief history and a look at the future. *Report on the American workforce*. Washington DC：U. S. Department of Labor. Retrieved April 12, 2003, from http://www.bls.gov/opub
分析了美国劳动力人口数据及妇女与少数民族在劳动力大军中的角色和性质。

Carroll, J. (2001). *Constantine's sword：The church and the Jews, a history*. Boston：Houghton Mifflin.
研究了在历史中天主教与犹太人之间的关系，并解释了仍存在与当代宗教中的反犹太主义的历史形态基础。

　　Coleman, L. M. (1997). Stigma. In L. Davis (Ed.), *The disability studies reader* (pp, 216-233). New York：Routledge.

　　讨论了"耻辱"这一概念的由来，分析了为什么人类的某些差异被重视而有些差异却被认为是耻辱。

　　Daft, R. L. (2003). Managing diverse employees. *Management* (6th ed., pp. 436-468). Versailles, KY：Thompson Southwestern.

　　讨论了劳动力群体的多样性和企业文化正如何调整以适应这种多样性。

　　Evans, S. (1989). *Born for liberty：A history of women in America*. New York：The Free Press.

　　论证了妇女对殖民地时期和独立主权国家初期的美国的影响。

　　Farley, J. (2000). *Majority-minority relations* (4th ed.). Upper Saddle River, NJ：Prentice Hall.

　　在第二章(23页-27页)讨论了关于专制性格的研究，在第十章(290页-306页)讨论了美国周边地区的种族隔离。

　　Feagin, J., & Feagin, C. (1986). *Discrimination American style* (2nd ed.). Malabar, FL：Krieger.

　　从第7页到第13页描述了关于歧视的其他三种理论。

　　Feagin, J., & Feagin, C. B. (2003). Glossary. *Racial and ethnic relations* (7th ed., pp. 373-376). Upper Saddle River, NJ：Prentice Hall.

　　定义了族群关系方面的主要术语和概念。

　　Gioseffi, D. (Ed.). (1993). *On prejudice：A global perspective*. New York：Anchor.

　　文中摘录了历史文献和世界各国当代作家的著作对人类偏见及其带来的后果。

　　Giroux, H. (1998). *Channel surfing：Racism, the media, and the destruction of today's youth*. New York：St. Martin's.

　　分析了媒体，特别是电影中的形象对青少年和孩子的影响。

　　Goldhagen, D. J. (1996). *Hitler's willing executioners：Ordinary Germans and the Holocaust*. New York：Knopf.

　　该书为德国人纳粹大屠杀这一争议性话题提供了论据。

　　Howard, G. R. (1999). *We can't teach what we don't know：White teachers, multiracial schools*. New York：Teachers College Press.

　　整合了理论、研究及其个人经验并论述了由种族主义和白人特权产生的问题及其改善措施。

　　Jones, J. (1997). *Prejudice and racism* (2nd ed.). New York：McGraw-Hill.

　　结合来自心理学、社会学、人类学、生物学、政治科学和历史学等方面的数据来解

第二章 理解偏见及其成因

释偏见、种族主义及二者的关系。

Levin, J., & Levin, W. (1982). *The functions of discrimination and prejudice* (2nd ed., p. 202). New York: Harper & Row.

通过两个流程图归纳了偏见的各种原因和后果。

Martinez, R., & Dukes, R. L. (1991, March). Ethnic and gender differences in self-esteem. *Youth & Society*, 22(3), 318-339.

文中呈现了在美国科罗拉多州科罗拉多泉最大学区(Colorado spring, Colorado)多种族学生校园中对7—12年级学生的自尊研究的结果。

Massey, D. S. (2001, January). Residential segregation and neighborhood conditions in U. S. metropolitan areas. In N. Smelser, W. Wilson, & F. Mitchell(Eds.), *America becoming: Racial trends and their consequences*. (ERIC Document Reproduction Service No. ED449286)

描述了近期种族隔离增加的过程,特别是对黑人的隔离,也论述了对讲西班牙语的拉丁美洲人和亚裔美国人隔离的性质。

Miller, C., & Swift, K. (1977). *Words and women*. Garden City, NY: Anchor Press Doubleday.

在第二章"人类是谁"中解释了一项对初中生以"早期人类"为主题进行绘画的研究和对有关性别歧视的一般用语的相关研究

Moore, R. B. (2000). Racism in the English language. In K. Rosenblum & T. Travis (Eds.), *The meaning of difference: American constructions of race, sex and gender, social class, and sexual orientation* (2nd ed., pp. 451—459). Boston: McGraw-Hill.

研究了许多带有种族主义的词和短语的来源及含义。

Ryan, W. (1976). *Blaming the victim* (2nd ed.). New York: Vintage Books.

描述并分析了在中部城市中指责黑人罪有应得的态度。

Sadker, D., & Sadker, M. (1994). *Failing at fairness: How America's schools cheat girls*. New York: Charles Scribner.

讨论了学校中重男轻女的现象。在83页-85页第三章"自尊逐渐下降"中描述了密歇根(Michigan)的研究。

Sartre, J. P. (1976). *Anti-Semite and Jew*. New York: Schocken.

描述了第二次世界大战后法国的反犹太主义,证明法国人知道纳粹大屠杀。

Schaefer, R. T. (2004). *Racial and ethnic groups* (9th ed.). Upper Saddle River, NJ: Pearson.

在102页-131页第四章"移民和美国"中论述了美国移民人口构成的变化和反移民情绪的变化。在36页-71页第二章"偏见"中讨论了使用社会距离量表所得到的研究结果。

Selden, S. (1999). *Inheriting shame: The story of eugenics and racism in America*. New York: Teachers College Press.

研究了优生运动在美国的发展和从中得到的经验教训。

Simpson, G. E., & Yinger, J. M. (1985). *Racial and cultural minorities: An analysis of prejudice and discrimination*. New York: Plenum.

提供了一项对偏见和歧视的深入调查,包括使用社会距离量表的一些研究。

Stephan, W. (1999). *Reducing prejudice and stereotyping in schools*. New York: College Teaches Press.

回顾了有关偏见和刻板印象的理论,研究了促进负面态度改变的条件并描述了在学校中改善种族关系的一些技巧。

Thurow, L. (1980). *The zero-sum society*. New York: Penguin.

描述了当社会接受零和博弈思想(zero-sum thinking)以及零和博弈思想运作时的经济意义。

United States Bureau of the Census. (2004). *Statistical abstract of the United States*. Retrieved July 10, 2006 from http://www.census.gov.

文中提供了美国劳动力人口统计的历史数据和当前数据。

Vega, F. (1978). *The effect of human and intergroup relations education on the race/sex attitudes of education majors*. Unpublished doctoral dissertation, University of Minnesota, Minneapolis.

讨论了在文化和体制的影响下个体的种族主义和性别歧视态度的形成。

Wessler, S. L. (2001). Sticks and stones. *Educational leadership*, 58(4), 28-33.

描述了在学校中孩子使用的脏话和暴力语言,以及这些语言对受害人的影响。

复习和讨论

总结练习

参阅本书第31—32页的练习可以帮助你总结本章的核心观点,界定关键术语。

辨析题

辨析题1. 合理化 (rationalization):否认、谴责受害人和回避型合理化

说明:这个练习列举了我们在日常生活中可能经常听到的言论。基于本文和你们小组的讨论，判断每一条言论使用了哪种合理化方式。首先选出哪些言论最能体现对问题的回避，其次，挑出哪些言论中说话者使用了否认型的合理化手段方式，认为"事情原本就是这个样子"。最后，确定属于谴责受害人的言论，即认为问题应归咎于某一具体个人或群体自身的过失。

对偏见进行合理化

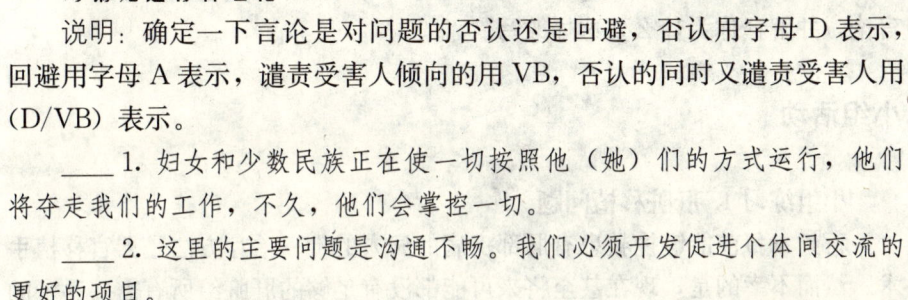

说明：确定一下言论是对问题的否认还是回避，否认用字母 D 表示，回避用字母 A 表示，谴责受害人倾向的用 VB，否认的同时又谴责受害人用 (D/VB) 表示。

____ 1. 妇女和少数民族正在使一切按照他（她）们的方式运行，他们将夺走我们的工作，不久，他们会掌控一切。

____ 2. 这里的主要问题是沟通不畅。我们必须开发促进个体间交流的更好的项目。

____ 3. 那便是这些人想要的生活方式，你不能改变穷人，他们就是那样的。

____ 4. 我们必须带着对这些问题的思考行动。真正的改变需要时间，我们必须对人们加以教育。

____ 5. 这些妇女就是想要福利，她们只待在家里生养孩子，而我们其他人却要工作并要缴税救助她们。

____ 6. 我不明白为什么这样称呼他们，我们不都是人吗？为什么还要被分为黑人、墨西哥裔美国人、拉丁美洲人、美国原住民和亚裔美国人？

____ 7. 印第安人最大的敌人是他们自己。他们应该停止内部的争斗，为自己真正的需要共同努力。

____ 8. 如果黑人想要在我们的社会中取得成功，他们必须改变拉斯塔法里式这样的发绺和其他那些奇怪的发型、肥大的衣服、可笑的握手方式等，他们还要开始学怎么讲更好的英语。

____ 9. 是的。但在早些年种族和性别歧视更严重。即使这样，今天我国的妇女和少数民族的情况比世界其他国家要好得多。

____ 10. 妇女们只是对性别歧视太敏感了，她们需要更冷静、更理性地看待这些问题。

____ 11. 我们需要更多的关于对非裔美洲人、拉丁美洲人、美国原住民和亚裔美国人的研究，以了解他们对我们的社会所作的贡献。

____ 12. 女权主义者要求改变，太急于求成。她们带给自己的伤害大于受益。

____ 13. 我理解一些人面临着比其他人更多的困难，但在这样一个自由的国家，我相信任何一个愿意努力工作的人都能取得成功。

延伸：任选三种合理化类型（D\VB\A）中的两种进行改写，改写为第四种类型即不对偏见进行合理化。在适当的时候，和其他人分享你改写的言论，并解释你为什么要这样改写。

小组活动

小组练习 1. 肝脏移植问题

背景：目前能够挽救患有肝部疾病的病人的唯一治疗方法是器官移植手术。然而不幸的是，现在甚至将来可能都没有足够的肝脏给所有需要手术的患者。

你的角色：根据一些标准来决定救治哪些人，这些标准不是医学上的标准。你所在的医院已经确定选择进行移植手术的患者的最佳方式是成立一个可以由市民自愿参与的专门小组，然后由这个小组决定人选。

你也参加了这个专门小组，并拿到了关于需要移植手术的患者的情况表（如下表所示）。所有患者手术成功的几率都相同。

需要肝脏移植手术患者的情况表：

Code	Age	Race	Sex	Marital Status	Religious Affiliation	Children	Occupation
A	24	Black	M	Married	Muslim	None	Postal worker
B	45	White	M	Married	Atheist	2	Executive
C	39	Asian American	F	Divorced	Buddhist	None	Medical doctor
D	40	White	F	Married	Jew	3	Housewife
E	23	White	M	Unmarried	Episcopal	None	PhD student
F	40	White	F	Unmarried	Pentecostal	9	Welfare mother
G	28	Native American	M	Unmarried	Native	3	Seasonal worker
H	30	Latina	F	Married	Catholic	7	Housewife
I	19	White	M	Unmarried	Baptist	None	Special Student

问题：现在只有一个肝脏器官，只能选择表中的一个人进行移植手术，并需要尽快决定人选。那么其他这些不能得到手术治疗的患者将不久死去。如果有更多的肝脏，其他患者也能够进行器官移植，但对是否还能有其他肝器官无法预料。

说明：从列表中确定一个人进行器官移植手术。对于人选的确定，你们小组需要全体一致同意。当你们在思考的同时，讨论在这个过程中你们所使用的价值观和其他那些人的价值观，以及你们的选择标准。

在小组内对以下几个方面进行讨论：

1. 你们选择患者进行移植手术的标准。
2. 为什么你们认为这个人符合你们的标准。
3. 你们的小组对于选出一名患者如何达成了共识。

关于患者的备注：

A. 贡献时间参加黑人组织机构的自愿者工作。
B. 可能是美国议会的候选人。
C. 大学的内科医生和男女平等主义的代言人。
D. 积极参与当地犹太教会和慈善活动。
E. 一个同性恋权利行动小组的中级领导人
F. 母亲福利的倡导者和组织者。
G. 印第安人条约权利组织的领导人。
H. 失明并有身体残疾。
I. 有认知障碍。

小组练习 2. 我没有偏见，但……

说明：自己阅读下面的陈述并尽可能如实地回答。你以前是否曾有过或是表达过同样的想法，或者在你的家庭里曾听到过类似的观点。请把你的回答写在题号旁边。如果你的回答是有时用"S"表示，是经常用"O"表示，从来没有用"N"表示。

如果你愿意和别人讨论，也可以让他人分享你的回答。

我没有偏见，但……

1. 如果在社交场合，有人讲了一个含有种族意味的笑话，我会笑。
2. 我在校园里走，当迎面走来一群其他种族的人时，我会感到不安。
3. 我不明白为什么要分开上不同族群的课程，像美国原住民历史或是非裔美国人历史。
4. 作为美国公民人们不必给自己一个带附加词的称谓，如亚裔美国人和爱尔兰裔美国人。我们都应该只是美国人。
5. 种族偏见不是我很关注的话题。

6. 既然亚裔美国人能通过自强不息克服困难与歧视而提升自己，那么其他少数民族也应该那样。

7. 我认为少数民族应为他们自己的贫困负责。

8. 过分地强调少数民族学生的族群身份只会使种族关系更加糟糕。

9. 拿一面国旗或是挂一面国旗在宿舍不应该被视为是种族主义行为。

10. 我能理解在大城市的学校开设多元文化教育，但我不明白为什么要在乡村或郊区学校进行多元文化教育。

社区服务

行动研究

我们的媒体平等对待了所有的种族和民族吗？残障人士上镜的人数和他们总体的数量成比例吗？男士的形象和女士的形象被给予了平等对待吗？对此做一个小型研究项目。你可以选一种日常出版物的数期，如可以是你们当地报纸或一种杂志的很多期，也可以是某一个电视频道的节目的几期。从它们的广告等各方面记录其中残障人士或不同种族出现的几率。然后尽可能详细具体地把你得到的信息做成表格，并最终把你的结论形成一页报告以说明我们的媒体对待残障人士、男士、女士、主流族群和种族的平等性。

服务学习

今天在美国种族和阶级之间的偏见有多普遍呢？带着这个问题拜访当地的一个慈善组织或类似的机构，并作为自愿者在这个机构工作，完成一项任务或是形成一个课题。了解该组织如何对待种族偏见或是经济方面的歧视？这种偏见正如何被减轻？无论你是否完成了你的课题，把你的结论汇报给你的上级或是项目协调人，也要向老师报告并解释你是怎样对人类差别进行了积极的研究。

第三章 沟通、冲突和冲突的解决

"如果要我总结人际关系领域最重要的一条准则,我想那就是:
先去理解别人,然后才能被别人理解。"

史蒂芬·柯维(1932—)

沟通看上去很简单:一个人在说,另一个人边听边理解;当第一个人停下来不说了,另一个人开始回应,要么支持,要么反对。可是为什么会存在诸多导致个体、群体、组织和国家间冲突的误解呢?答案在20世纪60年代的电影《铁窗喋血》(Cool hand Luke)中也许有所体现。在这部电影中,保罗·纽曼(Paul Newman)扮演的卢克是一个犯人,他总是破坏监狱长的规定。当监狱长又一次惩罚卢克的时候,说道:"看来沟通又失败了"。实际上,并不是卢克不懂监狱里的规定,而是他不尊重并一直违犯这些规定。典狱官用"沟通"一词是因为卢克没有理解"遵守监狱规定"这一要求。

沟通和冲突

沟通的过程不仅包括听、说和理解这些过程。要了解什么是沟通,就要对沟通的目的和人们对沟通的态度有所了解。斯皮兹博格(Spitzberg, 1990)说,在人清醒时的70%的时间里都在与人沟通。对于个人来说,拥有有效的沟通能力无论在生活中还是在工作中都是一个优势,而这种优势在冲突发生时尤为明显。只有当事人能有效地沟通,才有可能解决冲突。

对沟通的恰当定义是什么?

大多数人都认为"沟通"这个词指的就是人际沟通,然而大众传媒是一种沟通形式。科格尔(Kougl, 1997)对人际沟通(interpersonal communication)下了一个确定的定义:"人与人之间相互作用的一个动态过程。在这个过程中相互作用的两方会给对方的言语和非言语行为赋予意义"

(P. 7)。这个定义中的两个要点——赋予意义和非言语行为（assign meaning and nonverbal behavior）就是导致冲突的原因。

"赋予意义"怎样导致了冲突？

在沟通中，我们不仅听对方说的话，还要推测对方的意思。如果我们的推测是准确的，那就不存在问题；但如果是不准确的，很可能会导致误解。有时因为不同意他人的观点，我们有意做出不准确的推测，就是为了证明对方是错误的。奥普拉·温弗莉（Oprah Winfrey）的一期父母反对子女跨种族约会的节目是一个很好的例子。在这期节目中，当一位人际关系顾问简·埃利奥特（Jane Elliott）表达她的观点时，一位白人父亲做出一些有偏见的评论。当埃利奥特解释她对美国种族主义的看法时，那位白人父亲打断了她：

父亲：其他国家就没有种族主义吗？

简：其他国家肯定有种族主义。这是毋庸置疑的。

父亲：那你为什么总说美国这样、美国那样。我们确实生在一个种族主义者的社会，但我觉得你的意思是只有我们美国人是种族主义者。

简：我这么说过吗？

父亲：你说的话给我的感觉就是这样。

简：不，是你自己这么想的，并不是每个听我说话的人都跟你一样。你有这种想法是因为你想那样。这是你的选择。

父亲：对，这是我的主观臆断。

简：对，你就是在用自己的主观臆断来为自己的观点辩护。但你的观点是站不住脚的。

父亲：你不就是那个说"因为白人喜欢巧克力和巧克力牛奶，所以他们想成为黑人"的那个人吗？

简：这话可是你说的，而不是从我这里听到的。（对观众说）你们听我那样说过吗？（观众说："没有"。）

父亲：我不是说刚才，而是在之前的其他节目里。

简：你真认为我会说这话吗？

父亲：（耸肩）我怎么知道。

简：大家看到了，我们现在讨论的是精神疾病。种族主义是一种精神疾病。

通过指出那位父亲的错误性假设（注意她评论中对"选择"的强调），埃里奥特揭穿了他故意误解的行为。他想当然地以为埃里奥特只是在不断抨击美国，所以他为了转移有关美国种族主义问题的话题，而问到其他国家的种族主义的情况。他觉得埃里奥特对现实不了解，还相信关于"喜欢巧克力"的荒谬观点。在简·埃利奥特指出那位父亲对她的观点的两处曲解之后，她道出了导致该现象出现的原因：种族偏见。之后，她又说，种族主义可以使人们说出和做出一些"疯狂"的事情。

> 词语的意思并不在它们本身，而在于我们如何理解它们。
> S. I. 哈亚卡瓦（S. I. Hayakawa, 1906-1992）

另一档脱口秀节目中，菲尔·唐纳修（Phil Donahue）故意与人权倡导者查理斯·金（Charles King）唱反调，两人之间展开了一场激烈的辩论。在谈到种族主义时，金表示，当黑人向白人描述他们的种族主义遭遇时，白人却不相信他们说的是事实，这使他们十分苦恼。之后的对话如下：

菲尔·唐纳修：事实不总像你说的那样。

查理斯·金：但绝大多数情况……你们看是这样的……

菲尔·唐纳修：你是黑人，这不能说明你说的都是事实。弄得自己像救世主一样，你应该知道这样说很不明智吧。（观众鼓掌）

查理斯·金：你们刚刚听到的就是一直以来白人在黑人面前使用的话语。（观众："不是吧。"）就是。不过他说的一样是对的。那就是，仅仅因为你是黑人并不意味着你说的总是对的，但这让白人觉得，我说的很多东西是错的。

菲尔·唐纳修：不，不是这样的。（观众："不，不"）

查理斯·金：那你刚才为什么这么说？

菲尔·唐纳修：是你。是你说的。

查理斯·金：我可没说。白人总是夸大黑人说的话。他说的是——我从来没说我是黑人，所以我说的都是对的。我从没有……

菲尔·唐纳修：你说过。你刚说完。

查理斯·金：我没说过！

菲尔·唐纳修：那你刚才说的什么？

查理斯·金：我说的是，你夸大了我说的话，把我的话绝对化来证明你是对的。我从没说过因为我是黑人，所以我就总是对的！我从没有那样说过。观众应该清楚我没那么说过，而是你说的。

和埃利奥特一样，查理斯·金也能够发现误解的起因。他说的是，黑人口中所说的种族主义问题是事实，而菲尔·唐纳修夸大了他的话，让大家觉得金在表达"我的话都是对的"这个意思。这就将金的话转化成了一个可被驳斥的绝对性观点（extreme statement）。金还指出，这种夸张的手法是白人在谈论种族主义时的惯用伎俩：他们通过夸大有关种族主义的合理主张，来否认这种合理性进而抹杀种族主义问题。这两个例子讨论的都是语言行为导致的冲突，而非语言行为也能导致误解和冲突的产生。

非语言沟通怎样引发冲突？

海斯特（Hecht）和德维特（DeVito，1990），将非语言沟通（nonverbal communication）定义为"除言语外的一切人们交流的信息"（p.4）。有人估计在沟通中，人们从非言语行为中获取高达93％的信息，但贝格恩（Burgoon，1985）认为60％到65％更为真实。孩子们不能像成人那样从非语言行为中领会那么多意思。然而家长和老师们必须注意自己的非语言行为所暗示的信息，尤其是当他们表达不满或惩罚孩子时。为了让孩子懂得大人的意思，非言语信息就不能和言语信息相矛盾或者不清晰（Kougl，1997）。

当小孩犯错时，比如欺负或嘲笑其他孩子，家长或老师可能会对他们进行一番训诫。大人说："欺负其他小朋友是不对的。这会伤害别人的感情，还会惹他人生气，我也会生气。你不要再犯了，否则没人会喜欢你，也没人愿意和你一起玩。"说到这儿，大人的意思已经表达得很清楚，而且他也给出了包括涉及孩子自身利益在内的很多让孩子改正行为的好理由。但是，如果大人在传达这个信息时带有愤怒的表情、以很高的声音，并用手指着或戳着孩子，好的建议就不会被传达。孩子得到的信息并不是"这个行为不对"，而是"我很坏"或者"她恨我"（见图3.1）。

得到这样信息的孩子们不会改变他们的行为，而是继续"作乱"。他们把它当做一种反抗给他们消极评价的大人的方式，或是一种自我实现的预言

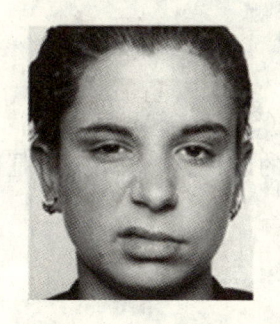

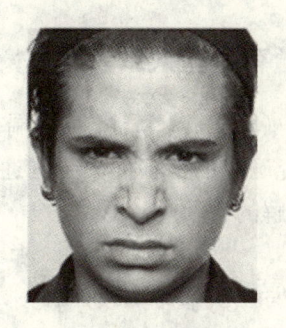

图 3.1 根据艾可曼（Ekman，2003）轻视或厌恶的表情显示出对某人的憎恶。以前的研究表明人们经常混淆憎恶和愤怒。在艾可曼研究的两幅图中，一个表情是轻视，一个是愤怒。请试着辨别两幅图（答案见本章末的文献处）。
来源：Used by permission of Paul Ekman.

——既然她说我不好，那我不好下去吧。告知孩子某种行为是无法被接受的，这在无形中给了他们选择的权力。孩子们可能不觉得他们能改变自己，但是知道他们能改变自己的行为。但如果听到大人对他们自身的消极评价，那他们就没有办法了。这种从对非语言信息的误解中产生的矛盾，在成人中也同样存在。

"赋予意义"和"非语言信息"这两个要点指出关于沟通的两个误区：沟通只是告诉别人一些事情；沟通是一个仅仅用言词传达信息的语言行为。致力于成为良好沟通者的老师知道不断要求学生提供反馈，并以此来确保学生理解他们传递的知识。波斯特曼（Postman）和维格特纳（Weingartner）（1969）批评了采用"满堂灌"的教育者。这样的老师在课堂上不停地给学生灌输知识，生怕他们学得不够，知道得太少。当学生的考试成绩反映出他们没有掌握这些知识时，教师的反应和医生相似——明知道接种了疫苗，但却不知道为什么疫苗没有起作用。在探讨课堂沟通时，科格尔（Kougl，1997）强调教学不仅仅是说话，它和沟通一样，还包括除言语外的很多方面。

> 沟通，很简单也很难，以至于我们无法用简单的语言表达它。
> T. S. 马修斯（T. S. Matthews，1901－1991）

关于沟通有哪些误解？

在斯托恩（Stone）、辛格尔塔瑞（Singletary）和里士满（Richmond）（1999）所研究确定的很多种关于沟通的误解中，以下五种是最重要的，也是需要我们了解的：

沟通是人与生俱来的本领；
沟通是好事，应该被鼓励；
沟通可以解决我们所有的问题；
沟通会中断；
有沟通能力等于有沟通效果（p. 56—61）。

沟通是人与生俱来的本领。 在对南北卡罗来纳州的彼得芒特高原（Piedmont Plateau region of the Carolinas）上三个社区的纵向研究中，海斯（Heath，1983）介绍了孩子们学习沟通技巧的方式和这些技巧是如何因孩子们受教育的方式不同而多样化的。海斯发现，低收入的白人家长通过读故事书来教孩子语言，且每个故事都有一定的寓意。家长的沟通风格是说教和专制式的。他们的孩子会记住《圣经》（Bible）里的章节，学习关于对错的严格规范，在说谎时会遭到严厉惩罚。这些孩子最初入学时会表现得很好，因为老师的沟通风格和家长一样。孩子们听老师的话，寻找每个故事中唯一的寓意，并按要求记住学习内容。

但是，当低收入白人家庭的孩子上完小学后，他们要参与很多需要批判性思考和创造力的活动。他们在编故事时遇到了麻烦，因为他们觉得这是在撒谎。他们要尽力以多种角度来理解故事，还要分析不同角度的优缺点。他们简单的生活经历让他们对这种复杂的阅读、思考和沟通完全没有准备。进入中学后，他们的分数和自信都有所下降，大多数人的学术能力都不合格，有些人还没读完高中就辍学了。

海斯还介绍了低收入黑人家庭孩子的语言学习。这是一个培养创造力的过程。在这个过程中，大人们也给孩子讲故事，但故事往往没有什么特别的寓意，都是些发生在工作、邻里间的事，有时也会讲到虚伪的政客和固执的唱诗班领唱者（p. 168）。大人们讲的故事通常都有事实基础，但是也有虚构成分。当故事离现实过远时，就是胡说八道了。除了听故事，男孩们还要通过面对佯装的敌意、不尊重和侵犯行为来学会应付别人的戏弄的语言技能；而女孩们通过一边跳绳一边编歌来提高语言技能。男孩和女孩们不光要练习讲故事，还要像大人一样学会在故事中添加一些虚构的情节。

低收入黑人家庭的孩子们带着具有高度创造性的沟通技能来到了学校，但是由于不善于记忆或囿于事实性的信息，他们刚进小学时表现并不好。除了教师想让他们学的简单道理外，他们会从故事中看到更多的意思。然而由于他们总要应付各种作业，越来越觉得自己是不合格的学生，最终失去了信心。当他们在小学高年级遇到更具有创造性和复杂性的学习活动时，他们表现得越来越不好，因为成功在他们心里早已成为不可能。

海斯注意到在各个教育阶段中学业成绩都好的学生，无论白人还是黑人，都来自中产阶级家庭。中产阶级家庭家长也给孩子们读故事，并且针对故事中的教育意义提问，但他们也鼓励孩子进行创造性和分析性活动。家长给孩子读一个故事后会问："你会愿意和小熊一起钓鱼吗？你觉得你能逮到什么呢？"（p. 250）中产阶级家庭的孩子入学时已具备了一定的沟通和语言技能，所以，在小学低年级时他们在记忆性和说教性的（didactic）学习活动中表现很好；在随后的几年中，他们也能够适应强调创造性和批判思考的学习活动。海斯的研究表明，学习沟通并不是人与生俱来的本领，而是一个人小时候所经历的文化和社会环境的产物。

沟通是一件好事，应该被鼓励。沟通是一种工具，既可以用于好事也可以用于坏事。希特勒（Hitler）用演讲技巧激起了雅利安民族的优越情绪，加深了德国人的反犹太人偏见，酿成了德国人对犹太人的仇恨，最终导致了迫害与屠杀。而马丁·路德·金（Martin Luther King）却用演讲技巧呼吁采用非暴力抵抗来对待压迫。他告诫他的追随者们不要痛恨压迫者而是要投身于支持正义的事业。对于任何形式的沟通，只有弄清说话人的目的才能判断其好坏。

当马上要采取行动时，认识到什么时候没有必要再做沟通也同样很重要。当人们不付诸行动空谈问题时，马丁·路德·金会哀叹"分析的瘫痪"。当然，在行动前需要仔细筹划，在决定行动路线前花时间来考虑其他的方案和行动结果也是必要的。某些时候我们必须停止分析每一个可能的后果，而直接采取行动。在行动之后，我们再考虑后果并决定是否要继续或者选择其他方法。这就是弗莱雷（Freire，1970）所提出的"实践"（praxis）的意思

——先采取行动解决不公正的问题，然后个人或团体在实践中反思已完成行动的效果。

> 积极思索，谨慎行动。
> 亨瑞·伯格森（Henri Bergson，1859—1941）

沟通能解决我们的所有问题。沟通具有解决问题的潜力，但是也可能会制造问题。诗人玛亚·安格露在一次和大学生的对话中表明每当有人问她"我能很冷酷地沟通事实情况吗？"她总会说"不"，因为她不鼓励人们用冷酷的方式沟通。无论人们要传达的信息准确与否，是真实还是歪曲，只要沟通方式具有残酷性，就会伤害别人的感情。这种方式不是在解决问题，而是制造问题。我们完全可以用温和的方式真诚地沟通，对别人给予尊重和理解。

有意思的是，有些沟通并不以解决问题为目的。博奈（Berne，1996）将这种沟通称为"做游戏"。在"你说糟糕不糟糕"这个游戏中，两个人谈论一个问题，并不是为了解决它，而是互相肯定对方的观点，有时还要牵涉第三方。比如两个老师谈论一个学生丹尼，他们一个描述他的恶劣行为，另一个则援引丹尼在他班上的类似表现，而且就这样你一言我一语地分享着各自的经历。他们并不试图通过理解男孩的行为来帮助他，而是相互肯定"不是咱俩的问题，都在丹尼自己。"当对话结束时，他们觉得自己对于丹尼的问题没有责任，也没必要做什么来帮助他。他们的沟通并没有解决丹尼的问题，而只是一种自我安慰。

在一个被博奈称作"是的，但是……"的游戏里，一个人表面是要征求另一个人的意见，但实际上却另有所图。以路易斯为例，他与父母产生矛盾后去找要好的朋友寻求建议，他的朋友给他出了几个主意，而路易斯不是说他已经试过了但没有用，就是说他曾经想过这么做但是行不通，还解释了不行的原因。当朋友再也想不出办法的时候，他会说"那我不知道你能怎么做了，真是想不出来了。"这时，路易斯会说句"没关系"然后就走开了。这个朋友可能会因为没能为他解决问题而感到沮丧，但是对路易斯而言，对话的目的就是要听别人说自己已经把该做的都做了，没有其他办法了。这样他就可以说这个问题责任不在他，而在他的父母。这两个"游戏"的发起人就是想从沟通中获取自己想要的，并不是为了解决问题。

沟通会中断。很多人都用这种对沟通的误解来解释冲突发生的原因。叛逆的青少年说父母不理解他们，夫妻抱怨对方不懂得欣赏他们，工人罢工，高呼管理层不跟他们真诚地谈判。在这类情况下，我们也许认为因为沟通会中断，所以我们的冲突不能被解决。机器坏了会停止不转，但是沟通不会中断，因为即便人们彼此停止交谈，沟通也不会停止。他们的沟通可以通过传言实现，可以是非语言的，也可以通过了解别人的决策和行为来实现。

> 不透明的信息交流会充满谣言和猜忌，除非存在开放、可信的沟通。
> 金·凯夫乐（Jean Keffeler，当代）

因为一个人想要或者需要知道另一个人在想或者做些什么，所以沟通不会中断。一个人可能根据对别人的假设来决定做（或者不做）一些事情。一个人可能决定不去参加圣诞聚会，或者决定参加聚会。但不和某个同事说话或者有眼神接触，以让那个同事知道他还在生她的气。举一个极端的例子，戴兰·克莱伯德和埃里克·哈瑞斯不再回应一些同学对他们的嘲笑，并默默忍受他们在哥伦拜恩高中受到的言语虐待。但是当他们回到家时，他们把内心压抑的愤怒和报仇计划写了下来，并录成磁带（Brown & Marritt, 2002）。沟通可以是无效或有效的，但从不会停止。如果口头交流停止了，沟通将会以其他替代形式（书面或行动）进行。

有沟通能力等于有沟通效果。很少有大学生会迈入这个误区，因为他们在校园里经常遇到对所教学科知识渊博，但偏偏讲课不行的教授。如果我们对某个话题有丰富的背景知识，那么我们就有讨论这个话题的能力。但是有知识并不代表能把所知用易懂的方式表达出来。

师范教育的主要目的之一就是培养人的有效组织信息和传递信息的能力。无论是讲授还是用其他方法传递信息，教师们都必须了解研究总结出的帮助学习的有效方法。教师想要知道自己传递信息的效果如何，就要对学生的学习成果进行评估。考试或其他形式的评估可以评判学生的学习情况，但更重要的是，这些方法可以体现教师是否有效地传播了知识。

大学中没有读过师范的老师会通过辅导员或者自学了解怎么与学生沟通。很多教授有成为好老师所需要的学识，但是由于"有沟通能力等于有沟通效率"误区的存在，很多学生把学不到东西归咎于老师专业水平不行。教授们有沟通能力，因为他们有沟通所需要的知识，有些人可能还发表过文章，出版过专业书籍；但他们可能缺乏沟通的效果，因为他们缺乏进行有效课堂沟通的技能。

有效的沟通是怎样产生的？

为了弄清发生误解的原因，人们建立了很多模型来检测和分析沟通过程（schramm，1973；stone，1999）。下面的模型介绍了人际沟通包括的四个因素。我们每次与人沟通的过程都受到这四个因素的共同影响（参看图3.2）。

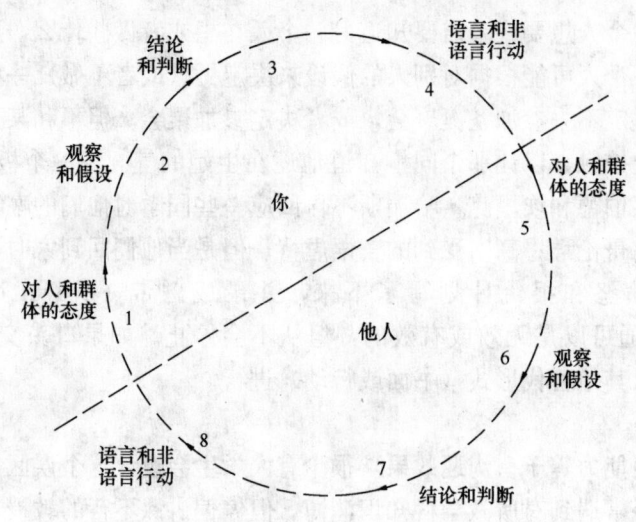

图 3.2 个体态度与沟通关系

沟通的环形模型：

1. 对其他人和群体的态度；
2. 观察和假设；
3. 结论和判断；
4. 语言和非语言行为。

首先，沟通过程是建立在一个人对其他人或群体的态度的基础上的。所有人都会对与他人的沟通有一个总体的态度。有些人对他人持信任态度，有些则持怀疑态度；有些人愿意分享观点，而有些人有所保留；有些人喜欢支配和控制他人，而有些人则持平等主义观念。我们的态度会因沟通对象的不同而改变。比如，我们与家人的沟通与陌生人就是不同的；我们和同性别群体的交流，就与和混合性别群体或异性群体的交流不同；我们和同种族或民族内的人交往时的行为，就与不同种族或民族组成的群体中的人交往时的行为不同。你对某少数群体持有的偏见或刻板印象（stereotypes），会影响你和这个群体中某个成员的交往。

其次，在交流之前，我们对于其他人的观察和假设就已经影响了沟通。我们会根据对方的外貌做出不同的最初反应，或友好热情，或冷淡猜疑，甚至会充满敌意的拒绝。有时我们的这种最初反应也是我们"选择性知觉"（selective perception）的结果。"选择性知觉"会强化一个人对某一群体的刻板印象。

我们的观察是怎样影响我们的假设的？如果一个人被介绍与一个长发、头戴红色方巾的白人男子认识，他会怎么做？根据观察，这个人可能会认为这个白人男子要通过模仿 20 世纪 60 年代的大学生来表示他对物质社会的排斥。那个时代的大学生置疑权威人物，反对中产阶级价值观、顺从和越战。之后这些观察和假设会进入下一个阶段。

第三个阶段：结论和判断。它们是指我们对一个人下结论或做出判断时所采用的价值观和信条。在长头发年轻人的例子中，各种观察他并对他进行假设的人最终得到的结论可能不同。一个在 20 世纪 60 年代上大学且认为那段时光对他一生影响很深的人的最初结论可能是积极的——那个年轻人使我回想起年轻时的岁月。相反，一些被教导尊重权威，崇尚社会的物质享受，并以获得物质享受为目标的人，可能会做出一个消极的判断，也许会以为他吸食大麻或者使用非法药物。偏见和消极的刻板印象使人产生对他人的消极假设，并最终导致对他人的负面判断。

整个过程的第四个阶段是语言和非语言行为。当人们相遇时，一个人会说或做一些事进行互动，比如简单地微笑或点头，保持眼神接触或转移视线。肢体语言的非语言行为同话语一样，也能开启沟通，而且效果同样强大。

沟通模型对于解决冲突有什么启示？

如果沟通过程中产生了冲突怎么办呢？我们最普遍的反应是关注采取的措施、引起冲突的言语和行为。比如，在休息时小学教师经常目睹孩子们打架骂人的情景，有些老师的反应是让欺负人的孩子道歉。因为孩子的行为有错，老师要他用此种行为来弥补之前的过错。老师注意的是问题的表征而不是起因，这样没有从根本上解决问题。那个孩子表达得可能不是真切的歉意，他从"道歉"中学到的只是虚伪——在被强迫的时候说并不真实的东西。

有效的冲突解决方式不是肤浅地关注行为，而要分析可能引起冲突的其他因素。正像斯克莱姆（(Schramm，1973）所说，"沟通行为的完整意义从不在于表面"（p.23）。基于这个原因，解决冲突的大多数策略倾向于超越表面意义：表达"我"的想法（Gordon，2000）；进行交流分析（Harris，1993）；应用感情移入来促进理解（Rogers，1980）；商讨双赢策略（Jandt，1985）。尽管如此，如果当事人没接受这些方法的重要意义，一个甚至被证明行之有效的措施也可能是无效的。

下面的表格运用了冲突发生前沟通的四个因素来分析理解父女冲突的起因。情境涉及艾比和她的爸爸。艾比正在电话里跟朋友讨论见面的计划，但她的爸爸对这些朋友十分反感。

如果艾比和父亲想要解决冲突，就不能一直纠缠于彼此说了什么做了什么，这样只会再起争执。相反，他们可以分析产生争执的原因，并在达成共识的基础上解决问题。他们相互争执是因为父亲施加家长权威的行为与艾比渴望获得更大独立性的愿望之间发生了冲突。他们需要讨论两人之间对立的假设和愿望。父亲要清楚青少年反抗家长权威是普遍现象而不是艾比针对他的个人行为；而艾比要意识到父亲权威的合理性。只有父亲支持艾比获得更大独立的愿望，艾比明白父亲想要保护她，以免她因错误决定而受到伤害，他们两人的问题才能解决。人通过分析和讨论个人行为很难解决人与人之间的冲突，只有从矛盾双方对彼此的观察、假设、结论和判断中或从他们对人或群体的不同意见中才能找到解决问题的方法。

	父 亲	艾 比
人际和群际态度	爱他的女儿并希望她快乐。	爱她的父亲但厌恶他的高高在上。
观察和假设：	记得艾比曾经很乖顺，但青春期时变得叛逆，不断地挑战他的权威并质疑他的决策；没有给予他应有的尊重。	认为她的父亲使用权威来控制自己是不公平的；期望自己有权利为自己做决定。
结论和判断：	认为艾比的行为否定了自己；并且认为艾比的朋友唆使她不听自己的话。	在价值观上要求独立，希望有更多自由；用自己的价值观来否定别人是虚伪的；将对他的控制进行反抗。

续表

	父亲	艾比
言语和非言语行为:	质问她是如何选择朋友的——"为什么总和那群人瞎混,不能找别的朋友吗?"	挂了电话说,"真烦,我要去找我的朋友。" "你总批评我的朋友,你没权利告诉我该和谁成为朋友!"
冲突:	对她的不敬语气十分生气(尽管他已经料到);叫她不许离开家并返回自己的房间。	对他企图控制自己十分生气(尽管她已经料到),大喊:"别管我!"摔门并跑出家门。

对人或群体的态度会怎样导致冲突?

如果参与人际沟通的人承认或被别人认为来自某一特殊群体(比如以种族或民族划分的群体),他人对该人的看法会受到很大的影响。在像美国这样的多元文化社会中,人们特别是城市里的人很可能会和不同种族、民族、国籍或宗教的人打交道。他们之间的沟通如何会受到国家、种族和民族文化差异的影响取决于他们对其他文化的了解程度。

文化意识

吉美尔(Kimmel,2000)提出了文化意识的四个层次:

文化沙文主义(Cultural chauvinism):认为自己的文化是最好的,优于所有其他文化,觉得没有必要学习其他文化。

宽容(Tolerance):意识到文化差异,承认差异源自人们的母国(或者是祖先),不觉得文化差异就是落后,认识到那是思考或行动的不同方式。

文化差异最小化(Minimalization):通过强调人类共同的需求和行为,与有文化差异的人建立更紧密关系将文化差异最小化。

理解(Understanding):意识到现实是由文化塑造的,而且每一个人和来自不同文化的人的现实情况都是不一样的,不对不同文化现实进行判断,接受和尊重文化差异(文化相对主义)。

人际交往中的冲突很容易发生在文化沙文主义层次,在宽容和文化差异最小化层次也可能发生。只有当人们理解文化差异并践行文化相对主义,来自不同文化的人们之间的冲突才有可能避免或解决。

文化、沟通方式和冲突

文化规范的差异能引起误解和冲突。美国的企业管理人员在召开小组会议讨论一项提议前通常不进行私人交谈。而在其他文化中,一般先从人们在谈生意之前总要先聊一些私人话题,譬如询问对方的身体健康、家庭情况或兴趣爱好。伊斯梅尔(Ismail, 2001)强调了全球市场对企业管理人员在了解和使用沟通策略方面的要求。这些策略涉及直接对话的使用、非正式性的可接受程度、对时间的态度和与来自其他文化的人顺利洽商的情感表达等。

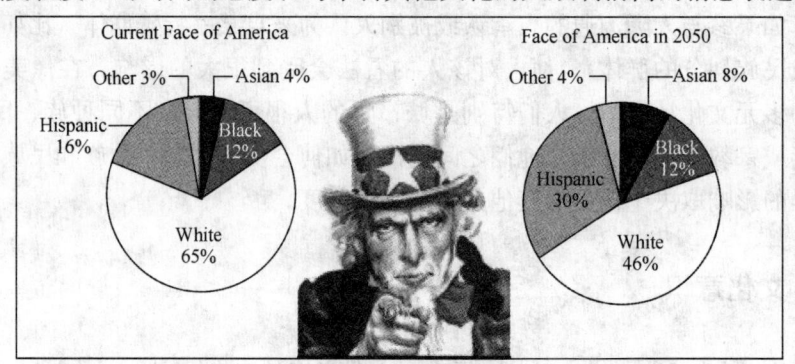

图 3.3 美国:现在与未来

随着美国的多样性现象的加剧,意识到文化差异变得更加重要。

资料来源:Uncle Sam image, courtesy Library of Congress. Data from U.S. Census.

> 一流智者的头脑中能同时有两个相反的观点,并仍知道如何行事。
> F·斯考特·菲兹杰拉德 (F. Scott Fitzgerald, 1896–1940)

由于文化不同导致的沟通方式差异有哪些？

美国人愿意采取直接的方式来解决冲突，冲突方公开表达他们的想法。在其他文化中，人们通过采取非直接的方式解决冲突，以顾及他人的感受。在有些文化中，人们倾向于以线性进程方式谈话，从一个观点谈到另一个观点；但是在另外一些文化中，人们不直切主题，而是经常通过讲故事或趣闻逸事的方式发表观点。文化差异同样反应在非语言行为中。阿拉伯人对话时比美国人站得更近。在美国，男人们以有力的握手来彼此问候；在法国，握手被认为是极其粗鲁的；而在厄瓜多尔，问候别人时不伸手是一种特别的尊重方式。在美国，伸出食指和拇指表示"好的（okay）"；在法国，这个手势则表示某个东西没价值；而在巴西，人们认为是这个手势很猥琐（Jandt，1998）。

交往方式的差异在美国亚文化中也有体现。科可曼（Kochman，1981）介绍了黑人和白人小孩表达挑衅的方式是如何形成的。对于大多数中产阶级白人而言，侵犯性的言语被看做是侵犯行为的先兆。"打斗性词语"可能引起肢体冲突。大多数白人通常会压抑好斗的情绪而且即使在发怒的情况下也会保持冷静的外表。如果他们开始使用侵犯性的语言，一场冲突就应该不远了。但是对有些黑人男性而言，使用侵犯性的语言不一定导致冲突。福斯特（Foster，1986）介绍了城市中黑人男孩的"骂娘游戏"。在游戏中，孩子们互相奚落，他们的情绪很激动，情形也可能会很紧张，但如果没有人明显地表现出自己生气了，譬如手攥拳，打架事件就不会发生。

黑人和白人对侵犯性语言截然相反的反应会引起误解。想象一下，在课间休息回到教室后两个黑人小孩还在玩"骂娘游戏"，教师试图干预但是男孩继续彼此谩骂。黑人教师知道这个游戏，只会马上让他们停下来，但是白人教师很可能认为男孩在互相恶意攻击，还会把他们叫到校长办公室训话。当校长问他们为什么会被带到这里时，他们都说不知道。当校长说他们的老师看见他们在打架，他们会竭力否认而且坚称他们只是在彼此打趣。因为老师"错误的告状"，他们可能会认为老师不喜欢他们，并且对老师产生敌意。

科可曼（Kochman，1981）介绍了另一种关于争论行为的沟通方式差异。白人一般提出的都是不偏不倚、客观性的争论，而黑人更接受偏向（bias）的存在，且怀疑对客观性的陈述。尽管白人被教导要在争论中保持冷静和不温不火的态度，但黑人则是充满激情地捍卫自己的信条。在争论中，黑人不期待客观的或没有激情的讨论，对没有激情的人也不信任。在争论中能否激情澎湃地表达观点是衡量信念坚定与否的一个标准。在白人社会中，人们在辩论时通常压抑感情，因为他们认为这样可以保持开明心态。对很多美国白人来说，充满激情地争论是具有对抗性的，他们会认为这将加剧冲突并且冲突各方不大可能达成共识。

> 除奸诈和恶念外，误解和惯性更让事情变得糟糕。
> 简恩·沃尔夫冈·凡·高（Johann Wolfgang von Goethe, 1749-1832）

人们可能会对观点表达方式产生误解，这种可能性在一期学者讨论种族问题的电视节目中体现了出来。在节目中，一个白人教授因沟通方式问题对一个黑人教授产生了误解。黑人教授当时正在充满激情地陈述观点，而坐在他旁边的白人教授看上去不太高兴，虽然他没有表达出来。在黑人教授总结发言之前他停顿了一下，而就在这时白人教授说："你不必那么生气。"虽然他没有什么面部表情，但语气中夹杂着自我保护的意味。黑人教授十分吃惊地看着他的白人同事，说："不好意思，我只是感情强烈，但并没有生气。"

找出沟通方式差异的目的不是要责难某一群体或个人，也不是要评判哪种沟通方式更好，而是要我们懂得，沟通方式是受文化影响的，我们不应该因沟通方式的不同对他人做出假设。如果与一个有着不同种族或文化成员的群体发生了冲突，就必须了解他们对冲突发生原因的看法，以确定是否这个群体的每个人都持有类似想法。了解我们对他人的看法为化解文化不和与冲突提供了基础。同时，研究表明男女间沟通方式的差异也会导致误会的产生。

性别怎样影响沟通方式？

性别间的沟通差异源于男性、女性社会化的差异。美国人一直以来都鼓励男孩要好斗，女孩要温柔。这种观念在对孩子的娱乐活动的研究中就有所体现。美国男孩喜欢户外活动，尤其喜欢需要团队合作和竞争性的游戏。他们每个人都参与到争论中以解决争议。相反，女孩喜欢在家里和一个或者几个朋友玩游戏。这些游戏要求对话和合作，但如果她们发生争吵，游戏就会受到影响（Honig, 1998; Pearson, 1985）。

童年期结束后性别差异依然存在。研究表明，男人打断女人说话的次数多过女人打断男人。科学家认为这揭示了男人在对话中的强势（Pearson，1985）。但是坦南（Tannen，1994）却认为把这种行为归咎于支配倾向而使问题过于简单化。通过回顾性别沟通差异研究，伯格恩（Burgoon，1985）认为在发出和理解非语言信息方面，女人比男人做得好。格鲁米特（Grumet，1990）发现女人比男人更喜欢使用眼神交流，更多关注她们的对话伙伴。

眼神交流和面对面交流程度的差异通常可以反映出男人和女人在表达亲密关系方面的不同。坦南（1990）认为男性和女性沟通方式的差异产生于童年且持续到成人时期。在一个包括从儿童到青年人的课题研究中，年龄和性别相同的两个人被带到房间里，坐在并排的两个椅子上谈论一个严肃话题。年少的男孩不愿意执行任务：他们不挪凳子，也没有眼神接触，不停地在那动来动去以抱怨自己多么不想说话。年龄不同的男性基本都原地不动地坐在椅子上并尽可能少地面对面接触。而女性则或是移动椅子或是面对面地坐着，很快开始按要求讨论那个严肃的话题。

高中男生通过侵犯性的行为来表达亲近关系。彼此推撞甚至用拳打是亲密关系的表现。成年男性会把侵犯性的行为转化为侵犯性的言词。比如，对不甚了解的人，美国男人会谨慎地表达不同意见，但是对于亲密的朋友，他们会直言反对甚至略带讽刺。如果男人们不用彼此"收回拳头"，那就表示他们的关系亲近且互相信任。

从童年到成年，美国女性通常会通过面对面接触和关注他人的情感来表达亲密关系。对大多数女性来说，公开表达反对意见被认为是对亲密关系的威胁，也是缺少对他人理解或尊重的表现。当一个女人与另一个女人持不同意见时，她会先说一些积极的或者两人都赞同的事，然后再解决她们意见相左的问题。男女沟通差异导致了误解。所以当关系亲密的男女讨论一个他们意见不同的问题时，男方会直接而诚实地表达观点，而女方可能会将他的尖锐意见当做对她的不理解、不尊重和藐视。

正是由于对竞争和争斗的注重，男孩才最终成为直接表达欲望、需求或要求的男人。而女孩在受到合作、友好以及体贴等意识的熏陶后，成为不强求他人，且崇尚意见统一的人。男人会试图劝服别人按他要求的去做，但是女人更会先确认他人是否有兴趣做她想要做的。坦南（1990）认为这种差异就是形成导致误解和冲突的传统性别刻板印象（男人认为女人阴险、狡猾，而女人认为男人傲慢、恐怖）的原因。

沟通方式的性别差异如何导致误解和冲突？

一个女人下班回家，她先问候了她的丈夫，然后想起忘记的事情，说："呀，约翰，我本想在商店买点东西，但是我太累了就忘了，今天真是累死了。"她是在含蓄地要求他去商店，但他没有领会。他可能会表达同情："你真是辛苦啊"，但只要他不主动提出去商店，她将很失落。如果男人要让女人去商店，则会直接说出来，男人需要理解由于女人的社会化过程和沟通方式的差异而使女人不会和男人一样直接表达。

在一个类似的案例中，一对夫妇一大早就动身开始长途旅行，整个上午都在州际公路上行驶。临近中午，妻子看到一则广告，标明下一个出口处有她喜欢的餐馆，于是她指着广告对丈夫说："你想在那吃点东西吗？"丈夫不懂那是一个间接的请求，以为是在问他。他想再开一小时吃饭，所以说了"不"，然后继续开车。当他发现妻子情绪失落时，就问她怎么了。他知道原因后指责妻子没有清楚地表达愿望。而妻子觉得他应该理解，其实她是为了顾及他的感受才含蓄地提问的。妻子觉得自己顾及了丈夫的感受，而他却没有；而丈夫觉得他对妻子很坦诚，而她却没有。

了解沟通中的性别差异不是为了指责男人或女人，也不是要评判他们谁的沟通方式好，而是要我们认识到人们沟通方式的多样性，以确保不会因沟通方式差异问题导致冲突。了解性别或文化等因素对沟通方式的影响，能为消除误解打下良好的基础。如果人们能意识到问题可能出自沟通方式的不同，就能以更有效的交流调整沟通方式（Ismail，2001；Jandt，1998）。

冲突的解决

有时候我们觉得解决冲突毫无希望，因为很多群体已经身处冲突上百年，很多个人还在冲突中故去。很明显，解决冲突不易，所以大多数人对冲突充满恐惧。麦可可和米尔斯（McCorkle & Mills，1992）的一项研究表明，冲突各方对冲突的比喻都是消极的，他们在冲突中显得很无助，都觉得自己是无辜的受害者。

面对误解产生的种种可能性,我们应该如何化解冲突?

冲突为积极的改变提供了机会,但前提是冲突的各方有意向来做出让步,为解决问题创造有利条件。杜特斯基(Deutsch,2000,)指出,若冲突各方想要解决问题,需要具备以下四种观念:易错性、平等性、相互性和非暴力。

易错性(Fallibility)指接受犯错的可能性。发生冲突时,人们通常会摆事实,讲理由。但是,如果冲突各方都拒绝承认他们的立场可能是错的,摆事实将无助于冲突的解决。在陪审团合议期间,陪审团团长说他相信被告人是有罪的,而且他不会改变想法。而陪审团的另一个成员指出,这种态度扰乱了陪审过程,他们应该做的是讨论并根据已有证据展开争论,虚心听取别人的理由并在权衡证据和推理后改变原来的错误想法。虽然陪审团团长仍旧相信被告人有罪,但他承认那个成员说的是对的,并同意不带任何成见听取辩论,最终,他改变了原来坚持的观点。

平等性(Equality)是指无论社会地位、职业或者财富情况如何,每个人及他的价值观、信仰和行为都应该受到尊重。每个人的生命都有价值,没有人应该受到不平等的对待。在另一个陪审团的审理中,陪审团的某些成员以外表论人,批驳了两个肥胖且穿着随便的女证人的证词。另一个陪审团成员严厉斥责了他们的消极态度,并认为如果要做出公正的裁决陪审团就应该关注两个女证人所提供的证据而不是她们的外表。其他陪审团成员对他的看法表示赞成。

相互性(Reciprocity)指冲突各方必须按照自己渴望他人对待自己那样,公平地对待别人,顾及他人感受。这一金科玉律可以说存在于所有文化的道德准则之中,孔夫子所说的"己所不欲,勿施于人"就与之相同(Waley,1938,p.162)。很明显,孔子(Confucious)认为一个人只要没有做伤害他人的事,就没有必要向其示好。无论怎样,冲突中的当事人要想通过商谈来解决冲突,遵循相互性原则是必要的。

非暴力(nonviolence)要求我们相信只有和平的方式才是真正的冲突解决方案。杜特斯基做出了解释:强迫他人接受强加的解决方案的做法在人类历史上留下了很长的悲惨印迹,有太多布满残暴、鲜血、无数的国内与国际战争。没有证据能够说明强者将解决办法强加于弱者是奏效的。

> 先动手的人是因为他的想法已经暴露。
>
> 中国谚语

在杜特斯基提出的四种观念的大背景下，冲突不一定是一种消极事件，它可以成为一个有益的机会。阿普莱顿（Appleton，1983，p.186）引用了美国教育家和哲学家杜威的论述："冲突对思维有着强烈的刺激，它引导我们去观察和记忆，鼓动我们去创造，将我们从顺从的被动状态中惊醒。"如果冲突各方能使用有效的沟通技巧，他们就能找出冲突的根源并采取合适的方法解决问题，改善人与人之间的关系。

约翰逊和乔斯佛德（Johnson & Tjosvold，2000）提出了如何进行技巧性反驳（**skilled disagreement**）的有效谈判策略：

（1）他们的第一个策略与介绍出错性观念时陪审团成员所提出的办法类似，即冲突各方同意强调合理性，在已有证据和论证的基础上尽可能寻找最好的答案，且在证据确凿的情况下愿意改变立场；

（2）冲突各方同意在批驳时对事不对人，即将人的自身价值和他们的观点分离；

（3）冲突各方要有意识地鼓励对方参与讨论并认真听取他们的观点；

（4）为保证过程有效，冲突各方有必要在有人不明白时重复观点，以确保每个人都能理解从各个角度提出的问题；

（5）因为问题及提出的任何解决方案都将影响每一个人，所以冲突各方要关注的不是如何赢得辩论，而是如何达成所有人都支持的合作性的解决方式（p.70－71）。

这些解决冲突的技巧并不难学会。许多教育者认为，这些技巧应该也可以在学校教授，甚至小孩子也应该学习。通过教授这些技巧，教育者能促进学生认知能力和道德推理能力的发展。

人的道德推理能力是如何形成的？

人们已经介绍了很多道德推理的理论，但并没对一些理论进行仔细研究。还有一些理论似乎对不同文化和性别并不广泛适用。佩里（Perry，1970）介绍了一种由连续统一体表示的道德推理理论。它准确地描述了不同年龄、文化、亚文化和性别的人的道德推理（Belenky，1997；

King&Kitchener，1994)。老师可以通过这个理论给学生提供具有道德困境和有争议的问题，之后分析学生的讨论，并使他们参与到旨在挑战和提高他们道德推理能力的问题讨论中去。佩里是如何形成这种理论的呢？

佩里的理论建立在道德推理的变化与认知发展相关的假设基础之上，即不断增长的认知能力能增加个体的道德推理复杂性。佩里的连续统一体理论中有9个发展阶段，但初接触此理论，只要了解其中的两大阶段（二元论和相对论）和两个阶段中的心智变化；由二元智力转变到多元智力，相对智力论者变为行动者就足够了（见图3.4）。

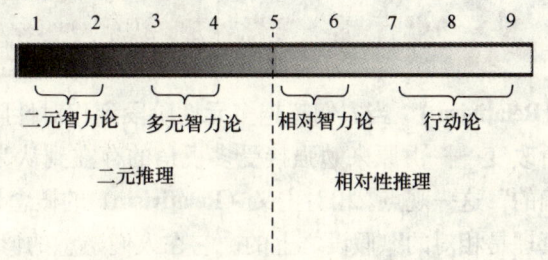

```
 1   2   3   4   5   6   7   8   9
┌───────────────────────────────────┐
│███████████████░░░░░░░░░░░░░░░░░░░░│
└───────────────────────────────────┘
  ⌣     ⌣       ⌣       ⌣
 二元   多元    相对    行动论
 智力论 智力论  智力论

       二元推理          相对性推理
```

图 3.4　道德推理的连续统一体

资料来源：Perry, W. (1970). Forms of Intellectual and Ethical Development in the College Years: A Scheme. New York: Holt, Rinehart & Winston.

二元论（Dualism）　所有人最初面对道德决策时都是二元思考者。儿童也把所有问题都分为绝对正确或错误两类。在二元论中，每一个道德议题都是一个非是即非的问题——要么对要么错，要么真要么假，要么好要么坏。它也被称为"黑白"思考模式，因为二元思考者的思维没有灰色区域。所以二元主义者坚信对的就一定是绝对的真理，即它的过去是对的，将来也还是对的。

当一个人面对的问题不能引导其进行非是即非的思考模式时，这种绝对的想法就遇到了挑战。有一个流行的道德困境练习，如果有人在20世纪40年代初藏匿了犹太人，当盖世太保（Gestapo）军官登门问他们知不知道哪里有犹太人时，他们会怎样做。对于相信"诚实是最好的选择"的人来说，这是一个很难回答的问题。只有当一个学生进入高中或大学时，他的二元思考方式才会受到很多复杂问题的挑战。但当学生遇到这些问题时，他们通常会被迫跳出死板的二元思维，并进入一种被称为多元论的道德推理阶段。

多元论（Multiplicity）　多元论的视角承认在每个情境中找到"正确答

案"是很难的。当正确答案不明显的时候,唯一的办法就是从各种角度研究那些不确定正确与否的观点。每一个人必须从多视角考虑并选出一个看上去最好的答案。但这对受二元思维影响的人来说不是满意的结果。他们更倾向于直接获得答案或知道某情形中的真实情况,并且会不断抱怨选择太多。由于受二元思维方式的影响,处于多元性阶段的人依旧坚信真理是可以被发现的,以后的某天一定会被发现,只是由于某些原因目前还没有答案。

> 我们不应该问谁是对的,而应该问什么是对的。
> 格莱恩·加迪那(Glenn Gardiner,现代)

相对主义(Relativism) 当人们超越多元性阶段到相对性阶段时,他们的态度往往会有所改变——由原来勉强接受多视角的存在到认为"每个人都可决定什么是正确的"这一观点。相对主义(**Relativism**)的概念是建立在"没有绝对的真理,真理是相对的"假设之上的。它在人们熟悉的谚语"萝卜白菜,各有所爱"中有所体现。相对主义者被各种不同的意见所激发,对争论感兴趣,并且喜欢在讨论中故意唱反调,为自己并不赞成的某个观点辩护。

有些人可能短暂地成为相对主义思考者,但是又会回复到二元的思维方式,以表达他们对在这个复杂、不确定的世界中找到更多确定性的需要。而另外一些人可能永远不会超越基本的相对主义思维方式而是变得愤世嫉俗,因为他们没有亲身投入到任何问题或事业中。很多人对相对主义在道德上的模棱两可并不满意,开始寻找他们自己的答案。

投身主义(Commitment) 继续发展道德推理能力的相对主义思考者被投身主义理念所吸引。它使人们投身于能体现他们生命意义的真理、理想或事业中去。大多数人需要信仰并通过信仰提高生活质量,从中获得满足感。这种投身包括积极参与政党活动、加入某个教会、参加某个倡议集团或其他组织;也可以是从事志愿性工作或影响他人职业选择等形式。无论采用何种形式,相对主义者所投身的选择都反映了其个人价值观。

一旦人们决定投身某事,他们通常就成为该事业或观点的倡导者。因为投身的承诺是在相对主义的思考情境中做出的,所以人们在反映相对主义观点时不会像二元思考者那样以确定性为理论依据。相对主义的思考者强调满足感,他们的投身会加强他们生活的意义感和目的感。他们还会邀请别人加入他们。相反,二元思考者在倡导他们相信绝对正确的真理时,认为同意他们的人是对的，不同意的就是错的，没有其他选择。当相对主义者为他们的投身辩护时，他们不会评判支持或不支持他们的人。相对主义者承认做决定是每个人的责任，而且他们尊重人选择的权利。道德推理和解决冲突都非常需要尊重个人的选择权。

后记

我们就算准确说出了自己想说的话，也不能就此认为别人能理解我们的意思。当我们不确认他人是否正确理解我们的意思时，误解就会产生。当误解产生却没有被澄清时，会引起人们的敌对情绪，为冲突埋下了伏笔。

> 只有当未受伤害者感受到与受伤者同样的愤怒时，才能避免错误的行为。
>
> 梭伦（Solon，公元前640—558）

解决冲突并不容易，但强于一直被冲突困扰。接受能解决冲突的价值观念与实践沟通的技巧对每个人都有益处。从夫妻间争吵到国家间的纷争，冲突在实际生活中在所难免。老师必须鼓励儿童和青少年，提高他们的道德推理能力。我们所有人都要参与到解决冲突的行动中去。个人、社会和国家生活质量的提高需要人们愿意去解决冲突，而不是无助地看着它们蔓延下去。

术语和定义

投身主义（Commitment）：相对主义背景下的道德推理，承认通过积极投身某种个人信仰来加强和深化个人生活经历的重要性。

沟通能力（Communication competence）：对某个论题有充足的知识，可以在该论题上准确地交流信息。

沟通效果（Communication effectiveness）：有交流信息的技巧，能够很容易被别人理解。

文化沙文主义（Cultural chauvinism）：认为自己的文化是最好的，优于所有其他文化。

二元论（Dualism）：相信绝对真理，清晰划分正确行为和错误行为的道德推理，也被称作"非此即彼的推理"。

人际沟通（Interpersonal communication）：人与人之间相互作用的一个动态过程。在这个过程中相互作用的两方会给对方的语言和非语言行为赋予意义。

文化差异最小化（Minimalization）：通过强调人的共同需求与行为与有文化差异的人建立更紧密关系和联系，从而将文化差异最小化。

多元论（Multiplicity）：认为二元主义的道德推理在某些情况下无法分清行为的对错，需要通过多角度考虑问题；一个人不能确信他的最终决定，因为他（她）也不知道是否做出了正确的决定。

非言语交流（Nonverbal communication）：人们交换的除言语外的信息，也称作"非言语行为"或"非言语信息"。

实践（Praxis）：采取行动来解决不公正，之后个人和群体一边对行动的有效性进行反馈，一边继续他们的行动。

相对主义（Relativism）：反对绝对真理的道德推理，认为所有的真理都是相对的，判断行为是否正确要取决于个人和情境。

选择性认知（Selective perception）：只关注能增强我们对一个人预期的行为。

技巧性反驳（Skilled disagreement）：被证实的一种能够成功解决冲突的有效策略。

宽容（Tolerance）：意识到文化差异的存在，不评判文化的优劣。

理解（Understanding）：意识到现实是由文化塑造的，而且每一个人和来自不同文化的人的现实情况都是不一样的，不对不同文化现实进行判断，接受和尊重文化差异（文化相对主义）。

参考文献

Appleton, N. (1983). *Cultural pluralism in education：Theoretical foundations*. New York：Longman.

剖析美国怎样成为多元化的社会，美国教育怎样回应多元化以及我们的多元化社会在未来会成为什么样子。

Belenky. M. F., Clinchy, B. M., Goldberger, N. R., &Tarulle. J. M. (1997). *Women's ways of kowning：The development of self, voice, and mind*. New York：

Basic Books.

介绍女性获得知识的方式和女性在发展智能过程中必须克服的障碍。

Berne, E. (1996). *Games people play: The psychology of human relations*. New York: Ballantine.

剖析对话"游戏"的目的，分析了很多案例，为促进更诚实的交往提供建议。

Brown, B., & Merritt. R. (2002). *No easy answers: The truth behind death at Columbine*: New York: Lantern Books.

介绍了克伦拜恩高中学生欺负和嘲弄戴兰·克莱伯德和埃里克·哈里斯，并最终导致他们杀人和自杀的事件。

Burgoon, J. K. (1985). Nonverbal signals. In M. Knapp & G. Miller (Eds.), *Handbooks of interpersonal communication* (p. 344—390 页). Beverly Hills, CA: Sage.

通过回顾调查研究来介绍非言语沟通的本质、结构和社会功用，包括文化规范、性别和社会地位对其的影响。

Deutsch, M. (2000). Cooperation and competition. In M. Deutsch & P. Coleman (Eds.), *The handbooks of conflict resolution* (p. 21—40). San Francisco: Jossey-Bass.

介绍了竞争的有益和有害形式，以及更有效解决冲突的合作模式。

Ekman, (2003). *Emotions revealed: Recognizing faces and feelings to improve communication and emotional life*. New York: Time Books.

对非语言沟通的跨文化研究显示了面部表情在沟通中的有效性。Foster, H. L. (1986). *Ribbin', jivin', and playin' the dozens* (2nd ed.). Cambridge. MA: Ballinger.

介绍了城市黑人青年应用的言语和非语言沟通，并为老师提供有效的沟通策略以防止误会的产生。

Freire, H. L. (1970). *Pedagogy of the oppressed*. New York: Seabury.

分析了压迫的动态过程，包括压迫者的角色、被压迫者的反应和对压迫者和压迫给双方带去的后果。

Gordon, T. (2000). *Parent effectiveness training: The proven program for raising responsible children*. New York: Crown.

介绍了父母用来解决和孩子们的冲突并教他们如何负责地做出选择的方法。

Grument, G. W. (1990). Eye contact: The core of interpersonal relatedness. In J. DeVito & M. Hecht (Eds.), *The nonverbal communication reader* (p. 126 — 139 页). Prospect Heights, IL: Waveland.

展示了一项有关眼神交流对人际交往重要性的研究概要，以及眼神交流在人际沟通中的作用。

Harris, T. (1993). *I'm OK-you are OK*. New York: Morrow/Avon.

用伯纳交流分析(TA)理论来解释交流分析怎样能成为理解与他人的沟通和解决冲

突的分析工具。

Heath, S. B. (1983). *Ways with words*. Cambridge, UK: Cambridge University Press.

介绍了三个社区中的孩子们学习语言的过程,从他们在学校能否取得好成绩这一方面介绍了他们学习语言的方法的效果。

Hecht, M. L., &DeVito, J. A. (Eds.). (1990). Perspectives on nonverbal communication: The how, what and why of nonverbal communication. *In The nonverbal communication reader*(p. 3-17). Prospect Heights, IL: Waveland.

通过回顾调查研究描述了非言语沟通特点,解释了言语和非言语沟通间的关系。

Honig, A. S. (1998). Socio-cultural influences on gender-role behaviors in children's play. In D. Fromberg&D. Bergen(Eds.), *Play from birth to twelve and beyond: Contexts, perspectives, and meanings*(p328-347). New York: Garland.

介绍了在游戏活动中的性别差异,在玩具选择中的刻板印象和家长、同龄群体与电视对儿童游戏的影响。

Ismail, N. (2001, September). Communication across cultures. Victoria, BC: Pertinent Information. Available at http: //pertinent.com/pertinfo/business/yaticom.html.

分析了影响来自不同文化的人交流的因素,并提供改进跨文化交流的建议。

Jandt, F. E. (1985). *Win-win negotiating: Turning conflict into agreement*. New York: Wiley.

提供了没有被圆满解决的冲突的案例,介绍了成功解决冲突的其他策略。

Jandt. F. E. (1998). *Intercultural communication: An introduction* (2nd ed.). Thousand Oaks, CA: Sage.

介绍了文化规范和价值观如何为人们创造了沟通背景,以及为何理解不同的文化在跨文化交流中十分重要。

Johnson, D. W., Johnson, R. T., &Tjosvold, D. (2000). Constructive controversy: The value of intellectual opposition. In M. Deutsch&P. Coleman(Eds.), *The handbook of conflict resolution*(p 65-85). San Francisco: Jossey-Bass.

解释了冲突的有益性,以及对使用技巧性反驳研究的积极结果报告。

Kimmel, P. R. (2000). Culture and conflict. In M. Deutsch& P. Coleman(Eds.), *The handbook of conflict resolution*(p 453-474). San Francisco: Jossey-Bass.

描述了文化对个人沟通的影响和在跨文化沟通中实践文化相对主义来防止冲突的必要性。

King, M., &Kitchener, K. S, (1994). *Development reflective judgment: Understanding and promoting intellectual growth and critical thinking in adolescents and adults*. San Francisco: Jossey-Bass.

第三章 沟通、冲突和冲突的解决

回顾了对人从童年到成年的批判性判断的发展性研究,其中包括了跨文化和性别之间的比较。

Kochman, T. (1981). *Black and white: Styles in conflict*. Chicago: University of Chicago Press.

解释美国城市里黑人和白人普遍应用的沟通方式的不同及其导致的冲突。

Kougl, K. (1997). *Communicating in the classroom*. Prospect Heights, IL: Waveland.

分析了教室内沟通的动态变化,包括经常出现的沟通问题,介绍了可供选择的策略。

McCorkle, S., & Mills, J. L. (1992). Rowboat in a hurricane: Metaphors of interpersonal conflict management. *Communication Reports* 5(2), 57-67.

分析了个人选择用来描述冲突的比喻和个人怎样解决冲突情境间的关系。

Pearson. J. C. (1985). *Gender and communication*. Dubuque, IA: William C. Brown.

回顾了有关性别的研究,涉及包括感性认知、自我形象、性别角色、语言和媒体形象等很多问题,并分析了每个问题对男性和女性的影响。

Perry W. G., Jr. (1970). *Forms of intellectual and ethical development in the college years: A Scheme*. New York: Holt, Rinehart & Winston.

根据对哈佛学生的访谈,包括显示(道德推理能力)发展阶段的访谈摘录,介绍了道德推理能力发展中的九个阶段。

Postman, N., & Weingartner, C. (1969). *Teaching as a subversive activity*. New York: Delta.

倡导教师们在教学中使用提问的方法,并且提供相关课程安排,使学生变得热爱学习并且能批判性地思考。

Rogers, C. (1980). *A way of being*. Boston: Houghton Mifflin.

介绍了专业实践的哲学基础,提供了以人为中心的治疗方法,第七章重点讲述了同情的意义。

Schramm, W. (1973). *Men, messages, and media: A look at human communication*. New York: Harper & Row.

提供了对沟通的历史回顾及应用研究来分析当代沟通的功能;在附录中解释了沟通模型。

Spitzberg, B. H. (1990). Perspectives on nonverbal communication skills. In J. DeVito & M. Hecht(Eds.), *The nonverbal communication reader* (p 18-22). Prospect Heights, IL: Waveland.

介绍了非言语沟通怎样有助于有效地交流,而且为衡量非语言沟通技巧提供了一个等级标准。

Stone, G., Singletary. M., &Richmond, V. P.（1999）.*Clarifying communication theories：A hands-on approach*. Ames：Iowa State University Press.

解释了沟通的理论基础，探讨了人际沟通和大众传播的各个方面，介绍了沟通的研究方法。

Tannen. D.（1990）.*You just don't understand：Women and men in conversation*. New York：William Morrow.

讨论了性别怎样影响沟通模式，解释男女沟通模式的差异怎样引发冲突。

Tannen，D.（1994）.*Gender and discourse*. New York：Oxford University Press.

含有六篇有关语言和性别的文章，包括了对话策略、权力问题和文化与社会地位对语言策略的影响等话题。

Waley，A.（Ed.）.（1938）.*The analects of Confucius*. New York：Vintage.

介绍了孔夫子哲学的社会和政治背景，并配有翻译和相关事件和人物的注释。

复习和讨论

本章小结

请参照本书第31—32页的练习，总结本章的重点并界定关键术语。

辨析题

辨析题1. 听力测试：我知道你认为自己听懂了我的话，但是……［两人一组］

解释：活动概述提供了听力技巧的说明和练习。活动有时间限制，你们的组长或召集人负责协调时间，保证完成每一环节。这个活动不是为了为难你或强迫你展示自己不赞同的价值观。

说明：［第一轮：8分钟］

• 参与者A（说话者）：你的任务是对一部电影、电视节目或故事做一个2分钟的介绍。你选择介绍的电影、电视或故事中的人物要有一个积极的形象，同时要是一个在某方面（种族、文化、社会阶级、民族、残疾、性取向等）和你不同的人。当组长说"开始"时，你开始描述。当他说"停"时，即使只说了一半你也要马上停下来。

• 参与者B（听话者）：当你的组长说"停"时，告诉你的伙伴他（或

第三章 沟通、冲突和冲突的解决

她）所说的最后五个词。

• 参与者A（说话者）：当再次"开始"时，从你被打断的地方继续描述。听到第二次"停止"命令时，把正在表达的意思表达完整然后停止。

• 参与者B（听话者）：当你的伙伴第二次停下后，概括他（或她）告诉你的所有的话，但不要试图重复所有对话。

• 参与者A（说话者）：听完概括后，告诉你的伙伴，他（或她）的概括是否准确反映了你的话，并说明怎样才能使概括更完整，或指出他（或她）漏掉了什么。

说明：[第二轮：8分钟]

• 转换角色。参与者A转换成听话者，参与者B转换成说话者。重复每一个步骤，使每一参与者的听说技巧都得到训练。

辨析练习2. 展示佩里的连续体理论

说明：我们的对话可以根据佩里的概念进行分类。下面的话可能是我们说过的。根据佩里道德推理发展连续体理论的四大领域识别下面的每一个语句。以下在每一领域中都有三个例子。选项为（a）二元论、（b）多元论、（c）相对主义或（d）投身主义。练习的最后为进一步讨论列出一些后续问题。

____ 1. 在一些问题上，尽管专家不会同意，每个人都有权利保持自己的意见。我是说如果没有确切答案，任何人的意见都是答案。

____ 2. 理解另一种观点，特别是相反的观点，能帮助我理解自己的观点。所以尝试了解他人的想法，有助于我自己对问题的理解。

____ 3. 我来自中西部的一个小城镇，那里的人都相信同样的事情，比如人人都是卫理公会教徒，都支持共和党。但是，这里有很多新教教徒、天主教徒和一个遵从孔子教诲的中国男孩……某些人令人十分不安，他们说自己是无神论者，但我可不认为他们是那样的。

____ 4. 我根本不知道怎么做决定。当你看到很多问题涌向你，在书中读到那些极有思想的人都在推广自己的想法，并感到没有一个放之四海而皆准的答案……他们的思想是多么的伟大，即便也有些缺陷。

____ 5. 自然科学的讲座还好。从某种程度上来说，它们讲的是事实，但是当你转向人文学科时，发现这些课很糟糕！教师只是把本来并不存在的事情硬按书本来解释。

____ 6. 到处充斥着胡说八道的言语。如果你听一个演讲，或者阅读一篇写得很好的论文，就会发现这些要么没有任何事实性要么文不对题……所以你坐下来，在一个小时就能写一篇文章，因为你知道无论你怎么写也不会对别人有什么影响。

____ 7. 上课时，当老师只从她的观点看问题时，我感到很沮丧。我们可以思考一些其他的观点。对我而言，重要的是尝试理解和评价其他观点，而且提出自己的观点。我不喜欢只有一种声音的、没有反对意见的讨论。除了进行检验，还有什么好的意见吗？

____ 8. 当我对某些事情有自己的观点，并与别人的思考方式不同时，我经常试图从他人的观点来审视（自己的观点），看他们怎么说，他们为什么认为自己是对的，以及这为什么有意义。

____ 9. 在科学中，你并不会真的想要说有些东西是真实的。我们在处理一个模型，而且模型通常比真实世界要简单：真实世界比我们创造的模型更复杂。我们（将真实世界）简单化，所以我们能使用它。当我们试着描述事情时，因为我们正在过度简单化，所以我们离事实较远。

____ 10. 我认为我能向一个富有潜力的大学生建议的唯一的事情是，如果你来到这所大学，你最好做好你应该做的一切事情，你一定会成功。这就是我所有想要说的。

____ 11. 当有人告诉我他的观点时，我会马上以相反的观点和他开始争论。当有人在说一些事情的时候，我抑制不住要和他唱反调。

____ 12. 我不觉得某种看法比另一种要好，这取决于你的信念。我从不会告诉一些人他们的看法是错的。如果他们曾寻找（正确观点），即使没有寻找的话，他们能相信某种看法对他们也是有好处的。

课后讨论题：回忆以往合理化辩解的例子。比如你听到的关于种族、宗教、族群或贫穷的某些合理化辩解。

小组活动

小组活动1. 词和短语
那话很伤人

说明：我们的所有对话都有反应个人理解、价值观或信仰的暗示。这里的10个陈述中的暗示都是冒犯他人的。在每个例子中，思考一下这些话对谁说，为什么会首先产生这些对话？每一组对话暗示什么？每一组对话发生的语境是怎样具有侵犯性的或有害的？

1. 一个白人对有色人种的人说："我们需要法律和秩序。"
2. 在一个关于不平等的学校资助的讨论中，一个白人对黑人说："你能使你们的学校和我们的一样好。"
3. 一个白人对一个关系熟的黑人说："你和大多数黑人不一样。"
4. 一个白人雇主在宣布工作团队的整合计划说："当然，看来我们要确保只能雇佣一名高素质的少数族群申请者。"
5. 在回应法庭裁决的"消除种族隔离的学校"时，一个白人家长对黑人家长说："为什么你想要把你的孩子带到我们的学校？"
6. 一个白人对一个奇卡诺人说："我不理解你们这些人想要什么。"
7. 一个白人对有色人种说："当我儿时住在这里时，我们的老邻居曾是很好的，但是看看现在。"
8. 一个白人对黑人说："马丁·路德·金的死对于你们种族来说是一个非常大的损失。"
9. 一个非犹太人对另一个犹太人说："你是犹太人？因为你的行为不像，我没意识到你是犹太人。"
10. 一个白人对一个美洲土著说："我想你们民族取得过伟大成就。"

社区活动

行动研究

人们做抉择的灵活性如何？请根据最近的社会议题设计问卷并选择一部分人进行调查。军事侵犯、干细胞研究、全球变暖或者移民和美国族群多样性有关的争论，都能成为用来分辨他人道德推理层次的问题。问卷调查或访谈的结果会很有意思，分析二元论的立场和相对主义者的情况。

服务学习

沟通怎样解决冲突？找到你所在的社区家庭暴力干预小组，或者负责保护受害者或代表暴力受害者利益的调解争端的政府机构。志愿成为那个组织的一分子。做一个你能给相关机构（如法庭系统）参考的关于沟通对解决冲突的重要性的15分钟演讲。

第二部分　压迫行为在美国的文化基础

第二部分主要讲述了移民到美国后在追逐美国梦的过程中所遭受的压迫。他们遭人白眼，被人排斥，甚至受到迫害，就因为他们是有着不同传统、习俗、观念和信仰的异族人。有色人种移民因种族问题受到压迫，有某些宗教信仰的人也因他们的信仰而受到压迫。安德热耶夫斯基（Andrzejewski，1996）把这种压迫的形式定义为：

当任何一个实体（社会、组织、团体或个人）有意或无意地将资源进行不公平分配，拒绝分享权力，施加民族中心主义文化，漠视其他实体应得的利益，还通过责怪或忽略受害者的方式掩饰自己的行为时，压迫就产生了（p.56）。

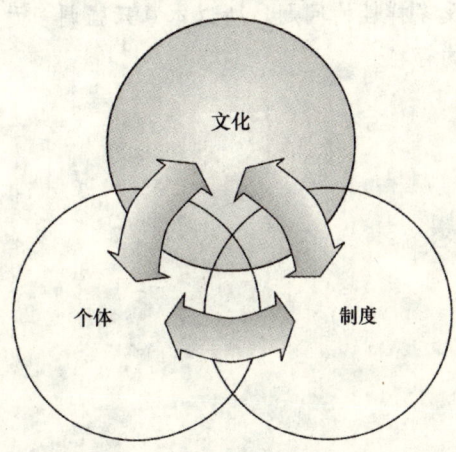

第四章介绍了移民的民族多样性是如何对白人至上主义构成威胁的观点。美国在过去已经采取了一些措施抑制移民，尤其是那些被认为不够"白"的移民的移入，并且通过貌似科学的优生主义来为这种反移民的做法辩护。1965年移民法被修改后，美国移民的民族多样性愈发明显。本章对相当一大部分美国人所有的坚定的反移民活动进行了介绍。

第五章介绍了欧洲裔美国人对有色人种的消极态度和行为,其中包括征服美国印第安人、输入非洲黑奴、排斥亚洲移民和剥削讲西班牙语的民族。有色人种在美国受到压迫的形式虽然不同,但原因都是一样的,即他们不是白人。将来这种由种族导致的压迫也会一直存在下去。

第六章重点讲述了移民的宗教多样性和这种多样性所代表的创造自由社会所面临的挑战。宗教多样性引起了人们的担忧。他们担心宗教差异使他们不能再以宗教为理由对移民进行迫害。宪法第一修正案包括了宗教自由的概念。持有不同信仰的新教徒开始慢慢相互接受,但天主教徒、犹太教徒和无神论者仍遭到歧视。最终天主教徒和犹太教徒获得了与新教徒平等的地位,但1965年移民法被修正后,如佛教徒、印度教徒、穆斯林和锡克教徒等其他宗教信仰的人在美国突然增多。现在美国宗教自由的原则又一次受到挑战。

针对前几章讲述的历史情形,第七章确定了四种可以描述美国人对种族、民族和宗教多样性反应的观点。最近出现的观点就是多元主义。它最早出现在20世纪20年代,对历史上美国的文化压迫政策提出了挑战,要求美国人认识到多样性的价值和各群体一直以来对美国社会所作出的贡献。后面的部分也会不断涉及多样性的问题,所以本章只强调多元主义作为一种改变力量和新发展方向的存在。

第四章 移民和压迫：
移民国家中的本土主义矛盾

> "我们都是这个世界的子民，血脉相通。如果我们恨那些出生在别国、说不同语言和持不同意见的人，那就太傻了。"
>
> 约翰·夸美纽斯（John Comenius，1592—1670）

民族多样化给早期美国移民者带来烦恼，他们对新移民的恐惧或成见与更多移民定居的需要形成了矛盾。然而他们没有抵制种族多样性。正如卡门（Kammen，1972）所说，欧洲殖民者来到美洲时带着对原始非洲人和野蛮的印第安人的种族观念，也正是这种观念让他们觉得奴役那些人是合理的。就这样，白人至上观念的种子得以在美国生根发芽。然而，民族多样性的情况有所不同。作为优势民族的英国移民见证了欧洲其他国家人们来到殖民地的过程。他们也带来了多民族移民共存的难题。如何正确应对这个挑战从来没有得到解答。美国已经深陷于原有成员惧怕新移民潮的矛盾中。

英国殖民者作为优势民族是如何应对民族多样性问题的？

英国殖民者保持身份的决心是导致民族多样化困境的原因之一。在加拿大定居的法国人很容易地适应了印第安人的生活方式，特别是在经济活动方面，他们学会了设陷阱捕猎，还通过与土著妇女通婚融入了当地生活。西班牙人作为征服者来到美洲，但他们仍然使印第安劳动者保持对征服地的控制权。与法国人一样，西班牙人也从被征服的民族那里吸取了文化因素，而且通过通婚产生了"拉美裔"这一新种族。

那些定居在讲英语殖民地的人一般都是举家迁移。虽然他们有些赚了钱就回家去了，但大多数都永久定居了。英国人以英国国王臣民的身份来到这里，准备建立殖民地，以扩张英国的领土。移民们偶尔在哪些植物可以食用或如何烹饪等方面运用从印第安人那里获得的知识，但他们的目标是在新大陆上尽可能再造一个"旧大陆"。

但问题在于，他们不可能把殖民地变成"新英格兰"。除了英国殖民者（英格兰人、苏格兰人、爱尔兰人），还有大批的荷兰、德国、法国殖民者以及少量欧洲其他国家和欧洲以外的人也来到新大陆。与英国人一样，德国人在保持文化传统方面也很执著。他们共同居住在一个地域内，彼此说德语，用德文张贴标牌告示，从德国引进书籍，并且创办德语学校教育他们的子女。

18世纪初，英国殖民地领袖人物对德国移民的行为警觉起来。他们中有人呼吁限制或禁止更多德国移民的进入。本杰明·富兰克林认为，他们有必要逐步将德国人英国化，否则增多的德国移民会在短时间内把英国移民德国化（Feagin，1997，p. 18）。虽然富兰克林非常希望英国殖民者使殖民地英国化，但他也肯定德国移民的优点并承认他们为殖民地发展所作的贡献。他说："我们有必要让他们分散地生活，与英国人杂居，并在他们聚居的地方创办英语学校"（Brands，2000，p. 219）。

> 法律反映了偏见也是偏见的来源，它强化并促成了偏见的形成。
> 黛安·舒尔德（Diane Schulder, 1937—）

富兰克林太过关注将德国人和非英国移民英国化的问题，然而他却对英国的习俗和语言不很了解。1749年，他资助创办了一所无外语授课的学校。他将外国殖民者英国化的这种愿望在总统乔治·华盛顿的观点中也有所反映——"我国公民越是趋同，我国永久统一的希望就越大（Kammen，1972，p. 74）。"也许这就是1790年新美国国会通过法律规定只有白人才能获得美国公民身份的原因。这种早期的排外情绪使美国的本土主义逐渐升温。

美国惧外心理和本土主义产生的原因

同化指的是移民接受所在国文化特征并被其社会接纳的过程。英国殖民者希望移民是可以被英国文化吸收且与他们特征相同的人，但非英国移民通常执著地希望保持本民族传统。他们的这种愿望助长了因移民的民族不断多样化而造成的惧外心理。当那些自认为是"本国人"的定居移民感受到来自非英国移民的威胁时，本土主义组织就出现了。费金（1996）将本土主义定义为"一种反移民，提倡保护一个国家本国居民不受有威胁性或危险性的新移民或潜在移民侵害的思想"（p. 503）。本土主义者是致力于移民压迫的主要团体，这里的"压迫"与本部分导言中引用的"压迫"的定义（Andrzejewski，1996）一致。

富兰克林将非英国移民英国化的愿望和华盛顿寻求国民同一性的愿望，可以说都是基于民族主义观念形成的本土主义的温和形式。民族主义只代表了美国本土主义活动的一个重要主题，本土主义者的观念和行为还有另外两个主题，即反天主教主义和反激进主义。

本土主义中的反天主教主义

本杰明·富兰克林、托马斯·杰斐逊和美利坚合众国其他奠基者的宗教信仰与当今大部分基督徒的信仰有很大的不同。在建国初期，美国受到新教很大的影响。殖民时期的社会一直在忍受天主教的存在，但在1820年，美国20万天主教徒激起了人们反天主教的情绪，尤其是在城市地区。到1850年，美国已有200万天主教徒，仅爱尔兰人就占到这些外来人口的42%（Fuchs，1990）。

在乔治·华盛顿任总统期间，移民在美国住满5年就获得公民身份。约翰·亚当斯签署的《归化法案》将移民获得公民身份的居住期限提高到14年，在托马斯·杰斐逊任总统后才又改回到5年。一个自称"美国本土党"的本土主义团体开始在一些大城市组建，这个团体大力开展游说，反对移民居住5年就能获得公民身份的规定。"美国本土党"坚持移民在美国住满21年才能获得公民身份的立场。他们主要考虑的是投票问题，他们认为来自君主制国家的移民没有自治能力：

这些移民带来了外国的习惯、成见和嗜好……我们怎能相信他们能够在短短5年之内完全摆脱这些，并且学会如何履行美国公民的责任呢？（Myers，1960，p. 111）

起初，"美国本土党"鼓励人们欢迎移民，只是反对移民住满5年即获得公民身份的规定。但到了1843年，他们的运动开始反对不断到来的爱尔兰和天主教移民。在费城，"美国本土党"在爱尔兰人聚居的城区召开了一次会议，发起了新教和天主教的冲突；接着一群狂怒的暴徒放火烧毁了许多建筑物，这次事件就此达到高潮。联邦政府调遣军队恢复秩序，但这并非易事。平静维持了一个多月后，暴徒攻击了一所天主教堂。军队向人群开了枪才使他们散去。两天多的暴乱导致2名士兵死亡、26名士兵受伤。

本土主义中的反激进主义

在19世纪50年代盛极一时的本土主义运动是由反天主教情绪和对爱尔兰人的成见引发的，而导致本土主义盛行的另一个负面情绪还有反激进主义。19世纪头几十年里来到美国的大部分移民是赤贫的欧洲劳工。他们没有技术，缺乏教育，其中一些人被美国资本家出资雇佣成为契约劳工，工资比当地工人低。当新移民适应了美国的生活，他们开始意识到自己所受的剥削；很多人帮助组建或加入了工会，通过罢工、游行和抗议要求提高工资和福利待遇。本土主义者将这些工会行动视为非美国行为，特别是当那些"外国人"表达社会主义、无政府主义或其他激进思想的时候。很多城市报纸的社论都经常旗帜鲜明地抨击新移民的激进行为（Higham，1955）：

"我们国家的存在……民族和社会体制都岌岌可危。"
"这些人不是美国人，是十足的欧洲人渣。"
"根本没有美国无政府主义者这等事。"
"这些残忍的欧洲人渣。"（p.55）

这里引用的第一句话表现了本土主义情绪中的民族主义思想，其他几句则表现了对所谓"激进分子"的敌对和丑化。这些话语中蕴含的"非美国"含义是本土主义者观点的重要部分。本土主义者的顾虑，还与中西部和西部地区可安置移民的土地越来越少有关。它使越来越多的移民在城市定居。许多移民是从南欧和东欧迁来的。土地改革家亨利·乔治（Henry George）评论说："再过几年，这里会变成垃圾堆，我们要垃圾堆做什么？那些人渣获得了投票权，我们的困难就会小一些吗？"（Higham，1955，p.42）。移民获得公民身份和投票权不断激起美国人的惧外心理，本土主义者的政治行动表明了人们对外来移民的潜在政治实力感到很恐惧。

本土主义、政治以及社会变迁

"美国本土党"从未获得政治上的主导权。在19世纪50年代,该党为一个名叫"一无所知"的秘密运动铺平道路,该运动要求其成员对任何关于该组织的问题表示一无所知(见图4.1.)。"一无所知党"坚定地反对移民和天主教,并十分关注天主教日益增强的政治影响。这种恐惧来得并非无根无据,之后富兰克林·皮尔斯总统就任命了詹姆斯·坎贝尔(James Campbell),一位天主教徒为司法部长。

图4.1 这面"一无所知党"党旗体现了这一团体与"美国本土党"的关系。旗帜上代表美国的鹰周围环绕着旗帜,它落在一个投票箱后面,箱上标有"21年"几个字,这是"美国本土党"主张外来移民获得美国公民身份和投票权所需的居住年限。
图片来源:密尔沃基历史学会提供。

本土主义者在他们的政治活动中曾有多成功?

"一无所知"派成员参加美国党竞选,并在1854年选出了9位州长、8位(共选出62人)参议员和104位(共选出234)众议员(Myers, 1960)。在1856年的选举中,"一无所知党"成员使用武力和威胁将移民排除在投票之外,还鼓动了选举日在肯塔基州路易斯维尔市和密苏里州圣路易斯市的暴乱。当辉格党拒绝提名米勒德·菲尔莫尔竞选连任总统时,"美国党"却提名他为本党候选人。虽然其他"美国党"的候选人在选举中大获成功,菲尔莫尔只得到了8张选票。

对"一无所知党"政治上的成功,人们做出了迅速的反应。有人向国会提交了一项决议案,谴责秘密组织,并特别指出了"一无所知党",但被否决了。全国的政治和宗教领袖,包括年轻的政治野心家亚伯拉罕·林肯,都在谴责"一无所知党"的行为。林肯在写给朋友的一封信中写道:

我国成立时宣告"所有人生而平等",而现在,我们实际上在说"除了黑人的所有人生而平等";如果"一无所知党"人当政,就会宣告"除了黑人、外国人和天主教徒的所有人生而平等。"(Myers,1960. p.146)

为什么本土主义没能在美国成为主流运动?

本土主义在19世纪50年代的政治辉煌是短暂的,因为奴隶制问题逐渐取代了反天主教偏见和恐惧情绪,并使"一无所知党"产生分裂。到美国内战结束时,"一无所知党"和"美国本土党"已经不再是一股政治力量,但引发他们行动的本土主义者恐惧在美国仍然具有很大影响力。在美国人激烈讨论奴隶制问题时,美国资本家还在继续出资引进海外劳动力,以保持低工资和高利润。

美国历史上,很大一部分美国人是由新移民及移民的子女组成的,他们重视在美国发展的机会,强烈反对本土主义者对移民加以限制的企图。同时,社会始终对移民施加压力,试图加快移民的美国化进程。公立学校通过鼓励移民放弃本民族传统,融入美国,实现了社会对移民的期望(Pai & Adler,1997)。本土主义观念在美国不断经历沉浮消长,我们的惧外心理有所缓和,那些相信美国是受压迫者获得自由和财富的国度的人们使我们有所改变。

19世纪末,大部分移民都不是北欧人,而是与英裔人观念不相符的希腊人、意大利人、斯拉夫人和犹太人,所以要求移民美国化的呼声又高涨起来。19世纪90年代的经济衰退使本土主义重获人气。之后,惧外心理在美国时起时落,直到美国在美西战争中的胜利,以及像泰迪·罗斯福(Teddy Roosevelt)这样英雄的出现,本土主义者的恐惧感才逐渐被自信心替代。虽然本土主义者此后再也没能成功组建独立政党,但20世纪早期的大事件为他们最重大的政治胜利打下了基础。

> 这个国家要使美国公民具有归属感。
> 西奥多·罗斯福（Theodore Roosevelt, 1858—1919）

20世纪美国本土主义者的态度受到了什么影响？

大多数美国人都知道，美国要想成为世界政治和经济强国，就需要移民进入其劳动力市场。但第一次世界大战爆发后人们的态度改变了。受民族情感和反激进思想驱动，本土主义重新兴起。德裔美国人受到孤立等恶劣的待遇，他们对美国的忠诚也受到怀疑，大量谣言称德裔美国人是德国间谍。

德裔美国人一直坚持保留他们美国人和德国人的双重身份，所以一些有影响的人物，如泰迪·罗斯福，就指责所有以双重身份定居的移民，以此告诫德裔美国人。德裔美国人对这样的批评感到惊讶。从殖民地时期起，德裔美国人就通过独立的学校、组织和报纸保留了自己的文化、语言和传统。因为他们的勤奋，美国社会容忍了他们保留德国文化传统的行为。这种情况在第一次世界大战开始后发生了变化，本土主义者和组织袭击了不愿意被盎格鲁文化同化的德裔美国人。

第一次世界大战期间，爱国主义情绪的高涨对移民迅速美国化提出了更高的要求。尽管这种民族主义是本土主义的一种温和形式，但它被反激进主义观念强化后就变得充满敌意。它攻击激进主义，特别是像"世界产业工人联盟"这样的激进团体，称他们为"非美国"。本土主义者谴责一些移民支持对国家不忠的思想的行为，并要求驱逐他们。

德裔美国人并不是唯一被指责"反美国"的人群（图4.2）。反犹太主义——对犹太人的偏见、成见、歧视——在1917年俄国革命胜利的影响下加强了。犹太人不仅与社会主义有联系，与发战争财的国际资本家也有交往。第一次世界大战后，本土主义者仍旧认为美国的盎格鲁理想会在各欧洲民族不断到来后消失，而大部分美国人似乎相信那些移民终究会被主流文化同化。

到了20世纪20年代，这种观念得以改变。在如芝加哥赫尔馆这样的社会福利机构工作的人们开始肯定移民的多样性。赫尔馆的创始人之一、社会活动家简·亚当斯（Jane Addams）和芝加哥大学的哲学家约翰·杜威（John Dewey）介绍了多样文化的好处，也介绍了本杰明·富兰克林所倡导

图 4.2

他们不愿意学习英语，不积极同化。他们看起来不像我们。我说："把他们放回'五月花'船上去！"

的"让移民在学习美国语言和风俗的同时还保持自己传统"的意义。然而虽然对德国人的仇恨在战后慢慢淡化了，但反犹太主义却继续存在，并成为美国惧外主义态度发展中的一个新的部分。

什么样的新发展影响了美国的惧外心理？

1899 年，麻省理工学院的经济学家威廉·Z·里普利（William Z Ripley）发表了一项所谓的科学研究成果，指出并介绍了三个欧洲人种：日耳曼人、阿尔卑斯人、地中海人（Higham，1955）。在新兴种族理论的基础上，本土主义者提出，为了实现美国国民的统一性，美国应优先准予金发碧眼的日耳曼人（又称"北欧人"或"盎格鲁撒克逊人"）移民美国。马塞诸塞州参议员亨利·卡伯特·洛奇（Henry Cabot Lodge）呼吁停止向美国移民，泰迪·罗斯福也严厉谴责美国的盎格鲁撒克逊妇女生育的子女没有移民妇女多，称她们的行为可能会导致"种族自杀"（Brodkin，2002）。第一次世界大战后，由多民族融入盎格鲁撒克逊文化导致的消极情绪激起了种族主义的情绪，流行读物如洛斯鲁普·斯托达德（Lothrop Stoddard）的《有色人种的崛起》（见图 4.3）就表达了这种情绪。

麦迪逊·格兰特（Madison Grant，1916—1970）的《伟大种族的逝去》

第四章 移民和压迫：移民国家中的本土主义矛盾

图 4.3
这是一则刊登于 1923 年《时代》杂志的广告，它警告读者说，白种人高高在上的日子已屈指可数，并敦促那些有意对此采取行动的白人读斯托达德（Stoddard）的《有色人种的崛起》这本书。

或《欧洲历史上的种族偏见》中对这种悲观情绪的表达最具影响力。格兰特反对"非北欧种族的移民能实现盎格鲁撒克逊理想"的观点。这样盎格鲁撒克逊这个"伟大的种族"在美国注定要消失。格兰特声称他的观点是以新兴基因科学为基础的，他断言种族间通婚所生的后代会继承其父母基因中的低等素质，造成退化。格兰特援引了里普利的欧洲三种族说，提出"任何一个欧洲种族与犹太人产生的后代都是犹太人"（p. 16）。虽然很多与格兰特同时代的人反对他的反犹观点，也没有同他一样的对盎格鲁撒克逊人种族优越性降低的忧虑，但很多美国人，包括著名的汽车制造商亨利·福特（Henry Ford），与格兰特有类似的信仰。包括反犹太主义在内的种族主义已经融入美国人传统的惧外心态中了。

种族主义是如何影响本土主义者的态度和行为的？

本土主义者利用保护国家盎格鲁撒克逊传统的新种族主义忧虑为美国人敲响了南欧和东欧移民数量巨大的警钟——1900 年到 1910 年美国移民总数

的80%来自南欧和东欧。斯坦福大学的爱尔伍德·P·卡伯利（Ellwood P. Cubberley）在他的教育史教科书（1919年）中回应了他们的忧虑：

这些南欧和东欧人与优于他们的北欧和西欧人大不相同。他们大部分没有文化、懦弱，缺乏主动性而且几乎完全没有盎格鲁撒克逊人的正直观、自由观、法制观、秩序观、公众观和政府观。他们的到来极大地削弱了我们国家的血统……我们国家的生活，在过去四分之一世纪中，陷入了严重的"种族不消化"局面（p.338）。

本土主义者在1924年通过了一项移民法，按移民来源国规定移民配额。这些配额确保来自北欧的移民（所谓的北欧人）成为美国移民的主要组成部分。这个方针在此后的40年中大体上没有变化。虽然有色人种是本土主义者的主要抵制对象，但其他群体也受到了种族主义情绪的影响。

> 美国通过将每个种族和民族的人所具备的最优秀、最具特点的素质激发出来，整合为一个和谐的整体，形成统一局面。
>
> 约翰·杜威（John Dewey, 1859—1952）

惧外心理与种族主义的结合影响了哪些群体？

这种本土主义的种族主义新形式不仅将矛头指向有色人种，还指向那些被认为不够"白"的白人，即没有与多数白人一样持有种族偏见的人。这种情况在南部各州尤为突出。1898年，路易斯安那州制宪会议争论的焦点是谁不能享有投票权。黑人是主要抵制对象，意大利人也被认为是"与世上最黑的黑人一样黑"的人（Barrett & Roediger, 2002, p. 32）。由于这种观念，一些意大利人成为19世纪南方暴力行为的受害者。在路易斯安那州的塔卢拉，5个西西里移民主要面向黑人顾客做生意。当地白人痛恨这些将黑人一视同仁的移民店主。不久，当地人以一只山羊为借口挑起争端，并以私刑处死了这5个人（Higham, 1955）。

第四章 移民和压迫：移民国家中的本土主义矛盾

> 我们[把移民]贬损为：爱尔兰佬、犹太佬、德国佬、意大利佬、南欧佬……直到[这些人]入乡随俗，变得从容自在……然后他们加入了老住户的行列，并对新来的人加以蔑视……人们会以为这些人受过气，会同情新来的移民，但他们并不如此。
>
> 约翰·斯坦贝克（Hohn Steinbeck，1900—1969）

根据意大利人、爱尔兰人或其他群体的原国籍而将他们看作不同种族的做法，在今天看来是很奇怪的；但当时大多数美国人，包括这些被视为不同"种族"的成员，也接受了这种划分。20世纪30年代，一位竞选组织者代表一个爱尔兰裔政客在一个意大利居民区集会上做了如下演讲，要求意大利人在即将到来的竞选中为他的候选人投票：

也许我是这里唯一的爱尔兰人，但这不是一场种族的角逐。你们并不因种族的关系推选自己人，但却有太多的人因种族的关系而反对他。而这些把他拒之门外、对他实行种族歧视的人在美国是没有容身之地的……

这个选区不容那些投票只看种族出身的人。对于你们和我同种族的移民，我都一视同仁，不替任何种族辩护。国家需要的时候，我们挺身而出。从这个区派出去打仗的人是最多的。那时没有种族歧视，人们不因种族的原因拒绝他们入伍。我们把数以千计的男儿送去参军，就是为了能拥有一个自由的政府。在这里，我们从来不因种族或信仰而反对一个人（Whyte，1955，p.227）。

按肤色划分种族的方法取代了通过国籍划分的做法。种族主义对有色人种的压迫比对白人的压迫时间要长。第5章将重点介绍四个主要种族群体受压迫的经历。

美国移民法案的修订是如何影响本土主义心态和行为的？

随着民权运动的蓬勃兴起，许多领域出现了对种族主义的抗议。约翰·肯尼迪（John Kennedy）总统承认根据1924年移民法制定的移民政策中存在不公正。司法部长罗伯特·肯尼迪（Robert Kennedy）更为直率地说："如果我们要努力从社会生活中祛除种族主义，就不能继续以种族主义作为我们移民法的基石"（Eck, 2001, p.7）。1965年，国会修订了移民法，废除了带有种族偏见的"国籍配额"制度（见图4.4）。从1968年到1993年，前往美国的移民80%来自中美洲和南美洲以及加勒比海地区和亚洲（Roberts, 1997）。拉丁美洲人的大量涌入引起了新一轮的惧外情绪，尤其是在加利福尼亚州。

图 4.4

卡通画家嘲讽了自由女神像上的爱玛·拉撕路（Emma Lazarus）的诗与现实中移民政策的鲜明对比。

资料来源：1981年，约翰·特雷弗（John Trevor），原载《阿尔伯克基报》。

近年来最能表现本土主义心态和行为的事例发生在1994年，即加利福尼亚州通过187法案。该法案规定，不允许为疑似非法移民提供多项基本服务。它遭到很多将被迫执行种族主义法律条款的团体成员的反对，这些团体包括：加利福尼亚学校董事会联合会、加利福尼亚家长—教师联合会、加利福尼亚雇主联合会以及加利福尼亚州警察和警长联合会。尽管如此，但这项法案最终还是通过了。来自少数民族群体的多数选民都反对187法案，其中78%的拉美裔选民的反对票占最多数。但是少数民族中投赞成票的部分加上54%的白人支持者最终使该项法案以绝对优势通过（Tatalovich, 1997）。

187法案要求教师、医生、护士、社会工作者以及其他社会服务人员参

第四章 移民和压迫：移民国家中的本土主义矛盾

与种族主义活动。它强迫这些人依据"外表"等因素拒绝为某些特定人群提供服务。这里"外表"因素包括肤色、身高、头发颜色、穿戴方式以及有外国口音、英语不流利或说外语。当法庭宣布这项法案违反宪法时，公共事业的从业人员才松了一口气。惧外心理是187法案得以通过的原因，这种心态在之后发生的本土主义运动，即"唯英语运动"中也有所体现。

为什么说唯英语运动是惧外行为的一个例证？

唯英语运动呼吁让英语成为美国的"官方语言"，并准备在各州逐步实现这个目标。这场运动不是新近才发生的，它就是之前顾虑移民读写能力的本土主义的更新形式。这场运动的源头可以追溯到1887年。本土主义者在那年提议通过立法要求移民通过文化测试，并在此后的30年中强化着这个要求。虽然这种测试只要求移民懂得本国文字，但国会多数议员都持反对意见。最终本土主义者说服了足够多的议员支持议案通过，但民主党和共和党主席否决了它。直到1917年，这项议案才被威尔逊总统通过（Delgado，1997）。

表 4.1　第一次世界大战军队心智测试样本问题
(Sample Questions from the World War I Army Mental Tests)

在美国教育考试服务中心创始人卡尔·坎贝尔·布里格姆协助下，罗伯特·耶基斯、路易斯·特曼、亨利·戈达德等心理学家共同开发了 Alpha and Beta 测试系统。这些样本问题显示了早期"智商"测试具有文化成见问题和不适宜性。然而就是这样的测试曾经用于移民确定哪些人的智商是可接受的，哪些人的智商属于低能。
Alpha 测试 8 样本问题：
2. 玩500时用＿＿＿玩：球拍　别针　扑克牌　骰子
3. 佩尔什马是一种：山羊　马　牛　绵羊
7. 克里斯蒂·马修林作为＿＿＿很出名：作家　艺术家　棒球运动员　喜剧演员
10. "There's a reason"是关于＿＿＿广告词：饮料/酒（drink）　左轮手枪　面粉　清洁剂
19. 用于分离棉花籽油的标准乳剂是：成药　消毒剂　牙膏　食物
29. 布鲁克林区的侨民被称作：巨人族　黄鹂　大麟虾　印第安人
32. 一个非洲黑人有＿＿＿条腿：两　四　六　八
35. 前传球用于＿＿＿：网球　冰球　足球　高尔夫
38. 皮尔斯银箭车是在＿＿＿制造：布法罗　底特律　托雷多　弗林特
资料来源：欧文，大卫著. None of the above：The Truth behind the SATs，1999，第176页。

本土主义者在要求文化测试的斗争中得到了日益升级的优生运动阵线中的学者和科学家的支持。优生学这一术语回应了遗传在人类发展所起的作用方面的新发现。英国科学家弗朗西斯·高尔顿（Francis Galton）将优生学定义为"社会机构关于如何在身体或智力方面改进或修复后代人种质量的研究"（Lynn，2001，p.4）。在纳粹党以种族净化论和种族灭绝行为将优生学的名声败坏之前，一些美国学者就支持优生学运动。他们认为美国人的智力在下降，并对此感到十分担忧。他们相信种族因素是引发该问题的原因之一，并将移民视为美国人智力下降的主要原因。

尽管优生学运动未曾吸引学术界大多数人的目光，但在它的阵营内还是有一些具有影响力的学者：哈佛大学的罗伯特·耶基斯（Robert Yerkes，美国心理学协会会长）、斯坦福大学的路易斯·特曼（Lewis Terman）以及哥伦比亚大学师范学院的爱德华·桑代克（Edward Thorndike）（塞尔登 Selden，1999）。耶基斯、特曼和桑代克出于学术兴趣负责编写了早期智力测试（见表4.1，英文版 p.87）。亨利·戈达德（Henry Goddard）在埃利斯岛进行了移民智力测试，并称80%的移民"智力低下"（Brodkin，2002）。

优生学运动在一些有声望的学者的支持下从1910年一直流行到1940年。在此期间，生物教科书的内容受其左右，白人优越论观念流行并得到强化，反移民情绪也得到助长。对学生学习成绩进行衡量的标准化测试就是这场运动的遗留物，并一直沿用至今。但优生学运动的遗留不仅限于此。

1937年，为推进优生政策，先锋基金会成立了。这个基金会倡导强行将"美国黑人"遣返非洲。先锋基金会第一任会长哈里·拉福林（Harry Laughlin）写了《优生绝育法律范本》，并被美国30个州和纳粹德国采用。拉福林提议美国优生学学会给予阿道夫·希特勒（Adolf Hitler）名誉会员资格。先锋基金会一贯支持学者研究种族决定智商的理论，包括支持《贝尔曲线》（Herrnstein & Murray，1994）中与种族有关的有争议的言论。先锋基金会也支持林恩最近（2001年）写的一本为优生学原理辩护的书，并且一直是唯英语运动的主要资金来源（Tatalovich，1997）。

美国可以采取哪些适当措施来鼓励移民学英语？

一直以来移民们都是出于获得经济和社会福利方面的需要而学习英语。今天，只有不到14%的美国人除了说英语外，还使用其他语言，不到6%的美国人不说英语（Wiley，1997）。虽然如此，唯英语运动仍然成功地促使各州法律确定英语为官方语言。几乎一半的州规定英语为官方语言的现行法律。一些法律在很大程度上是象征性的，并不实行惩罚制度，也不禁止教授外语或开设双语课程。但仍有一些州的法律禁止政府印刷用其他语言编写的材料。

西班牙语是很大一部分移民的第一语言，唯英语法规使还在努力学习英语的新移民无法获得很多有用信息，也会使有法定投票权的人无法投票（Tatalovich，1997）。不论是象征性的还是伤害性的，唯英语的法律反映了很多美国人对新移民的惧外心理，尤其是对那些第一语言不是英语或英语能力很差的有色人种。唯英语法规从法律上认可了对说不同语言的人产生敌意的行为，而这种敌意有时甚至导致暴力。

惧外心态是如何导致暴力行为的？

今天，移民或看起来像移民的人都是暴力的受害者。新近的柬埔寨、越南和老挝移民可以证实这一点。得克萨斯的白人渔民在虾的数量减少时就威胁恐吓越南渔民；在威斯康星州，一个年轻白人袭击了一个他误以为是老挝移民的日本留学生。惧外心理使人们把新移民看作"外人"。人们不但不赞许他们的勤劳和成功，反而因惧外心理指责他们抢走了工作。这种对外来人口的偏见可以激化成仇恨，而仇恨往往导致暴力行为。

全国的媒体在1982年曾报道美籍华人文森特·金（Vincent Chin）被杀的惊人事件。两名汽车工人把他们的失业归结为日本进口汽车的兴盛。他们遇到文森特·金的时候误以为他是日本人，就用棒球棍将他殴打致死。全国的新闻媒体经常报道此类事件，但报道只限于罪犯被捕，从未提及解决问题之法。谋杀金的人被判误杀罪，他们剥夺一个人生命所受的惩罚仅是缓刑三年和3780美元的罚款（Chang，1997，p. 250）。

> 我们必须消除恐惧，我们不能总像奴隶般唯诺是从；直到将恐惧踩在脚下一个人才可以摆脱奴隶或懦夫的心理。
>
> 托马斯·卡莱尔（Thomas Carlyle，1795—1881）

当今美国本土主义者的态度是什么？

20世纪90年代早期，接受调查的美国人中73%的人认为美国需要严格限制移民。此后的调查也表明，这种看法一直受到广泛的认同（Ramos，

2002）。人们反对移民的矛头主要指向拉美裔人，尤其是加利福尼亚南部等地区的墨西哥人。这些地区的墨西哥人数预计在 2000 到 2020 年间增长三分之二。谢尔勒（Scherer，2005）引用了一个南加利福尼亚人的话，"墨西哥移民促使美国走向灭亡"（p. 57）。这并不是一个孤立的观点。2005 年美国国家广播公司（NBC）新闻网和华尔街日报的民意测验显示，几乎半数的美国人投票赞成"移民抹杀了我们的特点，削弱了美国"这样的说法（Scherer，2005，p. 53）。

从 20 世纪 90 年代开始，美国抵制说西班牙语的移民，特别是抵制非法移民的活动一直稳步增长。来自说西班牙语的少数民族群体的移民已占到美国移民总数的 50% 以上，所以他们成为反移民活动的首要目标并不令人吃惊（Lee，2004）。目前约有 4000 万拉美裔移民生活在美国，每六个人当中就有一个是非法入境的打工者。拉美裔人目前占美国劳动力总数的 12%，再过两代人，这个数字就会翻一番，因为现在美国，每五个新生儿中就有一个是拉美裔人（Grow，2004）。

即使如此，仍有许多美国人愿意接受移民的到来。NBC 新闻网和华尔街日报的民意测验报告称，41% 的接受调查者觉得移民使美国变得更好。一些美国人提出，与过去一样，在当今反移民观点背后作祟的是种族主义思想。布坎南和金（Buchanan&Kim，2005）简要介绍了 21 个反移民团体领导人以及他们中许多人明显的种族主义行为：他们一个是保守公民委员会成员，该委员会是一个反对"种族融合"的白人至上团体；一个发表过数篇体现白人优越观的文章；一个人在其网站上宣称墨西哥政府图谋夺取美国西南部地区；还有一个人创建的团体被南方扶贫法律中心（跟踪调查美国仇恨团体行动的组织）认定为仇恨团体。

一些非常苛刻的言论指向了非法入境者。布坎南和金（2005）引用了共和党代表、来自科罗拉多州第六选区的汤姆·坦克雷多（Tom Tancredo）的讲话。他宣称移民是"来杀死你我，还有我们家人"的人（p. 37）。谢尔勒（Scherer，2005）引用了一个亚利桑那州反移民团体领导人的话。他说，在美国"不合人类标准的非法移民在泛滥"（p. 57）。吉姆·吉尔克里斯特（Jim Gilchrist）帮助建立了由武装民兵组成的治安团体"民兵防卫团"，而这个团体资助组建了防止非法移民入境的"边境巡逻队"，因为吉姆认为"非法移民会毁掉这个国家"（p. 32）。之后，白人至上团体越来越多地插手该组织招募人员的事务，但吉尔克里斯特并没有表示关注。

第四章 移民和压迫：移民国家中的本土主义矛盾

索雷斯（Shorris，2001）对反移民情绪做出了回应。他说，非法移民对美国经济的发展做出了巨大的贡献，他们经常从事那些"最差的、不体面的、危险的、辛苦劳累的或连失业者都不愿意做的工作"（p.272）。他们有的人要把传送带上已屠宰的鸡的内脏掏出来，有的在潮湿的洞窟里种植和采收蘑菇，有的在农田里当雇佣劳动力（挖洋葱、采豆子或采摘其他水果蔬菜），有的在肉类包装厂屠宰动物，并剥皮去内脏，有的则在血汗工厂做苦工而薪水只能达到第三世界人民的水平。对于非法移民，美国人抱怨归抱怨，但如果真的没有了移民，他们不一定愿意付出这个代价。谢尔勒（2005）引用了一个亚利桑那州居民的话，说："我可不想花 5 美元买一个青豆罐头"（p.56）。

加州大学洛杉矶分校的北美一体化与发展中心分析了美国的 300 万到 400 万无证劳工所做的工作。他们的报告指出无证劳工创造了 1540 亿美元的国民生产总值，仅在加利福尼亚一个州就创造了 770 亿美元。反移民领导人坚称非法移民获得了福利和医疗服务，造成州和地方政府有限资源的紧缺。然而，加州大学戴维斯分校的一项研究表明，绝大多数非法务工者没被纳入政府援助计划，因为他们中许多人或是英语不够流利，或是不知道政府的援助计划，或是不愿意寻求帮助，因为害怕被当局扣押并驱逐出境（Ramos，2002）。

人们还指责说西班牙语的移民学习英语的速度太慢，并且美国文化不断从盎格鲁向西班牙风格转化。谢尔勒（2005）引用了一个南加利福尼亚人的话，说他所居住的地方"一夜之间变成了外国。没有人庆祝 7 月 4 日美国国庆节，倒有人庆祝 5 月 5 日（1862 年墨西哥击溃法国的纪念日）。所有的广告牌上都是西班牙语"（p.55）。人口普查局的报告称，78% 的拉美裔（Latino）美国人即使会讲英语也要说西班牙语；西班牙裔商务公司研究部（Hispan Telligence）的一项研究表明，英语和西班牙语都很流利的拉美裔人已增加到了 63%（Grow，2004）。拉莫斯（Ramos，2002）援引了南加利福尼亚大学的一项研究，该研究报告称，10 个拉美裔儿童中有 7 个能流利读写英语。

的确，拉美裔儿童比其他移民群体儿童保留他们母语的可能性更大，但这只是在过去。现在，德国、意大利、挪威、中国、犹太和日本移民为他们的子女创办学校。孩子们通常在公立学校放学后在这些学校里学习，以保留自己本民族的语言和文化。拉美裔人确实改变了美国社会。进入 21 世纪后，我们很容易看到美国音乐、娱乐，甚至美国英语所受的拉美裔影响（见下面阴影部分的文字)。从高级饭店到快餐店,随处可见墨西哥菜肴。墨西哥辣酱最近也取代了调味番茄酱,成为美国最受欢迎的调料。索雷斯(Shorris,2001)坚称这些影响"不是征服的象征……文明不需要零和游戏。拉美裔文化的胜利是多元化的胜利"(p.47)。这也是美国经济的胜利,尽管反移民评论家似乎还没理解移民们所作出的重要贡献。

西班牙语式英语

美国英语中许多常用词是直接借用或经过改动后借用西班牙语词汇而形成的。这样的词有很多是地名,包括圣地亚哥、洛杉矶、圣弗朗西斯科、圣达菲这些城市名称,还有亚利桑那、加利福尼亚、科罗拉多、佛罗里达、蒙大拿和内华达这些州名。下面这个清单只包含了大量西班牙语词汇中的一小部分:adios, adobe, amigo, bronco, burro, canyon, chili, cigar, coca, cola, coyote, guerrilla, hacienda, hombre, hurricane, lasso, loco, macho, mesquite, mosquito, padre, peon, pinto, plaza, poncho, ranch, rodeo, savvy, sombrero, vista

外来移民对美国经济作出了怎样的贡献?

反移民的矛头主要指向墨西哥裔美国人,称他们不是在为美国经济,而是在为墨西哥经济作贡献,因为他们总是把大量的钱寄给墨西哥的家人和亲戚。拉莫斯(Ramos,2002)援引了国家科学院的一项研究,这项研究发现合法和非法移民每年在美国的消费超过100亿美元。在近4 000万拉美裔移民不断向美国第一大少数民族发展的进程中他们在2003年的可支配收入也比2001年增长了约30%,达到6 520亿美元(Grow,2004)。随着他们人口的持续增长,他们的购买力也会增强。据预计,他们的消费到2010年将超过1万亿美元。目前拉美裔人约占美国人口的13%,人口统计学家预测到2030年,这个比例将达到18%;而到2050年,该比例会达到22%(Ramos,2002)。

私营企业已开始竭力争取拉美裔消费者。调查显示拉美裔人倾向于购买高品质的名牌产品,并对这些品牌保持忠诚度。宝洁公司(Procter & Gamble)在某年的开销为9000万美元,其中的10%用在了吸引拉美裔顾客的广告上。美国食品杂货连锁的领头羊克罗格公司(Kroger)花费约200万美元在休斯敦一个拉美裔占85%的社区建立了一家超市。此外，拉美裔企业家也越来越多。根据美国国内税收局的统计结果，拉美裔企业家在1988到2003年间增长了30%（Grow，2004）。也许是受到古巴人成功的鼓舞，来自其他拉美国家的人们发现，他们流利的西班牙语使他们在和来自中南美洲的人们打交道时占有优势。当拉美裔人像他们的前辈一样不断取得成功时，许多美国人继续持反移民态度，并且相信那些诋毁各类移民的谣言。

美国人都相信哪些有关移民的迷思？

长期以来，关于"外国人"（不管合法入境还是非法入境）的荒诞言论，对移民的负面态度的形成一直起着推波助澜的作用。许多美国人公开表达了反移民情绪，而移民及其子女不得不默默承受着。一项纵向研究结果显示，当读高中的移民青年被问到大部分美国人如何看待来自他们国家的人时，65%的人回答是负面的——愚蠢、懒惰、小偷、歹徒（Suarez-Orozco，2001）。

虽然多数贬损移民的言论是针对全体移民的，但也有些具体针对难民身份的移民。联合国给"难民"的定义是：害怕因种族、宗教、民族或加入某社会团体或政党的原因而受到迫害，不能或不愿意返回自己国家的人"（Pipher，2002，p.18）。本章所列出的谣言揭示了当前本土主义者对待移民和难民的态度。

> 迷思之一：新来的移民无知，身无分文，没受过什么正规教育，必须得马上领取救济。

马塞多和巴托洛梅（Macedo & Bartolome）（2001）曾记录波士顿大学前校长发表相关言论，他曾抱怨马塞诸塞州的柬埔寨人数量太多，他说："这里肯定有什么诱人的福利……洛威尔市怎么就成了美国的柬埔寨首都了呢？"（p.11）实际上，这些移民在来美国之前很多都是专业技术人员——医生、教授和工程师。虽然每年的数据有所不同，但美国移民中已有20%到25%的人获得了大学文凭（Sorenson & Enchautegui，1994）。有些移民来美国前已经获得大学文凭，但他们仍旧只能获得最低工资，因为美国的机构或专业组织可能不承认他们的实践经验、技术、学位，他们只能被迫回到学校取得专业合格证书，或在相关领域重新接受培训。尽管有语言和文化障碍，但包括难民在内的所有接受救济的移民的比例与本土居民大致相等（移民研究中心，2002；Limon，1996）。有关美国现代移民的统计数据表明，很少有移民需要长期接受政府援助。

移民是消费者，他们支付房租，购买食品杂货和其他产品，这些都有助于促进经济发展。大多数关于移民的经济影响的研究表明，即便把最初几年中可能需要的帮助考虑在内，移民最终给当地经济带来的影响还是正面的。例如，一城市学院公布的研究结果显示，移民的纳税数额大于提供给他们的服务的花费（Cole，1996）。尽管移民有这样的贡献，一些美国人仍坚持把非白人移民看成麻烦。如马塞多和巴托洛梅（2001）提到的那个马塞诸塞州人，他给当地电台访谈节目打电话抱怨最近的移民潮时说："我们凭什么要供养这些说两种语言的家伙？……布拉克顿市的问题就在于那些海地人、拉美人和佛得角人，他们正在毁掉我们这个地区"（p.12）。这个人的敌意表现在他把本可以被视为一种资本的能力——能说多种语言的能力，转化成了一种诋毁。

> 与我们类似的，都是同类；其他的人，则是异类。
> 　　鲁德亚德·吉卜林（Rudyard Kipling，1865—1936）

在美国，对双语教育项目的批评很多都是建立在这一荒诞的言论上的。许多美国人认为这样的项目保留了移民文化而对促进学生学习英语，接受同化没有任何帮助。然而，萨拉斯（Salas，2005）引用的多项研究表明，英语不是母语的学生学习英语时，若授课语言中有母语，他们的英语学习成绩会进步得更快。萨拉斯还提到，一项对双语教育项目研究的评论总结得出，与只接受英语授课的学生相比，接受双语教育的学生的英语标准化测试成绩不仅不差，有时还更好。然而，目前500万名仍在公立中小学学习英语的学生无法再参加双语项目，因为联邦《双语教育法案》在2002年后已失去效力，现行的联邦政策侧重于唯英语课程教育。

迷思之二：移民忠于他们的文化、语言和传统，拒绝融入美国这个"熔炉"。

第四章　移民和压迫：移民国家中的本土主义矛盾

新移民始终保持着他们的文化传统，部分原因在于他们的身份深受其本土文化的影响。当移民儿童长大成人，他们一般都将其本土文化传统与美国文化结合起来，形成一种具有双重文化特征的传统和价值观。至于学习英语，移民到美国时就会说多种语言的情形并不少见，通常英语也是他们懂得的几种语言之一。

移民交纳税金，送孩子上学，参军，并受当地政治决策的影响。新移民表现出了积极参与民主社会的愿望：选举时，他们参与选民登记工作，并运送选民到投票站。因为宪法把投票资格问题交给当地政府决定，一些城市就给还没有公民身份的移民授予了投票权。移民的同化过程因为大量入籍申请的积压而进一步复杂化了。要想获得合法的永久居民身份即使不需要几十年，也要等上漫长的几年。而且现在这个等待过程从"9·11"悲剧事件发生后被拖得更长了（Wucher，2003）。

> 迷思之三：美国接收的移民已经超出了它应当承担的限度；其他国家需要多承担一些。

在许多欧洲国家，移民占人口的10%以上。预计到2030年，德国的移民人口比例会增加到30%。目前比美国接受移民多的国家有加拿大、澳大利亚、德国和瑞士（Ramos，2002）。美国移民和其他国家移民的不同之处是美国接收的移民群体更加多样化。全世界70%到80%的移民是难民。美国接收了不到1%的难民，其他几个国家接收的比例更高。2000年的人口普查数据显示，移民占美国人口的10%，而这个数字在1900年时为15%（Passel & Edmonston，1994；Pipher，2002）。

担心美国过度接收移民的人们通常是担心墨西哥移民过多。合法墨西哥移民占20世纪90年代美国合法移民总数的25%，除此以外还有数量不明的非法移民。当前有惧外心理的人们要求限制墨西哥移民，要求给边境巡逻队提供更多经费以阻止非法移民进入美国。然而，墨西哥移民并没有减少，而日益增强的边境检查反而使合法的墨西哥移民因担心自己不能再入境而选择待在美国。20世纪90年代，返回墨西哥的移民人数急剧下降。更为严格的边境管制没能阻挡非法移民的到来，却使那些为试图进入美国而死亡的人数增加两倍（Massey，2003）。

迷思之四：美国移民的主要问题在于大量非法移民的入境。

非法移民占美国移民总数的20%，占美国人口总数的2%。据美国公民及移民服务局统计，美国非法移民数量相对稳定，自1996年以来略有增长（美国公民及移民局USCIS，2005）。非法移民在一般人心目中的形象就是偷越国境进入美国的墨西哥人。其实，美国41%以上的非法移民是合法入境的，他们通常是受雇主聘用入境，只是在工作签证过期后仍然滞留美国。

美国对22个国家实行免签证计划。这些国家大部分是西欧国家，它们的公民只需买一张往返旅行的票就可以在美国最多逗留90天。移民归化局（INS）的报告称，许多人持这种签证入境，但逗留时间远远超过90天，也成为非法居留者。根据INS资料，滥用这一特权的人主要来自法国、瑞典和意大利（Hernandez-Truyol，1997）。既然如此，为什么只有墨西哥人被看做"非法居留者"？人们认为墨西哥人偷越美国边境的成见所反映的不仅仅是惧外心理，还有种族主义思想。

迷思之五：移民抢走美国人的工作。

自从有移民现象以来，企业主就始终坚持认为，为保持美国经济的发展，移民是必要的。加图研究所（Cato Institute）的一项研究表明，移民并没有增加各类工作的失业率，即使是那些工资最低的工作。研究也表明，移民劳动力的大量涌入可以增加新的工作：对洛杉矶某郡的移民进行的长达10年的研究报告显示，墨西哥移民创造了78 000个新的工作岗位（Cole，1996）。2005年科南－弗莱格勒商业学校的一项研究表明，北卡罗来纳州新增劳动力的35%是拉美裔移民，而拉美裔工人数量的增长在该州创造了89 000个新的岗位（Wiggins，2006）。

同过去一样，现在的雇主也需要移民劳动力来承担工作。1986年，美国政府规定雇用无证工人属于违法行为。现在许多雇主任用分包商为他们提供工人，这样就把因雇用无证工人而被捕的风险转嫁给了分包商。工会开始接受移民劳动力这个现实，而且试图将工人，特别是洗衣工人、看门人、宾馆旅店服务员和餐饮服务员通过工会的形式系统性地管理起来。这些工会后来成为代表移民利益的主要声音（Massey，2003）。

现在，一个新的且日益恶化的问题出现了。很多行业错误地号召美国接纳更多的移民工人，鼓励他们使用 Hl（b）签证和专业签证进入美国。在20世纪90年代劳动力短缺期间，美国的公司通过增加了 Hl（b）签证的使用来招聘合格工人填补缺口。有人曾指责这种滥用签证的行为。布什政府签订的贸易条约放宽了对 Hl（b）签证的限制，使得成千上万来自与美国有自由贸易协定的国家的人进入美国。如果这种情况持续下去，美国可能会再次修订移民法。在应对美国经济中移民问题的多样性和复杂性的同时保证公平合理是一个持续的挑战。不论移民什么时候到达美国，我们都应该给他们提供发展的机会。

后记

移民史表明，美国公民、政治领袖、工商界代表对移民的态度虽然有所不同，但都十分明确。尽管顽固的工人有时痛恨移民带来的经济上的竞争，但是社会始终在从这些移民工人身上获取利益。美国也从移民带来的不同国家的文化中获益。尽管有人抱怨移民不肯同化，并多次强调移民应摒弃其原有的文化，但是历史告诉我们，移民在适应或顺应一种新文化的过程中没有捷径；这个适应过程可以通过多种不同途径实现。每个移民都可能选择不同的道路，但他们终归会到达同一个终点，即成为美国人。

> 美国可以说是一个怪异的组合体：它既是单数，又是复数；既组织严密，又是一盘散沙；既团结一致，又散漫成性。
>
> 亨利·卡里尔（Henry Kariel，1924—）

术语和定义

美国化（Americanization）：让前往美国的移民抛弃他们的民族或文化传统，顺应由优势群体界定的美国文化的要求。

反犹太主义（Anti-Semitism）：对犹太人持有偏见或成见，或对犹太人进行歧视的行为。

同化（Assimilation）：移民接纳所在国文化特点以得到该国认同并融入当前社会的过程。

唯英语（English Only）：在多个州发生的一场运动，要求通过立法把英语定为州官方语言，并力求最终实现联邦政府定英语为美国官方语言的目标。

优生学（Eugenics）：研究社会控制下对未来世代的种族生理和心理素质起改善或修复作用的因素的学科。

本土主义（Nativism）：倡导保护一个国家本土居民不受被认为具有危险性或威胁性的新移民侵害的反移民思想。

压迫（Oppression）：任一实体（社会、组织、群体）故意或无意地不公平分配资源，拒绝分享权力，推行种族中心主义文化，并且/或者为维护其设想的利益，对另一实体实施冷漠和严格的政策，并通过责怪或忽视受害者为自己的行为进行合理化辩解。

187法案（Proposition 187）：一项加利福尼亚州投票通过的议案，它不允许为疑似的无证移民提供某些社会服务（如医疗）和公共福利（如公办教育）。

惧外心理（Xenophobia）：对来自与己不同国家的人的恐惧或偏见。

参考文献

Andrzejewski, J. (1996). Definitions for understanding oppression and social justice. In J. Andrewski (Ed.), *Oppression and social justice: Critical frameworks* (5th ed., pp. 52—59). Needham, MA: Simon & Schuster.

为讨论团体间关系提供了大量重要的术语定义。

Barret, J. R. Roediger, D. (2002). How white people became white. In P. Rothenberg (Ed.), *White privilege: Essential readings on the other side of racism* (pp. 29—34). New York Worth.

讨论了移民的美国化过程，重点介绍了通过白人特权促使移民趋同于主流文化的方法。

Brands, H. W. (2000). *The first American: The life and times of Benjamin Franklin*. New York: Doubleday.

第四章 移民和压迫：移民国家中的本土主义矛盾

描述了富兰克林成长为学者、企业家和政治领袖的过程以及他对新兴时期的美国的影响。

Brodkin, K. (2002). How Jews became white folks. P. Rothenberg (Ed.), *White privilege: Essential readings on the other side of racism* (pp. 35 – 48). New York Worth.

讨论以种族主义和反犹太主义为特征的反移民情绪，并讨论了美国接收白人少数民族（white ethnic）移民的因素。

Buchanan, S., Kim, T. (2005, Winter). *The nativists. Intelligence Report*, 120, 25—42.

概述了美国 21 个反移民团体的领袖，并介绍了他们和他们的团体持有的态度及采取的行动。

Center for Immigration Studies. (2002). *Immigrants in the United States*—2002: *A snapshot of America's foreign-born population* (p. 13). A panel discussion sponsored for the National Press Club in Washington, D. C. Retrieved July 12, 2003, from http://www.cis.org/articles/2002/sanapshotpanel 2002.html

专家小组成员对多种移民问题的分析。普优西语裔研究中心（Pew Hispanic Center）主任罗伯特·苏罗对政府的福利（制度）的评论。

Chang, R. S. (1997). A meditation on borders. In J. F. Perea (Ed.), *Immigrants out! The new nativism and the anti-immigrant impulse in the United States* (pp. 244 – 253). New York: New York University Press.

解释了边境的概念是怎样突出境外人的异化感的。

Cole, D (1996). The new Know-Nothingism: Five myths about immigration. In J. Andrzejewski (Ed.), *Oppression and social justice: critical frameworks* (5th ed., pp. 152—154). Needham, MA: Simon (&) Schuster.

介绍了一些流行的有关移民的荒诞言论，并提供资料逐一反驳这些言论。

Cubberley, E. P. (1919). *Public education in the United States*. Boston: Houghton Mifflin.

介绍了学校是如何在美国创办起来的以及影响美国公立学校发展的因素。

Delgado, R. (1997). Citizenship. In J. F. Perea (Ed.), *Immigrants out! The new nativism and the anti-immigrant impulse in the United States* (pp. 318 – 323). New York: New York University Press.

讨论了最近导致获取美国公民身份变得更加困难的提案。

Eck, D. L. (2001). *A new religious America: How a "Christian Country" has become the world's most religiously diverse nation*. New York: HarperCollins.

剖析了美国不同宗教的发展情况，特别是 1965 年以来的移民模式，并描述了其影响和前景。

Feagin, J. (1997). Old poison in new bottles: The deep roots of modern nativism. In J. F. Perea (Ed.), *Immigrants out! The new nativism and the anti-immigrant impulse in the United States* (pp. 13—43). New York: New York University Press.

概述了从 19 世纪早期至今本土主义情绪在美国的发展情况。

Feagin, J. & Feagin, C. (1996). Basic concepts in the study of racial and ethnic relations. *In Racial and ethnic relations* (5th ed., pp. 6—26). Upper Saddle River, NJ: Prentice Hall.

为讨论团体间关系提供了大量重要的术语定义。

Fuchs, L. H. (1990). *The American kaleidoscope: Race, ethnicity and the civic culture*. Hanover, NH: University Press of New England.

指出移民团体一直成功地拥护和贯彻了美国的社会、政治原则。

Grant, M. (1970). *The passing of the great race, Or the racial basis of European history* (Rev. ed.). New York: Arno Press. (Original work published 1916)

表达了对白种人可能正在失去世界霸权地位的恐惧。

Grow, B. (2004, March 15). Is America Ready? *Business Week*, pp. 58—70.

介绍了当今拉丁裔人口情况及其增长预期，以及其对当今和将来经济的可能影响。

Hernandez-Truyol, B. E. (1997). Reconciling rights in collision: An international human rights strategy, In J. E. Perea (Ed.), *Immigrants out! The new nativism and the anti-immigrant impulse in the United States* (pp. 254—276). New York: New York University Press.

讨论了在世界和美国倡导人权的基础，并提出美国 187 法案违背了人权原则。

Herrnstein, R. J. & Murray, C. (1994). *The bell curve: Intelligence and class structure in American life*. New York: Free Press.

通过分析调查研究提出智力差异源于种族和民族，由基因决定，以及经济上的成败由智力决定。

Higham, J (1955). *Strangers in the land: Patterns of American nativism, 1865—1925*. New Brunswick, NJ: Rutgers University Press.

介绍了美国反移民情绪的增长，这种情绪在 20 世纪 20 年代出台反移民政策和法律时达到高峰。

Kammen, M. (1972). *People of paradox: An inquiry concerning the origins of American civilization*. New York: Vintage.

分析并试图协调在殖民时期和国家初建时期美国文化暴露出的相互对立的方面。

Lee, E. (2004). American gate keeping: Race and immigration law in the twentieth century. In N. Fonter & G. M. Frederickson (Eds.), *Not just black and white: Histori-*

第四章 移民和压迫：移民国家中的本土主义矛盾

cal and contemporary perspectives on immigration, race and ethnicity in the United States (pp. 119—144). New York: Russell Sage Foundation.

综述了 1965 年以来移民种族成分的变化。

Limon, L. (1996). Testimony on use of welfare by immigrants. Retrieved, April 12, 2003, from http://www.hhs.gov/asl/testimony.html

介绍了移民使用福利服务情况的调查数据。（首先在网站上找到 1996 年的文件，然后滚动到[1996]2月6日的证明）

Lynn, R. (2001). *Eugenics: A reassessment*. Westport, CT: Prager.

提供了优生学学科在历史上得以形成的背景以及一些优生学应用的例子，并讨论了优生学在将来的作用。

Macedo, D., & Bartolome, L. I. (2001). *Dancing with bigotry: Beyond the politics of tolerance*. New York: Palgrave.

审视了多元文化教育中的语言问题及其局限性。首先引用了时任马萨诸塞州教育委员会委员约翰·西尔弗（John Silber）的话。

Massey. D. S. (2003). Closed-door policy. *American prospect* 14 (7), 26—28.

分析了美国墨西哥移民的新趋势以及美国政府针对这些趋势所采取行动的作用。

Myers, G. (1960). *History of bigotry in the United States*. New York: Capricorn.

描述了自殖民地时期，历史上受到偏执影响的对象，其中着重描述了天主教徒、犹太人、移民以及优势民族对这些少数民族采取的行动。

Pai, Y., & Adler, S. (1997). Schooling as Americanization: 1600s — 1970s. In *Cultural foundations of education* (2nd ed., pp. 55 — 91). Upper Saddle River, NJ: Merrill Prentice Hall.

介绍了美国化概念的演变以及这个理念在学校中的实施。

Passel, J., & Edmonston, B. (1994). Immigration and race: Recent trends in immigration to the U. S. in B. Edmonston & J. Passel (Eds.), *Immigration and ethnicity: The integration of America's newest arrivals* (pp. 31—71). Washington DC: Urban Institute Press.

分析了 20 世纪 80 年代的移民情况，并和 19 世纪 80 年代到 20 世纪 20 年代期间的移民趋势做了比较。

Pipher, M. (2002). *The middle of everywhere: The world's refugees come to our town*. New York: Harcourt.

讲述了很多新移民的故事，包括逼迫他们移民的境遇以及他们在适应美国文化的过程中所面临的困难。

Ramos, J. (2002). *The other face of America*. New York: Rayo.

提供了统计数据，介绍了对美国移民的研究，重点介绍拉美裔人的贡献和拉美裔移民的影响。

Roberts, D. (1997). Who may give birth to citizens: Reproduction, eugenics, and immigration. In J. F. Perea (Ed.), *Immigrants out! The new nativism and the anti-immigrant impulse in the United States* (pp. 205—219). New York: New York University Press.

讨论了拒绝给予未登记移民子女国籍的提案，并把它和优生学运动以及历史上其他的种族主义案例联系起来。

Salas, K. D. (2006). Defending bilingual education. *Rethinking Schools*, 20 (3), 33—37.

讨论了对双语教育的批评，《不让一个孩子掉队》法案对双语项目的暗示以及证明双语项目有效性的研究。

Scherer, M. (2005). Scrimmage on the border. *Mother Jones*, 30 (2), 50—57.

通过移民批评者和支持者的评论，介绍了当今尤其是南加利福尼亚的反移民争论。

Selden, S. (1999). *Inheriting shame: The story of eugenics and racism in America*. New York: Teachers College Press.

分析了20世纪早期优生学运动在美国的发展以及我们从中应该学习的经验。

Shorris, E. (2001). *Latinos: A biography of the people*. New York: W. W. Norton.

通过有序地叙述个人经历来介绍美国的多种拉丁族裔。

Smedly, A. (1999). The arrival of Africans and descent into slavery. *Race in North America: Origin and evolution of a world view*. Boulder, CO: Westview.

介绍了非洲人到达美洲的经过以及他们是怎样失去与其他移民平等的地位的。

Sorenson, E., & Enchautegui, M. E. (1994). Immigrant male earnings in the 1980s: Divergent patterns by race and ethnicity. In B. Edmonston & J. Passel (Eds.), *Immigration and ethnicity: The integration of America's newest arrivals* (pp. 139—161). Washington DC: Urban Institute Press.

考察了移民收入是如何受其技能构成和在美国生活时间长短的影响。

Takaki, R. (1993). *A different mirror: A history of multi-cultural America*. Boston: Little Brown.

描述了美国不同种族和民族团体的经历。

Suarez-Orozco, C., & Suarez-Orozco, M. (2001). Children of immigration. Cambridge, MA: Harvard University Press.

作者基于他自己的纵向研究和一些其他研究介绍了新移民的生活，以及在努力同化过程中他们面临的困难。

Tatalovich, R. (1997). Official English as nativist backlash. In J. F. Perea (Ed.),

Immigrants out! The new nativism and the anti-immigrant impulse in the United States (pp. 78—102). New York: New York University Press.

对新本土主义的典型例子——唯英语运动进行了调查。

United States Citizenship and Immigration Services (USCIS). (2005). *Illegal Alien Resident Population*. Retrieved July 5, 2006, from http://www.uscis.gov

提供了美国非法居民的资料。该机构为移民归化局前身，后与国家安全局合并。

Whyte, W. F. (1995). *Street corner society: The social structure of an Italian slum*. Chicago: The University of Chicago Press.

介绍了对20世纪30年代一个城市意大利人社区的民族志的研究。

Wiggins, L. D. R. (2006). Will the immigration debate impact black employment? *The Crisis*, 113 (3), 6—7.

讨论了非裔美国人对当前移民争论的态度，尤其是对就业机会争论的态度。

Wiley, T. G. (1997). Literacy and language diversity in the United States. Available from AskERIC, http://ericir.syr.edu/ (ERIC Document Reproduction Service No. ED 440557).

提供了有关美国语言多样性的数据和述评。

Wu, C (Ed.). (1972). *"Chink!" A documentary history of anti-Chinese prejudice in America*. New York: World Publishing.

重印了有反华偏见的演说、报刊文章、政治卡通；在《中国佬的机会》(Chinaman's Chance) 的第3章中提供了有关反加利福尼亚华人的暴力行为的例子。

Wucker, M. (2003). Civics lessons from immigrants. *American Prospect 14* (7), 45—46.

调查了新近移民为表达政治意愿所做的努力，为解决当地问题起到了积极的作用。

复习和讨论

总结练习

请参照本书第31—32页的练习，总结本章的重点并界定关键术语。

辨析题

辨析练习1. 我的了解是……我们对归化的美国人有怎样的了解？

说明：在美国这个多样化的社会里，移民文化有时十分突出。阅读下面的题目，每读完一条就向同伴解释你对每个题干下亚文化多样性的了解和感受。如果可能的话，就向同伴解释你对文化差异的认识和（或）所持的态度。最后尽可能解释容忍文化差异所带来的怨憎情绪或挫折感。

1. 社会交往差异

A. 交谈时某些种族或民族的人音量有多高？

B. 交谈者之间的直接目光接触在一些文化里是禁忌。

C. 有些家庭的人口很多，但看起来一家人住在一起还是很幸福，甚至在空间不足不能满足实际需要的情况下也是如此。

D. 禁止男女在公共场合有身体接触，也不允许男女在公共场合一起走路。

2. 服饰差异

A. 一些国家妇女穿传统莎丽服饰，大部分布料精致漂亮。

B. 印度锡克教男教徒的包头巾是其宗教和文化的组成部分。

C. 穆斯林妇女的长袍可能是文化和宗教政策规定的。

D. 哈西德派男性犹太人穿黑西装、戴帽子、留侧面长发。

3. 文化传统差异

A. 很多国家准备食物时需要我们不熟悉的烹调原料，而我们这些人的父母或我们父母的父母早已经彻底地把原籍国风俗习惯和食物变为标准的美国食物了。

B. 通常全国性庆祝活动譬如五月五节和挪威宪政纪念日，并不为多数美国人所知，尽管那些出生于其他国家的美国公民努力使出生国文化传统在美国得以延续下去。

C. 具有文化意义的重大事件可在季节性仪式、宗教场合、婚礼、家庭活动等场合观察到，而且因族群、宗教、国家而不同，例如苗历新年聚会和葬礼聚会就不同。

小组活动

以下两个小组活动练习题旨在帮助讨论对压制问题的敏感度。

小组练习 1. 给编者的关于移民问题的信

说明：这篇重印的文章是致编者的信，曾在美国佛罗里达州西部港市坦帕的一家报纸上发表。之后，这封信见于全国各地其他报端，但每次署名似乎都是在当地写的。谈谈你对这封信主题的理解并就后续问题展开讨论。通过讨论，使得对每个问题达成一致认识，并就文章质量本身或准确性做出结论。文章介绍了四个族群的视角，在阅读过程中，请思考这篇文章使用了哪个视角。

总是担心是否冒犯一些人或他们的文化令我对这个国家感到厌倦……我不是反对移民，也不怨恨那些为寻求更好生活来到美国的人。我国的人口几乎都是由移民后代构成的。然而，有几件事需要近期移民到美国和后来生于美国的人们理解。

多元文化社区的观点只能削弱美国国家主权并淡化国家认同。作为美国人，我们有自己的文化、社会、语言和生活方式。这个文化是在成百上千万寻求自由的男女，经过几个世纪的挣扎、苦难和取得胜利的基础上发展起来的。

我们讲的是英语，不是西班牙语、葡萄牙语、阿拉伯语、汉语、日语、俄语或其他任何一种语言。如果你想成为我们社会的一部分，那就得学习语言！"我们信仰上帝"是我们国家的座右铭。这不是什么基督教、右翼或政治的口号。我们信奉这个座右铭，是因为基督教教徒们基于这个原则创建了这个国家，这方面有确凿的文献为证。在我们学校墙上公示这个座右铭，无疑是适宜的。假如"上帝"一词冒犯了你，那我建议你考虑把世界另外一个国家当作你的新家园，因为上帝是我们国家不可分割的一部分。

我们对我们的文化感到满意，也没有改变它的愿望，而且我们真的不在乎你们以前怎么行事和来自哪里。这是我们的国家、土地和生活方式。我们的（宪法）"第一修正案"赋予了每个美国公民表达观点的权利，而且我们允许你利用每一个机会表达你的观点。但是一旦你对我们的宣誓、国家的座右铭或者对我们的生活方式抱怨、哭诉和唠叨，我实在鼓励你利用美国的另外一个自由权利，那就是离开这个国家的权利。

愿上帝保佑美国！

课后讨论

1. 作者说美国作为多元文化大社区"只是削弱美国国家主权并淡化了国家认同"这一观点是什么意思？
2. 大量移民不学习英语吗？
3. 那些学习英语的西班牙移民，是否应该因讲西班牙语流利或讲其他移民的母语流利而受到批评非议？

4. 移民有无抱怨国旗宣誓词中提到"上帝"？

5. 如果"上帝是我们（美国）文化的一部分"，要想成为美国人你必须相信上帝吗？

6. 最后一段中的"我们"意在包括哪些人？

7. 这封信怎样写才能反映其他族群的视角？

小组练习 2. 角色体验

说明：根据以下的情景，三人一组展开对话，并在此基础上进行五分钟的角色扮演。要求你扮演的角色持续到讽刺幽默短剧结尾为止，并回答课堂上你的情景表演背后的动机、目的和意图等方面的问题。尽管在内容和其他角色扮演上有相似之处，但要求每个小组都完成他们的五分钟角色扮演。

角色对话：一个数学问题

角色：
- 经定级测试西班牙语达到高级的高三女生
- 成绩最好的高中四年级穆斯林女生
- 班级前 2% 的高中四年级白人男生（参看如下）

数学课上一个学生有如下看法："我非常高兴的是，种族、文化和多元化等问题在我们班，都不重要。大家知道大部分伟大的数学家都来自欧洲。不管怎样，（种族、文化和多元化等问题）不重要。"

社区活动

实地调查

美国哪些地方有种族压迫现象？通过地方组织或校园组织，找三至五个愿意讨论自己作为美国少数民族的社会地位的人，带着同样的问题采访他们中的每一位，了解他们怎样理解美国所宣扬的价值观，而他们本人及家人事实上受到的待遇又怎样，进而发现其中的差距。就美国的种族压迫问题撰写一些能达到发表水平的文章。

服务型学习

你所在的社区或地区是怎样帮助种族人口较少的群体的？在族群组织或就近的男孩女孩俱乐部当志愿者，支持弱势种族和少数民族的儿童、青年和成年人，并向另一个类似的服务性组织，介绍自己当志愿者的服务经验。

第五章　种族和压制：美国有色人种的经历

> "每个人都喜欢给予就像喜欢获取一样。没有人只是希望一直获取。我们从你们的文化中已经吸取了太多。我希望你们也从我们的文化中吸取一些东西，因为其中有很多美好之处。"
>
> 丹·乔治族长（Chief Dan George，1899—1991）

将人类以种族进行划分直接导致了美国始于殖民主义时期、延至脱离英国殖民统治而独立的美国种族迫害史。虽然所有来到美国的移民都受到过某种程度压制和阻碍，但是有色人种受到的压制和迫害更加明显，被视为白人是有很大好处的。无论是自愿移民或者作为奴隶被带到美洲大陆的有色人群，都不得不忍受明显的压制，并与种种昭然的压制进行斗争。有些受压制的经历对于所有的群体都是相似的，有些受压制的形式只是针对某一特定群体的。

对于那些生活在新世界、遭遇欧洲殖民者的土著居民（indigenous people）来说，丹·乔治族长（Chief Dan George）的话反映了一个问题。所有的有色人种移民都将会经历这个问题，只是形式不同而已。虽然因为"种族"被视为异类，但是真正能够界定有色人种差异的是每一个族群（ethnic group）独特的文化。主流民族因为种族不同拒绝他们的同时，也拒绝了群体间本可以分享的文化财富。美国有色人种创造的多样性始于美洲印第安人。他们的文化和知识一开始就被殖民者所忽视，随后又被新独立的国家——美国的公民所忽视。

美洲印第安人

当哥伦布（Columbus）"发现"他称之为"伊斯帕尼奥拉岛"加勒比海的一座小岛时，阿拉瓦人（the Arawaks）曾经是由 500 多个民族组成的美洲大陆印第安人的一支。之后来到的人重复着哥伦布设定的压制模式。在一段短暂的和平关系后，哥伦布一伙人开始掠夺阿拉瓦人和他们的自然资源。哥伦布绑架了一群阿拉瓦人并把他们作为奴隶贩卖到西班牙。大部分阿拉瓦人在去往西班牙的航程中死去。之后哥伦布又返回到这个小岛，开始寻求赚钱的其他方式。

哥伦布注意到阿拉瓦人佩戴的黄金首饰，于是他就要求阿拉瓦人为他寻找黄金。阿拉瓦人却坚称这片土地只有少量的金子，哥伦布并不相信他们。他继续向他们索要金子并且警告他们如果没有金子就不要回来。如果有人空着手回来，哥伦布就让人把他的手砍掉以使其他的阿拉瓦人屈从（齐恩，Zinn，2003）。通过这种残酷的方式，哥伦布和他的随从几乎灭绝了阿拉瓦族人。欧洲殖民者几乎使500个民族中的一半美洲土著居民永远消失了，他们也使很多延续至今的民族永远丧失了自己的文化（Josephy，1994）。

欧洲人从美洲土著人那里学到了什么？

来自英国到美洲大陆定居的移民往往在印第安人已有的定居点上建立自己的城市，走印第安人修好的小路。这些小路中有许多最终成为这个新国家的大道通途。本杰明·富兰克林（Benjamin Franklin）研究了"易洛魁联盟"（Iroquois League）的管理结构，并借用它，创造了"阿尔巴尼计划"（Albany Plan）——成为美国首个以政府形式实施的《邦联条例》的基础（Weatherford，1988）。虽然他从"易洛魁联盟"借用了这些想法，但在他给詹姆斯·派克（James Parker）的一封信中却表露了他对印第安人的偏见：

"这是件非常奇怪的事情：6个愚昧无知的野蛮人部落有能力形成一个联盟草案，而且能够很稳定地实施这种联盟体制，世代维持；而10个或者12个英国殖民地却没有联盟体制——他们更需要这一制度（Le May，1987，p. 444）"。

与富兰克林不同，大多数的殖民者并不向印第安人学习。他们的目标只是在美洲大陆上建立自己的欧洲文化和传统。本族自我中心主义（Ethnocentrism）是指人们坚信他们自己的种族、民族或者文化比其他所有的都要优等，以殖民者命名他们的定居点为例，荷兰人将他们的定居地命名为新阿姆斯特丹（New Amsterdam），后来英国人占据了此地并重新命名为纽约

(New York)。很多定居地直接在名字前省去了"新"字,这一点可以通过对比新英格兰州的地名和英格兰的地名而得到证实。威廉姆斯(Williams, 1954)举了一个文化自我中心主义的例子。仅仅因为当地的一种鸟使英国殖民者联想到英国的"知更鸟"("Robin"),他们就将这种鸟命名为"知更鸟",而且我们现在仍然称它们为"知更鸟"。事实是,它们不是英国"知更鸟",也与英国的这种鸟没有任何关系。

> **关于土著居民的名字**
>
> 虽然"美洲土著居民"(Native American)这个名词已经被广泛地使用,但是这并不是所有土著居民所喜欢的、能够代表他们的通用名词。著名作家Sherman Alexei坚决反对使用该词,而愿意使用"美洲印第安人"(American Indian)这个名词。一些土著居民愿意被称之为"原住民"(Indigenous people);另一些人则同意使用传统的"印第安人"(Indian)标签。在这一章中,所有的名词都被使用以反映意愿的多样化。在所有的土著居民中,唯一意见一致的就是他们都愿意以他们部落的亲缘关系来得以识别,如霍皮人(Hopi)、阿帕契人(Apache)、苏族人(Sioux)、莫西干人(Mohican)、夸扣特尔人(Kwakiutl)或者因纽特人(Inuit)。当一个人要与某个美洲印第安人谈话时,最好听取Beverley Tatum的建议——问一下这个印第安人,他喜欢被怎样称呼。

欧洲殖民者本可以从美洲土著居民那里学到什么?

如果欧洲人愿意倾听,他们本可以从美洲土著人那里学到很多。下述四方面正好说明了这个问题。

食物和药品。欧洲人刚到美洲的时候,他们并不愿意去尝试他们不熟悉的食物,如土豆、花生、玉米、笋瓜、番茄、胡椒和南瓜。随后,这些食物被出口到世界各地,对无数国家产生了巨大的影响。正如韦瑟福德(Weatherford, 1988)所说:"如果没有土豆,很难想象今天的爱尔兰(Ireland)会是什么样子(p.64)。"同样如果没有美洲的番茄成为意大利食物的配料,意大利食物会是什么样子。

第五章 种族和压制：美国有色人种的经历

> 上帝教会了鸟类怎样筑巢，但是并非所有鸟巢都是一样的。
> ——Duwamish 谚语

欧洲人也没有试着去学习土著人关于植物的药用知识（见图 5.1.）。例如，坏血病是因维生素 C 缺乏而引起牙龈出血和疲劳的病症。由于水果不能在海上保存太长时间，这种病常常使海航之人感到痛苦。欧洲人观察到储存泡菜的德国水手不易患此病从而发现了治疗方法，而美洲土著人知道治疗此种病的方法远早于欧洲人（Weatherford, 1988）。铃木和克努特森（Suzuki and Knudtson, 1992）估计 75% 植物提取的处方药品都是来自于世界上土著居民的医疗实践。根据哈佛大学的植物学家理查德·舒尔茨（Richard Schultes）的说法，每一个萨满巫师（Shaman）的离去，"就好像一座图书馆被烧毁"（Gell—Mann, 1994, p.339）。

卫生。根据斯普林的研究（Spring, 2001），欧洲人将印第安人描述成"肮脏的野蛮人"根本与印第安人的卫生习惯无关，而是与他们"似乎不加抑制的性行为"有关（p.10）。美洲印第安人经常洗澡而欧洲人却不是这样。欧洲人相信将身体暴露于空气之中会引起感冒和其他健康问题。基督教的领导者也不赞成公共沐浴，担心在公共浴室中裸体交谈会激起人的情欲。因此在整个欧洲，取而代之的是很多人包括贵族在内，用沙子、灰尘或者浮石块干洗自己的身体。对于富人和皇室来说，使用香水可以掩盖身体的臭味。根据史密斯（Smith, 2001）的研究，英国女王伊丽莎白一世每个月才洗一次澡，西班牙王后伊莎贝拉更是自豪地宣称她的一生只洗过两次澡：出生和结婚时。难怪香水在过去是那么的昂贵和受推崇。

图 5.1 19 世纪的药瓶上出现了印第安人的图像，这说明美国人意识到印第安人了解植物的医用价值。企业家们并没有将注意力放在获取这种知识上，而是创造了一种混合物（通常含有酒精），并且把印第安人的图像放在瓶子上，将这种假冒药品卖给毫不知情的顾客。

> 只拿走你所需要的，不要破坏土地。
>
> 阿拉帕霍人谚语

管理方式和性别平等。 1642 年，弗吉尼亚州的人和一支由 Outacite 领导的切罗基族人代表团正在进行和平谈判。当 Outacite 走向殖民者代表团时，他质疑代表团里为什么没有女性代表。当听到殖民者说他们没有女性代表时，Outacite 对他的人民宣布他不能继续谈判，因为殖民者队伍中缺少了他们一半的人。珀杜（Perdue，1998）也描述了发生在 1757 年南卡罗莱纳政府委员会会议的一个场景。有名的切罗基族长 Attakullakulla 受邀参加了此次会议。他的首次发言就问为什么委员会里没有女性。如果印第安女人拥有财产，这份财产将会终身受她支配，无论她结婚与否（怀特，White，1993）。易洛魁族人的女性并不参与部落管理委员会，但她们可以选举管理部落的男人（伍德沃德，Woodward，1988）。

生态平衡。 美洲土著人相信人类与自然世界共同分享着一个精神祖先，因此，人类有义务与自然和谐相处。铃木和克努特森（Suzuki and Knudtson，1992）引用了一个由易洛魁联盟发布的宣言，以哀悼被工业毁掉的森林、因狩猎者和农药而日益减少的野生动物、被工厂污染的空气和鱼类以及遍布全国的有毒的化学废弃物。"易洛魁宣言（the Iroquois declaration）"呼吁人们保护我们周遭的生命，"作为这片土地的管理者去发挥我们的作用"（铃木和克努特森，Suzuki & Knudtson），1992，p. 240—241）。

殖民者与土著居民是什么关系？

殖民者以从冲突、竞争与生存中获得实践经验的方式代替了向土著居民学习直接经验。起初，欧洲人通常以友好的态度对待印第安人，直到他们不再需要印第安人。比如说，在塞布鲁克（Saybrook）堡垒建成并囤满军火之前，康涅狄格（Connecticut）早期定居点的殖民者跟佩科特人和纳拉干人（the Pequot and Narragansett）印第安人相处融洽。佩科特人和纳拉干人（the Pequot and Narragansett）不明白为什么要修筑这个军事堡垒。他们帮助过这些外来者，而且与他们也已经签署了条约。然而，当纳拉干人认为殖民者约翰·奥尔德姆（John Oldham）导致天花爆发并致死 700 名族人，而将其处死后，殖民者与土著居民的关系开始改变。在军队能确保胜利和以奥尔德姆的死为借口的情况下，约翰·恩迪科特（John Endecott）被派往塞布鲁克（Saybrook）要塞去攻击纳拉干族人和无辜的佩科特人。在起初小规模的冲突后，一些佩科特人与莱昂·加德纳（Lion Gardiner）上尉进行了会面，以示重归于好的意愿。但是加德纳上尉根本没有停止战争的打算。在听说了荷兰殖民者的暴行后，佩科特人问加德纳，欧洲人是否真的除了士兵以外，也杀害妇女和儿童。他们非常期望他会否认这种尖锐的指责。但加德纳回答道："他们今后会看到的"（詹宁斯 Jennings，1976，p.212）。他们明白了加德纳的意思，并且把这个出自他们昔日好邻居之口的威胁告诉了全部族人。

欧洲人和印第安人之间的冲突根源是什么？

欧洲人和印第安人之间最主要的争端就是土地所有权。在学校，孩子们常常被教导说，哥伦布在新大陆上插上了一面西班牙的旗帜并以此来宣称西班牙对这片土地的所有权。这暗示着西班牙人和印第安人将通过协定或者战争来解决这一争端。因宣称土地的所有权而引发战争在欧洲历史上是很常见的。国家通过竞争获得或失去居住地（因为只有尚未居住过的土地可以被主张权利）的规定，被称为"真空住所（vacuum domicilium）"的原则（贝克霍弗，Berkhofer，1978）。在1492年，国际法承认土著居民对他们所居住的土地拥有所有权。在无属土地（terra nullius）这一法律原则下，允许探险者们拥有土地所有权的许可证（charter）。这是一个带有歧义的、暗指无人居住的土地的概念，但是却被殖民者解释成包括有人居住、其居民的宗教和习俗与欧洲人的不同的土地。

当哥伦布在美洲大陆上插上了一面西班牙旗帜时，他为西班牙对无人居住地拥有合法权利或者是从当地人买过来的居住地奠定了法理基础。但是对土著居民所居住土地的合法主张并未基于"真空住所"的原则——因为土著居民明确表示，他们居住的土地属于他们共同所有，他们也属于这片土地。为了解决"无属土地"主张权利的模糊定义，那些想占领印第安人土地的欧洲国家创造了一个新名词：战时先占（occupatio bellica），指的是以和平的方式控制那些未被当地人充分利用的土地。虽然当地人可能不会赞成什么样的土地被称为"未被充分利用"（underutilized），但是这一规定却允许欧洲人通过和平的方式去占领土地，如在地上竖立起带有皇室封印的十字架，或者通过贿赂的方式让几个土著个人签署承认土地为他们所有的条约。

> 他们做出了如此之多的承诺以至于我都无法记住，然而他们仅仅只实现了一条。他们承诺要夺走我们的土地，他们做到了。
>
> 红云（Red Cloud, 1822 – 1909）

但是游牧人（the Nomads）却是个例外。作为"牧民"、没有固定居所，因此他们被认为没有权利去主张土地所有权。在主张土地权利时期，殖民者们将土著居民描述为"游牧的、居无定所的"，因为土壤消耗和农产品的减产，村庄几年都会搬迁一次。过几年之后，他们又会搬到下一个定居点。周而复始，最终他们会回到多年前曾经离开的定居点，而那里的土地已经重新变得肥沃了（Berkhofer, 1978）。这样的模式并不属于游牧的范畴。虽然大平原印第安人（the Plains Indians），如苏族（Sioux）或夏安族（Cheyenne）是游牧民族，也延续着历史上的迁移模式，但是大多数的土著居民都定居在村庄里。如果村民们抵制侵占他们土地的行为，往往导致武装冲突，最终常以印第安人被迫签署离开原有土地和重新安置他们的定居点的条约形式结束。

为什么印第安条约（Indian treaties）至今仍然很重要？

条约是两个或者两个以上的具有独立主权的国家之间签署的具有法律效应的文件，涉及和平、贸易和其他事务。印第安条约（Indian treaties）记录了印第安人土地被割让给美国政府用以定居的内容。与此同时，因为资源问题，土地也被充公。如格迪克斯（Gedicks, 1993）所描述的那样，历史学家大卫·容恩（David Wrone）计算出美国政府仅从齐佩瓦族人（the Chippewa）手里，就夺走了1950万英亩的土地。这些土地给美国带来了巨大的财富。除了拥有土地以外，土地里富含的资源包括"1000亿板英尺的木材；1500亿吨铁矿石；135亿磅的铜"（p.51）也归美国所有。从印第安人土地上掠夺的其他资源还包括水、港口、鱼类、家禽和野味等所有能为旅游产业获利所需要的资源。旅游产业已经为享受条约既得利益的主流社会的成员们创造了数目可观的财富。

印第安部落和美国之间签署的条约属于两个主权国家间的条约。虽然条约规定了内容具有永久有效性，但是美国政府事实上已经违背了所有与印第安人所签的条约，而且常常是在当事人仍然在世的情况下（Josephy, 1994;

Wilson，1998)。即便如此，条约仍然是非常重要的文件，因为它们确认了印第安人的主权。德罗利亚（Deloria，1993）认为印第安人主权（Indian Sovereignty）是"申明印第安民族在法律上是一个独立存在的实体（unique entities）的一项原则（p.388)"。

为什么美洲土著居民的条约屡遭违背？

当签署印第安人条约的时候，分给印第安人常常都是被视为可以放弃的土地。但是一旦这片土地变得炙手可热，印第安人往往都会被迫交出这些土地的所有权。当定居者移民到威斯康星时，温尼贝戈印第安人（the Winnebago）被迫搬到内布拉斯加和堪萨斯。很多人因为拒绝离开而躲了起来；其他离开的人最终也回到了故土（Bieder，1995）。只要殖民者和定居者索要土地，与印第安人之间曾签订的条约往往会被迫重新修订。

切罗基族人（the Cherokee）拥有佐治亚土地的合法契约。他们在那里已经建立了自己的家庭，拥有自己的生意。当他们被命令搬到俄克拉何马州时，他们（将下命令的人）告到了美国最高法院，最高法院倾向于保护印第安人利益，但遭到了安德鲁·杰克逊（Andrew Jackson）总统的否决。1838年，他下令联邦军队驱赶切罗基人到俄克拉何马。这就是历史上的"血泪之路（the Trail of Tears）"——不计其数的印第安人在迁移的途中死去（华莱士，Wallace，1993）。

因为这些条约，几支印第安部落被迫占用俄克拉何马的土地，直到白人对廉价土地需求的出现迫使美国政府重新进行谈判。政府将俄克拉何马州印第安人的活动限制在最贫瘠的土地上，而允许定居者去主张剩余土地的所有权。本来美国人对俄克拉何马州的印第安人的土地没有多少兴趣，但是石油的出现却使这一切都改变了。条约又被重新签订。同样的，签订于1868年的罗拉米要塞条约（Treaty of Fort Laramie）宣称苏族人永远保有位于布莱克山（the Black Hills）中他们圣地的所有权。之后那里发现了金矿，条约又一次被重新修订（Josephy，1994；Wilson，1998）。这样的事情仍然在继续发生着。

一个多世纪以前签订的很多条约将印第安人驱逐到狭小的保留地，但这些条约规定了他们在保留地以外的原部族土地上狩猎和捕鱼的权利。对于土著居民来说，能够在原部族土地上狩猎和捕鱼是美国政府对印第安人作出的非常大的让步。但是对于签约时的美国政府一方来说，这种让步却是无关痛痒的。当狩猎和捕鱼成为经济利益可观的旅游项目时，认为条约应该废止并应该重新修订的呼声升高。提倡户外娱乐活动的人们已经对印第安人的狩猎和捕鱼特权提出了抗议，即便条约中规定了这样的特权。土著居民也以坚持保留原条约以及他们作为主权国家的权利作为回应。

现今困扰土著居民的问题还有哪些？

在美洲土著居民的起源问题上，人类学家认为印第安人是美洲第一批移民者。他们声称15000年前印第安人穿过白令海峡来到了美洲大陆。但是，美洲印第安人坚持认为他们生于斯长于斯。越来越多的考古学证据证明了土著居民出现在北美洲和南美洲的历史已经超过3万年，远远早于白令海峡形成的时间（Chatters，2001；Parfit & Garrett，2000）。

很多学生在学校无法学到美洲早期多样的印第安文化。这些存在于500多个印第安部落的文化，涵盖了政治体制、经济结构和文化模式。比如，印第安人房屋的多样性是非常明显的：东北部林地印第安人的长型房屋，如瓦帕浓人（the Wampanoag）；波尼族人（the Pawnee）的土屋（之后被中西部的拓荒者们复制成了草皮屋）；威奇塔人（the Wichita）的草屋；纳瓦霍人（the Navajo）的泥砖房；夸丘特尔人（the Kwakiutl）及其他西北部印第安人的木屋。如果人们问美国的小孩"印第安人"的房子是什么样子的，他们很可能会回答说印第安人都住在"圆锥形的帐篷（tepee）"里。老师们并没有正面地教导孩子们关于印第安文化的多样性，反而去宣扬建立在对大平原印第安人刻板印象上的偏见。这种偏见通过对印第安人吉祥物的使用更得以强化。

> 所有的战争都是内战，因为所有的人都是兄弟……每一个人都属于人类，而不只是他所出生的特定国家。
>
> 弗朗索瓦·费内伦（Francois Fenelon, 1651-1715）

很多美洲土著人和部落委员会已经公开表示对运动队伍使用印第安图案和吉祥物的反对，认为这种做法带有种族歧视，是无礼的（Connolly，2000）。他们已经要求中小学展示这样的图片（见图5.2.）以制止这种行为。很多体育迷们并不认为这样的行为是多么的无礼，反而坚持认为使用印第安人的吉祥物意味着给予土著居民荣誉和对土著居民的尊敬。但是我们如

第五章 种族和压制：美国有色人种的经历

何能将印第安人认为不快的事情当做给以他们的一种荣誉呢？一方面，我们争论着印第安人的吉祥物代表着荣誉和抗争精神，而另一方面，我们却在批评或者无视那些为了减少使用印第安人吉祥物而抗争着的印第安人。

非印第安人对待印第安人吉祥物的态度反映了现代印第安人如何被对待的问题。根据贝克霍弗（Berkhofer，1978）的研究，美国人对印第安人持有下列两种印象：生活在很久以前已经灭绝的、高等的野蛮人或者已经失去了自己文化、被白种人视为低等人的现代印第安人。很多学校教科书通过传递美洲土著人仅出现在 19 世纪以前而在 20 世纪绝迹的信息，并强化了前种印象。学生们也就此推断出美洲土著人仅生活在很久以前，现在已不再存在，少数的印第安人也只不过生活在保留区内（Hawkins，2005）。批评家们指责美国的教育没有使孩子们和年轻人认识到生活在城区的印第安人，或者当前的一些问题，如保留区的印第安人抗议将他们的土地作为丢弃有害废弃物的垃圾场或者抗议其他形式的环境资源剥削行为。

图 5.2

即便只有不到 1% 的印第安人从赌场中可以获得可观的利润，但大众却广泛认为现代印第安人大都在经营赌场。如果一个国家承认赌博合法，那么根据联邦法律，生活在保留区内的印第安人开赌场是合法的。虽然美洲印第安人因为经营赌场一直遭到批评，但是开赌场所获得的利润却被一直用于购买土地、建造和维护改善学校、提供学术奖学金、支持职业培训项目、创造工作机会以及为印第安人提供机会和保存文化为目的的一系列项目提供资金。

尽管在少数几个保留区内印第安人通过赌场能获得资金，但是大量生活在保留区的印第安人仍然要面对被主流文化同化的后果，包括极高的失业率、极低的学业完成率，以及普遍存在的家庭暴力和大量酗酒的现象。部落长者们目睹着文化传统和古老信仰的退化，他们担心族人的生存将处于危机中。即便在保留区有对经济资源的需求，很多美洲印第安人仍然抵制在保留区内发掘资源并试图购买保留区矿产和水资源的大公司（Gedicks，1993；Matthiessen，1984）。

诉讼是目前印第安人与美国政府正在进行的斗争的关键组成部分。最近的一个诉讼案是印第安人控告内务部对印第安人土地和资金的管理不善，使印第安部落损失了约 1760 亿美元的财富。法官已经公布了几条有利于印第安部落的规定。根据惠蒂（Whitty，2005）的研究，美国政府正在支配可以自行使用的资源，包括雇佣"全美付费最昂贵的 35 个私人律师事务所（p.58）"来进行上诉。这个有史以来最大的诉讼案如果胜诉的话，可能最终会为美洲土著居民带来他们需要的经济来源。

非裔美洲人

首批美洲大陆的非洲人不是以奴隶的身份，而是作为士兵和探险者来到这个新世界的。虽然我们无法获知这些人的名字，但是资料显示一部分非洲人是于 16 世纪早期跟随科尔特斯力（Cortez）和皮扎诺（Pizarro），另有 30 名非洲人跟随巴波亚（Balboa）、200 名跟随阿尔瓦拉多（Alvarado）来到了现厄瓜多尔首都基多（Quito）。几个黑人探险者的姓名流传了下来。在 16 世纪早期，来自摩洛哥的埃斯特万尼科（Estevanico）在美洲西南部进行了探险，为后来西班牙占领这里铺平了道路。18 世纪后期，与法国探险家们一起，来自海地的杜塞布尔（Jean Baptist Point du Sable）在一个叫芝加哥的定居点建立了一个永久商栈（Painter，2005）。

1619 年，美洲殖民地的首批非洲人到达美洲。一艘荷兰船为了食物和水，将 20 个非洲人卖给了詹姆斯敦（Jamestown）的定居者（Reiss，1997）。这 17 个男人和 3 个女人并不是奴隶而是契约佣工。他们可以获得自由，前提是必须服满一定年限的劳役。尽管在整个 17 世纪，75%的美洲殖民者都是以仆人或者佣人的身份来到美洲的，他们中的很多人都是契约佣工（Takaki，1993）。但是齐恩（Zinn，2003）认为，英国殖民者视非裔佣工比白人佣工地位低，相应的对他们进行了区别对待。

黑人契约佣工是怎样被区别对待的？

极少非洲人能够获得自由，少部分可以通过法律手段把他们从不情愿的雇主手里解放出来，但是大部分非洲人从来都没有获得过自由。几个获得自由的黑人拥有了财产，其中也包括奴隶。但是，19世纪中期以前，殖民者们为白人佣工和黑人佣工制定了不同的规定。基于黑人劣等的假设，非洲人常常被迫接受永久佣工的地位。一条1662年的弗吉尼亚法令规定，永久佣工妇女所生的孩子必须继承她的永久佣工身份（Reiss，1997）。而那时70%的弗吉尼亚黑人都是永久佣工。

随着经济作物的出口需要，南方农业向大型种植园发展，对于奴隶的需求急剧增长。印第安人因为很了解这些区域的地形，因此很容易逃跑，而白人佣工也容易逃跑并成为自由人。只有黑人容易被认出而被抓回。因为英国已经在投资奴隶贸易，因此将非洲人卖到美洲的生意也蓬勃发展起来了。从16世纪晚期到19世纪早期，超过1000万的非洲人被带到了美洲。

英国人从哪儿、又是怎样获得非洲奴隶的？

16世纪，欧洲贸易者对西非马里（Mali）、廷巴克图（Timbuctu，现为通布图）和加纳（Ghanan）的文明化程度大为惊叹。到了17世纪，英国商人已经在西非建立了稳定的贸易关系，包括奴隶贸易（斯梅德利，Smedley，1999）。斯皮维（Spivey，2003）认为90%的非洲裔美国人的祖先来自西非。

> 狩猎故事将永远使狩猎者感到光荣，直到狮子们有它们自己的历史学家。
>
> 非洲人谚语

历史上，奴隶一直都是占领行为的受害者。非洲奴隶被屡屡沦为战犯，一些人因为犯罪或者债务而被判为奴隶。约有1500万至1800万非洲人被迫从非洲迁移到美洲。正如富兰克林和莫斯（Franklin & Moss，2000）说过的那样，这是"有史以来影响最深远的、最激烈的社会变革之一"（p.49）。不是所有的非洲人都能安全到达新世界；约三分之一的非洲人在被称为"中间航道（the Middle Passage）"的航行中死去。

为什么如此多的非洲人在中间航道（the Middle Passage）中死去？

贩奴船的条件非常糟糕。根据赖斯（Reiss，1997）的研究，一个成年男性仅被分配给 6 英尺长、18 英寸宽的狭小空间。妇女和孩子的空间甚至更小。这样的空间根本没有坐起来的可能。奴隶被锁在一起，以"勺子"的姿势被装进船舱里以保证最大的空间装更多的奴隶。赖斯引用了帕莫斯顿勋爵（Lord Palmerston）的一句话："他们拥有的空间比棺材里的尸体还少"（p. 34）。

途中，奴隶们一天吃两顿饭，用木桶方便。这些便桶很少有人倾倒，常常溢满。很多够不到木桶的奴隶只能在他们躺的地方方便。自然疾病是导致这些奴隶死亡的最主要因素，包括伤寒、天花、黄热病和疟疾（Painter，2005）。

尸体被扔进大海，鲨鱼常常尾随着贩奴船。白天，当奴隶们被带到甲板上，一些人乘机跳进了鲨鱼出没的大海里。学者们预计大约有 500 万到 600 万的奴隶在中途航行中死去，一些能够幸存的人也落下了终身残疾（Reiss，1997）。然而跟贩奴船上的条件相比，奴隶制度则更为残忍。

成为奴隶意味着什么？

虽然奴隶制从一开始就存在于整个殖民地，但是在北方，奴隶制并没有像它给工作极为艰苦、惩罚方式非常残酷的南方种植园所带来的经济优势那样明显。在丰收季节里，奴隶们每天要工作 18 个小时，很少有时间休息和吃饭。监工们常常用鞭笞的方式惩罚那些看似不认真工作的奴隶。其他的工作包括平整土地、劈柴、挖下水道或者修路。晚上，7—8 个奴隶就挤在一间房屋的肮脏的地上。女性奴隶与男性奴隶一起工作，做些家务。她们经常遭到来自奴隶主和监工们的性侵犯。正如一个曾为奴隶的哈莉叶·雅各斯（Harriet Jacobs，1861—1987）所说："对于男性来说，奴隶制是很恐怖的。但是对于女性，奴隶制则更加恐怖（p.77）"。奴隶制使奴隶主们变得非常富有。一个英国访问者曾问过当时即将成为总统的詹姆斯·曼迪逊（James Madison），他从奴隶身上赚了多少。曼迪逊回答到他只需要支付每个奴隶每年 12—13 美元，而每个奴隶每年能带来 260 美元

第五章 种族和压制：美国有色人种的经历

的利润（Zinn，2003）。尽管奴隶制能带来巨大的利润，仍然有很多人反对奴隶制。

谁反对奴隶制，他们做了些什么？

无论是奴隶身份还是自由身份的非洲人都反对奴隶制。那些身为奴隶的非洲人常常逃跑或者最终进行反抗。从1750年到1860年，有大约250次奴隶叛乱［每一次都涉及10人至更多的奴隶（Zinn，2003）］和无数次的小规模叛乱。成千上万的奴隶们逃跑，很多人成功逃脱。曾为奴隶的哈丽特·雅各斯和弗雷德里克·道格拉斯（Frederick Douglass）不仅自学成才，到处宣讲，并且写书来谴责奴隶制。

早在18世纪70年代，自由身份的黑人就向殖民地的立法机构提请过废除奴隶制。他们使用美国独立战争领导们的语言去敦促白人们做到他们倡导的所有人的民主和平等（Painter，2005）。当殖民地领导者们将这些事情与自治联系在一起时，他们认定"这与其受压制的殖民者和奴隶主身份显著的不一致"（Franklin & Moss），2000，p.80）。独立宣言谴责奴隶制为一种"可恶的"（execrable）行径，但是在南方奴隶主的坚持下，大陆会议（the Continental Congress）却删除了这一章节。甚至黑人们参加独立战争（the Revolutionary War）也没有解决关于奴隶制的矛盾观点。

为什么在独立战争期间，黑人站在了美国人一边？

战争刚开始的时候，乔治·华盛顿（George Washington）和他的同盟们一致赞成大陆军队（the Continental Army）里不招收黑人。但是亚历山大·汉密尔顿（Alexander Hamilton）警告说，如果他们不招募黑人的话，英国人就会招募（Chernow，2004）黑人。1775年11月，华盛顿颁布了不招收黑人的政策，马上，英国的支持者们就通过承诺服军役可摆脱奴隶身份的方式招募了很多黑人参军。12月，华盛顿颁发了新的政策，表示允许大陆军里招收有自由身份的黑人。与此同时，殖民军队不仅招收奴隶也招收自由的黑人。根据富兰克林和莫斯（Franklin & Moss，2000）的研究，30万殖民军队中有5000名黑人军人，主要来自北方殖民地里拥有自由身份的黑人。黑人士兵勇敢的表现抨击了当时普遍的社会偏见。但是起草美国宪法时，他们的成绩却遭到了背叛。

美国宪法对奴隶制度这个问题是如何处理的？

虽然那时，奴隶代表了 20% 的美国人口，但是"奴隶"这个词并没有出现在美国宪法（the Constitution of the United States）里（Painter, 2005），取而代之的是，它指"没有自由的人（unfree persons）"。第二部分第九章这样写道："应该允许这种人的进口，正如现存于美国的其他人一样；在 1808 年之前国会不应该禁止这种人的进口。"换句话说，考虑到南方种植园主的生意，新生国家同意继续 20 年的奴隶贸易，但是，将会征收奴隶贸易税。即便是已经废除了奴隶制的北方各州也继续从奴隶买卖中获利。

在起草宪法时另一个受关注的问题是：奴隶数是否应算在决定参政席位（political representation）的人口内。拥有 30 万奴隶的（占全州总人口 40%）的弗吉尼亚州希望奴隶人口能算在内，同样拥有 10 万奴隶的北卡罗来纳州和南卡罗来纳州也有这样的希望（Painter，2005）。宪法的妥协方案是将一个奴隶按照 3/5 个人算，这样就给予了南部各州很重要的政治权力：前 15 个美国总统有 10 个是奴隶主。不过，反奴隶制组织也变得越来越有影响。

反奴隶制度的组织是否受到了广泛的支持，其活动发挥了多大作用？

1775 年，贵格派（Quakers）教徒在费城成立了第一个反奴隶制组织；10 年后，另一个反奴隶组织在纽约成立。反奴隶制组织在新英格兰迅速发展起来（切尔诺夫 Chernow，2004）。1777 年，佛蒙特州州宪法废除了奴隶制，1783 年，新罕布什尔州和马萨诸塞州也废除了奴隶制。在 20 年内，所有的北方各州都废除了奴隶制或者立法规定了废除奴隶制的期限。一些组织对终止奴隶贸易采取游说的方式，其他的想驱逐奴隶，但是所有组织都同意废除奴隶制。当 20 年宪法中断结束后，反奴隶制组织成功地说服国会通过了一部禁止进口奴隶到美国的法律。然而，这部法律至多是在道德上获得了胜利。因为美国的海岸线太长而美国的海军力量又太弱不足以制止奴隶走私活动。与此同时，奴隶们在继续反抗着奴隶制，很多奴隶通过"地下铁路"（the Underground Railroad）成功地逃脱了。

第五章 种族和压制：美国有色人种的经历

什么是"地下铁路"？

"地下铁路"（the Underground Railroad）的得名源自于蒸汽火车盛行的19世纪。"地下铁路"早在18世纪就以帮助奴隶逃跑的网络组织形式而存在了。富兰克林和莫斯（Franklin & Moss, 2000）引用了乔治·华盛顿写于1786年的一封信。他在信中抱怨说他的一个奴隶逃跑去了费城，"在那里，贵格派教徒试图使他获得自由"（p.205）。到1804年，这种非正式的网络变得越来越有组织性。每隔10—20英里就有一个"车站"，为在夜间逃跑的奴隶们提供休息场地和食物。19世纪30年代，因为蒸汽火车的盛行，这种网络被取名为"地下铁路"。这个组织有3000多不同种族的澄与者（Painter, 2005）。帮助奴隶逃跑是一种罪行，违反了联邦逃亡奴隶法，该法律强制逃亡的奴隶必须返回，因此参与者必须十分小心。

有一些奴隶有"指导员"帮助他们逃跑。其中最著名是哈丽特·塔布曼（Harriet Tubman），她组织了19次逃亡活动，让超过300个奴隶获得了自由。种植园主悬赏4万美元以奖赏任何能抓获她的人，但是这笔钱从来也没有花出去过（Painter, 2005）。虽然无法得知有多少名奴隶通过"地下铁路"成功脱逃，但是一位南方政府官员曾经估算过：从1810年到1850年，南方共损去了价值3000万的10万名奴隶（Franklin & Moss, 2000）。然而美国所有身为奴隶的非洲人直到内战（the Civil War）结束才获得自由。

黑奴及已获自由的黑人在美国内战期间是否站在北方联邦一边？

内战期间，奴隶们搅乱南方的生产方式以支持北方。即便奴隶们会招致严厉的惩罚，他们仍然拒绝劳动。其他奴隶参与了破坏性的军事活动，如给临近的北方军队提供情报等。当北方军队逼近某个种植园时，奴隶们就会马上离弃这个种植园。早期北方军队在西部各州取得胜利，解放了很多奴隶，但是联邦政府并没有给这些奴隶提供供给。在北方城市，一些救济社团开始募集购买食物、衣服和支付临时住所的资金，同时为新近获得自由的黑人提供教育和工作培训。

当战争开始的时候，有自由身份的黑人要求参军，但是他们又一次被拒绝了。只有极少数人认为战争将会持续很长时间。当战争久久未能结束时，军力的需求变得愈加紧要。1862年9月，《解放奴隶宣言》（the Emancipation Proclamation）宣布叛乱四起的各州黑人为自由人，但是特拉华州和肯塔基州的奴隶主直到第 13 次修正案（the 13th Amendment）生效后才释放奴隶。1863 年 1 月，修改后的《解放奴隶宣言》最终被签发。《宣言》允许奴隶应征入伍，超过 20 万的黑人参加了军队。到 8 月份，14 个黑人组成的团受训完毕，随时待命。另有 20 个团的军人正在训练中（Franklin & Moss，2000）。

黑人士兵对国会征兵法案（the Congressional Enlistment Act）规定的过低的赔偿金提出了抗议。两个来自马萨诸塞州由黑人士兵组成的团拒绝领取他们低于白人士兵的工资。当马萨诸塞州的立法机构要提供给他们资金以弥补这种差距时，他们拒绝了。他们也是在为北方联邦军而战，因此要求联邦政府支付同等工资。1865 年，陆军部最终批准了黑人和白人士兵同工同酬（Painter，2005），即便它来得太迟了——3.8 万名黑人士兵已经牺牲。对于能在战争中存活的黑人士兵来说，下一个目标就是要在自由黑人数量众多的南方建立一个崭新的社会。

在塑造"新南方"的过程中，黑人们是否扮演了重要角色？

黑人男性（不包括黑人女性）有投票权和竞选权——超过 600 名黑人被选入了州立法机构任职。虽然黑人立法委员人数从来都不占大多数，但是自由的黑人们能够参与到起草新的州宪法中。作为对这一事件的报复，愤怒的南方白人组成了神秘组织，如三 K 党（the Knights of the Ku Klux Klan），去贿赂或者恐吓黑人并排斥那些似乎支持建立新的社会秩序的白人。很多种族歧视团体开始使用暴力去重新恢复白人在南方的特权，这些暴力活动常常发生在晚上。

拥有投票权的黑人们不断受到骚扰：有些人被迫离开了他们的社区，一些人被处以私刑。1871 年，入选南卡罗来纳州立法机构的黑人被迫在 15 天期限内辞职。国家法律虽然禁止这种骚扰，但是连驻扎在整个南方的联邦军队也不能有效地制止这种事情的发生。国会通过了很多法律给予总统更广泛的权利去惩罚任何对投票人进行骚扰的人。尽管数百人被关进了监狱，但是暴力仍然在延续。

整个 19 世纪 70 年代，由南方白人领导的民主党都选择主流群体进入立法机构。在选举期间，国会也不再要求联邦军队驻扎到南方各州的选举点，甚至连美国最高法院也拒绝对涉及保护黑人投票权的案子进行裁决（Frank-

第五章 种族和压制：美国有色人种的经历

lin & Moss, 2000)。在 1877 年哈里森总统撤出联邦军队之前，南方基本转变为白人控制地区。

> 美国最基本的种族仇恨问题就是一群受过教育、杰出的白人文化领导者们的问题。
>
> W. E. B. 杜波依斯 (W. E. B. Du Bois, 1868—1963)

南方的黑人是如何应对这一转变的？

南方黑人并没有被动地接受这些威胁和骚扰，但是没有联邦政府或者北方社会的支持，他们无法与白人至上主义者们 (white supremacists) 抗衡。他们将受教育看成是可以靠自己获得资源和权利的最好途径。然而，由于联邦政府对学校教育投资极少，黑人接受教育的机会很有限。直到19世纪90年代，南方各州才开始鼓励种族隔离了的私立教育，对于公立学校教育的投入年均每人不到2美元，而当时北方各州的标准是每人20美元 (Lewis, 1993)。

1881 年，布克·华盛顿 (Booker T. Washington) 来到了塔斯克基学院 (Tuskegee Institute)，创立了一种让白人和黑人都欢迎的教育方式。华盛顿希望黑人在南方的经济中能够占有一席之地。他知道白人能够接受黑人在农场和工厂工作以及做些家政。他通过让他的学生给社区提供食物和服务的方式，与当地的领导者们建立起了良好的关系。他把他的学校发展为南方黑人教育的样本。很多北方白人工业家希望从南方招到受过良好培训的工人，因此，华盛顿引起了北方白人的兴趣，并得到了他们的投资。

在 1895 年的亚特兰大棉展会 (the Atlanta Cotton Exposition) 上，华盛顿宣称他相信黑人将会愿意接受社会的不平等地位以换取经济机会。白人政治家、生意人和媒体宣称华盛顿是在为美国黑人说话。但是，一些黑人，如著名的 W. E. B. 杜波依斯 (Du Bois) 认为美国黑人应得到更多。

杜波依斯想为美国黑人争取什么？

作为第一个从哈佛大学毕业的黑人，杜波依斯认为，如果给黑人受教育的机会，黑人同样能证明他们的学习能力。杜波依斯一向坚决抵制黑人应该受到社会不平等待遇的观点。杜波依斯支持为黑人学生提供职业培训的做法，但是不包括那些展现了学术能力的学生。杜波依斯的观点对于当时的社会舆论是一种公开的挑战。华盛顿在维持现状的范围内发挥了作用——秘密地给反种族隔离的各种合法活动提供资金捐助，杜波依斯却更直接地对现状提出挑战，公开地谴责所有的种族歧视（Lewis, 1993）：

  这些歧视从道德角度上讲是错误的，从政治角度上讲是危险的，从商业角度上讲是浪费的，从社会角度上讲是愚蠢的。白人有责任去制止这一切，这是为他们自己好（p. 208）。

  1910年，杜波依斯帮助创立了"全国有色人种协进会（the National Association for the Advancement of Colored People（NAACP）"，并且在该协会的主要出版物《危机》（The Crisis）做了25年的编辑。他还在亚特兰大大学主持了18年之久的种族问题会议。此外，作为黑人学者，他还帮助黑人知识分子创立了美国黑人学会（the American Negro Academy）。纵观他的一生，杜波依斯在他的研究、报告、论文甚至是小说中都在抨击种族主义和宣扬种族平等的思想（Lewis, 2000）。

非裔美国人当时是如何应对种族问题的？

  19世纪晚期，由于经济需求和南方持续的暴力现状，尤其是私刑的泛滥，南方的黑人开始向北方的城市迁移（见图5.3）。30多年来，韦尔斯－巴尼特（Ida Wells—Barnett）无畏死亡威胁一直对私刑采取公开的反对立场。1914年，《危机》公布了在1885年至1914年之间，被处于私刑而死亡的2732名黑人名字，"全国有色人种协进会"（NAACP）要

图5.3 卡通画家Albert Smith用图画说明了20世纪20年代黑人迁往北方的"原因"。

求国会通过取缔私刑法（Lewis，1993）。根据费金夫妇（Feagin & Feagin，2003）的研究，至少一半的私刑并没有被记录在案，如此算来，私刑的总数预计超过 6000 起。

众议院分别在 1922 年、1937 年和 1940 年通过了取缔私刑法案，但是都被南方的参议员所阻挠。直到 2005 年，参议院才公开表明立场——投票决定对没能通过取缔私刑法而进行公开道歉。

20 世纪，从南方移民到北方的人数开始激增。根据费金夫妇（Feagin & Feagin，2003）的研究，1900 年时，90％的黑人仍居住在南方。1914 年至 1918 年，由于第一次世界大战使得劳动人口锐减，加上只有少数的欧洲人移民，因此北方移民人数开始增长。当战争结束时，已经有 100 万的黑人从南方移民到了北方城市。除此以外，200 多万注册在案的黑人中有超过 36 万在第一次世界大战中服役，他们中的很多南方黑人士兵就在北方城市定居了（Franklin & Moss，2000）。1900 年，芝加哥有 3 万黑人，到 1920 年时，芝加哥有超过 10.9 万黑人。截止到 1930 年，有 200 万南方黑人移居到了北方城市（Takaki，1993）。

当美国人在欢迎一战归来的战争英雄、埋葬死去的人、照顾伤残的人和安抚老兵时，他们已经准备好迎接一个新的时代的到来了。正如 F. 斯科特·费茨杰拉德（F. Scott Fitzgerald）所说："1919 年的不确定性已经结束——对即将要发生什么似乎没有任何怀疑——美国正在上演着历史上最盛大、最华丽的狂欢"（2005，p. 188）。禁酒令将喝酒这种行为带入了地下酒吧。杰克·戴姆西（Jack Dempsey）获得了拳击比赛的第一个 100 万美元奖金。贝比·鲁斯（Babe Ruth）成为历史上佣金最高的棒球手。在纽约，黑人们开始了称为"哈勒姆文艺复兴"（the Harlem Renaissance）的文化和文艺发展。

什么是"哈勒姆文艺复兴"（the Harlem Renaissance）？

20 世纪 20 年代白人们开始到哈勒姆的酒吧去放松，他们在那里跳舞、唱歌，那儿成了一个对所有民族都敞开胸怀的社区。人们会去棉花俱乐部（the Cotton Club）看艾灵顿公爵（Duke Ellington）跳舞，或者去萨沃剧院（the Savoy）听路易斯·阿姆斯特朗（Louis Armstrong）的歌。美国人正在享受各种各样的新歌曲、新舞蹈、新艺术家和新作家的作品，哈勒姆社区促进了琼·图默（Jean Toomer）的小说、兰斯顿·休斯（Langston

Hughes)的诗歌创作和很多其他表现美洲黑人经历的作品的产生。虽然哈勒姆是一个被划分出来的种族隔离区,但是哈勒姆对于新来的南方黑人、非洲人和西部印第安人来说却是一个大家庭。斯皮维(Spivey,2003)指出这个混合的人群创造出了一种新的黑人个体,艾伦·洛克(Alain Locke)这样描述这种"新黑人(New Negro)":"每一个群体带着他们各自的动机和需求走来……他们最大的收获就是发现了彼此"(p.165)。

> "当其他所有的东西都从我们身上被剥离掉,若不是我们的艺术和文化存在,我们将永远不能作为一个民族而生存下去。"
>
> 哈瑞·贝拉方特(Harry Belafonte, 1927—)

第一次世界大战后对黑人的歧视是否有所减弱?

很多非裔美国人对于美国军队并不承认黑人士兵在一战中的光辉战绩感到愤慨。369步兵团的黑人第一营在法国忍受了超过6个月的持续战火。法国授予该营"军功十字勋章(the Croix de Guerre)",但是美国军队没有邀请第一营(或者任何黑人)参加1918年8月在巴黎的胜利游行(Lewis,1993)。很多在战争中失去儿子的黑人母亲被授予"金星勋章(Gold Stars)",但是当法国政府邀请美国获得金星勋章的母亲前往法国接受荣誉时,美国军队却只负责白人母亲的路费。如果黑人母亲们想参加的话,她们得自己支付路费(Painter,2005)。

20世纪20年代"三K党(the Ku Klux Klan)"开始复活,1925年他们的成员最多达到了500万人。1921年,在俄克拉何马州的塔尔萨(Tulsa),一名白人暴徒纵火烧光了黑人社区里所有的房子。1923年,白人毁掉了佛罗里达州罗斯伍德(Rosewood)的黑人社区。这也是为什么同时期"全国有色人种协进会(NAACP)"发展迅速的原因——在两次世界大战之间,从原有的50个地方分会发展为500个(Woodward,1966)。

20世纪20年代,对于农民尤其是南方的黑人农民来说并不是什么"美好时代",因为三分之二的南方黑人农民没有自己的土地(Painter,2005)。在大萧条时期,黑人农民比白人遭受了更大的困难,因为很多人被驱逐而离开他们的土地。至于北方城市的黑人工人,在1930年不接受黑人工人的工会超过了26个。黑人的失业人口高出白人3-4倍(Feagin & Feagin,

第五章　种族和压制：美国有色人种的经历

2003)。

1933年10月，18%的黑人接受政府救济，相比较而言，白人接受救济人数比例为10%；且黑人家庭获得的救济常常少于白人（Takaki，1993）。在城市，一些市民和宗教组织拒绝在他们的流动厨房（Soup Kitchen）为黑人提供救济和施舍。对于黑人来说，最大的希望就是富兰克林·德拉诺·罗斯福（Franklin Delano Roosevelt）的民主党（the Democratic Party）获得提名，但是很多黑人共和党人仍然忠诚于"林肯的政党"（the party of Lincoln）。而"新政"（the New Deal）最终促使大部分黑人加入民主党。

罗斯福"新政"（the New Deal）是否对美国黑人有所帮助？

数百万黑人从"新政"中获得好处，但也有数百万人没有获利。《社会保障法》（The Social Security Act）为美国老人提供了社会保障资金，《公平劳动标准保障法》（the Fair Labor Standards Act）规定了最低工资标准。但两部法案都将从事农业和家政工作的人（主要是黑人）排除在外（Lui，2004）。黑人联盟（Black union）领导A·菲利普·兰道夫（A. Philip Randolph）宣称要在华盛顿组织一次游行，直到罗斯福总统签署废除国防工业的种族歧视和创立联邦就业委员会的第8802号总统令（Executive Order 8802）。但是，因为指派了一位密西西比州的白人来领导委员会，罗斯福总统受到了黑人的批评（Lewis，2000）。

尽管对总统的功过记录褒贬不一，黑人都非常赞赏爱莲娜·罗斯福（Eleanor Roosevelt）的社会行动主义和她与黑人行动主义者玛丽·白求恩（Mary McLeod Bethune）的友谊。1936年，在负责掌管黑人事务部的同时，白求恩（Bethune）协助创建了黑人事务联邦委员会（the Federal Council on Negro Affairs）——一个由30名黑人专家组成的总统智囊团。媒体很快报道了此事，并称他们为罗斯福的黑人内阁（Black Cabinet）。罗斯福将他们安排在了联邦住房管理局、内务部和其他政府部门，因此，黑人越来越拥戴民主党。但是黑人在国内经济复苏中的作用直到第二次世界大战开始时才被认可。

第二次世界大战期间美国黑人获得了哪些权益？

随着包括100多万的黑人在内的许多人应征入伍，对于黑人来说有机会从事很多空缺的工作岗位，尤其是国防工业。黑人士兵被选入一些以前根本不可能让他们涉足的兵种，如工兵、飞行员和军官。历史上，海军陆战队首次招募了非裔美国人。当海军限制黑人士兵参与食堂事务时，黑人士兵们提出了抗议。在一年内，黑人开始从事综合性业务工作，其中包括军官培训项目（Franklin & Moss, 2000）。1948年，杜鲁门总统签发了第9981号总统令（Executive Order 9981），在美国军队中正式废除种族隔离制度。

> "在我们社会里，没有任何东西能像拒绝经济合作那样有效地抵制恶势力及其制度。"
>
> 马丁·路德·金（Martin Luther King. Jr., 1929-1968）

第二次世界大战之后非裔美国人境况如何？

美国人似乎将纳粹德国的战败看做是纳粹种族优劣言论的失败。在战争结束前，半数的协会组织已经能够接受黑人会员（Feagin & Feagin, 2003）。但是在商业和工业领域，战后黑人的失业率远远高于白人，这暗示着一种与种族歧视有关的"一切照常"的态度。

在联合国成立的过程中，W. E. B 杜波依斯就曾经对"缺少占世界人口三分之一的殖民地的7.5亿人的代表"表示过抗议（Lewis, 2000, p.504）。有色人种正在全球范围内展开脱离欧洲统治的斗争。1947年，圣雄甘地领导印度从英国的殖民统治中独立出来，这鼓舞了美国黑人去争取自己作为美国公民的权利。涉及交通和教育事务法院的案件做出了不利于种族隔离的裁决。1954年，布朗诉教育委员会案（the Brown v. Board of Education）推翻了持续数十年的基于人种的歧视的合法性。但这更多的是道义上的胜利，而不是实践上的胜利，因为美国社会的种族隔离仍然盛行。不管怎样，在这些国家与全球事件的大背景下，民权运动诞生了。美国不得不开始认识他们的偏见和刻板印象（见图5.4）。

民权运动为非裔美国人争取到了什么？

在阿拉巴马州的蒙哥马利（Montgomery），露莎·帕克（Rosa Parks）和马丁·路德·金（Martin Luther King. Jr.）发动美国黑人通过罢乘公交车运动来抵制种族歧视。罢乘运动持续了一年多，1957年，美国最高法院

第五章　种族和压制：美国有色人种的经历　　155

图 5.4　尽管在某种产品上保留一张熟悉的面孔能带来经济效益，但是 Quaker 燕麦让人感觉到 Jemima 阿姨的形象（B）折射出太多的成见，因此在 20 世纪 60 年代，他们将 Jemima 阿姨的形象更新为形象（A）。

支持了一项联邦法院的规定——废除了在公共交通体系中存在的种族隔离制度。虽然国会在 1957 年和 1960 年通过了公民权利法，但是它们在处理种族隔离和种族歧视问题上仍是苍白无力的。

1960 年 2 月，为了证明黑人享有的公民权利，在北卡罗来纳州的格林斯博罗（Greensboro），四名黑人大学新生走进了一家沃尔沃思（Woolworth）商店，故意坐在只向白人提供服务的午餐台边。当被拒绝提供服务时，黑人学生打开课本开始阅读。后来他们离开了，又返回来，而且与其他的学生一起来。这个做法很快在全国范围内得到效仿。有7万多学生，包括大部分的黑人和一些白人，他们在南方100多个城市里进行了800多次的室内静坐抗议（sit-in）活动。4000多名学生被逮捕，白人也都远离了午餐台。当人数众多的静坐抗议发生时，很多顾客都不会去商店。经济上的损失使得很多商店开始向黑人提供服务（Lomax，1963）。

在20世纪60年代的民权运动时期，南方成为游行、抗议和示威的主要发生地。1963年，仅在三个月内，司法部就有1400多起类似事件记录在案（Zinn，2003）。通常，白人的反应是迅速而残暴的。执法人员用警犬、消防水龙头和棍棒攻击手无寸铁的黑人的景象吓坏了很多白人。更多暴力事件频繁发生。密西西比民权运动的领导人麦加·艾弗斯（Medgar Evers）在他家门口被枪杀。四名黑人小孩被秘密埋置在他们伯明翰教堂地下室的一枚炸弹夺去了生命，马丁·路德·金在孟菲斯被暗杀。

白人抗议者也未能免受盛怒的南方人的暴行。当乘坐公共汽车或者火车到南方各州进行反种族隔离的游行示威者（Freedom Rider）乘坐取消种族隔离的巴士来试探南方人是否遵守废除种族隔离法律时，暴徒们袭击了巴士，攻击了白人和黑人。当地执法部门和FBI都目睹了这一切，却保持沉默（Zinn，2003）。在密西西比州，政府发现了三名被害的年轻民权运动的工作人员尸体。在阿拉巴马州的一次"塞尔玛到蒙哥马利的游行（a Selma-to-Montgomery march）"中，一名白人部长被殴打致死；一名白人主妇因为运输示威者到塞尔玛而被枪杀（Painter，2005）。

暴乱发生期间，国会通过了1964年的民权法案（the Civil Rights Act of 1964）和投票权法案（1965）（the Voting Rights Act of 1965），禁止在公共设施、政府资助项目、公共建筑、教育和选举中存在种族歧视。1952年，只有20%的有参选资格的南方黑人进行了选举登记。因为这项立法，在1964年，40%的南方参选黑人进行了登记，1968年有60%的南方应选黑人进行了登记，与应选白人登记的比例一致（Zinn，2003）。虽然南方的一些问题已经解决，但是20世纪60年代发生在都市的种族暴动证明了北方城市也存在种族问题。克纳委员会（The Kerner Commission）关于都市突发暴动的调查说明这种暴动发生的主要原因是白人种族主义的持续存在。指出问题并不意味着解决问题，对黑人的歧视一直都在持续着而且继续与我们的美国理想相违背。

亚裔美国人

第一批移民到美国的亚洲人是来自中国广东省四个农村的村民。从1850年开始，华人移民的显著特点是男性为主，男女移民的比例为10∶1 (Lowe, 2000)。华人移民主要是年轻人和已婚者。他们怀揣着能在加利福尼亚州发现金子然后回到中国的梦想，大量涌入加利福尼亚州。旧金山市通过邀请新移民参加加利福尼亚建州庆典来欢迎他们，到1870年，6.3万中国移民来到这里，占加利福尼亚州中国人数的75%以上，占全州劳动力的25% (Fong, 2000)。中国移民很快成为本土主义者攻击的目标。这些本土主义者通过"加利福尼亚州是美国人的（California for Americans）"的口号来表达他们的不满情绪。

本土主义者最初采取什么行为反对在美华人？

本土主义者向加利福尼亚州立法机构进行游说，要求立法收取非美国公民的掘金人的税（Takaki, 1993）。虽然这项税费使所有的移民都处于一个不利的地位，但是"外国矿工"法案（the "foreign miners" act）对华人来说是更大的的阻碍。大部分华人移民都是负债前往美国，而且希望能够在美国赚钱来还清债务。除了支付路费以外，他们希望能够将钱寄回国去供养他们的妻子和家庭。这其中三分之二的人已经有了足够的钱去偿还债务和回到中国（Glenn & Yap, 2000）。由于1790法案（the 1790 law）规定美国公民权只能授予白人，因此，对于华人来说待在美国已经没有多少吸引力了。

为什么华人男性没有将他们的妻子和家人一起带到美国？

在别的地方，如新加坡和夏威夷，选择留在当地的华人男性要么跟当地女人结婚要么将他们的妻子接到当地。但是在美国，以上任何一种选择都是不可能的。加利福尼亚州法律禁止种族间的通婚，商人们将华人女性当作妓女运往美国。1870年，加利福尼亚州立法机构通过《佩奇法案》（the Page Law），禁停了华人妓女的移民。这直接导致几乎所有的华人女性受到排斥。到1890年，在美国的华人男性和华人女性的比例达到了26∶1（Fong, 2000）。

华人从事什么工作？

因为不能继续从事淘金工作，很多男性华人转而找到了州际铁路西部段的工作。铁路所有者付给华工低于其他工人的工资，在1866年的冬天，积雪已经达到60英尺，他们仍强迫华工不停地工作。华工们不得不在雪下打隧道、挖通风井以保证呼吸。这个冬天之后，华工们举行了罢工，要求提高他们的工资。结果却受到当地报纸的公开谴责。铁路主切断了他们的食物供给，后来他们也只能选择屈服（Takaki，1993）。铁路修好之后，大部分华工回到了中国，其中的一些人选择了留下，尤其是旧金山地区的华工。

无论华人在哪里定居，他们都只能领到微薄的工资。除了在农场工作以外，他们还在工厂工作，或者受雇为男仆、园丁和厨师，一少部分人开始经营一些小生意。经营洗衣店尤其吸引人，因为它只需要店主很少的投资并懂一点英语即可。华人们成为个体经营者，既可避免作为工人而被剥削，又避免了与带有敌意的白人工人的竞争。

华人遭遇了怎样的敌对行为？

白人工人的怨恨并不是敌意的唯一来源；总体来说，白人认为华人不愿意放弃他们的"外国"身份而"美国化"（"Americanized"）。一些白人将保留传统、如蓄辫的华人作为攻击目标（见图5.5）。华工常常抱怨白人抓甚至剪掉他们的辫子。没多久，这种敌对行为就上升为暴力冲突。

19世纪70年代，美国的经济遭遇了大萧条，但是，华人数量却在不断增加，其中很多人在经济上获得明显改善。为了寻找替罪羊，白人政治家和工会领导将国家的经济问题归结到华人身上，并在出版发行的报纸上散播其观点。1871年，暴力行为导致洛杉矶21名华人死亡；1885年，在怀俄明州的罗克斯普里斯（Rock Springs），28名华人铁路工人被杀害（Fong，2000；Wu，1972）。到1882年时，尽管华人移民所占

图5.5 报纸常常用卡通画的形式表达他们对华人移民的敌对情绪。

第五章　种族和压制：美国有色人种的经历　　　159

美国人口还不及1%，国会还是通过了《排华法案》（Chinese Exclusion Act），禁止之后10年间华人移民至美国；1892年，排华法案再延长10年，至1902年，该法案的执行开始无限期的延长。"金山"（"Gold Mountain"）的大门从此关闭了。

> "如果我们相信谬论，我们就会实施暴行。"
> 　　　　　　　　　　　　　　　　伏尔泰（Voltaire, 1694－1778）

在19世纪90年代的另一个经济大萧条时期，失业的白人开始闹事，他们殴打并枪杀华工。这种暴力行为促使华人只能为华人雇主工作。华人在城市里创造了他们自己的社区——唐人街——在那里他们感到安全，还可以开创自己的事业和建立家庭，同时也不太容易遭到白人的歧视和暴力。华人商业主们往往会整合他们所有的资源共同做一个生意，他们会雇佣华人当工人。到1890年，6400名华工受雇于加利福利亚州的洗衣店，占该州所有洗衣店工人的69%（Takaki, 1993）。

尽管华人愿意住进单独的社区里，但是大部分留在美国的华人不愿意被视为这片土地的外国人。截止到1924年，安德鲁·甘（Andrew Kan）已经在美国生活和工作了40多年，他向法院提出了申请美国公民权利的要求，但是并没有获得法院的支持。二战期间，美国将日本军队描绘为凶险和残酷的化身，美国反亚洲人的情绪也持续高涨。

第二次世界大战前美国人是怎样看待日本人的？

最初的日本移民是在夏威夷的种植农场工作的工人。1880年，只有148名日本人居住在美国（Fong, 2000）。但是从1880到1908年，共有15万日本人移民至美国大陆。截止到20世纪20年代，在美的日裔人口是在美华人的2倍（Zia, 2000）。与华人移民不同，日本移民中包括了不少女性移民。截至1920年，女性移民占夏威夷日本人的46%、加利福尼亚州日本人的35%（Takaki, 1993）。由于日本政府官员对华人男性遭受敌意的认识，他们对移民申请进行了认真审查，一方面确保那些通过审查的人中包括夫妻双方，另一方面禁止任何可能涉及娼妓、赌博或者其他不良产业的人移民，这些都是美国人曾用来说明反华合理性的理由。

尽管做了这些努力，1905年，加利福尼亚州报纸仍然发起了一项反对

"黄祸"(Yellow Peril)的运动（即认为日本人和华人不能或者不会吸收美国文化的认识）(Feagin & Feagin, 2003)。实际上，很多日本移民已经被同化，而且希望成为美国公民。1922年，小泽高尾(Takao Ozawa)向规定美国公民权只授予白人的1790法案发起了挑战。小泽一直在美国的学校接受教育，信仰基督教，而且在家中只讲英语。小泽向美国最高法院抗议说，他做了移民能融入美国文化的所有事情，唯一限制他获得美国公民身份的就是他的种族差异。最高法院答复说种族就能说明一切，因此驳回了他的起诉。

在最高法院作出裁决之前，加利福尼亚州的参众两院的立法委员通过了一个要求禁止更多的日本移民的法案。作为对这种本土主义情绪的回应，西奥多·罗斯福总统于1908年与日本官员会面，签订了一项君子协议(the Gentleman's Agreement)：除了那些已经在美国有近亲的，日本将严禁更多的人移民美国。日本移民利用这一协议的漏洞将他们的家庭成员——包括"照片新娘"("picture bride")——接到美国，这一直延续到1920年。

什么是"照片新娘"？

日本文化将婚姻视为两个家族之间事务协商的结果。照片新娘是指说媒后交换照片后即成为新娘的女性。将那些与她们的丈夫一同来到美国的日本女性和那些作为"照片新娘"前往美国的日本女性合计起来，共有6万日本女性移民到美国（包括夏威夷），并且诞生了约3万名婴儿。这些孩子因生在美国而成为美国人，他们被称为"Nisei"，意为第二代日裔美国人，因出生权而成为美国人。大部分日本移民仍然居住在夏威夷，大约占夏威夷人口的40%左右；在加利福尼亚州，他们的人口只占不到2%(Zia, 2000)。

哪些地方雇佣日本移民？

日本人常常在罐头食品厂工作，或者做其他工作。很多人干起了他们在日本的老本行——农民。一些人开始租用土地，与土地主协商分配利润或者保证农作物售出后的一个固定的价格。土地主提供种子和设备，因此日本农民只需要最少的投资和高强度的劳动就能获得成功。一些人存下了足够的钱为贷款做担保、租用或者购买土地，这样就给他们提供了获得更高利润的机会。到1910年，加利福尼亚州的日本农民已经拥有或者租用了大约20万英亩的土地，生产出了几乎全美所用的芹菜和食荚菜豆，四分之三的草莓和几乎一半的洋葱和绿豌豆（Takaki, 1993）。

1913年，加利福尼亚州立法机构通过了《外国人土地法》(the Alien Land Law)，用以限制任何未获得公民资格的移民拥有或租用土地超过三年。因为日本移民的孩子——第二代日裔美国人——是美国公民，因此，日本移民用孩子的名字去租用或者购买土地；那些没有孩子的日本人就付给孩子家庭一笔钱以便使用孩子的名字作为他们的"地主"（Zia, 2000）。这促使加利福尼亚州的立法机构于1920年通过了一个新的《外国人土地法》，禁止使用孩子的名字去租用或者购买土地。

日本移民对于他们获得的成功、他们在文化同化中的努力和他们孩子拥有的公民地位并未使美国人减少对他们的敌意而感到很失望。即便是拿到了大学文凭，他们的孩子也很有可能找不到工作。很多人回归到家族企业，而成为医生或牙医的人则更愿意在日本社区工作（Takaki, 1993）。第二次世界大战开始后，日本成为美国的敌人。

第二次世界大战是如何影响美国人对在美日本家庭的态度的？

美国一直都有反日情绪存在，也就难怪认为日本人是间谍和蓄意破坏者的流言立刻开始四处散播。日本农民被指控种植可以引导日本飞机轰炸目标的特殊花卉（费金和费金，Feagin & Feagin, 2003）。因为担心大范围的反亚情绪的冲击，很多亚裔所属企业都张贴了"主人是亚洲人但不是日本人"的招牌。一些商店出售标有"我是朝鲜人"或者"我是华人"的胸牌，这样美国人就不会将他们与日本人混淆（Koppelman, 2001）。

第二次世界大战期间都有哪些反日措施？

仅仅在参战二个月后，罗斯福总统就签发了第9066号总统令（Executive Order No. 9066），命令将日裔美国人从他们的社区迁走，住进联邦"营地"(federal "camps")。日本人被限在一个星期甚至更短时间内变卖财产并收拾他们的随身物品。当超过10万的日本人（其中三分之二是美国公民）被迫住进10个联邦营地时，他们失去了几乎所有的东西。通往营地之路充斥着州、国家政府的各级政治领导人所知晓的广泛的偏见（见图5.6）。

一到达集中营，日本人就被要求发誓断绝与日本政府的关系。第二代日裔美国人已经是美国公民，因此这个对他们来说并不是问题。但是对于他们的父母亲来说，在没有任何机会成为美国公民的同时宣布放弃日本公民身份意味着他们将成为没有国籍的人。当4600名日本移民拒绝签署这项誓言时，他们被送进了联邦监狱（Zia，2000）。尽管遭受这样的待遇，仍有2.3万日本男性参加了美国军队以表示他们的忠诚。军队将士兵按照种族进行编队。第442军团——一支日裔美国人组成的军团——成为在战争中受到最高表彰的军事单位。然而，直到战争结束，日本人仍然在有带刺的铁丝网和持械士兵看守下的营地中生活。战后，很多日本人都能够重新开始他们的生活并重建他们的经济，这正是日裔美国人坚忍不拔精神的最好体现。

图5.6　二战期间的日裔美国人再安置点证明了这些美国公民被视为"外国人"的事实。关于他们当中有日本间谍的流言足以成为战争期间没收他们个人财产并被隔离在铁网之后的理由。

资料来源：日裔美国公民联盟。

还有哪些亚裔移民遭受了反亚裔的对待？

1907年至1910年间，大量的菲律宾移民作为农场工人来到夏威夷。当1924年《移民法》（the 1924 immigration law）禁止亚洲人进入美国时，菲律宾人作为"国民"而非"亚洲人"却可以移民美国。这主要是因为美国和西班牙战争之后，菲律宾成为美国的领土。1930年以前，已经进入美国的4.5万菲律宾人中大部分都是年轻男人。他们往往成为农场的工人或者佣人。菲律宾人在工会中常常表现得非常活跃，这引起了白人地主和其他工人的不满。

第五章 种族和压制：美国有色人种的经历

1934年，国会通过了一项限制菲律宾移民数上限为每年50人的立法。在大萧条时期，菲律宾人被限制从事很多职业，而且没有资格领取政府补贴。然而，在第二次世界大战期间，军队招收了3万菲律宾人在菲律宾与日军作战。虽然，菲律宾士兵被承诺将获得完全公民资格，但是这个承诺直到1990年才兑现，很多士兵都没能等到这一天的到来（Feagin & Feagin, 2003）。

> "几乎所有的人都有潜在的邪恶，但是这种情绪只会在某种社会环境中才会被释放出来。"
>
> 爱瑞斯·张（Iris Chang, 1968－2004）

20世纪早期首批移民美国的朝鲜人在农场里工作或者做佣人。像其他亚洲移民一样，他们也遭遇了压迫。一些餐馆将他们拒之门外，他们被禁止进入一些公共场所，被限制在种族隔离区域内生活。当日本在20世纪30年代后期占领朝鲜的时候，朝鲜人希望盟军能够在二战中打败他们历史上的敌人——日本。但是在战争中美国政府却将朝鲜人划为"日本人"，就因为日本当时统治着朝鲜（Feagin & Feagin, 2003）。

二战后，亚洲移民总数的限制得到了略微调整，但是直到朝鲜战争爆发，朝鲜移民的数量是最小的。因为美国军队一直驻扎在南朝鲜，因此很多美军士兵携朝鲜妻子回到了国内。这些妻子是不占用亚洲移民数的定额量的。自1965年《移民改革法》（the Immigration Reform Act of 1965）颁布以来，和其他亚洲群体一样，在美的朝鲜人数量急剧增加。同时来自东南亚国家的移民也急剧增长，如越南人、柬埔寨人、老挝人和苗族人（Hmong）。即使大部分的难民受到歧视，他们仍然迁居国外以躲避他们本国的暴力冲突。只要能与他们的家人安全地生活在一起，他们往往对克服在美国的困难持越来越乐观的态度（Pipher, 2002）。

20世纪早期，锡克教徒（Sikh）的农民是第一批移民来美国的印度人。土地主雇佣这些印度人以替代已经成为本土主义迫害对象的亚洲人。1923年，一个名叫哈盖特·辛格·森德（Bhagat Singh Thind）的旁遮普移民（Punjabi）用"科学的"种族理论证明他是白人，并以此来申请美国公民权。美国最高法院已经引用种族理论否决先前非白人提出的公民权的申请，在本案中他们仍然选择忽略"科学"一词而断定森德不是白人，因为他们不相信他是白人（Zia，2000）。

大部分印度移民从1965年开始出现。80%的印裔美国人都是从第一代移民中产生的。数目可观的印度移民使印裔美国人在所有亚洲移民群体中人数排第四，仅次于华人、日本人和菲律宾人。印度人因语言和宗教的多样化而出名，他们的文化也呈多样性，在身份认同的问题上，他们更倾向于认同某个省份，如孟加拉或者旁遮普省，而非印度这个国家。印度移民往往在工程学、医学、数学和计算机管理等领域获得学历。在一项对亚洲移民医生的研究中发现，超过一半的亚裔医生是印度人（Gupta，2000）。他们的成功促成了"模范少数民族"的神话，其他少数民族群体以此来驳斥针对少数民族的歧视。

> "美国已经走过经历漫长而艰辛的旅程……（始终）遍布着狭隘与偏执。然而，作为一个国家，我们通过一系列的民权法而取得了长足的进步……但是，如果没有正确有效的执行，这些法都只不过是空洞的承诺而已。"
>
> 比尔·兰恩·李（Bill Lann Lee，1949—）

什么是"模范少数民族"迷思（the model minority myth）？

从20世纪60年代开始，白人称赞亚裔美国人为模范少数民族，因为他们克服了各种各样的障碍而获得了成功。有色人种被告知如果他们能够像亚裔美国人那样勤劳工作，就能够获得成功；如果他们失败了，则是他们自己的原因。"模范少数民族"迷思诱发了有色人种之间，尤其是非裔美国人对亚裔美国人的不满。高木（Takaki，1993）指出那些拥护"模范少数民族"迷思的人们的意图就是："在令人担忧的黑人下层社会增多的时代，我们的社会需要一个模范的亚裔少数民族"（p.416）。"模范少数民族"迷思被认为是在分散人们的注意力，以此来回避针对亚裔美国人的歧视的现实。

"模范少数民族"迷思是如何歪曲事实的？

作为一个群体，在社会阶层的两端都有亚裔美国人，但是"模范少数民族"迷思却只关注了上层社会这一阶层。证明他们经济上成功的数据应该放到具体的社会背景中。亚裔美国人往往居住在城市里，在那里生活花销很高，因此薪水也较高。一项研究显示 60% 的亚裔美国人居住在三个州——夏威夷、加利福尼亚和纽约（Woo，2000）。亚裔美国人的收入也同样被夸大了，因为他们的收入是以家庭收入为准的。大多数美国家庭由两个有收入的人组成，但是亚裔美国人的家庭往往还包括其他有收入的人。

有些亚裔美国人为了极低的工资工作着。在旧金山，平均每天工作 10—12 个小时、每周工作 6—7 天的制衣厂的工人中，80% 是亚裔美国女性（Louie，2000）。她们在与公司外包工程或者建立在第三世界的其他国家的工厂的工人竞争，所以她们的工资很低。赚取多份工资对于很多亚裔美国家庭来说是必需的。虽说赞赏克服压制而获得的成功者没错，但是"模范少数民族神话"实际上是在伤害亚裔美国人，正如方和品川（Fong & Shinagawa，2000）解释的那样：

"它将人们的视线从影响很多亚裔美国人的严重的社会和经济问题上转移了；它削减了亚裔美国人曾经遭受过的、潜在或公开的种族歧视；它将需在学业和事业上成功的过度压力放在了年轻亚裔美国人身上；它使得亚裔美国人和其他群体之间充斥着竞争和仇恨。(p.191)"

讲西班牙语的美国人/拉美人/美属萨摩亚人

这里没有一个清晰一致的、准确的术语可以囊括所有在美国讲西班牙语的不同的少数民族群体，但是随着墨西哥、波多黎各、古巴、中美洲和南美洲移民的增多，一个外延广泛、通用的术语统称讲西班牙语的少数民族群体就变成了实际需要。1980 年，美国统计局提议用"Latino"作为这个通用术语。但是，一些批评家指出"Latino"听起来像"Ladino"——一个古老的西班牙犹太人所讲的卡斯提尔语（Castilian Spanish）。统计局最后选择了"Hispanic"——一个被很多讲西班牙语的人视为矫揉造作的官僚用语而拒绝使用的术语（Shorris，2001）。虽然，Hispanic 一词似乎在美国东南部和得克萨斯州受到欢迎，但是加利福尼亚州大部分和很多中西部地区的人们却拒绝使用它。因为无法达到统一性，Hispanic 和 Latino 这一部分的论述中都有使用。

首先来到美国的讲西班牙语的群体是谁？

西班牙人于 1565 年在佛罗里达州的圣奥古斯丁（St. Augustine）建立

了第一个永久居住点。1598年在新墨西哥州的圣达菲（Santa Fe）也建立了一个永久居住点。这一点在美国的历史书上很少被提及。历史上，学校的教科书一直关注的是英国人于1607年在詹姆斯敦（Jamestown）和1620年在普利茅斯（Plymouth）建立的定居点（Loewen，1995）。当美国强占得克萨斯州的时候，居住在当地特吉诺（Tejanos）的墨西哥人发现自己变得身处美国了；正如特吉诺人经常说的那样："我们并没有跨越边境线；是边境线跨越了我们（Shorris，2001，p. 31）。"墨西哥和美国战争之后，墨西哥人签署了瓜达卢佩－伊达尔戈条约（the Treaty of Guadalupe Hidalgo），放弃了100万平方英里的国土——相当于半个墨西哥。居住在那里的墨西哥人有六个月时间来决定是留下来成为美国公民还是回到墨西哥去。超过8.2万墨西哥人不得不作出选择，其中大约8万人选择了留下（Duignan & Gann，1998）。

> 可怜的墨西哥，离上帝那么远，离美国那么近。
> 波菲里奥·迪亚斯（Porfirio Diaz，1830－1915）

条约中的第十条规定了美国应尊重成为公民的墨西哥人的土地权利，但是当美国国会正式批准这份条约时，国会拒绝了第十条。为使墨西哥相信墨西哥人的地契和公民权利会被尊重，美国代表向墨西哥政府提交了一份"备忘录"，保证美国政府将不会取消墨西哥人的土地权，这些所有权在美国法院里是具有法律效应的（Vento，1998）。之后这承诺却被证明是虚假的。

最初只有极少数被墨西哥人称之为"盎格鲁"（Anglos）的白人定居者来到这块新土地上，但是随着加利福尼亚州发现金矿后，白人如潮水般涌来。白人在墨裔美国人的土地上定居，并且拒绝离开。当局对这些"擅自占用土地的人"也没有采取任何措施。当这些白人在法律上主张这些土地的所有权时，因为法庭诉讼程序要求使用英语，墨裔美国人被迫聘请白人律师作他们的代表。虽然法院确认了超过200万英亩的土地归墨裔美国人所有，但是却驳回了墨裔美国人对将近3400万英亩土地所有权的主张（Vento，1998）。即便是法院承认了他们的主张，这些土地主们也不得不卖掉一部分土地来支付法律费用。贪婪的白人很快在原墨西哥的土地上创立了一个由白人土地主、企业家和一群墨西哥工人组成的社会。肖利斯（Shorris，2001）真实地描述了加利福尼亚州的所有原为墨西哥人领地的情况："在不到四分之一的世纪里，加利福尼亚州从西班牙人的变成了北美白人的"（p.31），这是财富和文化的巨大转换。

移居美国的墨西哥移民有何经历？

19世纪80年代，墨西哥人开始越境来到美国，并且在1882的《排华法案》通过后受雇于美国雇主。墨西哥移民往往从事农业、采矿业和建筑业等工作。他们在铺设南太平洋和圣达菲铁路的工人中占了70%的比例。虽然美国人在用工上都很积极招收墨西哥人，但是他们却将墨西哥人视为劣等人。墨西哥人被禁止在公共场合下出现，如沙滩和餐馆。高木（Takaki, 1993）引用了一个白人牧场主的妻子描述一个墨西哥人的话："他不如白人。上帝也不打算让他像白人一样；如果上帝愿意的话，可能已经让他变成白人了"（p.327）。所有的墨西哥家庭成员都参与到农场的工作中，《童工法》（child labor laws）并没有得到贯彻。有经验的工人每天能够挣到1.5美元，相比之下，矿工每天能挣到4—5美元（Duignan & Gann, 1998）。

墨西哥人并没有顺从地接受这种剥削。1903年，墨西哥和日本农民组成了日本和墨西哥劳工协会（the Japanese-Mexican Labor Association）(JMLA)，组织了一次要求提高小时工资的罢工。最后他们成功了，但是如果没有来自国家劳工组织的支持，他们是不可能成功的。他们请求美国劳工联合会（the American Federation of Labor）(AFL)接纳他们为成员，但是工会联盟的主席塞缪尔·冈珀斯（Samuel Gompers）坚持如果他们将亚洲人排除在外的话，JMLA将会被授予成员许可证。墨西哥人拒绝背叛他们的日本盟友，因此许可证也没有拿到（Takaki, 1993）。虽然JMLA没能继续存在，但是墨西哥农场的工人们继续罢工以抗议低工资。

因为1908年的"君子协定"和1924年的限制移民法案，墨西哥人被看成是廉价劳动力的最好的来源。到1910年，22.2万墨西哥人居住在美国，一些甚至居住在遥远的北部蒙大拿州。很多人都是为了逃避1910年—1920年的墨西哥革命（the Mexican Revolution）的暴力冲突而移民美国。革命结束时，只有10%的墨西哥公民拥有土地，他们继续向北移民（Vento, 1998）。到1930年，9万墨西哥人居住在洛杉矶，占这个城市10%的人口。略少的人在丹佛、匹兹堡和圣路易斯定居；超过2万的墨西哥人居住在芝加哥（Duignan & Gann, 1998）。也许是因为墨西哥离美国比较近使得回国较为容易的缘故，这些移民中只有少数人申请了公民权。

为了促使拉美移民申请公民权,拉美裔公民联合会(the League of U-nited Latin American Citizens)(LULAC)在20世纪20年代应运而生。除了成为美国公民以外,联合会还通过鼓励成员使用英语和加强公民道德来促进同化。虽然拉美裔公民联合会存在的中产阶级偏见遭到指责,但是它多年来是唯一的国家级拉美组织。LULAC致力于提高拉美裔学生的教育水平、抵制歧视和促进拉美裔美国人的公民权利(Vento,1998)。LULAC也鼓励拉美裔人成为美国公民,这样他们就不会那么容易受到本土主义活跃分子的伤害了。

本土主义者是如何阻止墨西哥人移民美国的?

因为在1924年的《移民法》中没有确定墨西哥人的移民定额,本土主义者因此感到很不舒服。在20世纪30年代的大萧条时期,本土主义者说服国会通过一项旨在限制墨西哥移民的立法,移民归化局(the Immigration and Naturalization Service)(INS)也在追捕那些非法生活在美国的墨西哥人。截止到1935年,大约50万墨西哥人被驱逐出境,其中包括一些已经是美国公民的墨西哥人(Duignan & Gann,1998),但是当第二次世界大战爆发后,美国人对招募墨西哥工人的态度开始改变了。

二战期间墨西哥人受到的对待为什么发生了改变?

美国参战后,政府开始在墨西哥人取代参军了的工人和被安置到集中营的日本人问题上有所妥协。美国提出了一个"合法入境墨西哥短期合同工计划"(Bracero Program),"Braceros"意指墨西哥短期合同工。美国政府提供交通工具和工作,同时,墨西哥政府觉得这个计划也能给墨西哥人提供学习美国农业的机会。1942年,"合法入境墨西哥短期合同工计划"得以实施。

虽然美国政府保证将付给墨西哥工人同等的工资,但是该项计划的监管工作并没有得到足够的资助,因此很多种植园主没有支付承诺的工资。在得克萨斯州,一直雇佣非法移民的种植园主继续雇佣他们,因为这些非法移民只需要花很少的钱就可以雇到。虽然这个计划遭到了两个国家的批评,但是它一直持续到二战后。当它于1964年结束时,该计划已经发出了几乎500万份合同给墨西哥工人(Vargas,2000)。除了墨西哥工人所作的贡献以外,有超过50万讲西班牙语的士兵(主要是墨西哥裔美国人)加入了美国

第五章 种族和压制：美国有色人种的经历   **169**

军队，是所有族群中士兵比例中最高的（Takaki，1993）。尽管他们自愿为这个国家而战，讲西班牙语的士兵们仍然遭受到来自战友和驻扎地人们的歧视。其中最广为人知的就是"阻特装暴动"（the Zoot Suit Riots）。

什么是"阻特装暴乱"？

1943年6月3日，11名在洛杉矶上岸的水手声称遭到一群墨西哥青年的袭击。当地媒体常常对身着夸张"阻特装"的年轻墨西哥人带有成见，将他们视为罪犯和歹徒（见图5.7）。6月4日，士兵们和水手们租了20辆出租车，在巴里奥（the barrio：美国城镇中说西班牙语居民集居的贫民区）里巡逻，袭击那些长得像墨西哥人的人，特别是穿着"阻特装"的人们。在卡门剧院（the Carmen Theater），士兵们冲向并抓住了身着"阻特装"的年轻人，撕掉他们的衣服，狠狠地殴打他们。警察逮捕了几个墨西哥裔美国年轻人，当地媒体将水手们描述成了英雄（Banks，2003；Vento，1998）。

图5.7 "阻特装"暴动之后，军人们为袭击墨西哥裔年轻人的行为做出辩解。他们声称穿上需要很多布料的阻特装是不爱国的表现。因为战争，当时布匹处于限量供应状态。

> "不能将你内心所怀有的情感与你心中的人分享是一种残酷。"
> 卡洛斯·富恩特斯（Carlos Fuentes, 1928–1999）

第二天晚上，士兵和水手们向巴里奥行进，他们闯进酒吧和店铺里毁坏财物、袭击顾客。当地警察拒绝以毁坏私人财产或者侵犯人身罪控告他们。6月7日，市民和军人们组成了上千人的暴徒队伍，袭击任何长得像墨西哥人的人，包括几个菲律宾人和黑人。一些人被扒光衣服，鲜血直流地躺在大街上。洛杉矶警察逮捕了600名墨西哥裔美国年轻人。当时的美国第一夫人爱莲娜·罗斯福在她的新闻报纸专栏中宣称这场暴动是"长期、固有的对墨西哥人的歧视"的结果（Vento, 1998, p.187）。洛杉矶警察和市政厅否认了这项控告。当讲西班牙语的人在报纸上关注事态进展时，尤其是讲西班牙语的士兵非常生气，因为他们仍然没有被所归化的国家接受。

二战后讲西班牙语的移民处境是否有所好转？

讲西班牙语的居民为他们返乡的老兵们感到非常的自豪。讲西班牙语的士兵们因为他们在战斗中的英勇表现获得了不计其数的银质和铜质奖章，其中17名士兵还获得了国家最高军事奖章——国会勋章（the Congressional Medal of Honor）（Duignan & Gann, 1998）。讲西班牙语的士兵并没有被单独编队，他们不仅可以与白人士兵一起并肩作战，而且其中的一些人还被提升至指挥官的位置。正如肖利斯（Shorris, 2001）所说："那些在战争中指挥白人军队的有色人在他们的公民生活中并没有退缩"（p.97）。

虽然在战前，讲西班牙语的士兵在申请住房贷款时遭遇到很大的困难，现在他们的贷款申请得到了批准。《美国退伍军人权利法案》（G. I. Bill）允许他们中的很多人去攻读大学文凭。虽然这些士兵仅仅代表极少一部分讲西班牙语的移民，但是他们的经历证明了讲西班牙语的移民也能够获得公平的待遇。然而，大部分移民甚至那些曾经在军队里效力的人仍然遭到歧视。在得克萨斯州的三河城（Three Rivers），殡仪馆的人员就拒绝埋葬费利克斯·兰格利亚（Felix Longoria）：一个在二战中被当做英雄的墨西哥裔美国人。在墨西哥裔美国人的抗议下，兰格利亚最终被给予军人的荣誉安葬在了美国阿灵顿国家公墓（Arlington National Cemetery）（Shorris, 2001）。

二战后墨西哥裔美国人是如何应对歧视的？

为了反对种族隔离教育，墨西哥裔美国人于1946年将门德斯诉威斯敏斯特学区案（Mendez v. Westminster School District）申诉到了加利福尼亚州法院；法官裁定隔离墨西哥裔美国人的孩子是违反宪法的。这件案子和其他类似的案件创造了一个司法环境有助于1954年"全国有色人种协进会（NAACP）"将布朗诉教育委员会案（Brown v. Board of Education）的案件提交到最高法院。因为意识到需要成立一个类似NAACP的合法组织，一名叫皮特·提格里亚（Pete Tijerina）的洛杉矶律师说服了福特基金会（the Ford Foundation）提供220万美元资助，建立了墨西哥裔美国人司法保护和教育基金会（the Mexican American Legal Defense and Educational Fund）（MALDEF）。MALDEF一直都在与歧视墨西哥裔美国人的行为作斗争，处理墨西哥裔美国人的人权问题。

为了建立一个公平的加利福尼亚州农场工人工资体系，凯萨·查维斯（Cesar Chavez）帮助农场工人建立联盟。查维斯领导了一场从1965年持续至1970年、最终与农场主签订合同而结束的罢工。之后又经过7年的不懈努力，使得其余的农场主们也同意支付给农场工人标准工资和福利。同样在20世纪60年代，赖斯·提格里亚（Reies Tijerina）来到新墨西哥，开始了他堂吉珂德式的、要求归还之前属于墨西哥人祖先的百万英亩土地的归瓜达卢佩—伊达尔戈条约（the Treaty of Guadalupe Hidalgo）（Tijerina, 1971）。在得克萨斯州的水晶城（Crystal City），作为居民中的主流人群，墨西哥裔美国人组成了第三个党派，称为"种族联合党（La Raza Unida）"，并且获得了对市议会和教育委员会的控制权。他们实施双语教育计划，雇佣了大量的墨西哥裔管理人员和教师。

1957年，艾尔帕索（El Paso）市民选出了美国历史上第一个墨西哥裔市长雷蒙德·特列斯（Raymond Telles）。2005年，安东尼奥·维拉莱格萨（Antonio Villaraigosa）成为第一个洛杉矶市墨西哥裔市长。在西南部、市区和加利福尼亚州的政客们都极力讨好墨西哥裔选举人。经选举，墨西哥裔美国人已经被选入地方、州和国家的机构中供职。今天，占讲西班牙语移民三分之二人口的墨西哥裔美国人已经成为美国最大的讲西班牙语的少数民族群体，紧跟其后的是波多黎各人和古巴人（Shorris, 2001）。与其他讲西班牙语的移民不同，波多黎各人移民美国时就已经是美国公民了。

波多黎各人是如何成为美国公民的？

当西班牙船队于 1493 年来到波多黎各时，他们称这个岛屿为圣琼安巴蒂斯塔（San Juan Batista）、港口为波多黎各（Puerto Rico）；经年累月之后，两个名称发生了颠倒："富有的港口"圣琼安成为波多黎各岛的首都（Fitzpatrick, 1971）。7 万世居于此岛上的泰诺人（Taino）几乎全部被灭绝，因此非洲人作为奴隶被运来工作。西班牙主要将士兵运至此岛上，婚姻和恋爱就在西班牙人、泰诺人和非洲人之间产生了，他们生育了肤色深浅不一的后代。这一点至今仍然可以在波多黎各人身上发现。1897 年，西班牙政府同意给予波多黎各更多的自治权，但是西班牙和美国之间的战争使波多黎各又成为美国的占领地。

在遭受了大约 20 年的美国专制统治后，1917 年的琼斯法案（the Jones Act）被通过，国会对波多黎各人要求更多自治权做出了回应。波多黎各人为他们的两个立法机构选出了代表，同时也选出了一名驻派专员，但是总督仍然由美国总统指派，同时美国总统还享有否决权（菲茨帕特里克，Fitzpatrick, 1971）。琼斯法案也给波多黎各人成为美国公民提供了机会。波多黎各人有六个月的时间考虑是否入美国籍。虽然这使得他们能够参军，但是 100 万人口中只有 287 人拒绝成为美国公民（Perez Y Gonzalez, 2000）。

> "无论在哪里，种族主义都在分裂人们。"
> 乔斯·马蒂（Jose Marti, 1853—1895）

成为美国的一部分对于波多黎各有何影响？

当美国开始统治波多黎各时，那里的农民拥有波多黎各 93% 的耕地。截止到 1930 年，60% 的糖用甜菜和几乎所有的烟草制品都是来自境外业主（大部分是美国的公司）的农场。虽然美国在波多黎各修建了很多道路和学校，但是波多黎各的经济体制却从自给自足的小农场变为雇佣低工资工人和出口产品的大农场（Feagin & Feagin, 2003）。很快，这个岛屿不再为它的人民生产足够的食物，营养不良问题非常普遍。因为健康保健得到不断提高，波多黎各的人口到 1940 年时增长了一倍，但是工作机会却没有相应增长。农场工作每小时仅支付 6 美分。20 世纪前 10 年，大约 1500 名波多黎

第五章 种族和压制：美国有色人种的经历

各人因为经济窘迫来到了美国，他们中的三分之一居住在纽约的西班牙哈莱姆区（Spanish Harlem）（Duignan & Gann, 1998）。

20世纪30年代，路易斯·马林（Luis Marin）组建了民众党（the Popular Democratic Party）来解决波多黎各的经济问题。他们资助立法机构限制境外业主的土地；退还给政府的土地被重新分配给了小农场主。但是三分之二的美国公司拒绝执行这项法律（Perez Y Gonzalez, 2000）。波多黎各人向美国政府要求更多的自主权来表达他们的失意。

1949年，美国允许波多黎各人选择他们自己的总督。他们选举了路易斯·马林（Luis Marin）。三年后，国会通过了波多黎各宪法提案（the proposed Puerto Rican Constitution），给予这个岛共和国的地位。虽然现在波多黎各有了更多的自主权，但是波多黎各仍然存在着严重的经济问题。在美国60年的统治后，波多黎各20%的人掌握了超过50%的国民收入的财富，同时伴着持续的失业和半失业现象（Duignan & Gann, 1998）。

马林总督提出了一个颇具争议的经济计划，称为"波多黎各经济开发计划"（Operation Bootstrap）。该项计划通过激励机制，如大量廉价的劳动力和免税政策，以吸引企业来波多黎各。很多公司利用了这个计划。从1950年到1960年，该项计划扩展了岛上的工业基地，创造了14万个制造业工作职位。波多黎各人的个人年收入从1940年的118美元提升到1970年的1200美元（Perez Y Gonzalez, 2000）。旅游业发展起来了，波多黎各被称之为"美洲橱窗"，但是经济问题仍然存在。大量的土地被用作工业用地，农业工作职位的减少导致10%的失业率。如此之多的土地都被用作工业用地，使得波多黎各不得不开始进口食物。对公司的免税优惠使得波多黎各人要支付更高的税负以资助下水道、道路、电力和水利的改善（Feagin & Feagin, 2003）。

对于很多波多黎各人来说，经济上最大的好处就是有机会挣到足够的钱移民美国。到20世纪80年代，超过90万波多黎各人生活在纽约城，大约占这座城市人口的12%。300万生活在美国的波多黎各人约占所有讲西班牙语移民的11%。大约有60%的波多黎各人生活在纽约城或者新泽西，失业率达到23%，其中，60%的波多黎各家庭生活十分贫困（Banks, 2003; Duignan & Gann, 1998）。

波多黎各人在美国的经历与其他讲西班牙语的群体有何不同？

波多黎各人在美国遇到了很多困难。失业或者接受福利救济的波多黎各人的比例一直都高于其他讲西班牙语的群体。高失业率的部分原因是因为在波多黎各移民居住地区对无技术或半技术要求的工作需求在减少。生活贫困的波多黎各孩子只有去上种族隔离的郊区学校。而这些学校根本没有能够保证教育质量的资源，无法让他们的学生有能力去争取更好的工作。这些经济和社会问题的后果就是，波多黎各人比其他讲西班牙语群体有更高的吸毒率、毒品上瘾率和犯罪率。单亲妈妈家庭占所有波多黎各家庭的三分之一，这个比例比除了多米尼加以外的任何一个讲西班牙语的群体都要高（Perez Y Gonzales，2000）。肖利斯（Shorris，2001）这样描述纽约城很多波多黎各人的典型情况：

"波多黎各人在边缘产业中工作；他们没有工会组织，没有补贴，除了从社会救济那里领取不一定支付的每周薪水外一无所有；当边缘产业在几年甚至多年后破产……忠诚的波多黎各雇员一无所有（p.87）"。

但是，波多黎各人也在很多领域取得了成功，如文学、体育、政治、艺术、音乐、医学等等。一个名叫亚斯皮拉（Aspira）的波多黎各组织连续40年资助中学俱乐部，以鼓励波多黎各青年人毕业升入大学。不管是成功还是失败的波多黎各人，他们都对其他视他们为外国人而非本国同胞的美国人感到愤怒。他们认为他们从波多黎各移民到美国的情况应该和白人从明尼苏达州搬到纽约的情况一样。

如今，大部分居住在美国的波多黎各人都出生在这里，他们往往会讲两种语言，他们自己认同波多黎各人，但同时又为他们作为美国公民感到骄傲。就像其他讲西班牙语的移民一样，他们在家里讲西班牙语，但是年轻人更愿意用英语与同龄人交流（Perez Y Gonzales，2000）。波多黎各人鼓励他们的年轻人获取成功，不管这个目标有多么的困难。根据肖利斯（Shorris，2001）的研究，"每一个在美国大陆能够生存下来、获得不同程度成功的波多黎各人都是爱和希望的奇迹"（p.144）。虽然，他们不像其他讲西班牙语的移民那样成功，尤其是古巴人，但是波多黎各人愿意相信这些奇迹是有可能发生的。

为什么古巴人的经历与波多黎各人如此不同？

古巴岛和波多黎各岛有着同样的历史。哥伦布和他的手下用武力征服了世居在这两个岛上的泰诺土著居民，并且使他们成为奴隶。1792年，古巴的首都城市比纽约或者费城大两倍；哈瓦那港是如此重要，以至于英国用武力攻占了这座城市并且拒绝归还，直到西班牙同意放弃佛罗里达作为交换条件。除了是加勒比海地区主要的贸易中心，古巴还因为买来的非洲奴隶从事的糖业生产而繁荣。到1830年，黑人自由者和黑人奴隶的人数多于白人的人数。1870年，古巴人试图从西班牙的统治中独立出来。当美国军队在西班牙和美国战争中获胜时，这场长时间的斗争也于1898年结束，一些古巴人正是在这个时期移民到了美国。

在四年的军事统治后，美国同意让古巴成为独立国家，但是普拉特修正案（the Platt amendment）却给了美国为保护在古巴的财产和自由权可随时干涉古巴内政的权利。之后的20年里，没有任何一个古巴人可以未经美国同意就能成为总统或者在总统办公室工作（Feagin & Feagin, 2003）。

即便是在美国的统治下，古巴仍然很繁荣；直到菲德尔·卡斯特罗（Fidel Castro）对抗独裁者富尔亨西奥·巴蒂斯塔（Fulgencio Batista）的起义取得了成功，才有一定数目古巴人移民到美国。卡斯特罗宣布古巴成为一个社会主义国家后，古巴人开始移民，大部分人去了佛罗里达。最先离开的是最富有的人。随后于1960年代开始离开的那些群体就多样化了——商人、专家和企业家的比例相当高。还有很多在商船工作的人也离开了，其他离开的人包括前政府官员或者对卡斯特罗不再抱有幻想的革命者（Duignan & Gann, 1998）。

来到美国的古巴人都有什么样的遭遇？

一个由联邦政府资助的"古巴难民计划"（Cuban Refugee Program）（CRP）帮助古巴人来到了佛罗里达。CRP难民中心提供的资源是其他移民很少能得到的（波特斯和巴赫，Portes & Bach, 1985）。那些挽回了部分财产的古巴生意人靠的是传统的商业方法，称之为"socios"或者"socioismo"，即贷款申请获得批准不是依靠客观的分析，而是因为与申请人的朋友关系。古巴移民往往都是受过教育的，很多人还有做生意的经验。随后的20年里，古巴人利用他们的资源涉足了企业、百货商店、法律援助和殡仪馆。正如肖利斯（Shorris，2001）所说的那样："被驱逐的古巴人大部分是中层和上层阶级，很快，他们又重新成为中层和上层阶级"（p.67）。受到在美国获得成功的古巴人的吸引，以及对卡斯特罗（Castro）的共产主义的清醒认识，更多的古巴人来到了美国。

接下来的古巴移民中，往往都是来自城市的工人阶级（几乎一半人来自哈瓦那）。很多人在古巴人经营或者管理的企业里找到了工作，他们在这些企业里往往能挣到较高的工资。到20世纪80年代中期，戴德郡（Dade County）和迈阿密（Miami）的人口主体是古巴人。虽然40%的古巴人居住在佛罗里达，但是他们也分布在纽约、新泽西和加利福尼亚（Duignan & Gann, 1998）。1953的人口普查将72%的古巴人归为白人，而1970年美国的人口普查将95%的居住在美国的古巴人归为白人（Portes & Bach, 1985）。

与美国的其他主要讲西班牙语的群体相比较，古巴裔美国人有着最高的平均家庭收入记录。与亚裔美国家庭一样，他们能获得成功的原因之一是一个家庭中往往有着多个挣钱的人。一项从1960年到1980年对古巴移民的研究结果显示，大约三分之二的美国古巴裔妻子在外面工作，而这些家庭中的27%还有其他家庭成员在工作。佛罗里达古巴人的存在，吸引了越来越多的来自中美洲和南美洲的旅游者和企业家，也带来了额外的生意机会。

虽然古巴移民传统上将自己视为流放之人，但这个观念并没有引起年轻古巴裔美国人的共鸣。根据肖利斯（Shorris，2001）的研究："年长一点儿的古巴人说等到卡斯特罗一死或者被废黜，他们就会回到祖国。年青一代对古巴的兴趣仅仅只是回去观光"（p.75）。他们的态度跟墨西哥裔年轻人、波多黎各年轻人和其他在美国的讲西班牙语的移民的态度都是一样的。

还有哪些讲西班牙语的群体居住在美国？

其他在20世纪来到美国的讲西班牙语的移民群体，还包括多米尼加人、中美人和南美人。从20世纪60年代开始，一直都有少量但数量稳定的多米尼加人移民美国。20世纪80年代早期，因为全球经济危机使得糖价下跌，造成了巨大的国外债务和30%的失业率，多米尼加人开始大量地移民至美国。在经济危机结束之前，10%的多米尼加人已经移民去了国外，大部分移民到了美国，而且这些移民至美国的多米尼加人90%居住在纽约城（Duignan & Gann, 1998)。

来自中美洲的移民往往是因为逃避他们国家的政治动乱和暴力,如危地马拉、洪都拉斯、尼加拉瓜和萨尔瓦多。为了设法解决他们的需求,中美难民委员会(the Central American Refugee Committee)(CRECE)应运而生,以便提供食物、临时住所、工作和法律援助。CRECE食品配给中心筹款以成批购买食品,他们要求那些吃东西的人给予小额捐助来帮助购买更多的食品,使这个中心能够成为大家共同努力的见证,而不仅仅只是一个慈善团体(Shorris, 2001)。由于中美洲人常常住在城市,CRECE的存在对于他们来说就非常关键。如此之多的萨尔瓦多人居住在洛杉矶,以至于洛杉矶现在成为排名仅次于萨尔瓦多首都圣萨尔瓦多的萨尔瓦多人聚居的城市。

不像来自于贫困地区的中美洲人,南美移民常常受过良好的教育,很多人拥有博士学位。除了一些因受政治迫害而移民的智利人,很少有南美人成为难民。移民的原因通常都涉及对更好工作、更高薪水和更多机会的渴望。据报道,因为他们很好的自身条件,与其他任何在美国的讲西班牙语的群体相比,南美人拥有最高的教育成就和较高的收入(Duignan & Gann, 1998)。

后记

人类的进化是一部生存史,生存得到保障后,人类便开始创造文化。带着自己的文化来到一个新的家园,还要传承原有的文化不是件容易的事情,尤其是物质的和文化的差异已经形成了种族的观念。种族被用来区分人类群体,形成了被迫与主流种族对抗的边缘种族。

对于美洲土著居民来说,当欧洲殖民者踏足美洲海岸的时候,这种抗争就已经开始了。在文化冲突和暴力冲突中,种族压制在全国范围内扩散。这种压制困扰着非洲奴隶、华人、日本工人、墨西哥移民工人和其他有色移民,甚至蔓延至今天已经被视为白人的爱尔兰人、意大利人和斯拉夫人。然而所有的欧洲群体最终都会被给予自由和机会,有色人种却不可能获得如此的待遇。

基于种族和与少数民族群体有关的压制,一直以来都在欧洲定居者中世代相传,影响着住在美国的和那些梦想着自由和机会正前往美国的有色人种,正如当时自由和机会的梦想引来了第一批殖民者一样。现在我们是一个由来自世界各地追求自由社会所承诺的幸福的不同族群组成。如果美国想成为一个欣然接受多种群体的多元社会，那么它就必须确保所有住在美国的人作为我们多民族家庭一员而受到尊重。

> "人们想要的其实很简单。他们想要一个国家所承诺的美好的美国。"
> 芭芭拉·乔丹（Barbara Jordan, 1936－1996）

美国梦吸引了很多移民来到这个海岸，通过坚持种族平等，美国有色人种仅仅要求有一个能实现相同美国梦的机会。这是一个他们大多数人还没有实现的梦想。在一首名为《让美国再次成为美国》（Let America be America Again）的诗中，兰斯顿·休斯（Langston Hughes, 1994）对所有受压制却仍然在追寻美国梦的人们这样说道：

"美国从来都不是我的美国，
但是我发誓——
美国将会成为我的美国"！(p. 191)

术语与定义

盎格鲁（Anglos）：对居住在墨西哥领土上白人的称呼。这个称呼后来成为白人的通称。

黑人内阁（Black Cabinet）：关于黑人事务的联邦委员会，由30名黑人专家组成，是富兰克林·罗斯福总统的一个顾问团。

墨西哥短期合同工计划（Bracero Program）：开始于第二次世界大战期间，这项计划持续22年向美国输入墨西哥体力劳动者。

布朗诉教育委员会案（Brown v. Board of Education）：1954年最高法院做出的推翻普莱西诉弗格森一案的判决，宣布种族隔离是违反宪法的。

排华法案（Chinese Exclusion Act）：1882年禁止中国移民进入美国的法案，1892年又做出该法案继续有效的裁决，1902年宣布无限期延长此法案。

奴隶解放宣言（Emancipation Proclamation）：由林肯总统签发，释放

第五章 种族和压制：美国有色人种的经历

奴隶、允许自由的黑人加入联邦军队。

本族自我中心主义（Ethnocentrism）：认为某一个种族、民族或者文化比其他的种族、民族或文化都要优秀，也包括建立在这种认识上的个人行为或者社会制度。

君子协定（Gentleman's Agreement）：日本政府向美国政府保证，它将不再给任何日本工人签证，除了那些已经在美国的日本人或者这些日本人的近亲。

印第安人主权（Indian Sovereignty）：印第安民族的合法权利，通过条约得到美国政府的承认，确认了印第安族作为独特实体的身份。

原住民（Indigenous people）：在新的群体来到某个区域之前就在那里生活的种族或者少数民族群体。这个群体也可以不是这片土地的最早居民。

拉美裔市民联合会（League of United Latin American Citizens）：一个由拥有美国公民身份、讲西班牙语的少数民族群体组成的国家级组织。这个组织致力于增进公民身份价值、对抗歧视和主张拉美裔的公民权利。

墨西哥裔美国人司法保护基金会（Mexican American Legal Defense Fund）：一个反对歧视和维护墨西哥裔美国人公民权利的组织。

中途（Middle Passage）：贩奴船在海上的中转渡口，这些贩奴船导致了大约500万—600万非洲人在被贩卖为奴隶的运输途中死亡。

模范少数民族（Model minority）：认为亚裔美国人因一向愿意辛勤劳动而能获得成功。只要其他少数民族也像亚裔美国人一样努力，他们也能成功。

全国有色人种协会（National Association for the Advancement of Colored People）：一个反对种族主义，拥护黑人公民权利的组织。

第二代日裔美国人（Nisei）：日本移民的孩子。因为出生在美国，因此他们具有美国公民身份。

游牧民族（Nomads）：一个为了食物和水、从一个地方迁移到另一个地方而没有固定住所的群体。

波多黎各经济开发计划（Operation Bootstrap）：20世纪50年代至60年代，一项为了刺激波多黎各工业基地创造更多制造业工作机会的计划。

照片新娘（Picture bride）：日本包办婚姻的一种修改形式，当为已经移民到美国的日本人说媒时，两个家庭互相交换照片。

条约（Treaty）：发生在两个国家和更多国家之间的法律协议，协商各方就国家之间的和平、贸易和其他事务达成一致。

地下铁路（Underground Railroad）：一个为逃亡奴隶提供帮助的组织。他们建立了"车站"，在那里为获得自由而逃亡北方的奴隶提供食物和休息。

黄祸（Yellow Peril）：认为中国移民和日本移民都不能适应美国文化而因此破坏了美国社会的统一。

阻特装暴动（Zoot Suit Riots）：一场发生在1942年洛杉矶的歹徒暴动。在这场暴动中美国军人（之后市民也加入其中）专门袭击墨西哥裔美国年轻人，尤其是穿"阻特装"的人们。暴动持续了好几天。

参考文献

Banks, J. A. (2003). *Teaching strategies for ethnic studies*. Boston: Allyn & Bacon.

该书主要描述了美国的历史和美国的种族和少数民族，为教师提供了开发多元文化课程及其课堂教学的相关信息和资源

Berkhofer, R. Jr. (1978). *The white man's Indian: Images of the American Indian from Columbus to the present*.

New York: Vintage Books.

该书研究了在新世界中欧洲人关于土地所有权的合法操纵。特别参考了"白种印第安人殖民地的证词"（p. 115-134）。

Bieder, R. E. (1995). *Native American communities in Wisconsin*, 1600-1960: A study of tradition and change. Madison: University of Wisconsin Press.

该书主要描述了威斯康星州(Wisconsin)印第安人部落的历史，以及来自州政府和联邦政府的促使他们文化同化的冲击。

Chatters, J. C. (2001). Routes of passage. In *Ancient encounters: Kennewick Man and the first Americans*(pp. 239-264). New York: Simon & Schuster.

该书主要陈述了考古人类学的发现——证明生活在北美和南美的人类的存在远远早于有史记载的白令海峡移民理论。

Chernow, R. (2004). *Alexander Hamilton*. New York: Penguin Books.

该书主要描述了汉密尔顿的一生，包括反对奴隶制的活动和他对种族平等的信仰。

Connolly, M. R. (2000, Septermber/October). What's in a name? A historical look at Native American-related nicknames and symbols at three U. S. universities. *Journal of Higher Education*, 17(5), 515-548.

该文主要关注致力于改变伊利诺伊州立大学、俄亥俄州迈阿密大学和东密歇根大学

第五章 种族和压制：美国有色人种的经历

的吉祥物的努力，以此检验印第安人吉祥物的问题。

Deloria, P. (1993). Sovereignty. In B. Ballantine & I. Ballantine (Eds.), *The Native Americans: An illustrated history* (pp. 384-462). Atlanta: Turner.

定义和描述了印第安领土这一历史概念，解释了为什么它对于美洲土著居民来说仍然是一个很重要的关注点。

Duignan, P. J., & Gann, L. H. (1998). *The Spanish speakers in the United States: A history*. Lanham, MD: University Press of America.

讲述了在移民原居住国里促成移民的因素，以及美国国内讲西班牙语的各少数民族群体的经历。

Feagin, J. & Feagin, C. B. (2003). *Racial and ethnic relations* (7th ed.). Upper Saddle River, NJ: Prentice Hall.

讲述了美国的主要种族和少数民族群体的经历。

Fitzgerald, F. S. (2005). Early success. In J. L. West (Ed.), *My lost city: Personal essays*, 1920-1940 (pp. 184—92). Cambridge, UK: Cambridge University Press.

描述了作者早期生涯和在写作方面最初的成功。

Fitzpatrick, J. P. (1971). *Puerto Rican Americans: The meaning of migration to the mainland*. Englewood Cliffs, NJ: Prentice Hall.

对波多黎各进行了历史性的概述，研究了波多黎各移民，尤其是在纽约城的移民，以及他们的遭遇。

Fong, T. P. (2000). A brief history of Asians in America. In T. P. Fong & L. H. Shinagawa (Eds.), *Asian Americans: Experiences and perspectives* (pp. 13-30). Upper Saddle River, NJ: Prentice Hall.

概述了移民从最初到达之时到近期在美国的经历。

Fong, T. P. & Shinagawa, L. H. (2000). Employment and occupation. In T. P. Fong & L. H. Shinagawa (Eds.), *Asian Americans: Experiences and perspectives* (pp. 191-192). Upper Saddle River, NJ: Prentice Hall.

在关于模范少数民族神话的开放式评论后，描述了他们的选集中第五章的资料内容。

Franklin, J. H. & Moss, A. A. Jr. (2000). *From slavery to freedom: A history of African Americans*. New York: Alfred A. Knopf.

从描写奴隶所来自的非洲文化开始，全面展现了非裔美国人的经历。

Gedicks, A. (1993). *The new resource wars: Native and environmental struggles against multinational corporations*. Boston: South End Press.

探讨了印第安人对跨国集团全球开采的抵制，以及他们在威斯康星州为了保护环境反对两个跨国公司的采矿计划的努力。

Gell-Mann, M. (1994). *The quark and the jaguar: Adventures in the simple and the complex*. New York: W. H. Freeman.

整合了自然科学,尤其是物理学研究的知识,以此来探索诸如保护文化和生物多样性的需要等各方面的主题。

Glenn, E. N. & Yap, S. G. H. (2000). Chinese American Families. In T. P. Fong & L. H. Shinagawa (Eds.), *Asian Americans: Experiences and perspectives*(pp. 277-292). Upper Saddle River, NJ: Prentice Hall.

解释了华裔美国人的家庭如何适应美国社会,同时也指出了已经形成的三种家庭类型。

Hawkins, J. (2005). Smoke signals, sitting bulls, and slot machines: A new stereotype of Native Americans? Multicultural Perspectives, 7(3), 51-54.

该文是关于对在初高中普遍使用的七本历史课本和使用这些课本的班级的调查报告。

Hendry, J. (2003). Mining the sacred mountain: The clash between the Western dualistic framework and native American religions. *Multicultural Perspectives*, 5(1), 3-10.

本文将美国土著居民的观点与西方人的观点进行了对比,尤其是他们关于自然和保护环境的观点。

Hughes, L. (1994). Let America be America again. In A. Rampersad & D. Roellel (Eds.), *The collected poems of Langston Hughes* (pp. 189-191). New York: Alfred A. Knopf.

关于有色人种和穷苦白人从未实现的"美国梦"的一首诗。

Jacobs, H. A. (1987). *Incidents in the life of a slave girl*. Cambridge: Harvard University Press.

作者对自己作为奴隶和她挣脱奴隶制束缚的亲身经历的个人解释。

Jennings, F. (1976). The invasion of America: Indians, *colonialism*, *and the cant of conquest*. New York: W. W. Norton.

在第十三章中讲述了佩科特族和纳拉干族人之间的冲突。

Josephy, A. Jr. (1994). *500 nations: An illustrated history of North American Indians*. New York: Knopf.

提供了关于印第安人和主流社会之间的冲突的信息。

Kar, S. B. Campbell, K. Jiminez, A. & Gupta, S. R. (2000). Invisible Americans: An exploration of Indo American quality of life. In T. P. Fong & E. H. Shinagawa (Eds.), *Asian Americans: Experiences and perspectives*(pp. 303-319). Upper Saddle River, NJ: Prentice Hall.

展示了一份调查的结果,研究主要确认了影响印第安美国人的生活质量的因素。

第五章 种族和压制：美国有色人种的经历

Koppelman, K. (2001). Was Orwell wrong? In *Values in the key of life*: *Making harmony in the human community* (pp. 57-63). Amityville, NY: Baywood.

讨论了语言如何被用于贴标签和区分人们。

Le May, J. L. (Ed.). (1987). *Benjamin Franklin*: *Writings* (pp. 442-446). New York: Library of America.

富兰克林在"获得印第安人的友谊：给詹姆斯·帕克的信"中的评论。

Lewis, D. L. (1993). W. E. B. Du Bois: *Biography of a race*, *1868-1919*. New York: Henry Holt.

提供了一个全面而详尽的非裔美国学者和社会活动家的最后 50 年的生活。

Lewis, D. L. (2000). W. E. B. Du Bois: *The fight for equality and the American century*, 1919-1963. New York: Henry Holt.

提供了一个全面而详尽的非裔美国学者和社会活动家的最后 50 年的生活。

Loewen, J. (1995). *Lies my teacher told me*: *Everything your American history textbook got wrong*. New York: The New Press.

描述了高中历史课本里的对美国有色人种的歪曲和遗漏。

Lomax, L. E. (1963). *The Negro revolt*. New York: Signet Books.

提供了作为 20 世纪 60 年代民权运动基础的历史背景，解释了这场运动的目的和目标。

Louie, M. C. (2000). Immigrant Asian women in Bay Area garment sweatshops: After sewing, laundry, cleaning and cooking, I have no breath left to sing. In T. P. Fong & L. H. Shinagawa (Eds.), *Asian Americans*: *Experiences and perspectives* (pp. 226-242). Upper Saddle River, NJ: Prentice Hall.

描述了在制衣厂亚洲女性移民受剥削的状况和她们联合起来提高工作条件所做的努力。

Lowe, L. (2000). Heterogeneity, hybridity, multiplicity: Making Asian American difference. In T. P. Fong & L. H. Shinagawa (Eds.), *Asian Americans*: *Experiences and perspectives* (pp. 412-421). Upper Saddle River, NJ: Prentice Hall.

讨论了区分亚裔美国人在原居住国家和在美国差异的重要性。

Lui, M. (2004). Doubly divided: The racial wealth gap. In C. Collins, A. Gluckman, M. Lui, B. L. Wright & A. Scharf (Eds.), *The wealth inequality reader* (pp. 42-49). Cambridge, MA: Dollars & Sense.

回顾了美国财富的历史发展，以此来解释美国的有色人种并没有获得与白人一样的机会的过程。

Matthiessen, P. (1984). *Indian country*. London: Flamingo.

分析了印第安人和白人之间有关土地所有权和土地使用的冲突。

Painter, N. I. (2005). *Creating Black Americans：African-American history and its meaning, 1619 to the present*. Oxford：Oxford University Press.

用黑人的艺术作品描述了历史和审美的发展，并以此来解释某些人和事是如何对美国黑人产生重大影响的。

Parfit, M. & Garrett, K. (2000). Hunt for the first Americans. *National Geographic*, 198(40), 40-64.

解释了最近考古人类学上的发现是如何改变人类学家对史前美国土著人的看法的。

Perdue, T. (1998). *Cherokee women：Gender and culture change, 1700-1835*. Lincoln：University of Nebraska Press.

解释了在传统的切罗基部落社会里妇女的地位，这种地位在与欧洲殖民者的接触中以及与主流社会关系的不断发展中是如何被改变的。

Perez Y Gonzalez, M. E. (2000). *Puerto Ricans in the United States*. Westport, CT：Greenwood Press.

描写了在西班牙和美国统治下的波多黎各的历史情况，向美国移民的原因以及波多黎各人在美国的遭遇。

Pipher, M. (2002). *The middle of everywhere：The world's refugees come to our town*. New York：Harcourt.

列出了很多关于各种近期移民的故事，包括迫使他们移民的客观环境和他们试图融入美国文化时遭遇到的困难。

Portes, A. & Bach, R. L. (1985). *Latin Journey：Cuban and Mexican immigrants in the United States*. Berkeley：University of California Press.

提供了讲西班牙语移民的历史背景，然后描述了一个为期8年的关于古巴和墨西哥移民的研究结果。

Reiss, O. (1997). *Blacks in colonial America*. Jefferson, NC：McFarland.

解释了美洲殖民地的奴隶制与历史上的奴隶制有何区别，同时描述了黑人和白人的反奴隶制运动。

Shorris, E. (2001). *Latinos：A biography of the people*. New York：W. W. Norton.

在历史背景中，用很多个人的故事、以个人讲述的方式描绘了美国的各种各样的讲西班牙语的群体。

Smedley, A. (1999). The arrival of Africans and decent into slavery. *Race in North America：Origin and evolution of a world view*. Boulder, CO：Westview.

描述了非洲人如何成为奴隶贸易的受害者，以及这些移民是如何失去与其他移民相同的地位的。

Smith, V. (2001). Cleanliness. In P. Sterns (Ed.), *Encyclopedia of European social history：From 1350 to 2000* (Vol. 4, pp. 343-353). New York：Scribner.

第五章　种族和压制：美国有色人种的经历

讲述了自中世纪以来有关清洁的态度和实践是如何演变的。

Spivey, D. (2003). *Fire from the Soul: A history of the African-American struggle*. Durham, NC: Carolina Academic Press.

以（不断进行的）反种族主义斗争的视角描述了非裔美国人的历史。这些斗争在不同的时代具有不同的形式和不同的战略战术。

Spring, J. (2001). *Deculturalization and the struggle for equality: A brief history of the education of dominated cultures in the United States* (3rd ed.). Boston: McGraw Hill.

展现了一部简洁的美国种族主义的历史，尤其关注学校政策对于边缘群体的影响。

Suzuki, D. & Knudtson, P. (1992). *Wisdom of the elders: Honoring sacred native visions of nature*. New York: Bantam Books.

提供了有关美洲印第安人的草药知识、对自然的看法和他们与自然和谐相处所做的努力。

Takaki, R. (1993). *A different mirror: A history of multicultural America*. Boston: Little, Brown.

描述了美国社会文化背景多元的种族和少数民族群体历史上的经历。

Tijerina, R. (1971). Reies Tijerina's letter from the Santa Fe jail. In W. Moquin & C. Van Doren (Eds.), *A documentary history of the Mexican Americans* (pp. 484-487). New York: Bantam Books.

解释了在瓜达卢佩—伊达尔戈条约基础上追求土地所有权，为什么作者会进监狱（在该书中对条约进行重印）。

Vargas, Z. (2000). Citizen, immigrant, and foreign wage workers: The Chicana/o labor refrain in U.S. labor historiography. In R. I. Rochin & D. N. Valdes (Eds.), *Voices of a new Chicana/o history* (pp. 153-165). East Lansing: Michigan State University Press.

回顾了美国历史上有关墨西哥裔美国工人具有历史意义的参与活动的研究以及他们为组织对抗剥削而做出的努力。

Vento, A. C. (1998). *Mestizo: The history, culture and politics of the Mexican and the Chicano*. Lanham, MD: University Press of America.

描述了哥伦布发现美洲大陆以前的墨西哥文化、西班牙的占领和墨西哥人向欧裔—印第安"混血儿"、墨西哥裔美国人和美籍西班牙"混血儿"的演变。

Wallace, A. (1993). *The long, bitter trail: Andrew Jackson and the Indians*. New York: Hill & Wang.

描述了被称之为"血泪之路"的切洛基部落被迫向俄克拉何马州的迁移。

Weatherford, J. (1988). *Indian givers: How the Indians of the Americas transformed the world*. New York: Fawcett.

指出了欧洲向印第安人学习的知识和生产产品的具体例子。在这些例子中，有一些与欧洲有关(如爱尔兰土豆、德国巧克力)。

White, R. (1993). Expansion and exodus. In B. Ballantine & I. Ballantine (Eds.), *The native Americans: An illustrated history* (pp. 211-299). Atlanta: Turner Publishing.

描述了美洲土著居民在重建被白人毁坏的世界以及制度和价值观以便替代已经消失的制度和价值观时遭到失败的努力。

Whitty, J. (2005). Accounting coup. *Mother Jones*, 30(5), 57-63, 86.

描述了一个黑足部落的妇女努力去保护经济资源，尤其是通过她们部落的整体诉讼的方式。这名妇女是麦克阿瑟基金会奖的获得者。

Williams, W. C. (1954). *The American background. Selected essays of William Carlos Williams* (pp. 134-161). New York: Random House.

研究了殖民地的文化自我中心主义，举了几个例子，如知更鸟。

Wilson, J. (1998). *The earth shall weep: A history of native America*. New York: Atlantic Monthly Press.

描述了美洲土著居民的历史以及与主流社会的关系。

Woo, D. (2000). The inventing and reinventing of "model minorities": The cultural veil obscuring structural sources of inequality. In T. P. Fong & L. H. Shinagawa (Eds.), *Asian Americans: Experiences and perspectives*. Upper Saddle River, NJ: Prentice Hall.

通过分析"模范少数民族神话"在美国的流行性和持久性，描述了"模范少数民族神话"的历史演变。

Woodward, C. V. (1966). *The strange case of Jim Crow*. Oxford: Oxford University Press.

解释了在美国南方种族隔离制的起源和顽固性，以及历史上反对这项制度的人们所做的努力。

Woodward, G. S. (1988). *The Cherokees*. Norman: University of Oklahoma Press.

讲述了切罗基部落的历史和他们的"血泪之路"以及他们违反条约而保存自己文化和领土所做的斗争

Wu, C. (Ed.). (1972). *"Chink!" A documentary history of anti-Chinese prejudice in America*. New York: World Publishing.

再版了反映反华情绪的讲演、报纸文章和卡通图片；在第三章《中国人的机会》中例举了歹徒暴动的例子。

Zia, H. (2000). *Asian American dreams: The emergence of an American people*. New York: Farrar, Straus and Giroux.

提供了对于不同的亚裔美国群体的经历以及他们遭遇到的偏见和歧视的个人观点。

Zinn, H. (2003). *A people's history of the United States*. New York: HarperCollins.

第五章　种族和压制：美国有色人种的经历

从经历过这些历史事件的少数民族群体的角度描述了这些事件。

复习和讨论

总结练习

请参照本书第31—32页的练习，总结本章的重点并界定关键术语。

辨析题

辨析练习1. 理解拉里·小崛(Larry Kobori)的回忆

说明：一个人向另一个人大声地朗读下面的拉里·小崛(Larry Kobori)的校园故事。为了学习这篇故事，轮流阅读，特别注意拉里在描述一些事件时的感情。当你阅读完了以后，首先，厘清一下拉里的故事中的细节。然后，记下你自己对后面三个分析题的讨论。我们将会用20分钟的时间对问题进行讨论。你们组的组长将指派你去更大的组里分享你们的讨论结果。

拉里·小崛(Larry Kobori)的校园故事

当我很小的时候，我就注意到自己跟朋友们有些小小的不同。我的父亲告诉我，我是一名日本人，而且我不能因为我是日本人而感到耻辱。自我懂事起，他就一直在强调这一点。

当我开始上学时，所有的事情都是很完美的，直到我上四年级。一些小孩叫我"清国人(Chink)"。我告诉他们我是日本人，不是华人。如果要给我起一个不好听的名字，至少这个名字也应该是正确的。我的朋友们总是安慰我说不要去理那些孩子，他们都是些愚蠢的人。当我听到朋友们这样说的时候，我感到非常的高兴。

过了不久，四年级里发生的事情得到了解决。但是，七年级的时候，我们开始学习第一次世界大战和第二次世界大战。我知道在第二次世界大战中，日本袭击了珍珠港。所以，我非常努力地学习第一次世界大战。我回答每一个我会的问题。但是当开始进入第二次世界大战的学习时，我从来不回答任何问题，只是无精打采地坐在椅子上。

我猜我是对二战期间日本人的暴行感到羞耻。但是我所不能理解的是为什么教科书和老师们都为美国在广岛和长崎上投放原子弹而感到光荣。我的老师说成千上万的平民，包括妇女和儿童，在原子弹的爆炸中死亡。这一举动也促使日本投降。然后，她进而补充说原子弹挽救了很多美国人的生命。

我反问老师："既然那么多平民被害，为什么原子弹就不算是暴行了呢？您就是这样描述日本人的暴行的呀？"我永远不会忘记老师盯着我的眼神和她的回答："那是有区别的。"那副场景我至今都历历在目，而且永远不会从记忆中淡去。

高中的三年是我最美好的时光。我觉得那时我已经被真正接纳。那三年我是校队的橄榄球、篮球和棒球的纪录保持者。当我不能再参加高中级比赛时，我就做些其他力所能及的事情。我研究这些比赛，发现自己对参赛者相当了解。于是我开始在当地报章撰写赛事报道。当文章发表后，一、二年级的大学生就纷纷找我来帮助他们写稿，于是我结交了不少朋友。

校园外有时也会发生些其他的故事。在和棒球队一起旅行的时候，有些黑人球员叫我"日本鬼子"（Jap）。我差点叫他们"黑鬼"（Niggers），但我想到自己不去歧视他人的诺言，我控制住了自己，转过身去，因为我明白这样将会引发一场打斗。同样有几个墨西哥人也叫过我"日本鬼子"（Jap），我则再次忍气吞声。

我永远不会理解为什么这些人叫我"日本鬼子"。

个人理解问题

1. 你对拉里·小崛有什么印象？
2. 你认为拉里·小崛对于所遭遇的几个种族歧视问题采取的举动是否恰当？
3. 不论你是否认同拉里·小崛的举动，你认为拉里还能选择用其他什么方式呢？
4. 你认为在这些方式中，采取什么样的策略最好？
5. 以你的观点，老师应如何表述日本人在二战中的角色？应如何表述在广岛和长崎投下原子弹的作用？
6. 在他的学校的经历中有哪些条件是有利的？
7. 哪些条件是不利的？

8. 写一篇关于美国当今种族问题的总结。

小组练习

对于第 5 章由文化差异引发的冲突，进行两组讨论。

小组练习 1. 大学种族问题事件

指导：以下案例研究，描述了几起在大学校园发生的真实的种族歧视事件。假设你是一名大学辅导员，或者是一名宿舍管理员，在接到事件中的有色人种学生向你汇报事情经过时，你会给予这名学生什么建议？并解释你的建议为何是该学生应当采纳的最佳方案。

1. 乔治，一名美籍波多黎各博士生，在进行本科生助教面试时，与一名项目主任进行了一番对话。主任讨论了助教所担任的工作和责任，并表示他首要的责任是监管专为拉美裔学生安排的一些扩展性的学校活动，而这些拉美裔学生之前并没有参与过学校提供的学生服务项目。主任相信乔治对于这些拉美裔的学生来说，是一个理想的榜样，他可以帮助说服学生们更加充分地利用学生服务设施。在面试过程中，主任说，他认为让学生使用学生服务项目是非常重要的，因为有些人会克服生理条件的差异，会学得更多，变得更加聪明。这时主任注意到乔治反对的神色，他说他只是想诚恳地表达他的观点，免得多绕弯子。

2. 莱昂纳多，一名拉科塔—苏族(Lakota Sioux)印第安人，曾在美国和德国的几个海军基地服役。服满三年兵役后，他回到部落的保留地，并进入附近的大学求学。在一个汗屋仪式(Sweat Lodge)上，莱昂纳多的朋友们和部落一些较老的成员们开始分享他们祖先的故事。莱昂纳多还记得在他孩提时，他父亲给他讲过他曾祖父的故事，他非常喜欢听那些关于家族的故事。但是，现在的莱昂纳多意识到，这些故事对他来说一点意思都没有了，部落中的人们总是在讲述那些根本已经不在世的人物，他不能理解这有什么意义。后来，莱昂纳多发现自己和父母、兄弟和朋友们的冲突越来越深，他们说莱昂纳多像是耻于做一个拉科塔族人。和家人、朋友们的冲突让莱昂纳多感到非常痛苦，甚至想要辍学去工作，挣到足够的钱，然后到别的地方去生活。但是他知道对于一个只有保留地的高中文凭的人来说，没什么太多工作机会可以选择。莱昂纳多对所处的冲突局面变得越来越沮丧，觉得唯一的解决办法是放弃读大学，另外再找时间读。

3. 安东尼，一名美籍华人学生，从社区学院转学到四年期综合大学就读。他受邀参加新生自我介绍活动。参加活动的学生将拿到春季课程表，并在系里辅导员的批准下选修课程。在选课后，安东尼与他的辅导员见了面。当他离开辅导员办公室的时候，辅导员以亲密友好的口吻说："要知道，马路对面的那家餐馆有这里最好的馄饨卖。"安东尼吃惊地说不出话来，但是越想越觉得沮丧。

4. 杰西卡，从伊利诺伊中部来的美籍墨西哥22岁女学生，在加利福尼亚州一所大学就读。新学期的几周后，她就发现她和学校里的其他拉美裔学生存在着文化差异。杰西卡发现大多数的拉美裔学生都能够讲流利的英语和西班牙语。虽然她的父母在家里是讲西班牙语的，但是他们并不坚持孩子们讲双语，所以虽然别人和杰西卡讲西班牙语时她能够听懂，但是她并不能流利地回答。在英语教学的课堂上，因为身边多是白人学生，杰西卡感觉舒适和放松。反而在毕业必修的墨西哥裔美国人研究（Chicano）课上，由于缺失其他拉美裔学生的生活体验，她感到自己格格不入。杰西卡与该课程教授在课后进行交流，教授说并非所有的美籍墨西哥人都能够分享相同的社会文化体验，但是所有的人都需要理解并尊重其他文化的价值。教授还建议如果这个问题还困扰杰西卡的话，她应该考虑请心理问题专家辅导。

小组练习 2. 阿萨巴斯卡式教学课

注释：在《课堂中的文化冲突》（"Cultural Conflict in the Classroom"）文中，莉莎·德尔皮特（Lisa Delpit）这样写道：在阿拉斯加，阿萨巴斯卡部族的爱斯摩原住民小孩们常常认为白人老师是"不可信任的统治者"。这些老师教小孩们什么时候该去上厕所，什么时候该去吃午饭，什么时候该交作业，而不管孩子写完没写完。德尔皮特认为对于像阿萨巴斯卡这样的阿拉斯加部族来说，这些观念是"奇特而危险的"。

关于思考方法的教授，与美国教育家们的描述相反，真实情况可能是我们并没有教育孩子们成为独立的思考者，而是教育他们根据外界权威力量去思考"何为方向，何为真理，何为意义"。德尔皮特写道，美国教师总是太过专注于只从书本中挖掘"有意义"的东西，并想让小孩相信这是真实的，而不管这些真理是否与孩子的生活常识相悖。

指导：在小组讨论中：阅读"阿萨巴斯卡式教学课"此篇文章，然后思考如果文中的小男孩去学校学习的话,他在下面故事中学到的知识可能会带来什么文化冲突的后果,请至少列出五项。讨论老师在遭遇文化冲突时需要怎么做才可以解决问题。准备好你所在小组列出的项目,提交给另外的讨论小组,并对儿童教育中的文化差异进行最终讨论。

一堂阿萨巴斯卡式教学课

一个小男孩与他的祖父和其他猎手外出猎熊。他们抓到一只熊,把熊扛去剥皮。祖父叫小男孩帮忙去打水,当小男孩离开人群时,祖父大叫道:"快跑,快跑,熊在追你啊!"小男孩吓了一跳,跑了两步,但是又停下来镇静地慢慢走。祖父又大声喊:"快跑啊,我叫你快跑!熊要抓到你吃你啦!"但是小男孩还是镇静地在走。当小男孩带着水回来后,祖父非常高兴,因为小男孩通过了他的考验。这个考验的目的是教人在遇到相悖于自己判断的情况时,不要轻易相信别人的话,哪怕这些话出自像祖父那样睿智,那样值得信赖的人之口。对于阿拉斯加的阿萨巴斯卡印第安人来说,每个人通过他或她自己的观察来学习是最重要的。

——选自《他者的孩子:课堂中的文化冲突》,丽莎·德尔皮,(1995, pp, 101-102)。Other People's Children: Cultural Conflict in the Classroom, Lisa Delpit (1995, pp, 101-102)。

社区活动

行动研究

赴美移民如何学习我们的语言和文化?采用你自己的方式研究你们社区或者地区中的外来移民掌握英语或者风俗习惯的方法有多少种。找找看有没有社区或者本地学校安排项目来帮助新抵美移民。如果你的调查中发现有这样的项目,请撰文向你们当地报纸编辑投稿。

服务学习

你所在的地区或者学校是否开设了难民移民项目,或者学习语言和文化的难民中心?志愿帮助在英语学习或者英语作为第二外语学习项目中进行英语学习的人。在个人日记中列出这些活动的成功之处,以及你觉得需要采取更多行动的地方和原因。

第六章 宗教与压迫：
为宗教信仰自由而斗争

> "彼得，我希望你有宗教信仰……哦！我并不是说你一定要成为东正教徒（Orthodox），或是相信天堂、地狱以及炼狱之类。我指的是某种宗教，是什么宗教无所谓，一定要有信仰！"
>
> 安妮·弗兰克（Anne Frank 1929—1945）

《安妮·弗兰克日记》是一部根据安妮·弗兰克（Anne Frank）在第二次世界大战期间，被纳粹分子发现之前所写日记而改编的剧本。安妮·弗兰克在《安妮·弗兰克日记》中表达了关于宗教的观点。人们常引用她的故事来向学生介绍大屠杀的残酷。在剧本的末尾，安妮的父亲读了女儿的日记，观众们听到安妮说："尽管这样，我仍然相信人心是善良的"。两个观点都声明了尽管人们有着这样或那样的差别，但人性良善。两者看起来也似乎并不矛盾，但是有一些基督教徒（Christian）禁止孩子们看这个剧本，因为这个剧本关于宗教的言论表明所有的宗教都被认为是同等的。一般来说，人们都相信自己的宗教是唯一正确的信仰。

美洲殖民地的宗教多样性

从早期殖民时期开始，移民带着不同的信仰踏上这片土地。少数信仰与主流信仰的力量抗争以求生存之地，美国人面临着宗教的争议。在美国，人们一直为实现宗教信仰自由（按照个人信仰敬拜）的权利而奋斗。本章的重点就是讲述这段为达到这一目标不断做出努力的历史。

尽管宗教信仰自由并不否定个人对其他宗教信仰和活动持有异议的权利，但是不能侵犯具有不同信仰者的权利。宪法规定的政教分离原则就是为了解决美国的信仰多元化问题。尽管有这一原则，诸多为宗教信仰自由而作的努力却是美国历史上巨大冲突的一个根源。

早期的殖民者如何处理宗教多样性问题？

清教徒来到新大陆以实践他们的宗教自由，却没有让别人拥有同样的自由。当安妮·哈钦森（Anne Hutchinson）表达了和清教教义相反的观点时，她立刻被逐出教会，1637年被流放。罗杰·威廉姆斯（Roger Williams）也因为提倡尊重其他宗教信仰和政教分离而被流放，这既不符合清教徒，也不符合其他欧洲移民的文化原则。为了重建旧大陆的秩序，主流宗教群体，例如马萨诸塞州的圣公会（Anglicans），期待他们的信仰成为殖民地所建立教堂的国教，并得到当地税收拨款。米勒（Miller，1976）这样描述这一观点："我们的宗教中有受过良好教育的牧师和庄严的仪式，这是建立或重建他们所离开的英国教会的良好条件"（p.26）。

英国殖民者发现，很难在新大陆建立一个可以成为国教的教堂。有家庭拖累的教友们无力给自己的教会财政支持，因此，获得殖民地政府支持的需要远高于在英国时的状况，这样便给有限的殖民收入的殖民地政府增加了财政负担。此外，移民们有着不同的信仰分支——长老会（Presbyterians）、贵格会（Quakers）、浸礼会（Baptists）等，当殖民地税收收入被用来支持不是他们所属的教会时，教徒们会感到非常气愤。

宗教仇视是相互的。北方殖民地的清教徒（Puritans）尤其不喜欢贵格会教徒（Quakers）们的夸张敬拜方式及允许妇女成为教会领袖的做法。在马萨诸塞州，《亵渎法》的出台是为了迫使贵格会教徒离开，如果他们回来便以死亡相要挟。如果有人真的回来，当局会立即逮捕他们。1659年至1661年间，就有四名贵格会教徒被处决。后来由于英国政府感到这种做法十分不妥，而坚持把贵格会教徒送往伦敦接受正式审讯（Miller，1976）。

美殖民地实施亵渎法都是针对那些不信仰多数人所信仰的教民。亵渎被定义为个人否认真理和圣经的权威。如果有人否认基督的神性，他可能会被处决，或者至少也会失去他的财产。虽然违反亵渎法通常没有造成死亡，但是处罚可能会相当严重，尤其是对那些自由思想者和无神论者。根据1699年马里兰州（Maryland）的法律，亵渎者，尤其是那些用语言贬低基督、使徒或圣父、圣子、圣灵者，第一次冒犯将被打上"B"的烙印，第二次会被人用热得发红的铁在舌头上烧个洞，第三次则会被没收所有财产。一些殖民地以人道主义的姿态允许亵渎者通过公开要求被宽恕的方式来避免受惩罚（Myers，1960）。

作为殖民地制定的"国教教会"，亵渎法要求来自其他教会的牧师登记为"持不同政见者"，在得到殖民地批准后工作。持异议的牧师有时拒绝登记，甚至在想讲道时布道，这也造成了不良后果。1771年，一位由圣公会牧师陪同的地方官员扰乱了一个教会的礼拜，逮捕了一名浸礼会牧师，并把他带到附近的田野鞭笞（Waldman，2006）。作为少数派信仰，浸礼会牧师经常被逮捕，然而信仰者却在增多。当浸礼会牧师因为未授权的布道而被跟踪、逮捕入狱时，改信浸礼会的人数急剧增加（Miller，1976）。改变信仰加入浸礼会的人主要集中于那些参加某个教会但并不是其成员的殖民者，或者殖民地不参加教会的大多数人。

截止1775年，从第一批殖民者来到这片土地150多年以来，大约有10%的美国人都是教会成员（Lippy，1994）。尽管清教徒和贵格会教徒的民众来到殖民地是为了在这片肥沃的土壤播种信仰的种子，大多数移民来到殖民地是为了逃避物质贫困和道德绝望。他们希望取得物质成果，拥有自己的土地，可以提供家人生活所需。他们想要的是人世间更美好的生活，而不是天堂。少数派信仰的传教士关注那些几乎没有什么热情参加教会或是那些已经有很好的物质生活、但是渴望满足精神需要的民众。争取皈依者的恶性竞争加剧了人们对宗教自由的渴望。

殖民地是如何推进宗教自由观念的？

由于罗杰·威廉姆斯（Roger Williams）、威廉·佩恩（William Penn）和巴尔的摩（Baltimore）勋爵的影响，罗得岛、宾夕法尼亚州和马里兰州宣布民众有信仰任何宗教的自由。清教徒认为自己的信仰能够"给世界带来光明"，因此常常强迫人们接受。威廉姆斯（Williams）认为真正的信仰不能靠胁迫来发展，需要打破教堂的花园和外面荒芜世界之间的藩篱（Nord，1995，p.135）。罗得岛（Rhode Island）的浸礼会属于多数派信仰，贵格会的到来测试了该殖民地对宗教自由的承诺。威廉姆斯个人不喜欢贵格会，他在作品中对贵格会进行了批判，但是为了维护宗教自由，还是采取了宽容的态度，这就吸引了一些清教徒和一部分犹太人（Jews）来纽波特（Newport）定居。贵格会最终成为罗得岛的主要宗教（Miller，1976）。

第六章 宗教与压迫：为宗教信仰自由而斗争

> （如果）天主教徒、新教徒、犹太人和土耳其人，可能会登上同一条船……如果要祈祷的话，天主教徒、新教徒、犹太人和土耳其人都不应该被迫进行船舶祈祷或是做礼拜，也不能被迫放弃他们自己特有的祈祷或敬拜方式。
>
> 罗杰·威廉斯（Roger Williams, 1603-1683）

威廉·佩恩（Willian Penn）认为上帝通过良心来和人直接沟通，这是宗教自由的基础。佩恩竭力将不同的信仰带给宾夕法尼亚的人们，包括再洗礼教徒、长老会教徒、清教徒、罗马天主教徒还有一些没有宗教信仰的人。宾夕法尼亚是第一个非国教的多教派殖民地。教会不接受州政府的支持，政府也不能干涉教会事务。教派的成员并不远离世俗事务而要努力参与。

宾夕法尼亚的"神圣实验"并非一帆风顺。宾夕法尼亚州以前主要以贵格会为主，一度以其为正教。尽管贵格会的统治产生过冲突，比起其他殖民地，宾夕法尼亚和罗得岛对贵格会提供了很多资助。

马里兰州曾是巴尔的摩勋爵为英国天主教徒提供的避难所。当时的宗教信仰自由是对马里兰州有利的，因为天主教人数较少。巴尔的摩的宗教宽容政策吸引了很多不同信仰的人。然而马里兰州的实验没有成功，英国国教在1702年成为正教。因为其他三个教派（二次受洗教、长老会和贵格会）有更多的人，英国国教建立的前提是容许宗教自由，但是只限于当时所居住的宗教群体，后来的犹太人和一位论派者则是不被允许的（Hudson, 1973）。

宗教自由的原则是如何在所有殖民地建立的？

临近17世纪中叶时，一个重大事件[后来被称为"大觉醒"（"Great Awakening"）运动]促进了宗教自由，这在乔纳森·爱德华兹（Jonathan Edwards）和其他英格兰牧师广为阅读的作品中有所体现。由于担心人们信仰的"极度乏味"，爱德华兹强烈建议把个人信用用在日常生活中，他认为宣讲信仰既需要感性又需要理性。爱德华兹主张，别人可以告诉我们蜂蜜是甜的，但只有品尝过蜂蜜才能得到"直接的、可靠的、基于体验的既不能怀疑又无法否认"的知识（Gaustad & Schmidt, 2002, p.59）。爱德华兹认为这种知识才是真正信仰的实质。

图 6.1 宾夕法尼亚大学校园的怀特菲尔德雕塑纪念了他对殖民地美国的贡献。

1740年，英国传教士乔治·怀特菲尔德（George Whitefield）向殖民地人民提出了相似的建议，并取得巨大成果（见图6.1）。虽然整个殖民地的清教牧师都邀请他，但是怀特菲尔德却选择在公开场合发表演讲而避开教会。他的布道激发了人们的情感和思考，观众反应十分热烈。怀特菲尔德坚持认为，作为一个基督教徒，不是要属于某一教会，而是信奉自己的信仰并把这种虔诚的信奉贯穿于日常生活中。他的布道使做礼拜的人和教民人数剧增。诺德（Nord，1995）介绍了怀特菲尔德在费城的一次布道，他抬头看着天空，高声喊着：

天父亚伯拉罕（Abraham），你在天堂都见到了谁？有圣公会教徒（Episcopalians）吗？没有！有长老会教徒（Presbyterians）吗？没有！有独立派或是卫理公会教徒（Independents or Methodists）吗？没有！那么有谁？在这儿我们不要管教派的名称，这里所有的人都是基督教徒……既然如此，让上帝帮助我们忘记派别名称，在行动和事实上成为基督教徒（p.103）。

"大觉醒（Great Awakening）"运动对宗教自由的影响是它否定了清教

教派之间的差异。在"大觉醒"运动之前，清教徒不是属于一个教派便属于另一个教派，每个教派都把自己定义为真正的信仰。基督教徒的概念有了统一的观点：接受别人，做好事并避免神学争论。"大觉醒"运动以一个特定的基督教教派观取代了各派系林立的局面，即单一的清教教会可以被称作不同的名字，例如，圣公会、路德教或浸礼会。尽管这特定教派观使清教徒达成一致，但没有包括天主教在内。

宗教自由观念的出现

18世纪中叶，在科学调查的基础上欧洲人获得了重大发现。单是艾萨克·牛顿（Isaac Newton）就发现了万有引力和光的原理，并发展了微积分学，发明了反射望远镜。思想和发明在这一时代得到传播，后来被人们称作"启蒙运动"，日益增加了对科学的尊重，减少了对神迹和超自然力量的崇拜。一些人认为，和科学真理一样，宗教真理将会被人类理性所发现，而不是通过神的启示。这一思想导致了自然神论（Deism）的产生，即基于无神秘主义色彩的理性的宗教哲学。自然神论者（Deists）承认上帝创造了宇宙，但是坚持认为人类必须用自己的智慧去了解使宇宙得以运转的理性原则。人们日益强调理性和科学方法是确定真理的首选途径，许多知识分子放弃了所有的宗教信仰。尽管一些美国殖民者宣布自己是无神论者，否认上帝的存在，自然神论者的宗教哲学在殖民地知识分子中间仍然比无神论更具吸引力。

> 我不相信犹太教会、罗马教会、希腊教会、土耳其教会、新教和其他任何教会所宣称的信条，我的心就是我自己的教会。
>
> 托马斯·潘恩（Thomas Paine，1737－1809）

自然神论和基督教之间是什么关系？

自然神论摒弃了构成传统的基督教信仰的很多内容。自然神论者相信上帝创造了世界和制约这个世界的自然法则。尽管他们相信死后灵魂会受到上帝的奖励或惩罚，但是他们并不相信上帝是日常世界中的驱动力量。托马斯·杰弗逊（Thomas Jefferson）和本杰明·富兰克林（Benjamin Franklin）都是被自然神论的宗教哲学吸引的人中的一分子。虽然自然神论者否认基督的神性，但他们往往佩服基督的道德说教，因此许多自然神论者出席各种教派的礼拜仪式，而有些人则从不去教堂。尽管自然神论者的观点在一般市民中没有被广为接受，自然神论的基本原则却影响了几个通过撰写文件把13个殖民地变成美利坚合众国的人。奇怪的是，这些"开明"的创始人在宪法中却很少提到宗教。

为什么原宪法中很少提到宗教？

虽然负责撰写美国宪法的人大多数信奉清教，而且是欧洲后裔，但是他们却违反欧洲传统，创建了第一个世俗政府。几个世纪以来，大多数欧洲国家政府声称权威是上帝赋予的，因此，政府既有权利也有责任介入宗教争端，通常是支持多数派信仰而反对少数派信仰。邦联条例通过引用"世界大总督（the Great Governor of the World）"这一说法继承了这个传统（杰克贝，Jacoby，2005，p. 30），但是美国宪法的作者引用"人民"作为政府的权力和权威的来源，刻意不提上帝。当这一疏忽被质疑并被要求给予解释的时候，亚历山大·汉密尔顿（Alexander Hamilton）开玩笑般地回应道："我们忘记了"（Chernow，2004，p. 235）。

> 美国政府不只是建立在基督教信仰上的
> 　　　　　　　　　　　　约翰·亚当斯（John Adams, 1735—1826）

其实他们并没有忘记。1787年，当代表们在费城开会时，他们对当时发生在弗吉尼亚州的辩论都很清楚。在18世纪80年代初，帕特里克·亨利（Patrick Henry）未能说服将基督教作为弗吉尼亚州的州教。1784年，他推出一项决议，要求在弗吉尼亚州征税以此来推广基督教，但是允许弗吉尼亚人指定教派甚至某一教会接受他们所交的税款。那些不属于任何教会的人可以将他们的税款捐献给一般教育基金会。该决议得到广泛支持，甚至得到乔治·华盛顿（George Washington）的认可。11月11日，弗吉尼亚州议会以47比32的票数通过了该决议，但是在表决后不久就被立法会驳回。

詹姆斯·麦迪逊（James Madison）是反对该决议及其立法的领导者。

不久后，他成为美国宪法的主要撰写者之一。麦迪逊意识到了实施这项法律的危险性，并写了一本小册子来描述其危险性。瓦尔德曼（Waldman, 2006）引用了麦迪逊所担心的主要问题："谁都能意识到，可以排除其他所有宗教而立基督教为国教的权力机构，同样可能会轻易地立基督教的任一教派为国教而排除其他所有的教派"（p. 36）。麦迪逊的小册子被广泛散发，他的观点也得到了广泛支持。当再次召开弗吉尼亚州议会的时候，坚决反对立基督教为弗吉尼亚州教的请愿书和文件让议员应接不暇，其中一些甚至来自基督信徒，尤其是福音派基督徒。

根据以往通过的决议，帕特里克·亨利把立基督教为州教的法案带到了弗吉尼亚州议会，却遭到彻底失败。后来，在讨论托马斯·杰弗逊（Thomas Jefferson）的"宗教自由条例"时，立法者们只对其进行略微修改就通过了。该条例不仅成为该州法律，而且成为其他州及保证美国宗教自由的首次修正案的范例。

为什么宗教自由没有得到宪法的保障？

到1776年革命战争时，有4个殖民地保障了人们根据自己的选择做礼拜的权利。这4个殖民地分别是：罗得岛、宾夕法尼亚州、特拉华州和新泽西州。英国教会仍然是其他殖民地的州教，然而，在战争期间，各殖民地相继停止了对教会的支持。到战争结束时，只有马萨诸塞州、新罕布什尔州、康涅狄格州和弗吉尼亚州继续保留着"州教"。1786年，当代表们云集费城撰写新宪法时，这个新生的国家仍然在努力用第一部宪法《联邦条例》维持国家秩序。尤其是在弗吉尼亚州刚刚发生的事情之后，多数代表并没有质疑宗教自由的问题，也没有表示出辩论的兴趣。

代表们讨论了其他的问题，例如应该赋予非清教徒什么样的公民权利。新泽西州宪法规定每一位官员都必须是清教徒，这一条文一直到1844年才得到修订。有些州要求包括牧师和平民在内的所有谋求公职的人宣誓他们不会效忠任何外国势力（Myers, 1960, p. 46）。由于虔诚的天主教徒不会这样发誓，才有了这种要求。有些州仅仅要求官员是基督教徒；马里兰州是最终允许犹太人定居，也是唯一允许犹太人选举和担任公职的州。显然，杰弗逊将政教分开的尝试还是没有成功。

撰写宪法时，作者申明了宗教自由的原则即"合众国之任何职位或公职，皆不得以任何宗教标准作为任职的必要条件"(宪法第六条)。这是宪法中唯一一处提到宗教，而且没有得到广泛支持。在北卡罗来纳州关于是否通过宪法的讨论中，一名牧师质疑宪法第六条是在邀请犹太人和其他异教徒的加入。

为了确保宪法被大家认可，确立国教的问题就留给了各个州。因为宗教信仰自由在大多数州都是既定的原则，所以宪法制定者可能认为没有必要把这一项单列出来，最终通过了几个修正案才使得一些州正式通过宪法。埃克（Eck，2001）介绍了杰弗逊在起草第一修正案明确宗教自由的规约时，如何使用1786年为弗吉尼亚州立法机构撰写的"宗教信仰自由"条例。

诺德（Nord，1995）认为，启蒙运动的信念——"自然、理性，自由的文化是通往真理之路"（p.108），在很大程度上促进了宗教信仰自由的产生。而多数教会领袖也因为类似的原因支持第一修正案，尤其是福音派基督徒。福音派教徒将宗教迫害等同于政治压迫，认为基督以"恺撒的东西归恺撒"的观点表明了他是提倡政教分离的。杰弗逊信奉"政教分离"的言论让康涅狄格州的福音派教徒很高兴，他们用"宗教在任何时候任何地点都是上帝和个人之间的事情"的观点来回应杰弗逊的言论（Waldman，2006，p.38）。诸如以斯拉·斯蒂尔斯（Ezra Stiles）等牧师认为真理会通过竞争而彰显，"在这里自然神论将会有很大的机会；温和而又强有力的论证和真理是最有力的"（Hudson，1973，p.110）。

第一修正案是否在新的国家建立了宗教信仰自由？

尽管《权利法案》保证了公民宗教信仰自由，在实践中却没有得到很好的保障。在支持建立国教的两个州中，康涅狄格州于1817年，马萨诸塞州于1833年相继停止了对公理会（Congregational Church）的税收补贴（Myers，1960）。少数派信仰者的政治权利仍然受影响。13个州正式批准了宪法，其中宾夕法尼亚州、马里兰州和特拉华州允许天主教徒参加选举。在宪法批准后的5年内，只有南卡罗来纳州、佐治亚州和纽约州赋予天主教徒选举权，最终其余各州也都改变了初衷（Myers，1960）。

早在殖民地时期犹太移民就被排斥，他们一到达波士顿（Boston）就被要求离开；因为人数少，犹太人能够发挥的政治影响很有限。在宪法被通过30多年后，马里兰州是唯一允许犹太人参加选举或是担任公职的州。内战期间，尤利赛斯·格兰特（Ulysses S. Grant）将军将犹太人从美国军事力量收复的土地上

第六章 宗教与压迫：为宗教信仰自由而斗争

驱逐了出去；然而，林肯（Lincoln）总统撤销了格兰特的命令（Miller，1976）。北卡罗来纳州1868年赋予犹太人公民权利，新罕布什尔州1876年赋予犹太人选举权。

> **对政教分离的挑战**
>
> 　　1810年，国会规定了星期日邮递服务。保守的基督教领导人积极游说反对，谴责星期日邮递服务是悖理逆天的行为，而商界的领袖则坚持无间断邮递的必要性。1828年，邮政局和驿路参议院委员会议上对这一问题也有争执。肯塔基州参议员理查德·约翰逊担任了委员会主席，他曾经是一名战争英雄，也是虔诚的浸礼会教徒。他在向国会的报告中明确指出联邦政府参与有悖基督教安息日的决策或做法都是违宪的。在这份报告中，约翰逊还强调了宗教迫害和反迫害的历史证明有必要把教会和政府画线分开，"界限不会太明显"（Jacoby，2005，p.31）。19世纪40年代，电报的产生结束了商界对每日邮递服务业务的依赖性，政教分离的原则也已得到维护。

是否有团体因为宗教信仰而受到迫害？

　　耶稣基督后期圣徒教会（Latter-Day Saints），即摩门教（Mormonism）遵照约瑟夫·史密斯（Joseph Smith）的启示于19世纪初成立，他们被拒绝享有宗教自由的权利。史密斯于1830年出版了《摩门之书》，他的新构想和对当今重大宗教争议的回答吸引了众多追随者。他提倡一夫多妻制，以及一些被美国社会视为非传统的不可接受的观点，这引起了传统的基督教派的不满。史密斯在俄亥俄州（Ohio）建立了第一个教堂，但并不受欢迎；教民们搬到密苏里州后因遭到袭击而被迫离开，最终在伊利诺伊州的诺伍（Nauvoo，Illinois）定居下来他们在那里居住了几年之后，史密斯就被逮捕，关押在附近的迦太基（Carthage）。一名蒙面暴徒闯入史密斯的牢房，开枪打死了他。米勒（Miller，1976）认为，摩门教的崛起正是对美国宗教自由实施的检验，而这个国家最终未能通过测试（p.111）。

　　当伯格罕姆·扬基（Brigham Young）被选中接替史密斯时，他深信美国任何地方都不会给予摩门教宗教信仰自由，所以他要求门徒们跟随他到"一个遥远的地方……在那里没有偏执，没有偏见，没有压迫"（Gaustad & Schmidt，2002，p.178）。1847年，伯格罕姆·扬基和他的追随者雄心勃勃

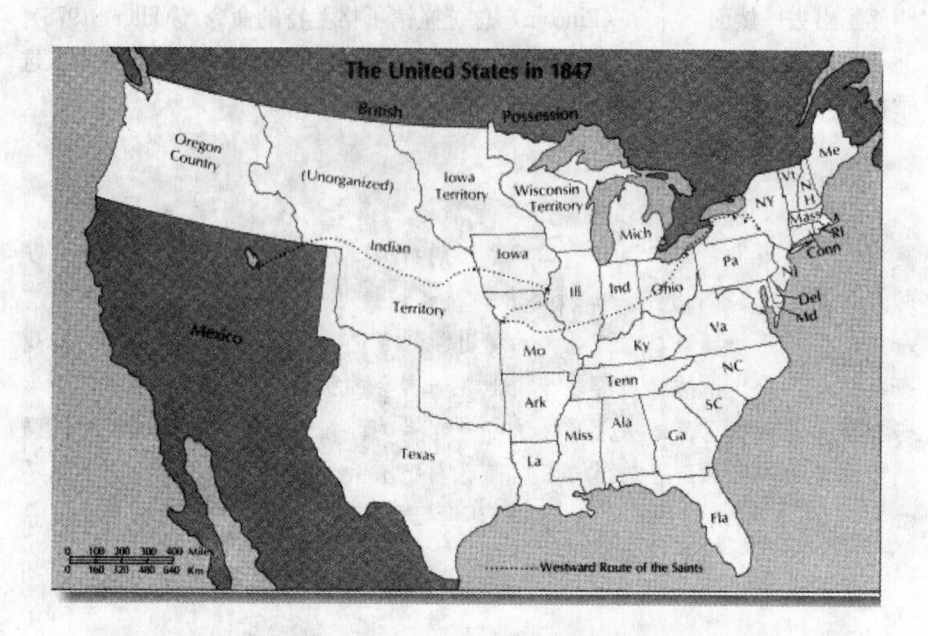

图 6.2 为了逃避压迫，摩门教徒往西迁移，一直抵至墨西哥的安全领域。
Source：© by Intellectual Reserve, Inc.

地行程万里，终于在属于墨西哥的土地上定居下来（见图 6.2）。一年以后，随着墨西哥和美国之间战争的结束，摩门教所在的大盐湖谷区成了美国的一部分。因为附近没有人能迫害摩门教人，他们成功地在犹他州居住下来并申请建州。他们的申请被拒绝了六次，直到 1897 年，他们修改了州宪法，放弃了一夫多妻制才被批准（Kosmin & Lachmin, 1993）。

宗教自由并不涉及无宗教信仰者。弗吉尼亚州曾逮捕公开宣扬上帝不存在的无神论者。1833 年，阿伯·尼兰（Abner Kneeland）因为质疑基督的神性、奇迹和复活而被捕，被监禁于马萨诸塞州。根据该州的亵渎法，尼兰被判处监禁 60 天以示警戒。尽管尼兰是违犯马萨诸塞州亵渎法的最后一个人，但亵渎法并没有被废除（Miller, 1976）。

反天主教的兴起与衰落

清教徒成员在缓慢且稳定地增加，天主教徒人数却急剧上升。到 1850 年为止，美国天主教徒人数从几十万增加到近 200 万。1820 年到 1865 年期间，大约有 200 万的爱尔兰人移民到美国，其中 100 多万是天主教徒（Kosmin & Lachmin, 1993）。对纽约市和纽约州有着强大影响力的政治和劳动组织——坦慕尼协会（Tammany Hall），由于天主教对爱尔兰人的援助而加强了反天主教的情绪。

大量天主教移民的后果

移民几乎总是能引起一些美国人的敌意，如此多天主教徒的到来引起了清教徒的恐惧，并产生了怀疑和不信任的气氛。由于天主教会曾折磨、甚至迫害过那些挑战其权威的人，清教徒们相信天主教会毫不犹豫地使用任何手段将清教信仰转变为天主教。诸如畅销小说《玛利亚的惊人披露》中描述了清教妇女被绑架并囚禁在修道院的地下牢房里，受到无法形容之折磨的情景。

继马萨诸塞州查尔斯顿（Charlestown）的一家修道院的工人和砖厂工人打斗之后，工人们就散布谣言说，如同小说里描述的一样，修道院里确实囚禁了一名妇女。尽管后来公布的调查结果显示谣言无据可查，还是有一群暴徒放火烧了修道院。警察和民兵都没有出现。虽然来了十辆消防车，但是消防队坚持没有地方法官的命令他们不能擅自行动，他们眼睁睁地看着修道院被烧毁。波士顿市长召集了一次清教徒会议，严重声明谴责暴徒的行为，但是天主教会从来没有得到对损失的任何赔偿（Myers, 1960）。

> 有如此多的宗教让我们产生愤恨，却很少让我们彼此相爱。
> 乔纳森·斯威夫特（Jonathan Swift, 1667–1745）

为什么所有敌意都针对天主教徒？

19 世纪三、四十年代，美国印第安人（Native American）和"一无所知（Know-Nothing）"党激化了反天主教和反对移民的情绪。"一无所知"党的成员着力于减少天主教权力和影响力的蔓延。在公立学校的教科书中体现出了对天主教的偏见，天主教的牧师被说成是生活奢侈、无视贫困和饥饿，天主教堂也因为其对清教实施宗教迫害的历史而被称作是自由和知识的敌人（Miller, 1976）。因此，在那个时候天主教会不得不另建立学校。清教徒对天主教徒的敌意有所增加也就不足为奇了。

清教徒并不反对天主教另设学校，而在 1840 年，纽约休斯大主教（Bishop Hughes）提议申请纽约公立学校协会（New York Public Schools Society）拨款支持天主教会学校，这就引起了争议。休斯（Hughes）认为，公立学校反对天主教，因此就有必要为天主教儿童单独设立学校。清教徒反对使用纳税人的钱来教授"天主教教义"，指责大主教试图破坏公立学校。休斯找出许多嘲讽天主教的教科书。其中一本书指责天主教会鼓励以醉酒来维持对一部分教民的控制，因为这部分教民要是清醒的话就拒绝信奉"罗马宗教"（Myers，1960）。尽管纽约公立学校协会否决了休斯的拨款申请，但他们同意删除教科书里反对天主教的内容，也同意把图书馆里明显具有反对天主教的书籍给搬走。表面上看起来似乎解决了纽约的问题，但是滋长的反天主教意识最终导致了令人震惊的费城圣经骚乱事件（Philadelphia Bible Riots）。

什么是费城圣经骚乱事件？

1844 年，费城学校理事会（Philadelphia School Board）批准天主教的学生在需要阅读圣经的时候可使用天主教版圣经。美国原住民派在肯辛顿（Kensington）（费城的一个爱尔兰天主教教区）集会抗议在公立学校使用天主教版的圣经。这次集会遭到当地居民的袭击，被迫终止。美国原住民派的领袖坚持在肯辛顿举行第二次集会，结果造成暴力事件，一人死亡，50 人受伤。

第二天，一大群人聚集在一起，要求批准在公立学校教授清教版的圣经。当暴徒们听到从附近建筑物传来的枪声时，整个集会变得失去控制，他们放火烧了那栋建筑，继续横冲直撞。在被招来的军队还没能恢复秩序的时候，又有几处建筑被烧毁，导致 8 人死亡，16 人受伤。到了晚上暴力行为才算平息，第二天早上没有进一步的暴力行动，大部分士兵就撤退了。

到下午三、四点钟的时候，一群清教暴徒再次聚集，放火烧了天主教堂和附近一排爱尔兰人租住的房子。在再次招来的军队到达之前，暴徒们又袭击了另一座教堂。这次，警察包围了教堂，但是暴徒们用砖块和石块驱赶他们，放火烧了教堂和一所天主教学校，火势蔓延到附近的房子。被召到费城的部队指挥官宣布戒严。暴乱造成的财产损失有 45 栋房子、2 座教堂和 1

所学校。费城圣经骚乱事件完全结束的一个月后，暴乱再次爆发，造成 58 人死亡，140 人受伤。美国原住民派将人员伤亡、被毁的教堂都归咎到爱尔兰人头上（Myers，1960；Ravitch，1999）。反天主教的情绪又持续了十多年，之后其他问题和事件转移了国家的注意力。

是什么平息了美国的反天主教情绪？

诺德（Nord，1995）认为："种族问题和南北战争使反天主教运动平息下来"（p.73—74）。尽管"大觉醒"运动统一了清教各派，可是在奴隶制的问题上却存在分歧。南北战争期间，天主教士兵和清教士兵并肩奋勇作战直至战死，反对天主教的意识依然存在，偶尔也会爆发争端，但是并没有让美国印第安派和"一无所知"组织的势头再起。南北战争后反天主教局势的平息还有一个原因就是，天主教不再是清教的唯一对手。美国的宗教多样化急剧加强。

南北战争后宗教多样性是怎样加强的？

南北战争之后，移民到美国的人数超过了战前的水平。截至 1900 年，美国人口有 7500 万，其中 2500 万是在国外出生的成人和他们的孩子。美国的罗马天主教教徒（Roman Catholics）也由 1850 年的 200 万人增加到 1870 年的 400 万人，到了 1900 年则增加到 1200 万人。尽管清教徒仍然是主流群体，但是到了 1920 年宣称自己具有教徒身份的美国人中有三分之一都是天主教教徒（Hudson，1973）。

天主教移民来自德国、爱尔兰、波兰、意大利和捷克斯洛伐克，这些移民的民族多样性造成了教会里的紧张局势。他们不仅语言不同，而且做礼拜的传统和习俗也不一样。教会无力解决这些民族的多样化问题，于是在 19 世纪 90 年代成立了波兰国家天主教堂（the Polish National Catholic Church），1914 年成立了立陶宛国家天主教堂（the Lithuanian National Catholic Church）。清教也面临着类似的挑战，大部分清教移民都是路德教教徒（Lutherans），民族多样性促成了芬兰、冰岛、瑞典、丹麦、德国和挪威路德教堂的建立。哈德森（Hudson，1973）指出，到 1900 年时，至少有 24 座不同的路德教堂。

传教士在美国原住民和原来的奴隶之间的传教活动也促进了宗教的多样性。南北战争之前效果甚微，因为这两个群体都曾被视为异教徒。大觉醒运动促进了印第安人信教的热情，但是美国原住民通常在接受基督教这一新信仰时也混合了自己的传统信仰。南北战争之后，联邦政府禁止了许多部落宗教，并给传教士提供资金为印第安儿童建立学校。清教常常在非保留地建立寄宿学校（boarding school），而天主教则倾向于在保留地建立寄宿学校和私立走读学校（day school）(Hendry, 2003)。

奴隶主一直不愿意让他们的俘虏皈依。然而奴隶皈依会顺服神权和世俗的权威，并忍受奴隶生涯，从而获得永恒的生命（Lippy, 1994）。南北战争之后，清教传教士积极招募了 350 万名新获自由的奴隶。原先是基督徒的奴隶不再愿意去他们以前的主人要求他们去的教堂，尤其是那些要求他们坐在后排的教堂。因此，为这些新获自由的人修建了单独的教堂，其中大多数是浸礼会，居第二位的是卫理公会。到 1916 年，43%的黑人都是教民，在教会中所占比例比白人要高出许多（Hudson, 1973）。

不同的种族和民族增加了宗教的多样性，也产生了新的信仰。玛丽·贝克尔·埃迪（Mary Baker Eddy）认为科学研究越来越重要，于是创立了基督教科学派。埃迪认为上帝是人的生命之源，而疾病则是精神错误的后果。基督教科学派（Christian Scientists）设法克服所有造成人类麻烦的错误观念（Lippy, 1994）。

1844 年，威廉·米勒（William Miller）因为预言耶稣复活没有成真而不再被人信任。他的许多追随者转而投奔埃伦·哈蒙·怀特（Ellen Harmon White），他给了人们上帝的启示，包括为预备耶稣再来的卫生习惯和禁食等。他的追随者被称为基督复临安息日会。19 世纪末，所有的移民都不是纯粹的基督教徒，这就增加了不同信仰的复杂性。

移民们有哪些非基督教的宗教？

来到美国的移民中包括非基督教的宗教成员。在西海岸，中国和日本移民中的佛教徒（Buddhists）于 1898 年成立了青年佛教协会（Young Men's Buddhist Association）。1880 年到 1905 年间，东海岸接纳了 150 万犹太移民，都是为了逃避俄罗斯、波兰、罗马尼亚和奥匈帝国的反犹太主义迫害。哈德森（Hudson, 1973）曾引用了沙皇的一名顾问对俄罗斯新政策的预言：

"三分之一的犹太人会移民，三分之一的犹太人会接受洗礼，另外三分之一的犹太人则会饿死"（p. 332）。

犹太人的加入也增加了宗教的多样性。1880 年，在美国的 25 万犹太人中，大部分是来自中欧的说德语的犹太人后裔，他们隶属于犹太教改革派（reform Judaism）；后来从东欧来的犹太移民则比改革派更正统。据哈德森所述，到 1920 年为止，犹太移民就超过了 300 万，其中正统犹太教徒人数要远远多于改革派。不隶属任何犹太教堂的犹太人要比所有信教的犹太人的数目更多，他们中的很多人都是复国主义者（Zionists），更热衷于政治而不是宗教。

美国也经历了不信仰任何宗教的人数的增加。达尔文（Darwin）的进化论和其他科学进步都使人们开始怀疑宗教信仰的有效性。英国科学家托马斯·赫胥黎（Thomas Huxley）宣布自己是不可知论者，认为一个人既不能证明也不能否定上帝的存在。律师、辩论家罗伯特·英格索尔（Robert Ingersoll）于 1896 年出版了《为什么我是一个不可知论者》（Why I Am an Agnostic），到美国各地旅行，对基督教的许多方面都提出质疑。还有一些学者认为达尔文的观点和对上帝的信仰可以共存，只是不信仰某一具体教派的教义。1878 年，亚历山大·温切尔（Alexander Winchell）公开否认了创世说，因此范德比尔特大学理事（Vanderbilt University trustees）要求他请辞。温切尔拒绝了，于是他们取消了他的职位。1886 年，詹姆斯·威尔逊（James Woodrow）因为宣扬达尔文的观点和圣经的观点共存，而被哥伦比亚大学神学会（Columbia Theological Seminary）开除，并解除了他的教师职务。

> 思想受束缚的人是笼中鸟，思想自由的人如鹰飞入云间。
> 罗伯特·英格ㄆ（Robert Ingersoll，1833-1899）

非基督教徒的增多是否平息了反天主教的局势？

虽然南北战争之后，与宗教偏见相比，种族偏见越来越显著，但是大批的天主教移民又刺激了人们反天主教的意识。清教领袖呼吁宽容，然而有些人却认为宽容就意味着缺乏宗教忠诚，是对真正的信仰的漠视，敦促新教徒不要给予其他任何宗教平等的地位。

尽管在重建期间（Reconstruction）三K党（the Ku Klux Klan）被联邦军队解散，但在1915年有所复兴。为了促进和维护白人在美国的至上地位，三K党采取了包括恐吓、威胁和暴力的手段。尽管他们针对的首要目标是黑人和外国人，但作为一个基督教团体，其成员还敌视天主教和犹太教民。十年间三K党成员每年都在增加，1925年鼎盛时期达到200万人（见图6.3）。1928年，其成员减少到10万人。1941年查尔斯顿（Charleston）集会上，北卡罗莱纳州的三K党领袖大龙（Grand Dragon）遭到3000名观众的责问，嘘声一片（Myers, 1960）。三K党全国范围内最后一次反天主教活动是在1928年总统选举期间。

图6.3 三K党于1925年在国会山前示威时，他们的党员人数达到了最高值。

反天主教偏见是如何存在于1928年选举之中的？

民主党（The Democratic Party）提名艾尔弗雷德·史密斯（Alfred E. Smith）参加总统竞选，这是参选的第一位天主教徒。一些政治和宗教领袖赞扬该提名是宗教宽容的证据；有些则认为这是对社会秩序的威胁。三K党和其他反天主教组织认为，梵蒂冈（Vatican）指派耶稣会劝服清教徒忽略史密斯的宗教归属问题，是史密斯竞选的主导者。长老会（Presbyterians）敦促教民为共和党候选人投票，卫理公会（Methodists）则敦促教民为和他们有相同信仰的人投票。梅厄斯（Myers, 1960）援引了一本反天主教的杂志内容，声称史密斯不仅会获得天主教的选票，还会获得"犹太人、黑人、赌徒、红灯区和毒贩的选票……还有犹太人电影制片人的选票，他们靠制作色情电影和周日秀腐蚀青年来赚大钱"（p. 268）。

尽管史密斯的竞选失败有反天主教意识的作用，但是目前还不清楚它当时发挥的作用到底有多大。民主党是少数党，经济情况也很好，共和党候选人胡佛（Herbert Hoover）受到广泛的尊重。尽管受到反天主教意识的攻击，史密斯获得了40％的选票，比以往两届选举中民主党的清教候选人获得的选票都要多（其1920年获得34%的选票，1924年获得28%的选票）。史密斯的得票率比参加国会选举的绝大多数民主党人都要高（Hudson，1973）。

1932年，富兰克林·罗斯福（Franklin Roosevelt）被选为总统后，天主教徒参与政治成为常见现象。1960年美国人选举约翰·肯尼迪（John F. Kennedy）为总统，解答了天主教徒能否当选为国家总统的问题。与其说肯尼迪的当选是美国宗教宽容的表现，不如说这是宗教美国化的迹象。二战之后，美国天主教徒渐渐远离罗马天主教的严格教条，而向大多数清教靠近。20世纪90年代，当年的民意调查证明天主教徒和清教徒在堕胎、节育、给妇女授神职和神父可否结婚的问题上持相似的态度（Kosmin & Lachman，1993）。

> 反犹太主义是应该清除的有害杂草，它在美国没有容身之地。
> 　　　　　　　　　　　　　威廉·霍华德·大吉（William Howard Tait，1857—1930）

"宗教美国化"是如何影响犹太人的？

19世纪80年代后期，犹太人为自己辩解，认为他们应当被视为一个教派，像卫理公会、浸礼会或是路德教一样为人们所接受。他们没有获得成功，部分原因是当时犹太人被定义为一个种族而不是一个宗教。1452年，卡斯蒂利亚（Castile）国王批准了血统纯正章程（blood purity statute），宣布皈依基督教的犹太人不能担任天主教会公职。凯诺尔（Carroll，2001）解释说，血统纯正宣称的是"从犹太人的宗教定义向种族定义的一种转变"(p.347)。直到19世纪末，欧洲社会才完全建立了犹太人是宗教概念而不是种族概念。纳粹德国为逮捕那些皈依基督教的犹太人有了理由："生为犹太人，永为犹太人"(Wegner，2002，p. 152)。

美国的反犹太主义

到1870年，美国公立学校教科书视犹太人为一个种族，以一种传统的定势思维把犹太人定位为贪婪、自私和善操纵的种族。犹太人被形容成试图垄断某些行业的不道德的企业家和许多欧洲国家王室背后的不正当权力（Miller，1976）。1879 年，一名德国记者第一次使用了反犹太主义来表达对犹太人的敌对。威廉·马尔（Wilhelm Marr）在自己的文章中提出了自相矛盾的说法，认为虽然犹太人地位不如雅利安人（Aryans），但是他们却是雅利安人所主宰的世界的威胁（Carroll，2001）。一名犹太作家对这些普遍的刻板印象做出了回应，"在大众的脑海中，犹太人从来都不是单个的个体，而是一个种族，其成员永远都是同样的类型"（Eck，2001，p.303）。这一论断在大众的脑海中还将持续几十年。

从 1890 年到 1914 年，犹太人占了所有移民人数的 10%。随着美国犹太人数的增加，反犹太主义的强烈程度不亚于早期的反天主教。具有讽刺意味的是，尽管受到压迫，天主教徒却加入了清教徒的行列，与他们一起压制犹太人。埃克（Eck，2001）发现在大众媒体上，犹太人被称作不受欢迎和无法同化的异类，因为他们明白不了美国理想（p.50）。不过许多犹太人用自己的非凡成就驳斥了这一观点，尤其是在高等教育方面。哈佛大学的犹太人数从 1908 年的 6%增加到 1922 年的 22%，因此哈佛大学校长提出哈佛要对犹太人进行限额接收。虽然教师们都反对这一计划，但哈佛大学对犹太学生的数量限制还是持续了几十年。其他大学对犹太学生限额招生比例从 3%到 16%不等（Dinnerstein，1994）。

反犹太主义是如何被推进的？

有几位反犹太主义的倡导者很有名，其中之一就是 20 世纪 20 年代的亨利·福特（Henry Ford）。作为周报《德宝独立报》（The Dearborn Independent）的出版商，福特发表了《犹太长老秘密会议纪要》，其中记录了犹太人阴谋策划革命活动来破坏基督教文明和确立犹太人在全世界的霸主地位。福特的名气使得读者可能会认真看待他的警告。《克里尔杂志》（Collier）公布了 1923 年的一项调查的结果，报告中说有 26 万（超过三分之一的）受访者赞同福特参加美国总统竞选（Ribuffo，1997）。

福特出版"纪要"后不久，该文件被披露是 19 世纪 90 年代末期俄国沙皇的忠实追随者伪造杜撰的。福特写了一封道歉信来回应这一披露和一场因犹太商人而引起的诽谤诉讼案，声明不再发表反对犹太人的文章，但是已经造成了无法弥补的损害。福特关闭了《德宝独立报》，但他仍然保持着反犹太人的态度。1938年，福特前往德国接受阿道夫·希特勒（Adolf Hitler）为其反犹太行动颁发的荣誉勋章，两年后在英国接受《曼彻斯特卫报》（Manchester Guardian）的采访中，福特声称是"国际犹太银行家"引起了第二次世界大战（Ribuffo，1997）。

20世纪30年代，富兰克林·罗斯福总统邀请了许多犹太人进入内阁，并且不顾反对地任命犹太人费利克斯·法兰克福（Felix Frankfurter）为最高法院大法官。然而，反犹太主义又找到了一个叫查尔斯·爱德华·库格林（Charles Edward Coughlin）的人做代言人。库格林在其人气很盛的电台节目中攻击罗斯福总统、共产党和犹太人。他对总统的攻击使他受到了斥责，但库格林的反犹太主义言论因披着反共言论的外衣而没有受到谴责（Myers，1960）。

1938年，虽然有证据证明《犹太长老秘密会议纪要》是伪造的，库克林又将其重新发表以表明自己的反犹态度。库克林在麦迪逊花园广场（Madison Square Garden）发表了演讲，有19000人参加，广场上到处是"粉碎犹太共产主义"、"不要犹太人支配美国"之类的标语。库克林利用谣言和歪曲事实鞭挞犹太人的做法遭到犹太人和清教徒的谴责，也让他尴尬的教会领袖身份受到威胁。1940年，他被迫停止了电台节目，但是在接下来的三年里，隶属他的"基督教边境（Christian Frontier）"组织的年轻人仍然漫步在几个大城市的街头，在犹太企业和教堂张贴色情材料，甚至袭击偶然遇到的犹太人（Myers，1960）。

> 犹太人总是谈论不同种族和肤色的人人人平等。傻瓜们都开始相信这一观点了。
>
> 阿道夫·希特勒（Adolf Hitler 1889—1945）

二战期间，反犹太主义加剧。迪那斯坦（Dinnerstein，1994）援引了一位被反犹太主义士兵骚扰的爱尔兰士兵的话：

所有的犹太人都不参军，如果他们入伍了，他们都有特权（总统是个犹太人），如果你不是犹太人就无法获得国防合同——犹太人拥有这个国家80%的财富——犹太人使我们陷入了战争（p.137）。

根据战争期间的一项民意调查统计，军队中超过半数的犹太士兵都把自己的名字改成普通的美国姓氏,以避免其他士兵的反犹太言论攻击。甚至罗斯福内阁中的犹太人也被排除在当权者的私人俱乐部之外。在战争结束的时候,58%的美国人都认为"犹太人在美国的权力太大了"(Dinnerstain,1994,p. 146)。

犹太大屠杀对美国人的态度有什么影响?

第二次世界大战后,对恐怖的大屠杀(the Holocaust)的了解使美国人改变了对犹太人的看法。许多退伍老兵谴责反犹太主义和他们目睹的其他偏见。好莱坞出品了揭露美国反犹太主义偏见和偏执的电影,其中《君子协定》(Gentleman's Agreement)获得了1947年的奥斯卡最佳影片奖。许多报纸、杂志的编辑重申了反犹太主义在美国是不被认可的。虽然在20世纪50年代,为了强调美国对"无神论共产主义"的反对,宣誓词中加入了"在上帝的庇护之下",美国货币上也增加了"我们相信上帝",但是,一个天主教徒、清教徒或是犹太教徒远没有一个信仰犹太—基督教上帝的人重要(Fraser,1999)。

社会学家威尔·赫伯格(Will Herberg,1955)在《清教徒、天主教、犹太教》一书中分析了美国的宗教,他认为天主教徒和犹太教同清教徒一样反映了美国的态度。美国化的宗教意味着每一种信仰都认为自己只是美国式宗教的一种变体(p. 278)。赫伯格认为大部分美国人还是持反犹太的态度,但是他们都清楚感情用事是不恰当的。《观察》(Look)周刊指出希特勒的行为使得反犹主义变得不光彩。20世纪50年代的一系列民意调查都显示美国人对犹太人的态度越来越积极。但是对犹太人的歧视依然存在,尤其是在法律和医学等声誉高的职业;不过大门正在向犹太人敞开,特别是通向大学的门。1965年,《时代》周刊(Time)报道说"反犹太主义已经达到历史最低谷",公开表示反犹太主义已经落伍了(Dinnerstein,1994,p. 171)。然而,1965年通过的国家移民法让美国人陷入了新的宗教两难的局面。

宗教多样性对移民改革的影响

1924年美国移民法禁止亚洲移民,并利用严格的配额来确保美国大多数移民是白人和基督教徒。约翰逊总统(Lyndon Johnson)1965年签署了《移民和国籍法修订案》(the Immigration and Nationality Act)之后,不仅移民的种族构成发生了巨大变化，连宗教归属结构也发生了重大变化。1960年到1990年间，美国的1500万移民中有500万是亚洲人；1990年到1999年间亚洲移民增长了43%，达到近1100万人。他们增加了宗教的多样性，其中有400万人是佛教徒，还有足够组建2000个教会的韩国基督徒。耆那教徒（Jainists）建立了60座寺庙，锡克教徒（Sikhs）建立了80座寺庙（Gaustad & Schmidt, 2002）。美国的印度教教徒人数超过100万，其中在纽约市生活的就有17万人。在全国范围内，有600万穆斯林，比长老会人数要多，和犹太人数量相同（埃克，Eck, 2001）。有不同信仰的儿童也越来越多，美国公立学校里大约有20%的学生称自己信仰少数派宗教（Clark et al., 2002）。

虽然不同宗教的人数比例发生了变化，但是宗教的重要性并没有改变。埃尔斯坦（Elshtain, 2001）指出，2000年的人口普查报告显示90%的美国人信奉上帝，70%是教会、犹太教堂或是清真寺成员。为了理解信仰的多样性，美国人就无法回避刻板印象的问题。尽管任何一种宗教中都存在着宗教多样性，我们还是会常常根据种族归属而对一个人的宗教做出一些假设。在刻板印象中爱尔兰裔美国人都是天主教徒，但实际上大多数爱尔兰裔美国人都不是。正如大多数阿拉伯裔美国人一样，大多数亚裔美国人不是佛教徒或是印度教徒，而是基督教徒，大多数美国穆斯林也并不是阿拉伯人（Kosmin & Lachman, 1993）。

美国移民法改革的后果是什么？

不幸的是，最近美国人又继续过去的刻板印象及宗教仇视态度，对移民仍然怀有偏见。1995年俄克拉荷马城（Oklahoma）的摩拉联邦大楼（Murrah Federal Building）爆炸案之后，被电视广播定性为恐怖袭击，建议当局追踪"中东模样"的男子。全国各地的伊斯兰教中心都出现了飞车枪击和炸弹威胁事件。大学校园里的穆斯林学生被殴打。穆斯林家长让孩子待在家中，害怕他们在学校会被嘲笑，甚至被殴打。

媒体对穆斯林消防员一直在营救爆炸受害者却没有报道，穆斯林医生努力营救灾民的生命，穆斯林个人和组织捐钱帮助受害者的家庭。尽管他们努力了，穆斯林还是被剥夺了参加电视转播的全国性追悼会的机会，追悼会上有来自克林顿总统和天主教、犹太教和清教徒代表的慰问画面。

克罕（Khan, 2004）指出，许多穆斯林指责美国的媒体把伊斯兰教妖魔化了并表现出对伊斯兰信众的偏见、仇视和不容忍（p. 100）。反穆斯林的行为在20世纪90年代依然存在,包括明尼阿波利斯(Minneapolis)、昆西(Quincy)和马萨诸塞州的清真寺纵火案和孟菲斯(Memphis)的枪袭穆斯林案。在"9·11"纽约世贸大楼被摧毁之后,反穆斯林活动明显加剧。事件发生后的几个星期,有1200名中东和穆斯林移民被捕,两个月之后,还有600人仍然被关押。根据爱国者法案(the Patriot Act),有82000名穆斯林移民录入指纹和受到审问,然而当局只能找到宣判其中11名疑似恐怖分子的证据(Lee, 2004)。尼姆尔(Nimer, 2004)认为,在"9·11"事件后的30天内,穆斯林提出了1700件对骚乱和仇视罪行的投诉。一名男子驾车撞进了俄亥俄州一座清真寺的平板玻璃门,得克萨斯州的一座清真寺被燃烧弹炸毁,塔拉哈希(Tallahassee)、克利夫兰(Cleveland)和西雅图(Seattle)的清真寺遭到肆意破坏。暴力活动并不只针对穆斯林,波士顿、休斯敦和底特律的佛寺和印度教堂也都遭到肆意破坏。一名在美国居住了20年的埃及商人,在他加利福尼亚的商店中被枪杀。然而他却是一名基督徒。

麦克劳德(McCloud, 2004)认为,穆斯林被控诉施行暴力和恐怖主义,正是美国政府不经起诉便监禁了他们,个别美国人还暴力袭击了清真寺和穆斯林。令人欣慰的是,大多数美国人反对执迷不悟者的暴力歧视行为。邻居和社区倡导给予这些暴力受害者仁慈、同情和支持。有一些积极的做法在抵制反对移民信仰多样化的消极行动。自1991年以来,穆斯林和印度牧师及清教、天主教和犹太教牧师一起在众议院和参议院的每次会议前进行祈祷。

> 第一修正案在教会和国家之间筑起了一道墙。这道墙必须够高且坚不可摧。
>
> 雨果·布莱克大法官(Justice Hugo Black, 1886–1971)

美国最大的封闭式购物中心位于明尼苏达州的明尼阿波利斯(Minneapolis)。基于对美国教区宗教的多样性的认识,商场管理者创立了购物中心宗教理事会(the Mall Area Religious Council),目的在于推进不同宗教信仰和文化的人们之间的对话与交谈。美国对宗教信仰的支持是不是预示着各企业和社会的领导人将会面临宗教多样性的问题?在田纳西州纳什维尔(Nashville)的一家惠而浦(Whirlpool)加工厂,一个雇员因为公司拒绝让他在中午祈祷而辞职,那些留下来的穆斯林职员们仍然秘密祈祷。经过支持穆斯林的成员干预，惠而浦的经理允许穆斯林职员在下午茶点时安排自己的祈祷（Eck，2001）。

大学和学院越来越多地推动了宗教间的对话。威尔斯利学院（Wellesley College）成立了多信仰委员会（Multi-Faith Council），查普曼大学（Chapman University）建立了全信仰（All-Faiths）的礼拜堂，约翰·霍普金斯大学（Johns Hopkins University）成立了宗教及社区服务中心，巴哈伊（Baha'i）、佛教、基督教、犹太教、穆斯林和印度教等不同宗教的信奉者都可以来祈祷或是跟其他不同信仰的成员讨论。宗教间的讨论不仅指明了不同信仰间的共同点，而且鼓励关于信仰间差异的坦诚对话（Eck，2001）。因为宗教自由要求对不同信仰的理解，所以各高校的学生很有必要参加宗教讨论。从低年级到中学的公立和私立教育机构在培养对不同信仰的理解方面起着关键的作用。

学校怎样培养学生的宗教自由观念？

美国教育的历史是公立学校逐渐世俗化的过程。美国的公立学校最初并不教授宗教自由，他们强调清教信仰，于是天主教徒和犹太教徒为自己的子女建立了学校。历史上认为是霍拉斯·曼恩（Horace Mann）塑造了美国公立学校，但是他认为解读圣经是父母的特权，倡导在学校应该读圣经而不是解读圣经，所以人们都指责他是"基督教会的大敌"（McMillan，1984，p.85）。取消读圣经之后，《麦克加菲的读者》就成了最受欢迎的公立学校教科书。它从清教的角度借助上帝来传递道德训示。后来，修改后的《麦克加菲的读者》取消了明显的宗教语言但是保留了说教色彩。到1870年，大多数清教徒一致认为，教派的宗教观不应该在公立学校教育中展现出来，无宗派的基督教观点是至关重要的（Nord，1995）。

从20世纪40年代开始，美国联邦法院做出了宪法保障宗教自由的若干决定，强制学校执行（见表6.1）。接下来的60年中，法院裁决向各学校提出了挑战，要求学校消除基督教的偏见，更加世俗化，反映公民文化而不是推动任何宗教观点。美国法院裁决，禁止学校强迫学生说效忠誓约（Pledge of Allegiance）、强迫学生祈祷，要求每天以虔诚读圣经开始，或要求有牧师、神父或拉比在毕业典礼做祈祷，在教室或走廊张贴十诫，或者讲授"神创论"的宗教而不是进化论。

表 6.1 关于公立学校宗教的法院裁定（选出来的都是重大案件）

1943	西弗吉尼亚州诉巴内特（由一耶和华见证家庭带来）案：不能强迫任何孩子背诵效忠誓词。
1947	艾弗森诉教育委员会案：就读教会学校的学生可以乘坐为公立学校学生提供的巴士上学。
1962	恩格尔诉维塔案：公立学校不能强迫学生背诵州立的书面祈祷词。
1963	阿布灵顿镇诉斯科普案：公立学校不能要求学生背诵主祷文，或是其他任何祈祷词，也不能要求学生"虔诚地读圣经"。
1968	埃珀森诉阿肯色州案：裁定阿肯色州关于禁止学校教授进化论的法律规定违宪。
1971	雷蒙诉库兹曼案：符合以下条件的章程、政策或做法不违反政教分离的原则：(1) 有一个世俗的目的；(2) 不会促进政府和宗教的过度纠缠；(3) 基本目的既不是发展宗教也不是抑制宗教。
1980	斯托恩诉格雷厄姆案：裁定肯塔基州关于要求每个公立学校教室张贴十诫副本的法律规定违宪。
1985	华莱士诉杰弗瑞案：裁定阿拉巴马州关于要求默哀以使祈祷回归公立学校的法律规定违宪。
1987	爱德华诉阿圭拉德案：学校不能以教授神创论来代替进化论，因为神创论以宗教信仰为基础，不符合构成科学理论的标准。
1990	西城社区学校诉摩根案：若公立学校允许社区团体使用其设施，那么宗教团体也必须拥有同样的机会。
1992	李诉威丝曼案：学校不能够接受任何宗教领导人在毕业典礼上做祈祷，学校若有这样的政策或做法就是违宪的。
2000	圣达菲学校独立校区诉多伊案：足球比赛中学生主导的祈祷违反政教分离的原则。

来源：《美国宗教历史：从殖民时代到现在》(2002)，作者 E. Gaustad and L. Schmidt。

2002 年，第九巡回法庭裁决（the Ninth Circuit court）认为，效忠誓约中（Pledge of Allegiance）的"上帝庇护之下"这个短语意味着宗教目的而不是世俗目的，这在美国国会引起了争论。法院认为学校不能让学生背诵誓约，甚至不应该让学生选择是否要背诵，因为在学校中学生为了随大流而会感觉被迫参与（Pauken，2003）。

公立学校如何以尊重不同宗教的立场来讲授宗教？

联邦和地区法院不仅规定了学校不被允许做的，而且提供了宪法内的活动指南。鼓励学校客观地讲授所有的宗教，甚至圣经。正如克拉克法官

(Clark) 所说：

"一个人如果没有学习比较宗教或宗教历史，不了解它们与文明发展的关系，那么这个人所受的教育是不完整的。当然圣经的文学和历史价值是值得研究的"（McMillan，1984，p.163）。

尽管学校不能强迫学生祈祷，但只要祈祷者不制造混乱，学校也不应阻止学生祈祷。如果学生所代表的宗教团体想要使用学校的设施，他们和其他社团拥有同样的权利。

1999年，美国教育部对所有的公立学校发布了有关校内宗教问题的全面指导方针。多元宗教和教育委员会制定了法律保障下的建议行为的准则。有关宗教的教学已经被纳入国家和各州对教师的考核标准（Douglass，2002）。这些准则将确保各个学校提供世界上主要宗教的基本信仰的信息，以此作为教师的考核标准。

后记

虽然历史上，在美国占大多数的新教教徒（Protestant）强烈抵制接受其他信仰，甚至有时候会用暴力手段，但是新教的各教派在平等的基础上互相理解，并最终接受了天主教和犹太教。美国的主流群体基督教徒能够接受新移民的信仰——印度教、佛教、伊斯兰教和其他非基督教吗？虽然美国法院始终坚持宗教信仰自由的原则，然而学校在这一原则的实施方面将起到重要作用。

过去，公立学校推行新教，反对天主教和犹太教。在学校世俗化后，他们很少从事传教活动，致力于解决新教教徒、天主教徒和犹太教徒之间的冲突。由于现有的移民增加了美国非基督教的多样性，公立学校继续申明法院的决定，遵从教育部的指南就变得非常重要。学生们也有必要多了解其他的宗教。

> （在美国）我们不会且永远不会设立宗教，不会要求做礼拜，也不会规定信仰。教会和国家是而且必须是分开的。所有人都有信仰和不信仰宗教的自由，所有人都有实践或是不实践任一种信仰的自由，信教者可以而且应该有自由讨论和实践自己的信仰的自由。
>
> 罗纳德·里根（Ronald Reagan，1911—2004）

如果说作为一个宗教多元化的社会美国做得很成功的话，那么更至关重要的是，那些主要的宗教团体不仅声称自己的信仰自由，并且不管别人信仰什么都支持其享有同样的自由。学生了解了不同的宗教，他们才能体会为什么在权利法案中保障宗教信仰的自由，也才能理解为什么这一理想难以实现。

术语和定义

不可知论（Agnostic）：认为人类不能证明上帝的存在同时也不能否认上帝的存在。

反天主教主义（Anti-Catholicism）：对天主教徒有成见、偏见或是歧视。

反犹太主义（Anti-Semitism）：对犹太人有偏见、成见或是歧视。

无神论（Atheism）：认为上帝不存在。

自然神论（Deism）：认为上帝创造了世界和规约这个世界的自然规律，但并不存在于日常生活中。

教派（Denominations）：认为新教信仰多样化，可看作是用不同的名字来命名清教教会。

国教（Established church）：被宣称为一个政治单位（一个殖民地或州）的官方信仰时并用税收来资助的教会。

宗教信仰自由（Religious freedom/religious liberty）：选择在任何一个教堂根据该教会的信仰和习俗做礼拜的权利。

宗派观（Sectarian）：不同的基督教会或教派认为自己的教派才是真正的信仰

世俗性（Secular）：一个社会的公民文化不反映宗教观点即被称为世俗的。

参考文献

Abdo, G. (2006). *Mecca and Main Street：Muslim life in America after* 9/11. Oxford, England：Oxford University Press.

描述了许多在美国居住的穆斯林的状况及其信仰受到的偏见及歧视。

第六章 宗教与压迫：为宗教信仰自由而斗争

al-Hibri, A. Y. (2001). Standing at the precipice: Faith in the age of science and technology. In A. al-Hibri, J. B. Elshtain, and C. C. Haynes (Eds.), *Religion in American public life: Living with our deepest differences*. New york: w. w. Norton.

阐释了工业革命是如何影响美国的，其中包括美国如何处理诸如政教分离等的问题。

Allen, R. S. (1996). *Without a prayer: Religious expression in public schools*. Amherst, NY: Prometheus.

展现了最高法院关于公立学校宗教案件背后的故事，包括那些提出诉讼的人的后果。

Carroll, J. (2001). *Constantine's Sword: The church and the Jews, a history*. Boston, MA: Houghton Mifflin.

探讨了历史上的天主教和犹太教的关系，阐释了教会里仍然存在反犹太主义的历史格局的基础。

Cherrnow, R. (2004). *Alexander Hamilton*. New York, NY: Penguin Books.

介绍了汉密尔顿的生活，特别是对美国联邦政府的影响。

Clark, C. Vargas, M. B., Schlosser, L. & Allmo, C. (2002, Winter). It's Not Just "Secret Santa"in December: Addressing educational and workplace climate issues linked to Christian privilege. *Multicultural Education*, pp. 53-58.

介绍了基督教在工作场所和学校推行的方式，展现了工作场所中小组讨论碰到的宗教矛盾。

Dinnerstein, L. (1994). *Anti-Semitism in America*. New York, NY: Oxford.

总结了在美国的犹太人的经历和他们从殖民地时期到现在所遭遇到的各种形式的反犹太行为。

Douglass, S. (2002). Teaching about religion. *Educational Leadership*, 60(2), 32—36.

报告指出了一项把宗教写入国家和州教学大纲的研究结果，并讨论了实施这些大纲的资源和战略。

Eck, D. L. (2001). *A new religious America: How a "Christian Country" has become the world's most religiously diverse nation*. New York, NY: HarperCollins.

考察了不同宗教在美国，尤其是1965年的移民模式以来的发展过程，描述了它的影响和潜力。

Elshtain, J. B. (2001). Faith of our fathers and mothers: Religious belief and American democracy. In A. al-Hibri, J. B. Elshtain, & C. C. Haynes (Eds.), *Religion in American public life: Living with our deepest differences* (pp. 39—61). New York, NY: W. W. Norton.

给美国的民间社会下了定义，考察了对宗教权利的责任如何日益转移到美国的法院。

Fraser, J. W. (1999). *Between church and state: Religion and public education in a multicultural America*. New York, NY: St. Martin's.

介绍了美国从殖民时期到现在的宗教多样化的历史，研究了有关宗教自由的重大案件。

Gausted, E., & Schmidt, L. (2002). *The religious history of America: The heart of the American story from colonial times to today*. New York, NY: HarperCollins.

介绍了美国宗教的多样性，宗教信仰之间的历史冲突和宗教的多样性日益被人们所接受。

Goodrich, F. & Hackett, A. (1956). *The diary of Anne Frank*. New York, NY: Random House.

介绍了安妮·弗兰克日记中所记录的想法和事件。该剧曾获普利策奖，1955年的秋季首次在百老汇上演。

Hendry, J. (2003). Mining the sacred mountain: The clash between the Western dualistic framework and Native American religions. *Multicultural Perspectives*, 5(1), 3—10.

对比了西方思维模式和美国原住民的思维，特别是关于环境保护和自然的观点。

Herberg, W. (1955). *Protestant-Catholic-Jew: An essay in American religious sociology*. Garden City, NY: Doubleday.

探讨了20世纪50年代初期美国的宗教状态，阐释了美国三大宗教如何实现在社会中的平等地位。

Hudson, W. S. (1973). *Religion in America: An historical account of the development of American religious life*(2nd ed.). New York, NY: Charles Scribner.

介绍了美国人的宗教生活，从不同的信仰到共同的原则，最终走向宗教自由的多元化。

Jacoby, S. (2005). Original intent. *Mother Jones*, 30(7), 29—31, 74.

考察了历史记录，认为美国的缔造者并不想建立一个基于宗教的国家，而是要建立一个与宗教相分离的国家。

Katz, W. & Southerland, H. (1968). Religious pluralism and the Supreme Court. In W. McLoughlin & R. Bellah (Eds.), *Religion in America*(pp. 269—281). Boston, MA: Beacon Press.

研究了在美国从容忍宗教多样性到以推进宗教多样性为目标的转化过程中，最高法院所扮演的角色。

Khan, M. A. M. (2004). Living on borderlines: Islam beyond the clash and dialogue of civilization. In Z. H.

第六章 宗教与压迫：为宗教信仰自由而斗争

Buhhari, S. S. Nyang, M. Ahmad & J. C. Esposito (Eds.), *Muslims' place in the American public square* (pp. 84—113). Walnut Creek, CA: Altamira Press.

介绍了在美国发生的为反对穆斯林教徒实践自己的信仰而实施的行为，探讨了在美国接受宗教多样性的需要。

Kosmin, B. A. & Lachman, S. P. (1993). *One nation under God: Religion in contemporary American society*. New York, NY: Crown.

分析了1990年全国宗教认同的调查结果（调查对象是113000美国人）。该调查是有史以来最广泛的宗教调查之一。

Lee, E. (2004). American gate keeping: Race and immigration law in the twentieth century. In N. Foner & G. M. Frederickson (Eds.), *Not just black and white: Historical and contemporary perspectives on immigration, race and ethnicity in the United States* (pp. 119—144). New York, NY: Russell Sage Foundation.

研究了1965年移民改革以来移民的种族构成变化。

Lippy, C. H. (1994). *Being religious, American style: A history of popular religiosity in the United States*. Westport, CT: Praeger.

介绍了从殖民地时代到现在为止补充或代替传统宗教的美国人的宗教信仰和行为。

McCloud, A. B. (2004). Conceptual discourse: Living as a Muslim in a pluralistic society. In Z. H. Buhhari, S. S. Nyang, M. Ahmad, & J. C. Esposito (Eds.), *Muslims' place in the American public square* (pp. 73—83). Walnut Creek, CA: Altamira Press.

探讨了媒体在制造穆斯林的负面形象中的作用，造成与美国人对穆斯林的反应与美国的价值观不一致。

McMillan, R. C. (1984). *Religion in the public schools: An introduction*. Macon, GA: Mercer University Press.

探讨了政教分离原则的历史背景，以最小的篇幅展示了最高法院对一些大案要案的书面裁定。

Myers, G. (1960). *History of bigotry in the United States* (rev. ed.), G. Christman (Ed.). New York, NY: Capricorn.

介绍了殖民地时代以来历史上的宗教仇视目标，以天主教、犹太教和移民为主，并介绍了美国的主流群体针对这些少数群体所采取的行动。

Nimer, M. (2004). Muslims in the American body politic. In Z. H. Buhhari, S. S. Nyang, M. Ahmad, & J. C. Esposito (Eds.), *Muslims' place in the American public square* (pp. 145—164). *Walnut Creek, CA: Altamira Press.*

讨论了俄克拉荷马城爆炸案和"9·11"事件后，美国境内发生的反对穆斯林的暴力行为和日益增加的美国穆斯林的活动。

Nord, W. A. (1995). *Religion and American education: Rethinking a national di-

lemma. Chapel Hill: University of North Carolina Press.

解决了目前涉及公立学校宗教的难题，形成了一个中间地带，既容纳了宗教，同时又保持了宗教信仰自由的原则。

Pauken, P. (2003, January). *I Pledge Allegiance to the Curriculum: The establishment clause and the legal balance between educational authority and individual rights*. Presented at the Hawai'i International Conference on Education, Honolulu.

对涉及第一修正案对宗教自由的保障的法庭案件做出了评论，同时评论了相关的法律原则，尤其是跟学校的宗教有关的原则。

Ravitch, F. S. (1999). *School prayer and discrimination: The civil rights of religious minorities and dissenters*. Boston, MA: Northeastern University Press.

对反宗教迫害的历史和当前公立学校的合法宗教行为做了回顾，展示了促进宗教自由的示范章程。

Ribuffo, L. P. (1997). Henry Ford and the international Jew. In J. Sarna (Ed.), *The American Jewish experience* (2nd ed., pp. 201—218). New York, NY: Holmes & Meier.

追溯了亨利·福特通过自己的报纸发表一系列的文章参与反犹太活动的事迹，介绍了福特对全球各地的反犹太主义态度的影响。

Waldman, S. (2006). The framers and the faithful. *Washington Monthly*, 38(4), 33—38.

探讨了基督教福音派是政教分离原则的主要支持者之一的历史证据。

Wegner, G. P. (2002). *Anti-Semitism and schooling under the Third Reich*. New York, NY: Routledge Falmer.

介绍了纳粹的教育理念和德国教育者们为了推进纳粹的种族和种族纯洁思想而发展的反犹太主义课程和教学法。

复习和讨论

总结练习

请参照本书第31—32页的练习，总结本章的重点并界定关键术语。

辨析题

辨析练习1. 政教分离

说明：创立今日美国公立学校政策的人现在面临着很大的挑战，因为他们试

第六章 宗教与压迫：为宗教信仰自由而斗争

图满足日益多样化的人口的需要。阅读以下描述的 12 月 5 日的情形，然后决定所列出来的改变学校政策的要求应该付诸实施还是被否决。如果你的组员不知道术语，请老师来帮你解释。完成对这十二条修改建议的审议之后，和其他组的建议做个比较。要求能够解释你所在的组批准每一项修改建议的准则和否决理由。

情景：今天是 12 月 5 日。作为一个公民和家长，你已经被公开选到一个特别委员会，审议由一群犹太家长提议的新学区政策。这个学区 25% 的学生是犹太人，15% 的学生没有宗教信仰，60% 的学生信仰基督教的某种教派。

提议的学区政策：
假期和缺课
1. 一学年内的假期安排无需考虑到宗教节日。
2. 应该允许犹太孩子在犹太教的节日里缺课。
3. 在赎罪日和犹太历新年，不应该指责犹太教师休假。

宗教节日
4. 不把庆祝圣诞节作为学校课程的一部分。
5. 不把庆祝犹太光明节作为学校课程的一部分。
6. 不在学校展示耶稣诞生图像。
7. 不在学校放置圣诞树。
8. 不在学校交换礼物或是举办圣诞聚会。

课堂和课外活动
9. 在课堂上讨论宗教价值观对历史或当今事件和问题的影响。
10. 把大屠杀作为第二次世界大战的一部分和西方文明历史的一部分来学习。
11. 星期五的晚上不要安排课外活动。
12. 冬季音乐节上不要演唱关于耶稣基督的歌曲。

辨析练习 2. 你怎么看待美国的宗教自由？

说明：许多人来到美国是因为有宗教信仰自由的保障，虽然历来对宗教自由可以走多远一直有争议。1999 年有人对来自六种不同信仰的 675 名工人做了一个调查，结果显示其中 20% 的工人说自己亲身经历或是目击了自己工作场所的宗教歧视现象。下列所列出来的清单中包括实际发生过的事件。如果有不清楚的术语，可以问老师。你需要做的是，确定哪些项目侵犯了人们依据信仰行事的权利。

美国的宗教信仰自由

1. 哪怕违反安全规定，也应该允许锡克教徒在需要戴安全帽工作时戴自己的包头巾吗？
2. 作为巫术信徒一员的士兵可以在军事基地进行自己的宗教活动吗？
3. 印度教徒必须把自己的庙宇建成西班牙风格，以和南加州社区的其他建筑相搭配，而不能有他们自己的传统寺庙风格吗？
4. 有耆那教学生的中学里，食堂工作人员必须清楚表明膳食成分以确保这些学生吃的只是蔬菜吗？
5. 公立学校的穆斯林女教师可以戴着传统的头巾在教室上课吗？
6. 因为南美仙人掌素是美国印第安人教会成员传统宗教礼仪所需要的，就可以允许他们吃吗？
7. 佛罗里达市议会应该允许信奉萨泰里阿教的人参与动物祭祀吗？因为这是他们传统宗教活动的一部分。
8. 锡克教学生上学应该佩戴从入会开始就要求佩戴的短剑吗？
9. 工作日期间，应该给穆斯林职员时间来进行必须的祈祷吗？
10. 基督复临安息日会教友或犹太职员有权在星期六不上班吗？因为星期六是他们的安息日。

小组活动

难点对话：皈依异教徒——我们的宗教安全吗？

说明：宗教团体应该如何积极促使别人皈依自己的信仰？三人一组，根据下面所给的方案进行对话。以所描述的情形为基础，组织5分钟的角色表演。不要改变你所扮演的角色的种族及其种族特点。角色表演之后，从你所扮演角色的角度，回答同学提出的有关你在表演中言论的动机、目的或意图的问题。

我们的宗教安全吗？

人物

* 大二学生，数学和计算机软件设计专业，有很深的密苏里州路德教背景

* 重返学校的成人学生，科威特裔，美国籍，谨慎安排课程以免错过

第六章 宗教与压迫：为宗教信仰自由而斗争

穆斯林祈祷

* 大学老师，上述学生的"比较宗教课"教师，母亲是犹太人，父亲以前信奉哈西德教

比较宗教课堂上，出现了"从事传教活动"的主题。经过一番讨论后，一名大二学生表示她要为重返学校的成人学生祈祷，因为伊斯兰教条要求教民接受其他人的宗教，不试图使别人皈依伊斯兰教。（一名信仰佛教的交换生表示，他认为所有的信仰都有令人钦佩的地方，决定不讨论路德教优越感的长处。）数学专业的学生主张其他信仰的人要想进天堂就必须接受她对基督教的定义，认为这是他们的义务。

社区活动

行动研究

你对其他的宗教了解多少？针对什么是非犹太教和基督教的主要信仰，设计你自己的网络调查。然后，通过访问信仰该宗教的人或地区来证实你的研究。掌握足够的技巧，这样你才能给他们准确的解释。

服务学习

宗教组织为使我们的社会变得更好作出贡献了吗？参加你当前所处的或是家庭所处社区的跟某一信仰相关的社会或文化倡议活动，要求这一宗教跟你所信仰的宗教不同。像记者那样，要求你能够解释这些努力如何满足了相关群体的个人和社会需要。

第七章　反对压迫性关系：
多元社会的文化多样性逻辑

> "美国有着世界上最丰富多样的族群、种族和全球化历程，正是这种丰富性产生了不可思议的创造性与创新性。我们甚至还未认识到我们绝妙的人力资源集合中的真正潜力——我们在全球经济中的竞争优势。"
>
> 詹姆士·奈斯比特（James Naisbitt，1929—）

詹姆士·奈斯比特（James Naisbitt）是一位作家也是受人尊敬的咨询专家，为客户公司分析数据并预测发展趋势，以帮助公司就社会相关问题做出决策。在本章开头引用的奈斯比特的话中，他描述了美国发展的可能性，美国已成为世界上最具多样性的社会，而且大多数的人口统计学预测都显示美国社会未来的多样化将进一步加剧。因为在美国的许多地区人口构成的变化尚未出现，对于某些人来说，可能难以相信这些预测，但是如果我们聚焦当下，许多州（尤其是加利福尼亚和得克萨斯等多样性最强的州）所发生的显著改变都使人无法忽视美国人口构成多样化日益加剧的事实。

美国的种族多样性问题

2005年，得克萨斯州成为第四个有色人种的人口数量超过白人的州（其他为新墨西哥州、夏威夷和加利福尼亚州）。除夏威夷之外，上述各州中的美籍西班牙裔人构成了最大的族群，在夏威夷，美籍亚裔人口最多。在另外6个州——亚利桑那、佛罗里达、佐治亚、马里兰、密西西比以及纽约，有色人种占到40%或以上。并且，在全美100个最大的城市，有色人种都占到了人口的大多数（美国人口普查局，2005）。自建国以来，白人一直占美国的大多数，但人口统计学家称这一点将在21世纪末前改变。到2050年，非西班牙裔的白人将仅占美国人口的53%；白人男性将占约26%，且其中许多人已退休，导致约一半的劳动力由有色人种构成（舍费尔，Schaefer，2004）。为了保证社会保障体系继续提供已承诺的各项福利，有色人种需要工作以获得足以维生的工资。所有的美国人都必须关心多样化问题，因为在这个复杂的、科技化的社会，我们已经非常彼此依赖了。

据2000年人口普查数据，皮弗（Pipher，2002）在报告中指出，有十分之一的美国人出生在其他国家，学校里五分之一的儿童是新移民的孩子。历史上，移民往往倾向于定居在几个州的城区，主要是纽约、加利福尼亚和佛罗里达，但是现在，移民生活在这些州更小的城市中。皮弗通过下述观察证明了这一点，在内布拉斯加州林肯市的报纸中，"我们的讣告专栏……到处是赫德维（Hrdvy）、安德森（Andersen）、沃伦申科斯基（Walenshenksky）、米勒（Mueller）这样的名字。但是在出生专栏……有许多以阿里（Ali）、阮（Nguyen）和马丁内兹（Martinez）等为名的婴儿"（p.6）。

人口统计学家追踪社会中人群流动的现象，但是没有人能精确预计将来人口会如何混杂。人口统计学家在推测中倾向于保守，但是变化的先兆已经出现。皮弗（2002）给出了这样的例子：田纳西州纳什维尔的警察用的电脑可以用二十种语言解释法律和处理简单要求的基本词句。与其争论人口统计方面的预测结果，不如思考一下目前的占多数的白人群体如何应对人口的变化。

人口多数群体成员如何应对多元的群体？

在任何社会都存在群体的层级结构，其中，占据上层位置的、有优先权的群体漠视被社会贬低价值的群体。正如前面章节所述，美国历史揭示，占多数的白人群体从未始终如一地尊重多元群体的权利。特里（Terry，1993）使用"上/下位"的隐喻（up/down metaphor）来描述支配群体与附属群体之间的关系。要确定谁在社会中处于上位或下位，我们必须看哪个群体拥有最多财富、地位与权利，哪个群体反之。一个人通过从属于这些群体成为"上位"人：白人、男性、中产或以上阶层、基督徒、异性恋、非残疾人。"下位"人属于下列一个或以上的群体：有色人种、女性、低下阶层、非基督徒、同性恋、双性恋、变性人、残疾人。大多数人有着上述上等或下等群体的多种身份。

参照他的隐喻，特里认为上等阶层的人对下等阶层了解不多，并且他们认为不必了解，因为下等阶层的人被认为在社会上是不重要的。上等阶层不需与下等阶层竞争。上等阶层对下等阶层唯一关注的时刻，是下等阶层开始变得"不易控制"，通过游行、示威或某种其他抗议方式就某个问题对上层的权利结构和社会地位发起挑战的时候。上等阶层的反应可能是"这些人想要什么？"因为他们对此一无所知。当要理解影响了下等阶层的问题时，他们是"沉默的上等人"。形成鲜明对照的是，下等阶层对上等阶层了解甚多，因为他们必须了解；这对他们的生存和成功至关重要。正如特里所说，要实现他们为自己制定的任何目标，下等阶层必须了解上等阶层以便知道上等阶层要做什么（p.194—196）。

这样假设非常吸引人，如果某人在一个类别当中处于下层，那么他（她）会对下等阶层的人更加体谅。不幸的是，事实似乎并非如此。当人们作为上等群体中的一分子行动时，他们往往成为"沉默的上等人"。这就很像独立的文件夹，他们在一个阶层群体中的经验行为就存放在一个文件夹中，并不影响其他文件夹。生活在贫困之中的人可能会是种族主义者；有色人种可能恐惧憎恶同性恋；同性恋可能会歧视移民；移民可能是男性至上主义者；女性可能会歧视残疾人；残疾人可能会歧视接受福利救助者。特里的"上/下位"隐喻提供了一个有效途径，来思考包含多元少数族群的社会的复杂性。

当多元化（尤其是种族与民族多元）这一主题在媒体上被讨论的时候，博学之士与学者经常使用负面词语对其进行描述，而不是像詹姆士·奈斯比特那样使用正面词语。专栏作家乔治·威尔（George Will）批评了教育领域为提倡多元化所做出的努力，抨击了公共机构对"政治正确"的追求。出于对多元化企图的怀疑，以小亚瑟·施莱辛格（Arthur Schlesinger, Jr, 1991）为代表的学者们提出，促进多元文化主义将会导致美国的割据分化。其他学者参照前南斯拉夫民族矛盾的例子，来说明促进民族多元化发展的危险。受到美国世贸中心倒塌的刺激，美国人袭击了阿拉伯裔美国人，并摧毁了几个美国城市中的清真寺。尽管包括美国总统布什在内的宗教和政治领袖发起呼吁，强调并非是伊斯兰信仰导致恐怖行为，但暴力反击还是出现了。受到误导的反击行为对于我们作为世界上人口构成最多元的国家来说，可不是个好兆头。

这一点势在必行，即美国人要理解自己如何受益于多样性，就要更多地了解多元化的群体曾经以及现在所作出的贡献，因为对我们国家真正的威胁

第七章　反对压迫性关系：多元社会的文化多样性逻辑　　**229**

不是多元化，而是无知。一些美国人选择聚焦于多元社会中的机会，而不是类似与经济、社区与教育等领域中发生的问题。这一问题并不仅仅影响美国，而是全世界。在 20 世纪 80 年代，奈斯比特和阿布尔丹（Naisbitt and Aburdene, 1990）是第一批描述全球社会文化均质化的人。展望 21 世纪，因为人们在地球村中都为"坚持自身的独特性"而奋斗，预计会产生"对统一性的强烈抗击"（backlash against uniformity）"："当我们的外部世界日益趋同的时候，我们将越来越珍惜能够从中凸现出来的传统"（p. 120）。

> 以肯定的态度去理解这个由多样性所构成的世界。
> 　　　　约翰·安德鲁·福尔摩斯（John Andrew Holmes, 1789－1876）

对于多样性的态度

历史学家早就秉持，要理解现在，我们必须理解过去。就多样性来说，理解历史上的社会多样性的最佳途径就是检验美国人是如何对移民这一社会多样性的主要来源作出反应的。虽然有些美国人已经（并且现在仍然）对反移民情绪表示内疚，但是很多人还是相信移民会同化到主流社会。通过回顾过去以及现在有关移民的态度，戈登（Gordon, 1964）阐述了对族群多样性的一贯的观点：盎格鲁同化、熔炉和多元主义。布鲁克斯（Brooks, 1996）和其他人阐述了第四种观点：隔离主义。这四种观点代表了美国历史上和目前对于族群多元化的观点。奇怪的是，尽管这几种观点一直持续存在，但盎格鲁同化在美国仍然是有关种族与族群多样性的主导观点。

采用盎格鲁同化的观点意味着什么？

科尔夫妇（Cole and Cole, 1954）第一次将盎格鲁同化定义为英国殖民者所建立并延续下来的美国价值观、规范和标准。盎格鲁同化是英国文化和欧洲文明的延续。他反对多样性，支持同质性，主张每个人都应该遵从这个国家的盎格鲁创立者所制定并修改的价值观、规范和标准。

盎格鲁同化要求移民停止使用本民族语言，并尽快只使用英语。盎格鲁同化要求移民放弃他们的民族遗产——风俗、庆典、着装和他们原有的文化传统。即便他们的故土是欧洲，移民们也应采用与其他人相同的美国方式。巴雷特和罗迪格（（Barrett & Roediger，2002）解释说，有色人种已经发现盎格鲁同化是个问题，因为它"发生在一个被种族问题所困扰的国家。对于新移民的工人来说，'变白'和'成为美国人'的过程是互相联系的"（p.30）。因为有色的移民永远都不会变白，他们也永远不会彻底实现盎格鲁同化的目标：外表和行为像白人主体成员一样。

当提到个体被同化融入社会，社会科学家经常使用"美国化"一词，但是这仍然是盎格鲁同化。在美国历史早期，美国化这一同化进程甚至被用于土著儿童。19世纪晚期，公立学校负责移民儿童的美国化任务，由印第安事务局（BIA）创办的学校要"美国化"印第安土著儿童。长期以来，印第安人被认为是美国扩张和占领新领土的障碍；亚当斯（Adams，1995）引用了一位自由改革人士的话，"我们必须要么屠杀他们，要么教化他们，不管怎样做，都要快"（p.2）。印第安儿童的美国化产生了BIA寄宿学校。如图7.1所示，纳瓦霍（Navajo）学生汤姆·特里诺（Tom Torlino）的照片，BIA寄宿学校是盎格鲁同化理想的一个生动的例子。

图7.1 盎格鲁同化在纳瓦霍学生汤姆·特里诺（Tom Torlino）的这两幅照片中得以鲜明体现，分别是在印第安事务局（BIA）寄宿学校入学前后。
来源：普林斯顿大学图书馆，善本书籍与特殊收藏处，手稿部，西美洲史料藏品。

BIA寄宿学校如何在印第安儿童中促进盎格鲁同化？

最初，印第安学校在保留区建立，离家近就意味着印第安儿童可以回到

第七章 反对压迫性关系：多元社会的文化多样性逻辑

家里，重新回到印第安价值观与行为中去。家长的影响使 BIA 的一个主要目的破灭了，即如亚当斯（1995）所说的，灌输价值观："要尊重私有财产……要意识到个人财富的积累是道德的行为"（p.22）。印第安事务局（BIA）为了使美国化的努力更为成功，印第安儿童被带到远离保留区的寄宿学校，即使周末也不许回家。当人们意识到费力将印第安土著美国化是荒唐的行为的时候，已经是数年以后了，寄宿学校的实验最终失败了。他们所着力的同化、同质和个人成就都与印第安人所固有的价值观大相径庭。

哪些移民群体受益于盎格鲁同化？

到美国来的北欧少数民族移民能够更容易地接受盎格鲁同化。在衣着、谈吐、想法、行为方面坚持美国化，并完全向白人主体靠拢对那些有着白皮肤的人来说是具有优势的。但是，白人至上主义却使有色人种感到挫折与愤怒。他们被剥夺了自己的文化和母语，他们模仿白人的行为方式，但却不能克服肤色的劣势；他们不能像白人同伴一样成功，因为美国的有色人种不能得到白人族群所享受的优势。有些肤色较浅的人声称自己的皮肤是白的（"成为白人的入场券"），虽然有些人成功了，但却付出了心理上的代价。他们的成功显示了盎格鲁同化的力量，这与美国的熔炉理念是相抵触的。

把美国描述为一个大熔炉意味着什么？

熔炉的观点是来到美国的移民无需放弃他们全部的种族、民族文化或族群差异而融入主导文化以形成一种新的认同，一种美国性的认同，由所有移民带到美国的文化和风俗所构成。这一观点于 18 世纪首先由法国移民赫克托·圣·约翰·德·克雷弗克（Hector St. John de Crevecoeur）在讲到美国时阐述："在此，所有国家中的个人都被熔铸成为一个新的种族"（施莱辛格，Schlesinger，1991，p.12）。其他人，如拉尔夫·沃尔多·爱默生（Ralph Waldo Emerson）也间接提到了熔炉的理念，但是美国人鲜有回应。

在 1908 年移民浪潮期间，伊斯雷尔·赞格威尔（Israel Zangwill）在他轰动的话剧"熔炉"中建立起了这一吸引人且流传广泛的有关美国想象的隐喻，该剧在华盛顿特区上映。因其生动地体现了美国作为文化融合体的形象，"熔炉"这一隐喻在知识、艺术和政治界均格外吸引人。在随后对该词的使用中，人物大卫（David）是一位俄罗斯裔犹太人，阐释了该隐喻，同时也指出了熔炉的局限：

美国是上帝的熔炉，伟大的熔炉，所有欧洲的种族都被熔化重组！你矗立在这儿，亲爱的人们，当我在埃利斯岛看见他们，我想，当我看到他们在埃利斯岛，50个族群，以及50种语言和历史，还有50种仇恨与敌人。但是不会长久如此，兄弟们，因为这些是你所来到的上帝之火——这些是上帝之火！你们族间的世仇与宿怨都算得了什么！德国人与法国人、爱尔兰人与英格兰人、犹太人与俄国人——一起进入熔炉！上帝在打造美国人！（1915，p.33）

尽管这是狂想式的演说，但是也要注意，其对有色人种未加提及。黑人、拉丁裔、亚裔和美洲土著被排除在外了。只有北欧人受邀进入这高度精选的熔炉；甚至希腊或意大利等某些白人族群的成员也无需提及！正如劳萨（Laosa, 1974）所注意到的，熔炉只关注"白人的盎格鲁-撒克逊新教徒（WASP）群体并且……（忽视）某些'文化差异'群体"（p.136）。尽管美国政府的政策和教育课程中反映出了盎格鲁同化，但是美国作为熔炉的想法仍旧是一种理念；这种想法受到一部分人的欢迎，也受到一些人的排斥。

> 爱尔兰人、德国人、瑞典人、波兰人和哥萨克人，以及所有的欧洲族群（还有非洲人，以及波利尼西亚人）的能量将会构建一个新的种族，一个新的宗教，一个新的国家，一部新的文学作品。
> 　　　　　　　　　拉尔夫·沃尔多·爱默生（Ralph Waldo Emerson, 1803－1882）

有色人种首先对熔炉的理念提出了质疑，抨击它是与美国多元化的现实毫无关联的荒诞的说法。有色人种不仅被排除在熔炉之外，而且他们也不确定他们是否想被包括在内。对于他们来说，熔化意味着为被美国接纳而放弃他们的民族身份、历史和传统。虽然熔炉被认为是所有亚文化结合而产生的一种新的、高级的文化，劳萨（Laosa, 1974）将这一过程描述为"亚文化的消熔与占支配地位的族群在其他族群之上的凌驾优势"（p.136）。人们可以谈论熔炉，但盎格鲁同化却是现实。

熔炉的观点削弱了差异性，强调需要忽视多样性，只要移民学会讲英语

第七章　反对压迫性关系：多元社会的文化多样性逻辑

并成为公民，就接纳他们。今天对于熔炉观点的最普遍的表述论点是人们应该是"无视肤色"的，即人们应忽视一个人的肤色。美国人将会经常说"当我看你的时候，我看不到肤色，我只看到一个美国人（或一个学生或邻居）。"

有色人种对这种无视肤色的方式比较反感，他们争辩道，这意味着对种族的消极态度。当白人说他们不注意任何人的肤色时，有色人种发现这一点很难令人信服：美国白人似乎只鼓吹对肤色看不见。有色人种质疑为什么有的人忽视肤色，而不忽视世界上的其他的颜色——花、夕阳、动物、彩虹？西尔登（Seldon，1996）认为这表明了对那些肤色不是白色人的不安。"无视肤色"的方式只是假装肤色为白色的人可以跟他们（有色人种）交往、工作或受到积极地看待。"无视肤色"是一种对肤色差异的态度，这种态度与隔离主义鼓吹的观点一样消极。

图7.2　一幅政治漫画展示了熔炉的理想主义形象。尽管日本人和黑人都被包括在炉内，但该讽刺漫画内一个一手持刀、一手持爱尔兰国旗的爱尔兰人形象地揭示了对爱尔兰人的歧视，而标题的内容是"同化的灰泥——无法融合的一分子"。

来源：密歇根州立大学博物馆。

隔离主义的观点有多么消极？

隔离主义是四个观点中最消极的，也是最容易识别的。隔离主义者认为，不同的种族与族群应该被分开；他们应该有自己的地方并"跟其同类在一起。"隔离主义的目标是使多元的族群能够彼此容忍。隔离主义的前提是：不同人群之间存在根深蒂固的差异，而这些差异不可避免地会导致仇恨。隔离的结果就是不同的群体拥有与其他群体相分离的空间，只在必要的时候才往来。人们所能期待的最好情况就是和平共处。

在不同时代，主体民族与少数民族都曾提倡过隔离主义的观点。在南北战争之前，白人隔离主义者宣扬非裔美国人应该被重新送回非洲，还有些美国人坚称大量曾经身为奴隶的人要建立一个新的非洲国家,叫做利比里亚。林肯总统甚至考虑过这一想法,但是在白宫与包括弗雷德里克·道格拉斯(Frederick Douglass)在内的部分优秀非裔美国人代表会面并听取了他们的激烈反对之后,他放弃了这一想法(Martin,1984)。在20世纪20年代,马库斯·加维(Marcus Garvey)推动了支持黑人企业主创立自给自足的黑人社区的想法(Cronon,1955)。还有当代的例子,阿普尔顿(Appleton,1983)将瑞典描述为一个"有四种显著文化及语言的隔离的多元主义国家"(p.26)。北部和东部行政区的德语使用者占到了人口的70%;还有21%人口生活在西部行政区,讲法语;8%的人口生活在中南部行政区,讲意大利语;还有1%的人口生活在阿尔卑斯地区,讲瑞士东部的拉丁语系方言。

> 我们不是为了统一而战斗……我们是为被认可为人类而战斗。
> 　　　　　　　　　　　　　　马尔科姆·X(Malcolm X,1925-1963)

今天美国仍有奉行隔离主义的群体,虽然他们已经没有多少追随者了,并且多被认为是仇恨群体(hate groups),如雅利安民族(Aryan Nation)或黑人穆斯林。虽然并不是所有的隔离主义者都提倡仇恨,但是他们都倾向于赞同悲观的隔离主义。有的人呼吁建立一个隔离的非裔美国人的州;还有人反对合校(integrated schools)的概念,赞成重新回到普莱西·V·费格斯(Plessy V. Ferguson)白人儿童与有色人种儿童隔离但平等的教育原则。截然不同的观点将继续构成多元化的不同声音。多元主义正对盎格鲁同化的主导地位发起挑战。

多元主义对多样性持何观点?

多元主义(又称文化多元主义)指在一国疆界之内多样文化以相互支持的关系而共同存在(Pai & Adler,1997)。当贺瑞斯·卡伦(Horace Kallen)在1906年创造这一概念时,他聚焦于民族多样性,宣扬移民文化差异对美国民主生活至关重要。阿兰·洛克(Alain Locke)倡导包括种族在内的多元主义。在20世纪20年代,在卡伦和洛克的努力下,多元主义者坚称在美国这样的多元社会中,人们应该有权保持他们的文化遗产,有权不被迫放弃自己的文化而去遵从强势文化(Hattam,2004;Menand,2001)。多元主义基于这样的信仰——"所有的人权利平等,尊重人的尊严,以及深信单一的生活模式不会对每个人都

第七章 反对压迫性关系：多元社会的文化多样性逻辑

有好处"（Pai & Adler，1997，p102）。自20世纪60年代开始，全国有色人种协进会（the National Association for the Advancement of Colored People）以及国家教育协会（the National Educational Association）等开始积极地推进多元主义的发展。

多元主义的提倡者认为多样性不是一个要予以克服的难题，而是一个社会的良好特征。美国的多元主义者并不是指要一味地容忍别人；对多元主义者来说，在美国这样多元的国家，仅有容忍是不够的。正如埃克（Eck，2001）所写的，"容忍能够创造一种克制的氛围，但不能创造理解的氛围……对于我们这样一个复杂的社会来说，这样的基础过于脆弱"（p.72）。在多元主义信仰指引下的社会，人们欣赏差异，因为每个人在多元社会中会丰富自己。对于多元主义者来说，个人有权保持他们种族、文化、民族及宗教的文化遗产，并为之骄傲。

隔离主义者说人类的差异将永远不会消除，并将不断导致冲突。熔炉观点的提倡者忽略差异，从而避免从中产生问题。盎格鲁同化的提倡者提出均质化社会将更加和谐的假设，主张应消除差异。与之相反，多元主义鼓励个人除了将自己认同为美国人之外，还要认同自身的文化遗产。信奉多元主义的个人倾向于将自己认同为美籍意大利人或美籍波兰人，美籍非洲人或美籍阿拉伯人，美籍墨西哥人或美籍古巴人，美籍华人或美籍苗人。这种身份识别意味着他们的认同既受到他们的种族与民族的文化的影响也受到了均质的美国文化的影响。最近对"归化了的美国人"（hyphenated Americans）批判的一个回应谈到了这个概念是指"日本（或其他）裔美国人的后裔。"关于保留文化遗产，有人已经提出疑问，一个美籍意大利人应该多大程度像意大利人？从一个文化多元主义者的观点看来，这取决于每个个体想要保留多少民族文化遗产中的习俗、传统和语言。

因为多元主义提倡双语教育和母语的保持，那些从事唯英语运动（English Only Movement）的人似乎将多元主义者的立场误解为否定英语作为所有美国人通用语言。各个州的唯英语运动团体组织起来游说立法部门将英语作为该州的官方语言，终极目的是为了消除所有其他语言的使用。难道人们在家不讲母语，就能够流利地使用英语吗？全世界的学生都在接受一种语言以上的教育。美国的儿童和年轻人是否应该在保持他们第一语言熟练运用的同时，在学校接受英语教育？多元主义者认为使用不同的语言是保持多样性的基础，能够丰富我们的社会：为自己文化遗产感到自豪的人们不应被迫放弃与其紧密联系的语言。多元主义的理念与美国个人主义和自由的价值观相一致，并且随着我们国家多样性状况而发展，对于美国人来说，拒绝盎格鲁同化而支持多元主义变得越来越必要。

为什么美国社会要变得多元化？

盎格鲁同化在美国人中一直是占主导地位的观点，即便无数提倡多元主义的个人与组织都质疑在美国这样的多元社会中实施同化政策的合理性。虽然这些提倡者遭遇了抵制，但他们还是清楚地阐明了在美国实施与推广多元主义的论据。以下是他们的有力论据中的五点：

(1) **盎格鲁同化的失败**已经被很多社会批评人士所提到。虽然有多数美国人在历史上认可了盎格鲁同化，但这仍然是无效的，因为这种同化与美国历史性的认同相抵触。埃克（Eck, 2001）说，"美国并不是由一个种族或单一民族建立起来的国家，而是根据《独立宣言》为始的一系列建国文本所阐述的理想建立起来的"（p.74）。美国移民的成功归因于他们接受并拥护那些文本中所阐述的公民文化；在种族、宗教或其他人类差异的基础上实行同化，本质上来讲是不现实、不理智的（Fuchs, 1990）。

注意到盎格鲁同化在美国失败的社会学家们指出，盎格鲁同化对不是白人或新教徒（至少是基督徒）的人来说是不公正的。不接受同化的人们遭受了压迫，而且至今许多人仍承受着文化压迫带来的影响。据统计，少数种族和少数民族群体在诸如婴儿死亡率、失业率、接受救济率、学校经费支持以及社区安全率上一直处于弱势。同时，他们所享受的商品和服务及教育机会受种族、性别、社会等级、性取向与残疾等因素的影响。另外，他们受尊重与自尊的状况也是不平等的，这些问题已经超越了平等本身的问题，而是一个有关缺乏人类同情的伦理问题。

(2) **自我意识（self-consciousness）与自我决定（self-determination）的影响力**是指因个体在特定环境中生成的积极自我意识所产生的影响力，这种影响力对确定与实现目标至关重要。如果人们对"自我"有意识地感到自豪，那么就更容易设定目标并相信自己能够实现目标。阿普尔顿（Appleton, 1983）指出，民主的一个首要目的就是"给个人提供机会让他们选择他们要成为怎样的人，要做什么样的事"（p.57）。当人们感到他们的能力受到不断怀疑的时候，他们很难有个人自豪感并相信自己能够实现目标。

在一项研究中，研究者考察了全国的本科生为进入研究生院深造而参加研究生入学考试（GRE）的情况。该研究选择白人和黑人本科生组成测试组，要求他们回答 GRE 考试中的 20 个问题。测试中，在学生被要求在考前问卷中确认他们的种族时，黑人学生的考试正确率仅有不要求确认种族成分那一组的一半。考试过后，美国非裔学生被问到是否存在任何因素影响了他们的发挥，他们基本都回答"没有"。甚至在被问到在考前问卷中确认种族成分是否影响到他们时，他们也回答"并没有"。但是几个非裔学生也会承认他们怀疑自己是否有能力在研究生阶段取得学业成功（Gladwell，2005）。一个人的能力必须得到明确的尊重，他才能发展积极的自我意识并相信能够确定并实现自己的目标。

（3）**人相互依赖的必要性**是关于对他人的依赖程度。在任何社会，个体之间都存在着互动；当社会变得愈加复杂，人们就更加不可避免地依赖他人。一个复杂社会取决于技术、合作和分工。有些人耕种食物，有些人建房子、做家具，有些人出售汽车等等。人们依赖他人提供自己日常生活中需要的产品和服务。根据派伊和阿德勒（Pai & Adler，1997）的说法，"一个民主的社会必须是多元化的……因为它是建立在个体的内在价值及其成为智慧人类的独特的能力上的"（p.109）；因此，一个社会成为多元社会能促进所有领域和所有群体的个体间形成积极的关系。

> 多元主义是我们这个时代最好的哲学理想。
>
> 　　　　　　　　　　　　　约翰·杜威（John Dewey, 1859 – 1952）

以往，在美国由于缺少对于种族和民族之间相互依赖联系的多元主义理解，导致了很多问题。在 20 世纪 50 年代和 60 年代，当毒品的使用开始在城市犹太人区和地方行政区增加的时候，其他社会忽略了这一点。似乎没有人在意"那些人"在做什么，并不因为我们不理解相互依存的现实与意义，就意味着社会问题是有疆界的。到了 20 世纪 70 年代，城区和郊区的白人使用毒品的情况大幅增加，目前整个社会都面临着违法毒品的买卖和滥用所导致的大量卫生与经济问题。滥用毒品成了美国社会的重大问题。

误解社会相互依赖的不仅仅是白人。当艾滋病最初出现的时候，大多数人，包括有色人种，忽视了这种疾病，因为它似乎只影响到同性恋群体。有些人说过（现在仍有人这样说）艾滋病是上帝对同性恋的惩罚。只有在病毒传播到异性恋人群并成为广为人知的疾病时，美国政府才开始提供资金用于研究治疗办法。与此同时，数以千计的人死去了。

人的相互依赖无处不在，但是在一个多元的民主社会，在美国，公民必须宣扬并实践多元主义的态度，以确保我们的社会尽可能有效地运转，成为适合所有人的好地方（Locke，1989）。在第三章中提到的童子军研究证明了这一点。当男孩们彼此竞争的时候，敌意在群体之间生发，但是当他们为达成共同的目标合作时，敌意就消除了。正如阿伦森（Aronson，1999）总结的，"关键因素似乎是彼此间的相互依赖——个体需要他人并被他人需要以达到他们的目标"（p.332）。这并不是新的见解，大约3个世纪以前，诗人约翰·多恩（John Donne）就写道，"任何人的死都使我受损……所以永远不要问丧钟为谁而鸣；它为你而鸣"（Simpson，1967，p.101）。

(4) **将多样性认可为一种理想**意味着人们必须推动这一理念，即多样性构成了最美好的情境。我们只需考虑在美国多样性所带来的结果：美国历史上出现的一些最优秀的艺术、音乐和文学均来自于对不同的文化传统的借鉴。我们的现代英语就是通过向其他语言借用词汇而演化至今，这些语言包括西班牙语、德语、法语、意大利语、墨西哥语以及来自非洲和美洲土著的方言（Claiborne，1983）。促使英语成为世界语言的一个重要论据就是它对来自其他文化词汇的包容能力——这证明了英语的灵活性和易用性。

人们在解决问题时会认为多样性是有利的。如果我们都从相同的角度看待问题，就会得出相似的解决方式。威廉斯（Williams，2003）描述了一个为了解决问题的会议，会上一个化学公司邀请了50位女性和有色人种员工，以及该公司的125位最有影响力的白人男性经理。当他们被分成解决问题小组时，一半的小组只由白人男性组成，另一半由性别和种族都多元的成员组成。后来，该公司CEO说，"很显然，多元化的团队具有更开阔的解决方式。他们的想法我甚至想都没想过……我们意识到解决问题时，多样性是一种优势"（p.442—443）。

多样性在自然界也很有价值：自然当中的多样性越强，人类就越有可能适应在新的环境中生活。我们已经开始关注濒危物种以及对雨林的破坏：如果自然中的多样性消失了，我们在一种植物或动物物种中所发现的任何潜在的有用性都将永久地失去。如果自然中的多样性得到欣赏与重视，那么对人类多样性的欣赏还会难吗？

(5) **当前存在的多样性**可能是促进多元主义的最强有力的论据。如果某种特质在一个社会中独具特点，那么我们应该重视它而非否定或假装它不存在。如果一个篮球队中的大多数球员个子很高,教练就会利用他们的高度来制定进攻和防守战略。如果高个球员退役,而第二年的球队个子矮、速度快,教练就会利用速度和敏捷度来制定进攻和防守战略。作为当今世界最多元的社会,我们必须意识到多样性的优势,拥护多元主义,用这种优势谋求更大的发展。

> 真正文明社会的第一条戒律是:让人们不同。
> 大卫·格雷森(David Grayson, 1870-1946)

一些关于多元主义的言论激发我们去思索,我们的社会如何改变以及我们的社会应该变成怎样。持续盎格鲁同化就是继续使某些族群之间互相畏惧、敌视并产生冲突。然而,多元主义的社会视角会带来希望。人类总会遭遇问题与冲突,但是在一个多元社会中,如果大家都展示出多元主义的态度,问题与冲突被解决的可能性会更大。

个体差异的价值

当人们被问到"你是否想生活在每个人都相同的社会?"时,就明显可以看出美国人已经开始重视多样性。美国人往往回答,他们不想生活在这样的社会。美国人认为每个人都是独一无二的,我们大都为形成我们个性的特质而骄傲。美国是由不同人种、文化与信仰的人组成的。如果我们重视自己的独特性,那么我们就会重视他人的独特之处。多元主义者重视人的差异。迟早所有的美国人都会接纳多元主义,因为没有别的观点将差异看做是社会的财富。然而,成为一个多元主义者不仅只是口头承认重视多样性;多元主义必须得以实施。正如埃克(Ecks,2001)所说的,"多元主义并不只是由多样性构成。多元主义不是自然生成的,而是被创造的。多元主义需要参与并调和人们之间的生活"(p.70)。致力于多元主义的个人与组织在积极地改变我们具有的同化的态度,进而使我们接受并促进多元文化主义。

一个人是否必须积极参与改变,成为多元主义者?

特里(Terry,1975)设计了一个矩阵(见图7.3),其基本假设是:人们对一个或多个群体持歧视态度（种族主义者、性别主义者或反同性恋者），或者他们对多样性持多元主义的态度。根据特里的理论，人们在歧视或接受多样性的时候可以是积极的或被动的。该矩阵可以判断四种不同的立场：(1) 积极地声称并推动他们的强烈的偏见，属于典型的极端主义者（比如一个盲目信仰者或男性沙文主义者）。(2) 持有歧视的态度，却不以明显的方式表达偏见的想法或行为；他们并非不同意盲目信仰者或沙文主义者的观点，但是并不明确表达。这一类型的人被动地接受历史性偏见所导致的现状，这使社会中的不公平现象得以持续。他们因循守旧，喜欢事物一成不变。

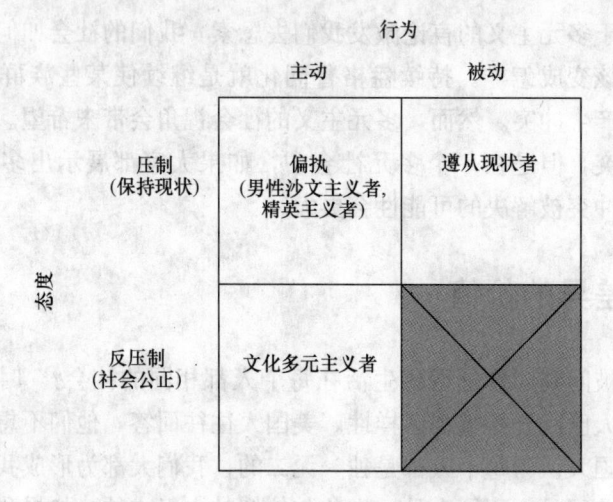

图 7.3　压迫性与反压迫性行为矩阵

（3）人们可能会抵制歧视性的观点，同情社会不公正的受害者，但却不会表达他们的观点。虽然反对偏见与歧视，他们还是不愿引起麻烦或冒犯任何人，因此他们什么也不说——并且什么也不做。与那些持消极的偏见态度的人相同，这个类型的人遵从现状。他们接受同化并延续现状中的问题。歧视他人和反对歧视性观点与行为的人如果在行为上都比较消极，那么他们相差无几。一个人不可能声称具有多元主义的态度却有消极的态度和行为，这种消极性会延续社会的不公正。

泰特姆（Tatum，1997）指出，偏见的存在及其带给支配群体的利益就如同机场的自动步梯。主动采取偏见态度的人不仅踏上了这个自动步梯，而且还在往前行走。持被动态度的人，不管是持有偏见的还是反对偏见的，只是踏上了这个步梯,就让它带着自己前进。如果要积极地反对偏见,反对偏见带给支配群体利益,人们一意识到自动步梯的作用就应立刻走下来。在泰特姆的比喻中,逃离这个自动步梯就意味着积极地促进社会公正。

要促进社会正义,(4)人们必须弃绝带偏见的观点,阐明多元主义的态度,并且对人类差异重新充分认识后开始行动。做一个多元主义者不仅需要积极的态度,还需要采取行动来改变社会的不公正状况。与那些提倡"无视肤色"的人不同,多元主义者强调,人们怎么看待肤色并不是问题,问题在于人们对肤色及其他差异的看法总是趋向负面。白人在非白人周围可能会感到不舒服。中产或上流阶级的人可能会蔑视福利救助者。没有残疾的人可能会感到残疾人可怜。男人可能会对女性故意屈尊。我们要做的并不是忽视差异,而是有意识地发展积极的态度来对待人类的差异。简而言之,如果我们不解决问题,问题就会出现。

什么样的行为能够改变社会?

如果一个人有能力解决问题,那么他需要的仅仅是决定如何使用这种能力来解决问题。如果个人或群体没有能力实现期望中的变化,他们可以采取策略来说服那些有能力的人来实施他们所提倡的解决方式。这些策略(深思熟虑地)早在《独立宣言》和约翰·亚当斯(John Adams)、托马斯·杰斐逊(Thomas Jefferson)、托马斯·潘恩(Thomas Paine)以及其他开展抗英革命并最后取得美国独立的那些革命家的文字中就被使用。特里(Terry,1975)确认了6种历史上曾被用来推动社会变迁的策略。

最基本的策略是采取(1)**对话**,来说服有能力者实施计划中的变革。如果对话失败,人们可能会组织进行(2)**某种对抗**(confrontation):游行示威、静坐罢工或集会。对抗通过公开示威来显示人们关切某一问题,以加剧变革。对抗的目的要么是重回到中断的对话,要么给当权者施加压力,要求其尽快寻找解决办法。

如果对话和对抗都不起作用,提倡变革的人可能会(3)给那些不愿改变的个人或组织**施加经济压力**。这体现为抵制与争议相关的产品或服务。20世纪60年代,在午餐馆的室内静坐罢工期间,年轻的抗议者被逮捕投入监狱,他们愤怒的家长取消了他们在这些店里的账户并鼓励其他人也这样做。另外,白人顾客因为这些冲突也不光顾这些店了。经济困难导致许多店主和经理改变了他们的种族方针。

该策略最著名的一个例子是持续了一年多的蒙哥马利公车抵制事件。该事件直到法庭判决支持公共交通废除种族隔离制度才算完结。此事件成为小马丁·路德·金领导民权运动生涯的开端,并使全国人民开始关注人权运动(Williams,1987;Wright,1991)。因为雀巢公司向发展中国家出售婴儿配方奶粉的营销策略,雀巢公司也曾成为抵制运动的目标(Infact,2003)。

除了抵制之外,经济施压也可以通过要求进行重大经济处罚的歧视性诉讼来实现。20世纪90年代,可口可乐公司的1300名非裔美国员工发起了一场集体诉讼,控告公司在绩效考核、亿薪酬和升职等方面的歧视政策。他们打赢了官司,并获得1.92亿美元赔偿。在诉讼之后,可口可乐公司针对多样性问题实施了一些措施,包括"增加弱势群体供货商的数目,建立一个正式的'多样性'顾问系统,并且选定日期与员工一起庆祝多样性"(Jones & George,2003,p.130)。

渴望变革的人们经常发起或支持(4)**与对抗性问题相关的研究**。对具体事件或问题的研究会厘清问题的本质,并可以确认问题的原因。研究者或许会建议具体的解决办法,但是研究的目的是向决策者提供信息,并向他们提出有说服力的证据来推动变革。

另一个策略是建立(5)**一个内外(inside-outside)联合**,通过这种联合,决策团队的成员(如董事、市议会或学校董事会)与要求变革的群体进行合作。该策略可能需要说服那些有决策权的既得利益群体,或者需要选举出一位候选人,或对决策群体中某位赞同变革的人的任命施加影响。一旦被选中或被任命,此人就可以作为代表来为外围群体所提倡的需要变革的观点代言。琼斯与乔治(Jones & George,2003)举了一个例子,一个奉行多样性的保险和养老金公司持有纽柯(Nucor)公司近一百万股份,他们向纽柯(Nucor)施压,要求增加董事会中女性和有色人种的人数。

> 一个国家没有改革的办法就无法生存。
> 埃德蒙·伯克(Edmund Burke,1729-1797)

当所有的策略都失败的时候,人们诉诸(6)暴力,来显示他们的挫折并加剧变革的需要。这个策略可能会破坏财物或者侵犯他人,或者两者皆有。暴力是典型的无计划、自发的反应,如在1992,一名警察被录下殴打一名叫罗德尼·金（Rodney King）的黑人，却被宣判无罪，这引发了洛杉矶骚乱。如果暴力是有计划的，大多只是一个象征性的姿态，比如1773年的波士顿倾茶事件。

过去，暴力往往爆发人们在受挫无法控制愤怒的时候，他们通常以破坏性的行为应对某一特定事件。南北战争期间，如果有钱的年轻人被征召入伍，他们为了逃避服兵役，经常雇佣贫穷失业的人来顶替自己。穷人知道他们都是被利用的，而且很可能在战争中被杀死，他们的愤怒导致了1863年纽约市的征兵骚乱。1968年，在马丁·路德·金遇刺后，几座城市都发生了暴乱。

暴力很少能从根本上解决问题，因为事件引发的暴乱通常是发生更大的问题的迹象。即便暴乱后迹象有所消除，但这种迹象的深层原因依然会引发新的问题。

20世纪后半叶，有色人种参与了暴乱，尤其在城市地区。这使得许多美国人将暴力的变革策略与有色人种联系起来，不同群体都会不时地诉诸暴力。事实上，在美国暴乱历史中白人是最容易引起骚乱的群体（见表7.1）。琼斯（Jones，1997）在历史记录中写道："很少有例外的……从前的种族暴乱总是种族间斗争或白人暴徒破坏黑人社区"（p.46）。

在确认策略的过程中，特里（Terry）注意到，前五个策略不仅代表了非暴力的方式，而且表明如果个人和群体想要进行非暴力变革，教育必须发挥重要作用。进行非暴力变革所必需的技巧与手段与我们在学校中传授的知识相关。要在对话中具有说服力就需要使学生们具备在学校学到的沟通与解决问题的技巧。要成功地对抗，就必须了解如何有效地组织团队；学生从小学到大学都有机会参与合作性的活动与项目。另外，学生在学校也被教授如何有效地公开演讲，而且有技巧地对抗也需要人们具备能力来阐明该群体对公众的关切。

虽然采用经济施压似乎与学校不相关，而仅与个人所控制的经济资源有关，但是研究表明一个人收入的高低取决于其受教育程度（Bonilla-Silva,2001；美国劳工部 U.S. Department of Labor, 2000）。组织成功的抵制活动需要社区中有足够多经济资源的人对那些反对变革的人施加压力。同时，个人受教育程度也是采用内外联合策略的一个重要因素。合法候选人或被任命者对决策团体的可信任度与其教育相关。

最后，教育在研究中起到了更为决定性的作用。虽然任何掌握有效研究基本原理的人都可以做研究，但是传播广泛、影响公众与公司方针政策的研究往往是由有高等教育背景的人进行的。暴力是唯一不需要教育的策略；正如杰斐逊（Jefferson）在《独立宣言》中写到的，只有当人们觉得没有其他选择的时候，才会选择这种方法。学校必须教授非暴力策略运用的技巧与方法来解决社会不公正的问题。

> 欲变世界，先变其身。
> 　　　　　　莫罕达斯·K.·甘地（Mohandis K. Gandhi, 1869－1948）

表 7.1　美国的骚乱：自建国以来美国骚乱事件列表

年份	名称/地点	原因
1788	医生骚乱/纽约城	医学院学生挖出尸体
1834	选举骚乱/几所城市	要求给予新移民投票权
1835	废奴骚乱/几所城市	反对废奴主义者
1844	圣经骚乱/费城	在公立学校使用天主教圣经
1863	征兵骚乱/纽约城	征兵法中的腐败与不公
1877	铁路骚乱/巴尔地摩，匹兹堡，芝加哥，其他	工人罢工争取公平工资
1885	反华骚乱/罗克斯普林，怀俄明州	反对使用华工修建铁路
1908	种族骚乱/斯普林菲尔德（IL）	（虚假的）一白人妇女声称被一黑人强奸
1917	种族骚乱/东圣路易斯	白人罢工期间雇佣黑人来代替白人
1921	种族骚乱/塔尔萨（俄克拉荷马州）	（虚假的）一白人妇女声称一黑人企图强奸
1942	佐特装骚乱/洛杉矶	有人声称水手受到穿佐特装的花衣墨西哥流氓的袭击，导致水手袭击美籍墨西哥人
1965	瓦特骚乱/洛杉矶	例行的交通扣留引发对警察和法律系统不公正待遇的抗议
1967－1968	种族骚乱/底特律、纽瓦克和其他城市	抗议警察对黑人嫌疑人的残忍野蛮行为、本地种族不公待遇和对马丁·路德·金的遇刺
1992	种族骚乱/洛杉矶	抗议白人陪审团对被录像摄下殴打黑人罗德尼·金（Rodney King）的白人警察宣判无罪

后记

今日的美国社会正在应对内部的多样性，同时也在试图理解并适应其外部地球村的多样性。美国要向其他国家学习应对多样性的经验。从历史经验看，西欧人主导的社会一直不容忍差异，甚至容许迫害那些不按宗教和政治权威而思考或行动的人，这导致了宗教、族群与国家间的冲突。当人们开始包容时，泽尔丁（Zeldin，1994）认为这种包容不够合理："这并不是出于对他人观点的尊重，也不是因为他们知识丰富，而是由于现实所迫。这意味着无视他人的想法"（p.272）。

美国比欧洲任何国家都更具多样性，美国出现了保持盎格鲁同化还是促进多元主义的论争。泽尔丁（Zeldin，1994）解释了为什么只提倡容忍是不够的："被容忍的人要求被理解，而不是被忽视，而且对那些自认为屈尊的人的轻视很敏感。他们不想听到差异性不重要的话"（p.272）。多元主义超越了容忍，需要理解与接纳差异性。许多美国的公共机构对多样性做出了积极的回应并在该问题上公开表态。埃克（Eck，2001）赞扬了女童子军组织的如下声明：

> 多元主义意味着接纳和尊重不同背景、经验和文化的民族……我们或许没有多元主义的多样性，但若不重视多样性就不会有多元主义（p.76—77）。

> 我们都是有文化传统的美国人，以不同的文化塑造美国生活。我们像是乐章中的音符，如果所有的音符都是一样的，就没有乐音和美感。乐音是差异构成的。
>
> 罗杰·盖拉罗（Rosa Guerrero, 1934 - ）

如果美国人要说明多元主义的态度，教育者们必须教授所有学生有关多样性的知识以及多元群体的个人是如何为我们的社会作出贡献的。如果需要通过非暴力变革的策略来改善并维持社会发展（互相尊重中的讨论与辩论），老师就必须帮助学生发展有效使用非暴力策略的能力。学校如何实现这样的功能，美国在变革中采用了何种多元主义的策略与实践将是本书最后一部分的核心，当然我们有必要先理解我们的社会中多元群体所经历的问题。

术语和定义

盎格鲁同化（Anglo conformity）：因为在殖民地时期及建国伊始，英国人是统治群体，因此将美国的价值观、规范和标准视为英国文化的延伸。

抵制（Boycott）：通过拒绝使用、购买某个群体、组织或国家的东西，来反对不公正的事情，并强迫对方来解决这种不公正状况。

无视肤色（Color blind）：认为一个人不应该注意或考虑别人肤色的种族态度。

熔炉（Melting pot）：当不同种族、民族背景的移民来到美国，他们的文化与早先来者的文化相混合，从而形成一种新的、具有鲜明美国特性的认同感。

多元主义（Pluralism, cultural pluralism）：在一个国家的疆界内，不同文化互相依存地平等共存。

隔离主义（Separatism）：每个不同的种族、民族或其他群体建立完全分隔的社群。

参考文献

Adams, D. W. (1995). *Education for extinction: American Indian and the boarding school experience*, 1875—1928. Lawrence: University Press of Kansas.

描写印第安事务局寄宿学校的建立过程，并审视了寄宿学校对印第安学生的影响。

Appleton, N. (1983). *Cultural Pluralism in education: Theoretical foundations*. New York: Longman.

考察美国如何变得多元化，美国教育对多元主义的反应以及我们多元主义社会的未来是什么样子。

Aronson, E. (1999). *The social animal* (8th ed.). New York: W. H. Freeman.

展示对社会心理学的总的看法，并描述这些关于人类行为的研究所揭示的模式与动机。

Barrett, J. R., & Roediger, D. (2002). How white people became white. In P. Rothenberg (Ed.), *White privilege: Essential readings on the other side of racism* (PP.

第七章 反对压迫性关系：多元社会的文化多样性逻辑

29—34). New York：Worth.

讨论移民被美国化的过程，注意白人特权被用于诱使移民被多数群体同化。

Bonilla-Silva, E. (2001). *White supremacy and racism in the post-civil rights era*. Boulder, Co：Lynne Rienner.

从职业、健康、教育成就以及其他社会指标的角度，考察黑人和其他少数民族在经济上落后于白人的原因。

Brooks, R. L. (1996). *Integration or separation? A strategy for racial equality*. Cambridge, MA：Harvard University Press.

解释种族整合和隔离主义在美国未能取得成功的原因，并讨论"有限隔离"方法是怎样成为一个成功的选择的。

Claiborne, R. (1983). *Our marvelous native tongue：The life and times of the English language*. New York：Times Books.

描述英语作为一种语言的演化过程，以及英语对塑造世界各国文化的影响与贡献。

Cole, S. G. , & Cole, M. W. (1954). *Minorities and American promise*. New York：Harper Brothers.

提供对多样性的讨论框架；批判盎格鲁同化和熔炉模式；并描述群体间的文化互动如何能达成文化一致性。

Cronon, E. D. (1955). *The story of Marcus Garvey and the universal Negro Improvement Association*. Madison：University of Wisconsin Press.

描述马库斯·加维(Marcus Garvey)的理想与渴望——"起与落"。

Eck, D. L. (2001). *A new religious America：How a "Christian Country"has become the world's most religiously diverse nation*. New York：HarperCollins.

考察美国多元宗教的发展，尤其关于1965年以来的移民模式，并描述其影响与潜力。

Fuchs, L. H. (1990). *The American kaleidoscope：Race, ethnicity and the civic culture*. Hanover, NH：University Press of New England.

主张移民群体成功地实践美国的社会与政治原则。

Gladwell, M. (2005). Blink：*The power of thinking without thinking*. New York：Little, Brown.

考察影响了一个人的选择与行为的思考过程的潜意识。

Gordon, M. (1964). *Assimilation in America：The role of race, religion, and national origins*. New York：Oxford University Press.

回顾移民与同化的研究，讨论正在出现的有关民族多样性的视角：盎格鲁同化、熔炉和文化多元主义。

Hattam, V. (2004). Ethnicity：An American genealogy. In N. Foner & G. M. Frederickson (Eds.), *Not just black and white: Historical and contemporary perspectives on immigration, race and ethnicity in the United States* (PP. 42—60). New York: Russell Sage Foundation.

讨论在美国针对民族多样性的各式各样的反应。

Infact. (2003). About Infact. Retrieved May 20, 2003, from http:/www.infact.org/aboutinf.html

提供有关该组织的信息,包括他们参加雀巢抵制事件的情况。

Jones, G. R., & George, J. M. (2003). Managing diverse employees in a diverse environment. *In contemporary management* (3rd ed., pp. 112—149). New York: McGraw-Hill.

描述顾客以及劳动力越来越多元的现象。

Laosa, L. (1974). Toward a research model of multicultural competency-based education. In W. A. Hunter (Ed.), *Multicultural education through competency-based education* (PP. 135—145). Washington, DC: American Association of Colleges for Teacher Education.

讨论文化多样性的价值,以及为使教师做好准备教授文化背景多元的学生而开展因能力为基础的(competency-based)教育的必要性。

Locke, A. (1989). *The philosophy of Alain Locke: Harlem renaissance and beyond*, L. Harris (Ed.). Philadelphia: Temple University Press.

通过若干篇论文讨论多元主义与民主的关联性,其中包括《多元主义与知识分子民主》和《多元主义与意识形态和平》。

Martin, W., Jr. (1984). *The mind of Frederick Douglass*. Chapel Hill: University of North Carolina Press.

描述对弗雷德里克·道格拉斯(Frederick Douglass)学术发展的影响。

Menand, L. (2001). *The metaphysical club*. New York: Farrar, Straus, & Giroux.

讨论引发实用主义哲学的各种观点的发展过程,并解释这如何对霍勒斯·凯伦(Horace Kallen)和阿兰·洛克(Alain Locke)的文化多元主义观念构成影响。

Naisbitt, J., & Aburdene, P. (1990). Global lifestyles and cultural nationalism. In Megatrends 2000 (PP. 118—153). New York: William Morrow.

针对全球化所导致的均质性,讨论文化独特性(cultural uniqueness)的主张。

Pai, Y., & Adler, S. (1997). *Cultural foundations of education* (2nd ed.). Upper Saddle River, NJ: Merrill/Prentice Hall.

在第四章《文化多元主义、民主和多元文化教育:1970—1990》中讨论多元主义与民主的关系。

Pipher, M. (2002). *The middle of everywhere: The world's refugees come to our* town. New York: Harcourt.

使用统计数据描述当前赴美移民的本质；该书主要基于与移民的访谈。

Schaefer, R. T. (2004). *Racial and ethnic groups* (9th ed.). Upper Saddler River, NJ: Pearson.

提供有关少数种族与民族的信息，也包括有关女性、宗教多样性、移民和跨文化比较的章节。

Schlesinger, A., Jr. (1991). *The disuniting of America: Reflections on a multicultural society*. Knoxville, TN: Whittle Books.

提供历史上有关少数民族多样性的各种视角的总的看法。

Seldon, H. (1996). On being color-blind. In J. Andrzejewski (Ed.). *Oppression and social justice: Critical frameworks* (5th ed., PP. 297—298). Needham, MA: Simon & Schuster.

分析坚持"无视肤色"视角的含意。

Simpson, E. (1967). Meditation 17. *John Donne: Selected prose* (PP. 100—101). London: Oxford University Press.

被认为是有关人类紧密联系的最具深远意义的论述之一。

Tatum, B. D. (1997). *"Why are all the black kids sitting together in the cafeteria?" and other conversation about race*. New York: Basic Books.

解释青春期种族认同的发展，以及美国人需要进行并维持种族间对话的各种障碍。

Terry, R. W. (1975). *For whites only* (2nd. Ed.). Grand Rapids, MI: William B. Eerdmans.

讨论白人信奉多元主义的必要性，介绍推动社会变革的策略。

Terry, R. W. (1993). *Authentic leadership: Courage in action*. San Francisco: Jossey-Bass.

考察六种领导风格，将领导(leadership)定义为正确的设计问题并合乎道德地使用权力应对问题的能力。

U. S. Census Bureau. (2005). Florida, California and Texas to Dominate Future Population Growth. Retrieved July 10, 2006, from http://www.census.gov

提供美国目前与未来人口发展趋势的有关信息。

U. S. Department of Labor. (2000). *Earnings differences between women and men*. Available from the Women's Bureau under Facts on Working Women. Retrieved April 12, 2003, from http://www.dol.gov/dol/wb

提供有关男女薪酬差距的发展历史的信息。

Williams, C. (1968). *Manifesto*. Ann Arbor: Michigan Education Association.

提供在学校中倡导文化多元论的基本原理。

Williams, C. (2003). Managing individuals and a diverse work force. In *Management* (2nd ed., pp. 343—371). Versailles, KY: Thomson Southwestern.

解释多样性在公司中得到促进的原因，讨论多样性的益处以及有效管理多样性员工的原则。

Williams, J. (1987). *Eyes on the prize: America's civil rights years*, 1954—1965. New York: Viking Penguin.

在第三章中(第59—89页)描述"蒙哥马利公交车抵制运动"(the Montgomery bus boycott); 美国公共广播公司(PBS)纪录片《关注奖赏：美国民权运动岁月》(Eyes on the prize: America's civil rights years)第一集，"觉醒：1954—1956"(Awakenings: 1954—1956)(Blackside, Inc., 1986)。

Wright R. H. (1991). *The Birth of the Montgomery bus Boycott*. Southfield, MI: Charro Press.

用第一人称描述了对抵制运动至关重要的前四天的情况。

Zangwill, I. (1915). *The melting pot*. New York: Macmillan.

提供熔炉理论观点。同样相关的还有《哈德逊河上的莫斯科》(Moscow on the Hudson)，可通过影像获得当代熔炉理论观点(哥伦比亚影业公司，1984)。

Zeldin, T. (1994). *An intimate history of humanity*. New York: HarperCollins.

检视私人生活与关系，也扩展到通过多样的视角、运用广泛的知识来探索普遍的人类历史。

复习和讨论

总结练习

请参照本书第31—32页的练习，总结本章的重点并界定关键术语。

辨析题

辨析练习1. 区别观点：关于美国的民族构成

说明：你是否听到或参与过对话，能够反映出你关于美国民族与种族关系的观点？在该项练习中，通过对于民族多样性的观点来识别每一项陈述。当你完成对每项陈述的评价后，和你所在小组或班级的同学对一下答案。

AC=盎格鲁同化　　　　MP=熔炉

第七章　反对压迫性关系：多元社会的文化多样性逻辑

P＝多元主义　　　　　　　S＝隔离主义

_____ 1. 我的父母决定不教我老挝语。他们希望这能使我更快地成为一个美国人。

_____ 2. 我越来越从家庭的角度而不会从国家的角度来考虑问题。我来自意大利家庭、信仰天主教、在中等偏低阶层家庭长大这些所带来的差别似乎对我越来越重要了。

_____ 3. 我们种族对于其他种族的依靠就如同拄着一个破拐杖：靠它休息会最终让你摔到地上。黑人需要自己的民族与国家，在那儿他们能够最好地展示他们取得进步的能力。

_____ 4. 现在听我说，尼基(Nikki)，你开始理解我们的美国方式了，所以你越早放弃你的波多黎各观念，越容易取得成功。

_____ 5. 我们的血就如同亚马逊的洪水，由数千条涓流汇成一股。与其说我们是一个国家，不如说我们是一个世界。

_____ 6. 日本民族是一个敌对的民族，当许多在美国的土地上出生的第二、第三代日本人取得美国国籍并"美国化"的时候，他们种族的血统并没有改变。

_____ 7. 表面上我过着白人的生活，但事实上我始终与部落生活保持着直接的联系。当我学会所有我能学会的白人文化的时候，我从未忘记自己民族的文化。我保持着部落的语言、习惯与行为，唱部落的歌、跳部落的舞。

_____ 8. 几年前，这些希腊移民什么都没有，而现在他们中的大多数人都得到了需要的东西。他们很富裕。当然，最富有的人都已经离开了希腊社区，住在郊区。

_____ 9. 老师必须教给我们的孩子他们需要知道的东西，但是当老师针对孩子工作时还必须具备有关我们的文化的渊博的知识。这一点对我们切洛基族的维持具有至关重要的意义。

_____ 10. 阿们宗派不与外界交际。他们通过宗教、血缘、风俗紧密结合在一起，而且他们愿意继续这样下去。

_____ 11. 对，我对我的名字感到羞耻。不仅是这个，我对作为一个犹太人感到羞耻。随便怎样吧！删除亚伯拉罕·艾萨克·亚肖斯基(Abraham Isaac Arshawsky)，输入亚特·肖(Art Shaw)！你看，当然，这个小小的改变多么简单。一个新的名字，一个新的个性。就是这样简单！

_____ 12. 印第安儿童被教导"像白人一样生活、像白人一样思考。"他们完全失去了作为纳瓦霍人的自我认同。

_____ 13. 我所愿意做的就是获得更多更好的有关我是谁的广博知识，我的共同体从何处来，以及我的儿女还有他们孩子未来会往何处去：我不想失去历史。

_____ 14. 我只期望政府像待所有其他人那样待我。如果我不能回到自己的家，那么请让我在某个国家拥有一个家，在那儿我的人民不会那么快死去。

_____ 15. 我的学生是黑色、白色、棕色、绿色、红色、黄色还是紫色对我来说没有区别。他们是"学生"，我对他们一视同仁。毕竟，我们都是人。我们为什么不能彻底地忘记肤色，像对待人一样彼此相待呢？

改编自《多元文化社会的教育》，美国弗雷德里克·罗德里格斯大学出版社（Frederick Rodriguez University Press of America）(1983)。

辨析练习2. 压迫：个人洞察力建构练习

说明：在该项练习中，思考"权力"的意义，该练习的步骤在如下作出解释的部分中。

第一部分：有些人是具有社会、政治、经济影响力的群体的成员，而有些人几乎没有社会、政治或经济的影响力。有时当我们拥有可观的权力的时候，我们的反应可能是和具有同等地位的人一起去指责受害者，而不是更加敏感地对待那些影响力较弱的人。比如，一个有受压迫感的白人男性工人，作为一个白人，可能会因自己所感到的焦虑而去批评有色人种；或者，作为一个男人，而去批评女人；或者，作为一个公民，而去批评移民。与你班上的同学展开头脑风暴，完成下表中第一、二栏中的内容，指出相关个人或群体的影响力较大或较小。

第二部分：在你的小组中，识别出一些伤害弱势群体人的方式。在下表中第三栏写下你们的意见。

影响力较大	影响力较小	无影响力的人如何受到伤害？
成年人	年轻人	_____
男人	女人	_____
_____	_____	_____
_____	_____	_____

第七章　反对压迫性关系：多元社会的文化多样性逻辑

富人	穷人	_____
白人	有色人种	_____
_____	_____	_____
老板	工人	_____
异性恋	同性恋	_____
_____	_____	_____
健全人	残疾人	_____
基督徒	犹太人	_____
_____	_____	_____
美国公民	移民	_____
_____	_____	_____

小组活动

小组练习1. 你倡导平等吗？

说明：在我们的日常语言中，我们所说的一些话语的内涵显示了压迫性关系。仔细阅读下列表述；然后选择"是"或"否"，并简述理由。在写下答案时思考题目中的含义。将你的答案与另外两位同学分享，讨论可能出现的文化、偏见、刻板印象或成见。

1. 大部分时间，丈夫是否应该帮助妻子做家务、带小孩？

　　是_____ 否_____ 原因：

2. 通常在决定进行重要采买或投资之前，丈夫是否应该征求妻子的意见？

　　是_____ 否_____ 原因：

3. 丈夫是否应该同意妻子出去工作，即便这会妨碍她做家务和带小孩？

　　是_____ 否_____ 原因：

4. 丈夫是否应该愿意让妻子在性方面采取主动？

　　是_____ 否_____ 原因：

5. 当妻子就政治或智力问题表达非正式观点时，丈夫是否应该感到愉快，即便她的观点与他的不同？
   是_____否_____原因：
6. 当妻子不能看护孩子的时候，丈夫是否应该同意临时照顾孩子？
   是_____否_____原因：
7. 你是否认为自己相对来说是被解放了的？
   是_____否_____原因：

社区活动

实地考察
你所在的社区或学校历史变革的情况怎样？指出有关你所在的大学或市镇建立的信息。概述变迁发生的历史过程。变迁的主要促进因素是什么？其中是否有移民或第一代美国人的参与？提供该社区的建立者与变迁的书面或图片资料。

参与性学习
你所在的市镇或学校是否有计划要变得更为多元？指出你所在的地区的一项促进、接纳或学习更多有关人类多样性的积极结果的主动行为。参加该活动，并指出该活动的宗旨、目的或预期结果。坚持到该活动最后完成，并展示有关该活动及其结果的照片和海报。

第三部分　当下族际关系的两难状态

第三部分介绍了当下美国各群体受到的由于种族、性别、性取向、阶级和残疾差异所导致的压迫。本部分不仅强调了制度性的歧视，还介绍了由文化偏见、个人偏见和个人消极行为所导致的歧视。

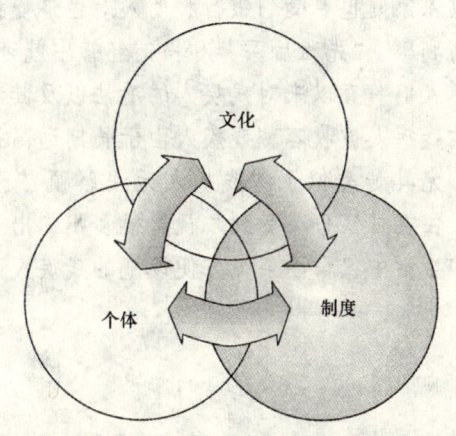

虽然第二部分中介绍的白人至上主义已不再是美国的文化规范，但美国文化中仍体现出了白人优势。第八章将就此问题进行介绍。持续的个人种族偏见使得邻里和学校里的种族隔离越来越严重。人们的很多做法都存在着或明或暗的制度性歧视，譬如口头雇佣、学校中的分班制度、房产经纪带顾客去特定的街道看房和社区为减少或抵制少数种族群体所采取的代表全区的选举。

第九章分析了在日常语言中存在的性别歧视的含义，并提供了非性别歧视的表达方式以替换一直以来宣扬性别歧视言语。言语不仅体现了人们对男女的态度差异，从家庭暴力到强奸等一些对女性的暴力也暴露了人们的性别歧视。此外，男女间的收入差距、剥削女性做兼职工人和工作场所的性骚扰也体现出社会中存在制度性性别不平等。

第十章介绍了欧美对同性恋持文化偏见的历史影响以及由偏见导致的误区。虽然很多科学研究驳斥了这些误区，但美国人仍对男女同性恋者持有蔑视的态度,并形成了"恐同症"。工作场所、法律系统、军队和学校里也普遍存在着对同性恋的制度性歧视。当然也有一些运动支持同性恋者获得与其他人同等的法律地位。

第十一章介绍了美国的文化价值观一直以来是如何通过宣扬"穷人应为自己的穷困负责"来影响美国人对穷人的看法的。这种文化影响在20世纪30年代大萧条时期曾一度中断。那时美国人被迫要求政府出面解决贫困蔓延的问题。很多大萧条时期的政策仍然在实行,然而之前的消极态度又卷土重来,尤其是对待穷人方面,其中包括对接受福利者能力问题的认识误区。各种事业机构借助政府照顾富人的经济政策进一步剥削穷人,使贫富差距越来越大。脆弱的低收入家庭也要受到银行和商人对经济操控的影响。这一点我们从拒绝贷款、高利率、"先租后买"和当铺经营中就可以看出来。

第十二章介绍了人们一直以来对残疾人的看法以及其如何在美国形成文化偏见,并最终导致残疾人被收容。残疾人由于长期远离社会,使得人们对他们产生负面看法,尤其是类似于"残疾人无法照顾自己"这类态度。所以,即使有些残疾人住在社区也会受到歧视。很多州都出台法律减少或撤销收容所,即便在日常生活中仅需要很少方便设施的残疾人,也在遭受着各种各样的歧视。

第八章　种族主义：美国所面临的历史遗留问题

"种族问题依然是美国最具道德困境的问题，当人们意识到这个问题对国家的影响时，其解决方式关切我们的命运。"

马丁·路德·金（Martin Luther king, Jr, 1929—1968）

我们将人根据身体外形差异划分为不同种类，由此产生了种族问题和种族主义。种族主义的概念在19世纪被人们广泛接受，它认为人类不同种族的某个群体优于其他群体。即便在今天，幼童依然在学习这些人类是有差别的经验。

在美国西北部的一个逐渐变成大型吉普赛人的聚居区里，其小学教师注意到吉卜赛小孩和其他小孩之间有敌意。教师们决定开设一些与吉卜赛历史和文化有关的课程。为此，他们聘请卡洛斯·考特斯（Carlos Cortes）作为顾问来帮助他们解决这一问题。

考特斯（Cortes, 2000）要求教师了解这些小孩先前已有的对吉普赛人的认识，尤其是一些负面的信息或成见。这些老师们却认为，这些孩子太小还不懂什么是成见，并且由于吉普赛人到这里不久，小孩们很可能都没有太听说过他们。但是，考特斯还是坚持要求老师与这些孩子交谈以了解他们对吉普赛人的认识。如果交谈中孩子们表达出偏见或成见，要先处理或纠正那些错误的认识再告之新的信息。教师们执行了考特斯的建议后，他们被这些孩子对吉普赛人的看法震惊了：孩子们认为吉普赛人是肮脏的，他们偷东西，还绑架婴儿。我们发现在美国，儿童很容易通过学习而变成一个种族主义者，他们从自己的文化中习得这些经验，这让人感到可悲。

文化种族主义

文化种族主义是指在一个多种族社会中，一个种族群体的活动或贡献被认为优于其他种族群体的做法。

美国自始就是一个多种族混合的国家，然而社会上显现出来的主流文化往往不能涵盖所有的种族群体。安兹耶夫斯基（Andrzejewski, 1996）将"压制"的某方面描述为一个具有民族优越感的群体将它的文化强加给其他民族或群体。由于学校被普遍认为是灌输下一代文化知识和价值观的组织机构，因此学校是我们着手分析文化种族主义的一个适当的场所。

在学校种族主义是如何传授给儿童和青年的?

> 20世纪以来，98%的黑人都是土生土长的，这比白人的比例高多了。黑人是地道的美国人。
>
> 玛格丽特·怀特（Marguerite Wright, 当代）

我们可能会从考特斯实验中产生误解，那就是学校为正视和减少种族偏见做出了努力。虽然这在某种程度上是对的，但太多的学校并不触及种族问题，并且往往错误地阐述种族群体在美国历史和当代生活中的作用。学生们可能被教导：奴隶贸易的起因是由于欧洲人把非洲人看作原始未开化的劣等人。尽管有些欧洲人持有这种观念，但并非人人都认同此观念。与非洲人从事贸易的英国商人的记述表明，他们认为："与他们进行交易的人有很好的社会政治体系，精明老练并很智慧"（Smedley, 1999, p.92）。

此外，一些学校通过认可首位达到某个特定目标或社会地位的黑人来称颂非裔美国人的成就。提供此类信息使学生相信美国允许所有的人追求自己的目标。但史密斯（Smith, 2004）指出，这样的成就也可以被视为是种族主义的一种反映。学生们很少被告知为何这个黑人是第一个达到此目标的，因为这涉及需要告诉学生，过去的种族制度和实践曾拒绝给黑人提供通过努力取得成就的机会。

教师和教科书在很大程度上忽略土著居民，这也显现了文化种族主义。

第八章 种族主义：美国所面临的历史遗留问题

当问及学生谁建立了现在称之为美利坚合众国的这个国家时，我们在教学中给出的答案很可能是"英国清教徒"或"英国殖民者"，我们想不到或者不了解这样的事实——1526年，非洲人被西班牙人带到南卡罗来纳州，并在此建立了定居点。我们往往忽略早在英国詹姆斯敦和普利茅斯定居点建立之前就有了西班牙定居点（在现在的佛罗里达州和新墨西哥州）。具有讽刺意味的是，美国的中小学生不把北美印第安人看做是"定居者"。鲁汶（Loewen，1995）论述道：

有些问题在于对定居这个词的理解。"定居者"是白人，一个学生曾经向我指出，印第安人没有定居。被定居这个词误导的不仅仅是学生。一部有关普利茅斯种植园造访者的影片讲述了"他们怎样致力于使一片充满敌意的荒野产生文明"（p.67）。

显然，"使荒野产生文明"的过程包括偷窃和毁坏坟墓，鲁汶引用了一位殖民者的日志，其中提到，仅仅在他们到达的第二天，"五月花"的两个人就来到了一户无人的印第安人居所，偷窃了一些东西，还提到他们打算稍后偿还给印第安人。

英国清教徒也从印第安人的储藏室拿了东西。在抵达的第一个寒冷的冬天，他们急需食物，便挖掘了几座印第安人的坟墓，因为他们知道有食物埋在尸体附近。他们由此感谢上帝帮助他们生存下来。鲁汶解释了这个反讽，其实感恩节从来不是一个庆祝印第安人和清教徒和谐共处的节日。内战中期，林肯总统宣布它为一个节日是为了提倡爱国主义。尽管老套的教科书描绘了印第安人和英国清教徒在感恩节共享食物的图景，然而许多土著美国人认为这个节日是文化种族主义的一个表现形式，并且不参加感恩节的庆祝活动（见图8.1）。

社会如何强化了学校文化种族主义的传授？

有时种族主义信息以不为人察觉的方式传递着。西特伦（Citron，1969）定义了他所称的"白人概念的正当性"，就是说儿童学会把白人视为正常，并会对那些偏离白人行为模式的人群做出否定评判。儿童看着电视、电影和广告上的白人面孔长大，他们阅读有关白雪公主和小飞侠的神话故事，请求白人模样的圣诞老人给他们圣诞礼物，并崇拜历史和文学中的白

图 8.1 公立学校课本中的缩图经常有这类图，显示了美国原住民与殖民者的融洽关系，然而实际上印第安人通常被逐出家园，往西迁移。

Source：*First Thanksgiving at Plymouth*, by Jeanne A. Brownscombe. Courtesy of Pilgrim Hall Museum, Plymouth, Massachusetts.

人英雄。白人小孩和青年通常进入以白人学生为主的学校，学习强调白人观念和成就的课程。因此白人小孩很可能无意识地认为非白种人是微不足道的。

最近几年，学者已经将西特伦的见解扩展到白人特权这一概念中，白人特权指的是白种人想当然地认为有色人种不应该有某些选择和行为。麦景图（McIntosh，2001）将白人特权形容为"一种隐形的不劳而获的资本"，并且列举出许多具体事例（p.164），可参阅表8.1的例子。阿克巴（Akbar，2003）将白人特权定义为以牺牲有色人种的利益而获得并得以维持的选择权、机会和舆论的集合。在阿克巴看来，白人特权如同那些相信上帝长得酷似他们的人一样傲慢，或如同阅读超人和蜘蛛侠漫画的儿童却无法在面孔上涂色彩来扮演英雄一样痛苦。这一问题如果不得到解决，白人特权可能会在白人青年和成年人当中产生一种不自觉的白人至上的意识，这包括了从家长制到对抗式的种族主义态度。

第八章 种族主义：美国所面临的历史遗留问题

表 8.1　白人特权

表中所列举的是一些白人所享有的而有色人群不能享有的特权：

1. 如果我需要搬家的话，我一定要在能支付得起的想住的地方租或者买房。
2. 我要确保那里的邻居对我来讲是可爱的，至少是不让人反感的。
3. 我大部分时间自己去购物，我必须确保没人跟着我或者想骚扰我。
4. 当有人告诉我我们国家的文化或文明的时候。给我的感觉是好像是和我同肤色的白人缔造了一切。
5. 我知道孩子们在学校的课程可以见证自己族群的生活方式。
6. 无论我用支票、信用卡或现金，我的肤色就可以说明我的财务的可靠性。
7. 我基本可以保护孩子们免于不喜欢他们的人带给他们的伤害。
8. 我可以穿别人穿过的衣服，或者不给人回信，没人会把道德低下、贫穷或文盲之类的坏品质归咎于我的种族性。
9. 一般如果我要求"要和经理理论"的时候，我见到的一定是和我一个种族的人。
10. 如果交警叫我靠边停车或税务局审计我的纳税情况时，我肯定这不是因为种族的原因。
11. 我很容易买到有白人形象的画报、明信片、图书、贺卡、玩具和儿童杂志等。
12. 我可以很容易买到适合我皮肤颜色的遮瑕膏和创可贴。

白人特权不仅滋生自负情绪和优于他人的心态，也能带来实际的好处。早期政策规定将农业和家政工人排除在社会保障计划之外，剥夺了几十万有色人种的权益。然而大多数白人却享受着这一权益。科维尔（Kivel，2002）引用了一则报告的结论：二战后黑人退伍军人被剥夺了许多权益，而这些权益却为白人退伍军人所享用，即使有色退伍军人能够获得权益，也比白人少很多。直到今天，成为白人意味着更有可能获得高报酬，有更多升职机会并更容易被批准贷款。休斯（Hughes，2004）指出白人只占美国人口的30%，而在拥有最高薪酬工作的人中白人竟然占到了75%。

白人特权不仅涉及经济利益，还包括文化利益，诸如能够塑造美国人对"现实"的概念。在学校，白人可以确定何时何地开设哲学、数学或古典艺术课程。据说美国的历史始于白人到达之前，在那之前发生的任何事情都被归属于大体上不相干的史前史类别。在反映白人特权的教室里，教科书、公告牌、课堂讨论以及作业都非常典型地以白人作为中心，其他种族或民族群体的贡献则可能很少体现甚至被忽略。由于理解种族和民族群体这一点并未得到强调，进入大学的白人学生也许会因为需要修读有关种族和民族方面的课程而感到惊讶或烦恼。

民族中心主义教育的后果是美国白人可能把本国某些有色人种看做是外国人。霍华德（Howard，1999）等人这样描述遇见亚裔或拉美裔美国人的白人，他们也许会问"你从哪来的？"当知道其家乡是芝加哥或迈阿密之类的地方时，他们会接着问，"哦，那你原来从哪儿来的？"如果这个有色人回答说他或她一直居住在芝加哥或迈阿密时，这个白人可能会想，"但我的意思是，你最早从哪来的？"在试图确定这个人的种族渊源时，提问者暗含了这样的看法，即其他人来自美国以外的地方，这是因为对美国家乡的回答实际上被忽略了。提问者实际在暗示，"你看起来不像一个美国人。"并且将"你不属于这儿"的信息明确传达给了被提问的人。

这种受文化推动的种族主义心态带来的后果轻则制造困扰，重则引发悲剧。在恐怖组织撞毁纽约世贸大楼后不久，一个白人走进亚利桑那州梅萨的一家便利商店，开枪打死了一名店员，因为这名店员当时裹着包头巾看起来像穆斯林或中东人。后来证实被害人不是外国人，他是美国人，不是穆斯林，而是从印度移民来的锡克族人。凶手为他的行为辩解，声称他不是一个种族主义者，他的行为是爱国主义的表现。

个体种族主义

个体种族主义包括种族偏见和种族主义行为。种族偏见是指一个人基于种族类别不同而持有的否定态度。它可以通过许多渠道获得：从含有成见的影片到代代相传的迷思。当有人通过说话或做事贬低、伤害一个人或群体从而表现出种族偏见时，种族主义行为就发生了。锡克教徒的谋杀是个体种族主义的极端案例，个体种族主义的表现方式还包括辱骂或拒绝雇佣有色人种等。讨论个体种族主义时，了解为种族主义行为辩解的态度及合理化分析是很重要的。

为个体种族主义辩解的否认性理由是怎样的？

虽然有研究表明，美国的种族偏见整体呈下降趋势，但个体种族主义依然盛行。1954年，布朗诉教育局的决议指出，种族隔离学校本质上是不

第八章 种族主义：美国所面临的历史遗留问题

平等的，同时规定美国学校废除种族隔离。社会对此政策反应迟钝，直到20世纪60年代学校废除种族隔离计划才最终得以实施。迫于法律规定和社会压力，全美的各个校区继续改进并实施废除种族隔离的决议。但在20世纪80年代，联邦最高法院的决议与当年废除种族隔离的命令背道而驰，而且由于缺乏强有力的政治压力，废除种族隔离的努力停滞不前。基于哈佛民权项目（Orfield & Lee，2006）收集的数据显示，现在学校的种族隔离变得比以往更甚，可是许多美国人否认学校的种族隔离依然是一个问题。

否认性理由（Denial rationalization）往往拒绝承认一个被充分证明的现实，否认美国的学校恢复了种族隔离就是一个实例。1968年，接近55%的拉美裔学生进入隔离制的学校。到1986年，这个比例超过71%，1998年该比例达到了76%，2003年该比例为77%（Orfield & Lee，2006；Wells，1989）。由于20世纪60年代废除种族隔离制度的努力只在将有色人种的学生融入城区学校方面取得成功，因此拉美裔学生进入了少数民族居多的学校。很少有白人学生进入城区学校，因为他们的家庭大规模地迁出城区，搬到了种族隔离的郊区，这种现象一度被称为"白人迁移"（Thompson，1999）。麦斯（Massey，2003）通过研究世界范围的多种族社会发现世界上种族隔离程度与美国相当的国家就是当年种族隔离制度下的南非。

与拉美裔学生类似，非裔美国学生也倾向进入种族隔离学校，一些州比其他地方实行种族隔离的程度更深。奥菲尔德和李（Orfield & Lee，2006）的研究表明加利福尼亚州黑人学生进入隔离制学校的比例最高，为87%，纽约为86%，伊利诺伊州为82%，得克萨斯州为78%。很显然，种族隔离不仅仅是南部诸州的问题。尽管有29%的北卡罗来纳州学生是非裔美国人，有37%进入隔离制的学校。北卡罗来纳州的比例已经够高了，但南部以外许多州的比例更高。这些对比清晰地表明了白人迁移对美国公立学校的影响。

许多白人争辩、游说、投票反对肯定性行动计划，他们认为学校已不再是种族隔离的了。这些白人相信并声称"运动场"是公平的，意思是白人学生和非白人学生高中毕业后，会平等地竞争大学的奖学金、职业培训及就业机会。但美国的现实正如考泽尔（Kozol，2005）和其他人所描述的那样：有色人种学生除了进入实行种族隔离制学校，大多居住于贫困地区，并在设施日益恶化的学校中接受教育。

与此相反，现在美国的中上层白人学生由于获得了丰富的经济支持，会进入拥有优良教学设施和课程设置的学校。在经济条件好的地区，大部分位于郊区以白人为主学校的学生拥有完善的设施，包括游泳池、网球场以及城区学校没有的奢侈设备。与此同时，城区学校的老师却在为无法获得最低装置的实验室及现行的教科书所困扰。尽管存在差异，但所有的学生都要通过同一标准测试进入大学、工业技术学校或者接受其他课程培训。

另一种白人用来为他们反对肯定性行动计划辩解的说法是否认种族主义的存在。由于大量有色人种生活在贫困中，一些白人认为贫困是真正的问题，这既影响白人也影响有色人种。事实上，种族因素的确导致了贫困。随着白人家庭迁至郊区，企业放弃旧城区，带走了资源和就业机会。这样造成的后果是，城区的学校主要面向有色人种的多元化学生，并需要处理因贫困学生过多而引发的问题。考泽尔（Kozol，2005）引用的一项研究表明，在以黑人和拉美裔学生为主的学校里，86％的学校有一半以上的学生可以获得免费或减价餐。

为了充分满足学生的需要，城区学校必须投入与郊区学校相同甚至更多的资金。但是事实上正好相反，长久以来城区学校靠少得可怜的资金运作，自然导致了不少失败。当低收入学生（尤其是有色人种学生）在学业上没有取得成就时，白人学生通常会认为"这些学生"在学校不努力，这不止是一种否定性的理由更是在指责受害者。

为个体种族主义辩解是如何以指责受害者为理由的？

芝加哥大学学者所做的调查显示，白人的评论大多似乎在指责黑人并认为他们存在不足。研究者在300个不同社区随机挑选了几百名住户进行了关于种族态度，尤其是白人对非裔美国人看法的调查（国家民意调查中心，1998）。

> 我在美国见到的大多数人都极具同情心。为何我们作为个体如此有怜悯心，而在一起就那么残酷？我搞不清楚。
>
> 约翰森·考泽尔（Jonathan Kozol，1936—　）

1991年的一项调查显示，62％的白人受访者认为黑人比白人懒惰，

53%的白人认为黑人不如白人聪明，56%的白人认为黑人比白人更倾向有暴力行为。1998年的一次调查指出，依然有56%的白人认为黑人懒惰，认为黑人比白人懒并且不如他们聪明的解释成为有个体种族主义倾向的雇主拒绝雇佣黑人求职者的理由。

在1998年，尽管持有黑人不如白人聪明这种看法的白人数量在下降（从50%降到35%），但是认为黑人更倾向比白人有暴力行为的白人数量却从1991年的56%上升到1998年的79%。认为黑人有暴力倾向的观念促使白人考虑建造更多监狱并制定更严酷的刑法，也影响到警官对黑人嫌疑人的反应并造成种族貌相（racial profiling）歧视。

例如，科维尔（Kivel，2002）引用关于美国少年和成年人犯罪的两大报告似乎就证明了种族貌相歧视。虽然美国未满18岁的青少年中黑人青少年只占15%，但他们占青少年拘捕犯的26%。尽管有同样数量的白人青年和黑人青年吸毒，但被拘捕的白人数量远远少于黑人，黑人在因吸毒而被定罪的人中占三分之二。种族差异在刑事司法系统内也存在。在青少年看守所里，黑人青少年占到了40%，其中46%的青少年会被移交至成人刑事法院审理，58%的青少年被投入成人监狱。在他们成人后这种差异仍会持续。一项对37个州的研究结果表明，黑人进监狱次数的平均值是白人的27—57倍（p.215）。

> 当你把一个人放低的时候，你身体的一部分也要低下去。因此你站立不起来。
>
> 玛丽安·安德森（Marian Anderson，1879—1993）

也许对1991年调查最有意思的回答是被此后调查所删除的一个问题：51%的受访者认为黑人不如白人爱国，这很令人惊奇，因为在美国关于爱国主义的传统的测量依据是愿意舍命保卫祖国。巴克利（Buckley，2001）描述了非裔美国人在美国的所有战争中的自愿性、积极性和为祖国不惜牺牲生命的精神。这些战争包括美国革命战争、内战、美西战争及20世纪的所有战争（见图8.2）。

为种族主义辩解采用了什么样的回避性理由？

回避性理由提出了片面或错误的解决方法，企图转移人们对种族主义造

图 8.2 这是美西战争中的黑人士兵照片，非裔美国士兵很少在电影和历史书中出现。
资料来源：North Wind Picture Archives。

成的某些问题的注意力。一种普遍的回避性理由源自白人如下观念，即他们认为1964年的民权法案，肯定性行动计划，以及此后的各种政策方案的通过，促进了在消除种族偏见和歧视这一目标上的重大进展。基于这样的认识，许多白人反对各种旨在帮助有色人种的计划：从娱乐性的篮球活动到双语教育。

由于非裔美国人在民权运动中发挥了很明显的作用，在针对这一运动所制定的政策方案中，人们或许会认为他们是主要的受益者，然而一项对非裔美国人经济状况的调查却与这个说法相悖。维尔纳（Wellner，2000）称，现在超过40%的黑人家庭是中产阶级，这是好消息。然而糟糕的是几乎49%的黑人家庭年收入仅为15000美元或更少。他们依然需要面对来自种族和阶级的巨大障碍。

黑人小孩有可能生活在贫穷家庭的几率是白人小孩的3.5倍。进一步说，比白人多两倍的黑人可能没有医疗保险。研究表明，从高中或大学毕业的黑人少于白人，从事低收入、低地位工作的黑人是白人的两倍（Morin，2002）。除上述统计数据，莫林（Morin）引用的由华盛顿邮报、亨利凯泽家庭基金会以及哈佛大学进行的一项全国性调查显示，依然有40%~60%美国白人相信美国在消除种族歧视上已经有了很大进展，现在美国黑人在经济上几乎与白人平等。

第八章 种族主义：美国所面临的历史遗留问题

当白人承认美国的种族问题时，我们经常表现得毫无责任感。美国历史上有许多白人讨论"黑人问题"的事例，好像此问题与白人无关。小说家理查德·莱特（Richard Wright）反驳了这种主张："黑人问题是不存在的，只存在白人问题（Lipsitz，2002）。莱特的意思是白人的种族主义的态度和行为引发了问题……在美国，种族主义意味着白人种族主义。美国不同肤色的人若要避开因种族主义所产生的问题是不道德、不实际的。

制度化种族主义

琼斯（Jones，1997）将制度化种族主义定义为："系统地反映并造成美国社会各种族的不平等的法律、习俗和惯例"（p.438）。在美国，我们依赖各种制度。个体种族主义是有害的，制度化种族主义由于能更广泛地影响人们而更具破坏性。

当一个有偏见的人基于种族原因对一个人或群体做出有意识的判断时，制度化种族主义可能是有意的。在威廉姆斯（Williams，2003）的一项研究中，成对的黑人和白人男性，与成对的西班牙裔和白人男性求职于相同的工作。他们用了相同的简历，接受了相同的培训以减少差异。但结果依旧是，白人获得工作的机会是黑人或西班牙裔人的3倍。

我们也知道有些体制种族主义可能是无意识的。已经有研究指出，有色人种购买汽车要比白人（尤其比男性白人）付更多的钱，然而汽车经销商代表们否认他们存在歧视行为，或许他们根本没有意识到这一点。格莱德威尔（Gladwell，2005）引用了一项芝加哥研究，在研究中，38名参与者扮成职业人士去购买汽车：其中有15名白人男子、7名白人女子、8名黑人女子以及5名黑人男子。按照严格的指令，他们保持同样的行为，见了242名汽车经销商并就同一辆汽车进行谈判。经销商给白人男性的价格比进价高出725美元，而给白人女性高出了935美元。给黑人女性的高出进价1200美元以上，给黑人男子的高出1690美元。甚至在与销售代表谈判完之后，黑人汽车平均价格高出进价1550美元以上；在不讨价还价的情况下，比给白人男子的价格多出两倍多。

因为大多数美国人似乎认同由于种族、民族、性别和其他因素导致的歧视是错误的，因此有必要了解制度化种族主义是如何产生的。无论是有意还是无意，制度化种族主义都给有色人种带来了消极的后果。失业统计资料表明了雇主在做决定的过程中种族因素是怎样产生差别的。

> 一个让人觉得可悲的事实是：大部分的恶都是由那些从没想过要做好人还是坏人的人做的。
>
> 汉娜·阿仁德（Hannah Arendt, 1898—1989）

就业统计是如何反映制度化种族主义的？

有色人种从事低收入、低地位工作的人数量极多，然而失业率往往比白人高得多。黑人青年的失业数据是令人震惊的，据泰森（Tyson，1997）的报道，相比白人青年14.2%的失业率，黑人青年的失业率达到了34%，在某些城市，这个比率高达60%。根据福斯特（Foster, 2001）的报道，高中毕业后就业差异仍在继续。非裔美国人高中毕业后一年的失业比例高于白人毕业生。这与毕业生是来自农村还是城区学校无关。无论他们的社会经济地位、就读的高中学校以及所就读的课程类型，黑人毕业后的失业率要比相应的白人高。福斯特认为种族主义是造成这种一贯存在的差异的原因。

虽然有肯定性行动的实施，但美国劳动统计局（2001）的研究证明，1990年的有色人种和白人相比的失业率比1960年的状况略糟，1990年是11%对应4%，而1960年则是10%对应5%。到了2000年，主要受90年代强劲而持续的经济推动的影响，这种状况略微有了改善，变为7.6%对应3.5%。尽管有强有力的经济推动，城区的白人和黑人工人的失业率还是显示出更大差距。美国威斯康星州密尔瓦基大学经济发展中心莱文（Levine, 2004）所作的研究表明，密尔瓦基与其他挑选出来的城市诸如芝加哥、休斯敦、洛杉矶和圣路易斯州的黑人和白人无工作的比率相对照（莱文关注的是无工作的比率而不是失业率），因为失业率不包括劳动力中因为没有合适工作机会而放弃找工作的成年人。在城区这尤其是一个问题。莱文的数据（见表8.2）显示在城区没有工作的黑人工人数量几乎是白人的两倍。在密尔瓦基58.5%的黑人工人没有工作，黑人工人和白人工人之间存在25.7%的差距，这已成为一个最严峻的现实问题。此类数据清晰地表明，在聘用雇员时，种族是一个潜在或明显的影响因素。

第八章 种族主义：美国所面临的历史遗留问题

表 8.2 在一些城区的黑人/白人的无工作的比率

	无工作的比率		
	黑人	白人	差异
1.密尔沃基	51.1	18.6	32.5
2.布法罗	51.4	25.3	26.1
3.底特律	50.6	25.6	25.0
4.圣路易斯	46.3	21.4	24.9
5.芝加哥	45.1	20.4	24.7

来源：威斯康星大学（密尔沃基）经济发展研究中心(2008)。

制度化种族主义如何影响着聘用决定？

为了解为什么黑人和白人的失业率方面会存在差距，我们需要考察机构是如何做出雇佣决定的。研究资料多次表明，用于招聘和雇佣员工最重要的方式之一是口头推荐式招聘，如果求职者有在这家公司工作的亲戚或朋友推荐他们，那么这些求职者会有更好的录用机会。研究表明，60%～90%的蓝领工人因为家庭或朋友的推荐而被雇佣——在聘用白领的决定中也可发现同样的模式。

雇主认为他们受益于这种口头推荐的方式。如果一个受信任的员工推荐了某个人，雇主相信会大大降低考察被雇佣人资历方面的风险。另一个好处是雇佣成本最小：不用花钱做广告就可以招到员工。由于这种口头推荐的招聘，立浦斯茨（Lipsitz，2002）发现，86%的现成工作空缺岗位都没有被刊登在地方报纸的分类广告中。

由于美国种族隔离和歧视的历史，口头推荐式招聘往往对有色人种不利。过去，白人男性求职者远远优越于女性或有色人种求职者。这种偏好一度过于明显以至于州政府和联邦政府通过了反歧视法来处理这个问题；尽管如此，白人男子还是占据多数的劳动力数量。谢弗（Schaefer，2004）评述了社交距离说，指出人们习惯于偏爱与他们自己类似的人；因此白人可能会推荐其他白人，就是因为他们觉得和这些人相处起来比较舒服。

此外，由于居住隔离的缘由，白人美国人并没有显示出结交有色人种的趋向。当白人为其朋友或亲戚推荐工作时，他们认为只是在帮助他们认识的人，而不会阻碍有色人种的录用。无论是否有意识，口头推荐的工作招聘方式为白人求职者带来了明显的优势且助长了歧视的发生，这在关于黑人工人和白人工人失业率差距的统计资料中有所证实。

保障就业的另一种方式是加入工会。但是,许多工会的准入政策仍然歧视有色人种,尤其是在历来由白人工人支配的并有歧视有色人种的历史记录的技术行业协会,工会通常主要接收由目前会员推荐的新会员。伴随着口头推荐招聘方式,工会的白人会员可能会也可能不会推荐有色人种,但他们更有可能认识并推荐白人。

在考虑公司地理位置的决策中也有种族歧视现象。由于美国社区依然存在种族隔离模式,一家公司设在白人聚集的郊区就意味着所雇的人主要或全部是白人。研究表明,当新公司选址或老公司在选定新址时,往往会聘用那些居住在距他们30—40英里范围内的求职者。

20世纪90年代,威尔逊(Wilson,1996)报告了一种工业郊区化的趋势,尤其在零售贸易企业较为明显,目前这种趋势仍在继续。白人聚集的郊区通常因为他们比城区富裕并在公司迁址的决定上更具影响力而具有优势。威尔逊的研究称住在郊区公寓的低收入的黑人,明显更有可能比住在城市公寓的低收入黑人找到工作,原因就是郊区有更多可得到的工作。列昂那多·怀特(2004)引用了一项关于45个城区相关问题的研究,该研究指出,25%到50%的黑人失业原因是由于工作机会被转移到了郊区。也许一家公司选址的原因更多的是考虑到经济动机而不是种族因素,但这个决定的结果具有种族性的影响。

制度化种族主义如何使社区进一步隔离?

研究表明,种族隔离现象仍在美国社区存在。尽管自20世纪80年代以来这种情况已经有了一些改善,麦斯(Massey,2003)描述了城区黑人和白人种族隔离的程度。

最常见的测量居住区隔离程度的方式是采用从0到100的一个量度,其中0表示黑人和白人在社区内均匀分布,100意味着黑人和白人之间不享有任何共同区域。数值高于50属于隔离程度"高",70以上是"极高"……在美国大城市中隔离程度最高的是底特律,其数值高达85,其次是密尔瓦基(82)、纽约(81)、纽瓦克、新泽西州(80)、芝加哥(80),其他隔离指数处于"极高"的地区包括布法罗、辛辛那提市、克里夫兰、堪萨斯城、费城和圣路易斯(p.22)。

第八章　种族主义：美国所面临的历史遗留问题

以往的歧视行为是公开的，包括业主通过合同向社区内其他业主保证，他们将不会把房屋卖给有色人种家庭。现在这样的手段是违法的，因此有其他类型的歧视行为发生。

> 白人在社区中经常联手将搬进来的黑人家庭挤出社区。他们称此为"社区行动"，并将此视为他们的准则。
>
> 戈登·奥伯特（Gordon Allport, 1897—1967）

有些人认为美国人的态度正在转变。福斯特（Foster, 2001）引用了一项1958年的调查研究，其中白人被问道："如果一个黑人家庭搬到他们附近，他们是否会搬离这个社区？"44%的人回答"是"，但在1997年的研究中仅有1%的美国受访者说他们会搬离。在1958年的研究中，80%的白人受访者表示如果大量的黑人家庭搬进这个社区他们会离开，而1997年的调查显示只有18%的人表示会搬走。但是福斯特和其他研究者引用的研究证明在一个社区内只要黑人家庭数量不超过其居民的7%~8%，白人家庭会一直待下去。一旦超出这个比例，白人家庭就会搬走（Bonilla-Silva, 2001）。

房地产经纪人种族导向（steering）的惯例证实了社区种族隔离的存在。种族导向这个术语指的是将在白人社区待售的房屋与有色人种社区的待售房屋分开销售。房产经纪人根据客户的种族带他们到不同的社区看房。如果有特殊的要求，顾客也会被带到合住的社区。如果被指控有种族主义嫌疑，房产经纪人可能会声称，不希望有色人种搬进他们社区的白人业主不会把他们房子交给带有色人种看房的经纪人。经纪人往往会坚持认为他们没有种族歧视而仅仅是在尊重委托人的意愿。

分区法令也有可能导致社区种族隔离。市议会往往会批准在某些居民区禁止多户家庭居住的条例。此类地区的住房成本往往超出许多有色人种家庭的财力。多户家庭型住房的租金价格则是许多有色人种可以承担的。所以明确禁止多户家庭住房分区法则的通过实际上排除了有色人种家庭搬进此类社区的可能性。

除了隔离，对于有色人种来说，花钱购买房屋往往更为困难。一项波士顿联邦储备银行的研究表明，白人业主为主的低收入居民区的抵押贷款发放量几乎是非裔美国人业主为主的低收入居民区的3倍。房屋信贷员似乎更倾向于忽略有诚信记录的白人申请者的问题。立浦斯茨（Lipsitz，2002）引用的一项洛杉矶研究发现，针对白人和黑人贷款申请人存在不同的资格审查标准。针对休斯敦银行的调查指出，13%的白人中等收入申请者被拒绝贷款。与此相比，有36%的黑人申请者被拒绝。一项针对亚特兰大住房贷款制度的研究表明，他们批准白人贷款的数额是黑人的5倍。由于美国家庭倾向让他们的孩子进入社区学校，在某种程度上而言，种族隔离社区造成了学校的种族隔离。

制度化种族主义在学校的存在情况如何？

从本章提供的统计数据来看，美国学校实行了种族主义隔离。事实上，现在比以往任何时候的隔离程度都深。美国国会最近所做的支持学校种族融合的重大努力是1972年法律规定要为学校废除种族主义提供资金。根据加里·欧菲尔德的哈佛公民权利项目方案和法院废除种族隔离的指令，美国学校在二十多年的时间里一直在试图废除种族隔离。那时数据显示，高中毕业的有色人种学生的数量显著增加，且考试成绩中体现的种族区分显著下降（考泽尔，Kozol，2005）。随着学校在20世纪90年代开始恢复种族隔离后，不同种族学生的考试成绩差异再次扩大。欧菲尔德的研究显示，不断恢复的种族隔离进程致使75%的非裔美国人和拉美裔学生进入了少数民族居多的学校，超过200万的学生进入了"我们所谓的种族隔离的学校"（Kozol，2005，p.19）。

一些校区特别是城区学校在努力克服种族隔离带来的影响，他们通过开设多元文化课程使科目更具包容性，但大多数初级和中级学校没有充分解决涉及有色人种的问题。在某种程度上，在历史、文学、艺术和音乐课教科书中显示了欧洲中心论的偏见。事实上在各级教育中的教科书中都存在偏见问题。在一次对大学经济学教科书的调查中，克劳森（Clawson，2002）发现，书中非裔美国人大多被描述为低收入家庭，在读者对穷人表示极大同情的19世纪30年代的经济大萧条期间的情况也没有述及。教科书中的偏见需要有良知的教师设计辅助材料以便为学生提供有关多种文化观念的信息，这是一项艰巨的任务，因为教师主要的工作是授课，他们设计新教材的时间和资源十分有限。

第八章 种族主义：美国所面临的历史遗留问题

> 如果我们想选出最聪明、最精力充沛又富有想象力的第三类人，所有种族都有人可以被选上。
>
> 弗朗兹·博厄斯（Franz Boas, 1858—1942）

在学校，另一个种族主义的例子是教育分流——根据能力将学生分类并把他们分派到与能力相对应的班里。美国大多数初级、中级和高级学校都有不同形式的教育分流措施。根据一些被认为客观的智力测验的结果，母语不是英语的儿童被不恰当地安排在补习班，甚至是弱智学生的班级（Fattah, 2001）。有色人种学生往往在慢班人数较多，在快班的较少，并且他们经常被不合适地安置在职业类或补习类班上。涅托（Nieto, 1996）认为，教育分流对青春期的孩子在他们成年后的经济和职业发展上会产生不利影响。

有研究表明，教育分流在促进学生进步方面的作用很小，并且会对较低层次的学生造成伤害，尤其是处于最低层次的学生。因为大部分低收入学生是少数民族，因此教育分流往往导致种族和阶层的隔离。为教育分流的做法辩护的人称，它会改善所有学生的教育状况，可以让老师了解不同的学生水平以改善其学习效果。然而具体研究并不支持这种假设。研究表明成绩好的学生的学业状况不会因为合班而受损，中等或差点的学生可能会在与好学生的互动中获益，学生进行分层时，会使其学业发展受到阻碍（Oakes et al., 2000）。

有色人种反对制度化种族主义是很困难的，因为它需要来自地方、州和联邦各级政府的政治介入。制度化种族主义限制了有色人种被选入地方管理机构（学校董事会、市议会、县委员会）的机会，并且使他们在州和国家的政党选举中难以获胜。

制度化种族主义如何影响政治活动？

尽管有色人群的处境通过一些州的立法逐步得到改善，然而他们在州、联邦的众议院和参议院中的代表人数依然趋于不足（Bonilla-Silva, 1999）。有色人种占美国人口的35%，但仅有17%的众议院席位和6%参议院席位（Amer, 2006）。

有色人种候选人竞选需要克服许多困难，一个较大的障碍就是庞大的竞选费用。如今，对于几乎所有的政治候选人而言，筹款在竞选政府职位及参选过程中都是一个关键因素。只有为数不多的有色人种候选人可以支配个人所有的资源进行有效的地方级别竞选活动。

> 大多数公民正是在用民主对少数群体施行着最残酷的压迫。
> 埃德门德·博克（Edmund Burke, 1729—1797）

在为有色人种候选人筹款过程中需要改变认为他们不会赢得选举的观念。为了筹备竞选资金，候选人很少依赖个体选民的小笔捐款，他们必须吸引大公司和富豪的赞助。通过考察为政治竞选捐款达10000美元或更高的人，菲利普斯（Phillips, 2004）发现，居于前15000名者的捐款总额达到国会竞选总额的40%，他们都是属于美国占1%的最富有的人。通常，这些人给不止一位竞选相同职位的候选人捐款。他们对那些被认为最有希望胜出的候选人尤为慷慨。不幸的是，一个候选人赢得竞选的可能性与捐赠者对此候选人能力评估的关系不大，反而可能更多地与选民的种族偏见密切相关。由于有人会因为种族原因而投反对票，有色人种候选人若要筹备足够的资金开展有效竞选活动，是面临巨大障碍的。在1984年和1988年民主党竞选总统的初选中，杰西·杰克逊运用他的名人地位克服了资金问题。全国媒体对他的竞选进行了广泛报道，称之是黑人为竞选总统所作的首次重大努力。然而尽管有媒体关注，杰克逊的竞选活动还是遭遇到了障碍。欧沃同（Overton, 2002）描述了权威媒体批评杰克逊比他的白人竞争者政治经验少，并质疑其执政能力，这是反对有色人种候选人的常见批判。在新墨西哥州，一些西班牙和葡萄牙裔候选人由于强调他们的西班牙（即白人）世系而获得成功。肖瑞斯（Shorris, 2001）指出，这类候选人"早在其他拉丁美洲人通过不公正的划分选区、基层选举和不分区选举等当选之前"就被选进地方和州政府（p.167）。不分区选举的候选人包括整个城市所推举的市议会或校董事会的成员，而并非仅由他们所在地区或行政区推举。如果一个城市多数选民是白人，议会或董事会选举出的不分区选举候选人都将肯定是白人代表，尽管这个城市某些地区主要以有色人种为主或者全是有色人种。可以设想，如果一个城市由12个行政区组成，其中3个行政区主要是墨西哥裔美国人。如果每个行政区选举自己的议会成员，那么很可能12个议会成员中3个是墨西哥裔美国人。为了降低甚至排除这种可能的结果，一个城市需要通过不分区选举来补充空缺职位。每年进行市议会选举时，12个行政区的所有选民通过投票，得票最高的候选者来补缺所空职位。因为12个区中有9个区明显由白人选民组成，每次选举中他们会投足够的票来选出白人候选人，这就使得墨西哥裔美国人很难通过选举进入市议会。

如何在美国减少制度化种族主义？

制度化种族主义涉及众多复杂而不易解决的问题。从20世纪70年代，学者开始强调某些动机（intent）不一定和以下问题相关，即：制度化政策和惯例对白人有利而对有色人种不利。在20世纪80年代，美国最高法院裁定，若要证实受歧视，原告必须证明存在制度化政策或惯例的动机是对某一特殊群体有歧视性的。仅有证明种族主义不平等的数据是不够的；原告必须证明这些制定政策或有歧视性行为的人有不良动机。正如博尼拉－斯尔瓦（Bonilla-Silva，1999）所指出的：

"最高法院制定的关于歧视的法律标准复制了美国种族不平等的现代模式（原告需要收集歧视案件中的证据并否认统计数据可以作为歧视的有效证据）（p.85）"。

最高法院的裁定说明了改进制度化种族主义是有困难的，除非美国人民和法律体系认可造成歧视的不只是不良动机。法院如果弄清谁得益于或受损于制度化政策或做法（而不论这些政策和惯例想要达到的最初目的），我们才会看到美国在反对广泛却又隐性存在的制度化种族主义中的进步。与此同时，有色人种必须依赖肯定性行动计划和法律来应对美国体制内的歧视。肯定性行动计划在某种程度上是有效的，然而也引起了强有力的争议。

肯定性行动计划的倡导者和批评者如何评估其效力？

肯定性行动计划的倡导者引用始于20世纪60年代的研究指出，有色人种工人的数量在传统行业减少而在其他行业明显增加。例如，服务行业的非裔美国人的雇佣者数量减少，而在银行会计、消防队员、电工及警察等行业数量有所增加。与以前相比，多数有色人种的职业人士取得了较高的社会地位。肯定性行动计划的批评人士则坚持认为，主要是中产阶级的有色人种从中获益。他们建议修正肯定性行动计划政策以关注社会经济地位而不是种族问题。但费金和赛克斯（Feagin and Sikes，1994）发现，中产阶级有色人种虽然经济上获得成功却依然遭受广泛的种族偏见。

肯定性行动计划的批评者指责这些计划给予有色人种的申请人比白人申请人（尤其是白人男子）更多的优惠待遇反而造成逆向歧视，但是研究结果并不支持这一指控。科维尔（Kivel，2001）通过一篇报道回顾了4年来美国联邦地方法院和上诉法院提交的意见。在3000件歧视案例中，有100例声称受到逆向歧视，法院认定其中只有6例可以索赔并责令补偿。科维尔得出结论，逆向种族主义控告策略性地"阻挠消除种族主义努力的行为"（p.61）。肯定性行动计划的倡导者认同这一观点并证实了白人男子从许多国家的优惠待遇中获益，比如美国宪法以及此后持续实施的许多政策条例。因为种族主义歧视依然存在，所以他们需要肯定性行动计划以与之抗争。

肯定性行动计划的批评者反驳了此观点，他们认为肯定性行动计划应该被废除，其造成的逆向歧视是当今更为严重的问题。为了证明这一论断，他们引用了一项研究，结果表明美国城市从1970—2000年（Reaves & Hickman，2002）新聘用的警官中40%是非裔美国人。因为非裔美国人只占美国人口的12%，因此他们指控城区警察部门雇佣了过量的非裔美国人。

在大多数城区非裔美国人的数量大大超出了12%，但琼斯（Jones，1997）报道，在1970年，95%的城区警员是白人。我们通常通过比较在城区的有色人种警员和有色人种的比例这一有效方法来判断警察部门所作的雇佣决定是否公平。在美国许多城市的警察部门，有色人种警员的比例依然与这个城市有色人种居民的比例不一致。

根据一项司法部的报告，63%的底特律警员是非裔美国人，但非裔美国人占底特律总人口的82%；大约39%的巴尔的摩警员是非裔美国人，但其市民中65%是黑人。纽约警察中有13.3%是非裔美国人，是其黑人人口比例的一半（Reaves & Hickman，2002）。

此类差异不仅只涉及非裔美国人。拉丁美洲人占纽约市总人口的26%，但仅有18%的拉丁美洲裔警员。圣地亚哥警力中有16%是西班牙和葡萄牙裔美国人，但拉丁美洲人占人口总数的26%；18%的休斯敦警员是西班牙和葡萄牙裔美国人，此比例比居住于休斯敦的拉美裔人的比例少一半；12%的凤凰城警员是西班牙和葡萄牙裔美国人，但其市民1/3是拉丁美洲人（Reaves & Hickman，2002）。尽管过去的30年，被雇佣的警员中有色人种的构成比例明显提升，但是雇佣决定是合法的，这是针对逆向歧视的有力回应。

种族歧视的后果是什么？

帕克（Packer，2005）提供了由房利美顾问做的关于预测如果美国实现了种族平等，非裔美国人的生活会有何变化的数据。数据显示，教育方面，超过 200 万的非裔美国人从高中毕业，另外有 200 万的非裔美国人将从大学毕业。关于就业，几乎超过 200 万的非裔美国人会从事专业管理类工作，并且有超过 2000 亿美元的收入；住房方面，几乎超过 300 万的非裔美国人拥有他们自己的房子和超过 7600 亿美元的家庭资产价值。如果美国实现了种族平等，非裔美国人会有超过 1200 亿美元的退休金和超过 800 亿美元的银行存款，他们掌控的财富会比现在的多出 1 万亿美元。这仅仅是种族主义在经济方面的表现，更为重要的是要理解并认可压制非裔美国人和其他有色人种的代价，正如科维尔（Kivel，2001）所说，所有的美国人"有责任选择每天如何生活在一个种族主义的社会。虽然我们只对我们自己负责，但每个人都是这个社会的一分子。"

> 若要逃离权力阶层和无权阶层的冲突，就意味着与特权阶层同操一戈，而非保持中立。
>
> 帕罗·弗拉瑞（Paolo Freire，1921—1997）

解决制度化种族主义的问题有什么样的措施？

论及此类复杂而广泛的制度化种族主义所导致的后果，就要提到解决方案和要做的努力。解决问题需要更多的合作和投入。无论取得什么样的进展都意味着向前迈进一步，随着每一步的迈进，美国会逐渐解决种族问题。

学者麦斯、威尔逊、费金夫妇（Massey，2001；Wilson，1996；and Feagin and Feagin，1986）等已经提出了一些解决种族主义问题的方法和建议，例如：

1. 有关美国制度化种族主义的研究必须持续进行。通常与种族主义有关的政策和惯例不易识别，且各地区的制度化种族主义都有所不同。
2. 应该建立一个国家机构并设立地方办事处，协调全国各地的反歧视活动。这类部门需要促进反歧视法的实施并更好地记录和发布信息。很多人认为，现在有足够多的反歧视法规，但并未完全实施，因为目前负责实施这些法规的司法部门有许多其他方面的职责。

3. 国家、公民必须有责任和义务防止美国中心城市的恶化。通过提供资源，以改善导致人们痛苦和绝望的状况。这些资源包括吸引企业到中心城市设立的减税措施，或提供类似于20世纪30年代联邦政府为就业提供资金的项目，并提供与工作相关的技能培训计划及日托补助，以使更多人可以享受高质量低价格的托儿服务便于更好地工作。

4. 必须对房产广告和市场的操作进行积极的监控。此类监督是为了确保房地产条例与联邦公平住房法规的指导方针相一致。

5. 必须改善对在公立小学、初高中学校学习的低收入学生的服务。处于低收入地区的学校包括许多有色人种学生，他们需要提升才智和技能的机会，以便在高科技和全球经济中发挥更大的作用。我们需要资源去翻新或建造新的学校，以更新低收入学生不断恶化的校舍。我们也需要资源来开发和开设多元文化课程并重新设计教师的职前课程。

6. 必须教导教师怎样与不同群体的学生进行有效交流。他们需要了解自己学生的多样性，不仅仅是有色人种学生，还有残疾学生、低收入学生以及被社会或其他同学边缘化了的学生。老师要学会如何支持并维护学生之间积极的群体关系，要有识别教育材料中偏见的能力，教导学生如何认识这些偏见。若教科书没有反映多元文化内容，学校必须购买多元文化教材以补充教科书的内容。

后记

1903年，首次出版发行的《黑人的灵魂》一书中，W·E·B·杜波伊斯（W. E. B. Du Bois, 1994）写道，美国的问题是关于"种族分界线"的问题，就像沙滩上绘制的不可逾越的分界线一样，根据肤色将美国割裂了。种族分界线阻止了美国依据人们共同的愿景相联结，而且被多种认识而强化。杜波伊斯要求美国在20世纪解决种族分界线问题，然而，直到21世纪初这种要求仍未实现。

第八章 种族主义：美国所面临的历史遗留问题

> 美国是一个纷争中的大家庭，被种族、社会、政治和社会阶层所撕裂。然而总归是一家人。
>
> 列昂那多·比茨（Leonard Pitts, 1957—）

美国人如何应对种族分界线问题？对于有色人种，他们面临和杜波伊斯一样的挑战，需要克服种族主义带来的障碍。对白人而言，首要的便是承认种族主义的存在，然后了解它在社会中公开的以及不为人察觉的发生方式；最终要一同参与到减少美国学校、社区和制度中的种族主义的行动中。如果我们在此目标上取得了成功的话，那么这个社会便接近了实现自由、平等的理想，所有的人均有机会追求快乐，这将不仅是美国有色人群的胜利，也是全体美国人的胜利。

术语和定义

不分区选举（At-large Candidates）：指候选人由整个地区选出，而非那个地区的某个分区选出。

文化种族主义（Cultural racism）：在一个多种族社会中对某一种族有更多社会认可并强调其社会及历史贡献。

种族中心主义（Ethnocentrism）：认为某个种族、民族或文化比其他的优越，以及由此产生的个体行为和制度。

个体种族主义（Individual racism）：由于肤色导致的对他人的偏见态度和行为。

制度性种族主义（Institutional racism）：通过社会法律、习俗等允许人及群体间由于不同肤色而产生歧视。

种族主义（Raism）：根据肤色对人进行划分，并认为一类人高于另一类；根据种族使人附属于其他人的态度、行为或制度化的结构。

逆向歧视（Reverse discrimination）：指控有色人种在雇佣、提升、参与机会及大学录取中受到了优惠待遇。

白人准则（Rightness of whiteness）：认为有色人种需要以白人为准则。

种族导向性（Steering）：房屋中介将买房者引导入主要有同种族人居住社区的惯例。

教育分流 (Tracking)：将学生分入不同级别，然后分进不同的班级。

白人迁移 (White flight)：由于法院裁决废除城区的种族隔离而使得白人家庭从城区搬迁到郊区。

白人特权 (White privilege)：牺牲有色人种的利益而获得的机会和判断。

口头推荐 (Word-of-mouth hiring)：由员工推荐的聘用。

参考文献

Akbar, N. (2003, April). *Black collaboration with white privilege*. Paper presented at the Fourth Annual White Privilege Conference, Pella, IA.

讨论白人特权和黑人与白人特权合作的方式。

Amer, M. L. (2006). Membership of the 109th Congress: A profile. Retrieved on July 15, 2006, from www.senate.gov.

提供关于众议院和参议院人口统计学的详细资料。

Andrzejewski, J. (1996). Definitions for understanding oppression and social justice. In J. Andrzejewski (Ed.)., *Impression and social justice: Critical frameworks* (5th ed., pp. 52—58). Needham, MA: Simon & Schuster.

提供讨论群际关系中基本术语的解释。

Bonilla-Silva, E. (2001). *White supremacy and racism in the post-civil rights era*. Boulder, CO: Lynne Rienner.

考察为什么黑人和其他少数民族种族在教育成就和其他社会指数上依然落后于白人。

Bonilla-Silva, E. (1999). The new racism: Racial structure in the United States, 1960s-1990s. In P. Wong (Ed.), *Race, ethnicity, and nationality in the United States: Toward the twenty-first century* (pp. 55—101).

研究住房、教育、政治和社会交际以描述新的种族主义怎样存续于非裔美国人的社会和经济中。

Citron, A. (1969). *The rightness of whiteness*. Detroit Michigan-Ohio Regional Educational Laboratory.

描述美国的文化意象如何导致种族中心主义。

Clawson, R. (2002, January). Poor people, black faces: The portrayal of poverty in economics textbooks. *Journal of Black Studies*, 32(3), 352—361.

考察大学的经济学教科书里的非裔美国人形象并且把相关发现与之前大学教科书对妇女和少数民族的描述相联系。

Cortes, C. (2000). *The children are watching: How the media teach about diversi-

第八章 种族主义：美国所面临的历史遗留问题

ty. New York: Teachers College Press.

分析媒体形象，包括新闻和娱乐报道，以确定其关于多样化的主题和价值并描述媒体对公众多样化观点的影响。

Du Bois, W. E. B. (1994). *The souls of black folk*. New York: Dover.

此书在"前言"部分出现有名的"种族分界线"的短语。书中的文章肯定了非裔美国人并拒绝白人优越性。对杜波伊斯感兴趣的读者可阅读大卫(David Lewis Levering)的《杜波伊斯：一个种族的自传(1868—1919)(1993)和《杜波伊斯：为公平和美国世纪而战》，1919—1963(2000)，而上述两本书均由 Henry Holt 出版。

Farley, J. (2000). *Majority-minority relations* (4th ed). upper Saddle River, NJ: Prentice-Hall.

在第十章第 296—306 页提供了关于美国种族隔离的概述，并在第十二章第 413—424 页考察了校车接送中的偏见及其后果。

Fattah, C. (2001, October). *Racial bias in special education*. FDCH Congressional Testimony, Washington DC: eMediaMillWorks.

关于特殊教育问题的案例，讲述了一个曾被划分在低能类别中的男孩从学校毕业获得博士的事例。

Feagin, J., & Feagin, C. (1986). *Discrimination American style* (2nd ed.). Malabar, FL: Krieger.

描述歧视的相关理论和表现在就业、住房、政治、教育等方面的歧视案例。

Feagin, J., & Sikes, M. P (1994). *Living with racism: The black middle class experience*. Boston: Beacon.

考察针对非裔美国中产阶级的公开的或不为人察觉的歧视。

Foster, M. (2001). Education and socialization: A review of the literature. In W. H. Watkins, J. L. Lewis, & V. Chou (Eds.), *Race and education: The roles of history and society in educating African American students* (pp. 200—244). Boston: Allyn & Bacon.

评论研究学校和社会的种族主义态度和种族之间的行为。

Gladwell, M. (2005). *Blink: The power of thinking without thinking*. New York: Little, Brown.

谈论潜意识的认知行动的依据。

Howard, G. R. (1999). *We can't teach what we don't know: White teachers, multiracial schools*. New York: Teachers College Press.

将理论、研究和个人经验相融合来描述种族主义和白人特权导致的问题并论述了引发积极变化的行为。

Hughes, R. (2004). The dwindling pool of qualified professors of color: Suburban legends. In D. Cleveland (Ed.), *A long way to go: Conversations about race by African*

American faculty and graduate students (pp. 81—93). New York: Peter Lang.

讨论高等教育关于有色人种学生的招生及保持学生就学率的策略。

Jones, J. (1997). *Prejudice and racism* (2nd ed.). New York: McGraw Hill.

在恰当的社会文化和历史语境中整合心理学、社会学和历史学数据来解释偏见和种族主义的关系。

Kershaw T. (1992). The effects of educational tracking on the social mobility of African Americans. *Journal of Black Studies* 23 (1), 152—170.

分析教育分流中决定学生分班的标准,解释黑人学生怎样受到歧视和这种决定的消极后果。

Kirp, D. L. (1991, Summer). Textbooks and tribalism in California, *Public Interest*, 104, 20—37.

探讨了由于加利福尼亚课程编委会改编了教材所导致的各少数民族的不满。

Kivel, R (2002). *Uprooting racism: How white people can work for racial justice*. (Rev. ed.). Gabriola Island, British Columbia: New Society Publishers.

考察社会上种族主义和白人特权在社会中的动态及致力于社会公正的策略。

Kozol, J. (2005). *The shame of the nation: The restoration of apartheid schooling in America*. New York: Crown.

考察基于种族和社会阶层原因的美国学校种族隔离的现象并讨论保持种族隔离的道德和社会影响。

Leondar-Wright, B. (2004). Black job loss deja vu. InC. Collins, A. Gluckman, M. Lui, B. L. Wright, & A. Scharf (Eds.), *The wealth inequality reader* (pp. 95—105). Cambridge, MA: Dollars & Sense.

讨论20世纪90年代黑人的低失业率,在经济衰退期黑人的高比例的失业,以及影响黑人家庭收入和财富的其他经济因素。

Levine, M. (2004). *After the boom: Joblessness in Milwaukee since 2000*. Retrieved July 13, 2006, from www.uwm.edu/Dept/CED/publications.html

探究密尔瓦基和周边地区失业和无工作人员情况并将密尔瓦基黑人经济状况与其他城区相比。

Lipsitz, G. (2002). The possessive investment in whiteness. In P. Rothenberg (Ed.), *White privilege: Essential readings on the other side of racism* (pp. 61—84). New York: Worth.

讨论美国种族主义给白人带来的经济利益。

Loewen, J. (1995). *Lies my teacher told me: Everything your American history textbook got wrong*. New York: The New Press.

描述有色人种在美国历史上的歪曲和遗漏。

第八章　种族主义：美国所面临的历史遗留问题

Massey, D. S. (2001). Residential segregation and neighborhood conditions in U. S. metropolitan areas In N. Smelser, W. Wilson, & F. Mitchell (Eds.), *America becoming：Racial trends and their consequences*. East Lansing, MI：National Center for Research on Teacher Learning. (ERIC Document Reproduction Service No. ED449286)

描述近几年种族隔离怎样加重，特别是针对黑人以及西班牙葡萄牙裔和亚裔美国人种族隔离的本质。

Massey, D. S. (2003). The race case. *The American Prospect*, 14(3), 22.

描述当前美国尤其是城区住房隔离的状况。

McIntosh, P. (2001). White privilege：Unpacking the invisible knapsack. In P. Rothenberg (Ed.), *Race, class, and gender in the United States：An integrated study* (5th ed., pp. 163—168). New York：Worth.

描述她如何理解白人特权，从女性主义角度来分析男性特权并提供了26个有关白人特权的案例。

Morin, R. (2002). Misperceptions cloud whites' view of blacks. *Washington Post*. Retrieved May 22, 2002, from http：//www. washingtonpost. com

介绍随机挑选的779名白种美国人对黑人经济地位和工作机会看法的研究结果。

National Opinion Research Center. (1998). *Race surveys*. University of Chicago. Retrieved August 10, 2003, from www. norc. uchicago. edu/proj ects/gensoc4. asp

通过使用"检索系统数据和信息普查"来获取关于网上种族态度的调查信息。

Nieto, S. (2004). *Affirming diversity：The sociopolitical context of multicultural education* (4th ed.). Boston：Pearson.

综合分析学校未能满足有色人种学生的需求并为改善这一状况提出建议。

Oakes, J. (1985). *Keeping track：How schools structure inequality*. New Haven, CT：Yale University Press.

证明教育分流延续了种族主义和社会阶层不平等现象。

Oakes, J., Quartz, K. H., Ryan, S., & Lipton, M. (2000). *Becoming good American schools：The struggle for civic virtue in school reform*. San Francisco：Jossey-Bass.

描述五个州16所学校去除教育分流课程的努力和实施其他改革来改善对所有学生的教育。

Oakes, J., & Wells, A. S. (1996). *Beyond the technicalities of school reform：Policy lessons from detracking schools*. Los Angeles：UCLA Graduate School of Education and Information Studies.

描述影响教育分流班级学生的问题并给去除分流的学校提供策略。

Orfield, G., & Lee, C. (2006). *Racial transformation and the changing nature of segregation*. Cambridge, MA：The Civil Rights Project at Harvard University.

考察美国学校从 1954 年到 2003 年种族构成的变化，特别关注了 1991 年到 2003 年这一时段。

Orser, W. E. (1990). Secondhand suburbs. *Journal of Urban History*, 16(3), 227—263.

描述 20 世纪 50 年代和 60 年代巴尔的摩的房屋跌涨谋利和白人迁移对黑人业主的经济影响。

Overton, S. (2002). *Money and race: Campaign finance as a civil rights issue*. The Fannie Lou Hamer Project. Retrieved August 12, 2003, from http://www.flhp.org

就有色人种候选人筹款困难提供信息；网站将会不断更新这些信息。

Packer, Z. (2005). Sorry, not buying. *The American Prospect*, 16(12), 46—48.

分析政治保守的人为吸引黑人选民在道德问题上所做的努力和由于他们不愿意解决当前种族不平等而面临的困难。

Phillips, K. (2004). How wealth defines power: The politics of the new gilded age. In C. Collins, A. Gluckman, M. Lui, B. L. Wright, & A. Scharf (Eds.), *The wealth inequality reader* (pp. 85—90). Cambridge, MA: Dollars & Sense.

考察最富有的美国人的财产以及怎样辅之以政治权力。

Reaves, B. A., & Hickman, M. J. (2002). *Police departments in large cities, 1990—2000*. United States Department of Justice. Retrieved May 12, 2003, from http://www.ojp.usdoj.gov/bjs.

一份来自司法统计局对美国主要城市警察部门的特别报告。

Schaefer, R. T. (2004). Prejudice. In *Racial and ethnic groups* (9th ed., pp. 36—71), Upper Saddle River, NJ: Pearson Education.

讨论偏见的原因和结果，包括线性研究得出的结论。

Shorris, E. (2001). *Latinos: A biography of the people*. New York: W. W. Norton.

通过讲述历史语境中许多美国拉美裔人的个人故事，提供不同的拉美裔族群的个人叙事。

Sleeter, C. E., & Grant, C. A. (1991). Race, class, gender and disability in current textbooks. In M. Apple & L. K. Christian-Smith (Eds.), *The politics of the textbook* (pp. 78—110). New York: Routledge.

使用一种教科书分析手段来考察涉及社会研究、阅读、语言艺术、科学和数学课的 47 本小学和中学的教科书。

Smedley, A. (1999). The arrival of Africans and descent into slavery. *Race in North America: Origin and evolution of a world view*. Boulder, CO: Westview.

描述非洲人到达美洲的状况和他们失去了与其他移民同等地位的原因。

Smith, W. A. (2004). Black faculty coping with racial battle fatigue: The campus racial climate in a post-civil rights era. In D. Cleveland (Ed.), *A long way to go: Conversations about race by African American faculty and graduate students* (pp. 171—190).

New York：Peter Lang.

探究美国的种族关系和高等教育对非裔美国人的影响

Thompson，H. A. (1999). Rethinking the politics of white flight in the postwar city. *Journal of Urban History*，25(2)，163—199.

讨论1980年底特津白人迁移的模式，解释白人迁移怎样导致底特律中心城市经济的衰退。

Tyson，J. L. (1997). Jobless rate for blacks falls to 23 year low. *Christian Science Monitor*，89(214)，8.

描述20世纪90年代黑人美国人失业率的下降，同时指出问题仍存在，诸如黑人青年的高失业率。

U. S. Bureau of Labor Statistics. (2001). Counting minorities：A brief history and a look at the future. *In Report on the American Workforce*. Washington，DC：U. S. Department of Labor (www. bls. gov/opub).

关于美国劳动力状况和劳动力中女性和少数民族作用的统计数据分析。

Wellner，A. S. (2000). The money in the middle. *American Demographics*，22(4)，56—64.

考察20世纪90年代经济繁荣对美国少数族群和移民人群收入的影响。

Wells，A. S. (1989). *Hispanic education in America：Separate and unequal*. ERIC Document Reproduction Service.

提供西班牙葡萄牙裔美国人人口增长的数据，西班牙葡萄牙裔学生在种族隔离学校的比例以及废除种族隔离的需要。

Wilson，W. J. (1996). When work disappears：The world of the new urban pool：New York：Knopf.

讨论在中心城市失业率的原因并为解决这个问题而提出建议。对郊区黑人的研究请看第38—39页。

Williams，C. (2003) Managing individuals in a diverse workforce. In Management (2nd ed.，pp. 434—471). Versailles，KY：Thompson Southwestern.

解释在公司中多样性的好处和有效管理不同员工的原则。

复习和讨论

总结练习

请参照本书第31—32页的练习，帮助你总结本章的主要观点并界定关键术语。

辨析题

辨析练习1. 我对种族的感觉——问卷

说明：我们有时候所说的并不是我们所想的。请本组的同伴轮流大声读出以下12个句子，每句均涉及人们对种族的感觉。然后提供你认为正确的答案并加以解释；请根据个人的价值观来作答。

1. 如果人们不愿取消种族隔离，他们不应被强迫这样做。
2. 我不认为自己是种族主义者，但是我也不会同另一种族的人结婚。
3. 总体而言，受到良好教育的高阶层的人，具有很多经历的人，或有更深宗教信仰的人相对而言不会是种族主义者。
4. 我不太乐意听到以往白人的毁约行为，我也不认为白人应该对100年前对印第安人的所作所为负责。
5. 当我和一群愤怒的黑人在一起时，我总处于一种防备状态，好像感觉他们要我有负罪感。
6. 其他的少数民族群体不得不抗争，墨西哥裔的美国人为什么不需要呢？为什么他们施行双语教育并受到特殊待遇呢？
7. 这些日子，一旦一个黑人打喷嚏，37个白人都去帮他擦鼻涕。
8. 我如何才能不反对白人而亲印第安人？
9. 别说黑人不如白人暴力。如果你看一眼统计数据，你必须要承认在贫民区的犯罪率要高一些。
10. 很多种情况下，少数民族的人（尤其是犹太人和黑人）多疑且过于敏感，他们对事情的理解有些极端。
11. 由于19世纪60年代中期民权法案的通过，少数民族人群拥有了很多机会。他们需要自己负起责任来利用日益增多的机会。
12. 我不会上"理解差异性"这门课的，因为我对少数民族不感兴趣；进一步而言，有人说这门课不仅批判白人，也批判男性。

小组活动

小组活动1. 我关于文化、种族和民族的经历

说明：回想一下你在生命的哪个阶段直接与异文化、异种族或民族的人

第八章 种族主义：美国所面临的历史遗留问题

接触过，从最早的接触回忆至今。

1. 确认你第一次和与你不同之人接触的经历。在哪里：家里还是学校？所接触人与你的关系：晚餐客人、同学或是队友？你当时多大？有差异的这个人是谁，与你有什么不同？

2. 确定你通过电影、电视节目或新闻所了解的与你不同之人的最早经历。你当时多大？有差异的这个人是谁，与你有什么不同？不同的媒体给你留下了什么印象？

3. 确定你通过报纸、故事书、小说或杂志所了解的与你不同之人的最早经历。你当时多大？有差异的这个人是谁，与你有什么不同？这些阅读经历使你怎样了解了这些与你相异的人？

后续练习：给别人讲述一下这些经历在当时对你的影响，你当时及现在对此有什么样的反应。你的反应随着时间是如何改变的。

小组活动 2. 角色扮演：解决文化冲突

说明：随着我们文化的多样性加剧，调整自我，维系朋友成为一件难事。根据以下的场景之一，三人一组设计对话，进行 5 分钟的谈话活动。不要修改其中角色的种族或民族特征，在之后的班级提问中仍然保持角色，提问会涉及你在角色中的动机、目的及意图。

1. 埃里克是一位非裔美国学生，他是都会州立大学的新生。在上课的第一周，他成了讨论小组成员鲍勃的好友，鲍勃是个白人。之后，他这学期还在多元文化资源中心认识了一些黑人同学并与他们成为好友。一天，有两个他的黑人朋友看到他和鲍勃在吃午饭，但却没有加入他们。埃里克有些担忧他的黑人朋友会因为他和白人交朋友而视自己是叛徒。然而他和鲍勃在一起很快乐，他并不想结束他们的友谊。埃里克应该怎么做？

2. 玛利亚是一位西班牙裔的学生，她在美术鉴赏课上被三个白人女孩的行为所伤害。那些女孩常在一起像是很好的朋友，她们常坐在教室后面，上课一开始便开始聊天。玛利亚发现只要她一走近她们，她们就不说话了。而且她一走近，她们就很安静地盯着她，脸上的表情很不友好。玛利亚应该怎么做？

3. 基姆是一个白种人，她跟亚裔女生艾米说艾米很幸运。当艾米问为什么时，基姆说她作为一个少数民族能上大学一定很有钱。这话让艾米很沮丧，尽管她以前也听过这话。她以前总是尽量不理会这些言语，但她现在觉得她做不到了。艾米应该如何说，怎样做？

后续练习：所有角色扮演者面对观众。演出者就观众的提问回答问题，提问涉及他们所饰演角色的想法和感觉。（观众们：问题很重要）就观众没有问到的，讲述你在表演中的感受。

社区活动

实地考察

小学、初中及高中的课本是如何呈现种族问题的？查找你们学校的图书馆或学区的教材中心，选择一个年级或科目的教材，如语言课、历史或社会课。查阅课文看种族问题是如何被呈现的。所呈现的信息是否公平、公正、准确？与每个种族相对的章节长度是否足以说明主题？记录事实和结论并分别表明你的观点。就学校课本是否缺乏种族的平衡性设计一个更详尽的正式研究项目。

参与性学习

民族群体是如何保持他们民族认同并仍然是美国社会的一部分的？在学期中参与某个学生或某社区的少数群体组织的正式会议或特会；支持那个团体促进族群性的建设性行为，但是不要丧失在主流文化中的身份。观察群体关系的3个组成要素：文化的、制度的和个人的因素。设计一个合适而又准确的课程单元，以支持少数民族组织对当地和社会所发挥的重要作用。

第九章 性别歧视：从私人问题到政治问题

"男子霸权一直压迫着女性，但并未将她们打倒。"

克莱尔·布思·卢斯（Claire Boothe Luce，1903—1987）

隔离（segregation）是优势群体和受压迫群体间的正常关系模式，大多数美国人因种族差异、社会阶级的不同和各种残障问题被其他群体所隔离。性别歧视是一种特别的压迫形式，在这种形式下的优势群体和受压迫群体生活在一起。安德热耶夫斯基（Andrzejewski，1996）把性别歧视（sexism）定义为"一种由性别原因而导致的对人进行限制或控制的态度、行为或体制结构"（p.56）。虽然人们通常认为性别歧视是对女性的压迫和剥削，但实际上性别歧视的概念是包括男女两性的。这种压迫源自对女性和男性的文化规范，也正是这种规范使我们无法充分发挥人类的潜力。种族歧视和其他形式压迫下的优势群体和受压迫群体间存在着隔离和冷漠，而男性和女性在日常生活中却有着频繁的人际交往，这使我们相信我们对性别歧视有着本质和深刻的认识。

男女间日常的人际交往对性别歧视者的态度有何影响？

大多数人在成长过程中都能和家中的异性成员形成密切关系——兄弟和姐妹、父母和子女、祖父母和孙子女——他们通常也很享受这种与异性成员之间的亲情。男人认为他们是真的喜欢女人，所以更能轻松地讨论性别问题，甚至拿它们开些玩笑。同时，他们也不会产生那种在讨论种族歧视和其他压迫形式时的恐惧和不安。在我们的社会中，男人也经常做出不顾女性感受的评论，但他们对有色人种就不会如此。

要证明男人的这种不敏感性，我们可以了解"天生"理论的使用。美国的白人过去认为有色人种天生（也就是从遗传基因上）不如白人。这个观念贯穿了整个 20 世纪上半叶，但现在只在一些相信白人至上的群体中奉行。而迄今为止，很多美国的白人男子在讨论男女差异时都使用了"天生"理论，一般用来维护他们男尊女卑的思想。为了证明他们的观点，男人们会用"雄性动物"体形总是大于雌性动物的事实表明自然造就男性来保护女性的意图。古尔德(Gould，1983)纠正了他们的臆断，并说明这种现象只存在于哺乳动物中，并非所有动物全都如此。在整个动物界中(譬如昆虫和鸟类)雌性体形大于雄性的情况更为普遍。

与种族问题相比，美国人更喜欢谈论性别问题。男人和女人会拿"两性战争"开玩笑。在这场战争中什么样的策略都可以接受，因为在爱情和战争中一切都是合理的。弗吉尼亚州国会议员霍华德·史密斯(Howard Smith)在修改 1964 年的人权法案时加入了性别问题，但他并不是想表达对国内性别歧视问题的担忧。作为一个南方人，他希望法案被否决。史密斯大胆地认为如此无端地把女性人权加入需要被保护的行列肯定会显得很荒谬，从而可以阻止或至少能延迟法案的通过。但事与愿违，大多数参议员和众议员都投票支持女性人权得到保护，法案很快通过了(Branch，1998)。

文化性性别歧视

在美国，文化性性别歧视(cutural sexism)源于英国和其他欧洲殖民者带来的性别角色概念。以往人们认为男性应该扮演一家之主的领导角色，而女性应该是操持家务、照顾孩子的顺从角色。英国法律规定，女性所拥有的财产婚后全归丈夫所有，挣的钱也要交给丈夫。正如威廉·布莱克斯通爵士(Sir William Blackstone)所说："丈夫与妻子是一个整体，而丈夫个体就等于这个整体"(Collins，2003，p. 12)。这些性别角色通过多种形式塑造了我们文化中男女两性行为的典型。这些形式从早些时候开始就一直有所改变，但并未发生根本变化。人们仍旧认为男人应该处于控制地位，是领导者和决策者，而女人在家和工作场所中只起配合作用。

在美国历史早期女性遭遇了哪些性别偏见？

虽然人们认为男性应该承担养家糊口的责任，但从一开始女人就在做超越性别角色限制的工作。为了支撑家庭生活，女人在家给人洗衣服、做针线活、给邻居带孩子或是自己做东西去市场交换。在美国独立战争时期——以及在后来所有的战争期间——女人在丈夫离家后承担起了很多额外责任。独

第九章　性别歧视：从私人问题到政治问题

立战争时期，她们还联合起来对抗某些被怀疑抬高物价的商人。在被一个特别贪婪的商人激怒后，一群妇女将其暴打，拿走他的钥匙，并到其仓库中去抢咖啡(Riley, 1986a)。

由于女性在战争期间表现积极，所以阿比盖尔·亚当斯(Abigail Adams)强烈要求丈夫约翰(John)在正在编写的宪法中确保女性权利得到保障这一行为就不足为奇了。未婚女性可以拥有自己的财产并且能从事商业活动，而已婚女性却没有这些权利。没有丈夫的同意，她们不能签合同或申请贷款。在19世纪早期，美国女性依然在家中挣些家用，她们生产的纺织品数量是纺织工厂产量的4倍。同时，她们开始抗议普通法中关于女性财产和收入必须归丈夫所有的规定。

> 新法规……记住这些女性，要比你们祖先对她们更大方、更好。不要让男性掌握无限的权力。记住，所有男人都可能成为暴君，只要他们能……女人们已经下定决心反抗，我们不会让自己被任何不能表达我们观点或不代表我们利益的法律所束缚。
>
> 阿比盖尔·亚当斯(Abigail Adams, 1744—1818)

性别歧视的形式在何时产生过怎样的改变？

妇女活动家伊丽莎白·卡迪·斯坦顿(Elizabeth Cady Stanton)和苏珊·布劳内尔·安东尼(Susan B. Anthony)为争取女性的财产权在许多州进行了成功的游说，但在争取女性选举权时却没能如此顺利。19世纪30年代，个别州通过了女性拥有个人财产权以及保管个人收入的法律。1848年，在纽约州(New York)的塞尼卡福尔斯(Seneca Falls)，一些女性和支持女权的男性进行了会晤并签署了女性权利宣言，要求让所有女性享有全部公民权利，包括选举权。

随着更多纺织工厂的建立，大量年轻女性被雇佣。工厂主剥削她们，迫使她们联合罢工，寻求获得更好的报酬和工作条件。虽然学校数量不断增加，但只有极少数男性愿意从事低收入的教师工作，公立学校不得不雇佣女老师，但又降低了工资。一名俄亥俄州的学校负责人自夸与其他只雇佣男老师的学区比，他能以同样费用雇佣两倍的女教师(Collins, 2003)。

除了要求性别平等，女性还积极参与废奴运动。格里姆克姐妹(The

Grimke sisters)的行为让那些认为女性不能在公共场合演讲,尤其是激烈谈论政治问题的人震惊。女性抗拒社会规范的行为遭到严厉批评,人们这样解释她们的"非淑女"的行为:"她们中一些人是老处女,个人魅力不足,并遭到过男性的极度蔑视"(Evans,1989,p.102)。在内战爆发前夕,这些"非淑女"女性继续为性别平等和废除奴隶制度四处游说。

美国内战对女性性别平等的要求产生了什么影响?

内战期间,参战士兵们的妻子又一次担起养家糊口的担子。她们开始从事办公室职员、政府职员、工厂工人、教师和护士等职业,但随之而来的是对她们一连串的批评。人们不断质疑她们的德行,说她们分散了男工的注意力。战争结束后,女性继续在家庭外工作,并在政治上十分活跃,不断为解决女性选举权、移民和禁酒等各种问题四处游说。

内战后,许多人移民西部,其中男性多于女性。1869年,怀俄明州(Wyoming)成为第一个给予女性选举权的州。立法者还通过推行法律来确保已婚女性拥有个人财产权和女教师获得同等报酬的权利。由于怀俄明州的女性人数少,该法律的通过让州领导看到了"有相当数量的女性移居怀俄明州"的希望(Collins,2003,p.235)。也许这种对女性的需求回答了为什么最初给予女性选举权的12个州都在西部的问题。

19世纪后期,国会通过了禁止避孕的法案,此举或许是希望女人有了孩子就会无暇参与政治活动。美国男性通常不支持女性发起的政治活动,尤其是那些受过高等教育的女性领导的活动。有研究曾诫广大女性,接受过高等教育的女性中只有28%的人会结婚。哈佛大学医学院的一名教授在他的书中指出,高等教育的严苛使女性大脑和子宫之间产生了冲突,致使她们不能生育(Faludi,1991)。很多科学家同保罗·布罗卡(Paul Broca)一样根据人脑越大智力越高理论开展了对脑大小的研究。白人男性研究者宣称白人男性拥有较大的大脑,而白人女性——以及有色人种——的大脑远小于他们。1879年,勒·庞(Le Bon)发表了女性智力低的结论:

女性智力低是那么显而易见以至于一时间无人能辩驳,只是智力低的程度值得讨论。所有研究过女性智力的心理学家……承认她们代表人类最低级的进化形式;承认她们的智力更接近儿童和野蛮人,而不是成年人和有文化的男性(Gould,1981,pp.104—105)。

百货公司需要能为女性顾客提供服务的员工，这为女性提供了新的就业机会。到1900年，女性占所有文职工作者人数的比例超过了1/3，20年后，她们将成为大多数。女性已经成为教师职业中的主体，她们在图书管理员、社会工作者和护士等职业中的人数也在稳步增长（Evans，1989）。但在20世纪早期，女性试图重新定位她们的"角色地位"时遭遇了强大的阻力。

20世纪早期女性权利取得了哪些进步？又遭遇了哪些阻力？

1910年，40%的大学生是女性，这个数字在1920年上升到了50%。女性占联邦政府机构工作人员的比例也达到了1/3，她们从业范围也比以前更广了，但多数是未婚女性。19世纪90年代，已婚女性中只有3%的人在外工作。到20世纪20年代，这个比例上升到10%（Collins，2003）。许多女性在政治上表现活跃，尤其是在为争取女性选举权方面。她们中的一些人开始称自己为女权主义者（feminists）。许多批评者借用心理学语言的新名词称呼这些女性为"女同志（lesbians）"，指责她们憎恨男性的行为。然而，经过几乎一个世纪的斗争之后，女性争取选举权的努力才获得成功。在1920年的总统大选中，女性首次参与投票活动。而具有讽刺意味的是，在一年之后，首届美国小姐选美大赛（Miss America Beauty Pageant）在新泽西州的大西洋城举行，不断提醒着女性她们本来的角色地位和人生目标。

第一次世界大战的创伤已成记忆，社会经济也愈加繁荣，而美国人对社会问题似乎不太感兴趣了。全国妇女党（National Women's Party）成员前往各州议会为她们提出的《平等权利修正案》（Equal Rights Amendment）进行游说。修正案中指出："在整个美国以及受其管辖的每一个地方，男女都应该享有平等的权利"（Riley，1986b，p.81）。1923年，她们经过再三努力终于使国会批准为《平等权利修正案》召开听证会，尽管如此，她们每到一个地方都会遇上冷漠无情的旁观者。

当20世纪30年代经济大萧条到来时，无论男女一切只为活着。二战开始前，高失业率和工作岗位稀缺的状况使雇主们只愿意雇佣男性。直到男性离开工作岗位去参军，女性才像以前战时一样继续做男人们留下的工作。

女性工人在二战期间是否证明了她们的能力？

二战期间，女性首次成为劳动力的主体，占到被雇佣劳动力的57%

(Faludi，1991)。20世纪30年代和40年代的一些科学研究反映了美国是如何根据社会主体需求来操控调查研究结果的：经济大萧条期间，工作岗位稀缺，研究就表明"月经"会降低女性有效工作能力，一名研究人员曾表示这种影响十分严重。但后来还是这个研究员，他在二战期间开展了一项有关职业女性的研究，得出的研究结果却表明"月经"不会给女性完成工作任务带来任何负面影响(Tavris，1992)。

战争期间，女性工人因工作出色而得到称赞(见图9.1)，其中就包括赞美"玫瑰当铆工"(Rosie the Riveter)的宣传活动，但没人希望她们就这么一直干下去——除了她们自己。75%的被采访女工希望在战争结束后还能继续工作。然而各类企业却有不同的想法：在战争期间称赞女性工作出色的企业突然觉得她们态度恶劣或者不称职。飞机制造业首先采取行动，在战争结束后的两个月内解雇了超过80万名的女工(Faludi，1991)。工商界的过分行为和媒体明显的偏见迫使女性离开了她们曾经胜任的工作。

图9.1 左边的广告插图赞美了二战期间女性工人的成就。尽管许多与上图一类的图片展示的都是白人女工的工作情景，但在战争期间有大量女工为有色人种。

图片来源：(左图)N. S. 国家档案馆(N. S. National Archives)；(右图)布朗兄弟(Brown Brothers)。

媒体在迫使女性失业中扮演了什么角色？

1945年，《财富》(Fortune)杂志的一项民意调查表明，大多数美国人认为如果丈夫挣的钱足够养活一家，妻子就没有必要去工作——即便她愿意(Evans，1989)。媒体号召女性辞去那些本该属于男人的工作，回到她们原本归属的家中。到1946年，超过300万拥有高薪工作的女工被工厂辞退，她们中的80%都没有赋闲在家，而是找了份薪水较低的工作。战争结束3年后，美国是西半球唯一拒绝签署由新成立的联合国提出的支持女性拥有平等权利声明的国家(Faludi，1991)。

> 我只是一个被困在女性躯体里的人。
> 　　　　　　　　　　　　伊莲·布斯勒(Elayne Boosler，当代)

1946—1952年间，人口出生率急剧上升，开创了所谓的婴儿潮时代。女性作为妻子和母亲的角色得到强化。埃文斯(Evans，1989)[1]曾提到20世纪50年代某期赞美女性的《展望》杂志(Look Magazine)。它称女性为"奇妙的生物"，说她们虽然结婚早，又生了孩子，但"比20世纪20年代被解放的女人"更有女人味(p.249)。另一个阻碍女性工作的因素就是郊区面积的扩大，这一趋势使她们远离拥有大多数工作岗位的城市。即便如此，女性没有在这些阻力面前低头。

女性是如何应对"待在家里和没有工作"的压力的？

在1930年达到50%的最高点后，女性占大学生人数的比例又下降到了35%。20世纪50年代，更多的女性被大学录取。康奈尔大学的一项研究表明，有65%的女大学生很有可能不会结婚，这与半个世纪前的研究结果遥相呼应(Faludi，1991)。然而女性仍在继续进入大学并从事工作，尤其是中产阶级的已婚女性。埃文斯(Evans，1989)在报告中写道，"在20世纪50年代和60年代，中产阶级已婚妇女进入劳动力市场的速度比其他群体都要快(p.254)。"到1980年，在社会劳动力中女性人数已经占到了43%，同时，上大学的女性人数也不断创造历史新高。

1986年，一项哈佛大学和耶鲁大学的联合研究预测，如果女性推迟结婚年龄去获取大学文凭，她们就很难找到合适的结婚对象。这项研究表明，

---

[1] Evans, S. (1989). Born for liberty: A history of women in America. New York: The Free Press.

30岁的女性结婚几率是20%，35岁的女性是5%，40岁的女性是1.3%。然而这种预测建立在了错误的假设上：结婚模式的早期研究发现女性一般会嫁给比自己年龄大2—3岁的男性，哈佛和耶鲁的研究结果就是运用了这个假设得出的。但是，到了20世纪80年代，这个模式发生了变化，很多女性嫁给了与她们年龄相当，甚至更年轻的男性。另外两项研究结果与哈佛和耶鲁的研究结果相互矛盾，但主流媒体没有进行报道(Faludi, 1991)，再次揭示了我们文化中的性别偏见。

在美国文化中还存在哪些性别歧视信息？

同其他国家一样，美国也有意和无意地给儿童传播着性别角色的观念，还有涵盖其中的不平等。女权主义者(feminists)勇敢面对着我们文化中乃至全世界各地的性别角色，并且要求男女平等，不断发展的全球经济也需要改变。在美国，女性劳动力的数量在不断增加，双职工夫妇(the dual-career couple)也已成为主要的家庭模式，因此，有人认为夫妻双方应该共同承担家庭责任。然而这并没有成为现实。巴吉特(Badgett, 2001)在报告中指明，如果男性和其他人生活在一起，他们往往很少做家务，结婚后就更少了。要改变传统的性别角色没那么容易。

> 文化是儿童塑造个体与集体身份的媒介。
> 亨利·A·吉鲁(Henry A. Giroux, 1943—)

我们可以通过一些图像尤其是每天在广告中出现的图像来了解性别歧视。在这些广告中，女性常常扮演着一成不变的角色或是被人用来当作吸引顾客的性感尤物。调查表明，大多数女性最主要的目标就是让体重减掉10到15磅。基尔伯恩(Kilbourne, 1999)批驳了这种现象，称女性对瘦身的关注是美容行业为获取利润而强化以瘦为美的文化信息的结果。反映文化传统的性别歧视图像对性别歧视态度的形成和发展有重要影响，而影响性别歧视态度的唯一最主要的因素可能就是语言。

学习存在性别歧视的语言如何影响人们的态度和行为？

女权主义者早就认识到语言中存在的性别偏见，她们一直致力于用没有性别歧视的说法来替换语言中存在性别歧视的词语(Arliss, 1991; Nilsen,

1977a)。例如，(男)邮差(mailman)、(男)消防员(fireman)、还有(男)警察(policeman)等传统的职业标签就意味着只有男性才能从事这些工作，而且也没有体现出这些工作的本质特征。当前的语言——比如邮递员(letter carrier)、消防战士(fire fighter)，还有警务人员(police officer)——更具有包容性，并且能体现出实际情况(见表9.1)。语言在变化，但这种变化是否改变了年轻人的态度和行为？

表9.1 列举性别歧视词语及其无性别歧视替代词语

性别歧视词语	替代词语	性别歧视词语	替代词语
(男)商人(businessman)	企业管理人员(business executive)	(男)邮差(mailman)	邮递员(letter carrier)
职业女性(career girl)	职业人员(professional)	男人做的工作(man-sized job)	艰巨的工作(big job)
(男)主席、(男)董事长(chairman)	主席(chair or chairperson)	(男)新闻记者(newsman)	记者(journalist)
男女同校的女生(coed)	学生(student)	(男)警察(policeman)	警务人员(police officer)
(男)国会议员(congressman)	议员(representative)	(男)推销员(salesman)	销售代表(sales representative)
(男)起重机操作员(craneman)	起重机操作员(crane operator)	罐头装配女工(sauce girl)	罐头装配工(sauce canner)
(男)消防员(fireman)	消防员(fire fighter)	(男)发言人(spokesman)	发言人(spokesperson)
门外汉(layman)	外行人(layperson)	(男)政治家(statesman)	外交官(diplomat)

研究显示了一些人们态度发生变化的迹象。以前，美国高中高年级男生列举的可选职业数量比同年级女生的两倍还多，男女生列举出的同样职业也很少。在一项纵向研究中，伍尔夫(Wulff)和施泰茨(Steitz，1997)发现，初中学生对45种职业感兴趣，男女生同时感兴趣的有12种(26.7%)。就在他们高中毕业之前，这些学生表示对68种职业感兴趣，而男女生同时喜欢的有16种(23.5%)(Trusty et al.，2000)。尽管高中毕业生，尤其是女生，比以往更愿意从事非传统职业，但人数仍然很少——女生有15%，男生8%(Bernstein，2004)。

加强对非性别歧视语言的使用不是职业选择研究中提到性别差异的唯一原因，但是，表达出性别歧视态度的语言确实是形成"某些工作只适合男人"

和"男人在我们的文化中更重要"这两种观念的原因。女权主义者继续在专业组织、企业和其他机构游说，主张使用不含有性别歧视的语言，但反对者对语言的影响提出了质疑，他们认为面临性别歧视态度这一问题时只改变使用的词语是一种无关紧要且效用不大的措施。然而我们有很多为男性改变职业名称的先例。当男人可以从事之前只有女性才能从事的空姐（stewardess）职业后，航空公司迅速统一地将空姐改为空中乘务员（flight attendant）。如果我们可以轻易地改变语言来包容男性，为什么不能给予女性同样的待遇呢？

> 限制我的语言就是限制我的生存空间
> 路德维希·维特根斯坦（Ludwig Wittgenstein, 1889—1951）

英语中另一种表示性别的特殊方式就是小后缀的使用，以此来表示女性身份的低微，比如女诗人（poetess）、女飞行员（aviatrix）一词就暗含"驾驶飞机的是个小女人"这一层意思。其实她和其他开飞机的男人一样都是飞行员（pilot）。虽然奥斯卡设有"最佳女主角（Best Actress）"奖项，但大多数获奖的女性还是称自己为"actor"（演员，尤指男演员）。

美国的女权主义者认为"男女同校的女生（coed）"一词是对女性的贬低，在该词被人们使用期间，男性认为女性缺乏上大学所需的才智，它与贬低非裔美国人的"有色人种"一词大同小异。那时，接收女学生的大学被称为"男女合校"（coeducational），因此，"男女同校的女生"（coed）一词反映了女性比男性智力低下的历史观念。1833 年，奥柏林（Oberlin）大学成为第一所男女合校的学校。尽管奥柏林大学给女性提供了接受高等教育的机会，但想进入该大学的女生除了要符合招收男生的标准外，还要满足一个条件：同意给该校的男生洗衣服（Sadker & Sadker, 1994）。变革常常会遇到阻力，没有牺牲的变革不会实现。

美国英语中的另一种性别歧视模式就是对老年女性的诋毁，它强调女性容貌的重要性，认为只有美丽的女人才值得尊重。英国小说家乔治·梅瑞迪斯（George Meredith）认为女人一生死两次：第一次是美貌消失殆尽的时候。年轻、魅力四射的女子被称为"妩媚的小猫（kittenish）"，而老了之后就被叫做"恶毒的老猫（catty）"。年轻性感的"少女（chick）"变成了"责骂（henpecks）"丈夫的"唠叨婆娘（old biddy）"。谈到婚姻，男人是"理想对象（good catch）"，女人则是"包袱累赘（ball and chain）"。人们可怜年老的未婚女性或老处女，却羡慕嫉妒那些单身汉(bachelor)。在美国，结婚前女方要举行一场新娘送礼会(bridal shower)来庆祝即将到来的婚礼，而按照传统男方却要举办一场只有男性才能参加的派对(stag party)，以此来悼念新郎的最后一个自由之夜(Nilsen，1977b)。在我们的语言中，婚姻是女人们追求的理想状态，也是男人们能躲多久就躲多久的尴尬境地。然而，真有证据表明婚姻是男人可怕的负担吗？

相关研究是如何解释在我们的文化中谁从婚姻中获益这个问题的？

以往的研究表明，已婚男性存在的身心健康问题要比未婚男性少，而已婚女性存在的身心健康问题却要比未婚女性多(National Center for Health Statistics；Tavris & Wade，1984)。女性因感情问题寻求心理治疗的人数高于男性，尤其是已婚女性。近期的研究结果认为，男性和女性都从婚姻中获益，否认了以往的研究结果。西蒙(Simon，2002)在研究报告中指出，与婚姻稳定的男女相比，未婚男女更有可能患抑郁症(depression)；未婚男性也更可能存在酗酒问题。这些研究结果似乎都会和"只有女性从婚姻中获益"的传统观念相矛盾。

个体性性别歧视

人们受文化和他人性别歧视态度的影响也形成了自己的性别歧视态度，再加之他们严守性别和性别角色的概念，所以无论男女都可能形成个体性性别歧视(individual sexism)的倾向，导致他们对男性或女性持有偏见的态度和行为。尽管男性和女性都有可能成为"大男子主义者(male chauvinists)"，但他们也可能会成为支持男女平等的"女权主义者(feminists)"。

成为"大男子主义者"或"女权主义者"意味着什么？

据记载，"沙文主义者(chauvinist)"这一说法源自一位名叫沙文(Chauvin)的法国人。他是一名非常忠诚于拿破仑·波拿巴(Napoleon Bonaparte)的热心士兵。后来，沙文主义者就逐步演变为指一个认为某人或某事至高无上的人(Partridge，1983)。在本书第二章，金梅尔(Kimmel，2000)说人们是他们文化的沙文主义者。法国学者一直被认为是他们语言的沙文主义者。他们总是试图阻止外来语言对本国语言的"污染"，尤其是美国英语，譬如，"le hamburger(汉堡包)"或"le week-end(周末)"。把一个人称为大男子主义者(male chauvinist)就是说他或她认为男性优于女性。大男子主义者认为男性应该成为领导者和决策者，而女性应该顺从男性。有趣的是，在美国有些男人会公开宣称他们是大男子主义者，但如果被人们说他是种族歧视者或是宗教狂热分子则会愤怒不已。

人们对"女权主义者"和那些被称为"女权主义者"的人也存在很多困惑。许多人认为女权主义者就是愤怒的女人，媒体也通过大力宣传女权主义者的激进观点来强化人们的这种认识。实际上，女权主义者(feminist)是倡导女性在个人、社会和经济领域获得与男性平等权利的男女。女权主义积极分子的目标就是使男性和女性拥有更多机会成为消除传统和固有性别角色的更大目标的一部分。为了消除性别刻板印象(gender stereotypes)，女权主义者大力宣扬"双性同体(androgyny)"概念。该概念认为男性和女性除了在基本的生物学领域以外所有领域中的角色或责任都具有可交换性。

> 每当我表达出与"受气包"或"妓女"不同的情绪时，人们就叫我女权主义者。
>
> 丽贝卡·威丝特夫人(Dame Rebecca West, 1892—1983)

"双性同体"意味着什么？

人们把"双性同体"概念与由男女皆宜的服装和男女均可使用的卫生间体现出的"无性别特征(unisex)"概念混淆了。"无性别特征"这一概念否定了男女之间的性别差异，并主张把男性和女性当作是特征完全相同的人对待。而"双性同体"认为男性和女性本身具有很多相同的人类特征，我们应该同时激发他们所有的共同特征，而不是一味根据传统的文化刻板印象分别培养男性和女性的某几种特征(Tavris & Wade, 1984)。

兼有双性特征的人会根据需要对各种情势做出反应，而且不受性别的限制。如果情势需要他们表现出攻击性行为，他们就会做出攻击反应；如果情势需要他们做出关切的行为，他们就会做出关心的表情。这时，他们是男是女并不重要，因为攻击性和关爱之心是每个人都有的特征。在特定的情况下，每个兼有双性特征的人都会做出同样的反应吗？肯定不是，因为个体存在差异，如果社会中的每个人都兼有双性特征，他们的差异就会来自不同的个人能力和喜好，而不是来自通过从小培养的、使他们形成与对男女性固有的刻板印象一致的个性和行为而产生的人为差异。一些女权主义者认为从小给孩子灌输"双性同体"的概念能对传统性别角色观念产生积极的冲击作用。这些传统观念已经给社会上的女性带来了严重的后果：男性攻击性和侮辱性的行为常常会有害于女性身心健康和社会交往。

在美国女性会遭遇哪些侮辱？

塔登和托安斯（Tjaden & Thoennes, 1998）的一项研究显示，在美国，每年有超过100万女性被人跟踪（有一半是亲密朋友所为）；200万女性遭到殴打；超过20万女性被性侵犯；有1/3的女性（和20%的女高中生）遭遇身体或性虐待（通常是亲密朋友所为）。

公布的数字已经够大了，但专家说实际发生的案件数量更多。冈纳曼（Gonnerman, 2005）认为，有73%的家庭暴力事件未举报。在未举报此类事件的妇女中，有60%的女性认为警察不会相信她们的遭遇。她们真不该如此认为，因为现在的警察比以前更希望逮捕有施暴行为的丈夫。事实证明，处理家庭暴力已经成为警察受伤的主要因素，尤其当施暴者是一名惯犯（repeat offender）时，警察就更容易受到伤害。因此，许多城市和州已经通过允许警察在制止家庭暴力过程中采取攻击性行为的法律。这些法律通常规定，无论受害人是否起诉，只要警察搜集到嫌疑人的施暴证据就可以对其进行逮捕和起诉（Catania, 2005）。

在美国，除了身体虐待，强奸也是一种对女性施暴的主要形式。每年被强奸的女性超过了6.5万人（意味着每8分钟就有一起强奸案发生），其中年轻女性最容易遭到强奸。几乎有1/2的受害者被强奸时不满18岁；1/4的在校女大学生曾经是强奸或强奸未遂的受害者（Rape, Abuse, and Incest National Network[RAINN], 2004; Sampson, 2003）。当谈及强奸时，人们总会感到迷惑，因为强奸的概念曾一度被错误解释。简单地说，强奸（rape）是指一方强迫另一方与其发生性行为或是未经另一方同意与其发生性行为的行为，它是对人身体和心理的双重暴力。

在美国强奸是如何被误解的？

在20世纪即将结束之时，新闻周刊（Newsweek）发表了一篇关于强奸的封面故事（cover story）。前面75%的文章介绍了"陌生人强奸"（stranger rape），最后用一小部分介绍了"熟人强奸"（acquaintance rape），其中包括

"约会强奸"(date rape)。而文章中侧重点的分配恰好与实际情况相反：陌生人强奸只占所有强奸案件的 1/3，占校园强奸案的比例也只有 1/5。我们一定要意识到人们对强奸的概念有错误的理解，这样才能了解真实情况。下表将为你列出人们对强奸的普遍臆想与现实中的真实情况：

臆想情况：强奸是一种由美丽、性感的女性引起的性唤起行为。她们使男人情不自禁地产生性紧张和性兴奋。

实际情况：强奸是一种充满暴力和侮辱的行为。任何年龄段的任何女性不管她的外表如何，都是潜在的受害者。

臆想情况：强奸通常会发生在黑暗的小路上或光线昏暗的停车场里。在那里女性孤立无援，所以施暴者很好下手。

实际情况：有超过 60% 的强奸案发生在受害者家里或是女性通常感觉安全的地方——朋友、亲戚或邻居的家里。

臆想情况：施暴者一般是有暴力倾向的陌生人，他们常常会在夜间隐蔽在某处等待没有防备的受害者出现。

实际情况：几乎有 66% 的强奸案都是由受害者认识的人作案，比如情人、朋友、亲戚或者熟人，其他潜在的强奸犯可能是人们信任的有威望的人士，比如教师、牧师、律师或者医生。

臆想情况：由于许多女性喜欢阅读有强奸情景的浪漫小说，她们必定对强奸抱有幻想而且暗自渴望被强奸。

实际情况：浪漫小说中充满了令人兴奋的奇幻冒险，它从诱惑的角度来刻画性。尽管女性会幻想被一些美男诱惑，但这些幻想与和强奸有关的虐待、暴力和侵犯没有任何关联。据记载，男孩和成年男子都喜欢充满谋杀与暴力的小说、电影和电视节目。难道这说明他们渴望被谋杀或殴打吗？

在美国，1/6 的女性在其一生中遭遇过强奸或强奸未遂。虽然该统计数值和之前引用的统计数值已经很高，但执法人员称如果所有强奸和强奸未遂案都被举报，这个数值会更高。

为什么女性在遭遇强奸或强奸未遂后选择不举报？

> 被强奸和被卡车碾过没什么区别，只不过被强奸后男人会问你爽不爽。
>
> 玛吉·皮尔斯(Marge Piercy, 1936—)

因为有很多强奸案并没有被举报，女权主义者认为1/6的女性成为受害者这个比例只是保守的统计。由于警察部门处理强奸案方式的变化和强奸案新审讯标准的出台，越来越多的这种犯罪被人们举报。但仍有女性因被恐惧心理困扰而不去举报。麦金农(MacKinnon，1987，p.82)在其书中就列出了受害者提供的四种不举报的理由：①

罪犯威胁(Threats)：强奸犯常常威胁受害者说，如果她们去报案，他们就会再回来，并且更暴力地折磨她们。一些强奸犯甚至威胁要杀害受害者，受害女性之前在报纸上读到过别人遇害的惨案，所以不敢报案。

配偶反应(Reactions)：一些受害者害怕她们另一半的反应。有些受害女性曾经被丈夫辱骂、殴打甚至抛弃，因为他们不相信妻子会无缘无故被强奸。

他人怀疑(Disbelief)：一些受害者担心举报后警察不相信她们。即便警察相信了，她们也担心警察不能说服陪审团。她们认为法律制度不能保证正义得到伸张。

名声扫地(Publicity)：一些女性担心隐私会被暴露，害怕那种被揭露的脆弱感，也不愿意在法庭上面对那些对她私人生活的无端指控。她们更不愿意在别人面前回忆那个她们极力忘却的痛苦的屈辱时刻。

受害者的这些担忧是执法人员和专家与女权主义者在"举报案件数量远少于实际案件数量"的问题上基本达成一致的原因。在我们的文化中，强奸和家庭暴力是性别歧视这场权力游戏引发的严重后果，而玩这种游戏的大多都是男人。

制度性性别歧视

制度性性别歧视(Institutional sexism)是既定法律、风俗和习惯的产物，它们的内容中都系统性地体现了对个人或群体的性别歧视。制度性性别歧视有多种表现形式，其中求职过程中的性别歧视就是一个长期存在的问题。琼斯和乔治(Jones & George，2003)介绍了一项在费城(Philadelphia)开展的

---

① Mackinnon, C. A. (1987). A rally against rape. In Feminism unmodified: Discourses on life and law (pp. 81—84). Cambridge, MA: Harvard University Press.

研究。在那里，男性和女性同时申请高薪的餐厅工作时，尽管他们精心打造的简历使他们不相上下，但男性获得面试的机会常常是女性的2倍，得到工作的机会是女性的5倍。琼斯和乔治还透露，在2000年女性占全部劳动力的比例为46%，而她们在公司管理人员和董事会成员中所占比例只有12%，拥有公司最高职位的比例低于6%，拥有最高收入层工作职位的比例也只有约4%[①](p.127)。

即便女性成功地找到了工作，男女工资不平等这个长期存在的问题又会出现。一直以来就有充足的证据表明男女工资不平等的事实，人们也曾努力去消除这种性别间的差距。到底这个问题被解决得如何也成为人们争论的话题，但大多数人还是承认即便男女在相同岗位工作，男人还是比女人挣得多（见表9.2）。

表9.2 各州男女收入比较

男女收入差距排名 (RANK EARNINGS GAP)	1999年的收入中值 (MEDIAN 1999 EARNINGS) 男性(MEN)	1999年的收入中值 (MEDIAN 1999 EARNINGS) 女性(WOMEN)	女性收入与男性收入的百分比 (FEMALE EARNINGS PER DOLLAR OF MALE EARNINGS)
1 怀俄明州(Wyoming)	$34,442	$21,735	0.63
2 路易斯安那州(Louisiana)	33,399	22,069	0.66
3 犹他州(Utah)	36,935	24,872	0.67
3 密歇根州(Michigan)	41,897	28,159	0.67
5 印第安纳州(Indiana)	37,055	25,252	0.68
5 西弗吉尼亚州(West Virginia)	31,299	21,154	0.68
7 新罕布什尔州(New Hampshire)	39,689	27,488	0.69
7 北达科他州(North Dakota)	30,488	20,893	0.69
7 蒙大拿州(Montana)	30,503	20,914	0.69
10 威斯康星州(Wisconsin)	37,062	25,865	0.7
10 爱达荷州(Idaho)	32,603	22,939	0.7
10 俄亥俄州(Ohio)	37,692	26,400	0.7
10 阿拉巴马州(Alabama)	32,383	22,518	0.7

---

① Jones, G. R., &George, J. M. (2003). Managing diverse employees in a diverse environment. In Contemporary management(3rd ed., pp. 112—149). Boston: McGraw Hill.

第九章 性别歧视：从私人问题到政治问题

续表

男女收入差距排名 (RANK EARNINGS GAP)	1999年的收入中值 (MEDIAN 1999 EARNINGS) 男性(MEN)	1999年的收入中值 (MEDIAN 1999 EARNINGS) 女性(WOMEN)	女性收入与男性收入的百分比 (FEMALE EARNINGS PER DOLLAR OF MALE EARNINGS)
14 伊利诺伊州(Illinois)	40,999	29,106	0.71
14 新泽西州(New Jersey)	46,368	33,081	0.71
14 阿肯色州(Arkansas)	29,784	21,270	0.71
14 密西西比州(Mississippi)	30.549	21,554	0.71
18 堪萨斯州(Kansas)	35,104	25,249	0.72
18 密苏里州(Missouri)	34,357	24,705	0.72
18 俄克拉荷马州(Oklahoma)	31,123	22,473	0.72
18 宾夕法尼亚州(Pennsylvania)	37,051	26,687	0.72
18 肯塔基州(Kentucky)	32,357	23,285	0.72
23 明尼苏达州(Minnesota)	39,364	28,208	0.73
23 南达科他州(South Dakota)	29,677	21,520	0.73
23 艾奥瓦州(Iowa)	32,697	24,023	0.73
23 康涅狄格州(Connecticut)	45,787	33,318	0.73
23 罗得岛州(Rhode Island)	37,587	27,358	0.73
23 南卡罗来纳州(South Carolina)	32,027	23,329	0.73
29 内布拉斯加州(Nebraska)	31,965	23,598	0.74
29 弗吉尼亚州(Virginia)	37,764	28,035	0.74
29 马萨诸塞州(Massachusetts)	43,048	32,059	0.74
29 华盛顿州(Washington)	40,687	30,021	0.74
29 俄勒冈州(Oregon)	36,588	26,980	0.74
29 田纳西州(Tennessee)	32,313	23,978	0.74
35 缅因州(Maine)	32,372	24,251	0.75
35 佐治亚州(Georgia)	35,791	26,679	0.75
35 得克萨斯州(Texas)	34,925	26,168	0.75
38 阿拉斯加州(Alaska)	41,257	31,151	0.76
38 科罗拉多州(Colorado)	38,446	29,324	0.76
38 特拉华州(Delaware)	38,961	29,544	0.76

续表

男女收入差距排名 (RANK EARNINGS GAP)	1999年的收入中值 (MEDIAN 1999 EARNINGS) 男性(MEN)	1999年的收入中值 (MEDIAN 1999 EARNINGS) 女性(WOMEN)	女性收入与男性收入的百分比 (FEMALE EARNINGS PER DOLLAR OF MALE EARNINGS)
38 内华达州(Nevada)	35,794	27,089	0.76
38 新墨西哥州(New Mexico)	31,310	23,658	0.76
38 亚利桑那州(Arizona)	35,184	26,777	0.76
44 马里兰州(Maryland)	41,640	32,155	0.77
44 纽约州(New York)	40,236	31,099	0.77
46 佛蒙特州(Vermont)	32,457	25,322	0.78
46 北卡罗来纳州(North Carolina)	32,132	24,978	0.78
46 加利福尼亚州(California)	40,627	31,722	0.78
49 佛罗里达州(Florida)	32,212	25,480	0.79
50 夏威夷州(Hawaii)	35,535	28,546	0.8
51 哥伦比亚特区(District of Columbia)	40,513	36,361	0.9
52 波多黎各(Puerto Rico)	17,097	15,698	0.92

资料来源：简·罗伯茨，圣保罗先锋报，2000年统计(Jane Roberts, St. Paul Pioneer Press, 2000 Census)。

明尼苏达州和阿拉斯加州的职业女性比例最高，但是她们的收入还是低于男性。

为什么男人比女人挣得多？

现在有四种关于男女收入不平等问题的争论。第一个是对"在缩小收入差距方面已取得重大进步"这种说法的讨论。美国劳工统计局(the U.S. Bureau of Labor Statistics, 2005)的数据显示，1960—1980，女性的收入约是男性的60%，此后差距逐渐缩小，到2004年，美国女性的收入变为男性的80%。在我们看来，虽然男人挣的还是比女人多，但差距明显缩小，这似乎表明女性工资上升很快，薪水越挣越多。

但是，如果仔细分析男女收入的数据我们会发现：男女收入差距缩小的主要原因是男性工人的工资一直没有增长，一些地区甚至在减少。正是这种男性工资增长停滞的现象导致人们认为男女收入差距在缩小。而且，尚有80%的职业女性年收入低于2万美元。如果差距的缩小是建立在女性工资小涨而男性工资不涨的基础上，那么这所谓的"重大进步"就大有争议了。

第二个争论在于"年轻女性的入职工资略高于男性的 80%"这一统计数据。该数据曾被用来当作男女收入不平等问题正在被解决的证据。人们还通过该数据预测，随着更多高薪年轻女性对事业的追求，男女收入差距终将消失。虽然入职工资趋于平等化，但女权主义者认为，由于女性员工比男性员工升职难，她们在工作中的地位会逐渐低于男性。玻璃天花板效应（glass ceiling）指的就是一种女性无法超越的"上限"，通常当她们做到中层管理人员的时候职位就不再被提升了。研究证实，女性没有获得与男性相同的升职几率，而且她们很少有人能做到最高领导的职位（Redwood，2002；U. S. Bureau of Labor Statistics，2006）。

> 玻璃天花板效应不仅阻碍了个人的发展，也阻碍了整个社会的发展。
> 　　　　　　　　　　　　　　　　　林恩·米丁（LYNN M. MARTIN, 1939—）

社会主流文化观念总是认为，女性的责任是从事家务和养育子女，也正是这种观念减少了她们提升能力、经验、社会关系和声誉的机会。企业可以采取更多措施鼓励女性在为人母的同时保住事业。杰弗里（Jeffery，2005）说，除了美国和澳大利亚，每个工业化国家都为女性提供了带薪育儿假，而且保证，当假期结束后她们还可以返回工作岗位。缩小男女入职工资的差距十分必要，但工作后对女性因怀孕生子而采取的经济处罚依旧是男女收入存在差距的主要原因。

第三个争论在于越来越多美国女性获得大学文凭的事实。人们认为受过越多教育就意味着能找到薪水越高的工作，因此他们觉得性别差距会越来越小，并最终消失。但是统计数据显示，受过高等教育的女性的收入仍旧比男性少。2004 年一项政府人口普查数据显示，一名获得大学学士学位的女性年均收入为 3.5 万美元，而一名高中辍学的男性也能赚 3.6 万美元。所有获得大学学位的女性（包括硕士和博士学位）年均收入只有 4.2 万美元，相比之下，她们的男性同行年均收入却为 7.7 万美元（Bernstein，2004）。

第四个争论在于女性倾向于选择低薪职业而男性却倾向于选择高薪职业的事实。女性占据了所有低薪工作的 59%（其中包括了 70% 的最低薪工作），但对相同职业中的男女性工资进行比较，男性的工资还是比女性高——即便在那些女性工人占主体的职业中（Bureau of Labor Statistics，2005；Kim，2000）。

制度性性别歧视会在经济方面给女性带来哪些影响？

人们对工资中的性别差异存有争议。戴和纽伯格(Day & Newburger, 2002)在报告中指出，有高中文凭的女性，她们一生的收入会比有同等学历的男性少45万美元。他们同时预测，有本科学历的女性会比有相等学历的男性少赚90万美元，而有专业学历的女性会比有专业学历的男性少赚200万美元。

对中上阶层的女性而言，经济方面的差距给她们参与国家或州竞选获取政治权力带来了困难。这类竞选活动花费很高，需要很多个人资金，并需要竞选人积极进行筹款。目前，美国国会成员中女性只占15%，有15个非洲国家都比这个比例高。在伊拉克(Iraq)新政府中，几乎1/3的议会成员是女性(Jeffery, 2005)。女性工资较低的另一个后果是，当她们到了65岁后过穷日子的可能性是男性的两倍。

兼职也反映了对女性的经济剥削。由于各种原因，女性是每周40小时左右临时工作的人群的主体。在这种情况下，兼职工人通常得不到全职雇员享受的大部分或全部福利，其中包括日托、医疗保险、人寿保险，还有雇主为员工提供的部分养老金。

> 无论女性做什么都要做得比男性好一倍才能使人们觉得只做到了男性的一半。
> 　　　　　　　　　　　　　夏洛特·惠顿(CHARLOTTE WHITTON, 1896—1975)

制度性的性别歧视还会在子女抚养费问题上影响女性。当家庭关系破裂时，母亲一般会获得子女的监护权，父亲要根据法律规定和离婚协议的规定给未成年子女提供抚养费。尽管他们有这项义务，但调查结果表明，美国离婚父亲在离婚后的第一年中，只有40%的人全额支付了子女抚养费，26%的人只支付了部分抚养费(Grall, 2000)。一年后，几乎有50%的人干脆停止支付，那些继续支付的人即便多数人完全有能力承担全部费用，也很少有人支付全额(Benokraitis & Feagin, 1995; Sorenson, 1997)。

对于低收入的离婚母亲而言，得不到子女抚养费常常迫使她们申请政府援助，而常常有中产阶级母亲为了能胜任工作返回大学提升技能。作为监护人的离婚母亲如果申请贷款将有可能被拒绝，因为前夫提供给子女的抚养费不能被作为可靠的收入来源，放款人非常了解离婚父亲提供给子女抚养费的数目。尽管有工资低和得不到抚养费等各种经济问题，女性依旧与男性一样，为了相同的目标而努力工作。她们不顾收入和升职方面上的歧视，不断努力工作。当然这个过程中还遇到了其他问题，譬如性骚扰。

对女性职工来说，工作场所中的性骚扰行为有多严重？

人们对性骚扰行为并不陌生，但直到1979年，凯瑟琳·麦金农（Catherine MacKinnon）才在她有关办公室行为和性别歧视的书中创造了"性别歧视"这个词语（Wetzel & Brown，2000）。达夫特（Daft，2003）曾提到，1998年提交的性骚扰投诉案共有1.7万件，比1988年增长了两倍。工作场所中的性骚扰并不只是女性的问题，投诉人中男性占了10%。人们通常把性骚扰（sexual harassment）定义为以性欲为出发点在另一方未提出要求或做出回应的情况下故意对其进行多次骚扰的行为。有时男性即便是受害者，往往也要对性骚扰负有相应责任。性骚扰是一个权力问题，而不是性的问题。多数男性在工作时没有性骚扰行为，他们有这种行为的比率约在5%到10%，而这些人也正迫于压力要改变他们的行为。

女性认为构成性骚扰的最常见行为有哪些？

性骚扰行为体现了男女间的"文化"冲突。女性抱怨性骚扰的原因通常有两点。第一，男性接二连三地要求和女性约会使她们很厌烦。男性之所以有这种行为，是因为在儿童和少年时期，大人们总是用一些"第一次失败了没关系，要努力再努力，一次不行再来一次"的陈词滥调教导他们，告诉他们坚持不懈是一种好的品质，鼓励他们做什么事都要持之以恒。所以很多男人，直到被人指控性骚扰，还没明白他们不断接近女性的行为起初会令人生厌，而日久则会让她们产生威胁感。美国女性把这种骚扰当成一种言语上的跟踪行为。因此，尽管有些男性相貌堂堂，她们也会觉得讨厌，甚至恶心。（Strauss & Espeland，1992）。

第二，男性总用带有性暗示的语言，通常是给女性讲一些男人之间的性笑话，这令她们十分不悦。目前，女性基本占到了所有劳动力的半数，她们大多数觉得这种幽默是对她们的冒犯。我们的劳动力在不断地变化，所以一些原有的行为规范也不免要随之改变。男性必须认识到改革的必要性并采取合理的措施去应对。他们也必须认识到不能拒绝或批判这些改革的原因，唯有尊重它们才能体现对女性的尊重。

在经济全球化的大背景下，各国企业要勇于面对性骚扰问题，并且在公司政策中明确什么可以做什么不可以。欧洲平等机会委员会(The European Equal Opportunities Commission)规定，若一方明确表示另一方的调情行为很唐突无礼，但另一方并没有停止，那么这种调情行为就构成性骚扰(Webb, 2000)。公司各阶层的管理人员怎样以一种合理的方式监督员工行为呢？为此，美国平等机会委员会(The U.S. Equal Opportunities Commission)制定了一些合理的标准。

在美国的工作场所中有关性骚扰问题的准则是什么？

如果性骚扰行为并不严重——只是骚扰者不断要求约会或讲性笑话——受害者就必须告知骚扰者这是对她们的冒犯。如果骚扰者无视受害者的再三反对而继续冒犯，受害者就可以向上级领导反映，请求调解或提交性骚扰投诉。通常在情节不是很严重的时候，只有骚扰者多次冒犯时才能提交投诉。

那么在提交投诉前受害者到底需要忍受多少次这样的行为？为此，法院采用了一个"理性人"(reasonable person)的标准，规定了一个理性的人应该要忍受多久才能忍无可忍。相反，如果骚扰行为很严重，比如，上级要求下级以性换取加薪或升职，此类行为只需在受害者身上发生一次，或只要律师发觉了这种行为，就可以提交性骚扰投诉(Webb, 2000)。

美国的老板们会遵守应对性骚扰的工作准则吗？

大多数美国管理层人士已经表示愿意采取积极行动来应对性骚扰，这可能是因为总有人向法院提出性骚扰起诉。法院规定，企业主和管理者对工作场所发生的事有"替代责任"，所以他们不能说对骚扰事件一无所知。防止员工提出性骚扰起诉的主要方法就是，在公司制定有关性骚扰行为的政策，并证明受害者没有趁机占公司便宜。

当雇主了解到有关性骚扰的调查结果时，他们就更会遵守工作场所中的准则。研究显示，工作场所中的性骚扰会导致企业利润缩减。这一理由足以迫使所有管理者采取措施防止性骚扰。研究还表明，如果不对工作场所中的性骚扰加以制止，其后果还会有：工人缺勤人数增多、生产率降低和因员工流动带来的培训费用增高(Knapp & Kustis, 1996)。当美国的企业主们积极采取措施消除工作场所中的性骚扰时，教育者们也应采取类似措施来解决学校中的性骚扰问题。

学校中的性骚扰问题有多严重？

1993年，美国大学妇女协会（the American Association of University Women，AAUW）委托哈里斯民意调查（Harris poll）对学校的性骚扰问题展开调查，来自美国79个学区1600多名8—11年级的学生参与了该项调查。调查结果表明，在参与调查的所有学生中，81%的女生和76%的男生曾遭遇性骚扰，而且30%的女生和18%的男生经常有此遭遇。这些学生称这种遭遇从小学就开始，并一直延续到了初中和高中。除了非语言和语言行为（比如涉及性的言语、玩笑和手势）这两种最常见的性骚扰形式外，其他常见的形式还有带有性意味的摸、抓或掐。调查结果还表明，13%的女生除了曾被强吻外，还被迫与人发生一些性行为。性骚扰者绝大多数是她们的同龄人（79%），而不是成年人。

威泽尔和布朗（Wetzel & Brown，2000）称，1993年以来的各种研究不断表明，学校中一直存在性骚扰问题。1999年，美国最高法院（the U. S. Supreme Court）对"戴维斯诉门罗县教育委员会案（Davis v. Monroe County Board of Education）"的裁决认为，学校有责任采取合理的行动来制止学生中的性骚扰行为，而且对此类事件要负有相应的法律责任。为了减少性骚扰行为，教育者就必须努力转变造成此类行为的性别歧视态度。结合与种族问题有关的态度和行为转变的研究，勃兰登堡（Brandenburg，1997）建议教育者直面性别角色刻板印象和性骚扰问题，并让学生逐步了解性别问题。

性骚扰是学校中的主要性别问题吗？

无性别歧视的教育者一直提倡学校采用反对性别歧视态度的教学策略，因为校园中的性别问题并不只有性骚扰一种。塞德克夫妇（Sadker & Sadker，1994）通过多年收集并分析从幼儿园到12年级课堂中师生互动的观察资料发现，师生的行为中存在相同的性别歧视模式。男孩子经常不举手就回答问题，有时还会打断他人的回答。因为男生在课堂上表现更积极，所以比起女生，老师更喜欢叫他们回答问题，也更经常表扬或批评他们。而在完成家庭作业时，老师会放手让男生独立完成，而自己去帮助女生。

近年来，大众媒体聚焦于"学校是否在提倡性别平等时做得太过了"这个问题，因为男生现在也面临很多麻烦。格里安（Gurian，2004）指出，女生成绩总是比男生好，得"D"和"F"的学生中70%是男生。男生在所有有学习障碍的学生中占了2/3，占所有辍学学生的80%。塞德克（Sadker，2005）承认目前有很多问题困扰着男孩子，但他坚持认为，多数问题不是近期才出现的。他相信更主要的问题在于我们的学校和社会仍然在强化着男女性别刻板印象（stereotypes）。比如，男孩会比女孩接触到更多的数学或科学玩具，会在高中和大学期间大多数标准化测验中获得更高的分数，而且会继续控制着那些与数学或科学领域有关的高薪职业。

如今，女性有机会接受高等教育这一进步引起了男性的关注和担忧。女性上大学的人数正在增加，而且她们获得了大学中55%甚至更多的学位。女性不但涉足传统领域，而且不断进驻非传统领域。目前，女性占法学院和医学院学生人数的近一半（Collins，2003）。因此，联邦政府一直在考虑审议修改教育修正案第九条（the Title IX act），准许建立单性（即男子）学校。之前有过建立此类学校的尝试，但没有取得先前承诺的在学术方面的提高。正如塞德克（Sadker，2005）所说的，那些学校通常只不过是丢弃有行为问题男生的"垃圾场"。

在近期脑研究的报告中，格里安（Gurian，2004）认为，学校需要聘请具有良好背景的老师，只有他们才能适应男生的思维和学习方式。他还介绍了一些该研究中他认为可以提高男生学术成就的具体教学方法。在讨论学校中的性别平等问题时，我们应该关注的核心问题是，男女生是否能获得学习和发展他们才能和能力的机会，因为他们只有提高自身能力才能在快速发展的社会中成长为自信的、有成就的人。教育中的性别平等问题不是讨论谁是男女生竞争中赢家或输家的问题，而是讨论应该如何在课内或课外活动中对待男女同学的问题。而所有教育者都应该以尽可能公平和平等地对待男女同学为目标进行教育教学工作。

后记

对文化性、个体性和制度性性别歧视的介绍只不过展示了性别歧视问题的冰山一角。性别歧视存在于我们的司法系统、艺术体育活动中、媒体形象和教科书中。它也遍及一切组织机构。一些男性认为性别歧视对他们有利，就抵制促进性别平等的努力，但其实性别歧视给男性和女性，还有男孩和女孩都带来了伤害。任何阻止人们发挥才智和才能的事都将给所有人带来损失；拒绝任何一个要为社会作贡献的人都将使国家无法及其本所能及之高度。如果美国人能创造一个给所有人提供机会并接纳每个人才能的社会，男女之间的权力游戏就会结束——胜利将属于每一个人。

> 什么时候才能说性别问题解决了？就是当有人说"把你发现的最优秀的人才都找来"时，都没有人注意到来人中有一半是女人的时候。
>
> 露易丝·瑞妮（Louise Renne, 1937—）

术语与定义

双性同体（Androgyny）：男性和女性除了在基本的生物学领域外的所有领域中的角色或责任的可交换性。

文化性性别歧视（Cultural sexism）：社会对强化"男性向来被授予领导地位而女性处于从属地位"这一陈旧性别角色观念的消极信仰与做法的宣传；人为地赋予某一性别权利使其高于另一性别的行为。

女权主义者（Feminist）：致力于为男性和女性争取社会、经济和个人权利的男性或女性；男女平等的倡导者。

玻璃天花板效应（Glass ceiling）：指阻止女性或少数群体晋升到工作单位中职责重大岗位的非正规上限。

个体性性别歧视（Individual sexism）：由于受性别和性别角色观念的影响，贬低女性或男性的偏见态度和行为。它们会通过人在说话或做事时侮辱中伤异性的表现反映出来。

制度性性别歧视（Institutional sexism）：既定法律、风俗和习惯的内容中系统性地体现了对个人或群体的性别歧视的现象。

大男子主义者（Male chauvinist）：认为男人应该是领导者和决策者，而女人要顺从于他们的男性或女性。

强奸（Rape）：指一方强迫另一方与其发生性行为或是未经另一方同意与其发生性行为的行为。

性别歧视（Sexism）：一种由性别原因导致的对人进行控制或限制的态度、行为或体制结构。

性骚扰（Sexual harassment）：以性欲为出发点在另一方未提出要求或

做出回应的情况下故意对其进行多次骚扰的行为。

参考文献

American Association of University Women. (1993). *Hostile hallways：The AAUW survey on sexual harassment in America's schools*. Washington, DC：Author.

描述了美国公立学校中男女生遭遇性骚扰的普遍模式。

Andrzejewski, J. (1996). Definitions for understanding oppression and social justice. In J. Andrzejewski (Ed.), *Oppression and social justice：Critical frameworks* (5th ed., pp. 52-58). Needham, MA：Simon & Schuster.

为讨论群际关系提供了必不可少的术语定义。

Arliss, L. P. (1991). *Gender communication*. Englewood Cliffs, NJ：Prentice Hall.

书中第三章《关于语言和性别歧视的讨论》提供了性别歧视语言的例子。

Badgett, M. V. L. (2001). *Money, myths, and change：The economic lives of lesbians and gay men*. Chicago：The University of Chicago Press.

书中第六章《家族类似性》讨论了有关家庭责任的研究。

Baker, L. A. (2006). Sexual harassment by supervisors. *FBI Law Enforcement Bulletin*, 75(3), 25-33.

回顾了性骚扰的历史和根据各类案件裁决订立的公司雇员当下的责任义务。

Benokraitis, N., & Feagin, J. (1995). *Modern sexism：Blatant, subtle and covert discrimination* (2nd ed.). Englewood Cliffs, NJ：Prentice Hall.

分析了社会中的性别歧视问题，包括与有色人种女性密切相关的问题，并提出了消除性别歧视的建议。

Bernstein, A. (2004). Women's pay：why the gap remains a chasm. *Business Week*, 3887, 58-59.

剖析了在缩小男女工资差距方面缺乏进展的问题。

Branch, T. (1998). *Pillar of fire：America in the King years* 1963-65. New York：Simon & Schuster.

描述了美国民权运动和马丁·路德·金(Martin Luther King, Jr)的领导作用(本书为三部曲之二)。

Brandenburg, J. B. (1997). *Confronting sexual harassment：What schools and colleges can do*. New York：Teachers college Press.

为探索性骚扰背后隐含的心理学现象提供了信息和个案研究，剖析了其中的法律问题，同时给教育者提供了大量的教育策略。

Catania, S. (2005). The counselor. *Mother Jones*, 30(4), 45-49, 88.

第九章 性别歧视：从私人问题到政治问题

通过介绍一位家庭暴力顾问的经历讨论了家庭暴力问题，同时，描述了近年来在应对该问题方面所采取的措施。

Collins, G. (2003). *America's women: 400 years of dolls, drudges, helpmates, and heroines*. New York: HarperCollins.

总体描述美国女性的生活经历，同时讲述了那些为美国社会做出特殊贡献的女性个人的故事。

Daft, R. L. (2003). Managing diverse employees. In *Management* (6th ed., pp. 436-468). Versailles, KY: Thompson Southwestern.

讨论了"平权行动"的现状，深入研究了劳动力多样性的各个方面，并剖析了"公司文化为适应多样性做出了哪些改变"这个问题。

Day, J. C., & Newburger, E. C. (2002, July). The big payoff: Educational attainment and synthetic estimates of work-life earnings. *Current Populations Reports*. Washington, DC: U. S. Department of Commerce. Retrieved July 12, 2003, from http: //www. census. gov/educational _ attainment

对男性和女性的收入进行了比较，并按当下的美元水平预测了他们一生的收入。

Evans, S. (1989). *Born for liberty: A history of women in America*. New York: The Free Press.

描述了美国女性的经历，从土生土长的美国女人开始写到有色人种女性和欧洲移民女性。

Faludi, S. (1991) *Backlash: The undeclared war against American women*. New York: Crown.

描述了在媒体、法律制度、服装业、政治以及企业中迫害操纵女性的反对妇女运动的行为。

Gonnerman, J. (2005). The unforgiven. *Mother Jones*, 30(4), 38—43.

通过提供近期的统计数据和描述个别妇女的经历来剖析家庭暴力问题。

Gould, S. J. (1981). *The mismeasure of man*. New York: W. W. Norton.

讨论了"人的智力可以作为实体被测量或量化且可以通过测量数值判断每个人优秀与否"的观点。

Gould, S. J. (1983). Big fish, little fish. *In Hen's teeth and horses toes* (pp. 21-31). New York: W. W. Norton.

检视了动物界两性存在"天生"差异的假设。

Grall, T. (2000, October). Child support for custodial mothers and fathers. *Current Population Reports*. Washington, DC: U. S. Department of Commerce.

提供了人口普查报告中关于具有监护责任的父母的人口和经济统计资料。

Gurian, M. (2004). With boys and girls in mind. *Educational Leadership*, 62(3), 21

—26.

讨论了从性别差异角度进行的大脑研究的结果,并推荐了一些促进男孩学习的教学方法。

Jeffery, C. (2005). Why women can't win for trying. *Mother Jones*, 30(4), 22—23.

提供了在经济、政治和暴力等各方面存在的性别问题的统计数据。

Jones, G. R., & George, J. M. (2003). Managing diverse employees in a diverse environment. *In Contemporary management* (3rd ed., pp. 112—149). Boston: McGraw Hill.

描述了消费者和劳动力逐渐多样化的现象,同时,给管理者提供了与各类员工有效配合的工作策略。

Kilbourne, J. (1999). *Deadly persuasion: Why women and girls must fight the addictive power of advertising*. New York: The Free Press.

阐明了广告是一种普遍的文化现象,它鼓励人们相互客观化,并削弱了人际关系的重要性。

Kim, M. (2000, September). Women paid low wages: Who they are and where they work. *Monthly Labor Review*, pp. 26—31.

通过利用对美国6万个家庭1998年(三月)的国家人口调查数据分析了女性劳动力的工资状况。

Kimmel, P. R. (2000). Culture and conflict. In M. Deutsch & P. Coleman (Eds.), *The handbook of conflict resolution* (pp. 453—474). San Francisco: Jossey-Bass.

介绍了文化对个体交流的影响和通过实践文化相对论去避免跨文化交流中冲突的需要。

Knapp, D. E., & Kustis, G. A. (1996). The real "Disclosure": Sexual harassment and the bottom line. In M. Stockdale (Ed.), *Sexual harassment in the workplace: Perspectives, frontiers, and response strategies* (pp. 199-213). Thousand Oaks, CA: Sage.

剖析了性骚扰的代价,并用"综合行为成本模型"(comprehensive behavior costing model)判断了容忍性骚扰的经济后果。

MacKinnon, C. A. (1987). A rally against rape. In *Feminism unmodified: Discourses on life and law* (pp. 81-84). Cambridge, MA: Harvard University Press.

讨论了女性不举报强奸案的原因并呼吁男性在女性遭遇此类事件时予以支持。

National Center for Health Statistics. (1999). *National Vital Statistics*. 47(21). Retrieved July 12, 2003, from http://www.cdc.gov/nchs

提供了各种健康问题的统计资料,其中包括与婚姻有关的资料。各类研究会定期在此网站上公布。

Nilsen, A. P. (1977a). Sexism as shown through the English vocabulary. In A. P. Nilsen, H. Bosmajian, H. L. Gershuny, & J. P. Stanley (Eds.), *Sexism and lan-

第九章 性别歧视：从私人问题到政治问题

guage(pp. 27—41). Urbana, IL: National Council of Teachers of English.

剖析了性别歧视是如何隐藏在美式英语的词语中的。

Nilsen, A. P. (1977b). Sexism in the language of marriage. In A. P. Nilsen, H. Bosmajian, H. L. Gershuny, & J. P. Stanley (Eds.), *Sexism and language*(pp, 131-140). Urbana, IL: National Council of Teachers of English.

剖析了与婚姻关系有关的词语中所体现的性别歧视本质。

Partridge, E. (1983). *Origins: A short etymological dictionary of modern English* (p. 92). New York: Greenwich House.

人们经常嘲笑尼古拉斯·沙文(Nicolas Chauvin)对拿破仑(Napoleon)的忠诚所引用的资料。

RAINN (2006). Rape, Abuse, and Incest National Network. Retrieved July 15, 2006, from http://www.Rain.org

提供了美国司法部(the U. S. Department of Justice)公布的2004年全国犯罪受害调查统计数据资料(在网站中搜索"statistics"即可)，还可以到全国家庭暴力热线(www.ndvh.org)查找其他统计信息。

Redwood, R. (2002). The glass ceiling. *Motion Magazine*. Retrieved June 12, 2003, from http://www.Inmotionmagazine.com

讨论了联邦玻璃天花板效应委员会(Federal Glass Ceiling Commission)对玻璃天花板效应的本质和消除方法的研究结果。《有利经商：充分利用国家人力资本》的完整报告这份来自美国政府印刷局(the U. S. Government Printing Office)提供的完整报告。

Riley, G. (1986a). *Inventing the American woman: A perspective on women's history*, 1607—1877: Vol. 1. Arlington Heights, IL: Harlan Davidson.

讲述了从殖民地时代到内战后重建时期美国女性的生活经历。

Riley, G. (1986b). *Inventing the American woman: A perspective on women's history*, 1865—present: Vol. 2. Arlington Heights, IL: Harlan Davidson.

讲述了从内战到20世纪80年代美国女性的生活经历。

Sadker, D. (2005). Gender bias lives, for both sexes. *Education Digest*, 70(8), 27-30.

讨论了学校中的性别平等问题和性别刻板印象的后果。

Sadker, D., & Sadker, M. (1994). *Failing at fairness: How America's schools cheat girls*. New York: Charles Scribner.

讨论了美国学校中存在的性别歧视行为及后果，在书中第二章第21、22页中介绍了女生进入奥柏林(Oberlin)大学应具备的条件。

Sampson, R. (2003). Acquaintance rape of college students. *Problem-Oriented Guides for Police*. Retrieved July 16, 2006, from www.Cops.Usdoj.gov (site map, POP Guides).

分析了大学校园中熟人强奸案的统计资料。

Simon, R. W. (2002, January). Revisiting the relationships among gender, marital status, and mental health. *American Journal of Sociology*, 107(4), 1065—1097.

提供了已婚和未婚人士在心理健康方面存在差异的调查资料。

Sorenson, E. (1997, November). A national profile of nonresident fathers and their ability to pay child support. *Journal of Marriage and the Family*, 59(4), 785—798.

介绍了人口特征以及非定居居民的父亲给孩子付抚养费的情况。

Strauss, S., & Espeland, P. (1992). *Sexual harassment and teens: A program for positive change*. Minneapolis, MN: Free Spirit.

讨论了工作场所中的性骚扰问题，但主要介绍了学校里的性骚扰，其中包括一个实施防止性骚扰政策和程序的方案。

Tavris, C. (1992). *The mismeasure of woman*. New York: Simon & Schuster.

通过分析有关女性方面的科学研究揭示它们对女性存在的偏见，而这种偏见使性别歧视刻板印象和贬低女性地位现象长期存在，从而使人们有各种理由保持性别歧视的现状。

Tavris, C., & Wade, C. (1984). *The longest war: Sex differences in perspective* (2ed ed.). New York: Harcourt Brace Jovanovich.

通过回顾在人类学、生物学、人类性行为、教育学、心理学和社会学中开展的研究来剖析一系列性别问题。

Tjaden, P., & Thoennes, N. (1998). *Prevalence, incidence, and consequences of violence against women: Findings from the National Violence Against Women Survey*. Washington, DC: United States Department of Justice. Retrieved June 20, 2003, from http://www.ojp.usdoj.gov

提供了定期更新的家庭暴力统计资料。

Trusty, J., Robinson, C. R., Plata, M., & Ng, K. (2000, Fall). Effects of gender, socioeconomic status, and early academic performance on postsecondary educational choice. *Journal of Counseling and Development*, 78(4), 463—473.

分析了八年级学生和近期高中毕业生学业成绩和教育选择的国家统计数据，并以此来判断性别和阶级的影响。

U. S. Bureau of Labor Statistics. (2005). Highlights of Women's Earnings in 2004. Retrieved July 15, 2006, from www.bls.gov

提供了2004年男女性工资的相关信息和图表。

U. S. Bureau of Labor Statistics. (March 2006). Women still underrepresented among highest wage earners. *Issues in Labor Statistics*. Retrieved July 15, 2006, from www.bls.gov

提供了女性管理者不断增加和高层管理职位中依然缺乏女性的统计资料。

Webb, S. (2000). *Step forward: Sexual harassment in the workplace* (2nd ed.). New York: Mastermedia.

回顾了性骚扰史，介绍了应对性骚扰的措施，剖析了世界各地工作场所中的性骚扰问题。欲了解更多资料，请登录国际妇女新闻网（Women's International Network News），28(1)。

Wetzel, R., & Brown, N. W. (2000). Student-generated sexual harassment in secondary schools. Westport, CT: Bergin & Garvey.

介绍了关于性骚扰方面的法律规定，性骚扰发生原因的理论和初等学校建立有效防止性骚扰办法的指导方针。

Wulff, M. B., & Steitz, J. A. (1997). Curricular track, career choice, and androgyny among adolescent females. Adolescent, 32(125), 43—50.

介绍了在 20 名大学高等数学班（college-track upper-level math class）和 20 名职业学校美容班（vocational-track cosmetology class）学习的女生中开展的双性同体（androgyny）研究。

复习与讨论

总结练习

请参照本书第 31—32 页的练习，总结本章的重点并为关键术语下定义。

辨析题

辨析练习 1. 找问题：分析下列性别歧视语言

说明：阅读下列含有"性别歧视"的说法。判断每道题的言语表达中为什么存在偏见，与一名小组成员讨论如何修改这些句子或短语，并把无性别歧视的恰当表述填写在空行中。想想其他可以在总结全课的讨论中使用的例子（注：每题可能有多种替换表述）。

1. 亲爱的先生：

_____

2. 任何对他的预测成绩表示不满的同学都可以接受后续测试。

_____

3. 麦卡利斯特先生（Mr. McAllister）和他金发碧眼的妻子合伙经营一家汽修厂。他的妻子负责（man）给车加油。

_____

4. 英语老师就"人和他的世界"这一主题设计了一个非常精彩的单元。
_____

5. 家庭主妇正在为升高的食品价格感到不安。
_____

6. 一名作家会因专心于工作而不顾他的家庭。
_____

7. 全国英语教师理事会的会议代表和他们的妻子被邀请出席盛会。
_____

8. 尼安德特人(Neanderthal man)是我们史前时期的祖先之一。
_____

9. 我们会让所有母亲给我们送明天野外旅行时吃的饼干。
_____

10. 黑人(Blacks)终于在1870年赢得了选举权。
_____

11. 午餐时间被延迟,妇女们闲谈起了昨晚的聚会。
_____

12. 一名奴隶无权宣称他的妻子或子女归他所有,因为法律不承认奴隶的婚姻。
_____

13. 普通学生在担心他们的成绩。
_____

14. 古埃及人允许女性对财产拥有相当大的支配权。
_____

15. 在南非发生的种族斗争中的一场政治辩论是关于"一人一票(one man, one vote)"的思想。
_____

小组活动

小组练习1. 来自高校的性骚扰个案研究

说明:性骚扰可能有多种形式:对同性或异性私下或公开的活跃行为、令人厌恶的性挑逗、性侵犯或者性强迫(强奸)。选择一名你可以与之自如讨论以下六种情景的搭档。在分析每种情景时回答以下三个问题:

第九章 性别歧视：从私人问题到政治问题

- 这是一个性骚扰的个案吗？如果是，那么骚扰是什么时候发生的？
- 该情景下的骚扰行为是什么？
- 在每种情景下，应该做些什么来应对呢？

1. 凯文（Kevin）正在学习英语入门课程。他的第一篇作文写的是他作为新生第一次独自来到大学校园时的那种一切都不确定的感觉。当他拿到老师批改的作文时，没有成绩，只有"请来见我"的评语。凯文在上班时间去了老师办公室。老师提议出去边喝东西边说他的作文。

2. 康妮（Connie）正在修一门数学课，其中有一单元涉及统计学知识。她知道学好这门课程对以后的发展很重要，而且好的数学成绩可以增加她考上研究生的机会。康妮在学习中遇到了一些很难理解的概率理论。她找到了助教，向他说明她的担忧和她想取得好成绩并以此获得读研资格的愿望。他们制定了辅导计划，在辅导进行到第三个阶段时，他们不仅成了朋友，还在辅导之余开始了约会。

3. 塔马拉（Tamara）是工程学课程中为数不多的女生之一。她注意到老师总在盯着看她，尤其是在她回答问题的时候。她知道这位老师曾在女生提问时打断过她们，有时甚至拒绝回答她们的问题。除此以外，这位老师居然还在一次课上讲了一个贬低女性的笑话。而让塔马拉更加气愤的是，班上很多男生都笑得不亦乐乎。

4. 索尼娅（Sonia）是一个拉美裔姑娘。在心理学入门课上，她注意到每天早上老师跟她打招呼时总是朝着她笑还评论她的长相，但他不会以同样的方式去问候其他同学。在他讲当代性的作用和性行为之前，他对全班学生说："索尼娅也许能帮助我们理解这个主题，因为她总要忍受他们国家的大男子主义。"

5. 在图书馆入口附近，有男生拿着标有从1到10的卡片，在女生进入图书馆的时候为她们的性特征打分。他们还时不时发出笑声并做出暧昧的手势。他们的行为使很多女生不愿意去图书馆。

6. 赫尔姆斯利（Helmsley）教授同时兼任研究生办公室主任。在一堂本科生的文学课上，他说，在女性研究课题下的所有文学课程对于研究生阶段的学习都毫无用处。他还建议将所有类似的课程从本科主修文学专业的学生的课程目录中删除。

注：改编自《性骚扰与大学：对7个个案的研究》。

小组练习 2. 艰难的对话

关于性别歧视的角色体验

说明：3人一组围绕以下场景展开对话。以提供的情景为背景做一个5分钟的角色表演。在短剧表演最后，表演者要以表演中的身份就刚才所做出评论的原因、目的和意图回答全班同学提出的问题，无论各组表演是否有相似之处，3个组员都要完成5分钟的表演。

角色体验：不能劳逸结合使雄（Xiong）缺乏快乐

角色：
- 一名经验丰富的大学教授兼学生社团顾问
- 社团中一名刚带领其他同学成功地使州最高法院禁止使用原住民学校标志的大三学生。
- 一名成绩优秀的大四学生

你班中的一位同学抱怨，与他同一课程作业组的苗族姑娘由于职务繁忙总在开班级会议，没有时间参加小组讨论。而每当好不容易有点时间时，她也不愿意同其他人在酒吧讨论作业，因为她觉得酒吧是个不正经的地方。

社区活动

行动研究

社会文化对男孩和女孩的熏陶不一样吗？参观一家玩具商店或查看大量给男孩女孩的贺卡。通过这些商品了解社会如何鼓励女孩并表达对她们的期待的？它到底期望她们喜欢看什么做什么？给男孩的玩具或贺卡中也有类似的期望吗？列出至少十种社会文化鼓励男孩与女孩表现不同的方法。

服务学习

你所在的地区是否采取了应对强奸和人身攻击问题的措施？找到该地区强奸热线、危机呼叫中心或校园安全护送服务的办公地点，了解它的成立目的，并加入其中，帮助它更好地发挥保护性和教育性作用。同时，写信给3个人，鼓励他们也加入这类志愿活动，并说明理由。

第十章 非异性恋歧视：让同性恋由离经叛道变为与众不同

"世上唯一的变态就是没有能力去爱"。

阿纳伊斯·宁（Anais Nin，1903—1977）

"同性恋"一词及其概念似乎最早在 19 世纪 60 年代德国人卡尔·乌尔里奇博士（Dr. Karl Ulrichs）的医学著作中出现的。然而，直到 1892 年，当哈未劳克·爱丽丝（Havelock Ellis）、马格努斯·赫希菲尔德（Magnus Hirs-Chfield）等学者们出版关于人类性行为的理论和研究性文章与著作时，"同性恋"一词才正式地清楚地出现在公众的言语中。在 1886 年出版的一本颇受世人关注的书中，理查德·万·克拉夫特－埃宾（Richard von Krafft-Ebing）选择不再使用在美国被广泛使用的"性倒错"（sexual Inversion）一词，而是沿用了乌尔里奇提出的说法，翻译成英语即为"同性恋（homosexuality）"。他将同性恋者定义为在性方面被同性别者吸引的人。尽管在人类的历史上一直都有关于同性间不正当关系的记载，但这个词的出现还是对西方传统的"异性恋假设"提出了挑战。

何为异性恋假设？

许多非西方文化中有承认和接受人类性变异的历史（Herdt，1997；Williams，1992）。而西方文化关于性行为的态度一直建立在异性恋假设的基础上，即所有的人天生就是异性恋的，被异性吸引是人的天性。人类所进行的任何性行为如果不符合异性恋这一准则均被认定为不正常的或违背自然选择的，尤其是当与同性别的人发生性行为时。《圣经》过去经常被用来作为判断有关性行为正常与否的观念是否正确的依据。直到 20 世纪，心理学家还认为同性恋是一种精神病，并因此不断强化"异性恋假设"。人们也广泛认为同性恋者是偏离正轨的心理失常人群，需要被拉回正道并重新赋予异性恋的本性（Duberman，Vincinus，&Chauncey，1989）。

异性恋假设何时受到了挑战？

克拉夫特－埃宾提出了使"异性恋假设"面临挑战的词语。虽然他也认为同性恋是不道德的、不可接受的，但他还是将同性恋定义为性欲望的多种形式之一。克拉夫特－埃宾认为，同性恋，与恋物癖和受虐狂一样，是一种病态，一种可治愈的心理缺陷（Halperin，1989）。

在接下来的60年中，普通大众对同性恋这一提法并不熟悉。而在此期间，克拉夫特－埃宾建立起了这样的一个概念，即世上存在多种形式的性欲望，对同性的性欲望是其中之一。他的想法被正在发展中的心理学领域所重视，因为该领域的研究者正在寻找纠正异常行为的方法。他们建议的治疗方案包括阉割、绝育、电击以及偶尔使用的脑叶切断手术。然而，没有一种方法在实践中获得成功（Katz，1976）。

尽管心理学界的传统看法依然认为，同性恋是不正常的违背自然的一种心理缺陷，但这些推荐的临床治疗措施的失败使得这个领域的一些有名望的人，诸如，A·A·布利尔（A. A. Brill）、赫希菲尔德（Magnus Hirschfield）和西格蒙德·弗洛伊德（Sigmund Freud），认为同性恋是不能治愈的，并且将是一种永久的状态。当心理学家确信异常的性欲望无法回归正常时，他们采取了调节治疗等方法来控制同性恋行为。这些实践之后一直很平常地进行着，直到1948年金赛性学报告的发表。

金赛性学报告是如何挑战异性恋假设的？

在洛克菲勒基金会和印第安纳大学的资助下，一个名为阿尔弗雷德·金赛（Alfred Kinsey）的动物学家和他的研究团队在1938年—1956年间对人的性行为进行了深入的研究。发表于1948年的金赛性学报告引起了争议。当然，其中有很多原因，而最主要的原因是：这份报告提出性取向不是单一的现象，而是多种可能现象的统一体，其中包括绝对异性恋、绝对同性恋以及介于它二者之间的多种双性取向（见图10.1）。基于研究对象对其梦境、幻想和行为的自述，金赛和他的团队得出的结论认为，在他们的研究对象中，只有很少的一部分人是绝对异性恋或绝对同性恋者（此后研究数据中的10%被广泛地应用）。绝大多数人有出现双性恋行为的可能——既被同性吸引，又被异性吸引——尽管他们通常更倾向于某一种性别。

第十章 非异性恋歧视：让同性恋由离经叛道变为与众不同

1948年发表的金赛性学报告（以及1953年发表的针对女性的研究报告）对人类仅拥有异性恋取向的普遍假设提出了挑战。从此，美国人开始面对关于性取向的极端概念：不是所有人都是异性恋的，人类具有不同种类的性吸引和性行为，其中包括对同性的偏爱与欲望。

图10.1 金赛性取向分布谱系

0- 绝对异性恋，没有任何同性恋倾向
1- 异性恋倾向占主导地位，同性恋倾向只是偶尔现象
2- 异性恋倾向占主导地位，但同性恋倾向并非偶尔现象
3- 异性恋倾向与同性恋倾向的程度是相同的
4- 同性恋倾向占主导地位，但异性恋倾向并非偶尔现象
5- 同性恋倾向占主导地位，异性恋倾向只是偶尔现象象
6- 绝对同性恋，没有任何异性恋倾向

基于对梦境、幻想以及行为的研究，性取向图谱包括绝对异性恋、绝对同性恋以及介于它二者之间的多种双性取向。

资料来源：*Sexual Behavior in the Human Male*, By A. Kinsey, W. Pomeroy, and C. Martin, 1948. The Kinsey Institute, W. B. Saunders.

金赛性学报告的影响

"同性恋"一词给被奥斯卡·王尔德的情人贴上了"不敢说出自己名字的恋爱"的标签。但是，绝大多数美国人不愿意面对并且拒绝讨论这个问题。多数的心理学家依旧将同性恋视为一个缺陷，一种心理疾病的表现，但同性恋者本人却开始重新审视自己的处境。事实上，这个世界一直存在着有同性恋取向的人，他们并没有对自己的性欲感到不安，但却不得不谨言慎行。现在这些人相信，美国人对同性恋的态度应该改变，但改变怎样才能发生，他们却不得而知。

心理学家艾弗伦·胡克（Evelyn Hooker）的同性恋朋友们认为，心理学家坚持将同性恋认定为心理疾病是因为那些寻求治疗的同性恋病人对他们自己的性欲感到不安。受社会谴责和宗教教养的影响，这些人经常充满罪恶感和焦虑。一名男同性恋者强烈要求胡克博士寻找心理调适较好的男性同性恋者进行研究，而且他自己也找来很多这类人，让他们自愿参与研究（Marcus，1992）。

胡克之后进行了一项包含30个男同性恋者和30个男异性恋者的研究。她对每个被试都做了3组个性测验，即罗夏（墨迹）测验、主题统觉测验和看图说故事测验，并将结果提交给一个国际知名的心理学家小组。没有一个小组成员能够分辨出谁是同性恋谁是异性恋，而且他们给每组中2/3的被试者都打了平均水平的分数或更高的分数。这显然推翻了同性恋有内在心理问题的观点。胡克在1956年举行的美国心理学会（APA）全国会议上公布了她对专家小组评估的研究结果。但直到17年后，美国心理学会会员们才承认他们的错误，并采取了适当的改正行为。

1973年，美国心理学会投票决定将同性恋从心理疾病的分类中去除。接下来，美国医学会加入到美国心理学会的行列，宣布同性恋不是心理疾病，坚称男女同性恋者与异性恋者一样健康、能干，一样能在社会中有效地发挥出其应有的作用。

美国心理学会和医学会的决定向那些觉得应该歧视非异性恋者的人们传达了一个清晰的信号。自此，同性恋歧视——对在生物学意义上非异性恋的人群的压迫与剥削——一词产生了。

在我与他人的交往中，我发现扮演本来不属于我的角色终究是毫无用处。

卡尔·罗格斯（Karl Rogers，1902—1987）

有目的的研究不是研究：保罗·卡梅隆的故事

1982年，一位来自于内布拉斯加州州立大学名叫保罗·卡梅隆的心理学助理教授对一项变革提出反对意见。奥马哈市议会正在考虑通过此变革，将同性恋者列入人权保护法规。在路德教堂的一次演讲中，卡梅隆宣称，一个同性恋者绑架并阉割了一名当地男童。尽管奥巴哈市警察局和当地医院对这个事件均没有任何记录，但人们还是异常愤怒。最后这项提议遭到80%的人反对，以失败而告终。

1983年，卡梅隆建立了性问题科学调查学会，宣称他将进行一项全国性的性调查。对于研究者来说，在研究还没有进行之前就预测研究结果是不科学的做法。而卡梅隆却声称，他的研究将显示出在性方面爱冒险的人感染上疾病的可能性更大，更不快乐，更容易产生自杀倾向。卡梅隆的调查结论和他的预测很一致，但正统的研究者们却发现他的数据分析和研究方法中存在很多的缺陷。他的研究一直被那些基督教原教旨主义组织和个人用来支持他们反对同性恋的观点。

根据1978年尼古拉·高斯（Nicholas Groth）的一项研究数据，卡梅隆在1983年公布了他的一项研究成果，宣称同性恋者与普通人相比，猥亵儿童的可能性高出10—20倍。高斯曾采访了175名犯猥亵儿童罪的罪犯，并指出受害者中男孩人数明显多于女孩。他还说，这些罪犯不是异性恋，就是在性方面对成年人不感兴趣的人。高斯向美国心理学会投诉，谴责卡梅隆歪曲他研究成果的行为。美国心理学会取消了卡梅隆的专业资格。

1992年，卡梅隆以家庭研究学会负责人的身份转移到科罗拉多州帮助那些州宪法修正案的支持者。修正案要禁止对男女同性恋者的人权保护，它的支持者们在投票前一周分发了大量的卡梅隆反同性恋研究成果的传单，致使大部分投票者同意禁止保护同性恋者人权的提议。

1994年，卡梅隆发表了他的"男同性恋讣告研究"。基于对报纸中登出的6000名男同性恋者讣告的研究，卡梅隆计算出同性恋者平均寿命为43岁。这个数据一经被广播和电视访谈节目引用，一个曼哈顿研究所的科学家就指出，艾滋病患者的平均寿命是40岁，如果同性恋者的平均寿命是43岁的话，那些同性恋者中非艾滋病患者的寿命就不会超过46岁。同性恋者的平均寿命不会超过43岁这个数据仍在反同性恋文献中被引用。

2004年，佛罗里达州最高法院批准禁止同性恋夫妻领养孩子的法令，并引用了卡梅隆的"研究"作为他们做出此决定的依据。当卡梅隆宣称其研究确实反映社会问题的时候，美国社会学学会称其歪曲了社会学研究，并且坚持让其不要再称自己进行的是社会学研究。尽管卡梅隆取得了一些所谓的"成功"，绝大多数的科学家还是一致认同尼古拉·高斯对他的评价——"他羞辱了自己的职业"。

来源：Divid Holthouse (2005), "The Fabulist", *Intelligence Report*.

关于同性恋研究的近期成果是什么？

关于人类性行为的研究不断进行。根据这些研究成果，研究者们似乎一致同意生物学因素对性取向有很大的影响。通过人类学的发现和儿童发展方面的研究，皮拉德（Pillard，1997年）提出，性取向是一种先天特征，而这种深深埋藏的个性特征可以在儿童的身上观察到：

人有一种对异性恋或同性恋发展道路的最初偏向。这种偏向在生命的早期就有预示，不是别人教的，也不是后天习得的，对于要改变它的力量也非常抵制（P.233）。

勒万（Le Vay，1996）提出，下丘脑部位是人脑的基本驱动中心，作用在该部位的性激素是很重要的生物学因素。人类学家没有否定生物学因素的重要性，而是描述了文化对人类性行为和态度的影响（Herdt，1997）。研究者们也普遍认为，每个人性取向的形成不是单一元素造成的，而是多种因素共同作用的结果（Le Vey，1996；Stein，1999）。

为了进一步强化人类性变异的观念，人们开始对动物行为进行研究。其结果显示动物之间也有同性性行为（Stein，1999）。玛尼（Money，1988年）介绍了他的研究：通过实验控制动物出生前影响大脑性途径的性激素，成功地使动物（非灵长类动物）在交配期产生绝对同性恋或绝对异性恋行为。玛尼并未称科学家对人类进行该实验也能获得同样成果，因为对于灵长类动物，出生前激素的决定性作用较小。但他也得出如下结论：对性激素的控制可以引发与同性或异性进行性活动的倾向。

对人类性变异的研究似乎可以同变异在整个自然界中所起的作用相提并论了。古尔德（Gould，1981年）通过解释斑马身上条纹模式种类多样的原因来解释人类性变异问题。斑马的一种条纹模式是，身体上众多窄的条纹，相互平行且相对直上直下的；另一种模式是，身体上的条纹少而粗，臀部上有三条微弯的宽条纹；第三种模式是，在身体前半部的条纹更少更粗，从腹部中间开始的条纹更宽，一直呈曲线状弯到臀部（见图10.2）。

由于斑马形成条纹的三种机制在胚胎发育的不同时期开始，所以它们出现了3种不同的条纹。就像斑马条纹的变化一样，变异很容易在某些事物中发生。因此，如果考虑到人体胚胎的性发育过程中的各种复杂因素，我们很

第十章 非异性恋歧视：让同性恋由离经叛道变为与众不同

难再坚持人类只有异性恋倾向这一观点了。因此金赛性报告和1948年之后的相关研究中所介绍的以及人类历史所记载的人类性变异才是更符合逻辑的。

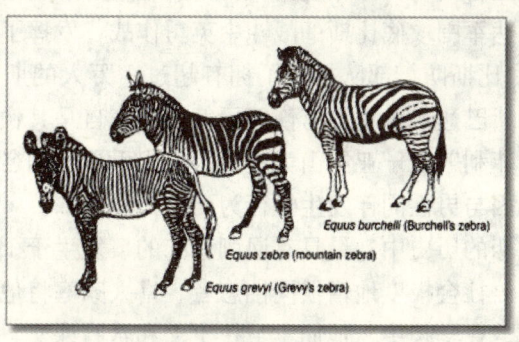

图 10.2 在斑马胚胎发展的不同阶段，其遗传的条纹机制所产生的三种不同的条纹模式。

文化性非异性恋歧视

文化性非异性恋歧视指的是将异性恋定义为正常行为，而把其他的性取向看做是不正常的主体文化。异性恋假设是文化上性别歧视的一个典型例子。尽管科学已经在试图解释人类性反应的复杂性和变异性，一些人仍坚持唯一可接受的爱和做爱方式一定要在一对异性间展开。然而，历史告诉我们，同性恋情感并不是当代才出现的非正常现象，而是在各个历史时期、各个文化中的人类行为中均有所反映的。

> 我不能忍受任何对男女同性恋的议论，就好像他们是不道德的或不符合标准的。他们只是做自然让他们做的事。
> R·洛克敏斯特·福勒（R. Buckminster fuller, 1895—1983）

历史是如何描述同性恋的存在的？

在古希腊，男人之间的爱与性欲望被广泛接受而且十分流行。希腊人公开描写一个男人与另一个男人之间的爱情。虽然萨福的诗歌描写过女人之间的爱情，但保留下来的希腊文学的作者主要是男人。赞成同性吸引并不是雅典人独有的癖好，它也在斯巴达和其他城邦中广泛地存在。底比斯圣军是希腊历史上最为著名的一支军队，它就是由150对相爱的人组成的300人的战斗力量，每个人立誓要与自己相爱的人并肩作战直到其中一个或全都战死。这支军队在斯巴达军围攻底比斯的战斗中英勇作战，发挥了重要作用。只有大约6000人的底比斯防御部队打败了拥有超过1万人的斯巴达军队。自从这次失败以后，斯巴达人再也没有恢复元气，为来自马其顿的菲利普征服希腊铺平了道路。菲利普之子亚历山大大帝因征服世界而闻名。然而，根据当时的记述，他也因与男性同伴发生性行为而被人所熟知。

在关于同性恋的历史中，最具有讽刺意味的事发生于19世纪的英格兰。在那个年代，英语社会极度地憎恨同性恋者。富人家庭将他们的儿子送到希腊的寄宿制男校。在学校中，他们学习拉丁文和希腊课文，有一些还是以同性恋为主题的。很多回忆录忆述了一流寄宿学校的经历。它们称那里的英国男孩参与"希腊式爱情"（对同性恋行为的委婉语）的同性恋行为。

人类学家观察到，文化经常会影响社会对同性恋者的态度。一些美国本土文化坚信，同性恋者是人类中的特殊部分，认为他们拥有男性和女性的双重特征，具有超强的能力。卡兹（Katz，1976年）提供了史料和人类学家记述的文献作为不同时期美国本土文化接受同性恋者的依据。

一些波利尼西亚和加勒比海文化也把同性吸引和同性恋行为看做是可接受的。因为对同性恋关系的宽容，地中海地区包括意大利南部以及希腊、摩洛哥和土耳其等地一直都是欧洲同性恋者的天堂。贵族中的同性恋者到这些地方去游玩，主要是为了找机会进行同性恋活动。根据泽尔丁（Zeldin，1994年）的研究，同性恋者曾一度被大约2/3的人类社会所接受。

在早期的欧洲，天主教会在谴责同性恋方面起到了主要作用。教会把同性恋认定为一种罪恶。然而到了公元1102年，坎特伯雷（Canterbury）大主教号召人们放宽对同性恋的惩罚，因为"这种罪恶已经变得太普遍了以至于几乎没有人再为它感到羞愧了"。13世纪，梵蒂冈教廷要清除各种异教邪说，开始迫害同性恋者，并把其作为宗教法庭调查的一部分。宗教法庭存在了约400年，但同性恋在欧洲被迫害的历史却又持续了600年（Boswell，1994；Duberman，Vicinus&Chauncey，1989）。

中世纪的教徒会把男女同性恋者处死，尽管女人经常被当作女巫来对待，但也一样会被处死，《圣经》也认为这是正确的做法。对男性同性恋者的迫害和处死使人联想到源自于"fagot（柴把）"的"faggot（同性恋）"。

"fagot（柴把）"指的是紧紧捆在一起点燃的枝条。当中世纪的法官因男子与同性有性行为判他死刑时，执行者有时将他们捆在一起，一人摞在另一个人上面，然后就像烧柴一样把他们烧死。

即使是皇室也无法逃脱这种迫害。国王和王后只要小心谨慎，一些罪行还是可以不被追究的。但英国国王爱德华二世却十分不小心，他的加冕典礼差点在群众的反对和抗议声中被迫中断，因为国王对朋友皮埃尔·加文斯通的偏爱要远胜于对皇后的感情。英国贵族被国王的无耻行为触怒，将加文斯通送回法国。由于爱德华二世不能忍受同爱人分开的痛苦，他请求允许加文斯通回来。加文斯通返回英国后不久，就被人谋杀了，这导致了一场国内战争。最终爱德华二世死在伊莎贝拉王后和他的爱人莫太摩尔的手上（Rowse，1979）。但爱德华二世是一个特例，皇室和贵族或者在他们保护之下的艺术家们一般不会因为同性恋情感或行为而遭受迫害。

尽管可以在某种程度上忍受一些皇室和贵族的放荡，但英国人持续地显示出对同性恋的恐惧，迫使那些有钱有势的人，如诗人劳德·拜伦，为避免在国内被处罚而逃到英国边境以外的地方寻求性快乐。实际上，深受大众喜爱的剧作家奥斯卡·王尔德就因为他的同性恋行为而被捕入狱。

到了20世纪，英国在文化上对同性恋的态度逐渐缓和起来，欧洲绝大多数地方也是如此，但美国却正好相反。在克林顿执政期间，欧洲和美国关于同性恋态度的鲜明对比通过任命基姆·赫梅尔（James Hormel）为美国驻卢森堡大使一事十分清晰地表现了出来。赫梅尔是一个公开的同性恋者，卢森堡的官员并未因此而反对他的任职，但关于他的任命却因为有影响的保守派参议员的反对拖延了两年。

> 每当我看到一个才华横溢、思维敏捷、比其他人都会说话做事的人时，我就会情不自禁为他倾倒，会把自己全部交给他。那时我将不再属于自己，而是完完全全属于他。
>
> 米开朗基罗·博那洛蒂（Michelangelo Buonarroti，1475—1564）

美国人对同性恋的态度是怎样改变的？

同少数民族一样，第二次世界大战也对从战场归来的同性恋士兵产生了巨大的影响。1948年的金赛性学报告驳斥了异性恋假设。退伍士兵中的很多男女同性恋者都认为军队的经历使他们获得了被社会接受的权利。加利福尼亚州法院宣布，同性恋者可以进入某些酒吧和商业场所。因此，加利福尼亚对于同性恋者来说似乎成了最安全的生活之地。旧金山曾是很多被派往太平洋战区的男女士兵出发的主要港口。很多返回美国的同性恋者就选择留在那里定居。随着同性恋人数的不断增多，他们的政治积极性也不断高涨。到了20世纪70年代，乔治·莫斯克尼（George Moscone）等很多市长候选人都开始公开寻求同性恋选民的支持了。

旧金山是美国众多见证同性恋者政治活动的城市之一。然而1977年，一位名叫哈维·缪克（Harvey Milk）的公开同性恋者当选城市监察员时，全国的新闻媒体都报道了这件事情。一年后，一个反对与同性恋者共事的城市监管员谋杀了缪克和莫斯克尼市长。陪审团以过失杀人罪这一尽可能轻的罪行对丹·怀特（Dan White）进行了定罪。这充分说明，反同性恋的偏见并没有消失。对怀特的判决在旧金山同性恋者聚集区引发了持续两个多小时的骚乱。警察呵斥、谩骂并野蛮殴打了他们遇到的每一个同性恋者。

发生在美国西海岸城市旧金山的骚乱和在这十多年前发生在纽约的石墙骚乱，是20世纪晚期众多迫使所有美国人承认同性恋存在的事件中的两个重要事件。同性恋者选择"gay（同性恋，后来主要指男同性恋）"这个词作为同性恋群体中的自我身份标签。在转变传统的反对同性恋态度中，有两个因素最为重要：一是在主流文化中同性恋身份得到认同；二是同性恋被有影响的重要人物所接受。到了20世纪70年代，专栏作家阿比盖·万·布伦（Abigail van Buren，亲爱的阿比）基于她对科学研究成果的认识和理解，对同性恋问题做了回应，并强调了接受同性恋的必要性。1975年，一个名叫大卫·科倍（David Kopay）的退役的国家橄榄球联盟运动员在出版的传记中，不但承认自己是一个同性恋者并且声称很多职业运动员都是同性恋。从20世纪50年代到60年代，随着一些如洛克·哈德森（Rock Hudson）以及里贝瑞斯（Liberace）等明星的同性恋身份的公开，社会对男女同性恋者的容忍态度不断地提升，尤其是在城镇地区。

20世纪80年代早期，大多数美国人都对艾滋病的蔓延置之不理，尽管一些广播和电视媒体均谴责是同性恋行为导致了这种"同性恋疾病"。就像桑泰戈（Sontag，1989）解释的那样，"导致艾滋病的危险行为不仅仅是癖好，而是放纵和懈怠——对非法化学药品的上瘾以及对不正常性行为的迷恋"。疾病的继续蔓延迫使美国人不得不面对同性恋偏见这一历史性文化偏见。人们进一步认识到 HIV 是一种病毒，而不是上帝对人类的惩罚。一个名叫瑞恩·怀特（Ryan White）的小男孩因为输血而染上了这个致命的疾病的事实就清楚地说明了这一点。在罗纳德·里根总统八年任期中的七年时间里，他从来没有公开地承认艾滋病的传播（Shilts，1987）。在经过了又一次总统大选后，美国国会才通过"瑞恩·怀特综合性艾滋病源紧急法案"（Ryan White Comprehensive AIDS Resources Emergency Act）。美国反同性恋的态度也一直持续了下来。

表 10.1　20 世纪美国关于认可同性恋者权利的重大事件时间表

1924 年，第一个被认可的同性恋激进组织成立（芝加哥）。
1962 年，伊利诺伊州成为美国第一个废除鸡奸法的州。
1969 年，警察突袭了石墙酒吧（纽约州的一个同性恋酒吧），导致骚乱并成为同性恋权利运动的导火索。
1970 年，纽约举行首次"同志骄傲大游行"，纪念石墙事件。
1975 年，退役的美国橄榄球联盟选手大卫·科倍（后卫）成为第一个公开承认同性恋身份的职业运动员。
1978 年，旧金山第一个公开同性恋身份的城市监察员哈维·缪克被暗杀。
1981 年，疾病预防和控制中心报告了第一例艾滋病的病例（开始时被称为"同性恋瘟疫"）。
1982 年，威斯康星州成为美国历史上第一个禁止歧视性取向的州。
1982 年，哈维·菲斯坦恩在百老汇反串了《同性三分亲》一剧中"皇后"一角，该剧获得了东尼奖最佳戏剧奖。
1984 年，好莱坞传奇领军人物罗克·哈德森承认自己是一个同性恋者。
1987 年，倡导筹集更多的艾滋病研究基金的"艾滋病解放力量联盟"形成。
1993 年，美国军队采取"不问、不说"政策作为解决同性恋士兵遭受性骚扰问题的妥协办法。
1993 年，成千上万人参加为同性恋者争取平等权利的大游行（华盛顿特区）。
1996 年，美国最高法院宣布男女同性恋者与其他人具有平等的权利。
1997 年，流行脱口秀节目"艾伦"成为第一个拥有公开同性恋身份的主要演员的节目（节目中的演员艾伦·杰尼勒斯就是一个同性恋者）。
1998 年，杀死同性恋者马修·谢巴德的凶手获得全国性关注，成为许多州将同性恋者列入仇恨犯罪防治法案的催化剂。
1999 年，佛蒙特州最高法院规定，同性情侣和异性恋情侣一样具有结婚的权利。
2003 年，美国最高法院判定，鸡奸法案是违宪的，推翻了 1986 年在哈德威克与鲍尔斯一案中做出的判决。

众多美国人一直持反同性恋态度的原因何在？

很多美国人依旧墨守"同性恋是不正常的"文化信条，这让理性的人们思考"正常"意味着什么。乱伦等一些性行为在任何已知的文化中都是被禁止的，而同性恋行为无论是在现在还是以前，都被世界上大多数文化所接受。科学家认为，在自然界中能观察到的并且得到印证的应该被看做是正常的合理的。斯蒂恩（Stein，1999）发现，根据对动物在其自然栖息地的科学研究，同性别动物之间发生性行为的情况在每一个被研究的动物群体中都发生过。这意味着在自然界中同性别伙伴间发生性行为是正常的事情。

> 上帝赋予同性恋者的爱与其他所有人一样多。
> 　　　　　　　　　　　　瑞恩·怀特（Ryan white，1971—1990）

虽然天主教会接受了同性恋是一种自然性取向的观点，但它却谴责同性恋行为是罪恶的。这也是教会唯一一次承认某种行为正常却又禁止的特例。基督教会针对这一问题的斗争从一封来自美国主教的信中可以反映出来，信中强烈要求信仰天主教的父母们接受并关爱自己的同性恋子女，不管他们是否克制自己的同性恋行为。

图 10.3　瑞恩·怀特重返学校。之前学校领导因瑞恩·怀特染上了艾滋病，怕他传染给其他同学，于是将其遣送回家。根据医学鉴定法院否定了学校的决定，瑞恩·怀特回到了学校。

在是否接受同性恋问题上，新教内出现了分歧。一些新教神学家继续谴责同性恋，而另外一些人则认为，《圣经》的某些篇章被误解，以至于人们视同性恋为罪恶。这些篇章实际上谴责的是男女卖淫行为，而不是同性恋。

有些人觉得《圣经》对男人参与同性恋活动的批评是因为其作者认为每一个人都是异性恋的，而任何参与同性恋活动的人都背叛了人的天性。还有另一种观点认为，因为《圣经》关于禁吃猪肉或者禁用两种材料制作衣服的训诫在当前看来都已经成为了历史，不再影响现实生活，所以《圣经》中被解释成反对同性恋活动的任何篇章，在今天也应该看做是历史上的偏见。但鉴于圣公会第一次委任公开的同性恋者做主教的行为已经引起争议，新教关于是否接受同性恋的争论仍然还会持续下去。时间会告诉人们各基督教派是否会对性取向的研究做出积极的回应，是否会接受非异性恋者。

个体性非异性恋歧视

尽管除美国以外的西方世界开始慢慢接受同性恋，关于同性恋的研究和发现也越来越多，很多美国人仍然认为同性恋是不正常的、罪恶的。社会学研究证实，"只有异性恋才是正常的性取向"这一观念导致的个体性同性恋歧视以及人们的消极态度和行为是导致同性恋罪暴力的主要原因。在美国，该犯罪是一种对同性恋者造成身体伤害的仇视犯罪。海瑞克和伯瑞尔（Herek and Berill，1992年）研究报告称，超过75%的男女同性恋者曾被辱骂，几乎50%左右的男女同性恋者遭受到暴力威胁，而其中20%甚至更多由口头威胁变成现实。青年男子是实施反同性恋暴力的最主要群体，其中很多人以团体的形式实施暴力。尽管个人偏见被认为是一个重要的因素，但对反同性恋暴力的动机研究显示，青年人通常相信关于同性恋的文化误区——也正是这种误区给了他们对同性恋言语和身体攻击的理由。我们每个人必须勇敢地面对那些提倡反同性恋行为的误区。鉴于同性恋暴力实施者主要是高中、职业学校以及高校的青年人，教育者应该起到传递准确信息、推翻错误观点的作用。

有关同性恋的迷思有哪些？

在美国，同性恋迷思是导致个人偏见与同性恋憎恨的主要原因（Blumenfeld，1992；Hollier，2004年）。同性恋恐惧症是一种比偏见更强烈的感情，通常是对同性恋者的恐惧或憎恨。下面列举一些至今在美国社会中存在的关于男女同性恋的迷思。

> **迷思一**：只要有过任何同性恋行为的人就是同性恋者。
> **事实**：被确认为同性恋的人会对同性别者有持久的性欲。男女性同性恋者并不是被每一个他们看见的同性所吸引，但一旦他们感觉在身体上和情感上对某个人有感觉，那个人一定是同性恋者。

某些人曾与同性别者有过性活动，但是仅仅只有一次。一些人仅在非正常的、暂时性的情况下有过同性恋活动，一般是在很难接触到异性的环境中（譬如监狱中或军队中）。这些在特殊的非正常的环境中与同性伙伴发生过性行为的男性或者女性，如果遇到环境的转变而不再坚持这种性行为，就不应该被认为是同性恋。

> **迷思二**：同性恋者往往会参与犯罪活动，尤其喜欢骚扰猥亵儿童。
> **事实**：对犯罪行为的研究表明，同性恋者并不比异性恋者更有参与犯罪活动的倾向。对儿童性骚扰者的研究也显示，超过99%的儿童性骚扰者是男性，其中约80%是已婚或有过婚史的白人男性异性恋者。

儿童性骚扰者都是恋童癖患者——那些渴望与儿童产生性接触的成年人。异性恋的恋童癖患者喜欢异性儿童；同性恋的恋童癖患者喜欢同性儿童。正如资料所显示的，儿童所受到的威胁主要来自于异性恋者，而不是同性恋者。恋童癖实际上与同性恋并没有任何关系。

> **迷思三**：同性恋者试图引诱意识薄弱的青少年并使他们选择和自己一样的生活方式。
> **事实**：在青少年阶段参与同性恋行为的个体倾向于与其他青少年而不是成年人发生性关系。

这种指责在很早以前就有了，我们从苏格拉底的经历中就可以知道。他曾被指控腐化青年，并被判有罪，最后被要求喝下一杯有毒的胡萝卜汁作为惩罚。在美国，实施同性恋暴力的人群主要是青年男子，因此，如果同性恋者是以性为目的接触青少年，则就有施暴的风险了。

> **迷思四**：同性恋者之间并没有爱情，他们只是对性感兴趣并致力于性滥交行为。
>
> **事实**：美国一直以来都拒绝给予同性恋者结婚的权利，并且拒绝承认他们的同居关系。他们可以容忍同性恋者小心翼翼进行的性活动，却不能认可他们的行为。

这种误解最为恶劣，因为美国社会一直创造机会使同性恋进行他们备受谴责的行为。男女同性恋者已经被允许在同性恋酒吧和浴室进行性活动，但却不能公开宣布自己的感情或者使他们的同性恋关系获得社会的认可。同性恋者希望通过要求获得结婚或同居被认可的权利来获得公众认可，但美国人却十分抵制这种行为。虽然异性恋者可以公开地谈情说爱，但同性恋者却会因此受到言语或身体上的攻击。

> 如果……婚姻能够把你和你的过去、你的情感以及你的人性联系起来，那么如果认为这在异性恋者身上比在同性恋者身上更真实就太荒谬了。
>
> 德里克·贝尔（Derrick Bell, 1930—）

人们鼓励异性恋者结婚并实行一夫一妻制。然而越来越多的人在婚前与多人发生性关系。据估计，在美国结婚的异性恋者中，有 2/3 最后以分居或者离婚收场。因此异性恋者指责同性恋者与人滥交以及坚持只有异性恋夫妇才能拥有神圣的婚姻行为就显得虚伪。根据心理学家的说法，同性恋者与异性恋者一样需要长期稳定的关系。马萨诸塞州最高法院 2003 年决议规定，同性恋夫妇应该和异性恋夫妇一样在法律上享有结婚的权利，这使得他们有机会展示他们有能力维持一夫一妻的婚姻关系。

> **迷思五**：有些人变成同性恋是因为他们在异性恋活动中有过不愉快的经历。如果同性恋者有过一次积极的异性恋经历，他们可能会改变自己的性行为。
>
> **真相**：一些男女同性恋者有过异性恋关系，甚至结过婚，但这都是因人们对同性恋者的敌视造成的。

一些男女同性恋者参与异性恋行为是为了证明自己是正常的,但性取向是无法选择的。一些人把男女同性恋者喜欢同性伴侣的现象称为"性偏好",但是人类的性行为并不是偏好这么简单的问题。事实证明,之前改变性取向的努力都是不成功的。对人类性行为的研究证明,人的性取向在人的发展早期就已经确定了。一旦当我们开始意识到自己在性方面的感觉,我们唯一的选择是接受这种感觉并且按照这种感觉去实践自己的行为,或者拒绝以及压抑这种感觉。一些男女同性恋者接受了他们的性取向,但就像和一些异性恋者一样,他们选择在性方面有所节制。禁欲是任何人都可以选择的事情,但是与异性恋者相比,它不会增加给同性恋者带去幸福的机会。

> **迷思六**:同性别青少年或成年人间较近的个人关系会激发同性恋情感或行为,因此这种亲密的关系(尤其是在男人之间)应当避免。
> **事实**:男人或者女人对同性别者有感觉或表达爱意是很正常的。这在其他文化中也可以看到。

在很多文化中,男性之间和女性之间表达情意是很常见的。在美国,女性之间可以通过拉手、跳舞、甚至接吻(只要不吻双唇)来公开表达她们的亲密关系。但男性之间却不被允许有这样公开的行为举动,如果有就认为他们是同性恋。这给美国男同性恋者带来了负担,因为他们和女性一样有表达爱意和亲密行为的需求。

鉴于诸如此类的迷思的存在,我们就不难理解为什么很多人不能认同这个受尽责骂和迫害的群体。人权倡导者经常宣称,男女同性恋者遭受了比其他任何团体都明显的歧视。为了应对这种歧视,男女同性恋者正加倍努力促进同性恋人权这个概念在全国范围内的传播。

制度性同性恋歧视

尽管金赛性学报告中提出,约有10%的美国人的性取向为绝对同性恋,但调查显示,约有3%的男性和1.5%的女性承认自己为同性恋者。如果想通过人口普查得知男女同性恋人数是一件不可能的事情,因为有一部分人为了使自己免受他人否定的态度和行为而隐藏或者否认他们的性身份。霍利尔(Hollier,2004年)估计,在美国的工人中约有700万到2100万的男女同性恋者。几乎每个公司的雇员中都有3%到12%的同性恋者。制度性同性恋歧视指的是既定法律、风俗和习惯对非异性恋者系统性的歧视。这种制度性歧视已经愈演愈烈,致使美国的人权倡导者加大力度抵抗国内的同性恋歧视。他们要求提升同性恋者的权利并坚持认为,同性恋者应当具备和异性恋者同等的权利和待遇。

同性恋者的权利诉求真的是要求特殊的待遇吗?

同性恋者诉求权利的目的是使自己能够在不被剥夺公民权利的前提下诚实地面对自己的性取向。这些权利并不涉及特殊待遇,而只是我们民主社会中每个公民应有的权利。这个问题涉及宽容的问题:人们可以在不宽容同性恋行为的情况下依旧支持男女同性恋者获得他们的公民权利。这就需要我们达成共识:如果男女同性恋者公开地承认了他们的性取向,他们在应聘工作、租购房屋、竞选公职、应召入伍、选择教堂以及享受其他异性恋者拥有的权利时不会受到歧视。同性恋权利指的是和其他美国公民同样拥有的非特殊的权利和责任。在美国绝大多数地方,男女同性恋者通常不被给予异性恋者所享有的权利,除非他们否认或者隐藏自己的性取向,也就是我们所说的"隐秘状态(in the closet)"。

> 宽容是理解他人信仰、行为和习惯的一种积极、真诚的行为,而且它不需要你分享和接受它们。
>
> 约书亚·利伯曼(Joshua Liebman, 1907—1948)

目前,只有13个州通过立法反对对性取向的歧视,它们是:加利福尼亚州、康涅狄格州、夏威夷州、马里兰州、马萨诸塞州、明尼苏达州、内华达州、新罕布什尔州、新泽西州、纽约州、罗得岛州、佛蒙特州和威斯康星州(以及哥伦比亚特区)。但在其他的37个州中,企业仅凭同性恋这个原因拒绝雇用或者解雇一个人都是合法的。生活中存在很多男女同性恋者因被老板发现他们的性取向而非工作效率差或不称职失去工作的例子。一个巴尔的摩公民权利倡导者讲述了一个餐馆女同性恋经理雇用了一个男同性恋洗碗工的故事。当餐馆的老板知道了洗碗工的性取向后,他坚持让经理解雇这个洗碗工,因为他不想让同性恋者出现在他的雇员名单上。这个女经理和她老板的关系非常好,在过去的十年中,她也用能力证明了自己是一名称职的经理。她伺机告诉她的老板，他已经雇用了一个同性恋职员而且就在他面前。不幸的是，她也被解雇了。讲述这个故事的民权倡导者坚持认为，这个故事讲述的是很寻常的事情。男女同性恋者如果想保住自己的工作就只能待在"隐秘状态"。他们就是这样做的，但即使这样也无法避免被歧视的命运。

图 10.4 "同志亲友互助会"（PFLAG）是一个倡议型组织。一个同性恋者的母亲在她的儿子因性取向问题被谋杀后参加了 1972 年纽约的"同志骄傲大游行"，这个组织就是在此时成立的。目前，该组织的总部设在华盛顿特区。它还拥有 500 个分部，都致力于促进人们对人类差异的尊重和对各类人的接纳，无论他们的性取向或性身份如何。

在没有暴露身份的情况下，同性恋者是如何被歧视的？

如果男女同性恋者处于"隐秘状态"，即他们的身份没有被老板、上司和同事发现，似乎就可以推断说他们不会被歧视，但这种假设中所指的"歧视"只是那些明显的同性恋歧视。事实上，还有很多微妙的歧视形式会影响到例如升迁等人们关心的问题。哈佛商学院的一项调查显示，在工作中没有表露自己同性恋身份的男女同性恋者在职务升迁方面没有其他异性恋同事容易。因为出于保守个人生活秘密的需要，男女同性恋者在工作中经常不泄露个人隐私，不随便与人交谈，在工作之余或周末也不与其他人进行社交活动。研究表明，为保护自己的身份而处于社会孤立的状态是导致男女同性恋者难以升职的主要因素（Badgett，2001）。

另一种基于性取向的歧视形式与雇员的福利有关。根据霍利尔的研究，大约 40% 的员工薪酬是以保险金（人寿保险、医疗保险、牙科保险）、退休金（养老金、卫生保健）以及休假（丧假、探亲假）等形式支付的。员工因配偶关系而获得的福利远比自己同事中属于同居关系的人获得的要多。法律所认可的同居关系是指"两个达到法定年龄,在财务、情感方面互相依赖,共享一个居所,并且无限期地住在一起的个体的亲密的、固定的恋人关系"(Badgett,2001,P.82)。

对于具有同居关系的男女同性恋者来说,由于处在"隐秘状态"而不能索取这些酬金,是一项很大的损失。另外,当雇主拒绝执行"同居者可以获得薪酬补偿"等政策时,公开身份的男女同性恋者也同样要承受损失。目前,约有90%的美国企业都拒绝承认同居关系。如果财富500强企业的政策能够被其他企业所效仿,同性恋者可能在将来会获得更多公平的待遇。拥有95%财富的500强企业的不歧视政策中包括性取向条款,70%企业的福利政策中包括同居关系。另外,当前在全国范围内还有7000个企业老板向有同居关系者提供相应福利(Badgett,2001;Edwards,2003)。

为什么同性恋者要求同居关系获得法律认可?

一旦法律承认同居关系,很多男女同性恋者就会愿意以形式婚姻成为异性恋者的结合方式。要求法律承认同居关系的目的就是为了使同性恋情侣能够享受与已婚夫妇同等的权利:能够继承伴侣的财产、有资格获得伴侣的遗属抚恤金或是拥有为一个丧失能力的伴侣做决定的权利。倡导同居关系得到认可的人士强调,这样的法律在比利时、丹麦、芬兰、法国、德国、匈牙利、冰岛、荷兰、挪威、葡萄牙以及瑞典等国早已经存在。

明尼苏达州的一个案例证明了承认同居关系的重要性。沙伦·科瓦尔斯基(Sharon Kowalski)在与一个醉酒司机撞车后瘫痪在床且不能够开口讲话。与她长期生活在一起的爱人每天到医院陪护她八小时并且大声地给她朗读、为她按摩、保证她能够得到康复治疗。起初沙伦的父母十分感激,而后也开始怀疑这个朋友的行为。后来他们获知自己的女儿是一个同性恋者,而这个朋友其实就是她的爱人。尽管医院的相关人士证实在这位朋友的护理下,沙伦的病情已经大为好转,但沙伦的父母还是马上采取措施阻止这位朋友再去探望自己的女儿。

之后,沙伦的父亲将其送进了一个看护医院,尽管那里只能提供很少的康复服务。沙伦的朋友寻求各种可用的方法希望回到沙伦身边。在经过八年的努力之后,法院承认沙伦有能力做出自己的决定,而且她希望得到自己伴侣的看护。自这个事件之后,明尼苏达州的立法者在民权法中将同性恋者加入了受保护群体的行列。美国最高法院在2003年的"劳伦斯德克萨斯案"

中规定，判定同性恋行为违法是违反宪法的，而反对者担心这个决定是允许同性恋结婚的第一步。

> 如果我们所认为的对与错将人的家庭分离，那么我们所认为对的东西中必然存在着某些错误。
>
> 威廉·斯隆·科芬（William Sloan Coffin，1924—）

如果同居关系被承认，为什么同性恋者还想结婚？

希望所在州承认同性恋婚姻的男女同性恋者想要结婚的理由与异性恋者一样。他们希望公开地做出彼此的承诺，包括承诺保持一夫一妻的关系。婚姻不是特权，而是一项参与法律和社会许可活动的决定。教会的领导者坚持认为，婚姻是具有异性恋关系者所独享的神圣仪式。然而，很多男女同性恋者想拥有的是州法律所允许的普通婚礼，而非宗教仪式婚礼。认为婚姻是异性恋夫妇所独享的法律契约就是在性取向方面存在歧视。

近年来，男女同性恋者纷纷采取措施迫使法院裁定同性婚姻的合法性。1996年，一家夏威夷巡回法院认为否定同性恋者获取结婚证没有法律依据，但州法院在3年后还是推翻了该项裁决。1999年，佛蒙特州最高法院裁定，拒绝给予同性恋情侣拥有合法的、非宗教的婚姻的机会是违反州宪法的。很多州对此类裁决的反应就是，通过立法明确婚姻是"一男一女"之间的法律契约，拒绝承认在其他州出现的同性婚姻。2003年，马萨诸塞州最高法院支持同性恋婚姻的决定使美国最高法院更有可能马上解决男女同性恋者是否有婚姻权这个问题。在同性恋者们等待州和联邦法律承认他们婚姻关系的同时，很多同性恋者继续享受稳定的、一夫一妻式的生活，其中一些人还选择抚养孩子。

孩子由同性恋父母抚养有哪些害处？

抛弃、不关爱、辱骂以及身体或性虐待孩子都是对孩子有害的不道德行为。但被生母、生父或养父母照顾通常对孩子都没有害处，无论他们父母的性取向如何。基尔高夫（Yet Gilgoff，2004）引用全国民意调查表明，47%的美国人认为同性恋情侣不应该被允许收养孩子，而43%的美国人支持他们领养孩子。

第十章 非异性恋歧视：让同性恋由离经叛道变为与众不同 **343**

目前，抚养孩子的同性恋情侣超过了 16 万对。根据 2001 年贝德盖特（Badgett）的调查统计，约有 30％的女同性恋者在家中抚养孩子，约 27％的男同性恋者做了父亲，其中有 15％的人在家中抚养孩子。过去，这些孩子几乎都来自于先前的婚姻，他们的父母之前没有意识到或承认自己的性取向。但是现在同性恋情侣抚养的孩子中的半数以上来自收养或生殖技术。研究表明，不管要孩子的理由是什么，同性情侣都是尽职尽责的父母。

约翰逊和奥科纳（Johnson and O'Connor，2002）的研究表明，同性恋情侣是称职的父母，他们能满足孩子身体上的和情感上的双重需要，使他们有一个健康、乐观、积极的童年。在对同性恋者抚养的孩子进行评估时，研究对他们的社会交往、智力、自尊、情感表达能力等方面进行了深入调查。同性恋者抚养的孩子不仅表现出自信和拥有社会技能，而且在对社会差异性的容忍程度上也超过其他的孩子。调查研究并不支持把男女同性恋者排除在其他美国人从事的职业和参与的活动外。正因如此，美国心理学会、美国儿科学会、国家社工协会以及美国律师协会都发表声明支持同性恋者拥有做父母的权利。

为什么同性恋者通常不能服兵役？

史料表明，美国和其他国家都有男女同性恋者服兵役的历史。除了底比斯圣军，亚历山大大帝和狮心王查理等史上著名的武士都有自己的男性情人。当西方世界对同性恋的态度趋于否定的时候，军队中的同性恋行为逐渐被小心地隐藏起来。这些行为偶尔会暴露，例如 1907—1909 年间的德国奥伊伦堡事件，德国军队的军官、外交使团的官员以及凯萨·威廉的内阁成员都被指出有同性恋行为。这些都被记录在案，导致了一些内阁成员和军官的辞职。

一战后，在美国纽波特海军训练基地进行的海军调查显示，军中同性恋行为十分普遍。二战期间，美军对陆军妇女军团中的女同性恋活动展开调查。一名军官证实，她收到过一封来自美国军医处处长办公室的信，信上写明"同性恋关系应该被宽容"，只要同性恋者小心谨慎且没有在军队里引起混乱。

同性恋者加入武装部队并不是一件新鲜事。新鲜的是美国军队对同性恋者有阶段性的公然歧视。1981 年，五角大楼实施了一项禁止任何同性恋者进入武装部队的政策，因为领导层认为，同性恋者不适合服兵役。那些为国效力的同性恋士兵都将被开除，不是因为不称职或恶劣行为，而仅仅因为他们是同性恋。第一届克林顿政府修改了这一政策，禁止军队质询人的性取向，既不能问新兵也不能问现役的同性恋士兵有关性取向的问题。

这种"不问、不说"政策旨在阻止找出军中同性恋者并开除他们的企图。根据这项政策，同性恋者可以保持沉默或者对他们的身份撒谎。如果同性恋的身份被发现或者同性恋者自己承认，他们就将被开除。在这个新政策下，也许是因为同性恋群体的斗争精神增强或是不愿隐瞒身份的同性恋人数增多，军队中被开除的同性恋士兵人数越来越多。

当美国军队对同性恋者的态度越来越强硬时，其他国家对他们的态度却变得越来越宽容。澳大利亚、法国、爱尔兰和荷兰的军队积极招募和训练公开的同性恋士兵，其中的很多人曾和美国武装部队一起作为联合国维和部队的一部分在波斯尼亚执行任务（Palmer，1997）。目前，同性恋活跃分子不断要求军队接纳他们，也希望教师等曾因偏见排斥同性恋的职业接纳他们。

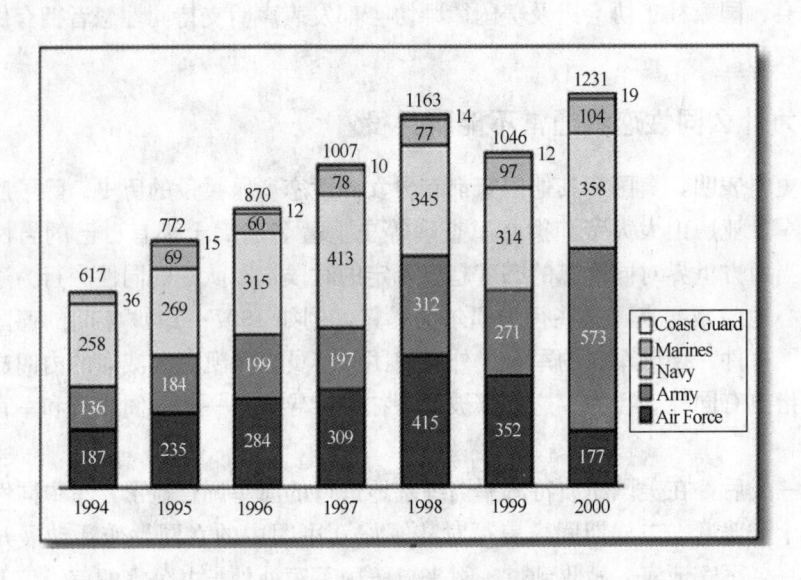

图 10.5　美国执行"不问、不说、不追踪、不骚扰"政策后，各年度同性恋者被军队开除人数列表

最新消息：2001 年，1227 名男女同性恋者被军队解除职务，但到了 2003 年，只有 770 名男女同性恋者被解除职务。自从 1994 年以来，因为性取向而被开除的 1 万名军人中有 71% 是男性。

为什么应该允许同性恋者成为教师？

20世纪90年代早期，身为共和党的马萨诸塞州州长十分关心同性恋青少年的安全，于是他展开了一项调查。在最终的报告中，州长委员会描绘了一个令人不安的暴力图景：据同性恋青少年和他们的家长说，同性恋学生在学校经常会遭人嘲笑辱骂，被人吐口水，甚至受到身体攻击。一个男孩下课晚走，上课迟到，就是为了能一个人走在空旷的走廊中以避免持续不断的骚扰。另一个不是同性恋的学生仅因为其他学生认为他是同性恋就经常在学校里挨打。在听到对普遍的反同性恋暴力的诉苦声后，这个委员会建议学校实施保护同性恋青少年免受骚扰和暴力的措施，建立同性恋学生支援团体，并在学校的课程和图书馆中提供有关同性恋问题的信息（Massachusetts Governor's Commission on Gay and Lesbian Youth，1994）。

在该委员会发布的报告中，超过50%的同性恋学生称，他们至少听到过一个老师有憎恨同性恋的评论。当有身份的成年人，诸如教师，对儿童或者青年人表达他们有偏见的态度时，他们就是在认可这些消极的态度。为了解决这个问题，该委员会建议聘用同性恋教师并且给所有教师和辅导员进行特殊培训，使他们能够更好地接受同性恋学生。在今天，这项措施已经变得越来越重要。

> 同性恋打枪一样瞄得准。
> 巴里·戈登华特（Barry Goldwater，1909—1998）

不同的研究显示，男女同性恋者公开承认自己身份的平均年龄已经从20世纪60年代的男性14周岁女性17周岁分别降到20世纪90年代的10周岁和12周岁。根据一项关于男女同性恋、双性恋、变性者（LGBT）的全国学校环境调查显示，这些学生中，91.5%的人在学校听过憎恨同性恋的议论，84%的学生因为性取向问题受到口头骚扰。同时，这些学生说，当教职人员听到这些评论时，约一半左右的人不愿意回应或只是有时阻止这种行为，而1/3的教职人员从来不曾阻止。不足为怪的是，超过1/3的学生说，他们并不喜欢向老师提起LGBT（女同性恋者、男同性恋者、双性恋者、变性人）的问题（Gay，Lesbian，and Straight Education Network，2003）。

面对如此的敌对情绪，又难以从教师和其他人那里获得支持，导致青少年觉得自己没有价值并产生绝望感。德·奥格里（D'Augelli，1998）的报告称，超过一半以上的男性同性恋青年考虑过自杀，30%至少试图自杀过一次。这些数据可以用来衡量 LGBT 学生在日常生活中包括在学校受到的恐同性恋情绪的程度。根据全国学校环境调查，40%的 LGBT 学生称他们在学校没有安全感，并且有约 1/3 的学生承认他们会逃学，因为他们感觉在特殊的日子去上课尤为不安全。

在全国性调查中也发现了一些好的消息，差不多 1/10 的学校建立了同性恋与非同性恋联盟（GSA），并且发挥了积极作用。同性恋与非同性恋联盟由男女同性恋学生以及对同性恋者友好的非同性恋学生组成。在有该联盟的学校上学的 LGBT 学生都认为自己在学校中有安全感。另外，在有保护 LGBT 学生免受骚扰和暴力的政策的学校上学的 LGBT 学生逃学的情况就少了很多（GLSEN，2003 年）。重要的是，学校不仅应该聘用同性恋教师，而且还应该聘用那些对 LGBT 学生友好且持支持态度的非同性恋教师。这些教师将为所有学生树立榜样并且有助于为每个人建立一个积极的学习环境。LGBT 学生应得到和其他学生同等的待遇。

> 我相信所有信仰自由、宽容和人权的美国人都有责任反对基于性取向的固执和偏见。
>
> 柯丽塔·史考特·金（Coretta Scott King, 1927—）

后记

目前，美国需要做出的最重要的改变应该就是制定有效政策、树立良好风气、鼓励人们宽容同性恋者，使公开的男女同性恋者能够在学校、单位以及社区有安全感。年轻的男女同性恋者正试图用"酷儿"一词来描述同性恋者、双性人和变性人，用它来替换原来充满憎恨的言语。当一些学者试着研究和传播有关 LGBT 人群的生活信息的时候，酷儿研究项目在一些大学校园中悄然出现了。

改变文化态度需要很长时间。如果更多人能接受同性恋者公开性身份，异性恋者很可能发现他认识的人中本来就有同性恋。西蒙（Simon，1998）在报告中说，当人们本来就认识同性恋者时，他们对同性恋的恐惧会减少，对性取向和同性恋问题也会持积极态度。只有我们创造条件，改变才能发生。接受同性恋是世界各国面临的一个对伦理的挑战，美国的每一个机构和个人都必须考虑如何去面对这个问题。

术语与定义

双性恋（Bisexual）：性身份的一种标准类别，指一生都对两种性别的人有性欲望或与其发生性关系。

文化性非异性恋歧视（Cultural heterosexism）：一种对消极信念及行为的社会宣传，强调主流文化特性，即将异性恋定义为正常，而其他都是异常而不可接受的；异性恋者比非异性恋者优越的假设。

同居关系（Domestic partnership）：两个达到法定年龄在财务、情感方面互相依赖，共享一个居所，并且无限期地住在一起的个体的亲密的、固定的恋人关系。

Gays：同性恋者的总称，也特指男同性恋者。

同性恋暴力（Gay bashing）：由个体性取向驱动的，对被认为是同性恋者的人的身体攻击。

同性恋权利（Gay rights）：男、女同性恋者能够公开地承认自己的性取向，并在那些所有公民都享有的权利面前不受歧视的要求。

希腊式爱情（Greek love）：19世纪由英国寄宿制学校的男孩子发明的暗语，用来描述他们和其他男孩子之间的性活动。

非异性恋歧视（Heterosexism）：对双性恋、女同性恋、男同性恋和变性人的系统性压迫和剥削，尤指那些强化异性恋是恋爱关系和组建家庭的唯一选择的政策和实践。

异性恋（Heterosexual）：性身份的一种标准类别，指只对异性具有终身性欲望并只和异性发生性关系。

异性恋假设（Heterosexual assumption）：每个人生来就是异性恋者的假设。

同性恋恐惧症（Homophobia）：受文化影响产生的，对同性恋者、行为和事件的恐惧和憎恨。

同性恋（Homosexual）：性身份的一种标准类别，指只对同性别的人具有终身性欲望并只和他们有性关系。

制度性非异性恋歧视（Individual heterosexism）：在"非异性恋的性取

向都是不正常的"假设下，采取的针对他人的歧视态度和行为，其表现是用一些贬低人格的、有伤害性的话语或行为来回应那些非异性恋的人。

个体性非异性恋歧视（Institutional heterosexism）：社会中既定法律、风俗和习惯对非异性恋者和人群的系统性歧视。

隐秘状态（In the closet）：对同事、异性朋友、和/或家庭隐藏其性取向。

LGBT：首字母缩写词，指代以性取向为依据划分的群体，包括女同性恋者、男同性恋者、双性恋者、变性人（最后一个词用于定义不遵从男人或女人传统概念的人）。

恋童癖者（Pedophiles）：对儿童有性接触愿望的成人。

酷儿（Queer）：用来指代男同性恋者、女同性恋者、双性恋者、变性者的通用术语。

性取向（Sexual orientation）：由一生的性幻想、性需求和性行为决定的性身份。

参考文献

Abel, G., & Harlow, N. (2001). *The stop child molestation book*. Philadelphia, PA: Xlibris.

通过分析 4000 多个曾经性骚扰儿童的成人的回答，揭示儿童性骚扰者的特征并对如何控制儿童性骚扰行为提出建议。

Badgett, M. V. L. (2001). *Money, myths, and change: The economic lives of lesbians and gay men*. Chicago: University of Chicago Press.

通过对相关数据资料和研究结果的分析，介绍了人们在经济方面对同性恋产生的误区以及在工作场所对同性恋者的歧视。

Bérbubé, A. (1989). Marching to a different drummer: Lesbian and gay GIs in World War II. In M. Duberman, M. Vicinus, & G. Chauncey, Jr. (Eds.), *Hidden from history: Reclaiming the gay and lesbian past* (pp. 456—476). New York, NY: Meridian.

美国军队曾制定相关政策对二战期间士兵中的同性恋行为加以控制，但却因此引发了同性恋政治运动。本书对美国的同性恋政治运动的出现进行了探讨。

Blumenfeld, W. J. (Ed.). (1992). *Homophobia: How we all pay the price*. Boston, MA: Beacon.

论述了许多文章中存在的对同性恋的误区，并在附录中确定并推翻了其中的 12 个

第十章 非异性恋歧视：让同性恋由离经叛道变为与众不同

误区。

Boswell, J. (1994). *Same-sex unions in pre-modern Europe*. New York, NY: Villard.

回顾了希腊和罗马文化中接受同性恋关系的历史依据并翻译了罗马教廷的卷宗，证明天主教会在早期曾认可同性之间的婚姻。

Chauncey, G., Jr. (1989). Christian brotherhood or sexual perversion? Homosexual identities and the construction of sexual boundaries in the World War I era. In M. Duberman, M. Vicinus, & G. Chauncey, Jr. (Eds.), *Hidden from history: Reclaiming the gay and lesbian past* (pp. 456—476). New York, NY: Meridian.

讨论了美国海军对纽波特海军基地中被指控有同性恋行为的士兵在社会背景和自我察觉方面(1919—1920)的调查。

Christian Century Foundation. (1997). Accept gay orientation, say Catholic Bishops. *Christian Century*, 114 (29), 936—937.

重点介绍天主教主教的著作——《我们永远的孩子：主教给同性恋孩子父母的话以及给牧师的建议》

Crompton, L. (1998). *Byron and Greek love: Homophobia in 19th century England*. Berkeley: University of California Press.

探讨了同性恋对拜伦的影响以及在拜伦时代的大众媒体、法庭资料和议会辩论中所体现出的同性恋恐惧症。

Cushner, K., McClelland, A., & Safford, P. (2008). Educationin a changing society. In *Human diversity in education: An integrative approach* (6th ed.). New York, NY: McGraw-Hill.

介绍了美国社会的变迁以及它给学校的暗示。

D'Augelli, A. R. (1998). Developmental implications of victimization of lesbian, gay, and bisexual youth. In G. Herek (Ed.), *Stigma and sexual orientation: Understanding prejudice against lesbians, gay men and bisexuals*. Thousand Oaks, CA: Sage.

回顾了分析言语及身体虐待对同性恋或双性恋青少年所造成的心理影响的研究。

D'Emilio, J. (1989). Gay politics and community in San Francisco since World War II. In M. Duberman, M. Vicinus, & G. Chauncey, Jr. (Eds.), *Hidden from history: Reclaiming the gay and lesbian past* (pp. 456—476). New York, NY: Meridian.

分析并否定了《圣经》中谴责同性恋人群的理由，提出了符合《圣经》原则的对同性恋群体的另一种声音。

Doupe, G. E(1992). True to our tradition. In W. Blumenfeld(Ed), *Homopholia: How We all pay the price* (pp. 187—204). Soston: Beacon.

分析了谴责同性恋的圣经判断，并根据圣经原则做出了非正统性的呼应。

Duberman, M., Vicinus, M., & Chauncey, G. Jr. (Eds.). (1989). *Hidden from history: Reclaiming the gay and lesbian past*. New York, NY: Meridian. 13.

本书包含了 20 多位学者介绍同性恋者在中国、日本、俄罗斯、南非、美国及欧洲等国家的历史经历的论文。

Edwards, C. (2003, December 15). Coming out in corporate America. *Business Week*, p. 64.

介绍了公司里的同性恋敏感性训练以及另外一些体现公司中对同性恋接受度提高的实例。

Franklin, K. (1998). Unassuming motivations: Contextualizing the narratives of anti-gay assailants. In G. Herek (Ed.), *Stigma and sexual orientation: Understanding prejudice against lesbians, gay men and bisexuals* (pp. 339—363). Thousand Oaks, CA: Sage.

作者从其对反同性恋态度和行为的研究中选取了三个对参与同性恋暴力活动的年轻男子的采访，并分析了他们的动机。

Galeano, E. (2004, January). The heresy of difference. *The Progressive*, 68(9), 16-17.

简要回顾了同性恋者受社会迫害的历史，概述了近期发生于各国的能表现同性恋在世界范围内逐渐被人接受的事件。

Gilgoff, D. (2004). The rise of the gay family: Special report. *U. S. News & World Report*, 136(18), 40—45.

分析了美国同性夫妇抚养子女的问题。

GLSEN (2004). The 2005 national school climate survey. *The Gay, Lesbian and Straight Education Network*. Retrieved December 2005, from http://www.glsen.org

公布了对美国 48 个州及哥伦比亚特区的 887 位非异性恋者以及 579 名接受在线调查的非异性恋者的调查结果。

Gould, S. J. (1983). How the zebra gets its stripes. In *Hen's teeth and horse's toes* (pp. 366—375). New York: W. W. Norton.

论述了有关斑马背上条纹的遗传基因问题。

Griscom, J. L. (2009). The case of Sharon Kowalski and Karen Thompson: Ableism, heterosexism, and sexism. In P. Rothenberg (Ed.), *Race, class, and gender in the United States: An integrated study* (7th ed., pp. 496—504). New York: Worth.

讲述了一个历经八年的苦难经历：一位父亲阻止女儿的同性恋情人为他出车祸的女儿做所需的物理治疗。

Halperin, D. M. (1989). Sex before sexuality: Pederasty, politics, and power in classical Athens. In M. Duberman, M. Vicinus, & G. Chauncey, Jr. (Eds.), *Hidden*

第十章 非异性恋歧视：让同性恋由离经叛道变为与众不同

from history: Reclaiming the gay and lesbian past (pp. 37—53). New York, NY: Meridian.

解释了同性恋和异性恋为何隶属于古希腊文化观点相悖的现代文化范畴。

Herdt, G. (1997). *Same sex, different cultures. Exploring gay and lesbian lives*. Boulder, CO: Westview.

回顾了人们对同性恋者的态度在人类学和跨文化中的体现。

Herek, G. M., & Berill, K. T. (Eds.). (1992). *Hate crimes: Confronting violence against lesbians and gay men*. Newbury Park, CA: Sage.

提供了剖析统计数据的文献资料，研究了同性恋仇视犯罪的文化背景，分析了罪犯的动机，并以第一人称的口吻叙述反同性恋的暴力事件。

Hollier, G. D. (2004, July). *Sexual orientation issues in today's workplace*. Paper presented at the International Diversity Conference at UCLA, Los Angeles, CA.

界定了重要概念，解释了有关同性恋者的谣言及实际情况，提供了与劳动力中男女同性恋者相关的管理问题的数据资料。

Holthouse, D. (2005, Winter). The fabulist. *Intelligence Report*, pp. 11—15.

介绍了保尔·卡梅隆的职业生涯，重点关注他的反同性恋活动。

Johnson, S. M., & O'Connor, E. (2002). *The gay baby boom: The psychology of gay parenthood*. New York, NY: New York University Press.

回顾了之前针对同性恋家庭的心理研究，探讨了作者在全国同性恋家庭研究中所得的结果(National study of Gay and Lesbian Families)。

Jones, G. R., & George, J. M. (2009). Managing diverse employees in a diverse environment. In *Contemporary Management* (6th ed.). Hightstown, NJ: McGraw-Hill.

介绍了劳动力和消费者群体中日益丰富的多样性，为管理人员如何有效地应对多样化的员工提出策略。

Kantor, M. (1998). *Homophobia: Description, development, and dynamics of gay bashing*. Westport, CT: Praeger.

分析恐同性恋症，把它归为一种情绪失常的状态；介绍了症状的产生原因和基本特征，并为有此类症状的人群提供了治疗方法。

Katz, J. (1985). *Gay American history: Lesbians and gay men in the U.S.A*. New York, NY: Harper Colophon.

提供了美国同性恋现象从殖民时期到现今一直存在的文字依据，其中几章还特别介绍了美国土著人和女人。

Kinsey, A. C., Pomeroy, W. B., & Martin, C. E. (1948). *Sexual behavior in the human male*. Philadelphia, PA: W. B. Saunders.

分析了从18000个男性被调查者身上获得的有关性行为的信息，并且得出涵盖所有已有性行为种类的图表。

LeVay, S. (1996). *Queer science: The use and abuse of research into homosexuality*. Cambridge, MA: University of Massachusetts Press.

回顾了着重讨论社会环境对性取向影响的研究。在其第五章和第六章中介绍了有关激素机制和脑机制的研究成果。探讨了第五章和第六章中关于荷尔蒙和大脑机制的研究成果。

Marcus, E. (1992). *Making history: The struggle for gay and lesbian equal rights, 1945—1990*. New York, NY: HarperCollins.

以传记形式介绍了在美国帮助同性恋者抗击非异性恋歧视的40个人。

Massachusetts Governor's Commission on Gay and Lesbian Youth. (1994). Making Schools Safe for Gay and Lesbian Youth: Breaking the silence in schools and in families. In G. Remafedi (Ed.), *Death by denial: Studies of suicide in gay and lesbian teenagers* (pp. 151—205). Boston, MA: Alyson.

介绍了马萨诸塞州州长委员会对该州学校中骚扰男女同性恋者并对其使用暴力的问题的调查结果，同时对此问题提出了具体的建议。

McLeod, A., & Crawford, I. (1998). The postmodern family: An examination of the psychosocial and legal perspectives of gay and lesbian parenting. In G. Herek (Ed.), *Stigma and sexual orientation: Understanding prejudice against lesbians, gay men and bisexuals* (pp. 211—222). Thousand: Oaks, CA: Sage.

剖析了与同性恋夫妇有关的许多问题，如对养育子女的渴望，其中还包括相关民意调查的结果和庭审结果。

Money, J. (1988). *Gay, straight, and in-between: The sexology of erotic orientation*. New York: Oxford.

回顾了介绍现有水平下所了解到的决定人类性取向因素的研究，其中包括对出生前激素对动物影响的研究。

Palmer, A. (1997). The military ban on gays and lesbians is based on prejudice. In T. Roleff (Ed.), *Gay rights* (pp. 126—131). San Diego, CA: Greenhaven.

通过对一些国家的军队招募同性恋士兵的经历的叙述，试图驳斥同性恋士兵会影响军队士气和纪律的观点。

Pillard, R. C. (1977). The search for a genetic influence on sexual orientation. In V. Rosairo (Ed.), *Science and homosexualities* (pp. 226—241). New York: Routledge.

回顾遗传学及人类学相关研究，探讨遗传和环境在人形成性取向时所发挥的作用。

Rowse, A. L. (1977). *Homosexuals in history: A study of ambivalence in society, literature and the arts*. New York: Dorset.

描写了欧洲历史上许多有名的同性恋者的生活以及他们所处的反同性恋环境。

第十章 非异性恋歧视：让同性恋由离经叛道变为与众不同

Sears, J. T. (1992). Educators, homosexuality, and homosexual students: Are personal feelings related to professional beliefs? In K. Harbeck, *Coming out of the classroom closet: Gay and lesbian students, teachers and curricula*. Binghamton, NY: Harrington Park Press.

讨论了对美国南部学校辅导员、准教师和青年同性恋者的调查资料。

Shilts, R. (1987). *And the band played on: Politics, people and the AIDS epidemic*. New York: St. Martin's Press.

陈述了艾滋病在美国的发展以及人们，尤其是政客们，对艾滋病的反应。

Simon, A. (1998). The relationship between stereotypes of and attitudes toward lesbians and gays. In G. Herek (Ed.), *Stigma and sexual orientation: Understanding prejudice against lesbians, gay men and bisexuals* (pp. 62—81). Thousand Oaks, CA: Sage.

回顾了刻板印象对异性恋者态度影响的研究，并在结尾讨论了减少偏见的措施。

Sontag, S. (1989). *AIDS and its metaphors*. New York: Farrar, Straus, and Giroux.

分析了有关艾滋病病毒及艾滋病人群的误区及偏见。

Steakley, J. D. (1989). Iconography of a scandal: Political cartoons and the Eulenberg affair in Wilhelmine Germany. In M. Duberman, M. Vicinus, & G. Chauncey, Jr. (Eds.), *Hidden from history: Reclaiming the gay and lesbian past* (pp. 233—263). New York: Meridian.

介绍了欧伦贝格事件，展示了一幅幅该时期的政治漫画，不仅表现出了公众的焦虑，而且把同性恋恐惧和其他偏见相联系。

Stein, E. (1999). *The mismeasure of desire: The science, theory, and ethics of sexual orientation*. Oxford, England: Oxford University Press.

回顾及评论了有关性取向的科学研究，对源于理论及道德方面的性取向问题加以审视。

Williams, W. L. (1992). Benefits for non-homophobic societies: An anthropological perspective. In W. Blumenfeld (Ed.), *Homophobia: How we all pay the price* (pp. 258—274). Boston: Beacon.

描述了不谴责同性恋可以为孩子、家庭、友谊、家教所带来的影响。

Zeldin, T. (1994). *An intimate history of humanity*. New York: HarperCollins.

审视私人生活和关系，并通过多视角和广泛的知识扩展到探索全部人类历史。

复习和讨论

总结练习

请参照本书第 31-32 页的练习，总结本章的重点并为关键术语下定义。

辨析题

辨析练习 1. 测验你对同性恋问题的认识

说明：误解和主观臆断经常影响人们对性取向问题的认识。和其他人讨论以下各项陈述，不管同意与否，记下你的见解并和班上的其他同学讨论。

以下各项陈述正确与否？　　　　　　　　　　　　　　　对的　　错的

1. 大多数的同性恋者都想成为异性群体中的一员？　　　_____　_____
2. 一个人成为同性恋者或形成同性恋取向
   是他（她）自己的选择。　　　　　　　　　　　　　_____　_____
3. 性取向在人成长的早期就形成了。　　　　　　　　　_____　_____
4. 60%处于青春期前的男性称至少有过一次同性恋经历。_____　_____
5. 绝大多数的同性恋者在青春期时均受到
   同性的勾引，并且勾引者的年龄经常略长一些。　　　_____　_____
6. 很有可能将同性恋者改变成异性恋者。　　　　　　　_____　_____
7. 同性恋行为经常在各种动物中发生。　　　　　　　　_____　_____
8. 据美国心理学会的研究，同性恋是
   一种心理疾病。　　　　　　　　　　　　　　　　　_____　_____
9. 在多数的州中，两个同性人有性关系
   是犯罪行为。　　　　　　　　　　　　　　　　　　_____　_____
10. 同性恋男性对男童性骚扰的可能性要
    大于异性恋男性对女童的性骚扰。　　　　　　　　_____　_____
11. 男性同性恋者受到暴力犯罪侵害的
    可能性几乎是其他人的 4 倍之多。　　　　　　　　_____　_____
12. 一些教派谴责法律和社会对同性恋者的歧视。　　　_____　_____

小组练习

小组练习 1. 部队中的融合

说明：人们往往对军队中的同性恋现象持反对观点。这和 20 世纪 40 年代人们反对美国军队中的种族融合是一样的。下面的陈述源于不同群体对美军种族隔离政策的回应。

在这项练习中，有关同性恋的话题已替换了有关种族的话题。你的任务是用以下所给的人群之一来替换画线部分的词或者短语。并回答练习后的问题。

女性　黑人　佛教徒　无家可归者　阿拉伯人　美国人

种族或同性恋融合？

1. 士兵的观点：军队的研究显示 80% 的异性恋士兵反对军队中的同性恋融合。

2. 将军的观点：许多如艾森豪威尔一样有威望的将军以及当今许多军事领袖一直坚定地反对军队中的同性恋融合。

3. 基于团队凝聚力考虑的反对观点：美陆军部部长认为，同性恋的融合将削弱部队的凝聚力。他说："战斗中良好的同志关系的建立需要团队中有亲密、温暖的个人关系"。一项反对同性恋融合的军队报告称："战场上的士兵应该也必须对其战友绝对地信任。"

4. 反对将军队用于社会改革：某将军曾说："军队不是用来做社会改革的。当整个社会做出相应改变的时候，军队也会改变其同性恋融合政策……在军队中做实验以寻求解决社会问题方案的做法会影响军队的效率、纪律和士气。"

5. 基于隐私考虑的反对观点：佐治亚州的高级议员称，军队中同性恋融合会危及所有异性恋士兵的隐私权。他说："对男性来说，没有比同一队伍中的战友关系更为亲密的同性关系了。他们吃睡在一起，共用一切生活设施。他们不得不处在最亲密的团队之中"。

6. 基于健康考虑的反对观点：佐治亚州的高级议员称，他有数据资料显示"同性恋人群中性疾病患病率惊人地高于异性恋群体。"

7. 基于宗教信仰的反对观点：阿拉巴马州的一个国会议员称，军队中的同性恋融合不仅会影响士气，而且会影响士兵的"德行"。他引用了《圣经》中的话并坚持认为，与同性恋生活在一起会玷污上帝赋予异性恋士兵的天性，即"道德纯洁"。

8. 基于大多数人意愿的反对意见：美国国防部认为，军队中的同性恋融合会影响公众对军方的信任。他们说："在任何情况下，军方都不能采取和大多数人的要求相悖的政策，因为那样会使军队疏远大众，影响士兵的士气。"

该练习活动来源于 www.sldn.org。

讨论题：
1. 军队中对同性恋人群的排斥和对其他少数群体的排斥有何相似性？
2. 自己想一些可以被军队用来排斥同性恋者的理由。
3. 你听说或者运用过上述的理论观点吗？
4. 上述观点有何不合逻辑之处？

小组练习 2. 情景模拟：关于同性恋恐惧的经历

说明：围绕以下场景展开对话，以提供的情景为背景做一个 4—5 分钟的角色表演。在短剧表演最后，表演者要以表演中的身份就刚才所做出评论的原因、目的和意图回答全班同学提出的问题，无论各组表演是否有相似之处，3 个组员都要完成 5 分钟的表演。

场景：你是个高中老师，现在你的学生们正走进教室，并坐到自己的座位上。其中两个坐在教室前排靠近讲桌位置的女学生正在谈论艾滋病话题。其中一女生在周末刚参观过艾滋病病区，她深受感动，并正试图把自己的感受告诉她的朋友。该女生（玛丽）讲话时，坐在其后面的保尔打断了她。

玛丽： 我觉得太糟糕了，那些人都病得快要死了。我就是想……

保尔： 那些家伙活该。我就不明白了我们干吗还花那么多钱想办法给他们治病。要是我们一切都能合乎上帝和大自然的意愿，我就不用担心再有娘娘腔烦我了。

玛丽： 那么……（玛丽似乎不知道该如何回答保尔）我也说不好，我是说，我从没有那样想过。（转向老师）老师，您怎么看待保尔所说的呢？

老师： 不要直接回答玛丽的问题。让保尔和玛丽继续对话，这样他们可以针对保尔的观点更加深入地阐明各自的感受。

在此项练习结束时，交给小组长一张 3 * 5 大小的卡片，在上面写下一条概括性的评论，以此来总结你所建议的对话结果。

社区活动

实地考察

为同居情侣提供福利的情况有多普遍？调查一下你所在的城市、县或者州政府是否像对待已婚男女一样也为同居情侣提供各种福利。哪些企业或非盈利性机构为同居情侣提供了福利？大众对为什么给或为什么不给同居情侣提供福利这一问题的普遍看法是什么？

参与性学习

异性恋者如何支持同性恋人群？找一个当地或地区的同性恋者联盟——可以是地方性的，也可以是全国性的，如同性亲友互助会（PELAG）。参加其会议，支持该组织的一项活动，如同性恋大游行等。想出一个这样做的理由，并鼓励他人也来效仿你的做法。

第十一章 阶级歧视：
关于贫穷的迷思和误解

"最大的祸害与罪过莫过于贫穷"

萧伯纳（George Bernard Shaw，1856—1950）

阶级歧视是指对社会经济地位低的人的歧视态度和行为。在美国长大而不受文化思想的影响几乎是不可能的，这些思想造成人们对穷人的敌对和轻视。美国的资本主义经济体系强调对机会与报酬的竞争，其中有人成功有人失败。美国媒体崇尚获胜者，报纸杂志每天都会刊登成功人士的故事，人们都在赞许他们的成功。美国人不认同失败者，穷人常被视为失败者。美国文化有史以来都将贫困群体视为贫乏、低等的，这些负面的文化信息表现出了文化上的阶级歧视，这是美国人贬低贫民的一个重要影响因素。

文化阶级歧视

殖民者来到新大陆后，形成了一个固有的传统，即出于当局责任和宗教义务去关怀穷人。历史上，欧洲的天主教会为饥民提供食物，为无家可归的人提供避难所，并护理生病的人；今天，在天主教和基督教的医院和社会服务机构中仍有这样的传统。当时，贫困问题是局部性的，只影响一小部分人，教会的资源足以应付。但是，到了14—15世纪，欧洲的贫民数量显著增加。瘟疫、战争和各种各样的经济变化迫使他们离开赖以生存的农村四处寻找工作，涌入大城市谋生。

在英国人们如何对待贫民？

在英国，当地政府最早对贫民进行了"户外救济"，分发给穷人食物、资金和其他救助。由于贫困人数长期的不断增加，当局制定了对乞讨者和流浪者进行处罚的法律：鞭刑、流放、强迫劳动等；对长期扰民或不劳动者进行处决。另一个策略是，把贫民拍卖给出价最低的人，这些人愿意为了纳最低的税而照顾这个群体。处罚、放逐、拍卖和依法处决并非是要解决贫困问题，而是为了驱除穷人，这种对待穷人的态度和做法早期是英国殖民者带来的。

美国在殖民地时期是如何应对贫困问题的？

在殖民地，户外救济包括分发食物、提供公共牧场（包括奶牛）、为无家可归的家庭建造收容所和到家中看护无人照顾的病人等。社区为了减轻贫困重担，要求在其中定居的人能证明他们可以自食其力。如果他们不能充分证明他们能自给自足，就可能受到警告，要求其必须离开社区。据克木撒（Komisar，1977）报告，1790年，马萨诸塞州的一个社区责令近1/3的居民搬走。

在此期间，英国提供食物和住所的贫民院成为除"户外救济"的另一种救济方式。住在贫民院的人们需要通过工作来享有某些待遇，从而减少地方财政的压力。根据卡兹（Katz，1986）的研究，波士顿于1664年建立了第一个殖民地贫民院；后来，其他的贫民院陆续在费城（1732年）、纽约（1736年）和巴尔的摩（1773年）建立。尽管贫民院从未想提供人文关怀，但它们是："恐吓身体健壮的人去工作并制止人们申请救济的最好方法"（克木撒，Komisar，1977，p.21）。许多贫民院的物质条件非常恶劣：很多人聚集在一起，其中很多人患上了传染病，食物供给或医疗保健相当匮乏。贫民院还有一些有其他问题的人，诸如精神病人或酗酒者。即使贫民院有很好的条件，人们也不愿意住在那儿，因为这些耻辱的记忆会一直伴随着他们。因为，任何申请户外救助的人都可能被建议进入贫民院，人们希望转入贫民院的威胁会减少救济申请。美国和英国多年来对待贫困的一个重要策略便是把人们送进贫民院。

图 11.1 在贫民院中，人们可以寄明信片来告诉家人和朋友他们的地址。这是艾奥瓦州柏灵顿的一个贫民院。

出于宗教义务帮助贫民时情况会发生什么变化？

具有讽刺意味的是，在美国，基督教信仰促进了人们对贫民的苛刻态度。许多殖民地新教徒认为，贫困是罪和懒惰的结果，并认为富人由于自身的节俭和美德而受到奖赏，穷人则是需要改造的罪人。美国人往往认为任何愿意工作的人都会找到工作，正如马太·凯利（Matthew Carey）1828年所提到的：

许多市民认为目前的社会状况是……每个有能力且愿意工作的人都能获得工作……（并且）贫民的主要痛苦是由于懒散、浪费和缺少用处（卡兹，Katz，1986，p.7）。

凯利认为，贫困与其说是个人失败的恶果，不如说是低工资、事故、疾病及恶劣工作环境的结果，还有经济危机的影响。这些真正和穷人一起工作的人明白，许多贫民勤奋且品德高尚，但由于无力改变环境而处于贫困。尽管凯利和其他人努力为穷人和有工作但生活在濒临贫穷边缘的人辩护，但消极否定的态度依然占了上风。

为什么有工作的人也会濒临贫困？

克木撒（Komisar，1977）描述了一项对1833年某建筑工人薪水的经济分析，这名工人的薪水几乎不足以养活他的妻子和两个孩子。持续涌动的移民潮加剧了工作竞争，加深了贫困；这种情况使雇主得以维持低工资甚至降低薪水。舒华兹（Schwarz，2000）引用社会改革家约瑟夫·塔克曼（Joseph Tuckerman）的话来解释1830年低工资的原因，"是因为劳动者实际上供过于求"（p.17）。由于失业率一直居高不下，使得卫生条件差的贫民院人满为患，挤满了营养不良常常生病的贫民。克木撒提供了一则引自1833年马萨诸塞州的报告，其中提到了人们对把贫民院当做旅馆的贫民的怨言：

他们疲于流浪时可以在这里休息，生病时可以得到医疗救助。并且当他们不愿工作，愿意继续流浪时可以离开这里，穿过各个城镇去要求他们应得的那部分州补助（pp.21—22）。

实际上，贫民院里大多是幼童、老人和身体有残疾或疾病的人，很少有体格健全的人常住。克木撒提及了一则关于1848年费城贫民院的报道，贫民院仅有12%的常住人有能力工作。在一些社区，贫民院建在农场，希望贫民通过经营农场来支付自己的费用，但"救济农场"往往需要雇佣工人，因为贫民院没有足够多健康的人可以工作。有工作能力的人都会离开贫民院去找工作；当然，这并不容易。

为什么找工作如此之难？

19世纪后半期，机械化的快速发展加剧了失业，尤其是农村，机器脱粒淘汰了手工脱粒。在城区，工厂机器取代了技术熟练的手工技工。舒华兹（Schwarz，2000）引用了一位社会改革家对工厂工作非人化问题的评论：

（工厂的工作）将个人的智力及能力限制在一个狭小范围中，他们只能做少量的细碎的事情（p.15）。

男人的工资不高，女人的工资更低。有的家庭甚至小孩也要工作来补贴家用。如果一个家庭中的所有成员都在工作且身体都健康，那么他们储蓄钱以备晚年之需还是可能的。工人们往往不会退休，只要还能工作就一直工作下去。当他们不再工作时，通常会与成年子女生活在一起，但如果缺乏户外救济这些子女也往往难以赡养父母。不能与子女生活在一起的老人通常会去贫民院。

为什么人们认为贫民院是解决贫困的一个方法？

18世纪早期，解决社会问题的一个方法通常是设立各种机构：为罪犯建造监狱，为精神病人建精神病院，为儿童设孤儿院，为少年罪犯设改造院，为贫民设贫民院。除改造收容者外，人们认为这些机构能从州和地方政府那里申请最低的税款。到了1850年，已有许多人被安置于这些机构；然而实际开支比预期的要多。卡兹（Katz, 1986）提到了当时的实际情况："精神病院没有治愈病人；监狱和教养院没有改造好罪犯……贫民院没有确保户外救济或提升产业的增长"（p.25），这使情况进一步恶化。事实上，这些机构从一开始只是在监管不正常的人，避免他们祸害社会而已。

> 宗教教育社会尊重人的生命，而非财产。
> ——瓦特尔·如申布什（Walter Rauschenbusch, 1861—1918）

18世纪晚期，由于公众反对救济健全人，很多在贫民院的人被驱逐。他们涌入城市寻找工作，常常寄宿在其他收取房费的贫困家庭中。社会活动家对这些贫穷男性房客可能对租户的女性造成的性骚扰表示担忧。卡兹（Katz, 1986）解释说"房客"（lodger）这个词逐渐成为一个嘲弄性的术语，但是其住房需求不容忽视；公寓（flophouse）（后来被称作廉价住所）逐渐成为给流动的单身男性提供的便宜住房。不久之后，贫民院禁止男性进入，小孩也被排除在外，成为只收容无家人看护的老人的养老院。

小孩为什么不准进入贫民院？

社会活动家认为贫困是由于某些家庭世代受救助，就仿佛是一种遗传缺陷。因此成年贫民不需要救助，贫困儿童除外。各州陆续通过法律规定，父母一方或双方都在贫民院的儿童应该远离其父母，并被安置在孤儿院。在1875年，孤儿院的大多数小孩不是孤儿，他们有在世的贫民父母。

之后收养方式开始发生变化。低收入家庭要将孩子养到其能够出外工作或帮助家庭干杂务。中、上层阶级家庭抚养这些孩子是要使这些幼童不再记得他们贫困的出生,并且在状况好的家庭成长能"获得重生"。卡兹(Katz,1986)是这样为社会改革者的上述做法辩护的:"只有断开贫困父母和孩子之间的纽带,才能阻止人们将依赖的思想传播给下一代"(p.106)。这类消极的态度是那个时代特有的,很少解决贫民的真正需求。

如何应对贫民的需求?

18世纪后期,包括改善贫民状况协会在内的慈善组织派出"友好使者"到贫民家中提供心理咨询,并提供符合新教伦理的工作准则,即如果愿意努力工作就会有所得。克木撒(Komisar,1977)报道称,如果一个穷人为交房租或买食物要钱,慈善组织会把这种人看做是"品格缺失"的人(p.33)。慈善组织提供极少的经济和物质帮助。他们认为,人们没有工作而因此挨饿时才会去工作。19世纪80~90年代,美国社会倾向于把贫困视为道德沦丧的表现;慈善组织拒绝救助酒鬼,只有当他的妻子和孩子离开时才去帮助这个家庭。

19世纪90年代后期,研究开始表明,不道德的行为尤其是酗酒,并非是造成贫困的主要原因。一项研究数据说明,酗酒和其他不道德行为只造成了10%~30%的贫困家庭,超出个人控制之外的环境因素使65%甚至更多的家庭处于贫困。舒华兹(Schwarz,2000)描述了社会改革家约瑟芬·罗威尔(Josephine Lowell)对贫民的辩护:"他们不酗酒也不懒惰,他们过的生活是……自我牺牲和奉献式的"(p.101)。社会改革家开始质疑基督徒,认为他们应该以更无私的态度来帮助贫民。改革者通常把资本家看做是导致贫民穷困的真正原因。

20世纪早期,社会改革家的态度逐步变化,不再支持从贫困家庭带走孩子的做法。他们以新的儿童发展理论为依据,公开指责孤儿院对儿童发展不利并倡导应由养父母安置并照顾这些儿童。他们游说户外救助组织,让贫困家庭成员待在一起,理由是孩子的存在是父母工作的动力。为了响应社会学家的研究、演说和主张,州政府开始了针对单亲妈妈的经济救助方案,无论她们是被丈夫抛弃还是未婚先育。

对于单身女人而言,经济援助是必要的,因为她们自己挣钱并支付自己的开销已经很难,如果有小孩就更难,而且女工所获报酬远远低于男工。也许女工的低报酬正是她们首先组织工会并开始罢工要求增加工资和改善工作条件的原因。早期的工人罢工大多没有成功，因为贫困的女工迫切需要钱，并且无力承担长时间失去工作的后果。尽管如此，女工（男工也一样）在整个19世纪不断地组织工会，这是他们避免受雇主剥削的最好选择。

19世纪70年代早期，芝加哥2万名失业工人在市政厅组织游行，要求获得食物、衣服和住所；马萨诸塞州的纺织工人开始罢工，宾夕法尼亚州煤矿工人也在罢工。尽管工人联合行动，但铁路业主还是在1877年大幅度削减了工人工资，引发了其他几个州的罢工；业主雇佣新的移民以解除罢工，这助长了工人的反移民情绪。当地居民通常会支持罢工工人，但当时有些法律保护着铁路业主的利益。罢工工人设置路障并封锁铁轨时，警察和州宪兵会强行驱除罢工工人，许多人在这些暴力对抗中受伤。

齐恩（Zinn，1999）描述了在1877年反对宾夕法尼亚州铁路系统的匹兹堡罢工中，当地民众和罢工工人的团结情景。业主认为，地方民兵部队会因怕杀害罢工工人而不开枪射击，因此要求地方官员呼吁调用费城联邦军队。军队到达时，工人没有向威胁恐吓低头。在与罢工工人的首次对抗中，联邦军队杀死了十名民众；这激起了匹兹堡民愤，当他们撤离到最近的建筑物（一个铁路保养站）时包围了军队，市民不仅包围还放火焚烧了该建筑物，联邦军队不得不设法逃离现场并最终离开了匹兹堡。

工会最终如何帮助工人获得较高薪水？

尽管存在工会和罢工，但工人工资依然很低。克木撒（Komisar，1977）指出，一位经济学家1904年计算结果表明，养活一个妻子和三个孩子需要年薪460美元。当时大多数铁路工人年薪不到375美元。通过研究当时所有的工作，经济学家指出，有1/3的人年薪不到300美元。如果一个家庭不止一个人在工作并且他们生活节俭，他们可能会有些储蓄，但节俭不会赢得赞赏，这些储蓄反而往往对他们不利。舒华兹（Schwarz，2000）解释了原因："当雇主发现工人挣钱足够多能储存时，他们会认为支付了工人过高的报酬。"（p.43）

除了低工资，劳工经常在危险的场所劳作。据1908年联邦政府的报道，每年有超过35000名工人死亡，536000名工人受伤。美国工人受伤和死亡的比例远远超出多数欧洲国家。尽管工人难以要求雇主提高工资，但他们说服了州立法委员解决工厂的风险问题。卡兹（Katz，1986）的研究表明，

第十一章 阶级歧视：关于贫穷的迷思和误解

从 1909 年—1920 年，美国 45 个州中有 43 个州不顾雇主的反对通过了工人赔偿条例，这些雇主抱怨赔偿工人所受伤害会带来经济负担。直到 20 世纪 30 年代经济大萧条时期，美国人还在讨论对于雇主和雇员而言什么是公平，当时大范围的失业现状要求联邦政府做出强有力的回应。

20 世纪 30 年代联邦政府如何处理失业问题？

克木撒估计在 1931 年春天，美国有 500 万的失业人员，随后第二年，这个总数达到 800 万。1933 年，富兰克林·罗斯福开始了他的首个总统任期，当时大约有 1200 万到 1500 万的工人失业，占美国劳动力的 1/3。罗斯福竞选时许诺，要为美国工人带来"新政"，联邦计划由此正式被任命为"新政"。罗斯福签订了一项联邦紧急救援行动（FERA）对贫困群体提供救助，结束了地方和州政府对贫民置之不理的传统。FERA 分发给各州 2.5 亿美元，在实施中基于如下准则：即州政府救济贫民每支出 3 美元，联邦财政就会提供 1 美元。另外有 2.5 亿美元资助给贫困问题最严重的州。在一些州，40% 的人接受救济，糟糕的是，14 个州的法律规定接受救济的人不能参加选举。

除了提供救济资金，联邦政府几乎成了一个雇主。民间保护组织（The Civilian Conservation Corps）招募了 25 万名年轻男子（不包括女性）从事防洪、防火和防止水土流失或开发休闲区的工程。工程进展委员会（The Works Progress Administration）雇佣了 200 万男性，约占劳动力的 1/4，修建道路或桥梁、公共设施和停车场。一些美国人不支持这样的行动；克木撒（Komisar, 1977）引用了一位银行行长的话说，"我认为社会没有义务对每个人的生活负责"（p. 56）。

尽管联邦就业计划提供了工作机会，但持续的失业人数是庞大的，劳动力供过于求，雇主利用这一点维持低工资甚至再次降低工资，这引发了更多工人的抗议和罢工。面对这种混乱局势，当局在 1935 年通过了瓦格纳法案（Wagner Act），成立了全国劳工关系委员会（National Labor Relatons Board）并承认了工会作为劳资谈判中工人代表的法定地位。这样做的目的是鼓励全国劳工通过谈判来和平解决劳资纠纷，而非通过罢工和暴力等破坏性行为。

> 对于进步的衡量不在于使富足的人更富，而在于是否能使贫穷的人不至于贫困。
>
> 富兰克林·罗斯福（Franklin Roosevelt, 1882－1945）

新政产生了什么样的结果？

由于二战时期的就业需求，"薪资补贴"的新政方案被废除。尽管欧洲国家早在 1833 年就开始制定社会保障法案，保守派评论家依然指责罗斯福企图成为一名独裁者，并抨击他处理贫困问题的方案，称这些方案会"威胁我们（资本主义）制度的完整性"（Komisar，1977，p.62）。虽然有这些反对的声音，但不可否认，1935 年经济保障法规定实施的诸如失业保险和社会保险及福利等方案为贫困人群提供了基本保障和支持。一项 1939 年盖洛普（Gallup）民意测验指出，70%的美国人认为联邦政府应该满足失业人员的需求。与此同时，同样有 70%的人认为政府批准的救济额应该用于贫民。因为这些方案取得了成功，所以直到今天它们依然有效，被认为是必要的并受到民众的广泛支持。

罗斯福新政留给人们的不仅是相关的社会制度，更重要的是联邦政府参与解决贫困问题的做法。已经不再存在的民间保护组织，是美国和平队的先驱者。美国团体组织招募年轻人作局部或整体社区规划（见图 11.2），政治家也许希望改革福利制度或建议社会保险私有化，但很少有人会对此类制度和联邦政府拨款的必要性提出疑问。由于 20 世纪 30 年代联邦政府应对经济危机所采取的补救策略，使美国文化产生了对贫困以及政府在贫困问题上应有作为的新认识。遗憾的是，一些美国人仍坚持旧有态度并指责贫民自身的不足是贫困的根源。

图 11.2　民间保护组织在 20 世纪 30 年代工作极其难找时给年轻人提供了工作机会。联邦政府不断雇佣年轻人让他们从事保护资源项目的工作；但与民间保护组织不同，学生保护协会的成员更多元化，包括妇女和不同种族的人。

个人阶级歧视

个人阶级歧视是指由于对贫民存在偏见而产生的某些态度及歧视行为（见图 11.3）。根据哈里斯（Harris）的一项民意调查，泰勒（Taylor, 2000）指出，77%的美国人认为大多数的失业人员如果肯努力的话，会很容易找到工作，这是资本主义社会中一种有趣的断言。与大多数美国人不同，经济学家认为，资本主义需要有一定比率的失业工人以维持低工资来抑制通货膨胀。欧洲人似乎比美国人更理解这些经济原则。一份 1990 年对欧洲 12 国的市民调查发现，仅有 17%的人认为贫困与懒惰或缺乏意志力有关，66%的人认为贫困源自社会不公正、个人不幸或现代社会的频繁变化（Wilson, 1996）。

图 11.3 南方贫困法律中心（SPLC）通过为贫困人群提供法律援助而向个人和机构的阶级歧视宣战。SPLC办公室位于阿拉巴马州蒙哥马利，街道对面便是著名的由林璎设计的公民权利纪念碑，每年有数千人参观。

资料来源：提摩太·赫胥黎和南方贫困法律中心。

威尔森（Wilson, 1996）指出，与欧洲人相比，调查发现美国人更倾向于指责贫民，认为贫困源于不努力、没有能力或道德沦丧等因素。具有讽刺意味的是，谴责受害者的美国人忽略了这样的事实：在美国，儿童在贫民中所占的比例最大，并且数量持续上升。即便美国人承认贫困儿童的存在，也往往指责这些儿童在学校不为摆脱贫困而努力学习。

来自低收入家庭的儿童为何在学校不占优势？

美国人或许会认为贫困儿童能通过公立学校提供的免费义务教育来摆脱贫困，然而考泽尔（Kozol，2005）和其他人描述了贫困儿童在学校的令人震惊的状况。

美国是唯一没有普及学前教育和儿童扶持计划的发达国家。威尔森（Wilson，1996）描述了一种替代方式：法国婴幼儿保健护理计划包括托儿院、新生儿父母带薪休假、服务儿童和公众健康的预防及监测系统。法国的保障体系明确说明了法国重视所有的儿童而不仅仅是中层和上层阶级儿童。

欧文和杜尔（Owen and Doerr，1999）预测到 2010 年，40％的美国儿童在他们一生的某些时刻会经历贫困，贫困儿童往往比中上层阶级儿童有更大需求。安永（Anyon，2001）指出，美国城区学校 25％的预算一般用于满足低收入家庭学生的心理和社会需求，但美国人似乎常常忘记贫困的存在及其影响。佩福（Pipher，2002）评论美国人的态度："就像在棒球比赛中，我们一开始就处于第三垒，却以为自己是通过自己的努力打到了第三垒"（p. 21）。

> 贫困虽可激发一个天才，却可磨灭百个天才。
> 　　　　　　　　　　约翰·哥德纳（John Gardner，1912—2002）

学生 SAT 分值的分析结果证实了中上层阶级在儿童教育上存在优势。根据多项研究，所有种族中收入较高家庭（社会经济地位）有较高的 SAT 测试分值（波利那，Berliner，2005）。欧文和杜尔（Owen and Doerr，1999）认为，社会经济地位的影响力并不令人惊奇，因为研究同时也发现低收入家庭很少能提供计算机，也很少能支付起其他学生为提高 SAT 成绩而参加辅导课的费用。这些明显的原因能说明中上层阶级儿童为什么取得较高的 SAT 成绩。欧文和杜尔还描述了 SAT 成绩为中上层人群家庭所带来的好处：

貌似科学的理由被用于解释富人的特权。富人因为聪明，所以有好房子住，贫民因为愚笨而食不果腹。美国社会总归是公平的（p.175）。

学校如何使贫困儿童的生活有所改变？

赫尔斯坦和墨菲（Herrnstein and Murray，1994）用于研究 SAT 测试相

同的模式报道了有关社会经济地位和 IQ 测试成绩的关系并得出结论：由于存在遗传差异，因此，对于贫民儿童来说 IQ 差异并不会因为教育的改善而减少。但是在一项对比黑人和白人儿童 IQ 值的研究中，在调整了经济状况、家庭环境产生的学习经验等与贫困有关的因素后，IQ 差异几乎消失了 Brooks-Gunn, Klebanov, & Duncan, 1996)。有足够多的证据可以证明所有的儿童都会学习。马赛度和巴特娄姆（Macedo and Bartolome, 2001）引用了几项研究说明，即使文化和语言差异处于劣势的儿童也能成功（p.120）。另有研究指出，来自低收入家庭的儿童在早期学习时和中上层阶层儿童的水平相当，但他们进入学校后就落后了，之后中上层阶级儿童暑期有机会旅游，参观博物馆，参加夏令营等，这些活动增长社会知识，促进智力发展（Entwhistle, Alexander, & Olson, 2001），他们之间会形成更大差异。如果联邦和州政府能实施强有力的干预政策，无疑会明显促进低收入家庭儿童的认知发展。

联邦政府怎样处理低收入家庭学生的处境不利问题？

由于 2003 年中小学教育法的更新，布什总统推动并签署了不让一个孩子掉队法案（NCLB Act），此法案需要对学生进行严格测试，那些没有达到指定测试成绩的学生和连续两年学生成绩低于年度进步（AYP）基准的学校被视为"失败生"（委婉语为"需要改善"）。2006 年，超过 1/4 的公立学校未能达到他们规定的年度进度（Karp, 2006）。如果这些学校下一年仍未达到基准，那么他们会加入需要改进学校之列，并有失去联邦基金资助的危险。如果学校持续四、五年未达基准，他们必须做出如下选择：(1) 替换全部或大多数员工；(2) 延长他们的学年或课时；(3) 与外面的实体机构（或州）签订协议来管理学校（这违背了长期存在的地方控制学校的原则）。

许多教育工作者指责 NCLB 依赖标准化测试来评价学生学习。甚至标准化测试制定者也承认这些考试只测试学生学习的某一方面，真正意义上的学习评价需要多样化的测试方式。NCLB 方案迫使老师减少课程内容来为学生考试做准备，其中包括把英语作为第二语言学习的学生、问题学生以及特殊教育的学生。另外，NCLB 制定者没有区分学生，即区分处于贫困地区、设施日益恶化、缺乏资金学校的学生和处于有良好设施的富裕郊区学校的学生。他们都必须通过同一种考试（Mathis, 2003）。

如果 NCLB 方案达到了它的目标，也许会得到教育工作者和父母的称赞；然而相反，50 个州通过立法方式否决了全部或部分 NCLB。根据哈佛民权项目所作的一项研究，NCLB方案并未提高学生阅读和数学的测验成绩，并且也未能减少由于收入或种族原因引起的学生成绩差距（Lee，2006）。正如卡普（Karp，2006）所解释的，从NCLB得出的一个基本经验就是"考试，更多的考试，结合严厉的制裁导致了一系列错误……（这损害了）公立教育"（p.13）。即使支持NCLB的国会议员也担忧布什总统并没有足够的资金来贯彻NCLB法案。而且，1400万—1500万的美国贫困儿童一年只有2/3的时间在学校，每周在校时间只有30小时；在校外的时间是校内时间的5倍。为贫困儿童维权的人认为，为了提高弱势儿童在学校的学业成效，需要解决他们在校外遇到的问题。

为什么儿童在校外的问题会影响他们在学校的表现？

正如考泽尔（Kozol，2005）已经证实的，美国的学校不仅由于种族而隔离，更有可能由于社会阶层而隔离。市中心的隔离学校里多达75%或更多的学生有资格享受免费或减价餐。波利那（Berliner，2005）提到"数千个研究表明了贫困与低学业成绩间的关系"，他列举了几个原因说明这种联系：(1) 贫困儿童不太可能像其他儿童一样定期获得适量的营养。如2003年，3600万美国人经历"粮食危机"。他们当中25%的人在这一年挨过饿，有300万人处于长期饥饿状态；(2) 贫困儿童不能同其他儿童一样有能保障经济和人身安全的家庭生活；(3) 贫困儿童更有可能受环境危害之苦，这些环境常带来健康问题，并缺乏及时的医疗护理。

在美国，哮喘病在贫困儿童中呈蔓延趋势，儿童生病后往往有20—40天的时间不能去学校。另外，关于铅中毒的报告，疾病控制预防中心（CDCP）分析指出450000名年龄在1—5岁的美国儿童血液中有足以导致影响他们认知发展的铅含量，这些儿童通常是贫民儿童，且大部分是有色人种儿童。此外，一份2001年研究发现，50%的贫民儿童有视力缺陷，这是可以补救的，但往往他们的家庭无力承担此费用（Berliner，2005）。

舒华茨—诺贝尔（Schwartz-Nobel，2002）强调说，其他国家都比美国更有力地解决了贫困问题。美国3700万的贫困人口中，40%的人靠低于联邦规定的贫困线一半的收入为生；14.5%的美国贫困人口处于长期贫困，长期贫困人口的比例在所有工业化国家中是最高的。此外，美国有17%的儿童处于贫困，贫困儿童的比例同样在所有工业化国家中居于最高。2005年，除了索马里和美国外，其他的联合国成员都签署了一份支持儿童权益的联合国宪章（Berliner，2005）。

为什么解决贫困儿童的社会问题会提高他们的学业成就？

舒华茨－诺贝尔称（Schwartz-Nobel，2002），营养不良儿童的食物能量首先用于维持重要器官工作，其次用于生长，剩余的能量用于发展认知。短期的营养缺失会减弱学习能力。"人们普遍认为饥饿儿童在学校的注意力会缩短，不如同伴表现得好"（p.139）。舒华茨－诺贝尔称引用了一项关于低收入儿童的研究，其中一些儿童享有学校供应的早餐，另一些则没有。享有早餐供应学生的标准测试成绩明显高于没有早餐供应的学生。

至于生活在稳定居所这个问题，多种研究表明居所缺乏不仅给成年人，也给儿童带来巨大心理压力。迪安格鲁（DiAngelo，2006）描述了她感受到的儿时身处贫境的压力：

> 我们经常被驱赶，如果我们生了病，妈妈会打我们，大叫着警告我们不能生病，因为她没有钱带我们看病……我的老师曾经在我四年级同学面前举起我的手作为不讲卫生的例子……我那时常常盯着我们班的女孩看，因为我特别想像她们那样（p.51）。

战胜贫困能减少心理压力并带来行为的改变。波利那（Berliner，2005）引用一项研究的结论表明当家庭摆脱贫困时，精神病发病频率会减少。家庭经济地位提升后，儿童入学率会提高，并且能取得较好的学业成绩。曾经心理状况不佳的贫困儿童在经济状况安全的第四年与从未经历贫困儿童的心理状态持平。

过去几十年的多种研究指出，导致健康问题的环境因素对学生学习非常不利，如果社会性问题得以解决就会促进学习。1970年，斯坦因和苏泽（Stein and Susser）做了大量数据的调查，其中包括跨文化研究。研究表明：

> 改善弱势群体的社会环境会实质性地提高IQ水平并使轻度智力落后频率下降……对贫困的改善（失业、恶化的居所、生态环境、贫穷及不当的学校教育）会带来极大好处（p.64）。

波利那（Berliner，2005）引用一项IQ研究指出，仅有10%的IQ变异与遗传因素有关。波利那同时描述了一项对家庭为期三年的纵向研究。当被认为贫困的家庭情况好转时，他们孩子的学业成绩会与从未经历贫困的孩子的成绩相当，即使未经历贫困的孩子情况也一样。研究人员总结，"不断增加的收入会带给家庭尊严和希望"（p.30）

> 找寻神话的人总会找到的。
>
> 印度谚语

舒华茨—诺贝尔（2002）引用了一项研究，预测未来美国的劳动力将损失"1300亿美元的生产力……因为每年有14.5%的美国儿童处于贫困"（p.224）。研究认为，学校改革若要提高低收入学生尤其是贫困学生的学业成就，必须改善影响这些孩子和年轻人的环境因素才会有效。不仅对于贫民，对于整个社会而言这个风险都很高。说服美国人负起责任来解决贫民问题的努力不断地遭到一些误区和误解的破坏，这些误区和误解大都涉及贫困特别是接受福利救济的人群。

关于福利救济者有哪些迷思？

在美国人们对谁有资格享受福利援助存在困惑。美国人历来认为，四肢健全的人有可能会受到福利救助。维沃（Weaver，2000）解释说，除了服务于孤寡老人、孤儿和残疾人的项目外，超过90%的社会援助通过暂时援助贫困家庭（TANF）项目实现。1996年，这个项目替代了援助抚养子女的家庭计划（AFDC）。随着AFDC、TANF帮助单亲家庭（这些家庭通常由抚养孩子的妇女组成，很少包括男人），孩子在受助人中占了2/3。

约翰逊（Johnson，1998）和其他人识别了关于福利的多种误区，有些已经存在了很久。下面列举了一些误区的例子，这些误区滋生了人们对受助人消极甚至敌对的态度和行为。

迷思1：福利救济名单不断在加长

这只有一半属实。犹太人有句谚语，"一半的事实无异于一个谎言"。的确，享受福利的人数正在增加，但是人口也在不断增长。从1970年开始，在人口总数相对稳定的同时，接受社会援助的人随着经济状况的变化增减。肖尔（Schorr，2001）解释到，在经济好转时，妇女可以找到工作不用福利救助，在经济低迷期，失业人员增多，申请社会救济的人也随之增多。

迷思 2：接受福利的家庭往往成员众多

20 世纪末，接受社会援助的一个家庭平均有 2.9 个儿童，比 30 年前平均 4 个儿童有所下降。超过 37% 的领取贫困家庭临时救助的家庭（TANF）中有一个孩子；27% 的有两个孩子（美国健康和公共事业部，2004）。维沃（Weaver，2000）称，全国接受援助的家庭平均规模与一般美国家庭规模大致相当。

迷思 3：接受福利救济者滥用福利体系以享有安逸的生活

在接受社会援助最多的 7 个州，家庭收入（包括收到的食品券）被提高以达到贫困线的要求。有超过一半的州通过社会援助等形式只把受助者的总收入提高到贫困线的 75%，12 个南部的州只到贫困线的 60%。这些援助并不充足，只有不到 2% 的接受者被证实从事福利诈骗活动。但埃里森和刘易斯（Allison and Lewis，2001）称，美国国税局的分析显示有相当高比例的诈骗来自中上层美国人的税务报表，科维尔（Kivel，2002）指出，每年集团诈骗数额超过 2000 亿美元。

迷思 4：政府只帮助福利救助者

美国国会已经帮助了有财务困难的公司如克莱斯勒和波音公司，也为没有财务危机的公司提供过援助。根据科维尔（Kivel，2002）的研究，每年联邦政府援助公司的总支出超过了 1600 亿美元，与用纳税人 400 美元用于贫民的福利和食品券相比，这耗费每个纳税人 1400 美元。对公司福利制的批评者认为，美国政府通过补贴少数经过挑选的公司而减少了竞争，这些援助并非必要，且导致了不公平竞争。

迷思 5：接受福利的人因为太懒惰而没有工作

接受社会援助的 2/3 的美国人是儿童，大部分是 5 岁或更小。在 TANE 项目实施之前，大多数州的援助计划对有工作的母亲很不利，她们每赚 1 美元，其受助金便被扣除 1 美元。然而近一半申请福利的母亲是至少有兼职工作的。米德（Mead，2000）发现，资助额最大的州每月会支付给申请福利的母亲 673 美元津贴（不论孩子的数量），由州支付儿童保健福利，所以要求受助母亲每周至少工作 30 小时。如果这个母亲每周工作 40 小时，她的最低工资最少是 824 美元，这样她不能享受福利救助，也没有资格为孩子申请儿童福利保健。她自己工作多得的 150 美元支付不起良好的儿童保健开销及与工作有关的服装、交通等开销。而且低工资的工作经常缺乏健康保险，即使有保险，也往往仅限于员工本人而不含其他家庭成员。州福利援助包括家庭的健康保健，因此许多母亲会被迫放下自尊而为孩子申请救济。

迷思6：福利受益人将永远享受福利

因为太多的人这么想，1996年美国福利改革给接收福利的人设置了时间限制。历来，AFDC极少激励人们放弃救济，但接受者往往只需要短期援助。研究表明，每年有超过30%的受助者放弃救济，75%的人在五年内放弃救济。只有不到一半的人会再次接受福利救济。在这些人群中，65%~75%的人一年内会再次放弃，大多数永远放弃（Isaacs & Lyon, 2000; Sandefur & Cook, 1998）。在享受福利超过7年的被称作"强依赖性"的家庭中，她们的女儿80%不会成为需要福利救助的单亲妈妈（Bray, 2000）。

对社会救助的误区滋生了美国人对福利受助人的消极态度和行为。这些消极行为显示了个人阶级歧视，但美国社会救助计划的不足也证实了制度性阶级歧视。

制度性阶级歧视

制度性阶级歧视与社会经济地位相伴而生。由于美国广泛存在的财富和收入的巨大差距，这种歧视产生的消极行为造成了很大的社会问题。制度性阶级歧视是指榨取低收入人群而使中上层个体受益的制度性政策和惯例，这加大了美国财富和收入差距。先前在探讨文化阶级歧视中已讨论过这些制度和惯例的历史，近年来制度性政策和惯例进一步拉大了财富和收入差距，这些差距在20世纪80年代至今显著增大。

为什么美国贫富差距不断增大？

联邦政策在资源流向美国富人这点上发挥了主要作用。一些美国人将收入再分配作为一个社会主义计划，每年美国国内税务局征收所得税（根据收入多少）大多被用于资助代表们批准的项目和规划。菲利普斯（Phillips, 1990）分析，在20世纪80年代，来自中低收入纳税人的1600亿美元税收被用于顶替资本收益税收减免而造成的资金流失，美国的富有阶层从其中以及用于跨国公司海外广告补贴的项目中受益。社会经济学家称，这些财富是

第十一章 阶级歧视：关于贫穷的迷思和误解

收入再分配。霍特和卢卡斯（Hout and Lucas，2001）称，20世纪80年代美国超过了法国和英国，成为世界上家庭收入和财富差距悬殊最大的国家，存在20%的最高和20%最低收入的家庭。

联邦和州政府提供富裕个人和公司的减税优惠使他们的税收所占收入的比例比大多数美国人的要低，这也是收入再分配。2001—2003年，议会通过的减税方案使收入前1%的美国人少纳税790亿美元。正如希恩（Sheehan，2004）所指出的，这些钱足以用来全额资助"不让一个孩子掉队"法案（NCLB），为100万贫困工人提供房屋补贴，新增470万低收入儿童以享受妇女、婴幼儿营养计划（WIC），增加110万儿童的医疗补助制度，全面资助启蒙计划，并使40%未享有此计划的合格儿童参与此项服务。790亿美元完全能够资助这些计划的实施。但现实情况是，即使联邦对富有的个人和公司如此慷慨，他们却还嫌不够，仍在设法进一步减少他们的纳税。

根据美国国家税务局（IRS）的规定，美国公司应将收入的35%进行纳税，但IRS分析超过40万个公司和个体存在偷税行为，每年逃避支付近2500—3000亿美元税收（Allen，2004；Zuckerman，2004a）。他们最常用的策略是，在免税的加勒比海或其他没有或很少纳税评估的海外建立"总部"。1983年，这样的逃税达2000亿美元；2004年，达到了5万亿美元。在20世纪50年代，公司税收占税收收入的27%，但在2003年，公司纳税仅为7.4%，创20年来的最低纪录，创自1934年以来的倒数第二位（仅次于1934年）（Zuckerman，2004a）。基于1996年到2000年税收分析，审计局指出，60%的美国公司根本没有纳税。没有交税的公司仅在2004年就使美国人民丧失3100亿美金（Allen，2004）。

另外一个象征美国财富和收入差距悬殊的是亿万富翁的数量显著增加。从20世纪80年代里根的经济政策，到90年代互联网扩张和经济繁荣，富裕阶层的经济力量显著增长，然而与之对照的低收入美国人的资源却减少了。纳税不符合规范的公司仅在2004年便吞噬了美国人民3100亿美元的财产。菲利普斯称1980年美国有2位亿万富翁。1989年超过了50位，福布斯在2002年评出308位亿万富翁，占全世界亿万富翁的60%。2004年，这个数字达到了374位。正如史格拉（Sklar，2005）指出，一个人即使每天存100万美元，持续整整一年，他（她）也只能被列入福布斯前400名的中间，在不久的将来只有亿万富翁才能排在此列。比尔·盖茨和巴菲特通常位于福布斯400榜首，但前10名中有5个是山姆·沃尔顿（Sam Walton）的继承人,他们的财富相加超过 1000 亿美元。税收的减免增加了有钱人的财富,但 80% 的人年收入为 65000 美元或更低,他们的收入持续不变(Zuckerman,2004b)。

> 财富是一种篡夺性的控制力,其中少数人为了他们的利益强迫多数人劳动。
>
> 珀西·雪莱(Percy Bysshe Shelley,1792－1822)

近期的经济变化如何影响美国人的工资?

从 1950 年开始,一直到 20 世纪 80 年代,每 10 年工人的计时工资都会有所增长,但 80 年代的 10 年间几乎每小时下降了 1 美元。20 世纪 90 年代的前五年工资又下降了 50 美分,随着 90 年代后期经济繁荣,这 50 美分又涨上来了。根据美国劳工部的统计数据,全职男工 2000 年平均周工资为 646 美元,低于 1979 年的 678 美元,这一发现适用于不同收入水平人群(儿童保护基金,2001)。正如威尔逊(Wilson,1996)所说,"技能不熟练的男工和女工间工资差距的缩小不是因为女工收入增长,而主要是因为男工工资的降低"(p.27)。历来,白人男子享有经济优势,因此他们的工资在所有工人类别中居于最高,然而,连白人男子的工资也在下降,这是男工和女工工资差别缩小的重要原因(美国劳工统计部,2005)。

工人的工资降低了,但管理阶层的工资却不断上涨。史格拉(Sklar,1998)发现 1980 年以来,美国 CEO 的工资如天文数字般攀升,当时美国 CEO 平均工资是工人工资的 42 倍,与德国 CEO 平均工资是工人的 14 倍相比差距更大。到 1995 年,美国 CEO 的平均工资是工人平均工资的 224 倍,居全球最高。2004 年这个比例达到了 431 倍。德国、日本、英国的 CEO 平均年薪大约是 50 万美元,而美国 CEO 年薪为 200 万美元,加上股票期权他们的工资可达 600 万美元(美国劳工联合会,2006)(见表 11.1)。1988 年,薪资最高的前 10 位 CEO 平均值为 1900 万美元,2000 年他们的平均薪金为 15400 万美元(Phillips,2003)。CEO 的高工资是美国财富和收入差距增大的另一个因素。

表 11.1 全球经济中各国和地区 CEO 工资水平

国别	工人平均工资
巴西	57 倍
墨西哥	45 倍
中国香港	38 倍
英国	25 倍
澳大利亚	22 倍
中国	21 倍
意大利	19 倍
西班牙	18 倍
法国	16 倍
中国台湾	16 倍
德国	11 倍
南非	11 倍
日本	10 倍

表 11.1 反映的是公司执行总裁工资与普通员工平均工资的倍数，美国执行总裁的薪水是工人平均工资的 431 倍（美国联邦人力资源统计，2006）。

引自 2003 年的《商业周刊》，由吉姆·海塔尔和菲力浦·富力泽编辑的《高塔·低塔》一文。

美国贫富差距到底有多大？

工作或投资可以带来收入。财富是指一个人所控制的资产。由于财富是上层社会的一个明显标志，这个阶层控制着我们的大部分财产，然而财富集中到一定程度就会产生不良影响。最富有的 1% 的美国家庭所控制的财产在 1940 之后的 40 年略微有所下降，这种情况持续到 1980 年，由于其掌控资产的略微下降与高赋税的原因。税收资助了一些有价值的社会项目，诸如 GI Bill、FHA 贷款，以及为中低收入家庭提供经济援助的大学教育贷款，并由此产生了一个较强大的中产阶级。

1959 年，财富占前 4% 的美国人拥有低收入人群 35% 的财富，整个 20 世纪 80 年代，他们获得了更多的财富。1989 年，最有钱的 4% 的人所占有的财富是低收入人群的 51%；2002 年，1% 的最富有美国人群所拥有的财富超过了美国人总体财富的 90%。从 1992 年到 2002 年，福布斯 400 强平均财富翻番。但净资产只有 5000 美元甚至更少的美国家庭数量升至了 44.2%（Dollars and Sense，2004）。舒华茨－诺贝尔（2002）指出，美国是目前世界上最富有的国家,但美国儿童成为贫民的几率是法国儿童的 3 倍,是丹麦或瑞士儿童的 6 倍。这不仅仅是由于财富差距还有收入差距。根据国会预算草案的研究,20 世纪富人和穷人之间收入差距之大超过之前 250 年中任何一个时期(Schwartz-Nobel,2002)。

为什么美国人很少对富人的减税问题表示抗议?他们的减税造成了向上的财富再分配和中产阶级的财富流失。也许是美国人认为他们缺乏能取胜的力量去对抗强大的富人群体,也许很多美国人认为这些减税目前或将来会有益于他们。据一项民意测验,19%的美国人认为他们的收入排在前 1%,还有 20%认为不久的将来他们会排在前 1%(Collins,2003)。显而易见,美国社会有多少财富,受谁的控制,这是一个相当令人困惑的问题。

在美国收入水平如何决定社会阶层?

在美国,由于财富的定义模糊,因此很难确定中等收入阶层的构成。根据亨茨和福布瑞(Heintz and Folbre,2000)的结论,中等阶层的财富由房子和汽车组成。历来,为中产阶级选民游说经济援助的美国政客主张扩大减税范围,包括年收入高达 20 万美元甚至更高的人群。据博尼拉-思尔瓦(Bonilla-Silva,2001)称,一项 1992 年的国会预算局研究将"中产阶级"定义为一家四口年收入为 19000—78000 美元。根据这个定义,高达 70%的美国人是中产阶级。沃尔夫(Wolfe,1998)进行了一项研究来调查美国人年收入达到多少就被认为超出了中产阶级。答案多样,但是沃尔夫最终没有将中产阶级定义在一个具体的收入范围而是将之视为态度、信仰和实践的综合。他认为,这类人的特点是"不至于贫穷到依靠他人,也不至于富有到缺乏理智去炫耀奢华"(p.2—3)。

定义"低收入"并不难。联邦政府确立了贫困的既定标准,包括薪资和家庭人口数。如 2006 年 6 月,联邦政府将贫困线标准设定为一个独居的人年收入为 10160 美元;一个孩子的单亲家庭收入为 13461 美元;两个孩子的单亲家庭收入为 15735 美元(美国人口调查局,2006)。对比这些贫困线标准,一个全职工人一年的最低工资仅为 10712 美元。许多美国社区意识到工人的工资远远不够生活,他们实行了"最低生活工资"来满足低收入家庭的需要。

谁遭受贫困的影响最大？

社会活动家和像儿童保护基金这样的机构强调，贫困在美国已成为家庭和儿童的问题。美国 1/6 的儿童生活贫困；2/3 的社会救助对象是儿童；1/5 的新生儿生于贫困——这在发达国家中是最高的。

尽管美国拥有巨大财富，但美国在工业化国家中，婴儿出生低体重排第 17 位，婴幼儿死亡率排第 23 位。出生体重低意味着重量为 5 磅 8 盎司或更低；出生体重极低为 3 磅 4 盎司或更低。在美国每 2 分钟就会有一个低体重婴儿出生，每 9 分钟会有一个极低体重婴儿出生，每 19 分钟会有一名新生儿死亡 (Edelman, 2001)。这些统计数据表明，中等和高收入家庭的情况要好于低收入家庭，低收入家庭饮食不足、缺乏营养、健康保健不充分，加上生存的压力，他们不得不忍受婴幼儿死亡带来的极大痛苦。

美国联邦政府对贫困儿童的救助始于 1935 年的经济安全法，其中包括援助抚养子女计划（ADC），这是一项服务于寡妇或弃妇的计划。1950 年，政府扩展了 ADC 计划，包括了单亲父母，以及援助抚养子女的家庭计划（AFDC）。1964 年，AFDC 为低收入家庭提供食品券。1996 年，临时援助贫困家庭（TANF）替代了 AFDC。但罗杰斯（Rodgers, 2000）发现，低收入家庭收到的 TANF 的援助和食品券基本和 1970 年从 AFDC 获取的一样多。

20 世纪 70 年代末，一些研究评价了始于 20 世纪 60 年代林登·约翰逊（Lyndon Johnson）总统启动的战争时期扶贫计划的作用，尤其是针对满足贫民营养需要的计划。一项研究指出，受饥饿状况已经被消除了 (Edelman, 2001)。但是据儿童保护基金会 (2001) 分析，在 2000 年，1200 万的儿童仍处于食物缺乏的困境中，2400 万儿童"极度贫困"，这意味着他们要面临持续性的营养缺乏状况。他们生活在世界上最富有的国家却要饿着肚子睡觉，这说明了社会制度在履行社会责任方面的失败。

尽管有社会援助计划，如 TANF 援助妇女、婴儿、儿童（WIC）、发放食品券、流动膳食等，美国依然有大量的老年人和年轻人营养不足。没有死于营养不良的儿童可能会由于蛋白质和热量供应不足而引起脑损伤。营养不良会导致永久性脑损伤；即使儿童上学后享有免费早餐或午餐都不能扭转这种损害。

美国健康保健体系不能为穷人提供足够的服务，这是由于穷人的支付能力有限。穷人常在免费或收费低廉的诊所就诊，这些诊所通常缺乏医务人员且设备不足。虽然美国医疗技术居于世界领先地位，但其医护服务是发达国家中最差的。美国和南非是仅有的两个没有全民医疗保健服务项目的发达国家。美国在发达国家的贫困儿童比例排名中居倒数第二（墨西哥排最后），在全球12岁以下儿童死亡率排名中居第26位（Rifkin，2004）。在美国，各种机构不仅不能满足贫民所需，贫民还必须与各种各样的制度剥削抗争。

飓风卡特里娜的教训

虽然在墨西哥湾4—5级的飓风并不少见，2004年8月29日，新奥尔良还是对突如其来的飓风毫无防备。飓风卡特里娜登陆新奥尔良时，有私家车的人能够迅速逃离这个城市。

虽然大多数的城市居民在风暴来临之前撤出了城市，但处于贫困线以下的30%的人很少能逃离，尤其是11.2万名没有汽车的贫民。许多贫民没有身份，他们害怕如果他们逃出这个州，他们便会因搭便车而被拘捕。由于多数贫民和老人几乎没有财产，他们为了还有两天就能领到的社会救济而留了下来。

卡特里娜飓风直径460英里，每小时风速超过100英里。当这场风暴强度越来越明显时，市长瑞·纳金（Ray Nagin）宣布市区的12个地区的公交车将人载到大穹顶体育场。市民在93华氏的温度里，在大穹顶外排起了长队等待进入体育场（包括许多老人、残疾人或病人）。那个星期天，穹顶体育场里住了10000余人。

星期一早晨，卡特里娜开始袭击新奥尔良市。狂风暴雨倾泻而至，地面积水每小时涨一英寸。最后城市有80%被水淹没。大堤第一次出现决口时，被洪水淹没的街道上有25—30具尸体。混合着污物、汽油、腐烂的东西、化学药品、动物和人的尸体，洪水成了毒液；臭气熏伤了人们的眼睛。死者多数是1700人中没有来得及撤离医院的老人。电视摄像机捕捉到坐轮椅的人挣扎着试图逃离但最后被洪水吞噬的悲惨画面；在受灾严重的地区，人们站在屋顶被肆意的洪水包围，痛苦可怕的受灾场面令许多美国人焦虑不安并感到震惊。

由于许多警官逃离了新奥尔良，洪水退却后抢劫不可避免地开始了，但多数抢劫者闯入商店是为幸存者寻找食物和药品。州和地方当局请求布什总统派出国民警卫队，但他们的请求遭到了拒绝。当联邦紧急事务管理所的代表抵达时，地方政府也提出了同样的要求，但联邦政府对这次洪灾的反应出奇地慢，令人极度失望。

第十一章 阶级歧视：关于贫穷的迷思和误解

> 新奥尔良处于困境的人们通过电视关注灾难的人们，他们想知道联邦政府不称职的反应是否与受灾者多是贫民有关。待在大穹顶体育场的人数升至25000名，他们缺乏食物和药品，并且厕所也无法使用。2400多个儿童无助地寻找着他们的父母和其他家庭成员。尽管媒体报道了城市毁坏的情况和伤亡人数，但一周后，联邦政府才派出军队重建城市秩序，联邦救灾物资（食品和其他物资）才到达，被困人群最终撤离。其他国家和一些个人为灾民提供了帮助，如奥普拉·温弗瑞（Oprah Winfrey），而不是联邦政府。
>
> 路易斯安那州的死亡人数最终被统计出来，飓风卡特里娜夺走了1100条生命，大多数是贫民和黑人。美国对卡特里娜飓风的应对反映了社会对穷人和黑人的态度。随着新奥尔良城的重建，在决定重建哪些社区、哪些人返回家园的决议中仍然反映出了这种态度。
>
> Douglas Brinklty，大洪水（2006）。

制度怎样剥削穷人？

金融系统通过执行保护他们免受损失的策略来剥削穷人。拒贷政策指的是银行和其他贷方通过确定一个城市状况恶化的区域后，拒绝提供给那个地区按揭贷款和商业贷款。对于低收入阶层来说，他们最有可能在这样的地区购买到可负担的房子，但当他们申请抵押贷款时，申请往往会被拒绝。在这样的案例中，拒绝贷款不是因为他们信用评级差或缺乏维修和改善物业的技能，而是源于拒贷政策地区房产的年份或现实状况及其居民的平均收入水平。

此外，有兴趣在少数民族聚居的地方开办企业的少数民族企业家会由于这个地区被拒贷而得不到急需的银行贷款。银行认为，不在经济衰落的地区投资是良好的商业惯例，但拒绝给予贷款投资或改善物业不可避免地加剧了这个地区的衰落。银行的预测已经被应验了。联邦政府尝试制止拒贷，一些公司甚至为促进拒贷地区的少数民族企业发展而提供低利贷款，但他们不能抵消银行此举带来的困难。虽然拒贷的原因被声称是基于客观的经济因素，这对有色人种和低收入群体产生了巨大的影响。正如肖瑞斯（Shorris, 2001）所说："银行拒贷的做法已经使拉美和黑人群体远离了经济中心"（p. 323）。

> 人们更看重的是自由企业和竞争及优秀的人出人头地，而非继承父辈的商业或农场。
>
> 赖特·米尔斯（C. Wright Mills, 1916－1962）

金融机构对贫民歧视的另一种表现方式是要求活期账户里的最低余额为150—200美元，对于靠微薪生活的工人来说不可能维持这样余额的账户。这些家庭被迫只能靠现金生活——并且大多数银行在兑现支付工资的支票时会收取费用，除非此人在该银行开设账户。许多工人发现，把他们的付薪金的支票拿到附近的支票兑现店铺会更方便，但是这种便利会花费他们支票总额的近10%的钱。

随着银行放弃了中心城市的业务，兑现支票店铺迅速扩展开来，银行越少意味着企业和房主可用的钱就越少。凯恩（Kane，1996）在考察研究了12个城市后指出，1970年，在白人和少数民族（主要是市中心城市）聚集地区，每1000住户就会有数量大致相同的银行，但是到了20世纪90年代，白人聚集地区的银行数量几乎是少数民族聚集地区的3倍。银行数量的大幅度下降导致私人金融企业的增加，法律允许他们收取比银行更高的利率，并且也允许这些企业将几种高息贷款合并，如果拖欠利息就会卖给银行。因此拥有高息贷款的银行能够以远高于正常规定的比率来收取利息（Kane，1996）。银行并非是唯一参与剥削低收入家庭和个人的企业。

企业是如何歧视贫民的？

根据费金夫妇（Feagin and Feagin, 1986）的观点，同样一件商品，卖给低收入人群的零售商可能会收取比郊区店铺更高的价格。如下面所描述的，商人们对贫民进行着各种各样的剥削。

空白的价格标签 商品上空白的价格标签迫使顾客询问商品的价格，这样就使得店主会向他们认为不熟知情况而又好欺骗的顾客开出更高的价格。

诱导性售卖 虽然这种行为非法，但服务于低收入群体的店铺可能为了吸引顾客而先以低价格宣传某产品，待顾客闻风而至时，再告诉他们此产品质量不好，鼓动顾客出更多的钱来购买质量好点的同类产品。

先租后买 租用某产品的顾客可以通过在指定时间内缴纳周租金来拥有这件产品。从租用到拥有，顾客可以分4次或更多次付清商品的费用；但只有25%的人最终拥有租用的商品。店主声称，他们没有收取利息只出租产品。一家维吉尼亚商店以每周14.99美元的价格租出一台20英寸彩电；租户在支付租金74次后可以拥有此物，然而店主可以获得1109.26美元。而同样的一台彩电售价仅为329.99美元（Hudson，1996）。

当铺 对于低收入家庭来说，一个代价较大的选择是为了抵押贷款而放弃某个贵重物品。这些年当铺激增，利率从每月20%上升至每年240%。即使当顾客支付利息收回了物品，他们的还款也不会进入他们的信用记录来改善他们的信用级别（Minutaglio，1996）。

在美国剥削贫民的方式是多种多样的，前面的例子表明了剥削的存在。人们必须克服多重经济障碍。因此，没有单一的解决方式。正如20世纪30年代所证实的那样，联邦和州政府要想解决贫困问题就必须在针对贫民的剥削和歧视问题上有所突破。

联邦和州政府怎样帮助处于贫困的家庭？

学者埃博尔达、德拉格和舒尔曼（Abelda, Drago, and Shulman，1997）、艾特未叟、亚历山大、欧尔森（Entwhistle, Alexander, and Olson，2001）、黑考克（Haycock，2001）和保护儿童基金会等社会活动机构，为政府援助处于贫困中的贫民并帮助他们摆脱贫困所应发挥的重要作用提供了如下建议：

1. 提供应需服务。补贴修建妇女庇护所，使她们在遭遇家庭暴力时可以有所选择。

2. 为登记入学教育和培训计划的低收入妇女提供儿童保健服务。考虑到儿童保健费用，对于低工资的单亲妈妈来说，最好的选择就是放弃她的工作，从社会援助计划中获得帮助。

3. 提升最低工资及争取最低生活工资。现有的最低工资很难满足个人所需，但许多家庭父母的工资都是最低的。如果一个家庭父母的收入加起来大约为一小时10美元，这个家庭即处于贫困。琼斯和乔治（Jones and George，2003）认为，即使一个家庭每小时赚10—15美元，"这通常也很难满足他们的家庭开销"（p.123）。

4. 重新分配公立学校的拨款。州政府征收用于教育的税款并且根据相应的学生拨款准则分发给学校，这些准则的依据如下：（a）某学校低收入学生的数量；(b) 用于特殊学生的预算总额；(c) 学生的流动率。在 1990 年，新泽西州最高法院裁定此类方案经济上可行并且在社会道德上也合理（*Abbott v. Burke*）。只有对所有的儿童负责，并培养他们的才能，这些儿童成年后才懂得并充分运用他们的能力，我们也会因此而受益。

5. 减轻低收入家庭的税收负担。通过减免资本利得税和法人免税额（作为一定年限的投资刺激），美国富裕阶层可获得税收减免。如果税收减免对富人有益，为什么不提供给穷人呢？劳动所得税抵免和儿童保健津贴中有一些税收减免，然而一些政客却一直建议取消这些计划。另一种减免低收入工人税收的方式是免除房屋购置税，以便让购买者存储金钱以支付装修所需的更高的税费。

6. 利用税收刺激企业在中心城市进行投资。税收激励会让公司设立在工作地的托儿所允许当地低收入家庭的小孩入托。威尔逊（Wilson，1996）认为，中心城市商业的减少是造成吸毒和犯罪人数增加的重要因素，同时也造成了这些社区整体状况的恶化。

7. 通过支持启蒙计划而不断增强教育机会。资助服务于低收入家庭儿童的优质幼儿园和暑期学校计划，尤其是一年级前后的暑期班，使学生在暑期能体验到和中上层收入家庭的儿童相同的教育。对初高中低收入学生的课程标准要清晰，并体现较高的期望值。补贴教师工资以确保有经验的优秀教师愿意去低收入地区的学校任职。

8. 增加可购买的房源。几乎 500 万的家庭将一半收入用于支付房租，这些房子往往是不合标准的住房。今后 10 年，联邦政府每年会增加 30 多万住房券。此外，应扩展低收入家庭能源援助计划，使低收入家庭能够应对不断提升的能源成本。

9. 对私营部门的就业歧视进行适度监控，主要关注肯定性行动政策相关的社会经济地位问题。州和联邦政府需要审查迁往美国境外的跨国公司的政策。经济全球化不可避免，但需要找到激励这些公司给美国创造就业机会，而不是为别的国家。在目前，美国的企业驻扎在海外比在国内有更大的利益。

后记

当权力和资源集中于某一群体时，会不可避免地产生压迫。20 世纪 30

第十一章 阶级歧视：关于贫穷的迷思和误解

年代，美国最高法院法官路易斯·布兰迪斯（Louis Brandeis）表达了他对美国未来民主的担忧。他认为美国要么成为一个民主国家，要么允许少数人积聚巨大的财富，但两者并存是不可能的。要实现公平和正义就需要向被压迫群体转移资源和权力。人们受贫困之苦并不是因为他们应该如此，而是由于他们的出身。

如果无视生活贫困的成年人的需要，那么我们就会持续体会到吸毒、犯罪和暴力所带来的绝望。当今美国，每5个婴儿就有一个生于贫困。如果忽略了生活贫困的儿童的需要，我们将因为背弃美国理想和背离长久以来与理想相伴的正义感和同情心而心怀愧疚。如果美国人无视社会良心，就不可能实现社会公正。当我们看到贫困儿童纯真的面庞时，我们不仅要面对目前的道德困境，还要考虑未来的美国社会将会走向何方。

术语和定义

诱导性售卖（Bait and switch）：一种非法行为，指店铺为了吸引顾客而先以低价格宣传某产品，待顾客来买时，他们则被劝说去买更贵的产品。

阶级歧视（classism）：对社会经济地位低的人进行限制和支配的态度、行为或制度结构。

文化阶级歧视（Cultural classism）：一种消极的观念和行为，即将贫困、教育不良及不被社会接纳的人群描述为缺乏能力、下流或咎由自取。认为人们的优越感是通过财富、工作、教育及社会地位建立的。

个人阶级歧视（Individual classism）：由于收入、教育和地位对贫民存在偏见而产生，通常表现于对低收入、教育不良和社会地位不高的人的侮辱和伤害性的言语和行为。

制度性阶级歧视（Institutional classism）：指损害低收入人群而使中上层个体受益的法例、风俗和惯例。

中产阶级（Middle class）：由收入、态度、信仰和习惯综合决定的一种社会经济地位。这类人不至于贫穷到依靠他人，也不至于像富人那样奢华消费。

当铺（Pawnshops）：接受个人物品进行抵押贷款。

贫困线（Poverty levels）：联邦政府根据家庭收入及人口确定的收入水平。

拒贷政策（Redlining）：指的是银行和其他贷方确认一片城市状况恶化的区域，往往是市中心（贫民窟等），认为此范围是抵押贷款的高风险区。

先租后买（Rent-to-own）：无购买力的顾客可以通过在指定时间内缴纳周租金，在租期结束拥有此产品。

参考文献

Abelda, R., Drago, R., & Shulman, S. (1997). *Unlevel playing fields*. New York: McGraw-Hill.
描述社会经济生存法则中贫民面临的劣势以及为使竞争更公平的措施。

Allen, J. T. (2004). Who lobbies for the cheaters? *U.S News & World Report*, 136(14), 42.
描述美国企业的逃税策略。

Allison, L., & Lewis, C. (2001). *The cheating of America: How tax avoidance and evasion by the super rich are costing the country billions and what you can do about it*. New York: Morrow.
描述美国富人怎样借助简单方法逃税，从现金交易到复杂的金融交易，以及在这些交易中财会高手如何利用税法漏洞。

American Federation of Labor. (2006). 2005 Trends in CEO Pay. *Executive Paywatch*. Retrieved July 20, 2006, from http://www.aflcio.org/corporatewatch
提供了有关CEO薪酬的数据并描述了其发展趋势。

Anyon, J. (2001). Inner cities, affluent suburbs, and unequal educational opportunity. In J. A. Banks & C. M. Banks (Eds.), *Multicultural education: Issues & perspectives* (4th ed., pp. 85—102). New York: John Wiley.
对比位于市中心学校和郊区学校的教育并描述郊区学校学生的学业资源优势。

Berliner, D. C. (2005, August). Our impoverished view of educational reform. *TCRecord*. Retrieved January 2, 2006, from http://www.tcrecord.org
讨论改善学校的相关策略，指出除了对学校进行改革外还要考虑影响学生学习的贫困问题。

Bonilla-Silva, E. (2001). *White supremacy and racism in the post-civil rights era*. Boulder, CO: Lynne Rienner.
考察为什么黑人和其他种族群体在经济上依然落后于白人，在就业、健康、教育成就以及其他社会指数上情况也一样；第14页的第二个注脚给出了中产阶级的定义。

Bray, R. (2000). So how did I get here? In M. Adams, W. J. Blumenfeld, R. Cas-

第十一章 阶级歧视：关于贫穷的迷思和误解

taneda, H. W. Hackman, M. L. Peters, & X. Zuniga (Eds.), *Readings for diversity and social justice* (pp. 425—429). New York: Routledge.

描述贫困者的亲身经历和现实状况。

Brinkley, D. (2006). *The great deluge: Hurricane Katrina, New Orleans and the Mississippi Gulf Coast*. New York: Morrow.

描述突如其来的飓风，受飓风影响地区的毁坏程度以及对风暴期间和之后幸存者的报道。

Brooks-Gunn, J., Klebanov, P, & Duncan, G. (1996). Ethnic differences in children's intelligence test scores: Role of economic deprivation, home environment and maternal characteristics. *Child Development*, 67, 396—408.

报道黑人和白人学生 IQ 分值的差异，贫困和居住环境对其的影响以及这种差异如何能大幅度地减少。

Children's Defense Fund. (2001). *A Children's Defense Fund report: The state of America's children*. Boston: Beacon.

考察来自联邦和州政府的数据以识别影响贫困儿童和家庭的问题，并对解决这些问题提出建议。

Collins, C. (2003). Tax wealth to broaden wealth. *American Prospect*, 14 (5), A6—A7.

解释向富人征税如何会创建一个更公正的税收体系和更稳定的社会。

DiAngelo, R. J. (2006). My class didn't trump my race: Using oppression to face privilege. *Multicultural Perspectives*, 8 (1), 51—56.

描述作者年轻时身为白人幸免受到压迫的经历。

Dollars & Sense. (2004). Wealth inequality by the numbers. *In The Wealth Inequality Reader* (pp. 6—21). Cambridge, MA: Dollars & Sense——Economic Affairs Bureau.

利用数据、图表来解释美国财富的不平等。

Edelman, M. W. (2001). Introduction. *A Children's Defense Fund report: The state of America's children*. Boston: Beacon.

使用当今贫困儿童的数据来解释为什么美国要马上行动起来解决社会问题。

Entwhistle, D., Alexander, K., & Olson, L. S. (2001, Fall). Keep the faucet flowing: Summer learning and home environment. *American Educator*, 47, 10—15, 47.

描述为什么暑期低收入阶层儿童比中上层阶层儿童在学习上会有较大差异，为将差异降到最低应该怎么做。

Feagin, J., & Feagin, C. B. (1986). *Discrimination American style* (2nd ed.). Malabar, FL: Robert E. Krieger.

以事例来描述理论与实践上的歧视。

Forbes. (2002, March). *The global billionaires*. Retrieved April 12, 2003, from http://www.forbes.com

选出最会赚钱的全球前497位亿万富翁并解释他们如何赚钱。这个名单每年都会更新,可从此网站上获知信息:http://www.forbes.com。

Haycock, K. (2001). Closing the achievement gap. *Educational Leadership*, 58(6), 6—11.

比较低收入阶层学生与中上层学生之间、少数民族学生和白人学生之间学业成就的数据。

Heintz, J. S., & Folbre, N. (2000). Who owns how much? In M. Adams, W. J. Blumenfeld, R. Castaneda, H. W. Hackman, M. L. Peters, & X. Zuniga (Eds.), *Readings for diversity and social justice* (pp. 391—396). New York: Routledge.

根据种族和性别数据描述美国的财富分配。

Herrnstein, R. J., & Murray, C. (1994). *The bell curve: Intelligence and class structure in American life*. New York: The Free Press.

分析研究证明智商差异源自种族\民族,这是基因决定的,并且智商决定着经济的成功或失败。

Hout, M., & Lucas, S. R. (2001). Narrowing the income gap between rich and poor. In P. Rothenberg (Ed.), *Race, class and gender in the United States: An integrated study* (pp. 649—653). New York: Worth.

考察贫富差距并声称钟形曲线证明人的能力不同而产生差异,从而误导了公众。

Hudson, M. (1996). Rent to own: The slick cousin of paying on time. In M. Hudson (Ed.), *Merchants of misery: How corporate America profits from poverty* (pp. 146—152). Monroe, ME: Common Courage Press.

解释从租用店铺如何剥削低收入顾客。

Isaacs, J. B., & Lyon, M. R. (2000). *A cross-state examination of families leaving welfare: Finding from the ASPE funded leavers studies*. Presented at the National Association for Welfare Research and Statistics Workshop, August, Scottsdale, AZ. Available at http://www.dhhs.gov

根据对资助健康与公共事业部门的研究,描述11个州接受福利救助的家庭。

Johnson, H. W. (1998). Public welfare and income maintenance. In *The social services: An introduction* (5th ed.). Itasca, IL: F. E. Peacock.

讨论美国贫困的性质和原因并考察了为减少贫困的若干联邦政府计划。

Jones, G. R., & George, J. M. (2003). Managing diverse employees in a diverse environment. *Contemporary management* (3rd ed.). Boston: McGrawHill.

第十一章 阶级歧视：关于贫穷的迷思和误解

描述存在于消费者和劳动力中的多样性，为经理提供与不同员工交流的有效策略。

Kane, M. (1996). Fringe banks. In M. Hudson (Ed.), *Merchants of misery: How corporate America profits from poverty* (pp. 52—57). Monroe, ME: Common Courage Press.

描述贫困地区银行数量的减少和支票兑换店增多的状况。

Karp, S. (2006). Band-Aids or bulldozers: What's next for NCLB? *Rethinking Schools*, 20 (3), 10—13.

讨论 NCLB 目前的成果以及其没有达到目标的原因。

Katz, M. B. (1986). *In the shadow of the poorhouse: A social history of welfare in America*. New York: Basic Books.

描述北美殖民地的扶贫项目，为什么贫民院没有获得成功，社会政策如何应对美国社会和经济体制内的历史性转变。

Kivel, P. (2002). *Uprooting racism: How white people can work for racial justice* (rev. ed.). Gabriola Island, British Columbia: New Society Publishers.

考察社会种族偏见和白人特权的动因并为实现社会公正提供策略。

Komisar, L. (1977). *Down and out in the USA: A history of public welfare* (rev. ed.). New York: New View points.

介绍美国福利的历史（包括之前的欧洲）、殖民时期制定的救助形式以及为解决目前问题应采纳的方式。

Kozol, J. (2005). *The shame of the nation: The restoration of apartheid schooling in America*. New York: Crown.

考察美国学校在种族和社会阶层上隔离的证据，讨论维持这种隔离对道德和社会的影响。

Lee, J. (2006). *Tracking achievement gaps and assessing the impact of NCLB on the gaps: An in-depth look into national and state reading and math outcomes*. Cambridge, MA: The Civil Rights Project at Harvard University.

比较国家和州测试的分值并得出结论，认为高奖金和制裁不起作用。

Macedo, D., & Bartolome, L. I. (2001). *Dancing with bigotry: Beyond the politics of tolerance*. New York: Palgrave.

考察关于语言、种族、民族和社会阶层问题及多文化教育教导学生容忍的局限性。

Mathis, W. J. (2003). No Child Left Behind: Costs and benefits. *Kappan*. Retrieved August 15, 2003, from http://www.pdkintl.org/kappan/k0305mat.htm, *Phi Delta Kappa International*.

通过分析费用说明联邦财政实现 NCLB 计划目标所需的资金量。

Mead, L. (2000). The twilight of liberal welfare reform. *Public Interest*, 139, 22—

35.

描述密尔沃斯一项被称作新希望工程的试验性福利计划,将它的有效性与威斯康星工程福利改革相比较。

Minutaglio, B. (1996). Prince of pawns. In M. Hudson (Ed.), *Merchants of misery: How corporate America profits from poverty* (pp. 58—70). Monroe, ME: Common Courage.

描述一位成功的当铺业主,讨论当铺的发展和他们剥削贫民的做法。

Owen, D., & Doerr, M. (1999). *None of the above: The truth behind the SATs* (rev. ed.). Lanham, MD: Rowman Littlefield.

描述美国标准化测试的起源和目前 SAT 测试存在的偏见。

Phillips, K. (1990). Wealth and favoritism. In *The politics of rich and poor: Wealth and the American electorate in the Reagan aftermath*. New York: Random House.

描述美国富人在里根时代如何利用联邦政策来谋利。

Phillips, K. (2003). How wealth defines power. *American Prospect*, 14 (5), A8—A9.

对比 1980 年以来和 19 世纪后期及 20 世纪 20 年代的财富集中情况。

Pipher, M. (2002). *The middle of everywhere: The world's refugees come to our town*. New York: Harcourt.

运用一些统计数据描述近年到美国的移民种类。

Rifkin, J. (2004). *The European dream: How Europe's vision of the future is quietly eclipsing the American dream*. New York: Jeremy P. Tarcher/Penguin.

比较作为世界两大势力集团美国和欧盟的价值观和成就,并预测其未来的发展。

Rodgers, H. Jr. (2000). *American poverty in a new era of reform*. Armonk, NY: M. E. Sharpe.

描述美国的贫困状况,介绍了福利制度的历史,并分析现在的福利改革。

Sandefur, G. D., & Cook, S. (1998). Permanent exits from public assistance: The impact of duration, family and work. *Social Forces*, 77 (2), 763—789.

分析数据以确定一个妇女接受福利的持续时间以及婚姻和工作状况对福利受助人在时间上的影响。

Schorr, A. L. (2001). *Welfare reform: Failure and remedies*. Westport, CT: Praeger.

考察先前进行福利改革的成功与失败,以及 1996 年福利改革法案的社会影响力。

Schwartz-Nobel, L. (2002). *Growing up empty: The hunger epidemic in America*. New York: HarperCollins.

第十一章 阶级歧视：关于贫穷的迷思和误解

描述在美国亲历贫困和饥饿的状况。

Schwarz, J. (2000). *Fighting poverty with virtue: Moral reform and America's urban poor*, 1825—2000. Bloomington: Indiana University Press.

考察19世纪后期和20世纪早期社会道德改革者对于贫困问题所做的工作，以及处理目前贫困问题的建议。

Sheehan, M.. (2004). Tax breaks for the rich-or public programs for everyone? In Dollars & Sense (Ed.), *The Wealth Inequality Reader* (pp. 40—41). Cambridge, MA: Dollars & Sense—Economic Affairs Bureau.

讨论由于美国富人减税而导致的资金流失，根据公众的需要这些税款可以用于资助的项目。

Shorris, E. (2001). *Latinos: A biography of the people*. New York: W. W. Norton.

关于在美国的不同拉美群体的叙事研究。

Sklar, H. (2005, September). Growing gulf between rich and rest of America. *Raise the Floor*. Retrieved February 11, 2006, from http://www.raisethefloor.org

考察美国不断增长的财富差距和贫民及中产阶级家庭面临的经济问题。

Sklar, H. (1998). CEO greed is out of control.. *Z Magazine*. Retrieved May 12, 2003, from http://www.thirdworldtraveler.com

借助解雇工人后CEO工资反而增长的具体事例，描述CEO与工人间不断增大的平均工资差距。

Stein, Z., & Susser, M. (1970). Mutability of intelligence and epidemiology of mild mental retardation. *Review of Educational Research*, 40, 29—68.

通过跨文化研究认为环境因素对学生的学业会产生重大的影响。

Taylor, H. (2000, May 3). The public tends to blame the poor, the unemployed, and those on welfare for their problems. *Harris Poll* #24. Retrieved August 14, 2003, from http://www.harrisinteractive.com

介绍一项哈里斯的调查结果，即美国人怎样看待失业或接受福利援助的贫困人员。

U.S. Bureau of Labor Statistics. (2005). *Highlights of women's earnings in* 2004. Retrieved July 15, 2006, from www.bls.gov

提供2004年男女性工资的相关信息和图表。

U.S. Census Bureau. (2006). *Poverty thresholds*/2005. Retrieved July 24, 2006, from http://www.census.gov

提供不同规模家庭贫困的收入水平的数据。

U.S. Department of Health and Human Services. (2004, November). *6th annual report to Congress*. Office of Family Assistance. Retrieved July 22, 2006, from http://

acf. hhs. gov/programs/ofa/

提供暂时援助困难家庭计划中受助者的数据（TANF）。

Weaver, R. K. (2000). *Ending welfare as we know it*. Washington, DC: Brookings Institution Press.

描述早期的福利体系及变革的需要，并分析了最近的福利改革。

Wilson, W. J. (1996). *When work disappears: The world of the new urban poor*. New York: Knopf.

考察市中心城市失业的原因，并给出解决此问题的建议。

Wolfe, A. (1998). *One nation, after all: What middle-class Americans really think about God, country, family, racism, welfare, immigration, homosexuality, work, the right, the left, and each other*. New York: Viking Penguin

采访并收集了生活在全美郊区的中产阶级家庭的信息。

Zinn, H. (1999). *A people's history of the United States*. New York: HarperCollins.

详细介绍工会组织的历史。

Zuckerman, M. B. (2004a). America's high anxiety. *U. S. News & World Report*, 130 (9), 84.

讨论经济趋势如何影响中产阶级家庭。

Zuckerman, M. B. (2004b). An intolerable free ride. *U. S. News & World Report*, 136 (17), 80.

描述公司如何逃税以及美国纳税人所遭受的损失。

复习和讨论

总结练习

参考本书第 31—32 页的练习，总结本章的主要观点并界定关键术语。

辨析题

辨析题 1. 你相信什么？比较关于贫困的不同看法

说明：阅读下面两段介绍当前美国对于贫困的普遍看法。然后讨论这两种对立观点，回答至少三个问题。

A. "天无绝人之路"（或此意思的其他表述），因此，无论谁遭受贫困都是他们自己的过失。他们不够努力（甚至懒惰和不负责任）。真愿意工作的人总会有工作。而且，如果一个贫民需要并请求帮助，我们没有义务去帮助他们。他们都应该自助。没有人帮助或救济我，即使给我也不会要，我为自己的工作而感到自豪；因此，我不希望把我交的税用于帮助贫民，我很痛恨政府把我辛辛苦苦挣的钱花在这些人身上。

　　B. 如果一个人贫穷，很可能是因为他们出生于低收入家庭，无法获得与有钱人同样的优势，没有很高的期望（甚至会辍学）。他们在经济困难时期最有可能失业。如果一个贫困的人需要并请求帮助，我们应该伸出援助之手直到他们能自力更生，尤其是当这些帮助能使他们接受再培训或确保孩子获得食物和栖身之地。我愿意用我所纳的税来帮助贫民，因为我希望假如我处于类似的处境时也能得到帮助。

　　1. 你怎样看待这两种观念？
　　2. 你会持哪种看法？
　　3. 你认为你和父母有同样的感受吗？外祖父（母）呢？其他亲戚呢？
　　4. 你认为你的大多数朋友持什么观念？
　　5. 你认识陷于贫困的人吗？
　　6. 根据你的了解，他们享有任何一种援助计划吗？
　　7. 你对他们的了解是否增强或反驳了你自己关于贫困的看法？
　　8 你经历过何种贫困？

小组活动

小组练习1.　收集信息：访谈

说明：有时对一个特定群体进行民意测验会显示出一些之前未知的看法。采访就是对具体选定群体的看法进行评估的一种方式，比如大学教职工、在校大学生、社区居民、企业或网络供应商等。这个活动可以在教室或车间进行，也可在教室外面进行，或者在校园或上课的地方。如果时间允许，也可以发放调查问卷。

信息收集：访谈

　　1. 此次活动要在老师的协助下预先得到批准，在讨论本章摘要练习后，讨论经济学工资、财富和就业等10个问题，这些问题可以让同学、教职员、导师、学校或课堂内外的其他人员回答。

2. 写出这些问题并讨论预测受访者的回应。

3. 讨论怎样进行访谈，核实问题并记录他们的回答，商定如何实施此次访谈。

4. 如果仅有两组，每一组选择一个特定区域对6个不同的人进行相同的访谈，明确访谈纲要和所用时间。

5. 在45分钟内：
- 出发到指定地方。
- 选择愿意配合的受访人进行提问。
- 记录他们的年龄、性别和身份。

6. 报告采访的结果。

7. 将下列问题加入访谈后的课堂讨论：
- 对你抽样调查的人群，你有什么样的结论？
- 受访者的回答属实吗？
- 受访者如何回答你的问题？
- 你能得出结论认为你的受访者意识到了当今美国较低经济状况人群所存在的问题和担忧吗？
- 是在你所在的地区吗？

小组练习2. 扩大美国的财富：我们能避免财富带来的经济控制吗？

计划：在美国已经讨论和实施了包含诸如养老金计划、利润共享、GI法案、FHA贷款和社会保险在内的旨在推动更加公平分配经济资源的策略。随着占美国人口40%的富人所缴纳的所得税不断增长（收入80000美元或更多），支持者主张对他们的所得税应提高2%。

说明：评论下面的计划，确认你已清楚细节。对所提出的问题给出令人信服的答案，然后结合你的亲身经历和背景知识向这个群体做5—10分钟的陈述。这个计划是一个能够获得资金实现其目标的合理方式吗？实施过程中有什么特别需要考虑的问题？

扩大美国的财富

每一个美国人从出生就得到一个8万美元的"财富账户"。在他或她21岁时这个人才有权使用这个账户，但前提是必须高中毕业。在其以后的生活中，可以运用这个账户实现一些愿望和目标，但是所花的钱以后必须还回这个账户。关于如何使用这个账户，我们可以举个例子：18岁的大学生可以使用该账户支付大学费用（其中包括设法逃离暴力和毒品的高中毕业生）；失去工作的工人可以靠此为生直到他们找到新的工作，或他们有能力支付相关的职业培训费用；有了第一个孩子的年轻夫妇如果想买房可以用这笔钱预付定金；卡车司机可以用这笔钱开办他自己的卡车公司。任何来自于这个"财富账户"的利息和本金最终将要偿还，这样在一个人死亡后，政府可以收回这笔钱并用财富账户来资助另一个人。如果一个账户里没有原有全额钱数，政府将从这个人留下的任意资产中收回这笔钱。

社区活动

行动研究

调查你所在地区的生活成本有多高？你所在的州贫困线标准是多少。从可靠的渠道收集数据，对满足一家四口的生活开销进行月预算。包括一年中每月的精确费用；住房、公用事业、食物、上学及育儿（一个儿童）、医疗费用、保险及娱乐费用。调整数额以合理利用现有的资金，并思考一下还应包括哪些支出。

服务学习

在你目前生活的区域，无家可归和贫困者占多大比例？让志愿者参与基督教救世军或其他致力于解决贫困问题的组织。协助准备午餐或晚餐；协助收容所管理，或帮助社会工作者或食物储藏室员工。了解受助人存在的问题、担忧和他们的经历。要有规律地持续地参加这些活动，时间一般不少于10周。可以撰写一份报告给大学教师和服务机构使他们意识到当地的贫困问题。

第十二章　残疾歧视：
残疾并不意味着无能

"所有政府对待残疾人都很恶劣，他们视我们为负担。无论资本主义还是社会主义国家的政府都将我们与社会其他群体隔离……只要我们还不是商人、政客、社会活动家，还没有深入社会各个阶层，我们就会被排斥、被隔离"。

约书亚·马林加（Joshua Malinga，当代）

1993年，联合国各成员国宣布残疾人为受压迫的弱势群体。《联合国人权与残疾人报告》（UN Human Rights and Disabled Persons Report）的起草者称，在全世界，残疾人被视为无家可归的流浪汉，并且随着他们人数的增加，这种情况正日趋恶化。1995年，在哥本哈根举行的社会发展问题世界首脑会议（World Summit on Social Development）上，代表们将残疾人的状况描述为"世界上面临贫困、失业以及社会与文化隔离的最大的弱势群体之一"（Ervelles，2001，p.93）。尽管这些世界组织已经作出如此声明，残疾歧视（ableism）的概念（有时被错误地称为handicapism）仍为美国乃至全球很多人所接受。

林顿（Linton，1998）将残疾歧视定义为因残疾问题对个体能力的否定。残疾歧视宣扬残疾人劣于身体健全人的理念，给人们歧视残疾人提供了很好的理由。林顿的定义中存在"优势群体压制残疾人群，其他弱势群体亦然"这一主观臆断，包括残疾人在内的很多人都反对这种臆断。哈恩（Hahn，1998）评论说：

与其他少数群体不同……残疾人还不能驳斥那些直接或间接对他们生理缺陷的指责，也正是这些缺陷让那些外表不符合优势群体的群体也有理由去压迫残疾人。

残疾人为什么就该被视为弱势群体？

1973年通过的《康复法案》（Rehabilitation Act）首次公开承认残疾人

第十二章 残疾歧视：残疾并不意味着无能

是人权需要保护的弱势群体。法案的第504条规定，禁止歧视有能力胜任联邦资助项目工作岗位的残疾人（Longmore，2003）。1990年，美国国会就残疾人歧视问题通过了《美国残疾人法案》（Americans with Disabilities Act，简称ADA），为反歧视提供了法律援助（见图12.1.）。哈恩（Hahn，1994年）认为，在民主社会中，政策及风气反映了人们的态度，而美国社会的态度就是残疾人问题的主要来源。然而，一些人仍质疑把残疾人群体看作弱势群体是否恰当。

图12.1 与其他的少数群体一样，残疾人以及他们的权利倡导者不得不抗议并通过游行让人们注意到他们受到的歧视。

《残疾人政策研究》（Journal of Disability Policy Studies）杂志2001年秋季刊讨论了残疾人能否被看做一个受压迫的弱势群体的问题。虽然投稿人认为残疾人受到了压迫，但特邀编辑安德鲁·巴特维尔（Andrew Batavia）强烈反对这一观点。他承认曾经存在的问题，但仍表示，美国残疾人的生活环境要远远优于其他国家。针对美国残疾人高失业率问题，他认为，雇主有权选择最能胜任工作的人而无需考虑其残疾与否，言下之意便是残疾人往往并非最佳人选。

巴特维尔认为，由于残疾人人权倡导者的努力和1990年《美国残疾人法案》的通过，残疾人不会再有被人歧视的不幸经历，也因此不再是"被压迫的弱势群体"。巴特维尔显然没有看过最近的统计数据。一项关于残疾人的调查报告显示，自《美国残疾人法案》颁布以来，成年残疾人的失业率和贫困残疾人的人数比例均有所上升（Wilson & Lewicki-Wilson, 2001）。巴特维尔否认现今残疾人仍受到歧视影响的合理化解释很不寻常，因为这种言论更像是出自一位健全人之口而非像他这样身患残疾的人。

另一种观点也否认残疾人受到了压迫，因为身患残疾让他们加入到一个大多数人的集体。这一观点的理论依据在于当人身患残疾时，他们就进入了一个集体，在这一集体中，如视力不好之类的轻微残疾可以通过戴眼镜的方法克服，而更严重的残疾则使人坐上轮椅。这一逻辑还可以推论出，我们几乎所有人都有或严重或轻微的残疾，都必须接受并适应这些缺陷。基尔（Gill，1994年）回应称，能被称为残疾人的人意味着其残疾对日常生活产生了巨大的影响，比如，当残疾影响认同感时，或者是当其他人对残疾的看法极大地影响了他们对该人的反应时，其中消极反应可能有排斥，甚至歧视。而我们对其他弱势群体中的人也有类似的排斥和歧视。

帕特纳姆（Putnam，2005年）认为，将残疾人定义为弱势群体与其他为人接受的残疾人定位相符合，因为它明确与残疾相关的问题源于环境与有残疾的人之间的冲突而不是源于残疾者个体本身。"如果特定的环境给特定个人提供了完成任务或进行活动所需要的所有资源"（p.189），即使该人有残疾也不会出任何问题。帕特纳姆引用的研究结论称，残疾人与其他弱势群体有一些共有特征——"他们都有社会污点、与社会有距离、不被社会接受，社会对他们也有成见、偏见以及歧视（p.189）"。

残疾人权利倡导者提出，如果将残疾人研究列入中等和高等教育课程，"残疾人是受压迫群体"这一观念会更容易被人接受，因为这些课程一直在研究女性、种族和民族问题，以及其他弱势群体遇到的社会、文化和制度问题。如果要理解残疾人的经历，我们先要认识到优势群体的权利以及这些权利并没有与残疾人分享。林顿（1998年）认为，这种认识就像其他弱势群体认为非残疾优势群体没有处在一个中间、普遍的位置上一样。而残疾人正是偏离了这个位置，或更确切地说，只有具有权力和文化资本的残疾人才能保住在中心的位置（p.32）。

> 支持残疾人权利的相关看法认为残疾是每代人中都会发生而且将一直发生的自然现象。它将残疾人视作一个时常会受到歧视和隔离的与众不同的少数群体……但仍旧认为我们能在社会中获得应得的地位。
>
> 劳拉·赫尔希（Laura Hershey，1962- ）

第十二章 残疾歧视：残疾并不意味着无能

文化性残疾歧视

对残疾人的消极态度并不是最近才出现的。不论被看做是邪恶的、野蛮的或仅仅是愚蠢的，那些患有身体、精神或智力残疾的人都因为不"正常"被当作"异类"，也使人们对他们产生了消极的态度，甚至是敌对的行为。在 20 世纪早期，美国公共卫生署（the U. S. Public Health Service）将残疾人与罪犯和流氓归类为"有缺陷的人"，后来又称其为"智力有缺陷的人"，以区别于妓女、男妓、扒手和乞丐。所有这些人都经常被一起关在收容所中，因为他们毕竟是"异类"，与正常人不同，社会应当将他们剔除。历史揭示了文化性残疾歧视的模式，它是那些在社会中长期存在的宣传将残疾人看做是异类和无能力者的观念与信仰。

人们对残疾人的历史性观点是什么？

我们应该了解社会对各类残疾人的看法，因为这不仅可以解释人们产生消极态度的原因，也可以解释为什么不同社会都将残疾人纳入收容所。沃尔芬斯伯格（Wolfensberger，1970）把以往人们对残疾人的观点分为以下几个方面进行了阐释。

低于人类的生物体

一直以来人们也将其他群体（如非裔美国人、美国土著人和犹太人）看做是非正常人。这一概念也被同样用在了残疾人身上，尤其是指那些被贴上"智障"标签的残疾人。他们有时还被称作"植物人"，暗指该类人只剩下医学术语中植物人有的生命机能（心率和血压）。人们认定逻辑思维和较高级的大脑活动对于智障的人来说是不可能的。一直到 19 世纪，有智力缺陷的人还住在冬天无暖气夏天无冷气的房子里，因为人们认为他们不会像"正常人"那样感知冷热。甚至到了 20 世纪后半期，收容所里的护工还在使用赶牛杆来管理和指挥他们。一旦我们剥夺了一个群体的人性而使之陷入非人的境地，那我们就没有什么事是干不出来的了。1960 年，《大西洋月刊》的一篇文章中再一次表达出了智障人"低于人类"的观点。该文章提议，应该从有严重智力障碍的残疾人，也就是作者所谓的"植物人"身上获取器官并捐献给那些等待器官的人以"促进人类的智力改良"（Wolfensberger，1970，

p. 17)。

对社会的威胁

这种观点将残疾人视为罪恶。儿童文学中经常将残疾人刻画为反派角色,例如,虎克船长、独脚大盗朗约翰以及童话故事中的各种恶棍、巨人和其他怪异的恐怖人物,他们最终或被征服或被铲除(Fiedler,1978)。温策尔(Winzer,1997年)介绍了成人文学是如何继承这一模式的——他们将残疾人刻画为罪犯、杀人狂或是变态的怪物,并通常把他们写成性怪癖者。查尔斯·狄更斯在《老古玩店》中把一个叫做奎普的侏儒刻画成追踪无辜的耐尔的大坏蛋(见图12.2)。流行文学经常被拍成热门电影,拍了多个版本的《巴黎圣母院》和《歌剧魅影》不断提醒着我们,残疾人可怕的外貌表明其是性格缺陷、灵魂畸形的怪物(Longmore,2003)。

图 12.2 一张由哈尔波特·K·布朗创作的插图,描绘了一个名叫奎普的侏儒——查尔斯·狄更斯小说《老古玩店》里一个反面角色。

令人恐惧的观点

这一观点源于中世纪关于"换子疑云"的神话故事。人们相信在一个正常的孩子出生的时候,邪恶的精灵会在晚上进入房间偷走孩子,并用一个头脑迟钝或大脑麻痹的有缺陷的孩子来替换。格林童话《小精灵》讲述了用"眼睛凝视不动"的丑小孩来替换原来的婴儿的故事。人们相信低能儿来源于邪恶的精灵。这可能使马丁·路德产生"有缺陷的孩子是撒旦之子"的看法。他痛斥他们是没有灵魂的"肉团"(Winzer,1997)。今天,一些基督徒认为畸形和残疾是"道德缺失"的标志或者是可见的罪恶的烙印（Pelka，1994）。一些残疾儿童的父母认为，孩子是上帝对他们的惩罚，一些母亲在孩子降生后，因为深深地陷入抑郁而不得不寻求治疗。

可怜的东西

这一看法可能看起来并不消极，因为它似乎包含着对残疾人的同情，但这种同情往往伴随着尊重的缺失。慈善组织举办的募捐活动往往通过印有孩子的海报或播放残疾孩子游行的马拉松式电视广播节目来促使观众捐款。查林顿（Charlton，1998）在美国的一项调查显示，与其他获取信息的渠道相比，更多的人是从电视节目中形成对残疾人的态度。因为马拉松式的电视节目不断强调残疾人需要帮助和依靠。对此，美国的残疾人群体已经发出了反对的声音，一些组织也表示不再参加以募捐为目的的电视节目。

生病的机体

这种观点认为人的身体或大脑残疾是暂时的状态，是可以通过药物或心理治疗来治愈的。古埃及人通常认为残疾是可以通过医学疗法和药物治愈的。埃及医生希望拿一种用铜、没药、塞浦路斯种子以及其他成分制成的药剂来恢复盲人的视力。尽管很多希腊人相信是超自然的力量导致了残疾，包括希波克拉底在内的医师还是反对迷信并试图找出导致残疾的生理学原因（Winzer，1997）。当下，美国开展了多种全国性的活动，筹措资金来研究治愈残疾的方法。人们不仅把残疾人当做可怜的对象还当做有病的机体。残疾人被看做是"不健康"的，也被描绘成需要治疗的人。这种对残疾人的医学观点是悲观的，因为在发现治疗方法之前，残疾人都会被看做是患有"不治之症"的人。也就是因为这种观点，残疾人被置于收容所，作为对他们残疾的惩罚。

圣洁的无知的/永远的孩子

这一观点通常只指一个群体——智障者，他们是不可能有罪孽的群体。这种圣洁无知观在很多国家流行，同时在一些宗教和文化中也有，经常被看做是一个仁慈的观点。它认为，智力低下的人应该得到保护和庇佑，应该与外界分开以保持他们的纯洁和童真。但是，这种鼓励他们保持孩子般的行为而不去学习成年人技能的行为阻碍了他们独立生活能力的形成。林顿

(Linton，1998) 观察到，如果把残疾人看做是"行尸走肉"的话，他们就只会像孩童甚至婴儿那样按本能行动而不会作出任何带有目的性的行为 (pp.95—96)。这种观点可能成为一种自我满足的预兆（self-fulfilling prophecy）。就如同一些研究这类残疾人的报告中所描述的那样，那些在青少年时期还被当做孩子照顾的人，即使成年后依旧像孩子一样，常年需要照顾（Wehmeyer，2000）。

嘲讽的对象

在文学作品、民间故事和笑话中，人们经常通过取笑残疾人来找些乐子。智障者被刻画成乡村傻瓜，成为人们笑话中的常客。费德勒（Fiedler，1978）说，异教徒展示畸形人来娱乐公众的做法在中世纪的天主教会重新兴起，天主教教堂在宗教节日展示残疾人或畸形的"怪兽"。在19世纪，狂欢节上表演的魔术师和吞剑表演者也会将自己扮成畸形人，如巨人、侏儒、人体骨架及其他一些畸形或残疾人。巴纳姆（P. T. Barnum）让畸形秀在美国流行起来，他演绎了"莒与英"（原型是暹罗双胞胎）以及"姆指将军汤姆"（一个侏儒），还有一些无名的傻瓜、无臂或无腿的怪人。这些形象现在都被做成蜡像永远地保存在威斯康星州巴布拉的世界马戏团博物馆中。无论生死，畸形人或残疾人都被认为是奇怪的、可笑的，或者是不正常的非人的东西。

拉塞尔（Russell，1998）称，20%的美国人都有一定程度的残疾，所以上述观点总是影响着人们对身体和智力残疾个体的看法，这让人十分惊奇。在美国，直到19世纪，人们为"残疾人"建立收容所之前，每个家庭都将残疾成员关在家中，让他们远离社会（Pelka，1944）。一旦残疾人被收容起来，他们将可能完全与世隔绝。在了解这些收容所之前，我们需要审视和了解建立这些收容所的人的态度。

> 我想说的是，我们都是大家庭中的一员，任何人在任何时候都有可能受伤……当我们从坐着轮椅的人身边经过时，不要怕他们或者把他们当成局外人。
>
> 克里斯托夫·里福（Christopher Reeve, 1952-2004）

> 没残疾前，我可以做10000件事，但现在我只能做9000件。我要么整日惦记那做不成的1000件事，要么集中精力做剩下的9000件事。
>
> 沃尔特·米歇尔（Walter Mitchell，当代）

个体性残疾歧视

我们对残疾人的定义反映了我们的消极态度。"残疾（disabled）"暗含着无能的意思。前缀"dis"通常意味着"没有"或"不"。它源于拉丁语，实际意思是"离开"或"远离"，这与一直以来将残疾人与世隔离的做法是一致的。

人们认为，残疾人是正在被某种能力障碍"折磨"的人或"受害者"。折磨与疾病相关，受害亦如此，因此这种对残疾人的称谓与人们将残疾人看做是生病的机体这一文化印象有关。使用如"跛的、残废的、受损的或被困在轮椅上的"等词或短语使人们相信残疾人是无能的、伤残的或无法自立的。"被困于轮椅上的"一词尤为不合理。坐在轮椅上的人并不是被困住了，而是被解放了。轮椅使他们的活动不再局限于家中。身体的障碍很容易发现，但是在今天的美国较难认清和克服的是个体性残疾歧视造成的障碍。而这种歧视是建立在人们对残疾人的主观臆断之上的偏见态度和行为。

我们对残疾人有哪些主观臆断？

费恩和阿希（Fine and Asch，2000）讨论了非残疾人通常对残疾人的五大错误推断。

1. 残疾是某一特定个体的生物学问题。这一推断与残疾的医学模型有关。它将残疾视作一个医学问题，其解决办法是找到治愈的方法。这一推断忽略了人们的偏见、成见和歧视对残疾人的影响。残疾人对周围的环境是有反应的。帕特纳姆（Putnam，2005）评论说，如果建筑师、城市规划者和政府官员忽视残疾人的需要，他们会觉得没有被认同，也没有成为社会的一部分。这个问题并非由他们的残疾本身引发的，而是由他人的思想和决定造成的。

2. 残疾人的所有问题必定源于残疾。 和其他人一样，残疾人也可能有健康问题，但这并不意味着他们不健康，疾病的原因也不在于残疾。如果一个残疾人因受到歧视而难过，那他的愤懑源于他人歧视而非残疾。坐在轮椅上并不使人沮丧，但当一位坐在轮椅上的妇女因没有残疾人通道而无法进入一座建筑物或无法使用卫生间时，她可能会很懊恼。

3. 残疾人是"受害者"。 人们可能认为这种推断是人道的甚至是充满同情心的，但它只是对残疾人的可怜并且缺乏对他们的尊重。对残疾人的研究报告称，被研究者并不认为自己是受害者，而是更关心如何在生活中有效地发挥作用。在费恩和阿希提到的一项研究中（2000年），当被研究者被问及他们的残疾时，他们总是回答说"还不是那么糟"。所有人都想过上丰富、充实的生活，残疾人也不例外。

4. 残疾是影响残疾人形成自我概念和进行社会比较的重要因素。 残疾通常是影响一个人认同感形成的因素之一，但它对自我概念（self-concept）——一个人对自己的认识——却没有如此的影响。残疾人和非残疾人一样，会依据自己的学术成就、荣誉奖励、审美爱好、与亲友关系和工作表现等因素形成自我概念。至于社会比较，工作中的残疾人可能不会只拿自己的工作表现与残疾的同事比较，而是与所有同事比。费恩和阿希（2000）解释说，一位下肢截瘫的女性"同样可能与她的同龄人、同职业者或其他家庭成员，同阶级、同种族或她参照群体中的其他人进行比较"（p. 334）。

5. 有残疾就意味着需要帮助。 这一推断源于残疾人历来需要帮助和依靠的事实。在20世纪30年代，残疾人被划为"不能雇用的人"，所以他们不在联邦或者地方工作救助项目的考虑范围内（Longmore, 2003）。基于这一推断，人们认为，残疾人既不需要为他们的残疾负责也没有能力解决残疾带来的困难。然而，残疾人的依赖性是由环境导致的。如果电梯控制板上装有盲文的楼层数按钮，那么盲人就无需让同梯的其他人替其按钮；如果建筑物有残疾人通道，那么坐轮椅的残疾人就无需在朋友陪伴下或在其他人帮助下上楼梯；如果严重的脑瘫患者可以使用电脑或被训练如何使用电脑，那他们与其他人交流就不会有困难。正因为人们的这些臆断，残疾人权利倡导者不得不强烈地为残疾人权利辩护并要求社会为他们提供实现目标的机会。

例如，一个先天无臂的女孩决定在一所中西部的大学里学习并参加了一个护理课程。尽管她学业颇佳，但护理专业还是反对接收她，因为他们认为她无法完成护士所要求的护理工作。当一位校园残疾人权利倡导者介入此事后，最终双方达成了协议——这位女学生被护理课程录取但不能参加执证考试。女生接受了这个解决方案，因为她对护理感兴趣并希望能得到一个护理的学位。毕业以后，她在研究和观察的基础上为护理杂志写了很多文章，最终成为一名编辑。护理专业的教职人员之前并没有关注这个女生可以做什么，也没有预测到这样一个结果，他们的关注点集中在因为残疾而使她不能完成的工作上。

萨瑞莎·科赫迈斯特（Sharisa Kochmeister）患有严重先天性脑瘫。在开始学习使用电脑之前还是个孩子的时候就被诊断为严重智障。起初有人手把手地教她用键盘打字，最终她可以独立地操作电脑。当她15岁时，人们重新测试了她的智商，结果为142。在一个相似的案例中，一个被诊断为智障的少年在被问及使用电脑进行交流前的感受时，她回答说："我好像是一个小丑，但这个世界却不是马戏团（Kliewer & Biklin, 1996, p.90）。"这些"转变"的例子反映的并非是被贴上"残疾"标签的人能力的提高，而是给残疾人机遇的增多以及贴标签的人们的观念的变化。

哪些称呼体现了对人的合理定义？

大多数美国人认为"智障"这一称谓是一个恰如其分的定义，符合科学的判断，清晰地对人进行了分类，其实不然。在20世纪早期，有先天愚型（Down syndrome）的人被认为深度智障；而今天，估计20%~50%患此病的人只是轻微智障。1952年，美国心理学会（APA）建议将智商低于50的严重智障者收容起来（Adelman, 1992）。而美国心理协会目前的结论是，智商低于50的人中有一半只是中度智障，而且无论是轻微还是严重的智障者都不再需要长期的监管照顾。

另一种专家不得不重新评估的残疾是脑瘫。1960年，专家认为75%的脑瘫患者智力低下。在更多沟通和评估方式出现后，残疾人由使用打字机到学会操作特制电脑，人们对他们是智障的猜测也骤减（Kliewer & Biklin, 1996）。这些例子说明了给残疾人贴的"标签"导致消极态度的产生，这种态度使非残疾人将"残疾人"看做是"无能的人"。

如何转变消极态度？

要想转变消极态度，首先要想出宣传正面形象的称谓。在20世纪70年代，"people with disabilities（残疾人）"这一称谓代替了"the disabled（残疾人）"和"the handicapped（残疾人）"，并开始被人们广泛接受（Linton，1998）。这一称谓将"人（people）"置于首位，强调了这一群体人的属性，保留了"残疾（disability）"，承认该人群的人存在着头脑或身体的问题。林顿（1998）定义"残疾人"为"具有异常的行为或身体特征的人……（因为这些因素的存在）使他们成为被歧视的目标"（p.12）。

尽管对不同的称谓没有达成统一的意见，但人们一致认为，一些称谓体现了消极的态度，如Impaired（受损的）、crippled（跛的）和handicapped（残废的）。还有一些词语使人们认为，残疾人不仅是"残疾的"而且是"无能的"，暗指他们无法照顾自己或为社会作贡献。根据世界卫生组织的观点，残疾并不等同于障碍。残疾指的是"由身体损伤（如失聪、行动不便）所导致的对能力和活动功能的限制，而障碍通常指的是"限制个体充分参与到他正常（依据年龄、性别、社会和文化因素判定）活动的环境或态度阻挡"（Bernell，2003，p.41）。

我们可以想象，一位女士正坐着轮椅靠近一建筑物，虽然她的双腿无法行走，但轮椅使她可以活动。当来到楼梯前，她发现没有残疾人通道，这成了她真正的阻碍，她本来可以用轮椅活动，但由于建筑物的设计师或主人没有替残疾人着想或因为歧视残疾人而没有设置残疾人的斜坡道，使她及其他残疾人无法进入该建筑。

> 使人残疾的并不是不能走路，而是只为可以走的人而不为使用轮椅的残疾人考虑的社会。残疾不是截瘫，而是楼梯、路缘石、公交车和有偏见的店主。
>
> 维克多·芬科尔斯坦（Victor Finkelstein，当代）

制度性残疾歧视

制度性残疾歧视是指既定法律、风俗和习惯系统地对残疾人歧视的结果。在美国，这一歧视使这一弱势群体最终被安置在收容所中，那里环境恶劣得只有19世纪的乞丐救济院能与之相比。救济院和救济农场开了又关，然而为智力和身体残疾的人开设的收容所却一直存在着，尽管近些年很多人努力想关闭它们，让残疾人回到社区中去。

为何将残疾人送入收容所？

最初负责接收残疾人的是修道院内的救济所。早在公元4世纪，凯撒利亚（今天的土耳其）的一个修道院里就有一个盲人救济所。据传说，土耳其西南部城市米拉的主教圣·尼古拉斯（St. Nicholas）精心照顾"白痴和低能者"，他也因此被称为智障者的守护神。而这段历史被他成为美国圣诞老人的历史所掩盖（Winzer，1997）。之后，欧洲也建起了修道院，很多修道院都设立了照顾穷人、流浪者和残疾人的救济所。利用救济所来完成基督教会照顾"最卑微一族"的使命一直延续到16世纪。当时，因教会改革所导致的骚乱致使内部分裂，即宗教改革运动，其结果是新教产生并成为天主教同为基督教会的分支。

在宗教改革之前，天主教会就是导致人们对残疾人消极态度增长的因素之一。圣·奥古斯丁（St·Augustine）播下了对残疾人进行宗教排斥的种子。因为他对圣保罗（Romans，10：17）"信道源于听道"的理解流于文字，所以他拒绝聋人加入教会。在中世纪时期，欧洲因遭到瘟疫和鼠疫，尤其是黑死病的侵袭而陷入一片混乱。人们对相貌奇怪行为古怪的人的敌意也不断滋长（Barzun，2000）。

随着宗教改革的进行，修道院或没人管理或被迫关闭，其收留者也被疏散了。随处可见的流浪残疾人和乞讨者给社会带来了很多问题。人们自然地对这些刚被放出来的人的消极情绪日益增长。新通过的法律允许鞭打这些流浪者（Ribton-Tuner，1972）。到15世纪，天主教向女巫宣战，使许多行为反常或怪异者被逮捕、折磨，甚至被处死。有证据表明，一些精神病人和残疾人不幸地成为替罪羊。

智障者奇怪的言论和精神病人的嘟囔经常使人们联想到巫术。一些人认为他们的奇谈怪论是与恶魔的对话，而有人认为那是受到神的昭示。无论是与上帝交谈还是与恶魔对话，人们都不能忍受这些怪人出现在大街上。一些社区将智障者关在旧的护城警戒塔里，人们逐渐称它们为"傻瓜塔"或"白痴笼"(Winzer, 1997)。在其他的一些地区，无家可归的人被起诉流浪罪，有的被拷打或驱逐，那些能干活的就被拉去做苦工(Ribton-Tuner, 1972)。

宗教改革的领导者约翰·加尔文和马丁·路德并没有质疑这种行为背后的歧视，反而促成了它们的形成。在加尔文看来，撒旦控制着智障者；路德则认为，撒旦应负责照看智障的儿童，并要求一智障儿童的父母将孩子溺死在附近的河里(Winzer, 1997)。

17世纪初，蹂躏欧洲上百年的麻风病终于结束了，原来用于隔离麻风病人的建筑都空了，各个社区找到了安置"异类"的办法。欧洲利用这些新命名的"精神病院"开始了一场大关押运动(Foucault, 1965)。这些医院最初只打算用于收留精神病人，但他们也接收了"智力有缺陷"的人，包括有各种身体和智力缺陷的残疾人。其结果是，医院里聚集了大批有各种缺陷的人。不久以后，普通的精神病院中只有10%的被收留者被确认为是精神病患者。除了残疾人，医院还收容了妓女、乞丐、酗酒者、愤世者和梅毒患者(Winzer, 1997)。无论如何，救济院保护了残疾人，使他们远离社会上的邪恶，而精神病院则为社会免除了这些道德、精神或身体有问题的人所带来的麻烦。

显而易见的是，医院并不能给被收容者进行康复治疗。这些收容所的目的就是让有缺陷的人从社会中消失。然而不难想象，这些收容所提供的"护理"质量很差，经常有虐待被收容者的消息传出。英国的圣玛利亚医院被称为"精神病医院"，简称"疯人院"——以此来形容那里的混乱情况。到了19世纪，参观精神病院的改良者看到那里恶劣的条件时完全惊呆了。有的被收容者全身赤裸着哆哆嗦嗦地四处游走，有的被锁在床上，还有的坐在自己的粪便上。很多人都被游窜的老鼠和虫子叮咬着。改良者倡导对收容所里的人们实行"人道待遇"，给他们解除锁链，给他们一些工作，尊重他们以帮助他们建立自尊(Foucault, 1965)。

人道待遇并不是将这些患者定义为怪人或异类，而是要根据他们的缺陷为他们提供合适的环境，使他们可以更加正常地生活。福柯(Foucault, 1965)讲述了一个男性精神病患者的故事。该患者拒绝进食，因为他认为自己已经死了，死人是不吃东西的。收容所的工作人员在一天晚上扮成面色苍白的尸体，靠近他的病床，他们带着桌子和食物开始吃东西。该患者问他们死了为何还要吃东西，工作人员说死人和活人一样都需要吃东西。工作人员吃完东西便离开了，而该患者第二天重新开始进食了。这个方法同样用于其他有精神问题或身体残疾的病人。

残疾后来逐渐被认为是人类的一种正常状况而不是不能克服的异常行为。收容所的工作人员开始为他们提供方便，使他们可以更好地照顾自己并与他人有效配合。尽管改革没有被普及，但它们为之前以惩罚病人为特色的收容所提供了一种可行的方案。

美国的残疾人收容所是如何建立起来的？

当美国作为一个崭新的国家步入人类社会时，残疾人在社区中过着简单的生活。他们主要由家人照顾，一些宗教组织也为他们提供照看服务。他们的境况极为不同——有的被雇佣，有的被当作城镇的小丑，有的甚至被当作被家人藏起来的可怜虫。在19世纪的美国，对待残疾人的态度遭到了质疑。美国人不再认为人的残疾是上帝所为，而是生物学因素造成的，所以康复治疗得到了重视。

美国内战以后，公众态度似乎有了转变，他们为某些特定的残疾人群兴建了大量的收容所和寄宿学校。将残疾人收容起来的现象在城市中尤为普遍。这表明，随着美国步入20世纪，照顾残疾人的责任由家庭和社区转到了政府。基于残疾的生物学观点，收容所通常由受过医疗培训并主张采用康复政策的人来管理。实际上，这些收容所只起到了监管作用——监视和管理患者。这反映了美国人对残疾人的消极态度依然存在。

> 发展远不是存在于变化之中，而是在于持久……那些遗忘历史的人注定要将它重演。
>
> 乔治·桑塔亚尼（George Santayana, 1863-1952）

哪些证据能够证明对残疾人的消极态度曾在收容所和社会中盛行？

历史记录了社会对被收容患者的消极态度。1913年，威斯康星州通过的一项法律要求将"威胁社会"的残疾人收容起来。第二年，德克萨斯州通过的一项类似的法律称，闲混在社会上的残疾人是个大祸害，它将残疾人描述成"有缺陷的人……（他们）对公民的危害比瘟疫还要大1000倍……

（他们是）人类的祸害"（Garrett History Brief，2001，p.72）。由于受到一战后优生运动的推动，美国各州都通过法律，要求把有精神问题或身体残疾的人收容起来。有些州做得更过分，在没有经过父母允许的情况下就带走了他们有残疾的孩子。

在大部分残疾人都被安置到收容所后，歧视并没有就此消失。19世纪30年代，美国30多个州颁布法律，允许对国家资助的收容所中的残疾人进行非自愿的绝育手术。这项法律针对的人群有低能人、白痴、傻瓜和智力缺陷者。政府为其行为辩护，声称他们需要消除这些人再给社会带来更多负担的可能性（Garrett History Brief，2001；Russell，1998）。

在欧洲，德国纳粹也施行强迫绝育政策，这一政策一直持续到第二次世界大战结束。随后，同盟国也将强迫绝育这一项列入纳粹的战争罪行中。拉塞尔（Russell，1998年）解释了之后又将其从中删除的原因："同盟国政府不能将绝育作为战争罪行，因为类似的法律……最近在美国得到支持"（p.22）。

在美国，收容所里的残疾人大部分处于无人问津的状态。直到1972年，杰拉尔多·瑞维拉披露了纽约柳溪州立学校骇人听闻的景象——"所有患者在被收容后不到半年就感染了肝炎……许多人赤裸地躺在娱乐室地板上自己的排泄物上"（Linton，1998，p.40）。这种情境与一个世纪前支持"人道待遇"的改良者们所揭露的恶劣环境如出一辙。然而，在发生柳溪丑闻10年后，美国收容院中的情况依然没有改变（见图12.3）。林顿（1998）引用了1984年在《纽约时报》上刊发的介绍加利福尼亚州某社区为身体和智力残疾者提供设施的文章。该文中提到工作人员给患者提供腐坏的食物，不修理坏掉的马桶，并对患者进行身体和性虐待。

图12.3　柳溪州立学校令人震惊的情况最终引起了美国全社会的关注。

当前的残疾人收容所提供良好的服务了吗？

虽然收容所的数量减少了，国家和各州领导也知道它们对身处其中的残疾人是百害而无一利的，但这些收容有智力和身体残疾的人的机构依旧存在。1996年，美国联邦审计总署（GAO）对残疾人收容所的调查给国会以警示，让他们意识到看护质量存在众多缺陷——"缺乏人手，缺少积极的治疗以及医疗和精神病方面的护理"（Garrett History Brief，2001，p.72）。美国联邦总审计局的报告还介绍了这种情形对患者的伤害，其中包括不必要的伤病和生理退化等。有几个案例还表明收容所的"看护"导致了患者的死亡。

有些州试图通过"解除收容"的法律来废除收容所，但这并没有解决问题。当收容所被关闭后，患者并没有回到社会，而是进了另一种收容机构——疗养院。据说，疗养院并没有提供更好的服务，有时甚至比收容所的环境还糟糕（Russell，1998）。

用什么来替代收容所？

比起收容所，残疾人更愿意住在家中或社区之家。1996年，联邦法院的一次裁决认定，一些城市的分区规定限制或阻止了社区之家的建立。这些城市通过"密度法规"限制一所房子中"无亲属关系"人的数量或在特定区域内社区之家的数量。一些城市竟然通过了所谓的"丑陋法规"，禁止外观衣着不雅者在公共场所活动（Garrett History Brief，2001，p.72）。而实际情况是，如果让残疾人在社区接受看护不仅能提高他们的生活质量，而且比起让他们住疗养院或收容所，它能更好地利用纳税人的钱。

照顾残疾人需要多少费用？

残疾人在疗养院和收容所中60%以上的花费来自纳税人。虽然残疾人都非常愿意在家中修养且只需要少量的补助，但仍有约200万美国残疾人住在疗养院里，每人每年花费超过4万美元。拉塞尔（Russell，1998）称，残疾人在家中享受私人服务每年只需要花费不到1万美元，而他们在收容所需要花费更多。大约 7.5 万名发育性残疾患者仍然住在其所在州的收容所中，平均每人每年花费超过 8 万美元。查尔顿（Charlton，1998）估计，若让残疾人住在社区内的家中，采用最高档的资助系统和最完备的服务，每人每年花费最高不会超过 3 万美元。

查尔顿（1998）查看的许多介绍残疾人生活在社区中的好处的研究发现，"（残疾人）生活在家中，住在房子或公寓里，心理状态变好了，更有满足感，而且所花的费用比住在疗养院中便宜（p.47）。"而批评家指出，私人公司在经营疗养院和收容所获取大量利润的同时，给员工的工资却十分微薄。《生意第一》（Business First）杂志曾介绍过某提供医疗保健服务的私人公司的三大主要目标：增加净利，增加净利，还是增加净利（Russell，1998，p.103）。

正常化的倡导者反对将残疾人收容起来。正常化是指制定旨在帮助改善残疾人生活状况以及为其提供机会使其生活达到公民的平均水平的政策和措施。正常化有利于残疾人在社区中工作和生活，它也要求非残疾人消除阻止残疾人参与社区活动的障碍。依据正常化的理念，残疾人权利倡导者帮助残疾人搬出收容所，回到社区中；他们还四处游说，要求通过立法保护生活在社区中的残疾人的权利。

> 压迫我们的兄弟，就是压迫我们。他们挨饿，我们也饱不了。他们的自由被剥夺，我们的自由也得不到保证。
>
> 史蒂芬·文森特·白内特（Stephen Vincent Benet, 1898－1943）

其他国家如何响应残疾人的需求？

1995 年，美国众议院筹款委员会的报告称，美国用于残疾人长期福利的花费少于多个欧洲国家（Russell，1998）。德国和奥地利向残疾人发放现金补贴，无论他们的个人财政状况如何。接受福利者可随意使用这笔钱，比如雇佣家庭成员来照顾自己。在德国，现金福利为服务福利的一半，选择哪种福利由接受者自己决定。负责社会福利工作的人员会随机拜访接受者以评估他们是否得到足够的照顾。2000 年，奥地利从国家总税收中拨款作为 31 万残疾人的福利金，而德国也用薪金和退休金税收的 1.7% 为 128 万残疾人提供福利金，此费用由雇主、员工和退休工人共同承担（Batavia，2002）。

奥地利通过立法促进公司对残疾人的雇佣。法律规定，每个公司雇佣的25个工人中必须有一位残疾人。如果哪家公司没有达到此标准，每月就要交付大约155美元的罚金，直到他雇佣了足够数量的残疾人为止。罚金收入将存入一个账户，雇主可以从账户中获得资金，并用于在雇佣残疾工人时进行的必要的物质条件改造（Koppelman，2001）。

法国给残疾人的福利并不像奥地利和德国那样丰厚，但比美国多。政府根据接受者的收入情况分发福利，最高的为国家福利。地方政府负责提供的福利来自地方总税收，到2000年，这项福利共资助了约8.6万人。地方部门的代表每年都访问接受者以确保他们得到了足够的服务（Batavia，2002）。

美国政府如何为残疾人提供帮助？

欧洲国家从18—19世纪就开始提供社会保险和福利援助。在美国，联邦社会保障计划制定于1935年，但直到50年代才将残疾人纳入其中（Stone，1984）。欧洲国家欣然接受为残疾人提供服务的责任，而美国政府却对这一责任不断提出质疑。1996年，国会投票决定给社会保障局多拨款3.2亿美元，将预算翻了一番，但并非用于帮助更多的残疾人。增加的预算被用于核查现有受资助者是否可以被移除残疾人资助名单。具有讽刺意味的是，同一年，国会拨款约3200万美元来防止残疾人在招聘中受到歧视（Russell，1998）。

1990年，国会颁布"美国残疾人法案"（ADA）来防止残疾人受到歧视。法案通过后的四年内，3600多项投诉案被提交，指控雇主的雇佣行为存在对残疾人的歧视。平等就业机会委员会（EEOC）将28个案例提交法院继续审理。1995年，平等就业机会委员会报告称，该机构已经积压了超过2万例由残疾人提出的关于遭受歧视的投诉（Russell，1998）。

美国是如何帮助想独立生活的残疾人的？

1973年，政府设立附加保障收入（SSI）项目来帮助残疾人。申请补助者接受经济情况调查后才能收到每月400—700美元的补助，但他们不能接受该项目外的其他补助。如果接受者赚取额外收入，则可能失去补助金。

以下这个案例可以解释 SSI 的政策：林恩·汤普森四肢截瘫，她依靠每个月 600 美元的附加保障收入补贴来生活，同时，她还在家中装信封赚钱。当她报告了她的额外收入后，社保官员称她的收入超过了允许范围，命令她退还之前收到的补贴中的 1 万元；如果她交不出钱，她的补贴将停止发放，直到她退还为止。若补贴终止发放，她将无法继续雇佣看护人员，从而不得不离开家住进疗养院。汤普森力求通过法律推翻这一决定，但案子被一拖再拖。最终汤普森女士宁愿自杀也不要被迫搬进疗养院（Russell，1998）。

生活在社区中的残疾人也受到歧视吗？

没有被收容的残疾人在社区中同样会遭到歧视。哈恩（Hahn，1988）道出了问题之所在：

> 在美国，残疾人不仅是失业率最高、最依赖社会和最贫困的人，也经受着比政府实行的种族隔离制度更普遍的在教育、居住、交通、公共设施方面的隔离制度（p.26）。

除了已探讨过的居住问题外，残疾人在以下四个主要领域仍受到歧视：工作、移动/通行、医疗保健和教育。

工作 二战期间，由于缺少男性劳动力，女性被雇佣去做原本属于男人的工作，残疾工人的数量也增加了。同女性一样，残疾人失业率在二战后也上升了，因为工作都分配给了从战场归来的士兵。战争期间，残疾人的表现证明他们不仅渴望工作，也能胜任工作。但雇主们显然忘掉了这一点——不断有文件表明残疾人在雇佣过程中仍然遭受着歧视。

美国人口普查局调查称（2006），美国有 5120 万残疾人，占总人口的 18%，约 44% 的残疾人有全职工作。然而，国家残疾人组织的报告称，66% 适龄工作的残疾人希望工作而不是接受 SSI 的补助。在受雇的残疾人中，80% 在福利工厂工作，但他们的工资仅为最低工资的 20%～30%，经常每周只有 11 美元。苏沃斯、麦克莱恩和欧文斯（Sowers, McLean, and Owens）在分析过哈里斯民意调查后称，尽管 20 世纪 90 年代的失业率不足

4%，但适龄工作的残疾人的失业率却一直保持在65%～71%之间，且曾在2000年达到80%（2002）。

> 我没有毛病！我没有毛病！我只是人类多样性的代表之一。
> 诺曼·康（Norman Kunc，当代）

下面的案例说明了残疾人找工作是如何的困难。一位缅因州拥有化学博士学位的残疾人请求政府部门帮助找工作，之后被派去Goodwill商店给袜子进行分类。另外一个例子发生在罗德岛，那里的一个专业康复机构拒绝让一位四肢截瘫的男子继续学习，理由是附加保障收入的补助足够他生活（Garrett History Brief，2001）。朗莫尔（Longmore，2003年）引用的一项研究显示，40%的失业或非全职的残疾人认为"雇主偏见"是找全职工作难的主要原因。即便是能找到全职工作，残疾人仍然会遇到歧视。他们的工资比在同样岗位的同事少，有时他们也会被分配到职责少升职机会小的岗位上。在这种歧视下，美国1/3有适龄工作的残疾人生活在贫困之中就不足为奇了。

移动/通行　　残疾人通道、电梯、斜坡和公共汽车轮椅梯的存在会大大提高社区里残疾人的活动能力。据哈里斯的调查，60%的残疾人称，他们的社交、娱乐、就业机会因无障碍公共交通设施的缺少而受到了极大地限制。通行问题被证实是导致40%残疾人无法参加诸如教会活动等社区活动的主要原因。有些建筑物虽然有残疾人通道，残疾人也进不去，因为许多通道过窄、过陡或没有扶手。一些剧院、体育设施及其他公共场所为坐轮椅的残疾人提供了专门区域，但都是与其他位置分开的，坐轮椅的残疾人无法与朋友或同事坐在一起（Longmore，2003）。通行问题还成为残疾公民投票的障碍。1996年的一项研究表明，新罕布什尔州60%的投票点残疾人都无法进入。一项全国性调查还发现，几乎一半受访的残疾人在投票地点遇到了通行问题（Garrett History Brief，2001）。

尽管美国残疾人法案要求公共建筑要保证残疾人的通行，但大部分建筑不符合标准，而且该法案并没有要求非公共建筑达到此要求。"可拜访性"是一种倡导所有建筑解决通行问题的理念。倡导者鼓励无论家庭、企业还是其他非公共建筑都要为残疾人提供便利。最基本的要做到通道平坦、门道宽敞和浴室可用。这一理念不仅使残疾人本身受益，也使渴望与他们交流的家人、朋友和邻居们受益（Kaminski et al.，2006）。这一理念并非最近才有，早在1985年梅斯（Mace）就提出了"通用设计"的理念，倡导生产人人可以使用的产品，构建人人可以进入的环境。用斜坡代替台阶不仅为残疾人提供了通道，也为带着宝宝的妈妈和抬重物的工人提供了方便。这一理念是为公众改进社区环境的好方法。

医疗保健 很多残疾人很难获得健康保险。保险行业公开地使用个人健康和基因数据来考察潜在客户。健康保险组织持有数百万美国人的数据。拉塞尔（1998年）引用的一个研究报告称，47%的曾被检查过自己是否存在缺陷的申请者最终都没有获得健康保险，尽管什么缺陷也没有查出来。此外，上一年里没有享受到必要的医疗服务的残疾人是普通人的两倍（Taylor，1998）。享受美国政府医疗福利的残疾人如果工作就可能会失去医疗保健。一旦雇主给他们加入了医疗保险，他们就将失去政府资助的医疗福利。失去工作后重新申请并获得政府资助通常需要两年时间。正如朗莫尔（2003年）所说，很多残疾人不愿找工作，因为他们害怕政府会因此撤销他们的健康保险（28页）"。

图 12.4 在20世纪80年代，伯克·布恩思德的"布鲁姆·康迪"是第一个以坐轮椅的人为主要人物的四格漫画。

教育 随着"回归主流教育"和"全纳教育"的出现，学校面临将残疾学生融入普通班级非残疾同学中去的挑战。"回归主流教育"指让残疾学生在限制最少且条件允许最适宜的环境中接受教育。这种把残疾和非残疾学生混合在一起的教学方法得到了许多研究的支持。它们称，与在特殊班接受教育相比，患有身体或智力残疾的特殊儿童在普通班能学到更多的东西（Hines，2001；Kochhar，West，Taymans，2000）。但教学管理人员和教师经常无视这种研究，一致反对让残疾学生回归主流。在美国国会的一次听证会上，立法者得知一个坐轮椅的女孩被拒绝进入一所公立学校，因为这所学校的校长认为她是个"火灾隐患"（Garrett History Brief，2001）。

由于此类反对意见的存在,"回归主流教育"在美国学校的实施程度差异很大,这使残疾人权利倡导者更倾向于一个更激进的方法,即"全纳教育"——要求将残疾学生完全融合于普通班教学。反对者称,残疾学生会占用老师过多的时间,这对非残疾的孩子是不公平的。而支持者认为,老师可以通过助教、同事和课堂策略来保证所有学生获得适当的教导。林顿(1998年)坚持认为,"全纳教育"不是一个使残疾学生受益的教育计划,而是对所有孩子实施平等教育的模式(p. 61)。

"全纳教育"的倡导者认为,残疾学生的存在可以帮助非残疾学生形成与那些和自己不同的人合作的态度以及技能(Sapon-Shevin,1999)。尽管全纳教育的倡导者付出了种种努力,各学区仍可能将所有的残疾学生集中分配到某些指定的学校就读。一项研究表明,10%~55%的重度残疾学生不被允许进入离家近的学校学习(Garrett History Brief,2001)。

残疾人权利倡导者认为,残疾人的问题多数源于非残疾人的态度。尽管很多个人和组织支持残疾人权利,"美国残疾人法案"也为反歧视提供了法律支持,但如果非残疾人保持他们的消极态度,一切维权行动都将收效甚微。儿童对人类的差异充满了好奇和兴趣,他们并不会对此感到恐惧,除非大人们教他们如此(Coleman,1997)。对残疾学生来说,"全纳教育"可能是改善旁人态度和增加自己机会的一项最重要的长期战略,因为这给他们提供了与非残疾学生互动的机会,也为教师们提供了表现积极态度做出表率的机会。

改变人们的态度有多难?

正如费德勒(Fiedler,2000)所写:"学校改革的最大障碍也许就是实施这一改革的个体的态度(p.119)"。学校改革的成效取决于参与其中的管理者和教师的态度,社会改革亦如此。波斯纳(Posner,1979)讲述了发生在以色列的一个事件,充分说明了态度转变的困难。

到了橘子收获季节,有两个村庄缺少采摘工,于是他们安排了附近收容所里的一些智障年轻人帮忙。在年轻人到来之前,研究人员在村子里做了一项态度调查:66%的人认为不能让孩子们跟他们接触,68%的人认为他们只能在福利工厂工作,95%的人认为他们就应该待在收容所,58%的人认为应禁止他们结婚。智障工人来了以后,他们怀着其他工人少有的热情小心地采摘橘子。工人们知道掉下来并没有摔坏的橘子可以要，但实际上只有智障工人会检查是否有这样的橘子。智障工人们还爬到梯子上去采摘那些树顶上的橘子，而其他工人却不愿意攀高。过了一段时间，镇上的人们邀请这些工人与他们一起吃午餐，也让孩子们与他们玩耍。收完橘子后，这些年轻人就又回到了收容所。

研究人员回到村中再次进行调查，看看村民对智障者的态度是否发生变化。但他们发现，之前那66%的人仍旧认为不能让孩子们跟智障者接触，68%的人认为他们只能在福利工厂工作，95%的人认为他们就应该待在收容所，58%的人认为应禁止他们结婚。然而，所有的村民都想知道，这些优秀的年轻人明年是否还会被送到村子里工作。

> 在理想的国度里，我的与众不同虽然会被发现却不会被鄙视。我自己的价值也不会被贬低。我的经历会被社会接受，并作为"残疾文化"成为"人类多样性"的一部分……在这样的世界里，没人介意被叫做残疾人。
>
> 凯罗·基尔（Carol Gill，当代）

后记

我们的态度很难转变：只有首先反思自己对待谣言、错觉或者刻板印象的态度，改变才能发生。教师尤其需要反思他们的态度，因为每个教师都会碰到有残疾的孩子或青年。然而，需要反思的不仅仅是教师，拥有雇佣权的老板和可能与残疾人共事的工人也需要转变态度。威廉姆斯（Williams，2003）的研究表明，1/5的美国人（约520万）为残疾人。我们可以让生活在同一社区的残疾人过得更好。这是一个一定要做的决定，而且如果你做得明智而又充满同情心，那么它将成为改变的动力。

术语与定义

残疾歧视（ableism）：因残疾问题而对个体能力的否定；针对残疾人劣于身体健全人的措施，使人们更有理由歧视残疾人。

文化性残疾歧视（cultural ableism）：对试图塑造残疾人是异常的或无能力的消极信仰和观念的社会宣传。

异类（deviant/deviancy）：外表和行为与社会中的普通人不一样，不符合一般标准的人。

残疾（disability）：由身体损伤（如失聪、行动不便）所导致的对器官能力和活动的限制。

优生学（eugenics）：社会机构关于如何在身体或智力方面修复或改进后代人种质量的研究。

障碍（handicap）：限制个体充分参与到正常（依据其年龄、性别、社会和文化因素判定）活动的环境或态度阻挡。

全纳教育（inclusion）：将残疾学生完全融合于普通班教学。

残疾人（people with disability）：具有异常的行为或身体特征的人，这些特征使他们成为被歧视的目标。

个体性残疾歧视（individual disability）：由于残疾人能力水平异于常人的主观臆断而产生的对他们的歧视态度与行为。它们会通过人在说话或做事时侮辱中伤那些能力不被常人所接受的人的表现反映出来。

制度性残疾歧视（institutional disability）：既定法律、风俗和习惯系统地对残疾人歧视的结果。

回归主流教育（mainstreaming）：学校有责任让所有学生，无论他们残疾与否，在限制最少且条件允许的情况下和最适宜的环境中接受教育。

正常化（normalization）：旨在帮助改善残疾人生活状况以及为其提供机会使其生活达到公民的平均水平的政策和措施。

通用设计（universal design）：倡导生产人人可以使用的产品，构建人人可以进入的环境的理念。

参考文献

Adelman, H. S. (1992). The classification problem. In W. Stainback & S. Stainback (Eds.), *Controversial issues confronting special education: Divergent perspectives* (pp. 22—44). Boston: Allyn & Bacon.

介绍了人们对给接受特殊教育的人"贴标签"行为的担忧、批评及回应。

Barzun, J. (2000). *From dawn to decadence: 500 years of Western cultural life*

(1500 to the present). New York: HarperCollins.

探讨了一些重大历史事件，以及一些对西方文化产生持久影响的人的学术贡献。

Batavia, A. (2001). The new paternalism: Portraying people with disabilities as an oppressed minority. *Journal of Disability Policy Studies*, 12(2), 107—113.

批判了本期中其他一些文章的观点，因为它们提供论据或解析支持"残疾人代表了一个受压迫的弱势群体"的观点。

Batavia, A. (2002). Consumer direction, consumer choice, and the future of long-term care. In L. Powers(Ed.), *Journal of Disability Policy Studies*, 13(2), 67—73.

介绍了在美国和其他一些国家，家庭看护是除公共机构看护之外的另一种选择。

Bernell, S. (2003). Theoretical and applied issues in defining disability in labor market research. *Journal of Disability Policy Studies*, 14(1), 36—45.

综述"残疾"的各种定义，对有关残疾定义及其劳动力市场调研的研究方法问题进行分析。

Charlton, J. I. (1998). *Nothing about us without us*. Berkeley: University of California Press.

介绍了残疾人在不同文化中的地位身份，并将其与残疾人在美国所得到的待遇相比较。

Coleman, L. M. (1997). Stigma. In L. Davis(Ed.), *The disability studies reader*(pp. 216—233). New York: Routledge.

探讨了"污点"概念的来源，分析了人类的某些差异受到尊重而另一些差异却受到指责的原因。

Ervelles, N. (2001). In search of the disabled subject, In J. C. Wilson & C. Lewicki-Wilson(Eds.), *Embodied rhetorics: Disability in language and culture*(pp. 92—111), Carbondale: Southern Illinois University Press.

解释了如残疾、性别、种族、阶级等社会差异是如何在全球经济发展中产生并在其背景下继续存在的。

Fiedler, C. (2000). *Making a difference: Advocacy competencies for special education professionals*. Boston: Allyn & Bacon.

探讨了教师和家长成为残疾人权利倡导者的必要性，介绍了成为好的倡导者所需要的策略、榜样及智谋。

Fiedler, C, & Rylance, B. (Eds.). (2001, Fall). *Journal of Disability Policy Studies*, 12(2).

讨论了残疾人是否构成弱势群体的问题。

Fiedler, L. (1978). *Freaks: Myths and images of the secret self*. New York: Simon & Schuster.

第十二章 残疾歧视：残疾并不意味着无能

回顾了残疾人的历史，介绍了历史上人们对他们的看法，以及这些看法如何影响了当代人们的态度。

Fine, M., & Asch, A. (2000). Disability beyond stigma: Social interaction, discrimination, and activism. In M. Adams, W. J. Blumenfeld, R. Castaneda, H. W. Hackman, M. L. Peters, & X. Zuniga(Eds.), *Readings for diversity and social justice*(pp. 330—339). New York: Routledge.

剖析了残疾人受到污辱的原因，其中包括一些人们对残疾人普遍的、错误的主观臆断的解释。

Foucault, M. (1965). *Madness and civilization: A history of insanity in the age of reason*. New York: Mentor Books.

介绍了对于"疯狂"的看法，对精神病患者的收容以及从中世纪到18世纪期间他们在收容所中的待遇。

Garrett History Brief. (2001). *Journal of Disability Policy Studies*, 12(2), 70—78.

提供了残疾人一直以来受到歧视的证据。

Gill, C. J. (1994). Questioning continuum. In B. Shaw(Ed.), *The ragged edge: The disability experience from the pages of the first fifteen years of "The Disability Rag"*(pp. 42—49). Louisville, KY: The Advocado Press.

提出"认为所有人都有一定程度的残疾的观点反映了不能包容差异并想缩小它的心态"的观点。

Hahn, H. (1988, Winter). Can disability be beautiful? *Social Policy*, 18, 26—32.

剖析了对残疾人的跨文化观点，提供了残疾人的差异受到尊重的历史事例。

Hahn, H. (1994). The minority group model of disability: Implications for medical sociology. *Research in the Sociology of Health Care*, 11, 3—24.

审视了公共利益准则会如何影响残疾人的生活和感受的问题。

Hines, R. A. (2001). *Inclusion in middle schools*. (Report No. EDO-PS-01-13). Champaign, IL: ERIC Clearinghouse on Elementary and Early Childhood Education, Children's Research Center, University of Illinois. (ERIC Document Reproduction Service No. 459000)

讨论了有关"全纳教育"及非残疾和残疾学生福利的研究。

Kaminski, S. E., Mazumdar, S., DiMento, J. F. C., & Geis, G. (2006). The viability of voluntary visitability. *Journal of Disability Policy Studies*, 17(1), 49—56.

介绍了加利福尼亚州尔湾市一个自发的"可拜访性"计划的个案研究。

Kliewer, C., & Biklin, D. (1996). Labeling: Who wants to be called retarded?

In J. Stainbeck & S. Stainbeck(Eds.), *Controversial issues confronting special education: Divergent perspectives*(pp. 83—95). Baltimore: Brookes.

介绍了从过去到现在人们给智障者贴的标签的变化，以及人们对这些被贴标签者独立自主生活的看法的改变。

Kochhar, C. A., West, L. L., & Taymans, J. M. (2000). *Successful inclusion: Practical strategies for a shared responsibility*. Upper Saddle River NJ: Prentice-Hall.

介绍了"全纳教育"的历史和哲学内涵，以及成功的课堂实践。"全纳教育"的优势在该书的第九章第 37—40 页有相关介绍(英文版)。

Koppelman, K. (2001). The only thing we have to fear. *Values in the key of life: Making harmony in the human community* (pp. 24—28). Amity ville, Ny: Baywood.

通过介绍亲身经历来讨论美国社会服务不能满足需求的情况，并且比较了美国和奥地利的社会服务。

Linton, S. (1998). *Claiming disability: Knowledge and identity*. New York: New York University Press.

讨论了残疾人研究要先理解残疾人作为弱势群体的必要性。本书第二章第 8—33 页(英文版)定义了残疾歧视及其他专有名词。

Longmore, P. K. (2003). *Why I burned my book and other essays on disability*. Philadelphia: Temple University Press.

讨论了历史上在新闻媒体和社会中对残疾人的歧视，并且介绍了残疾人维权运动的发展情况。

Pelka, F. (1994, July/August). Hating the sick: Health chauvinism and its cure. *Humanist*, 54(4), 17—21.

有证据表明，美国人的态度反映出美国是一个狭隘的健康主义社会。他们歧视残疾人，责难他们。而本文就对这些证据进行了剖析。

Posner, B. (1979). Israel: A tale of two people. *Disabled USA*, 2(8), 16—17.

介绍了美国人对智障者的否定态度，并且引用发生在以色列的一个事件来阐释改变这种态度的困难。

Putnam, M. (2005). Conceptualizing disability. *Journal of Disability Policy Studies*, 16(3), 188—198.

介绍了理解残疾认同的概念框架，并且用这个框架对残疾人的研究进行分析。

Ribton-Turner, C. J. (1972). *A history of vagrants and vagrancy*. Montclair, NJ: Patterson Smith.

主要介绍了英国社会历来对流浪者的态度，同时用一些章节介绍了俄罗斯、土耳其和西欧国家的情况(该书第一版出版于 1887 年)。

第十二章 残疾歧视：残疾并不意味着无能

Russell, M. (1998). *Beyond ramps: Disability at the end of the social contract*. Monroe, ME: Common Courage Press.

审视了历史上压迫残疾人的案例以及当前有关贫困、收容和人权否定等问题。

Sapon-Shevin, M. (1999). *Because we can change the world: A practical guide to building cooperative, inclusive classroom communities*. Boston: Allyn & Bacon.

介绍了体现多元文化教育准则的教学策略和活动，旨在为小学校园创造有凝聚性的课堂。

Sowers, J., McLean, D., & Owens, C. (2002). Self-directed employment for people with developmental disabilities: Issues, characteristics, and illustrations. *Journal of Disabillity Policy Studies*, 13(2), 96—103.

介绍了一个以顾客为导向的就业服务体系，并且举例说明这样的体系可以更有效地为残疾人找到就业机会。

Stone, D. A. (1984). *The disabled state*. Philadelphia: Temple University Press.

讨论了一些复杂的问题，而这些问题会影响到"用什么样的医学根据来判定谁是残疾人以及谁有资格享受残疾人福利"这个问题。

Taylor, H. (1998). Americans with disabilities still pervasively disadvantaged on a broad range of key indicators. *Harris Poll* #56. Retrieved July 30, 2003, from http://www.harrisinteractive.com

发表了哈里斯民意调查针对残疾人问题的调查结果。

U.S. Census Bureau. (2006, July). *Facts for features* (press release). Retrieved July 25, 2006, from http://www.census.gov

提供了美国残疾人的最新资料。

Wehmeyer, M. (2000, Summer). Riding the third wave. *Focus on Autismce and Other Developmental Disabilities*, 15(2), 106—116.

介绍了专业化残疾人运动的三次浪潮。残疾人父母运动最终取代了这种专业化的运动，但现在也遭到了那些支持残疾人自己争取权利的人的反对。

Williams, C. (2003). Managing individuals in a diverse work force. In *Management* (2nd ed., pp. 434—471). Versailles, KY: Thompson Southwestern.

阐释了多样化为什么在公司中得到了促进，多样化的好处以及成为能有效管理多样化员工的领导者的基本原则。

Wilson, J. C., & Lewicki-Wilson, C. (2001). Disability, rhetoric, and the body. In J. C. Wilson & C. Lewicki-Wilson(Eds.), *Embodied rhetorics: Disability in language and culture* (pp. 1—24). Carbondale: Southern Illinois University Press.

审视了语言与行为之间的关系，介绍了修辞分析如何能在残疾人为自己定位时起到帮助作用。

Winzer, M. A. (1997). Disability and society before the eighteenth century: Dread and despair. In L. Davis(Ed.), *The disability studies reader*(pp. 75—109). London: Routledge.

介绍了残疾人从古至今的经历,包括文学作品中是如何刻画他们的,以及看护机构的演化过程。

Wolfensberger, W. (1970). *The principle of normalization in human services*. Toronto: National Institute on Mental Retardation.

分析了意识形态以及异类的概念在人们形成对残疾人态度的过程中的作用,并且介绍了正常化原则会使社会福利计划有何改变。

复习与讨论

总结练习

请参照本书第 31—32 页的练习,总结本章的重点并对关键术语下定义。

辨析题

辨析题 1. 容忍与控制:有关社区之家的讨论

说明:假设你是一个拥有各类残疾人的社区之家的负责人,根据你的理解,下面哪些活动智障者(MR)可以做?哪些大脑性麻痹患者可以做(CP)?哪些癫痫病人(E)可以做?哪些肢体残疾者可以做(PD)?如果你认为上面所列的所有类型的残疾人都应该进行以下活动,那就在对应的横线上写上"All";如果是哪一种特定类型的残疾人,就在横线上写下该种类型的缩写。

类别/行为	应该	不应该	备注
1. 人际关系			
(1) 约会	_____	_____	_____
(2) 性行为	_____	_____	_____
(3) 使用节育装置	_____	_____	_____
(4) 结婚	_____	_____	_____
(5) 拥有和抚养孩子	_____	_____	_____

第十二章 残疾歧视：残疾并不意味着无能

2. 生活方式
(1) 挑选衣服 _____ _____ _____
(2) 按自己的愿望穿衣打扮 _____ _____ _____
(3) 自主参加教堂活动 _____ _____ _____
(4) 规划自己的休闲时间 _____ _____ _____
(5) 自主参与娱乐活动 _____ _____ _____

3. 经济活动
(1) 选择自己喜欢的工作 _____ _____ _____
(2) 自己养活自己 _____ _____ _____
(3) 经济独立 _____ _____ _____
(4) 签订合同 _____ _____ _____
(5) 按自己的意愿选择居住地 _____ _____ _____

4. 权利和责任
(1) 在政治选举中投票 _____ _____ _____
(2) 驾驶小汽车 _____ _____ _____
(3) 饮酒 _____ _____ _____
(4) 享有医疗保险 _____ _____ _____
(5) 通过教育发挥最大潜能 _____ _____ _____
(6) 为自己的行为负责 _____ _____ _____

小组活动

分组练习 1. 残疾意识活动

说明：什么是残疾？我们对残疾了解多少？残疾的普遍程度如何？在这个活动中，各组员轮流说出一种残疾的类型或列个表与组员分享。

第一部分：列出你知道的所有的残疾种类。在别人发言的时候，你可以了解你没有列出的。各组员轮流发言，每人至少要有 5 次发言机会；如果你想不出新的种类就说一声"过"，让其他人继续。试图说出至少 150 种不同的残疾。例如，说了"下肢截瘫"可能会想到"四肢瘫痪"，以这样的方式可以更广泛地列出各种人类残疾。要多进行讨论和辨析，以确保所有组员都能理解每一种残疾。

第二部分：以小组为单位，将所列的残疾种类分成三大组：身体层面、情感层面或心理层面（例如，多发性硬化症是人的肌肉系统的退化；精神分裂症是人大脑化学物质的失衡）。如果你对分类不能确定的话，与其他的人进行讨论并进行调查确保弄清楚。回顾本章的内容，残疾可能是永久的也可能是暂时的，可能是明显的、可观察到的，也可能是看不到的。

个人见解：总结三点由残疾类型不同而导致的人类差异。你有何建议可以更方便残疾人的生活？你能大胆估计一下残疾人会受到哪些不公正的歧视吗？美国大众应该在他们对残疾人的态度上做哪些改变？

分组练习 2. 对话

说明：围绕以下场景就"身患残疾的人生活有多困难？"这个议题展开对话，以提供的情景为背景做一个5分钟的角色表演。在短剧表演最后，表演者要以表演中的身份就刚才所做出评论的原因、目的和意图回答全班同学提出的问题，无论各组表演是否有相似之处，3个组员都要完成5分钟的表演。

角色：
- 一个坐轮椅的研究生助教；
- 经济管理专业三年级本科生；
- 大学教学楼管理人员。

课间，教学楼管理员正在楼道里工作，一位坐轮椅的助教请管理员帮他绕过楼梯间敞开的门，因为他要到门后去坐电梯。这时一个经济管理专业的学生很冷漠地感叹校园中残疾学生的能力限制，然后下楼去了。

社区活动

实地考察

你所在的区域为残疾人提供了怎样的帮助？找一个当地的、所在州的或者国家的为残疾儿童、青年、或者成年人提供保护、宣传以及看护或者职业介绍的机构。深入细致地了解这个组织，然后和这个组织的负责人一起计划安排一次班级性的实地考察，使每一个参观者都能够更好地了解美国社会设施是怎样帮助那些有特殊需要的人的。

第十二章　残疾歧视：残疾并不意味着无能

参与性学习

残疾人如何能在得到保护和支持的情况下为当地的经济作出贡献？花一点时间去帮助夏令营中的残疾儿童或是参观一家当地的或地区的成年残疾人工作间（原为福利工厂）。你可以以顾问或倡导者等身份帮助他们。在每次离开时都写一篇至少一页的日记，记录你所做、所见和所感，并谈谈你自己可以做什么来鼓动其他人更好地帮助残疾人。

第四部分　多样性向美国各机构提出的挑战

本部分介绍了美国针对人口多样性所做出的改变。

小学和中学一直被认为是传递下一代文化价值观和知识的场所。第十三章介绍了学校多元文化教育课程的理念及其实施。在简单回顾了美国传统教育理念"要素主义"之后，本章介绍了设立反映多元文化教育目标的学校和课堂所需要做出的改变。最后，本章解释了为什么多元文化教育是符合所有学生利益并且对未来多样化社会有益且必要的教育改革。

目前，为了向美国劳动力市场灌输包容性的态度，人们已经做出很大努力。第十四章介绍了美国一些大机构中所发生的变化。这些变化体现了多元主义逐渐成为美国人在应对社会多样性时所偏向的态度。美国政府不断要求采取更多的积极措施来确保在过去或现在仍受歧视的群体拥有平等的机会。高等学府的管理者也拥护这些措施，加大了教职员工和学生的多样性，并称这种多样性对学生教育有益。

在商界，企业领导也承认了员工和顾客中不断扩大的多样性，并且通过实施多样性训练来适应这种趋势。大众媒体通过增加女性和有色人种的出镜率来支持这种多样性。现在，越来越多的女性和有色人种在大学里学习新闻和大众传媒专业，所以这个行业中的多样性将会进一步扩大。军队也采取了积极措施以促进征兵、升职和多样性训练中的性别和种族平等。

美国各机构中正在发生的变化更加要求我们为新一代做好准备，让他们尊重多样性并参与到独特的、以多样性为特征的21世纪美国社会中。

第十三章　学校中的多元主义：
多元文化教育的未来

> "对奴隶而言，学习阅读不是一个直接通向自由的途径，而是通向了他们压制者的一种工具——书本。"
>
> 阿尔贝托.曼古埃尔（Alberto Manguel，1948—）

学习活动和学校教育对于任何社会中每个人都是至关重要的。我们多元化社会的未来将取决于学校如何教育子孙后代，并且多元主义必须是这种教育的重要要素。在一个学院的行政职位面试中，一个非洲裔的美国候选人被问到对多元化的看法时回答说："首先，我要声明我是一个多元论者。毕竟，在我们过去拥有奴隶时就有了多样性的社会。"这是一个重要的区别。许多人将多样性（diversity）和多元主义（pluralism）两个术语视为同义的，但是多样性仅描述了一个社会中的许多不同人群的存在，然而多元主义描述的则是在这个社会里多样性被接受并得到支持。在一个多元主义的社会中，多样性的群体能够相互尊重并在一起有效地合作。而在一个具有多样性却不是多元化的社会中，学校倾向于主要教授占主导地位群体的知识——其对社会发展以及文学、艺术和音乐等方面的影响。在致力于多元主义的多样性社会中，学校应该教授整个社会内的历史上所有群体的知识。

当我们不能澄清含义和意图时，术语的误解就发生了。没有专门的术语，就不能进行全面的人类差异研究。当每个相关的人都清楚这些术语的含义时，才能进行明确的交流和沟通。因此，我们必须从多元文化教育的定义及其对多元化社会未来的重要性作为开头。

多元文化教育的定义

多元文化教育（Multicultural education）基于多元主义，其目的是要使学生积极参与多元化的民主社会。即使是倡导多元文化教育的教育工作者也对这个概念具有困惑和相当大的争论。有些人简单地把多元文化教育看作是将有关种族和民族的问题和资料加进学校课程的过程，这是班克斯（Banks，2006）所称的多民族教育（multiethnic education）。在一项由盖尔·埃文斯和迈克尔（Gayle-Evans and Michael，2006）引用的研究中，一些教师把多元文化教育看做是教授世界各地文化的一种课程，但那是全球（或国际）教育（global or international education）。另有一些人说，多元文化教育包括对妇女、同性恋者、残疾人和其他少数群体的认可；而这些观点的反对者则坚持认为，这些团体并不构成独特的文化，因此不应包括在内。这些困惑产生了很多问题，我们应该先理解多元文化教育到底是什么？什么是多元文化教育的真正形式。

除了有关多元文化教育这个术语的定义和什么人应该包括在内的分歧意见之外，也还有许多关于谁从中受益的看法。美国人似乎认为有色人种从多元文化教育中受益，特别是城市的多种族、多民族的课堂；然而在绝大部分郊区学校及专门的白人学校中，许多教育工作者和学生家长似乎认为，多元文化教育没有提供任何益处。盖尔·埃文斯和迈克尔（2006）回顾了多个此类研究报告，即很多教师对把多元文化问题纳入到他们的教学内容感到不舒服，因为他们感觉这个主题"太敏感了"。教育工作者还表示，他们并不认为他们的师资培训课程不能充分使他们实施多元文化教育。在以白人学生为主的中小学，一些教育工作者已经在其课程中加入了一少部分的有色人种的内容，但这种增加并不代表真正意义上的多元文化教育。

被称为多元文化的教育意味着什么？

希利厄德（Hilliard）早在1974年写道，多元文化是指一个社会"由一些基于种族、民族、宗教、语言、国籍和收入等特征的文化群体组成"（p.41）。收入水平不能体现不同的文化（无论贫富，我们都是美国人）——希利厄德的多元文化这个术语没有包括其他的非主流群体，比如妇女、同性恋者和残疾人。

至于教育这个词，我们必须对教育和训练（training）加以区分。一些词典认为教育和训练是同义词，但人们把训练归入到一种特定技能的类别。一个人可以被训练为厨师，甚至被训练为驯狗师。教育是一个更广泛的概念。帕特里奇（Partridge，1983）解释说，教育源于拉丁词"ducere"，它的本意是指引，"educere"的意思是引出或带出（p.169）。通过推断，教育意味着引导出个体的潜力。教育除了发展其认知技能和情感的敏感性，还需要人们了解以前的学科成果，比如历史和科学等，以为将来的个人和社会选择奠定基础。卡斯（Carse，1986）对教育和训练作了如下区分：

教育能从过去发现越来越多的财富，因为也能发现哪些是未完成或者未达到的。训练则把过去看做是完成了的，且未来不需要继续进行。教育导向一种持续的自我发现；而训练则导向一种最终的自我界定（p.23）。

多元文化教育融入了有关多元化群体过去的成就的议题，以此来描述他们是怎样影响了我们的社会。所有群体的儿童和青年通过理解他们的群体是怎样塑造了目前的社会，并要理解他们自身有能够影响未来的潜能，这样他们就有了对我们社会的归属感。

多元文化教育的确切定义是什么？

多元文化教育是一个引导学生自我发现和达到一种个人效能感觉的过程。涅托（Nieto，2008）给出了一种多元文化教育的全面定义和解释，其中包括将要在本章陈述的内容：

多元文化教育是一个针对全体学生的全面的学校改革和基本教育的过程。不论在学校或社会，它挑战和拒绝种族主义及其他各种形式的歧视；接受和肯定学生、社区和老师们反映出的多元主义（包括民族的、种族的、语言的、宗教的、经济的、性别的等等）。多元文化教育渗透到学校的课程体系和教学策略，教师、学生和家庭间的互动以及学校所设计的教与学的任何方面。因为它使用批判教育学作为其基本的哲学……多元文化教育促进了社会正义的民主原则（p. 346）。

涅托在关于多元文化教育的定义和说明中强调它不是一种"一如既往"的学校教育手段。由于传统教育与多元文化教育之间的批判性和哲学上的差异，多元文化教育要求教学方法和学习观念的改变。

第十三章　学校中的多元主义：多元文化教育的未来

美国教育的传统假设

美国学校的发展基于一个保守的理念，最终被标记为"要素主义"，并且要素主义假说仍然在起作用。这个术语源于一个基本的信念，即一类知识和人类价值观是历经验证而具有精华性，可以被识别并传授给学生。要素主义者认为，学校教育的目的是：传递给下一代历史上所积累的重要知识和价值。

要素主义（essentialists）认可哪一类知识？

要素主义学者认为，从4个学科来的知识是必不可少的：即社会研究、科学、数学、英语语言和文学；因此，这4个科目是小学、初中和高中需要强调的。高中学生的毕业要求通常包括最少2年在4个学科的课程论文，经常是3年甚至是4年。对于要素主义者，像艺术、音乐和体育等科目的教育之所以被接受，主要是为了使学校更富有乐趣，因此是附属而非必要的。当管理者考虑削减预算，在艺术、音乐和体育教育方面的项目就会被审查且也最有可能会被削减或去除。类似的做法延续至大学。在那里，通识教育的课程往往要求学生在社会研究、科学、数学、英语文学和写作等课程中作出选择。

哪种必不可少的人类价值需要学校教授？

正如第一章所述，缪达尔（Myrdal，1944）确定了大多数公民接受并且在大部分学校里教授的美国核心价值观。此外，美国认同中产阶级所体现的某些价值观：机敏、诚实、勤奋、有竞争力和高效率。教师采用传统的方式来教授价值观（见第1章），以说服儿童和青少年这种核心价值观是有价值的，应当予以接受。学生也可以说，他们相信这些价值观，因为它是他们所期望的，尽管他们的行为常常并不表明他们已经有真正的承诺。

要素主义者如何界定或描述学习？

要素主义者把学习定义为基本知识和价值观的获（习）得。要素主义者使用隐喻描述学习，把知识描绘成水，把学生描绘成待装水的空容器或准备吸水的海绵。要素主义者赞成用客观性的关于实际问题的考试来评估学生对知识的掌握程度（如果没有掌握，教师会再复习知识点并重新进行测试）。

在极端的情况下，学生有可能复读，以得到第二次机会参与学习，也许会有不同的教师来帮助他们更成功地获取知识。在这一过程中，心智成熟和意愿（心理准备就绪状态）被视为次要的。

> 师傅领进门，修行靠个人。
>
> 中国谚语

要素主义的教师在帮助学生学习中扮演什么角色？

一个要素主义的教师应该是一个熟练的信息传送者和一个美国价值观的倡导者。教师们被期望在课堂内外都成为我们社会价值观的示范者。作为信息的传送者，教师应使用科学技术使信息具有吸引力，从而促进知识的获取。虽然教师可以选择多种多样的教学方法，但目的都是要刺激学生记住课本、讲座和电影里提供的信息。其问题在于，很少有学生能够证明自己正在学习教师所教的。

为什么在要素主义的学校学生不爱学习？

第一个问题是关于什么才是知识的精华。过去几十年，在各个领域的研究特别是科学研究，导致了学者们所说的"知识爆炸"。面对这么多的新知识，人们如何确定哪些东西是最重要的？女权主义者和有色人种学者已经发展了一种挑战传统观点的另类的诠释历史事件的看法，他们认为这些观点应列入学校课程。过去的文学选集里很少包括妇女和有色人种作家，倡导者要求他们的声音和观念得到承认的呼声也日见高涨。课程改革者建议，大部分学生认为传统的要素主义的课程是不准确的、缺乏时代性的、一点也不励志。另一个问题是，我们知道学生是以不同的速度学习的。如果教师以相同的速度传送信息，则一些学生学习了全部内容，一些学生学习了大部分内容，而一些学生只学习了极少的内容；然而教师却常常往前推进，好像认为所有的学生都学习了相同的内容。要素主义者对这种不完善学习的解决方案是，根据学生能力将其分组，即教育分流（tracking）。研究发现，优秀的学生在多样化的异质群体和在以灵活性分组的同质群体里学习一样好，但对于灵活性中等或缓慢的学习者来说，当他们在混合的群体里而不是在根据学习能力分组的群体里学习时，成绩的改善是显著的（Kershaw，1992；

Oakes, 1985; Oakese & Wells, 1996; Oakes et al, 2000)。尽管有这些一致的研究结论，要素主义者仍然倾向于根据学生的能力进行分组。

也许在要素主义学校学习最大的障碍是记忆力和知识迁移的问题。记忆力是指学生对知识的回忆；而知识迁移是指学生在课堂内外对所学知识的应用能力。学生一直对在参加考试之前死记硬背的学习不满，这需要他们熟记学习材料。研究一致发现，当为了测试对信息的记忆力，学生首次参加考试往往只记得不超过20％的原以为他们已经学到的东西。

多元文化教育的假设

为了解决与学生学习有关的问题，作为家长或教育工作者，我们必须改变我们对课程内容、学习、教学和学校目标的假设。就像涅托（Nieto，2004）、班克斯（Banks，2001）、斯利特（Sleeter，1996）以及其他人描述的那样，多文化教育促使我们改变这些假设。

多元文化教育工作者对课程做什么样的假设？

涅托在1996年对多元文化教育的定义包括了对多样性的肯定，即：为了真正展现美国社会的多样性，多元文化教育必须渗透进入课程。目前，教科书中继续占统治地位的是美国白人的艺术、音乐、历史、文学、观点和形象等等。斯利特和格兰特（Sleeter and Grant，2003）回顾了47本中小学生使用的关于社会研究、阅读、语言艺术、科学和数学等方面的教科书。他们在报告中指出：

> 所有的教科书中基本是白人占绝对主导地位。虽然情况最近有所改善，教科书包含有色人种内容时，基本都是对黑人历史的粗略解释却无关当代黑人生活。亚裔美国人似乎显得几乎没有历史或当代的民族经验……土著的印第安人主要作为历史人物出现。(p.22)。

美国的中小学课本常常忽略或只略微提及诸如妇女、同性恋者、残疾人和低收入家庭等其他群体。学校教科书不但让少数民族儿童感到疑惑，而且也很容易教给白人孩子一种对他们的社会不真实的景象。正如贝克（Baker，1944）解释的，"非少数民族儿童都被引导认为，他们的行为，他们被教导的反应方式等是唯一可以接受的行为方式"（p.8）。为展现一个真实的对我们社会多样化群体的理解，拥护者支持一种针对全体学生的，而不只是针对有色人种学生的多元文化课程。多元文化课程要考察多样化的群体对于历史事件、文学发展、音乐风格、艺术表现、运动成绩以及其他美国社会方方面面的影响——但目标不是简单地记住事实。阿普尔顿（Appleton，1983）把多元文化课程说成是"一种观念上的方法，它提供了一种观念导向的方法，以理解所有群体的经验和观点的框架"（p.211）。多元文化教育者认为课程需要一种观念性的方法。

> 通过谎言来教育人类走向美好未来，这既不明智也非必要，而且带来伤害。
>
> 詹姆斯·阿吉（James Agee，1910—1955）

为什么在课程中必须要有观念导向的方法？

由于知识爆炸，强调记忆是不切实际的。对于我们来说，要想记住每一个学科现有的全部信息是不可能的；我们也知道，许多信息很快就会过时，被新的知识所取代。在多元文化课程中，广泛理解的观念要比熟记事实更为适合。盖伊（Gay，1977）描述了一种基于主题方法和概念框架的多元文化课程设计。在主题方法设计中，学生们使用来自不同学科的信息资料，以探索诸如对个性的追求、沟通交流和冲突解决、人类的相互依存、经济开发或为公正社会奋斗等普世性的主题。

基于观念导向的课程也需要一种跨学科的方法。我们从权力、异化或社会化等概念入手，学生们可以收集各种资料用以论述这些概念，引导他们对相关概念的鉴别和探索。盖伊（1977）主张，这两种课程设计都必须是跨学科的，因为他们都需要"对来自许多不同学科的知识、概念和原理的运用"（p.101）。不论是主题方法还是观念导向的方法，学生们通过考察过去和现在的经验来整体理解概念间的原理和关系。因为多元文化课程与其说是基于概念还不如说是基于具体内容，学生们进行持续不断和动态的知识搜索，但是传统地出现在学校中的单一文化课程则是一个成品。正如涅托（2004）所写道的：

当现实在学校中被展现为静态的、定格的而且是单调的时，那么人们在历史和现实中潜在的紧张关系、争议、痛苦和问题等就不复存在了（p.358）。

帮助学生识别概念，进行分析和讨论，进而澄清他们的理解是多元文化课程的基础；但要想做到真正有效，最关键的是课程不被学校的隐性课程破坏。

什么是隐性课程？

白扬和阿德勒（Pai and Adler，1997）将隐性课程定义为学校教授学生"他们的社会规范和价值观念"的间接手段（p.148）。隐性课程包括在公告栏上的图片到学校的某些政策：如迟到通知单和教育分流等微妙的信息。这些信息可能是有意或无意的，两者对学习者均有影响。通过隐性课程，学校可促进守时、自信或竞争等价值观念。白扬和阿德勒还建议隐性课程可以根据社会经济地位作相应变化，对于上层阶级的孩子，教授他们领导技能以加强他们的创造性和解决问题的能力；对低收入阶层学生，则教授他们尊重权威并鼓励他们顺从并寻求一致性。

在学校的政策和实践中，日常的生活都在展现隐性课程，甚至在正式课程中都存在这种微妙的信息。一个教育学教授进入到洛杉矶高级中学的英语课堂，在那里，80%的学生是拉美裔的；她意识到墙上海报只有白人作家的。一个未婚的高中在校生，因为怀孕被国家荣誉协会的地方分会开除。在一个白人学生占主导地位的小学四年级的教室里，一个实习教师想在2月份建立一个"黑人历史月"电子公告板，但她的指导老师拒绝了这个主意，因为她认为学生们太"小"了（Koppelman，2001）。

哥伦布发现美洲大陆的说法告诉孩子们美国原住民是无足轻重、可以忽略的；也许并非巧合，大多数白种人不重视将印第安人的吉祥物作为标志的学校运动队。扬·布莱汉姆（Brigham Young）将他的追随者带到墨西哥人保留地，是因为摩门教徒在美国遇到了压制和暴力。摩门教徒在犹他州定居而不是墨西哥保留地的说法暗指宗教团体在美国一直能够实践他们的信仰自由，却忽略了美国在实践宗教信仰自由原则中所经历的困难。教学中的欧洲艺术仅指古代希腊和罗马文化的说法，否认了许多（尤其是非西方）国家的艺术遗产。涅托（2004）认为，仅仅从统治集团的视角展现历史，只会让学生曲解事实。实施多元文化课程的教育工作者必须对隐性课程提供的微妙信息特别敏感。

> 君子周而不比，小人比而不周（智者看问题不带偏见，能看到问题的方方面面；愚蠢者看问题则通常带有偏见，且往往只能看到问题的某个侧面）。
>
> 孔子（公元前551—479）

为什么学校要实施多元文化课程？

在美国的许多学校，尤其是在城区学校，已经开发了他们自己多元文化的材料，以补充教科书的不足。班克斯（Banks，2001）将这些努力归纳为四种方式，其中有两种方式也符合涅托的多元文化教育的定义：转换方式和社会行动方式（见图13.2）。

转换方式的多元文化课程设计强调观念和主题。问题被从多种视角展现给学生，但目标不是要找出一个"正确的观点"，而是要领会每一个角度如何有助于学生更丰富地理解问题。批判性思维技能被强调为学生阐述他们自

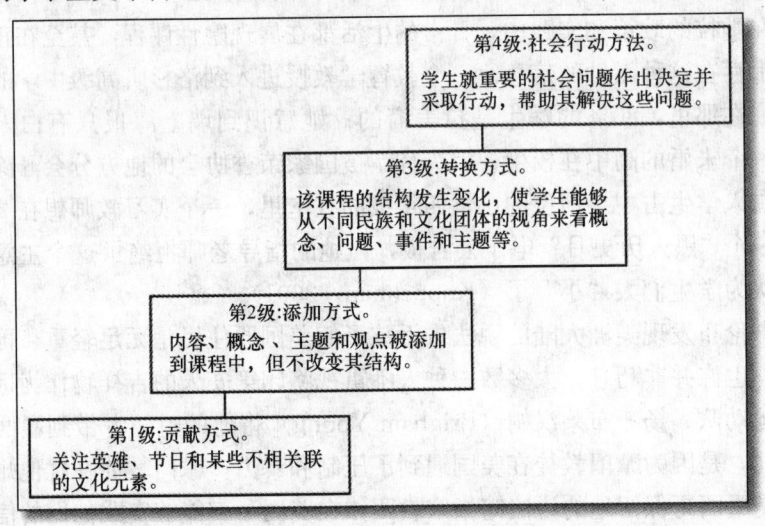

第4级：社会行动方法。
学生就重要的社会问题作出决定并采取行动，帮助其解决这些问题。

第3级：转换方式。
该课程的结构发生变化，使学生能够从不同民族和文化团体的视角来看概念、问题、事件和主题等。

第2级：添加方式。
内容、概念、主题和观点被添加到课程中，但不改变其结构。

第1级：贡献方式。
关注英雄、节日和某些不相关联的文化元素。

图13.2 多元文化课程改革的方式

来源：多元文化教育：议题和观点 James A. Banks and Cherry A. McGee Banks 编。Copyright 2004. Reprinted with permission of John wiley & sons, Ltd.

己的见解和结论并逻辑地作出解释。

社会行动方式的多元文化课程设计鼓励学生基于他们的理念和结论而采取行动。学生独自或集体参与学校和社区的项目来解决他们确认和研究的问题。社会行动方式的目标是赋予学生权力并解释学习并不是一种打破砂锅问到底的游戏：知识可以引发社会行动并引发积极的变革。通过鼓励批判性思维和主动学习，多元文化教育工作者促使有效的学习理论和实践相结合。

多元文化教育工作者如何描述学习？

多元文化教育的倡导者是依靠认知发展理论来描述人们如何学习的。从本质上讲，学习是一种意义创建的过程。学习者通过分析运用他们遇到的观念、信息和经验，彻底弄懂它们的意思。他们能够通过分类、发现关系并简化复杂的问题，进而达到理解。根据斯利特和格兰特（Sleeter and Grant, 2003a）的观点，"学习是一种通过思维和体验互动建构知识的过程"（p.196）。皮亚杰（Piaget, 1974）观察到，儿童通过身体和智力与他们环境的相互作用来学习。如果学生通过讲授来提供信息，他们不太可能作出努力。

学习是由学习者主动地通过互动产生的。学习也需要意义，被看做无意义的信息将不会被学到。作为一个主动的学习者，要促进能力的培养和自信的发展，这也就是杜威所主张的儿童必须在"做事中学习"。感到有能力并赢得自信会产生一种有能力的意识。就像希利厄德（Hilliard, 1974）所写道的：："学习与驾驭我们生活的能力意识相关"（p.47）。如果学生感到无能为力，他们则缺乏学习的动机；当学生们积极主动时，他们会发展技能并增强自信心，由此也就有了学习的热情。

在技能发展方面，学习不能仅限于基本的学术技能——阅读、写作、计算等，还必须包括许多像批判性思维、创造力、决策、解决问题、信息获取、人际和跨文化交流、解决冲突、视觉素养、自我剖析等相关的技能。盖伊（Gay, 1977）认为，教育"若没有在多元文化的环境中不断增加和提高学生的生存和工作能力就是不完备的"（p.98）。单一的教学策略是不够的。致力于多元文化教育的教师必须坚信，假如学习活动的设计适合每个孩子，所有的孩子就都能够学习。

> 每一个初生的孩子，无论在什么样的环境下，也不管有什么样的父母，都具有人类特有的潜能；对于那个孩子……或者是对于我们每一个人，我们最大的责任就是为了人的生命和至善。
>
> 詹姆斯·阿吉（James Agee, 1910—1955）。

个人以哪些不同的方法来学习？

相当多的研究识别并解释了学习方法，但结果却是把学习分类过细。涅托（2004）表示，"已经有14种学习方式和13种不同的学习风格理论被提出来"（p.150）。最近几年，加德纳（Gardner, 1993）的工作成果引起了多文化教育工作者的注意，其多元智能理论被许多人认为是对学习多元化的最好解释之一。加德纳把智能定义为在特定情景下处理信息、得出解决方案或有价值的成果。加德纳起初确定了八种展现智能的方式（见表13.1），他还增加了其他的一些可能性。根据加德纳的理论，每一个人都有利用这八种方式进行信息处理的潜能，虽然基于个人的气质和所受文化的影响，一个人很可能在某些方面更出色。该理论否定了原来公认的两种有价值的智能教育实践：逻辑—数学和语言理论。加德纳的理论描述了一种更完整的理解和识别智能的方法。该理论对教师的挑战是：创造适合的教学策略和评价来适应不同孩子的智力。如果教师们能够应对这一挑战，更多的学生将有成功的学习经验，这会极大地提升他们的自信。

表13.1 多元智能理论的描述

1. 逻辑—数学：理解和解决逻辑问题的能力，特别是涉及数字的使用和操作能力。
2. 语言：理解词语的多重含义和词义的细微差别，包括对语言的音律和韵律的特殊的理解。
3. 肢体运作：学习和控制身体功能的能力，包括肢体语言和平衡能力，也包括用手操纵物体的能力。
4. 音乐：理解、重复和鉴赏不同音乐形式的音调和节奏旋律的能力。
5. 空间：把握环境中的空间关系并根据特别的用途有认知性地改变这些关系。
6. 人际：对别人情感和愿望的非语言表达敏感，并对他们作出恰如其分回应的能力。
7. 内省：自我分析能力，清楚地了解自己的情感和愿望，并将这些知识运用于自己的选择和行为。
8. 自然探索：识别动植物的异同以便引导对既定门类的更深入了解的能力。

资料来源：加德纳（1993）。

为什么学习需要自信心？

态度影响学习。通常我们认为如果学生觉得他们不能学习某样东西，他们就不太可能学到它。库姆斯（Combs，1979）声称，"人们是根据自己的自我认知来行事的。我们觉得有能力或无能力会大大影响我们如何处理事务"（p.108）。调查研究证实，教师和其他人的态度能够积极或消极地影响学生的自信心。贝克（Baker，1994）引用的研究还得出结论："学生的在校成绩和被'重要人物'的期望和评价所支配的自我认知与成绩有很大的相关性"（p.9）。在贝克看来，所谓"重要人物"指教师和其他学校员工。期望应该是有现实性的，教师必须向学生表示他们的高期望值以促进学习。

为了实施多元文化教育方法教师必须做什么？

教育者必须确定他们将执行哪种多元文化教育方法。斯利特和格兰特（2003）确定了五种截然不同的方法，其中两种方法也符合涅托定义的标准：多元文化教育以及多元文化和社会重建主义的教育（见表13.2）。为达到清晰的目的，后者在这里被称为社会重建主义的方法。

多元文化教育方法的基本原则在一本多元文化教育委员会出版发行的题为《美国人并非同一模式》的书中有所反映（Hunter，1974）。多元文化教育看重文化的多元性，反对学校设法消除文化差异的做法，认为学校应该容忍文化的多元性。多元文化教育主张学校应该通过根植于文化多样性的保护和传承课程来引导儿童和青少年发展丰富的文化，使其成为美国社会生活的一个事实（p.21）。

表13.2 多元文化教育的方法

对特殊及文化背景不同学生的教学

目标：在传统教育范围内通过建立低学业成绩学生和课程之间的桥梁，帮助他们实现目标，并提供特别的支持。

课程：以传统的课程为基础，但加入学生的经验（特别是文化背景不同的学生）。使用包含了对学生富有意义的课堂教学材料。

教学：对少数民族学生用英语为第二语言或过渡性语言双语教育，对文化背景不同的学生使用与文化相关的教学法；包括特殊教育分班在内的短期集中补救措施；在墙报和电子公告板上展示与学生有关的图像。

人际关系

目标：保持传统教育的主张，但重点强调减少偏见，发展学生积极的自我观念，促进对个体多样性的接纳。

课程：传统课程外包含如下内容：偏见和刻板印象群体和个体间的异同，以及来自社会中不同群体成员对社会的贡献，特别是以在校学生为代表的那些群体。

教学：使用诸如冲突调解、角色扮演、模拟处理人际关系、协作学习等能够发展学生与学生之间关系的策略；在墙报和电子公告板上展览学生的作品。

单组研究

目标：提供关于某一特定群体的知识（比如妇女研究、墨西哥裔美国人研究等）。包括对影响这些群众成员的结构上不平等的调查，并鼓励学生为社会的改观而工作。

课程：（以单元或课程为单位）提供有关某一群体文化特征和历史经验的信息，重点强调群体成员的视角和观点，以及本群体一直并仍然被压制的现状。

教学：顺应群体的学习方式差异，提供个别化的学习方式；结合媒体、音乐、表演、嘉宾演讲等，解决与群体相关的文化或出版物问题；墙报和电子公告板强调群体成员个体的社会贡献。

多元文化教育

目标：通过强调尊重人类的差异，包括个人的生活方式，在学校和社会的平等机会和在社会不同群体之间的权力平等的需要等，来促进文化的多元主义。

课程：提供包含多样化的群体和他们对社会贡献的内容，重点强调群体成员的观点；结合学生的经验来提高课程的相关性，并强调认识和理解一个问题的非主流观点的必要性；通过在特殊的事件、节日和学校设施中包含多样性来实施"隐性课程"。

教学：适应学生的学习方式，了解学生掌握技能的程度，重点强调对课程内容的分析和批判性思维；在学习标准英语的同时，尊重使用其他语言和方言；在墙报和电子公告板上展示不同种族、族群、性别、宗教和残疾人及其他不同的群体等反映人类多样性的内容，同样也展示反映学生自身利益的问题。

多元文化和社会重建主义的教育

目标：为了在我们的社会中促进文化的多元化和不同群体的结构上的平等，让学生通过理解结构的不平等来促进机会平等，成为民主社会的积极参与者。

课程：为不同群体提供现存的社会问题的内容，包括像压制和结构上的不平等方面，使用这些群体成员的观点（包括学生和社区成员）；强调对历史和当代生活经验的自我反省，分析压制并理解非主流的观点；通过包含特殊事件、节日、学校设施等多样性来实施"隐性课程"。

第十三章 学校中的多元主义：多元文化教育的未来

> 教学：顺应学生的学习方式和技能掌握程度，重点强调在学校里学生主动地参与民主决策的制定；让学生从事批判性思维并参与解决问题，以促进其社会行动技能的发展，提高学生的能力；利用合作学习和合作项目，特别是那些涉及社区的项目；避免具有狭隘观点的测试和分级教学做法，给某些学生贴上"失败"的标签；在墙报和电子公告板上展示反映文化多元化、社会行动主题和学生利益等内容。
>
> 资料来源：斯利特和格兰特（2003年a）。

多元文化的教育方坚持认为，一个多样化的社会能够通过多元化达到团结统一，它不需要消除文化差异。虽然这种方法的一些拥护者强调种族和民族群体，大部分还通过纳入有关妇女、同性恋者、低收入家庭和残疾人士等的信息，促进了一种包容的多元化观点。

多元文化教育拥护者支持融合、包容和"去除分流"（de-tracking），以创建强调获取知识的技能和对美国社会多样化群体更好理解的异质课堂。此外，多元文化教育的方法还要求课程改革，以纠正教科书中涉及不同群体的疏漏和曲解。对那些没有充分代表美国社会多样性并继续以刻板方式描绘某些群体的做法，要提供给学生多种批判性的视角。他们建议教师利用公告板和新闻媒体提供准确的多样化群体的展示。

多元文化教育方法的拥护者要求教师对那些贬损任何群体的语言要敏感，并模范地使用包容性的语言。教师必须学习和了解多样化的学习方式，并设计或修改课程，以适应差异。除了对学生有高期望之外，多元文化教师还要在课堂上通过小组活动鼓励学生之间的合作。教师不必力求同等地对待学生，即以相同的方式对待所有的学生；而是要公正地满足学生，对基于个别学生的多样化需要作出回应。

社会重建主义的方法有许多原理和做法与多元文化教育方法相同。主要包括四个方面的差异：（1）注意美国的结构性不平等；（2）强调在课堂上民主决策的制定；（3）注重社会行动技能的培养和学生能力的提高；（4）利用积极参与的课程，通过学生项目在学校和社区中解决问题。

社会重建论起源于进步主义教育运动，杜威1920年的名为《哲学的重构》一书中产生了这个术语。在20世纪30年代初，被称为"前沿思想家"团体领导人的康茨和鲁格（Counts and Rugg），开始关注美国社会的不平等现象，并敦促有关学校为创造一个更加公正的社会扮演更积极的角色（Kneller，1971）。在布拉梅尔德（Brameld）1956年的《趋向改造的教育哲学》一书中，他成为重建论的很有影响力的提倡者，建议学校创建一个新的社会秩序，通过培育民主精神并要求更多的公民控制主要机构和资源。

多元文化的社会重建主义教育方法很少关注文化的多元化意识，而是更多地关注多样化群体不断发展的反对压制的斗争。课程内容包括来自统治阶级那里的、非主流群体反抗压制成功的例子和个人反对非正义的行动。这种方法强调民主课堂实践，以训练学生的决策技能，并鼓励社会行动项目。

在学校推行民主的做法意味着什么？

在描述学校推行民主的做法时，阿普尔和比恩（Apple and Beane, 1995）指出，在这些学校的所有人都必须参与决策和管理问题。在课堂上，学生和教师必须共同努力以创建学习情境，对学生的问题、利益、争论和愿望等产生共鸣；但是，正如斯利特和格兰特曾说的（2003），"课堂民主化权力关系并不意味着把所有的权力还给学生"（p.197）。教师仍然像政府一样，代表着成人的权威，如果大多数学生在课堂上作出不平等或不公正的决定，他们必须采取行动。在美国历史上已经有太多的大多数人犯错误，正像格里芬（Griffin）所说的："让多数人统治是一个伟大的想法，但多数人也没有权力实行基于偏见的错误统治"（Terkel, 1980, p.311）。

除了强调民主的做法，社会重建主义的方法鼓励学生分析自己的生活。杜威强烈主张教育要考虑学生的生活经验，分析自己的生活能够引领学生对他们体会到的非正义的经验有更好的理解，并能为未来可能遇到的事件作出建设性回应。自我分析会使他们采取行动，不仅增强了学生的自我概念，还发展了社会行动和互动的技能。社会行动项目可以像检查各种快餐食品的营养价值一样简单，也可能像在为女性和有色人种学生进行标准化测验时的低分模式的影响因素分析那样复杂。通过使课程个性化，将会赋予学生更多力量。鼓励学生把自己的公民权视为个人或群体积极参与解决个人和社会困境的手段。

从事民主的实践对教师教学方法的选择产生巨大的影响。在描述教学策略之前，回忆希利厄德（Hilliard, 1974）的一个重要观点尤其重要，即教师实施多元文化教育必须相信"多元文化的取向也使他们自己受益"（p.49）。霍华德（Howard, 1999）认为，面对多元化，教师别无选择。他们唯一的选择是如何对多元化作出反应。如果教师实施多元文化教育的策略仅只是为了帮助学生，特别是有色人种的学生，则它们不太可能是有效的。

向教师推荐什么样的具体教学策略？

斯利特（Sleeter，1996）坚持认为，有效地实施多元文化教育，要求教学不能被看做带有各种各样策略的实验；相反，她介绍了"倾听受压制者的声音，包括学者，带着学习的目的去听并理解说的是什么"（p.134）的重要性。通过倾听学生及其家长的反映，老师将会增强对他们的学生的鉴赏和理解，真正地突出对所有学生的高度关注和期望。正如涅托（2004）所描述的那样，"成为一个多元文化的教师……意味着首先成为一个多元文化的人"（p.383）。成为一个多元文化的人意味着需要了解人类的差异并想要了解更多信息；审视对偏向、刻板印象和偏见的态度；理解从多个角度看待问题的必要性。

这两种多元文化教育方法中任何一种的提倡者都赞同为教授多元文化课程，教师必须采用批判教育学。涅托（2004）曾将学习经验描述为"学生批判性地分析观点，并借此来理解和践行他们所发现的不一致"（p.359）。批判教育学也通过斯利特（1996）关于"为什么"文章的描述加以说明：在此活动中，学生被要求对涉及种族、社会阶层或性别等问题进行提问。在做研究和记录对问题的回答中，要求学生采取被压制群体的视角来发现问题。"为什么"问题的例子包括：

- 为什么墨西哥裔美国孩子经常缺课？
- 为什么美国原著民学生辍学？
- 为什么许多非洲裔美国男子坐牢？（p.120）

根据斯利特的研究，采取少数人的视角曾经是有效的，因为学生在他们寻求答案时与受压制的群体成员交谈，这为他们提供了对这种群体过去经验的独特见解和他们解决问题的视角。多种多样的见解和视角影响着学生在其论文中呈现的分析和结论：

他们根据制度性歧视建构具体的关于不平等现象的评论，并揭示被压制群体用以应付或试图从少数的位置上升的策略（p.123）。

阿普尔顿（Appleton，1983）推荐像角色扮演、游戏模仿、把学生作为讨论的领袖、分配利益等以过程为导向的教学策略。利用社区来创造学习经验对于社会行动是非常重要的，但是社区也有像学生家长这样的人力资源，他们可以被邀请加入到讨论中，谈论过去或现在的某些问题及其对社区的影响。对于那些处理非结构性任务的学生，教师可以提供一个掌控性的学习活动，在那里学习被分割成一系列有序的任务，学生可以定期评估自己以确定何时做到融会贯通。有效的多元文化教学必须顾及调整教学活动的灵活性，给学生提供成为成功学习者的机会。

保持这样的灵活性说明了一点，多元文化教师的目标不是认为"我是公正的，因为我对所有学生一视同仁。"辛若特（Cymrot，2002）认为，在这种语境下的"平等"通常是指"一模一样，"但每个学生是一个独具特色的人，在某种程度上是因为课程汲取了他（或她）的文化。迪勒和莫尔（Diller and Moule，2005）强调了教师在文化意义上胜任的必要性。虽然美国主流文化中强调个人成就，但其他的文化则把更多的价值放在群体共同的需要上。教师应该避免对学生文化的主观臆断。例如，我们很容易曲解一个孩子的行为，文化是共有的，而不能被独占使用。不论对老师还是学生，课堂呈现不同的文化不应该被看做一种挑战，而是应该被视为一种学习的机会。在多元文化的课堂中，辛若特（2002）认为，"良好的教学始于文化的交流"（p.17）。

由于教育分流的做法减少了课堂的多样性也使学生学习成绩下降，多元文化教育工作者强烈反对分级并鼓励在异质的课堂中采用学习中心或小组协作等有效策略。蒂特和蒂特（Tiedt, P. L. & Tiedt, I. M.，2002）把学习中心描述为课堂的一部分，为特定专题的学习或为发展一组特定的技能而预留；它可以用于研究偏见的问题或是需要批判性思维的训练。在使用学习中心前，学生们会得到关于中心的活动、设备或材料使用指南的指导。在学习中心活动中学生们可以按照他们自己的计划进度将个人学习往前推进，他们也能够组成团队进行活动。

合作学习策略之所以对多元文化教育的拥护者极具吸引力，是因为包括了不同能力的学生，每一个团队成员都清晰地界定了自己的学习任务。为了完成团队的项目，每一个人必须完成他（或她）自己承担的任务。斯利特和格兰特（2003a）的研究结果认为，这种策略对于不同种族和民族群体的孩子十分有效，不仅对其学习成绩，而且对发展积极的人际关系都有帮助。在评论合作学习的研究时，斯蒂芬（Stephan，1999）报告了其在减少学生偏见和改善不同学生群体间关系方面的有效性。

第十三章 学校中的多元主义：多元文化教育的未来

多元文化教育如何才能有助于减少学生的偏见？

逐步减少偏见和发展解决冲突的技能是多元文化教育的重要目标。在谈及偏见减少项目的回顾时，涅托（2004）报告称，如果学生把认知学习视为主要目标，旨在减少偏见的活动则更为有效。当偏见减少成了活动的主要目标时，学生们往往感觉好像他们被操控来"说正确的话"，他们变得自卫或者是反感的。间接地强调认知任务的方法对于减少学生偏见的成功，可以解释为什么研究已经发现合作学习策略在这方面将更为有效。

偏见不只是简单的黑人和白人的问题。希茨（Sheets，2005）引用了一项包括各类学生的学校研究，在那里，非洲裔的孩子对亚裔或西班牙裔孩子表现出消极的态度，并且在学校和社区已经有许多来自不同群体的年轻人之间的种族冲突的偶发事件。基于几项研究的结果，斯蒂芬（Stephan，1999）得出结论，冲突解决的技巧使教学可以减少学校群体间关系偏见所造成的影响。一项研究报告称，帮助学生训练解决冲突的技巧，有助于"提高学生管理冲突的能力，增强他们从其他学生那里获得的社会支持，并减少被其他人伤害"（p.70）。斯蒂芬接着说，对学生进行冲突解决的技巧教学，对于减少学生的焦虑，增强其自尊心和改善群体间的关系等都产生了积极影响。鼓励学生参加偏见减少的活动并培养他们解决冲突的技能，以改善群体间的关系，对所有教育工作者特别是那些在城区学校想发展和实施某种多元文化教育形式的教育工作者，是一个有说服力的理由。

> 众所周知，偏见很难从没有用教育松过土施过肥的心田里根除。它像野草钻出石缝那样顽强地在那儿生长。
>
> 夏洛蒂·勃朗特（Charlotte Bronte，1816—1855）

城区学校的多元文化教育

为什么城市的教育工作者对多元文化教育更感兴趣？正如穆雷尔（Murrell，2006）所观察到的，"城区学校就读学生群体中日益增长的种族、文化和民族的多样性，对提供优质的公共教育构成了巨大挑战"（p.81）。

除此之外，希利（Shealey，2006）和科佐尔（Kozol，2005）还认为，城区学校还面临着物质条件的恶化和设施不足给学生行为（特别是对他们与他人互动和学业成绩）带来的影响以及由此造成的诸多问题。在这些学校的学生经常因为考试分数低、频繁的处罚、高辍学率和来自教师和学生的高压力而感到受挫。

鉴于城区学校的上述特殊问题，实施教育改革的必要性是显而易见的。问题是什么样的改革将能有效地解决这些问题。关于学业成绩，穆雷尔（2002）指出，"通常情况下，城市学生发展其学术的读写基本技能的失败不是源于智力的缺乏，而是源于提供给（城市）学生的学校课程的难以接近"（p. 72）。这种难以接近是与城市青少年生活毫不相关的课程导致的结果。相反，内尔斯（Narez，2002）开发了一套主要为拉美裔学生组成的班级服务的移民单元课程，在课程中她综合了音乐、诗歌、散文、艺术和电影等内容，不仅提供多元的视角，也设法利用多元智能，从而帮助学生"建立起通往课程的桥梁，以使（他们）更好地理解"（p. 147）。

因为城区学校往往包括一个多种族、多民族的学生和教师群体，托宾（Tobin）和罗斯（Roth，2005）认为，城区学校的教师需要提升其多元化态度，促进他们与学生的积极互动，而且让学生互相更加支持，从而创造一个更有效地促进学习的学校环境。尽管城区现存的种族和民族的多样性致使他们的学校成为必须实施多元文化教育的一个特别引人注目的地方，巴伦（Bazron）、奥谢尔（Osher）和弗莱舍曼（Fleischma，2005）警告教育工作者说："接受其优势，并且解决我们日趋文化多元的各不相同的学习需求，多元文化的学生群体需要我们学校目前实践的重大转变"（p. 84）。

城区学校的多元文化教育应该是什么样子的？

巴伦（Bazron et al.，2005）强调了反映文化的教育的重要性，他们将其描述为"使课堂教学更符合不同学生群体的文化价值体系"（p. 83）。通过反映文化的教育进行教学，教育工作者可以强化学生的归属感并减少行为问题，使所有的学生可以集中精力学习。为了实施反映文化的教育，巴伦（2005）提出了以下建议：

- 使课堂教学与社会互动的文化规范相适应，以促进社会技能和问题解决能力的发展。

● 在提出问题或给予提示时，为来自不同文化背景的学生调整等待时间，以确保他们的课堂参与，提高他们的批判性思维技能的发展。

● 当教授移民学生或者其他具有少数民族家庭和社区文化的学生时，要对这些学生必须作出的学校和家庭间的文化迁移十分敏感。

● 帮助父母获得文化资本，协调教育系统和管理学校的规范的技能 (p. 84)。

其他教学实践的建议包括，教师们公开地认可有色人种学生独特的贡献，以鼓励其学业成绩（Shealy，2006）。罗兰（Rowland，2002）主张教师们使用"登记"的策略，在那里，教师每天花5～10分钟时间来询问学生的生活。学生们讨论从父母离婚到生日再到尴尬时刻等各种各样的主题，然而这往往为一个"可教时刻"的出现提供了可能性，不仅是对学习的可能性，也是对加强社区意识的可能性。课堂变成了"一个有益的环境，在那里，学生们能够彼此了解并理解作为学习者的他们自己"（P. 187）。有效建立社区意识的城区学校更成功地实施了多元文化教育。

城区学校已经实施多元文化教育了吗？

迈耶（Meier）和施瓦茨（Schwarz，1995）借用纽约中央公园东方中学（CPESS）的多元文化的学生，描述了一种强调个人认知发展的方法。其目标是训练学生的认知能力，使他们拥有具有创造性的事业并能享受满意的生活。据李（Lee，2003）的研究，中央公园东方中学的课程刺激了"学生在学习行为上持续的智力发展，以及判断成绩的行为标准"（p. 453）。在中央公园东方中学，教和学往往是个性化的，当然也为所有学生设置了高的标准。教师通常是"辅导"学生，而不是从事直接指导，鼓励学生们对他们自己的学习负全责，并为自己找到答案。在中央公园东方中学，学生们是在做中学，并用他们自己的语言来表达学习过程，而不是重述教科书或教师的话。

彼得森（Peterson，1995）描述了另外一种实践中的多元文化教育的例子。密尔沃基的拉·埃斯库埃拉·富兰特尼（La Escuela Fratney）推行了一种双向的双语教育项目，项目实施过程中学校没有隔离英语为非母语的儿童。彼得森认为，说母语为英语的人与需要学英语的学生在互相交流中需要同等的努力，这使得第二语言的习得对所有的学生更富有意义。虽然这种强调是在发展学生的认知能力，双向双语教学"增强了学生的自尊心，因为学生很快就知道，无论他们来自什么样的社会阶层，他们都为课堂带来一些有价值的东西：即他们的语言"(p.65)。

拉·埃斯库埃拉·富兰特尼的课程纳入了有色人种的经验，因此具有更广泛的主题，并教导学生如何做一个反种族主义者。根据彼得森（1995）的介绍，在富兰特尼那里，学生接受了种族不是一个科学的概念、种族主义是不道德的教育。教师们谈论到种族主义如何已经成为"在整个美国历史上具有破坏性的社会弊病。教师被鼓励传授刻板印象、偏见和一切形式的歧视"(p.67)。而拉·埃斯库埃拉·富兰特尼的教师们正在展现一种达林-哈蒙德（Darling-Hammond, 2002）式的争论，即"教学是一个道德和政治行为，教师可以在促进积极的社会变革中发挥关键作用"(p.2)。

从事社区服务是多元文化教育工作者促进积极社会变革的另一种方式。许多公立学校已经在他们的课程中纳入社区志愿服务项目，而且其中一些学校把社区服务作为毕业的一个必要条件。社区服务通常由社区改进计划构成，但为了满足多元文化教育的目标，不是简单地改善社区的外观，这些计划还应包括帮助学生理解他们自己的社会情境的活动。达林-哈蒙德（2002）强调社会情境，特别是各种群体可能存在的不平等对学习的重要性。如果教给学生人种志的观察和分析技能，则社区服务应该提供一个实践这些技能的机会，并使他们更好地理解社区的问题。社区服务的结果可能扩展到社区的课程活动，达到班克斯（Banks, 2001）所描述的多元文化教育的社会行动方法阶段。

大多数提倡在学校推行多元文化教育的人要求学校的教师和管理人员表达对社会正义的坚定承诺并教授学生关于社会正义的内容。作为与罗伯特·罗德里格斯磁石小学和马萨诸塞州社会正义教育学校项目的工作成果，卡莱尔、杰克逊和乔治（Carlisle, Jackson, and George, 2006）发展了五种社会正义的教育原则：

1. 包容和公正。 学校通过处理各种形式的社会压迫，在学校和更大的社区范围内促进包容和公正。

2. 高期望。 学校提供一种支持学生发展、让所有学生保持很高的期望、并使学生了解社会身份的多元化和富有挑战性的学习环境。

3. 互惠的社区关系。学校认识到这种互惠关系既是学校的资源也使社区受益。

4. 全系统方法。愿景、资源分配机构、政策和程序以及自然环境等都致力于体现创造和维持在不同群体间和系统各方面的社会公正环境。

5. 直接的社会正义教育和干预。学校的教师员工和管理者都致力于"自由教育",提倡社会正义,并且直接面对社会压迫的各种表现形式 (p. 57)。

虽然没有一种所有学校都应采取的多元文化教育形式,但与上述这些类似的做法在许多城市的学校都存在:文化导向教学、尊重学生的第一语言、反种族主义的教学、包容的课程和教授社会正义等。如需要更丰富的资料,有大量的描述致力于多元文化教育的教师实践的书籍(Darling-Hammond, French & Garcia-Lopez, 2002; Diller & Moule, 2005; Ladson-Billings, 2002)。多元文化教育被批评为太理想主义,甚至是不切实际的,然而许多教师,特别是在城区的教师,正在实施基于多元文化教育原理的策略,作为他们探寻为符合多样化学生群体需要的最有效的方法。

多元文化教育太理想主义吗?

多元文化教育的目的是为孩子和青年为积极参与多元化的民主社会做好准备。尽管本章仅仅只能提供多元文化教育的概要,其意图是为学校提供多元文化教育教师在课堂中实施多元文化教育的一个框架。教育工作者也许并没有达到多元文化教育的理想,但是他们可以通过参与符合多元文化教育目标的努力对学生产生重大影响。如果教师现在和将来都设法解决学生的这一目标,我们居住的这个多元化国家将向实现两个相关的目标方面取得进展,即:建立对所有的学生更加有效的学校和发展一个更有包容性的社会。致力于多元文化教育原理的基础教育工作者已经实施了在本章中描述的策略和活动。国家教育协会(NEA)从20世纪60年代就开始推动多元文化教育,全国师范教育鉴定委员会(NCATE)要求教师教育项目要设法解决多元化问题,并且在项目中包括多元文化教育的理论和实践内容,为教师职前教育获取认证。专业组织倡导多元主义不仅仅是作为对多元化的一种回应,而且也是满足我们作为一个民主社会的需求。派和阿德勒(Pai and Adler, 1997)简洁地阐述了民主、多元化和多元文化教育之间的关系：

> 依据人类智能行为的绝对信念，在一个真正的民主社会中，没有凌驾于其他集团之上的单一的集团规则。民主需要一种通过调查、讨论和劝导来解决冲突的方法，而不是通过暴力。因此，这种通过讨论和劝导来培育反思与冲突解决能力的教育是至关重要的 (p.110)。

> 理想犹如天上的星星，你将不会成功地以手触摸到它，但正如航海者……你选择它们作为向导并跟随它们，你就能到达目的地。
> ——卡尔·舒尔茨（Carl Schurz, 1829—1906）。

后记

对于义务教育（k-12）学校来说，多元化不仅是一个问题；大多数高等院校都要求在其通识教育项目中实施多元化课程，而许多企业也落实政策来促进多元化并为管理者和员工提供多元化培训。关于我们社会中多元化的价值，教会、社区组织和公民团体已经清晰地表达了多元化的使命陈述。无论是否有理想色彩，多元文化教育很有可能在21世纪在美国学校中愈加具有影响力。幸运的是，我们有许多优秀的基于多元文化教育原理的描述教学策略的资源，比如德曼—斯帕克斯（Derman-Sparks, 1989）；拉德森—比林斯（Ladson-Billings, 2001）；帕斯捷尔纳克（Pasternak, 1986）；斯潘—谢文（Sapon-Shevin, 1999）；谢德、凯利和奥伯格（Shade, Kelly, & Oberg, 1997）；斯利特和格兰特（Sleeter & Grant, 2003b）；蒂特和蒂特（Tiedt, P. L. & Tiedt, I. M., 2002）等等。

今天我们面临的挑战是如何成为具有多元文化的个体。在教学中，这样的问题将主要由白人中产阶级的人们来回答——主要是女性。当我们的学校日益由来自非主流群体的学生组成（有色人种的学生、低收入家庭学生、非基督徒的儿童和青少年、同性恋青年、残疾学习者等），然而教师则仍然来自主流社会群体。科克伦-史密斯（Cochran-Smith, 2003）引用人口统计学家2000年人口普查数据的分析报告称：在所有的老师中，86%是白种人；有色人种的学生占学校总人口的将近40%（p.4）；预测到2035年，有色人

第十三章 学校中的多元主义：多元文化教育的未来

种学生将达到57%（见表13.3）。

表13.3 美国公立学校教师

分 类	百分比
性别	
女性	79
男性	21
人种	
白人	84.3
黑人	7.6
西班牙裔人	5.5
最高学位	
学士	61.9
硕士	23.1
从业年限	
少于10年	41.7
0—20年	28.5
超过20年	29.8

资料来源：美国教育部门（2006年），国家教育统计中心。

庞（Pang，2001）已经敦促白人教师进行自我分析以了解在我们的社会中白人是如何塑造其身份认同的，而压制又是如何影响和塑造了非主流群体成员的身份认同的。这种自我分析是成为一个多元文化教师进程中的一部分；这也许经常令人感到不适，但只要去追求，就会让人感到解脱。最后，白人教师要深层次理解多元化和民主——因为多元化的需求将在我们的学校和社会中促进并维持多元化和民主。

> 教师的角色是对自由的人类的最高称呼。对老师来说，美国把她最珍贵的资源——她的孩子们托给他们；并要求他们在其灿烂的多元化中做好准备，以应对个体在民主社会中参与的艰辛。
>
> 雪利·赫夫斯特德勒（Shirley Hufstedler）（1925年—）

术语与定义

批判教育学（Critical pedagogy）：为学生提供机会，使他们可以通过不同的视角，应用他们的分析来理解所发现的矛盾，并采取行动。

多元性（Diversity）：建立在人类多种特征基础上的，可观察到或实际存在的人的差别。

全球化教育〔Global (International) education〕：教授全世界各个国家的文化。

隐性课程（Hidden curriculum）：学校以间接方式教授社会规范和价值观念。

多元文化（Multicultural）：由许多基于种族、族群、宗教、语言、民族、收入、性别、性取向以及身体的、智力的或情感的能力程度的从属群体组成的任何团体。

多元文化教育（Multicultural education）：指在学校和社会中的反对歧视、接受并肯定多元主义的综合的学校改革进程。

多民族教育（Multiethnic education）：将有关种族和民族的问题和信息整合进入学校课程。

多元主义（Pluralism）：在一个国家的疆域内，在互相支持的关系下，多样性的文化、制度和/或个体的平等共存。

记忆力（Retention）：学生回忆已学知识的能力。

迁移（Transfer）：学生将已有知识在课堂内外情境中运用的能力。

参考文献

Apple, M. W., & Beane, J. A. (Eds.). (1995). *Democratic schools*. Alexandria, VA: Association for Supervision and Curriculum Development.

包括四个学校中参与改革者所写的故事并描述了教育工作者和学生如何确立民主的政策和实践。

Appleton, N. (1983). *Cultural pluralism in education: Theoretical foundations*. New York, NY: Longman

考查美国如何成为多元化，美国教育如何应对多元化，将来我们的多元化社会可能是什么样子。

第十三章 学校中的多元主义：多元文化教育的未来

Baker, G. C. (1994). *Planning and organizing for multicultural instruction*. Reading, MA: Addison Wesley.

针对多元文化教育提出一种概念性的方法，为在课程和教学中实施多文化教育提出可行的建议。

Banks, J. A. (2001). *An introduction to multicultural education* (3rd ed.). Boston, MA: Pearson Allyn & Bacon.

解释了多元文化教育中的主要概念、原则、理论和实践。

Banks, J. A. (2006). *Cultural diversity and education: Foundations, curriculum and teaching* (5th ed.). Boston, MA: Allyn & Bacon.

探讨了涉及多种族的、多元化教育的演变，分析了实施多种族教学内容的课程问题和教学策略。

Bazron, B., Osher, D., & Fleischman, S. (2005). Creating culturally responsive schools. *Educational Leadership*, 63 (1), 83—84.

探讨了一种文化上共鸣的教育方法如何能够使课堂教学与多样化学生群体的文化价值体系更加和谐。

Brameld, T. B. H. (1956). *Toward a reconstructed philosophy of education*. New York, NY: Dryden Press.

倡导学校改革，促进一个更民主的社会。

Carlisle, L. R., Jackson, B. W., & George, A. (2006). Principles of social justice education: The Social Justice

Education in Schools project. *Equity & Excellence in Education*, 39, 55—64.

主张一种基于社会正义原则、以增加公平和学生学业成就的多元文化城市教育方法。

Carse, J. (1986). *Finite and infinite games: A vision of life as play and possibility*. New York, NY: Free Press.

描述了两种对生活的哲学取向，一种是协作的，另一种是竞争的，并解释了他们对不同人生经历的不同回应。

Cochran-Smith, M. (2003). Standing at the crossroads: Multicultural teacher education at the beginning of the 21st century. *Multicultural Perspectives*, 5 (3), 3—11.

描述了美国教育工作者感兴趣的三个关键问题：老师或学生的人口统计数据和趋向，竞争的学校改革日程，教育研究的评论。

Combs, A. W. (1979). *Myths in education: Beliefs that hinder progress and their alternatives*. Boston, MA: Allyn & Bacon.

分析了有关干扰学生学习和在学校中获得成功的价值、人性和教育的许多误区。

Cymrot, T. Z. (2002). What is diversity? In L. Darling-Hammond, J. French, &

S. P. Garcia Lopez（Eds.），*Learning to teach for social justice*（pp. 13—17）. New York, NY：Teachers College Press.

考查了多样性观念和教师对这些差异的勉强承认。

Darling-Hammond, G.（2002）. Learning to teach for social justice. In L. Darling-Hammond, J. French, & S. P. Garcia Lopez（Eds.），*Learning to teach for social justice*（pp. 1—7）. New York, NY：Teachers College Press

解释斯坦福教师教育计划学院如何协助将成为教师的学生成为适应社会变革的教育工作者。

Darling-Hammond, L., French, J., & Garcia-Lopez, S. P.（2002）. *Learning to teach for social justice*. New York, NY：Teachers College Press.

考查将成为致力于从事教授社会正义的教师者的体验和担忧。

Derman Sparks, L., & Ramsey, P.（2004）. *What if all the kids are white？: Antibias multicultural education with young children and families*. New York, NY：Teachers College Press.

为学前和早期基础教育的教师提供一些活动和策略，以使儿童参与反种族主义的学习方法。

Diller, J. V., & Moule, J.（2005）. *Cultural competence：A primer for educators*. Belmont, CA：Wadsworth.

用许多课堂案例描述了跨文化教学。

Gardner, H.（1999）. *Intelligence reframed：Multiple intelligences for the 21st century*. New York, NY：Basic Books.

回顾了早期的智力理论，探讨了存在多元智力的证据和对教育工作者而言这种理论的含义。

Gay, G.（2000）. *Culturally responsive teaching：Theory, research, & practice*. New York, NY：Teachers College Press.

描述了一种多元文化教育的哲学，这种哲学作为发展特定对象的基础和设计多元文化课程的组织原则。

Gayle-Evans, G., & Michael, D.（2006）. A study of pre-service teachers' awareness of multicultural issues. *Multicultural Perspectives*, 8（1），44—50.

回顾了教师多元文化问题意识的研究，提出了他们关于职前教师对待这些问题时意识的研究结果。

Hilliard, A.（1974）. Restructuring teacher education for multicultural imperatives. In W. A. Hunter（Ed.），*Multicultural education through competency-based teacher education*（pp. 40—55）. Washington, DC：American Association of Colleges for Teacher Education.

第十三章 学校中的多元主义：多元文化教育的未来

提供了针对师范学生的多元文化准备的定义、基本原理、一般目的及内容。

Howard, G. R. (2006). *We can't teach what we don't know: White teachers, multiracial schools* (2nd ed.). New York, NY: Teachers College Press.

讨论了诸如有关帮助教师特别是白人教师成为有效的多元文化教育工作者的社会支配地位和种族身份的发展的问题。

Hunter, W. A. (1974). Antecedents to development of and emphasis on multicultural education. In W. A. Hunter (Ed.), *Multicultural education through competency-based teacher education* (pp. 11—31). Washington, DC: American Association of Colleges for Teacher Education.

提供了美国群际关系、文化多元主义的兴起和对多元文化教育的需要和支持的历史概述。

Kershaw, T. (1992). The effects of educational tracking on the social mobility of African Americans. *Journal of Black Studies*, 23 (1), 152—170.

分析了用于在分级教学系统中决定学生安置的标准；解释了黑人学生是如何被歧视和这些决定的消极后果。

Kneller, G. F. (1971). *Introduction to the philosophy of education* (2nd ed.). New York, NY: Macmillan.

考查了五个当代教育哲学的智力基础。

Koppelman, K. (2001). Like a whale. In *Values in the key of life: Making harmony in the human community* (pp. 57—63). Amityville, NY: Baywood.

考查了美国人在接受人类多样性时的困难。

Kozol, J. (2005). *The shame of the nation: The restoration of apartheid schooling in America.* New York, NY: Crown.

考查了种族和阶层隔离及城区学校中低收入家庭学生设施不足的证据。

Ladson-Billings, G. (2001). *Crossing over to Canaan: The journey of new teachers in diverse classrooms.* San Francisco, CA: Jossey-Bass.

描述了8个教师在都市小学开始他们的教师事业和他们为提高学生学业成就对学生文化的使用经历。

Laosa, L. (1974). Toward a research model of multicultural competency—based education. In W. Hunter (Ed.), *Multicultural education through competency-based education.* Washington, DC: American Association of Colleges for Teacher Education.

探讨了文化多样性的价值和基于能力、使教师为能应对文化多元的学生做好准备的计划的需要。

Lee, J. O. (2003). Implementing high standards in urban schools: Problems and solutions. *Phi Delta Happan*, 84, 449—455.

Meier, D., & Schwarz, p. (1995). Central Park East Secondary School: The hard part is making it happen. In M. W. Appple & J. A. Beane (Eds.), Democratic schools (pp. 26—40). Alexandria, VA: ASCD.

描述了一种在纽约的一所中学中的多元文化教学法，个体的认知发展在多样性的学生群体中进行。

Murrell, P. C., Jr. (2006). Toward social justice in urban education: A model of collaborative cultural inquiry in urban schools. Equity & excellence in Education, 39, 81—90.

研究了两个个案学校的教师如何通过参与城区学校与大学的合作学习而提高了跨文化能力。

Myrdal, G. (1944). *An American dilemma: The Negro problem and modern democracy*. New York, NY: Harper & Row.

描述了美国文化中不同价值和矛盾以及他们如何与美国社会中普遍存在的偏见的关联。

Narez, C. A. (2002). Beyond cultural relevance. In L. Darling-Hammond, J. French, & S. P. Garcia Lopez (Eds.), *Learning to teach for social justice* (pp. 139—147). New York: Teachers College Press.

描述通过与文化相关的课程和反映文化的教学法来提升学生的学习效果。

Nieto, S. (2004). *Affirming diversity: The sociopolitical context of multicultural education* (5th ed.). Boston, MA: Pearson Allyn & Bacon.

提供了一种全面的分析，分析学校如何无法满足不同肤色学生的需求，并提出基于研究和实践的更有效的策略建议。

Oakes, J. (1985). *Keeping track: How schools structure inequality*. (2nd ed.). New Haven, CT: Yale University Press.

记录了教育分流教学实践如何使种族和社会阶层的不平等现象永久化。

Oakes, J., & Wells, A. S. (1996). *Beyond the technicalities of school reform: Policy lessons from detracking schools*. Los Angeles, CA: UCLA Graduate School of Education and Information Studies.

描述了在教育分流中影响学生的问题和非教育分流学校采用的策略。

Oakes, J., Selvin, M., Karoly, L., & Guiton, G. (1992). *Educational matchmaking: Academic and vocational tracking in comprehensive high schools*. Santa Monica, CA: RAND.

通过了解不同种族和性别的课程、结果和参与情况，考查了五所高中学校的分级教

第十三章 学校中的多元主义：多元文化教育的未来

学实践。

Oakes, J., Quartz, K. H., Ryan, S., & Lipton, M. (2000). *Becoming good American schools: The struggle for civic virtue in school reform*. San Francisco, CA: Jossey-Bass.

描述了5个州的16所学校为改变分级制度，实施其他改革以提高全体学生的教育水平所做的努力。

Pai, Y., & Adler, S. (1997). *Cultural foundations of education* (2nd ed.). Upper Saddle River, NJ: Merrill Prentice Hall.

考查了教育作为一种文化现象，学校教育的含义，并提供了课程和教学方法作为多元文化教育的基础这一信息。

Pang, V. O. (2001). *Multicultural education: A caring-centered, reflective approach*. (2nd ed.). Boston, MA: McGraw-Hill.

介绍了一些情节和课堂案例，阐明了文化、歧视和社会正义的概念，解释了教师如何能有效地阐述这些概念。使用实际经历阐明多元文化教育中的主要概念，并解释了这些概念如何能融入学校课堂教学中。

Partridge, E. (1983). *Origins: A short etymological dictionary of modern English* (p. 92). New York, NY: Greenwich.

引文有这样的注释：拉丁词"ducere"意味着领导，且是"Duke"的基础，p.169。

Pasternak, M. G. (1986). *Helping kids learn multi-cultural concepts: A handbook of strategies*. Champaign, IL: Research Press.

描述了为城区学校系统的多民族学生群体创造多元文化环境所开展的活动。

Peterson, B. (1995) La Escuela Fratney: A journey toward democracy. In M. W Apple & J. A. Beane (Eds.), *Democratic schools* (pp. 58—82) Alexandria, VA: ASCD.

描述了一个多元文化的小学如何通过一个双向的双语教育计划来开发学生的认知能力和自尊心。

Piaget, J. (1974). *The language and thought of the child* (Rev. ed.). New York: New American Library.

汇集了儿童间思维交换、语言理解及社会条件如何影响思维发展的初步研究。

Rowland, A. (2002). Checking in: Bridging differences by building community. In L. Darling-Hammond, J. French, S. P. Garcia Lopez (Eds.), *Learning to teach for social justice* (pp. 184—191). New York: Teachers College Press.

描述了消除学生误解的方式及如何使课堂融洽。

Sapon-Shevin, M. (1999). *Because we can change the world: A practical guide to building cooperative, inclusive classroom communities*. Boston, MA: Allyn & Bacon.

提供了一些反映多元文化教育原则的策略和活动，尽管该书的主要意图是为了在小学中创建有凝聚力的班级。

Shade, B. J., Kelly, C., & Oberg, M. (1997). *Creating culturally responsive classrooms*. Washington, DC: American Psychological Association.

考查了文化对学习的影响，并给出激励来自不同文化群体的美国学生的策略。

Shealey, M. W. (2006). The promises and perils of "scientifically based" research for urban schools. Urban Education, 41 (1), 5—19.

探讨了科学研究中的挑战和机遇及其对城区学校的启示。

Sheets, R. H. (2005). *Diversity pedagogy: Examining the role of culture in the teaching-learning process*. Boston, MA: Pearson Education.

讨论了文化对于学生学习的重大意义，并解释了教师如何从事课堂实践以充分利用文化差异。

Sleeter, C. E. (1996). *Multicultural education as social activism*. Albany: State University of New York Press.

探究了多元文化教育对于白人的价值，以及在争取社会正义的斗争中种族、性别和阶级间联系的影响。

Sleeter, C. E., & Grant, C. A. (2003a). *Making choices for multicultural education: Five approaches to race, class, and gender* (4th ed.). New York, NY: John Wiley.

考查了种族、阶级和性别的概念是如何被介绍给学生以及学生如何被要求对多元文化教育中的5种不同途径作出反应。

Sleeter, C. E., & Grant, C. A. (2003b). *Turning on learning: Five approaches for multicultural teaching plans for race, class, gender, and disability* (5th ed.). Hoboken, NJ: Wiley.

提供了在之前研究中作者支持的多元文化教育的5种途径中的任一种相一致的课程计划。

Stephan, W. (1999). *Reducing prejudice and stereotyping in schools*. New York, NY: Teachers College Press.

回顾了偏见和陈见的各种理论，考查了能促进消极态度改变的条件，描述了在学校中改善种族关系的技能。

Terkel, S. (1980). *American dreams: Lost and found*. New York, NY: Ballantine.

包括对多人关于他们对美国认识的访谈，其中包括 *Black Like Me* 一书的作者约翰·霍华德·格里芬(John Howard Griffin)。

Tiedt, P. L., & Tiedt, I. M. (2002). *Multicultural teaching: A handbook of activities, information, and resources* (6th ed.). Boston, MA: Allyn & Bacon.

为初级和中级课堂教学的教师在各种学科中的特定多元文化课程的主题研究和学习

单元提供策略。

Tobin, K., & Roth, W-M. (2005). Implementing coteaching and cogenerative dialoguing in urban science education. *School Science and Mathematics*, 105, 313—322.

通过降低教师的孤立感、减轻人员流动和滞留以及设法解决学生与教师中由于文化和民族的多样性引起的矛盾，描述了在城区学校中从事科学教育的工作者需做的准备。

复习与讨论

总结练习

参见本书第 31—32 页的练习，以帮助你归纳本章要点并定义关键术语。

辨析题

辨析练习 1. 隐性课程：美国印第安人

说明：儿童和青少年可能会学到一门我们不知道但被教授的课程吗？尽管见解不一或缺乏充分的事实依据，学校课程可能教授美国的儿童成为有偏见的或对他人有刻板印象的人。向队友解释在哪一方面单词、短语或句子是带有偏见的，并且哪一个分类的项目最具代表性。在你认为需要替换的单词或语句下画线。

完成了对所有项目的讨论和修改后，与其他队分享你的标识和对单词、短语的修改及修改理由。除了学习正确使用标点符号，儿童完成这个练习还可能学到其他什么未预料到的东西？

1. 在白人到来之前，印第安人在我们的国家已经生活了许多年
2. 你见过印第安人吗
3. 印第安人属于黄（红）色人种
4. 他们的皮肤呈铜色
5. 大多数男人被称为"斗士"（warriors）
6. 妇女被称为"野女人"（squaws）
7. 他们居住在圆锥形的小屋和帐篷里吗
8. 黄（红）色人种的人称谷物为玉米
9. 印第安人过去是用弓箭狩猎吗

10. 居住在一起的一群印第安人被称为"部落"
11. 小男孩和小女孩玩游戏吗
12. 印第安女人把婴儿背在背上吗
13. 印第安部落称她们的"首领"是什么
14. 印第安部落的首领被称为"酋长"
15. 一些印第安部落仍然居住在我国的西部

辨析练习 2. 多元文化教育中出现的问题

说明：在应对多元化的美国人口的学习中，当下，学校面临众多来自哲学和管理上的关注。下列每一对句子代表了一种对这些关注之一的不同反应。在每对句子中选择你认为能够达到更好的目的或与实践最接近的反应。请解释为什么你认为这个选择比另外一个选择更合适。

1. 就座安排

A. 如果老师允许学生坐在他们想坐的地方并且允许他们之间的关系自然而然地发展，一个充分体现种族、民族和多元化的其他形式的学生课堂是更好的；强迫来自不同文化背景的学生之间的关系是没有出路的。

－或者－

B. 为确保学生更好地熟悉和了解来自不同种族、民族和其他多元化背景的同学，老师应该安排文化上不同的学生彼此相邻就座。

2. 学校作为社会化代理的角色

A. 为不同背景的学生提供作为同学和社区成员相互了解的机会，教师应该让学生制定和实施解决现有社区问题的行动计划项目。

－或者－

B. 学校的主要功能是推进学生的学业进步；因此课堂活动应该关注学科内容和准备考试。促进校内或社区多元化学生之间关系的任务，应该留给课外活动和社区团体。

3. 最接近的分组实践

A. 在像民间舞蹈这样的体育活动中，教师应该让相同种族或民族的学生配合（对）而不是把来自不同背景的学生混合在一起，以避免潜在的冲突或交锋。

－或者－

B. 在类似的体育课中，老师应该始终让来自不同种族或民族的学生相

第十三章 学校中的多元主义：多元文化教育的未来

配合（对），并且其他的活动也要为加强互动和相互的关系提供机会。

4. 对群体的控制程度

A. 为促进群体间的关系，英国社会研究和外语等学科的老师至少应该设计一些以促进其他群体的知识和意识为目的的功课。

－或者－

B. 要促进群体间的关系，教师不应仅仅局限于提供关于不同群体的常规信息，而且要设计整合本地社区的各特殊群体信息的功课，并允许对这些群体可能遇到的问题及其解决方案展开讨论。

5. 语言的模式化使用

A. 由于使用语言来交流思想是更重要的，而不应在语法的正确性上纠缠，老师应该允许来自不同语系的学生像在家一样使用方言，甚至允许他们用"非规范化的"英语表达。

－或者－

B. 教师鼓励所有学生，尤其是来自说不标准英语家庭的学生，获得与来自中产阶级或上层收入家庭的孩子所要求的同等的英语语言使用标准。

6. 英语使用教学指导

A. 因为他们的父母在家使用了另外一种语言，口语或书面英语较差的学生应该由他们正式的课堂教师在上学前或上学后给予额外的个别帮助。

－或者－

B. 父母在家使用了另外一种语言的学生应该提供一门替代选修课的特殊课程来帮助他们学习英语；正式的课堂教师不应该被期望致力于用额外时间来帮助这样的学生。

7. 对发送者或接收者教授语言礼仪

A. 如果一名学生在课间休息玩耍期间喊了一个同学基于其群体的贬义的名字［比如，黑鬼（nigger）、西班牙佬（spick）、来自南欧佬（尤指意大利人）（wop）、波兰佬（polak）、犹太佬（kike）等等］，无意中听到这种称呼的老师不应该干预，因为学生需要学会如何处理这种侮辱性的语言。

－或者－

B. 无论它发生在操场、走廊或者在课堂内，老师都必须正视用贬义名字称呼别人的任何学生，因为忽视这样的语言就是纵容这种行为。

8. 学校在讨论地方事件中的角色

A. 老师可以讨论在过去影响了少数民族群体的历史问题，但要避免在课堂上出现来自某一少数民族群体学生的尴尬，教师不应该讨论那个少数民族群体当前所面临的问题，特别是那些问题就存在于本地社区。

—或者—

B. 教师应该利用他们的课堂作为一个论坛，供学生讨论种族、宗教、民族、社会阶层和其他问题；没有主题会仅仅因为它是有争议的或者是存在于本地社区而遭到回避。

9. 机会均等

A. 教师应确保为所有学生提供平等的领导职位和课堂奖赏的机会，不管他们的成员在任何少数民族群体（基于种族、民族、宗教等）中。

—或者—

B. 为确保儿童享有平等的机会，教师可能需要为来自弱势群体的学生提供特别的活动，因为机会平等不必保证以相同的方式对待所有学生。

10. 调整课程以使英语不流利的儿童和青少年适应

A. 像数学或科学这些课程的教师不应该被期待改变他们的方法和材料使来自双语家庭或家庭中使用另外一门语言的学生适应其英语的不足。

—或者—

B. 所有的学科内容领域都应该改变他们的方法和材料以满足他们学生的需求，而不管这些学生是在特殊的教育中或者是英语学习者（ELLs）。

小组练习

小组练习1. 选择小学教师，你会雇用谁呢?

说明：对在校儿童和青年学生来说，公平包括配备最好的老师以帮助他们学习。假设你是一个学校的董事会成员和一个小学管理委员会成员，负有招聘新教师的责任。在一到三年级有4个职位空缺，你已经面试了8个人并且对每个人都有好的印象，你从8名求职者中作何选择？

第一部分：通读下面的简短描述，并选择你想雇用的4人。

[注意：尽管这些描述所提供的信息要比现实中活生生的人要少，但无论一个人有多少资料，毫无疑问它也会是远远不够的。]

候选人1：40岁，女性，单身，有独自生活18年的丰富经验；在教育典型的不成功孩子方面非常成功。可能是一个女同性恋者。

候选人2：24岁，男性，单身，有在少数民族聚居区学校工作两年的经

第十三章 学校中的多元主义：多元文化教育的未来

验。近乎天才，他带有杰出的推荐。本地黑人政权集团的领袖；他的学生使用非洲的名字并公开反对使用"奴隶"的名字。

候选人3：35岁，男性，已婚，六个孩子的父亲。热心社区工作，对童子军感兴趣。以拥有十分有条理的课程和功课设计而出名，十年工作经验。印第安人后裔。

候选人4：40岁，男性，单身，与年迈的父母一起生活。该候选人在返回大学获取文凭之前有做当地商业企业家的丰富经验。刚刚在（学校与企业合办的）职业教育方面取得资格并得到2万美元专款，在初中学生中进行职业教育。土生土长的印第安人，天主教徒。

候选人5：26岁，女性，离婚，自己养活自己和3个小孩子。很有创造性，3年工作经验，在专业能力方面突出。波多黎各当地人。

候选人6：58岁，男性，备受尊敬的前主教牧师，离开教堂的讲坛与孩子们全职工作。已经取得教师资格。

候选人7：47岁，女性，丧偶。25年的工作经验，其中有三年在英格兰幼儿学校工作。希望能在这里体现幼儿学校的理念。凭借她自己和配偶的家庭，特别富裕。

候选人8：22岁，女性，单身，一年工作经验。在整个四年大学期间自愿辅导学生，包括暑假的全部时间。与一位其他种族的男士公开地生活在社区中。

第二部分：当你选定了4个名额，与你们指定的担任学校委员会人事部门的5个组中的其他成员合作。建立你们委员会运作的基本规则，包括领导、决策过程（多数票决或协商一致），以及其他任何你觉得重要的注意事项。

跟进：讨论每一个委员会成员的选择，以对候选人取得一致意见。当你们组为这些职位选定了教师候选人，把你们的选择张贴出去并与其他组进行比较。在你们小组的选择后面总结出理由。

小组练习2. 困难的成员对话的经验

说明：分成3个小组，基于以下的脚本来展开对话。在你5分钟的情境角色扮演中使用下面的情景作为基础。在你的幽默短剧结束时保持在角色状态，并且就剧中对关于课程的动机、目的或隐藏在你的评论之后的意图等问题作出回应。每3人一组要求完成5分钟的角色扮演，不考虑与其他人的表演相类似。

角色：
- 俄罗斯的研究生助教，召集一门必修的普通科学物理学实验课程
- 来自索马里的加入了美国籍的非洲裔美国人希望完成她的学士学位并在非洲教学
- 认真的物理专业学生，虽然还是一个本科生，但曾对基础的激光研究知识作出重要贡献［请看下面的陈述］

一名在物理课上的学生作了如此陈述，"我很高兴我们学了这门课。远离那些在我们理解人类的差异课程中不得不讨论的多元化、多元文化和多元主义等问题，这真是太好了。至少我们能够处理一些事实而不必担心像种族、性别、民族起源或者同性恋等这样的问题"。

社区活动

行动研究

今天的学校要比几年前的学校更加多元化了吗？使用一个你被允许指导这项研究的当地的学区，或者是经批准在你的家庭所在地学区，为你发展以下几个方面不断增加的多元化的一个历史时间表收集足够的信息：课程、全体教师、管理、学校政策和学生团体等。然后，从你的调查进入到确定的学区，找出目前存在的问题或源自多元化问题的关注点。与说明性文字一起，把时间表和问题的列表交给你的人类差异指导教师。

服务学习

在校的孩子和青年们什么时候需要最大的支持？调查你所在大学和社区范围内执行的小学和中学的辅导计划，比如男孩和女孩俱乐部辅导计划，并且建立一个特定的校内和校外辅导时间表。把那些你指导的孩子和青年的进步以及你取得的进步作为一个成功的辅导记载下来。详细列出 10 个如果指导者想要成功指导，他们应该了解的关于孩子或青年的事实。

第十四章　社会中的多元主义：
在多元化的美国创建一体化

"神奇啊！这里有这么多可爱的物种！人类是多么美丽！啊，
新奇的世界，有这么出色的人物！"

莎士比亚（William Shakespeare，1564—1616）

在我们身边，一个新奇的世界在美国正逐步形成。虽然富有多样性，但美国还没有成为一个多元主义社会。多元主义需要把人的差异作为财富，并且重视我们社会中的多样性。美国人对彼此仍然很警觉，当团体间有冲突发生时感到很害怕。无论如何，变化正在发生，我们更好地接受他人，社会变得更加多元化。很明显，今天基础教育学校及大学的学生们将对我们未来的社会产生重大影响；但是许多美国人没有意识到基础教育学校中几乎40%的孩子和年轻人是有色人种学生。根据2000年的人口调查数据，加利福尼亚州和得克萨斯州的有色人种学生占基础教育学生总数的50%。移民占美国劳动力的12%，而且20%的基础教育学生出生在国外，或父母出生在国外（Cochran-smith，2003；Pipher，2002）。美国贸易协定确信这些数字将会进一步增加。

种族和民族群体的多元化及分布发生了不可思议的变化：例如，明尼苏达州奥瓦通纳居住着600人以上的索马里难民。虽然我们的媒体一直倾向于认为美国的多元化主要以非洲裔美国人为代表，但是拉美裔美国人已经成为了最大的少数民族群体。这些社会变化会相应地反映在社会组织中，以美国军队为例：超过1440名穆斯林和1240名佛教徒在美国军队服役。军队招募的士兵中1/5是女性，一半是非洲裔美国人（Katzenstein and Reppy，1999；Matthews，1999）。

要利用这些前所未有的人口变化，美国人必须认识到需要寻找新的共同生活和工作的方法，必须创造新的社区人际合作关系。在蒙大拿州的比林斯，一个犹太人家庭为了庆祝光明节装饰房子，并把烛台放在前窗上。在一个无赖向他们的窗子丢了煤渣块后，上千个基督徒家庭把烛台的照片放在窗子上，这样，无赖们就不能找出社区中哪些家是犹太人家庭（Eck，2001）。

在我们这个多元化的世界中，美国是最大的一个多元化社会：美国大型跨国公司的全球业务要求对多元化的全球议题和文化非常敏锐。全球每个国家都有人移民到美国，随后成为美国人；我们的多元化不仅表现在地理起源（种族）的差异上，而且还体现在宗教、社会阶层、残障（群体）、性别、性取向、年龄、地域、方言各个方面，以及其他众多分类中。

> 每一个时代都是在消逝或是新生的梦。
> 阿瑟·奥肖内西（Arthur O'Shanghnessy, 1844—1881）

作用于社会各方面的力量逐渐将多元主义作为替代过去盎格鲁同化政策的首选方案。虽然美国早期倾向同化，现在已经接受了人之间的差异，然而这样的转变不会在几十年内就能实现，但是我们必须意识到这种变化，并为将来的挑战做好准备。本章阐述了联邦政府、高等教育、公司、大众媒体和军队等五个主要的社会领域，以及他们怎样有意识而又慎重地对美国的多元化做出积极的反应。下文中我们所提供的信息基于以下三个问题：

倡导者是怎样促进多元化的？
批评者是怎样反对多元化的？
哪些变化体现了多元化的进展？

即使不考虑职业选择，大多数人在开始他们的职业生涯时，都要考虑本章所描述的某些形式的挑战和变化。

联邦政府

当约翰·F·肯尼迪（John F. Kennedy）总统发布10025号行政命令要求联邦政府同意招聘和雇佣非洲裔美国人时，他第一次使用了肯定性行动（affirmative action）这个短语（Painter，2005）。1964年民权法案（Civil Right Act）第七条进一步扩展了这一概念：包括被那些与联邦政府有业务往来的私人企业雇佣的有色人种和女性。公司必须制定肯定性行动计划（affirmative action plan），包括雇佣目标及达成目标的时间表。通过强制施行肯定性行动计划，联邦政府推动了多元主义，减少了歧视行为并为女性和有色人种提供了机会。第七条规定：如果法庭认定种族歧视的存在，法庭可以命令雇主执行适当的肯定性行动计划。1972年第七条修正案增加了"或者是法院认为适当的任何其他同等救济"（Greene, 1989, p.15）。自从民权法案成为法律起，第七条就一直具有争议性。民权法案强调始终保持公共视线中的所有美国人的机会均等。

民权法案规定，肯定性行动计划是自愿的，除非法院命令必须设计和实施肯定性行动计划。决定是否需要（实施）肯定性行动计划，可以先分析公司和机构中雇员的多元化或者分析一所大学中的学生数量。如果人口变动与适用的申请人变化相似，就不存在公平问题。如果二者不一致，若存在对某些申请者有利而对另一些申请者不利的情况，每个申请或选择人员的过程都要进行评估，看是否存在偏见。

关于肯定性行动的辩论

不管是在公共广场，还是在美国高等法院，都进行了关于肯定性行动的讨论。讨论的焦点在于：肯定性行动的目的是仅仅打算补偿遭受故意歧视的受害者，还是使整个劳动力及高校中的女性和少数族裔的分布更加合理。在商界，焦点在于对遭受歧视的受害者的赔偿；高等教育机构已经实施可以增加在校女性和少数族裔数量的入学政策。

肯定性行动的倡导者认为要采取积极的行动处理在雇佣和大学招生中的不平等现象。批评者坚称社会应该保证每一个公民的机会平等，认为大量证据表明我们没有达到这个目标。因为某些工作要求大学教育经历，大学入学的政策及其实施以及商界和公司将被监控，以确保女性和少数族裔拥有和白人男性一样的工作和升迁机会。肯定性行动的倡导者解释说，监控的目的不是为了惩罚，而是与通过创造种族、性别、民族的统一，使我们的社会更加强大。格林（Greene, 1989）认为，如果白人男性继续站在权力和威望的立场上排斥其他群体，那么分裂将依旧存在（p.10）。

肯定性行动的反对者指出，平等机会计划导致了美国人更加不团结。他们公开指责肯定性行动计划是种族主义的，因为人们强调种族，创造了定额制度（即"优惠待遇"这个术语）。反对者还声称公司和学校经常被强迫接受女性和少数族裔，他们的素质低于被拒绝的白人男性。他们认为肯定性行动的目标是减少歧视，但它却造成逆向歧视——降低了高素质的白人男性的机会，这颇具讽刺意味。伊斯特兰（Eastland，2000）对逆向歧视的诉讼表示感谢，因为这提醒我们清楚"美国人不应由于种族原因被歧视"的规则(p.175)。反对者还暗示，肯定性行动计划对社会产生了副作用，因为素质和能力被打了折扣，使得"解决方法"比问题本身更糟糕。

肯定性行动的裁决困境

1971年，美国高等法院（U.S. Supreme Court）裁决的格里格斯诉杜克电力公司案（Griggs v. Duke power case）的焦点是素质和能力。杜克电力公司的求职者被要求具有中学文凭或参加一个特别的标准化考试并达到一定分数。律师认为，这种要求使黑人遭淘汰的比例比白人大，因为不平等的教育机会及其他不平等现象使获得中学文凭的黑人青年远远比白人青年少。美国高等法院裁定：任何致力于选拔最高素质的候选人的雇佣行为都是合法的。公司不应为那些目前对个人有不利影响的过去的歧视行为负责任。只要工作要求涉及工作表现，他们就不能被贴上歧视的标签，即使这对某些申请人有利。

基于相同的观念，美国高等法院推翻了资历体系（seniority system）以减少经济衰退时期的失业。因为过去对女性和少数族裔的歧视，实施资历体系要求雇主优先解雇资历较浅的人："最后雇佣的人，最先被解雇。"虽然这个过程看起来是种族中立的，但律师提供证据证明：大多数女性和少数族裔职员资历很浅，更容易遭到解雇。最高法院的判决承认问题的存在，但坚持认为资历体系建立在宪法的基础上，因为它并不代表故意歧视。对包括种族定额的肯定性行动计划案件，法院的裁定保持了与此相同的一致性。种族定额指雇用和接受一定数额的少数民族人员。

肯定性行动与定额

每当种族定额（Racial quota）被人使用时，美国高等法院就对其进行否决，声明第七条从未强制使用种族（或其他）定额。实际上，这些裁决是正确的。第七条没有提及定额问题，也没有任何的暗示要求雇主必须聘请不合格的求职者；如格林（Greene，1989）所言，第七条第703页第十项规定：

本条内容不得被解释为：要求任何雇主、职业中介机构、劳工组织或联合劳动管理委员会由于本条款而给予任何个人或任何集团以优惠待遇（p. 60）。

否决种族定额判决的著名案例之一是加利福尼亚州校董诉巴克案（Supreme of California v. Bakke）。1970年，进入美国医学院的所有800名有色人种学生中，按照方案80%被两所著名的黑人大学录取。因为加州大学戴维斯医学院（the University of California-Davis Medical School）的少数族裔学生从未超过学生总数的3%，学校决定为少数族裔申请人保留8个招生名额（达到少数族裔申请者的16%）。阿兰·巴克（Alan Bakke）虽然平均成绩和入学测试成绩高于那些被录取的少数族裔申请者，但他连续两年被加州大学戴维斯医学院拒绝。鲍尔（Ball, 2000）认为，巴克的律师采取了坚持不懈地驳斥种族定额理念的策略，而加州大学戴维斯医学院的律师认为学校只接受学业成绩合格的申请者进入医学院，并认为在某些行业中"长期无处不在的种族歧视造成了少数族裔学生被长期排斥在外的状况"（p. 92），因此采取优惠待遇增加学校中少数族裔学生的数量是必须的。

> 谁获得克服障碍的力量，谁就拥有战胜逆境的力量。
> 阿尔贝特·施韦泽（Albert Schweitzer, 1875—1965）

1978年巴克案的最终判决使法院产生了分歧。4名法官认可加州大学戴维斯医学院的肯定性行动程序，4名法官反对，认为种族因素在入学决定中不应该扮演任何角色。鲍威尔（Powell）法官投了决定性的一票。鲍威尔在备忘录里宣称：为达到肯定性行动的目标而实行种族定额策略是违反宪法的，但甄选大学申请者时需要考虑种族因素。

对少数群体企业的肯定性行动

另外一个被法院否决的肯定性行动策略是为少数群体企业预留一定百分比的税收资助项目（tax-funded projects）的计划。1983年，弗吉尼亚州里士满市50%的人口是非洲裔黑人，但在过去的五年里只有不到1%的城市项目资金用于少数群体企业。里士满城市议会批准了肯定性行动计划，要求城市建设项目的获得者至少把项目总额的 30% 转包给少数群体企业。当 J·A·克罗森公司（J. A. Croson Company）坚持认为不能找到合适的少数群体企业，请求（里士满市）放弃转包要求时，里士满市拒绝了公司的请求，并告知公司将对他们的那部分城市项目进行重新投标。公司将案子提交到联邦法院，最高法院于 1989 年宣判。

桑德拉·戴·奥康纳（Sandra Day O'Connor）给里士满市 J·A·克罗森公司（Richmond V. J. A. Croson Company）案中的主要承建商写信，批评了里士满市的预留项目：显而易见，确定 30% 这个数字是武断的，也没有提供先前主要承建商有意歧视少数群体企业的证据。奥康纳认为，里士满市议会应该实行有效的、种族中立的策略，而不是实行预留定额。法院肯定了对过去歧视进行补救的权利，但也认定种族定额是违宪策略（Crosby & VanDeVeer，2000）。

肯定性行动的前景

1995 年，全国就业律师协会（National Employment Lawyers Association）发布了表明其立场的文件。文件引用了一些支持肯定性行动的研究来证明他们的论点：对少数族裔和女性来说，肯定性行动显著地减少了工作歧视，提高了职业地位和流动机会（2000，p. 711）。然而由于肯定性行动遭到持续批判，克林顿总统在同年任命了一个专责小组审查了所有的联邦肯定性行动计划。专责小组提出了一些修改建议并得出结论：被审查的肯定性行动计划没有包括定额，没有给予不合格的个人以优惠，也没有逆向歧视现象。相反，肯定性行动被用来补救过去的歧视，"引领国家走向机会平等的目标"（Ball，2000，p. 163）。

加利福尼亚选民不同意这个观点。1996 年，他们投票支持 209 提案（Proposition 209），禁止在雇佣、授予公共合同、大学入学等方面给予任何个人或组织优惠待遇。根据鲍尔（Ball，2000）的观点，在提案通过的那一年，加利福尼亚法学院（California law schools）的非洲裔新生降低了 72%，进入加州大学伯克利分校的有色人种新生总数降低了 50%。第二年，加州大学洛杉矶分校和伯克利分校报告说有色人种学生持续下降。为应对不断增加的对州立大学校园隔离政策的指控，加利福尼亚立法者投票保证加利福尼亚的大学将录取所有进入所在班级前 4% 的高中毕业生。批评者认为：表决结果意味着承认加利福尼亚的大学校园内存在种族隔离，这是具有讽刺

第十四章 社会中的多元主义：在多元化的美国创建一体化　　**473**

意味的。虽然诸如俄勒冈州在内的一些州通过了类似 209 提案的法案，但是其支持者认为废除肯定性行动还为时过早，大多数人同意克莱顿和克罗斯比（Clayton and Crosby）的观点：

　　当达到真正平等的目标时，肯定性行动将不再是必要的了。我们目前还没有达到这个令人憧憬的状态。在美国社会，性别歧视和种族歧视一直是一股强大的力量，对女性和有色人种的敌视和成见影响着人们的决定（P. 88）。

高等教育

自 20 世纪 60 年代以来，学院和大学实施肯定性行动增加校园内有色人种学生的数量。虽然众多管理者最初认为肯定性行动是不必要的，但是近些年管理者们日趋表现出了多元化的态度，认为多元化有利于整个学生群体。大学校园里的管理者、全体教师、学生领袖一贯支持设定多元化目标。莫西（Musil，1996）概括了他们的观点：

　　把多元化引入校园不是一种简单的慈善行为。它与自身利益相关……它将使高等教育比现在更好。它扩展了我们的学习观念，拓宽了我们学什么及怎么学的视野。它改进了我们的教育学，增加了我们人力资本的资源（p. 225）。

图 14.1　对"政治上正确"运动的不宽容仍然在校园制造着紧张气氛……

对高等教育多元化目标的批判

实施肯定性行动计划提升多元化的高等教育已成为被众多人批评的主题。甚至有些有色人种认为，肯定性行动侮辱了有色人种学生，因为白人学生质疑有色人种学生的学术能力，并认为他们是通过低标准得以录取的。一些教师指责肯定性行动计划致使学术标准明显下降，同时，推进多元化课程导致了传统大学教育的严谨性下降。

批评者谴责传统课程的变化，指控那些正在创造更加包容的"政治性"课程的教职人员，认为这些课程不再仅仅局限于纯粹的学术目标。如果这样，谴责保留只强调白人文化的课程就更具有政治性了。另一个持续的批评是，大学在多元文化主义的压力下使传统的西方文化课程正在大面积的消失。根据1999年的一项调查，几乎60%的大学教师认为，西方文化课程是本科教育的基础，而全美国超出一半的大学要求必修西方文化课程（Yamane，2001）。

女权主义者和有色人种正在向大学课程缺乏与他们相关包容而发出挑战，批评者在这点上是对的。邓肯（Duncan，2002）认为，在大学课程里，女性和有色人种学生很少能获得由他们的群体写的、或者是关于他们的群体的信息，往往看到的是误传或曲解他们群体的描述。更糟糕的是，邓肯声称，有色人种学生发现学到的东西包含着既明确又微妙的种族主义主题。大学课程的内容是具有关键性的问题，如格洛夫和凯恩（Groff and Cain）所言："课程是文化的一个缩影：它所包含和排除的内容反映了文化的取向"（Yamane，2001，p.6）。

高校教师和课程内容的多元化

不仅课程忽视了有色人种，大部分大学都缺少有色人种教师。图史密斯和雷迪（Tusmith and Reddy，2002）指出，在高等教育教师队伍中，有色人种不到15%，大部分是非终身教授或讲师。布朗尼·米勒（Browne Miller，1996）援引了一位亚裔美国学生对白人教授教学风格的观察，认为"这更适合美国中产阶级男性，对非白人学生与女性不能达到很好的效果"（p.90）。有色人种教师执教的课程向学生呈现了他们很少听到的观点，这有利于全体学生，包括白人学生。雷迪（Reddy，2002）写道：

第十四章 社会中的多元主义：在多元化的美国创建一体化

学生们（特别是但不仅限于白人学生）来到我们的大学教室。他们受到我们所生活的社会的每一个元素的影响，准备好接受白人的权威、智慧和权利，而不考虑有色人种的观点和经验（p.54）。

如果大学校园里的白人学生和有色人种学生团结起来，必将出现积极的成果；而他们可能会或可能不会喜欢或者向对方学习。几乎在一个世纪以前，记者约翰·雷德（John Reed）发现：生活在多元化社区，可能带来"痛苦、隔离的孤独或是理智的愉悦，能使我们有更深的自我认识和……人类和解"（Lowe，1999，p.22）。为确保不同群体的成员和由高校赞助的频繁的文化多样性讲习班、研讨会之间的相互作用富有成效，他们要求所有的学生至少选择一门多样性课程，鼓励相关院系开设至少一门以多样性问题为重要内容的课程，也鼓励所有的教师把多样性问题整合进所教授的课程中。

20世纪60年代以来，许多高等教育机构的教授开设了以一个或多个不同群体为焦点的学术课程。当他们研究多样性问题时，他们努力学习自己及学生们的经验。多元化问题的解决是一个循序渐进的变化过程。根据莫西（Musil，1996）的观点，大学不能假设自己能"简单地添加多样性，搅拌一下，而不从根本上改变配方"（p.224）。为了进一步说明这个问题，莫西继续描述那些研究多元化问题的早期课程的局限性，以及共同学习那些课程的教授和学生从中学到了什么：

黑人进行的是研究黑人男性的典型研究。女性进行的是研究白人女性的典型研究。同性恋者的研究没有提到基督徒和犹太人。并且这三类研究都没有关注群体中的那些老年人、工人阶层或残障者。今天，这些还存在于各种类型课程里的文本中，我们需要在课程中认识我们的多重身份（p.228）。

不幸的是，选课数据显示，只有少数白人学生选择了民族问题研究课程，而很少有男性选择女性问题研究课程。邓肯（Duncan，2002）认为，大部分白人学生，尤其是白人男性，如此习惯于以白人经验为重点的课程，以至于当他们努力学习关于女性和有色人种经验的信息时，感到陌生、戒备和不舒服。虽然面对这些困难，学院与大学继续推动学生获取多种群体知识的目标。课程是用来提高学生接受多元化群体的能力，是传统课程的补充而不是要取代传统课程。克罗蒂尼（Kolodny，1998）就给传统教材添加多元化内容的重要性进行演讲：

> 我们正在扩展学生们的阅读书目和解释策略，教他们理解和欣赏审美规则和文化实践，正是这些创造了祖尼故事并形成了莎士比亚戏剧（p.49）。

1989年，美国威斯康星大学系统实施了一项"为了多样性而设计"的计划，要求全校范围内变革政策和实践，使其成为有色人种学生更喜欢的地方。全美国的大学都进行了变革，为不断增长的多元化的大学生群体创造积极有利的环境。汉弗莱斯（Humphreys，2000）公布了一项研究成果，63%的学院和大学至少开设了一门多元化课程，并要求学生毕业前必修一门多元文化课程，有的学校正在开发这样的课程；42%的院校要求这样的课程超过一门；25%的院校早在十多年前就有了这些要求。

结果和可能性

多元化课程不仅为不同群体提供更多的理解，还帮助学生欣赏多元化的好处。在布朗·米勒（Browne Miller，1996）的研究中，一个学生认为"更深的多元化意味着对知识、朋友，或人们之间理解更多的可能性"（P.83）。像美国这样的多元化民主社会，学院和大学必须为多元化群体的互相理解提供实际的便利。鲍尔（Ball，2000）评论道，"为了民主的蓬勃发展，大学生必须能与那些与自己不同的其他学生互动。"在一个多元化系列报告中，美国大学协会认为多元化促进了民主的承诺，"不是创造异化和分裂，（美国大学协会）坚信只有多元化才能使我们实现更深入、持久的国家统一"（Musil，1996，p.226）。

> 民主是一种生活方式，是一种充满活力、生动、长久的希望和进步；它不断促使人们实现人生目标——追求真理、正义和人的尊严。
> 索尔·阿林斯基（Saul Alinsky，1909—1972）

多元化不仅仅是指种族、民族、性别或残障等明显的差异，还包括今天在大学就读的学生中发生的其他变化：几乎50%的大学学生是24岁以上，超过50%的学生是他们家庭中第一个进入大学的，在我们的校园里

第十四章 社会中的多元主义：在多元化的美国创建一体化

有学习障碍的学生是残障学生中增长最快的类别。对他人的接受需要改变学校传统的政策和做法。然而随着人口发展和肯定性行动计划改变了我们的校园面貌，反对者竭力维持现状。白人学生再次提起诉讼，反对密歇根大学的研究生和本科生招生计划，认为招生程序中存在种族因素。2003年，最高法院对此案的裁决维持了其一贯立场：允许将种族作为招生程序中的一个因素，同时拒绝种族定额的做法。虽然可能有更多的个案，但这次判决肯定了大学的论点——拥有一个多元化的学生团体有利于密歇根大学的全体学生。另外，判决进一步澄清了大学如何在入学程序中包含种族因素。

公司和小企业

令肯定性行动的反对者惊讶的是，几个财富500强企业向法庭提交了支持密歇根计划的简短声明。过去的20年里，私营部门一直支持肯定性行动。20世纪80年代早期，许多公司反对里根政府的努力，力求降低联邦项目对承包商的要求。根据瑞克（Reskin，2000）研究中提到的CEO们的反映，128家大公司中有122家将"保留他们的肯定性计划，即使联邦政府要求结束肯定性行动。"在调查中，CEO们倾向于认为肯定性行动改善了招聘、市场营销和生产率。根据哈佛大学商学院大卫·托马斯（David Thomas）教授的研究：任何一个拥有超过100名雇员的公司，不管位于何地，具有多元化的员工队伍是必然的现实（Hymowitz，2005）。

近年来，美国企业变得越来越重视多元化。他们必须如此。在今天，白人男子仅占员工的35%，到2010年，有色人种将占员工总数的40%（Daft，2003）。在2005年华尔街日报的一篇文章里，希莫威茨（Hymowitz）写到："如果公司在全球范围内出售商品和服务，他们需要一支十分庞大的雇员队伍，这些雇员需要有不同的观点和经验。"商业领袖们知道，通过实施多元化政策和做法积极地回应多元化是必要的。因为不仅雇员越来越多元化，顾客也如此。

雇员中的女性和有色人群数量反映了他们作为消费者的比例一定会增加。2000年，商务部长诺曼·米内塔（Norman Mineta）预测，"未来50年内美国人口数量将增长50%，其中90%的增长来自于少数族裔社区"（Williams，2003，p.442）。当人们消费时，他们要求得到美国公司的关注。威廉姆斯认为，有色人种具有近8000亿美元的购买力，1.34亿美国女性具有1.1兆亿美元的购买力（见表14.1）。一个企业总裁坚持认为，更多的女性应该被任命为公司的董事，因为"女性控制或影响着几乎所有的商品消费"（Jones & George，2003，p. 118）。

公司诉讼

美国公司重视多元化的一个必要理由是美国人口的变化。有关歧视诉讼有所增长。20世纪80年代和90年代早期，丹尼饭店是一个涉嫌多次种族主义事件的场所（见下页"丹尼饭店发生的种族主义事件"。）。尽管作为美国最大的饭店联营企业之一，丹尼饭店很少聘用少数族裔雇员，并且它的主要供应商没有一家是少数群体企业。在被 Advantica 公司收购时，丹尼饭店为庭外和解歧视诉讼支付了5400万美元。根据威廉姆斯（Willianms，2003）的研究，Advantica 的 CEO 认为诉讼使丹尼饭店成为"种族主义的典型代表"（p. 467）。

表14.1 美国消费者的多元化和消费能力

群体	人口数量	消费能力
同性恋	2000万	6080亿美元
残障人士	5100万	2200亿美元
非洲裔美国人	3400万	6460亿美元
亚裔美国人	1000万	2960亿美元
西班牙裔美国人	3500万	5800亿美元
女性	1.4400亿	1.1兆亿美元

资料来源：Census Bureau (2006) at www. Census. gov and Cultural Access Group (2006) at www.accesscay.com.

Advantica 公司用积极的行动改变了丹尼饭店的印象。在21世纪初期，42%的丹尼饭店员工是少数族裔，而管理人员占33%。它的供应商接近20%是少数族裔群体公司，并且它的专营权的35%属于少数族裔。丹尼饭店对多元化的承诺得到了财富杂志的认可，并将其列为支持少数族裔的前十家公司之一。

1998年，阿拉伯裔美国工人和经理人指控底特律爱迪森电力公司（Detroit Edison，密歇根州最大的电气设备生产商）在晋升和薪酬方面存在歧

第十四章 社会中的多元主义：在多元化的美国创建一体化

视，并对其发起集体诉讼。底特律爱迪森电力公司的代表立即谈判并承诺改变。他们履行了自己的承诺。他们招聘并雇佣了一个闻名全州的阿拉伯裔美国人为副总裁，他们与供应商保持联系，其中由中东血统的人拥有的企业不断增长。与此相应，阿拉伯裔美国人都在赞扬底特律爱迪森电力公司，它的总裁收到了在阿拉伯裔美国人反歧视委员会密歇根州分会下的咨询委员会任职的邀请（Millman，2005）。

丹尼饭店和底特律爱迪森电力公司的经历不是孤立的事件。寿纳饭店（Shoneys Restaurants）花费了 1.328 亿美元以解决雇工方面的种族歧视索赔；因为同样的原因爱迪森国际（Edision International）付出了 1100 万美元。因为在职位晋升方面存在对黑人的歧视，大西洋贝尔电话公司付出了 5 亿美元。在政策和做法方面做出重大改变后，现在这三家公司被列入《财富杂志》评选的支持少数族裔公司前 50 强。

丹尼饭店发生的种族主义事件

大约凌晨一点，参加在圣何塞州立大学举行的中学会议的 32 名非裔美国高中生来到丹尼饭店，但是被经理告知，根据丹尼饭店有关规定，他们必须支付所点餐费且每人支付 2 美元服务费。虽然此时丹尼饭店有许多白人顾客，他们没有人被要求预付或支付服务费。

21 名特工人员前往马里兰州安纳波利斯为总统出访做安全准备，他们停在丹尼饭店进晚餐。饭店就餐的客人不多，21 名特工坐在一起。白人特工马上拿到了他们点的食物，而六名非裔美国特工没有拿到。白人特工的食物上来半个小时后，非裔美国特工询问他们点的食物，女招待摇摇头走开了。其他白人顾客陆续到来并受到招待，非裔美国特工仍然没有食物。他们要了区域经理的电话号码后离开了。

因为丹尼饭店登广告宣称顾客过生日时可以免费就餐，一个非洲裔女孩在丹尼饭店庆祝她的 13 岁生日，女招待不是很高兴。当女孩出示洗礼证以证明今天是她的生日时，女招待很生气并叫来了经理。经理拒绝将洗礼证明作为证据，并要求查看女孩的学生证。当女孩出示后，经理仍然拒绝，并冲着这个家庭大声喊叫。这个家庭离开了饭店。

工作场所的多元性

大多数企业并非借诉讼处理多元化问题，他们认识到了工作场所多元性的优势。人口以拉美裔为主的地区，西尔斯百货和塔吉特百货（Sears and Target Stores）通过给拉美裔顾客提供方便获益，同样，达登饭店（Darden's Restaurants）提供拉美风味的菜单（Jones & George, 2003）。进一步说，拥有多元化的经理和雇员提高了满足顾客需求的可能性。为招聘更具多元性的员工，公司使用了以下策略：诸如（1）提供大学奖学金和工作指导的自我增长计划；（2）提供工作信息给当地教堂、拉美语电台和电视台；（3）赞助经理人多元化研讨会；（4）设立一个全职的多元化协调员职位；（5）赞助社区活动，如五月五日节或同性恋游行（Hymowitz, 2005）。

> 这个国家将不适合我们每一个人居住，除非我们把它建设成适合我们所有人居住的好地方。
>
> 西奥多·罗斯福（Theodore Roosevelf, 1858—1919）

积极向上的多元化工作环境提高了生产率，减少了营业成本。美国就业管理协会估计雇佣一个新员工的平均花费是10000美元（Jones & George, 2003）。格里芬（Griffin, 2002）认为，通过降低女性和少数族裔的流动比率，一家制药公司可以节省5万美元。为什么62%的求职者更愿意为那些作出了多元化承诺的团体或机构工作呢？为多元性员工创造积极的工作环境可能是原因之一（Daft, 2003）（见表14.2）。

表 14.2　美国最好的少数群体企业

公司名称	董事会	经理和管理人员	员工总数	新员工中少数族裔百分比
Advantica Spartanburg, SC	4/11	33.4%	49.9%	69%
Avis Rent A Car Garden City, NY	2/11	25%	48%	63%
Dole Food Westlake Village, CA	1/7	36.6%	55.6%	71%
Fannie Mae Washington, DC	N. A.	27.6%	40.2%	46%
Levi Strauss & Co. San Francisco	2/12	35.3%	58%	51%
SBC Communications San Antonio, TX	4/24	26.1	34.4%	52%
Xerox Stamford, CT	2/16	23.4%	28.7%	40%

第十四章 社会中的多元主义：在多元化的美国创建一体化

创造积极的工作环境并不简单，但却是必要的。在对当前问题的讨论中，格里芬（Griffin，2002）声明，公司的一个基本趋势是"所有的机构正事实上变得越来越多元化"。公司对多元化的界定，不仅包括种族、性别等显性差别，还包括地位、单亲家庭或双职工夫妇在内的隐形差别。为了适应多元化，一些美国公司在工作场所建立了托儿所，或者制定灵活的工作时间等政策。制定福利待遇政策也可以满足员工的不同需要。灵活并非一定要很昂贵，即使对残障人士也是如此。根据威廉姆斯（Williams，2003）的研究，为残障工人提供住宿的平均花费是250美元；20%的住宿费用不涉及直接成本。

多元化培训课程

多元化培训课程不是新事物，但在过去被认为是无用的，因为他们倾向于使用如下两个方法：敏感性训练，似乎没有什么使用价值或者是对抗性的做法，反对白人。如今多元化训练的主题十分广泛，重点是制定促进多元化的、务实的经营理念，提升沟通和管理的技巧。许多公司实行密集的多元化训练计划，不仅为改善多元化员工与经理间的工作关系，还为确保员工能与多元化的顾客进行有效的互动。多元化培训课程结束时，一些公司进行了"员工和经理如何应对多元化"的评估（Egodigwe，2005）。在一次对美国好事达保险公司雇员进行的季度性调查中，为了就多元化问题对经理进行评估，调查设置了一个"多元化指数"。25%的经理奖金是由那个指数决定的（Daft，2003）。

为了在工作场合建设一个积极的多元化环境，一些美国公司已经进行了针对经理和员工的多元化培训课程。培训课程可以包括多元化伙伴：把有多元化背景的员工进行配对，这为他们提供了交流和更好地认识对方的机会，如一个白人男性经理和一个有色人种雇员或女性为一组。为了更有效地解决难题，许多公司建立了复合团队，这同时为工人提供了更深入了解同事的机会。

琼斯和乔治（Jones and George，2003）描述了美国联合包裹运输公司的多元化培训课程，它要求高层经理参加一个月的社区项目。每年大约40名经理在诸如无家可归者收容所、儿童早教中心、外来农民工人援助组织和拘留中心等社区项目工作。至1968年以来，超过800名经理参与了该计划，美国联合包裹运输公司认为，此举对经理们的能力产生了积极的影响，使他们处理多元化问题时更有效率。

一些美国公司积极进取以达成他们对多元化的承诺。1995年，国际商业机器公司（IBM）的CEO们关注到，尽管国际商业机器公司的肯定性行动计划取得了成就，但高管团队多元化程度仍然不够。于是，该公司实行了一项为期十年的全新多元化方案，使女性高级管理者的数量增长了5倍，出生在美国的少数族裔的高级管理者增长了3倍。直到2000年，国际商业机器公司依然没有女性经理负责海外业务，但是到了2005年，国际商业机器公司已经聘用了9位女性担任诸如法国、西班牙、泰国、新西兰和秘鲁等国家的总经理。国际商业机器公司也拓展了同女性或少数族裔所有企业的业务，业务额从1998年的1000万美元上升到2001年的4000万美元（Hymowitz，2005）。国际商业机器公司的努力验证了另外一家跨国公司CEO的话："肯定性行动把人们引进门，全纳条款使人们同享餐桌美食。你需要两者来取得成功"（Egodigwe，2005，p.4）。

问题的延续

商界仍然存在许多多元化问题。琼斯和乔治（Jones and George）报告说，白人同事的看法使得女性和少数族裔继续处于不利地位，尤其在他们处于少数的情况下。达夫特（Daft，2003）引用了两项研究：一项研究认为，59%的少数族裔经理们确信，在委任上存在一种"出于种族动机的双重标准"。另一项研究认为，有色人种员工相信，他们必须工作更长的时间，付出额外的努力，才能获得同白人同事一样的尊重。工资数据表明，女性和少数族裔的薪水远远少于白人男性，在管理层中少数族裔的数量仍然偏低。虽然非洲裔和西班牙裔美国人占美国人口的26%，但是他们仅占经理的13%——各占8%和5%（Daft，2003）。

女性占有49.5%的管理职位，表面上看十分公平，但是"玻璃天花板"（女性职场障碍）阻碍了她们晋升到能力允许的高度。琼斯和乔治（Jones and George，2003）提出了一项证明女性管理能力的证据。研究结论表明，女性管理人员在倾听和激励他人、有效的交流、进行高质量的工作等方面超过男性。研究表明，在对425名高级管理者进行的52项技能评估中，女性有42项高于男性；但高级管理人员职位中女性的数量依然偏低。威廉姆斯（Willianms，2003）公布：90%的女性管理人员说"玻璃天花板"严重限制了她们的职位晋升；80%表示离开上一份工作的原因是"玻璃天花板"让她们失去了升职的机会。研究表明，越来越多的女性选择离开公司开办自己的企业，因为她们察觉到了工作上的"玻璃天花板"。

公司领导认为，如果美国公司想在全球经济中保持竞争力，就必须解决多元化的问题。这些领袖将继续公开推进多元化，聘用那些希望公司实行多元化政策的求职者，支持多元化培训项目并为多元化员工创造一个积极向上的工作环境。正如威廉姆斯（Williamns，2003）所说：

> 多元化计划的一般目的是创造一个积极的工作环境，在这里不对任何人有利或不利；"我们"指每个人；每个人都可以做他们最好的工作；差异受到尊重，而不会被忽略；每个人都感到舒适（pp.438—439）。

大众媒体

艾莫瑞（Ellmore，1991）这样定义了大众媒体："向大众传送信息的各种工具：广播、电视、有线电视、报纸、杂志、书籍、光碟"（p.351）。大众媒体推动了多元主义的最好证据是少数族裔和女性的参与度增加。因为它是一种有形媒介，电视上有色人种出现得越来越多，而且更加引人注目。在20世纪50年代和60年代，几乎没有少数族裔的电视节目演员；如果有机会出镜，少数族裔演员形象总是刻板性的。虽然电视中的刻板印象依旧存在，但是美国观众看到了不少作为新闻记者、本地和网络新闻节目主持人、影视演员的少数族裔人士。2002年，奥斯卡最佳男女演员奖项授予了非洲裔美国人。媒体发言人解释说，在传媒界多元化受到促进和赞赏。因为传媒业发现了不顾及性别、种族或民族而鼓励人才所带来的经济收益。

实际上，有关传媒业论点的问题体现在媒体人的多元化中：有色人种占人口的28%，但玻珀（Popper，2000）发现有色人种仅占报刊业全体职位的11.6%。虽然多元化展现在电视和影院屏幕上，但是绝大多数的就业岗位在摄像机后边——编剧、制片人、摄像师和技术人员。根据拉森（Larson，1999）的研究，一项美国新闻台的研究显示，在排名前25的工作岗位中，81%的新闻工作人员是白人。19%的少数族裔职员中，9%是非洲裔美国人，7%是拉丁裔，3%是亚裔，1%是土著美国人。在排名26—50的工作中，91%的新闻工作人员是白人。在排名51—100的工作中（包括诸如拉斯维加斯、内华达、密歇根州杰克逊市等城市）94%的职员是白人。玻珀回应了问题的进一步变化:"大多数人希望播音职员保持多元化,那也是当局所乐于见到的。但是荧幕背后发生了什么则不清楚"(p.67 页)。

约翰森(Johnson,2000)在对娱乐业的调查中确定,黄金时间节目的 839 名编剧中,55 位是非洲裔,占总数的 6.6%,其中有 45 位出现在以黑人为主题的节目中。仅有一位黑人编剧被以白人为主题的节目雇佣,这是一个看起来十分明显的隔离形式——黑人编剧不能为白人演员写剧本,而白人编剧可以常年为黑人演员写剧本。提到隔离,黑人主题节目多数在诸如 UPN、BET 等有线网络播出。

增加体现人类多样性的内容

根据 2000 年的统计数字,12.5%的美国人是拉丁裔,黑人占人口的 12.3%,亚裔美国人占 3.6%,美洲印第安人占 9%。在有线网络新闻主播中,相对于 17%是非洲裔美国人,3%是亚裔美国人,2%是土著美国人,拉美裔不到 2%(Ramos,2002)。电视节目上的多元主义代表性依然不充分,NAACP 和 "现在的孩子们"(Children Now)(一个团体)正在游说娱乐业增加电视节目的多元化。拉丁美洲人群体中有 3500 万潜在的电视观众,但是拉莫斯引用了 "现在的孩子们" 的研究认为,黄金时间节目人物中拉美裔不足 2%——在被研究的 2251 个人物中仅有 47 个是拉美裔。

因为电视台雇员没有充分体现有色人种的代表性,联邦通讯委员会雄心勃勃地要求实施由通讯公司提交的肯定性行动计划。但是 1998 年,一个联邦上诉法庭推翻了联邦通讯委员会的要求。当第十五大广播网络公司同意接受联邦通讯委员会的要求,并将之作为实施他们的肯定性行动计划的指南时,肯定性行动的拥护者深受鼓舞(Childs.K,1998)。

媒体展示和媒体语言

另外一个受关注的领域是美国媒体如何报道多元化问题,如肯定性行动。重新思考了媒体报道对肯定性行动的争议,盖布瑞尔(Gabriel,1998)发现误解有加强的趋势,如 "肯定性行动与定额=低标准=对白人男性的歧视=种族主义"(p.87)。盖布瑞尔同时指出:媒体报道典型地陈述或暗示肯定性行动牺牲了白人男性的利益,而对有色人种有益。间或承认白人女性也是肯定性行动计划的巨大受益者。

杰克逊(Jackson,2000)提到的一项研究泄露了媒体把美国穷人描述

第十四章　社会中的多元主义：在多元化的美国创建一体化

为非洲裔美国人的趋势。虽然美国黑人占贫困人口的 1/3，但他们在有线网络新闻报道贫困人口形象时所占的比率为 65%。在时代周刊、新闻周刊、美国新闻和世界报道等主流新闻杂志里，非洲裔美国人被体现为占美国贫困人口的 62%。同样，弗格森（Ferguson，1998）谈到一项针对 29 个北美城市电视节目的研究，研究显示了新闻广播的趋势——采用积极和消极的定型观念，掩盖成功的黑人运动员、明星等形象，不断支持作为罪犯、受救济的母亲及表现其他反社会行为的黑人形象。

培根（Bacon，2003）发现，对黑人公众人物的新闻报道中存在双重标准。虽然，社会活动家杰西·杰克逊为当选美国总统进行了两次可信的宣传活动，但是记者和专栏作家屡次把他描写成一个"卑鄙的宣传家"和"参赛的骗子"。全然不顾对非洲裔黑人传统的理解和尊重，一个波士顿的专栏作家责备杰克逊，因为他一直"是个莫名其妙的人"。柯林·韦斯特教授一直从事社会公平问题的研究，报纸文章一直称他是一个骗子和滑稽的小丑。一些记者摘录韦斯特学术著作中的复杂段落以此证明韦斯特的研究是大家无法理解的。通过这些手段，记者避免解决那些与杰克逊和韦斯特相关的实质性问题。在培根的结论中，她问：

为什么主流媒体对进步的非洲裔美国人领袖公然鄙视？为什么他们不愿意参与讨论，反而更愿意嘲笑和歪曲他们？(p. 29)

问题的答案可能部分来源于白人是主流媒体的主导。在美国就要相信，这是一个由白人观点界定的世界，这些观点在学校和媒体中被强化。如弗格森（1998）所言，"白人及伴随的力量被呈现为是完全正常的，以至于其他形式都被认为是畸形的"（p. 180—181）。盖布瑞尔（1998）引用了琼·乔丹关于媒体使用语言来构建白人熟悉的刻板形象的观点。

我逐渐认识到，对诸如"中心地区"、"政治上正确"、"福利女王"、"犯罪的外国人"或"恐怖主义"等媒体概念的解释与说明实质上是多重攻击，是为了建立或保留白人霸权（p. 11）。

媒体具有塑造弱势群体正面形象并推动社会变革的能力。1984 年，Levi 牛仔装播出了第一个展示残障人士正面形象的广告。精力充沛的轮椅使用者，用轮椅特技展现了他对 Levi 牛仔裤的热爱。这则广告的正面反响使得更多的公司让残障人士出现在他们的广告里。虽然他们的出现次数很少，但残障人士不再完全是电视节目的空白。在 Levi Jeans 的商业广告之后的 6 年里，超过 200 家公司为听力残障人士制作了 2600 余部带字幕的广告（Riley，2005）。这些变化不是简单的利他性的。根据科克里（Corkery，2005）的统计，残障人士拥有 2200 亿美元的购买力，他们在公司广告中的出现，不但影响他们的消费选择，还影响了他们的家庭和朋友。

在媒体中体现多样性：现在和未来

积极或消极形象的塑造不只局限于新闻报道与电视节目。电影曾积极或消极地塑造过女性和有色人种形象。虽然美国电影塑造过一些突破困境的女性角色，但是电影制片人因为制作充斥性和暴力的电影，从而饱受批评。虽然有色人种曾被塑造成令人佩服的、英勇的人，然而我们还可以看到他们作为贩毒者、小偷、暴力罪犯的有色人种的消极形象。

当影片制作人描绘压迫的时候，通常是在为自己谋取利益。盖布瑞尔（1998）观察到：如《杀死一只知更鸟》（1962）、《杀戮时刻》（1996）等影片是电影中的典型：谴责种族主义，但黑人形象软弱无力，要求白人来拯救他们。《密西西比在燃烧》（1988）激怒了那些知道真相的人。在密西西比，许多黑人男子、女人和孩子勇敢地反抗种族主义统治，结果被投入监狱，一些甚至被杀害。FBI 不但没有为他们提供帮助，反而窃听马丁·路德·金的电话，以收集能证明其与共产主义者关联的可能的证据。影片塑造的英雄，FBI 白人警员拯救了极度恐慌的黑人。影片是对骇人听闻的种族主义的历史事件的篡改。

> 我们目前需要决定是要多元社会观，还是要彼此怨恨、分裂并陷入永久的紧张与争斗中。
> 　　　　　　　　　　大法官厄尔·沃伦（Justice Earl Warren, 1891—1974）

媒体批评家暗示，美国大众媒体的编剧与制片人的多元化将是减少偏见和种族成见的最好途径。数据显示，女性和有色人种正大量地进入传媒行业。麦奎因（McQueen，2002）报道说：61% 的新闻和大众传播学学生是女性，27% 是有色人种。但麦奎因也注意到，只有 35% 的新闻和大众传播学教师是女性，15%是有色人种。专家预测到2035年，40%的新闻和大众传播学专业的学生是有色人种。在传媒机构的使命宣言中，他们经常宣称他们影响了社区的多元化。这描述的不是现实，而是目标。

服兵役

在美国军队中，多元化不是一个新问题，只是多元化的类型发生了变化。虽然没有早期的记录，一些趣闻可以证明社会中的民族多元化在军队中已经出现。至少我们知道有一个叫黛博拉·桑普森的女人，在革命战争中假扮成男人参加战斗（Craft-Fairchild，1997）。

开始于1856年，记录显示参加军队的族群移民占了很大比例（这是一条授予公民权的捷径），但也暴露出一些问题。墨美战争中，许多爱尔兰天主教士兵不情愿杀害墨西哥天主教徒，为避免这样做，一些士兵选择了逃亡（Johnson，1999）。不管怎样，多元化继续存在于美国军队中。根据巴克利（Buckley，2001）的研究，南北战争末期，共有140个团超过10万士兵是黑人，而且军队继续招募黑人和移民。约翰逊（1999）引用了一份1896年的军队报告记录，当年招募的新兵中7%是黑人，33%是少数民族移民。

今天军队中的多元化问题有了显著的不同，包括废除种族歧视，允许女性参军，并完全依赖于志愿者。每个差异引起的独特问题都需要军队领袖解决，这与源自于大社会中的种族和性别等类似问题是一致的。丹斯比、斯图尔特和韦布（Dansby, Stewart, and Webb, 2001）写到："在许多方面，军队一直是美国社会的缩影，反映了国家的疤痕、瑕疵及面貌"（p. xvii）。虽然多元化问题至今没有解决，美国军队还是取得了重大进展。根据社会学家莫斯科斯和巴特勒（Moskos and Butler, 1996）的研究，军队在多元化方面所取得的成就甚至比社会中所取得的还大。

废除军队中的种族隔离

废除军队中的种族隔离始于二战期间的一个研究项目。黑人组成的野战排划归到白人组成的步兵连，社会实践受到了严格的检验。研究团队发现，没有什么异常的问题发生，所有的士兵都有效地履行其职责。虽然研究结果是正面的，甚至在杜鲁门总统发布行政命令实施反种族隔离政策，军队领袖仍然反对反种族隔离政策。因为军队领袖中的种族主义态度，行政命令没有完全执行,直到朝鲜战争中为了提高作战效率必须废除种族隔离时才得以执行。

丹斯比、斯图尔特和韦布(2001)描述了越战中发生在最前线的废除种族隔离的困难。非洲裔美国士兵抗议不平等的待遇政策,在迪克斯堡和布拉格堡两艘航空母舰及特拉维斯空军基地发生骚乱。当20世纪70年代早期越南战争结束时,格雷夫顿·艾布拉姆斯(Creighton Abrams)将军证实脆弱的种族关系对战斗效率产生了消极的影响。事情进一步复杂化,1973年,国会废除征兵制,建立了一支全志愿军队。招募和再训练高素质的士兵将受到军队如何解决种族关系的影响。

为创建一项种族关系训练计划,军队建立了国防部种族关系委员会。最初计划持续6个周,不久又包括了性骚扰和歧视等方面。现在已经成为军队最耗时耗资的计划之一。丹斯比和兰第斯(Dansby and Landis, 2001)报告说,现在此计划持续16周,根据美国教育理事会的数据,这相当于本科大学的23个学分。该计划的主要目标是"创造一个重视多元化,培养相互尊重和合作的环境"(p.9)。

整合问题

琼森(Johnson, 2001)高度评价了国防部种族关系计划,认为训练对参与者的态度有快速和积极的影响,并改进了随后的工作表现。虽然如此,美国军队中的种族关系问题持续存在。卡泽斯特伊和若培(Katzenstein and Reppy, 1999)提到,一个研究团队在1999年评估了19个军事设施,其中在4个军事设施中发现了种族主义的证据。个别士兵卷入到种族暴力事件中,一些成为极端主义组织的成员,推动种族偏见和白人霸权,尽管军队政策禁止参加这种组织。沃尔德曼(Waldman, 1996)阐述了实行此政策的原因:"军队的本质意味着任何阻碍任务完成的事情都是不可接受的,种族主义正是不可接受的事情之一。"

性别歧视同样是一个障碍。在全志愿军队(all-volunteer army)建立之前,不到2%的新兵是女性,她们中的90%接到了医疗和行政任务(Katzenstein & Reppy, 1999)。无论如何,为了维持征兵标准,候选人的资格被提高(见图14.2)。根据彼得森(Peterson, 1999)的说法,女性新兵要求其受过更好的教育、获得更高的能力测试分数、并不大引发纪律问题。根据卡泽斯特伊和若培(1999)的研究,女性大约占应征人员的14%,军官的14%,并且

第十四章　社会中的多元主义：在多元化的美国创建一体化

她们中有 20% 的人只受到基本训练。彼得森（Peterson，1999）总结道："由于全志愿部队带来的好处，军队获得了历史上质量最高的力量"（p.100）。

图 14.2 这位海岸警卫在近海 35 英里处拯救了一名渔夫（正赶上她的男友给她来送午饭）。

> 任何一处的不公正都是对一切地方公正的威胁。我们谁都逃不出这个相互作用的关系网，这是命运。一个人受到的直接影响，都会间接地影响其他所有人。
>
> 马丁·路德·金 (Martin Luther King, Jr, 1929—1968)

军队中少数族裔和女性的作用不断增强，关于"内在的阳刚之气的男性"的文化理念对男性新兵形成了挑战。卡泽斯特伊和若培（1999）解释说,"阳刚之气的文化理念激励着新兵炫耀他们在偏执与性别歧视行为方面的男性特征,以此证明他们适合军队生活(p.2)。"起初,军队领袖不理解这种文化的影响。在1991年"尾钓事件"(Tailhook incident)之前,国防部对有关性骚扰的意见分歧已持续多年。喝醉酒的海军飞行员强迫女兵们走过一个夹道,蹂躏她们并对她们进行言语羞辱。随后海军作战部长发表声明:"我们经常把性骚扰作为某一时间的一个案件处理,而不是把它理解为一个文化问题"(Katzenstein & Reppy, 1999, p.2)。五年后,阿伯丁陆军基地一个参加演习的军士以强奸罪被提起诉讼,问题进一步激化。在2002年,空军学院女学员提起性侵犯指控,这说明对美国军队而言,改变男性权利和性别优势的理念是一个持续的挑战。

多元化政策与性别

当军队领袖意识到性别问题时,他们意识到规则一直没有被遵守。基尔(Kier, 1999)报告说,56%的性骚扰投诉没有被采取任何行动。成年女性报告性骚扰时,或被忽视,或被劝告放弃投诉,甚至会受到男上司的敌对迫害。卡泽斯特伊和若培(1999)认为:"这不是规则的失败;这是由于与军队习以为常的政策相冲突而出现的"(p.3)。2002年与2003年空军学院的性骚扰甚至是性侵犯的指控表明,要解决这些问题必须做更多的努力。

反对女性加入军队的人认为,性骚扰是对双重标准的反应,因为女性以较低的竞争标准进入军队。军队的回应是,标准考虑到男性和女性的生理差异,因此是合适的。劳什(Roush, 1999)指出,对同样高度的士兵来说,在进行负重控制训练之前,男性被要求比女性多负重30磅。在与重量不相关的领域,女性和男性在同样的基础上竞争。女性士兵以出色的枪法赢得了军队的最高奖项,并且进入了奥林匹克运动会射击队(Carter, 2002)。射击技术只是女性取得的那些令人印象深刻的成就中的一部分,这已经开启了她们接受新任务的门。

在20世纪70—80年代,美国实行了一项风险法案(risk rule),测量了某些角色如何使参与者进入战斗,但却没有分配给女性任何进入战役的角色。卡特(Carter, 2002)注意到,1989年入侵巴拿马改变了规则,女性士兵参加了战斗而不是在那些被裁撤的支援单位工作。不只是驾驶卡车及直升机运送男性伤兵到安全地区,女性加入了军事警察部队协助封锁社区寻找游击队员。如果她们被正式列入战斗队伍,一些女性会赢得奖章。

1991年，沙漠风暴为女性提供了另外一个证明自己已做好战斗准备的机会。不管评论家如何预测，异性搭配的战斗单位表现出与同性战斗单位一样的凝聚力。由于在海湾战争的表现，现在女性被指派指挥军事保安公司、直升机驾驶员，并在炮兵部队服役。2003年伊拉克战争中，数以千计的女性出现在战斗区域，实战任务对女性而言不再是不可想象的。冈瑟-施莱辛格（Guenther-Schlesinger，2000）认为，70％的女性士兵想执行战斗任务，因为那些在战场上证明了自己的人最有可能获得晋升。基尔（1999）认为，如果女性的名字没有出现在"战斗获胜英雄的讲坛"中，女性将不会在军队文化中获得平等（p.49）。

通过人口预测研究，军队领袖希望增加军队中女性和少数族裔的百分比。他们准备从不断增多的西班牙裔和亚裔美国人候选者群体中招募更多新兵。虽然到2050年非洲裔美国候选人将增长两倍，但是在2000—2050年，美国人口增长中将有一半是拉丁人，亚洲东南部地区人口数量较少但增长显著。根据1997年的数据，更多的西班牙裔美国人加入军队，远远超过其他种族群体。但是，一个主要问题是辍学率居高不下：军队政策要求所有新兵中的90％必须具有中学文凭。根据美国教育统计中心1996年的一项研究，30％～35％的西班牙裔学生从中学辍学。在他们的研究中，这一辍学率是所有群体中最高的（Diaz, 1999）。

宗教与性倾向

种族、民族、性别多元化只是开始。如今的美国军队有处理宗教差异的程序。尽管军队中同性恋问题一直饱受争议，但是目前存在一种不断高涨的论调，即允许男同性恋和女同性恋公开地为他们的国家服务。"否定服务的权利就是否定公民权，限制个人服兵役的形式就是限制公民权"（Segal, Segal & Booth, 1999, p.225）。

虽然军队领袖反对男、女同性恋士兵，马修（Matthews, 1999）公布了对270名男性士兵的调查结果，发现只有36％的人强烈反对男同性恋士兵，愿意与女同性恋一起服役的女性士兵是不愿意的女性士兵的两倍。反对同性恋服兵役的人认为军队不是社会实验场所，但是卡泽斯特伊和若培（1999）指出，美国军队和军事力量的其他单位一直受到社会变化的影响："在不同时期，美国军队反映了废除偏见的努力，但是从未真正与偏见相脱离"（p.10）。

军队领导力

当军队征兵人员遇到不断增加的候选人的多元化，他们必须提供能够发展的证据。斯图尔特和费尔斯通（Stewart and Firestone，2001）认为，少数族裔在军官层次上没有被充分代表。琼斯（Jones，1999）建议立即查明军种及吸引更多的少数族裔军官候选人，发挥少数族裔士兵"灵感来源"的功能。按照塞尔斯（Sayles，1999）的观点，在军队组织结构的所有层次中，重视发挥女性和少数族裔角色的模范作用，为女性和少数族裔提供了一个在军队发展的真正机会，而不是遭遇"玻璃天花板"。为执行肯定性行动计划，军队的各部门已经被要求上报少数族裔军官的需求。例如，海军的目标是每年至少任命7％黑人、4％西班牙裔军官。琼斯（Jones，1999）说，"对多元化的承诺和机会的公平是我们整个价值体系的基石（p.62）。"

> 美国军队是美国社会中处理种族整合最成功的机构之一。相反，公共学校教育是最隔离的机构。
>
> 小尤金·Y·洛（Eugene Y. Lowe，当代）

后记

在对美国军队的多元化问题的讨论中，琼斯（Jones，1999）认为，"美国人倾向于忽视其他社会文化，甚至自己社会中的边缘性文化"（p.62）。他的评论与一个问题产生了共鸣，这个问题是多元文化教育的倡导者在几年前提出的：许多基础教育学校没有完全解决多元化问题。这本书是为了解决大学生群体中的多元化问题，但是基础教育学校的教室中的多元化问题也需要解决。白人学生占主导地位的农村或城郊学校不愿意提供多元化信息。白人教师对群体多元化的公开辩论感到不适。一些教师认为，他们不需要处理多元化问题，因为学校里没有（或很少）有色人种学生。

如果白人学生很少遇到有色人种学生，教师为他们提供正确的历史、贡献和议题的信息尤为重要，这影响了我国一直以来的多元化人群。进一步说，这不仅仅是白人学生的需要。琼斯（Jones）的评论与美国从多元化群体中招募新兵相关。非洲裔美国学生可能很少了解土著美国人的文化或

第十四章 社会中的多元主义：在多元化的美国创建一体化

经验；土著美国学生可能只知道"模范少数民族"，而不了解过去的压迫、成就和现今与亚裔美国人间的障碍。拉丁裔学生可能不知道为什么索马里裔学生与他们同校，而索马里裔学生可能对拉丁裔学生有消极的刻板印象。中产阶级的学生需要了解低收入家庭的现实；残障学生必须面对人们对残障人士的错误认识。异性恋的学生可以忘记那些被教导的关于同性恋的误区。在多元化社会里，每一个人都需要更多了解那个自称为美国人的多元性群体。

在是否批准美国宪法的争论中，一些州的领导人着眼于各州之间的许多差异，认为他们不能合并成一个整体，而应该保持各州的独立性。亚历山大·汉密尔顿（Alexander Hamilton）驳斥了这种议论，他坚持认为，一个包含多元文化的统一的国家已经建立，宪法将仅仅反映该国家的共同价值观和愿景（Chernow，2004）。

今天，居住在50个州的居民，不再以他们居住的州来界定，也不再由他们的种族、性别、残障、社会阶层、性别等社会组织成员身份来界定。我们都是美国人，我们生活在一个于1782年采用"合众为一"口号的国家，口号本来含义是："许多州，一个民族。"口号已经成了一个隐喻，人们的国家建立在土著美国人国家的基础之上，从引入非洲人中获益，发展了移民和女性劳动力：在不断变化的影像万花筒和多变的现实中，每个群体竭力获取一席之地。他们的成就建立在他们和家人可以过上美好生活的美国梦想上。在这里，他们可以自由地工作、做礼拜、生活。他们为那些不同的、被保证给予平等权利和机会的多元化人群感到高兴。

美国梦一直是个理想。一些群体被授予的理想比其他群体更容易实现，但是所有理想都实现了。美国的故事是一部奋斗的历史。今天我们比以往任何时候更进步，虽然我们仍然要做很多工作以使所有美国人的现实更靠近梦想。多元化是推动我们前进的手段。向我们自己承诺多元化是一个对美国梦的承诺，是一个让我们的国家口号——"合众为一（out of the many, one）"——成为我们正在发展的国家的写照，它是一个值得拥有的梦。

> 独自梦想，只是做梦；但是，我们一起梦想，就是现实的开始。
>
> 巴西谚语

术语和定义

肯定性行动（Affirmative Action）：对企业与高等教育机构在雇佣、合约和录取方面减少歧视的一种书面要求。

为多元化目标设计（design for diversity）：威斯康星大学为具有多样性学生改善环境的一项举措，要求所有威斯康星大学的分校改变其政策及实施过程。

多元化配对（Diversity pairing）：多元性培训的一种策略，该策略将两个来自不同背景的人配对，为他们提供互动的机会，以便他们更加熟识。

多元化培训（Diversity training）：为了创造更积极的环境，企业在工作场所为多元化的职工和管理者设计的项目。

多元性（Diversity）：在人类特性多元化基础上的可观察到或实际存在的人的差别。

玻璃天花板效应（Glass ceiling）：一种非正式的限制，限制了女人和少数民族升到工作机构中的高职位。

大众传媒（Mass media）：用于向公众提供信息的多种媒介：广播、电视、有限电视、报纸、杂志、书籍、CD等。

多元主义（Pluralism）：在一个国家的疆界内，在互相扶持的关系下，多样性文化、机构和/或个体平等共存。

209提案（Proposition 209）：加利福尼亚州制定的在雇佣、合约及大学录取中禁止对个体或团体给予优惠待遇的法律。

种族定额（Racial quota）：在雇佣过程中按照种族来指定特定数目的申请人。

风险规则（Risk rule）：军队的一项惯例，即：测量能将士兵投入战斗的职位，不指派女兵担任前线的职位。

资历体系（Seniority system）：如果雇主需要减少一定数目的雇员，解雇那些资历最低的雇员。

预留项目（Set-aside program）：要求承包商获得税收支持的项目后，雇佣一定比例的少数民族分包商。

参考文献

Bacon, J. (2003). Disrespect, distortion and double binds: Media treatment of progressive black leaders. *Extra*, 16(2), 27—29.

分析媒体对三名社会活动家的处理方式,并且描述了以不回应他们所提问题为特征的人身攻击言论模式。

Ball, H. (2000). *The Bakke case: Race, education, and affirmative action*. Lawrence: University Press of Kansas.

审查了巴克案例背景下的法律和政策,提出了双方争论的焦点,检讨了巴克案的判决对最近发生的事情的影响。

Browne-Miller, A. (1996). *Shameful admissions: The losing battle to serve everyone in our universities*. San Francisco: Jossey-Bass.

讨论了大学的入学政策及做法,他们如何帮助或阻碍所有申请人公平地获得平等机会,以及一个人进入大学后会发生什么情况。

Buckley, G. (2001). *American patriots: The story of blacks in the military from the Revolution to Desert Storm*. New York: Rondom House.

包括为美国而战的非洲裔美国人的统计和故事。

Carter, P. (2002). War dames. *The Washington Monthly*, 34(12), 32—37.

检讨军队中女性服役的最近历史,以及她们的角色如何从仅在支持单位服务发展到拥有战斗的责任。

Chernow, R. (2004). *Alexander Hamilton*. New York: Penguin.

描述哈密尔顿的生活,强调了他作为塑造美利坚民族领导人的活动。

Childs, K. (1998). Media affirmative action pact. *Editor & publisher*, 131(32), 11.

描述广播网络对一个联邦法庭的判决,此判决反对联邦通信委员会提出的支持行动要求的反应。

Clayton, S. D., & Crosby, F. J. (2000). Justice, gender, and affirmative action. In F. J. Crosby & C. VanDeVeer(Eds), *Sex, race, and merit: Debating affirmative action in education and employment* (pp. 81—88). Ann Arbor: University of Michigan Press.

解释了肯定性行动的目的,审查了歧视受害者的拒绝歧视诉求,并讨论了肯定性行动的未来。

Cochran-Smith, M. (2003). Standing at the crossroads: Multicultural teacher education at the beginning of the 21st century. *Multicultural Perspectives*, 5(3), 3—11.

描述了关于美国教育关键利益的三个问题:老师或学生的统计数据和趋势、相互竞争的学校改革议程、教育研究的批评。

Corkery, M. (2005, November 14). A special effort. *Wall Street Journal* (p. R8)

描述了星巴克公司承诺聘用残疾雇员和欢迎残疾客户来工作场所。

Craft-Fairchild, C. (1997, Fall). Women warriors in the 18th century. St. Thomas, 32—35.

描述了18世纪英国或美国的女性,她们打扮成男人,享受男人的有利条件,在某些情况下成为士兵。

Crosby, F. J., & VanDeVeer, C. (Eds.). (2000). *City of Richmond v. J. A. Croson Co. In Sex, race, and merit: Debating affirmative action in education and employment* (pp. 280—293). Ann Arbor: University of Michigan Press.

包含一个编辑者所作的简介,并简要表达了对桑德拉·戴·奥康纳关于解释法庭判决与其他法官意见的文章的看法。

Daft, R. L. (2003). Managing diverse employees. In *Management* (4th ed., pp. 436—468). Versailles, KY: Thompson Southwestern.

讨论肯定性行动的当前形势、工作场所多元性的不同规模以及企业文化如何改变以适应多元性。

Dansby, M. R., & Landis, D. (2001). Intercultural training in the United States military. In M. R. Dansby, J. B. Stewart, & S. C. Webb (Eds.), *Managing diversity in the military: Research perspectives from the defense equal opportunity management institute* (pp. 9—28). New Brunswick, NJ: Transaction.

描述军队中跨文化培训的背景、观点和状况。

Dansby, M. R., Stewart, J. B., & Webb, S. C. (Eds.). (2001). Overview. In *Managing diversity in the Research perspectives from the defense equal opportunity management institute* (pp. xvii-xxxii). New Brunswick, NJ: Transaction.

总结军队历史中女性和少数族裔的角色作为本书文章的背景,并且解释本书的组织结构。

Diaz, R. F. (1999). The Hispanic market: An overview. In L. J. Matthews & T. Pavri (Eds.), *Population diversity and the U. S. Army* (pp. 87—98). Carlisle, PA: Strategic Studies Institute.

描述拉美裔当前的地位,预测拉美裔的增长,以及有效招募拉美裔士兵的策略。

Duncan, P. (2002). Decentering whiteness: Resisting racism in the women's studies classroom. *Race in the college classroom: Pedagogy and politics*. In B. Tusmith & M. T. Reddy (Eds.), Race in the college classroom: Pedagogy and politics (pp 40—50). New Brunswick, NJ: Rutgers University Press.

介绍了大学里白人学生和有色人种学生相冲突的种族观点,以及教授是如何经常表

第十四章 社会中的多元主义：在多元化的美国创建一体化

现出白人学生是其首要关注点的。

Eastland, T. (2000). Ending affirmative action: The case for colorblind justice. In F. J. Crosby & C. VanDeVeer, (Eds.). *Sex, race, and merit: Debating affirmative action in education and employment* (pp. 174—175). Ann Arbor: University of Michigan Press.

证明肯定性行动已经失败，它危害了那些本想帮助此项行动的人。

Eck, D. L. (2001). *A new religious America: How a "Christian country" has become the world's most religiously diverse nation.* New York: HarperCollins.

审视美国不同宗教的发展，特别是自1965年以来的移民形式，并描述了它的影响和潜力。

Egodigwe, L. (2005, November 14). Back to class. *Wall Street Journal*, p. R4.

描述公司的多元化培训课程是如何随着实施它们的标准而改变的。

Ellmore, R. T. (1991). *NTC's mass media dictionary.* Lincolnwood, IL: National Textbook.

包括与相关的大众媒体的许多术语的定义。

Ferguson, R. (1998). *Representing "race": Ideology, identity and the media.* London: Arnold.

回顾了对种族主义和媒介展现的现实之间的关系的研究，并分析了维护种族等级制度的思想体系。

Gabriel, J. (1998). *Whitewash: Racialized politics and the media.* London: Routledge.

侧重于案例分析了媒体宣传语言的标准化白人特权，这创建了一个影响政治和经济变化的种族化的话语。

Greene, K. W. (1989). *Affirmative action and principles of justice.* New York: Greenwood.

分析肯定性行动涉及的哲学和法律问题，并回应因肯定性行动的辩论而起的情绪反应。

Griffin, R. (2002). The cultural and multicultural environment. In *Management* (7th ed., pp. 162—191). Boston: Houghton Mifflin.

讨论多元化的趋势如何影响企业的环境、多元化的优势，并建议实施有效的多元化管理策略。

Guenther-Schlesinger, S. (2001). Persistence of sexual harassment: The impact of military culture on policy implementation. In M. F. Katzenstein & J. Reppy (Eds.), *Beyond zero tolerance: Discrimination in military culture* (pp. 195—212). Lanham, MD: Rowman & Littlefield.

回顾军队中性骚扰的历史,并确认军队文化的独特方面使性骚扰得以存续。

Humphreys, D. (Ed.). (2000, Fall). National survey finds diversity requirements common around the country. *Diversity Digest*, pp. 1—2.

介绍一项对全国各地543所院校的调查结果,描绘一系列制度的类型。

Hymowitz, C. (2005, November 14). The new diversity. *Wall Street Journal*, pp. RI, R3.

讨论全球经济如何影响美国公司对多元化的态度,并支持公司更具包容性。

Jackson, D. Z. (2000). Lazy lies about welfare. In J. Birnbaum & C. Taylor (Eds.), *Civil Rights since 1787: A reader on the black struggle* (pp. 803—804). New York: New York University Press.

描述媒体在促使(处于贫困与等待福利状态中的)非裔美国人形成刻板印象的作用。

Jonson, D. (1999). The US Army and ethnic diversity: A historical overview. In L. J. Matthews & T. Pavri (Eds.), *Population diversity and the U.S. Army* (pp. 45—56). Carlisle, PA: Strategic Studies Institute.

描述过去美军的种族构成、族群参加军队的原因以及与美国军队的多元化历史相关的问题。

Jonson, J. L. (2001). Local effects and global impact of Defense Equal Opportunity Management Institute Training. In M. R. Dansby, J. B. Stewart, & S. C., Webb (Eds.), *Managing diversity in the military: Research perspectives from the defense equal opportunity management institute* (pp. 178—188). New Brunswick, NJ: Transaction.

评估DEOMI培训的本土影响(掌握的内容、技能和态度的发展)和全球影响。

Jonson, S. D. (2000, June). Keep the pressure on. *Essence*, 1 (2), 184.

谈论非洲裔美国作家参与黄金时间的电视节目。

Jones, G. R., & George, J. M. (2003). Managing diverse employees in a diverse environment. *Contemporary Management* (3rd ed., pp. 112—149). New York: McGraw-Hill.

描述了消费者和员工中持续增长的多元化,并为管理人员提供了同多元化员工进行有效工作的策略。

Jones, J. C (1999). Diversity in the 21st century: Leadership issues. In L. J. Matthews & T. Pavri (Eds.), *Population diversity and the U.S. Army* (pp. 57—68). Carlisle, PA: Strategic Studies Institute.

分析预测人口发展趋势对未来招聘的启示以及拥有更多的女性和少数族裔官员的重要性。

Katzenstein, M. F., & Reppy, J. (Eds.). (1999). Introduction: Rethinking mili-

第十四章 社会中的多元主义：在多元化的美国创建一体化

tary culture. *In Beyond zero tolerance：Discrimination in military culture*（pp. 1—21）. Lanham, MD：Rowman & Littlefield.

介绍了美国军队文化，如何作为一个社会实验室发挥功能，以及为什么由于越来越多的女性和少数民族加入而需要改变。

Kier, E. (1999). Discrimination and military cohesion：An organizational perspective. In M. F. Katzenstein & J. Reppy (Eds.), *Beyond zero tolerance：Discrimination in military culture* (pp. 25—32). Lanham, MD：Rowman & Littlefield.

运用组织理论的知识讨论军队的组织文化，以及那种文化如何必须做出改变以结束对女性、男同性恋者和女同性恋者的歧视。

Kolodny, A. (1998). *Failing the future：A dean looks at higher education in the twenty-first century*. Durham, NC：Duke University Press.

描述高等教育中的问题，特别是在一所知名的研究型大学，从学生、教师和管理员的角度，建议变革。

Lowe, E. Y., Jr. (Ed.). (1999). Promise and dilemma: Incorporating racial diversity in selective higher education. *Promise and dilemma：Perspectives on racial diversity and higher education* (pp. 3—4). Princeton：Princeton University Press.

审查顺应种族多元化的社会努力的历史，并确认帮助或阻碍了这些努力的重复现象。

Matthews, L. (1999). Introduction：Primer on future recruitment of diversity. In L. J. Matthews & T. Pavri (Eds.), *Population diversity and the U.S. Army* (p. 116). Carlisle, PA：Strategic Studies Institute.

讨论影响未来招兵的问题，例如接受男女同性恋士兵，增加军队中的宗教多元化，以及接受女性从事战斗。

McQueen. M. (2002, July/August). What about diverse faculty? *Quill*, 90 (6), 19—22.

谈论高等教育中新闻或大众传媒部门里的女性、少数族裔学生和教职员。

Millman, J. (2005, November 14). Delayed recognition. *The Wall Street Journal* p. R8.

描述了对底特律爱迪森电力公司解决阿拉伯裔美国人提起的歧视诉讼的响应。

Moskos, C. C., & Butler, J. S. (1996). *All that we can be：Black leadership and racial integration in the army*. New York：Basic Books.

提供证据和理由，支持他们关于美国军队已经成功实行种族融合的论点。

Musil, C. M. (1996 November/December). The maturing diversity initiatives on American campuses. *American Behavioral Scientist*, 40 (2), 222—232.

描述体现在企业文化和高等教育中多元化的增值以及二者如何相互加强。

National Employment Lawyers Association. (2000). Position paper on affirmative action. In J. Birnbaum & C. Taylor (Eds.), *Civil Arights since 1787: A reader on the black struggle* (pp. 708—713). New York: New York University Press.

列出支持肯定性行动的信息和论据。

Painter, N. I. (2005). *Creating Black Americans: African-American history and its meaning, 1619 to the present.* Oxford: Oxford University Press.

描述历史和审美的发展，使用黑人的艺术品解释了某些人和事件是如何塑造黑色美国人的。

Peterson, M. J. (1999). Women in the U.S. military. In L. J. Matthews & T. Pavri (Eds.), *Population diversity and the U.S. Army* (pp. 99—106). Carlisle, PA: Strategic Studies Institute.

描述军队中女性的特征，影响她们的问题，以及她们的存在是如何加强了军队的质量的。

Pipher, M. (2002). *The middle of everywhere: The world's refugees come to our town.* New York: Harcourt.

介绍各种新移民的故事，迫使他们移民的条件以及他们设法适应美国文化而遇到的困难。

Popper, B. (2000). Minority hiring may be facing retrenchment. *USA Today Magazine*, 128 (2658), 66—67.

讨论少数群体参与报纸和电视新闻。

Ramos, J. (2002). *The other face of America.* New York: Rayo.

提供统计信息，描述了以拉丁美洲人对美国的贡献和拉丁美洲裔移民对美国的影响为重点的研究。

Reddy, M. T. (2002). Smashing the rules of racial standing. In B. Tusmith & M. T. Reddy (Eds.), *Race in the college classroom: Pedagogy and politics* (pp. 51—61). New Brunswick, NJ: Rutgers University Press.

审视了以白人为中心的课堂状况（有不同的结果）以及消除课堂上以白人为中心的策略。

Reskin, B. F. (2000). The realities of affirmative action in employment. In F. J. Crosby & C. VanDeVeer (Eds.), *Sex, race, and merit: Debating affirmative action in education and employment* (pp. 103—113). Ann Arbor: University of Michigan Press.

比较有无肯定性行动计划的雇主，并审查肯定性行动如何影响工作场所及它旨在帮助的人。

Riley, C. A. II. (2005). *Disability and the media: Prescriptions for change.* Lebanon, NH: University Press of New England.

第十四章　社会中的多元主义：在多元化的美国创建一体化

提供示例批判媒体显示残疾人士及其话题的方式，并提出改进建议。

Roush, P. E. (1999). A tangled Webb the navy can't afford. In M. F. Katzenstein & J. Reppy (Eds.), *Beyond zero tolerance: Discrimination in military culture* (pp. 81—100). Lanham, MD: Rowman & Littlefield.

回应詹姆斯·韦布反对女性参军的论据。

Sayles, A. H. (1999). Person to person: The diversity challenge for the Army after next. In L. J. Matthews & T. Pavri (Eds.), *Population diversity and the U.S. Army* (pp. 107—124). Carlisle, PA: Strategic Studies Institute.

讨论在军队里多元化的好处，并介绍一个名为"关心他人"、旨在加强多元化判断的计划。

Segal, D. R., Segal, M. W., & Booth, B. (1999). Gender and sexual orientation diversity in modern military force: Cross-national patterns. In M. F. Katzenstein & J. Reppy (Eds.), *Beyond zero tolerance: Discrimination in military culture* (pp. 225—250). Lanham, MD: Rowman & Littlefield.

谈论影响军队接纳女性、男女同性恋者的问题以及在促进军队文化变化中"民权革命"的角色。

Stewart, J. B., & Firestone, J. M. (2001). Looking for a few good men: Predicting patterns of retention, promotion, and accession of minority and women officers. In M. R. Dansby, J. B. Stewart, & S. C. Webb (Eds.), *Managing diversity in the military: Research perspectives from the defense equal opportunity management institute* (pp. 231—256). New Brunswick, NJ: Transaction.

回顾官员晋升的文献，解释白人男性优势的问题，并且提出增加女性和少数族裔官员数量的建议。

Tusmith, B., & Reddy M. T. (2002). Introduction: Race in the college classroom. In B. Tusmith & M. T. Reddy (Eds.), *Race in the college classroom: Pedagogy and politics* (pp 1—3). New Brunswick, NJ: Rutgers University Press.

定义肯定性行动，总结了肯定性行动辩论中的焦点，并说明这本书的组织结构。

Waldman, A. (1996, November). GIs: Not your average Joes: What the military can teach us about race, class, and citizenship. *The Washington Monthly*, pp. 26—33.

讨论了军队为未来社会的成功在同化移民方面的历史作用，如今的军队怎样达到了与有色人种相同的结果。

Williams, C. (2003). Managing individuals and a diverse work force. In *Management* (2nd ed., pp. 434—471). Versailles, KY: Thompson Southwestern.

解释商业世界为什么提倡多元化、多元化的好处以及成为能有效管理多元化雇员的经理人的原则。

Yamane, D. (2001). *Student movements for multiculturalism: Challenging the curricular color line in higher education.* Baltimore, MD: Johns Hopkins University Press.

论及高等教育课程中的种族分界线问题，以及通过要求实行多元文化课程，学生们已经挑战了种族分界线的过程。

复习和讨论

总结练习

参见本书第 31—32 页的练习指导，以帮助你归纳本章要点和定义关键术语。

辨析题

辨析练习 1. 在关于美国的讨论中加强团结：我们下一步该怎么办？

说明：今天的美国展示了军队、商界和制造业、媒体和联邦、州、地方政府中的多元化问题。下面的问题要求你思考并解决现在的、事关我们文化的未来福祉的问题。选择下面的一个项目进行小组讨论。

1. 我们的联邦政府应该废除或修改现行的肯定性行动计划吗？
   - 如果你认为应该被废除，为什么？
   - 如果你认为应该被修改，为什么？怎么改？

2. 你是否同意大学校园里不断增多的学生多元化加强了所有学生的教育？
   - 所有学生应该被要求选择多少（或者什么类型的）多样性课程？
   - 任何研究美国文化的、种族的和社会的人种差异的成果应该是什么？

3. 假设你主修某些业务并被录取；毕业后你收到两个工作机会：一家公司声誉很好，有着积极的多元化环境；另外一家薪水较高，福利也好，但是很少或没有吸引多元化的劳动力。
   - 你将选择哪一家公司，为什么？
   - 劳动力多元化如何才能在美国创建团结？

4. 现在女性经理占经理总数的一半，为什么女性仍然被排除在高层管

第十四章 社会中的多元主义：在多元化的美国创建一体化

理职位的比例份额外？
- 采取什么措施消除这种玻璃天花板现象？
- 如果女性的领导角色能得到充分展现，商界和工业界会发生怎样的变化？

5. 如果预测是正确的，自现在起20年内纸质媒体和广播媒体雇佣越来越大数量的女性和有色人种，以下领域会产生怎样的不同？
- 纸质和广播媒体记者的新闻故事报道了什么？
- 怎样报道新故事？
- 新闻节目推出了什么故事？
- 广告中的图片和文字
- 在黄金时段节目的内容和人物多元化

6. 美国社会机构对制定政策反对性骚扰的要求，至今毫无进展。
- 军事部门采取什么措施来消除性骚扰的问题？
- 商业和制造业？
- 非营利和宗教机构？

辨析练习 2. 对美国多样性和多元化的评估

说明：今天的美国社会实际上是一个多元化社会，那美国是一个多元化的国家吗？四组各对应于以下四类：生理、意识形态、地理（学）、经济状况。确认美国多元化的每一方式，根据结果创建一个表格。列出当前美国人达成或可能达成的多元化目标的方式，这些方式可以被称为多元论者的行为或政策。准备与同学们共享你的看法，并倾听研究其他类别的同学的看法。

例如：种族在今天的美国颇具代表性，但是我们必须摆脱自己根据种族进行工作歧视的偏见。异族通婚打破了种族的障碍，但是我们需要更多地接受其他种族的个人和群体。

美国多元化和多元主义评估

类　别	我们的多元化是怎样的？	我们怎样才能多元化？
	人类是不同的，根据我们的……	
生理状况		
种族		
性别		

续表

类别	我们的多元化是怎样的?	我们怎样才能多元化?
年龄		
性取向		
健康状况		
身体特征		
意识形态		
宗教信仰		
政治倾向		
受教育程度		
地理环境		
民族		
国籍		
语言		
经济状况		
工资		
职位		
财产		

小组活动

小组活动 1. 法律问题: 军队中的多元化

说明: 在美国, 多元性是如何成为一个日常的、个人问题的? 下面的案例研究基于美国兵役制度中发生的实际情况。想象你被委派加入调解事务委员会分析每种情况, 并提出解决事件的建议。概述冲突(的过程), 列出工作中的次要问题, 说明你将建议如何解决冲突。

1. 问题: 性骚扰

原告: 一级军士长, 一个白人男子

被告: 秘书, 一个美国土著女性

控词: 在我办公室, 一个秘书向均等就业机会办公室指控我性骚扰。她声称我使用亲密的词语和下流的评价对她性骚扰。她的指控基于我说的一句话, 她认为这是攻击性的。这句话是在开玩笑时说的。她常常把复印机的钥匙挂在一个金属钩上。她看起来心情不错，我的心情也很好，所以我说："嘿，我最喜欢的妓女来了。"其他两个人站在旁边，他们插嘴说，"是的，也是我们的。"包括她，每个人都大笑，后来继续各做各的事。昨天，我收到指控我的通告。我认为这不公平。不管是现在还是过去，我不认为所说的话冒犯了她。我希望她撤销指控。

2. 问题：国籍/出生地（移民士兵家庭成员）

原告：军人家属，亚裔女性

被告：军人家属，黑人女性

控词：每周五晚上我们都玩保龄球。我和其他三个来自韩国、泰国的女性一个队。另外一队中有一个黑人女性经常议论我们。在我们打球的整个时间里她咒骂并瞪着我们。一天晚上，因为她丈夫和我在一起聊韩国的事情，她打了她丈夫。她告诉我，不希望我接近她丈夫，既使我不了解他，那晚的谈话也不是我开始的。我毫不介意被盯着看，但是我对她谈论我们的方式很尴尬。我向保龄球馆的经理投诉她，但是他说无能为力。我的丈夫在军队，但是现在他已到伊拉克五个月了，他帮不了我。黑人女性说我的朋友和我没有权利在这里打球，因为这是空军保龄球馆；而规则规定只要是军人家属就可以来。我希望她停止议论我，不要再盯着我。

3. 问题：种族歧视

原告：空军参谋军士（Army staff sergeant），黑人男子

被告：海军陆战队上士，白人男子

控词：我走进一家大型官兵俱乐部（the main enlisted club），想喝一杯啤酒凉快一下。在酒吧里坐着的这位海军陆战队上士开始盯着我看。我要了一杯啤酒和一些薯条，开始看酒吧里的电视。海军陆战队上士认为我应该去空军俱乐部，他们通常迎合我的需要。我试着不理他，但是他继续对我说些种族歧视的字眼，酒吧招待试着制止他但没有成功。最后，我向夜班经理投诉。看起来他们很熟。最后，这家伙离开了。夜班经理提醒我，如果从前门离开我可能有麻烦，建议我从侧门走。我决定再喝一杯然后从前门走。海军上士正等着我，我们开始打架。警察逮捕了我们两个，（并）告诉了我的指挥官。我希望海军处理种族歧视并消掉我的（打架）记录。

4. 问题：宗教歧视

原告：中尉，黑人女性

被告：中校，白人男子

控词：一位分配在我的单位的年轻女中尉说，她正在指控我，因为我不允许她参加她的教堂的各种宗教活动。我被告知，中尉是一位出色的音乐家，她负责着教会唱诗班。她声称我改变她的工作时间表以阻止她履行职责。中尉是分配到单位的三名军官之一。我们被要求每晚安排一名军官值班，准备应对紧急通知。中尉是委员会最年轻的成员、单身、住在基地。近来，因为另一个军官有接受培训的临时任务，中尉正在进行精密仪器训练。在她来之前，我的两位男军官恪尽职责。一位军官执行临时任务时，我认为中尉必须肩负起更大的责任。其余的中尉一直接受业余教育，（现在）即将结束。我不认为我应该在这时候妨碍他的努力。当一位中尉回来，另一位中尉完成培训后，问题将会在两个月内解决。考虑到这些因素，我认为我的决定是正确的。

5. 问题：种族歧视行为

原告：中士，西班牙裔男子

被告：上士，白人男子

控词：三天前，我与同宿舍的一个家伙发生了口角。他喊我西班牙佬（贬义词），我称呼他hook（对韩国人的蔑称），（这）直到我们进入房间才停止。昨天晚上，一个上士来找那个先前和我发生口角的家伙。当他来的时候我刚走出我房间的门口，他问我是否知道那个家伙住哪个房间。我说知道，来到大厅。上士请我指出他的房间。我说我正在赶时间，而且确实不想与那个家伙有任何瓜葛。上士抓住我的胳膊。我猛地拉回，告诉他不要抓着我。这时候，在早些时候咒骂我的那个韩裔家伙把头伸出门外叫喊："Sarge，这正是我要告诉你的。他一直惹麻烦。"我向他叫喊，告诉他管好自己的事。上士说他曾经处理过这种笨蛋……根据事件中上士的陈述，我收到了一封不服从上级的训斥信。我想撤销这封训斥信和上士引用的偏见。

小组活动2. 艰难对话的经历

说明：根据下面的情形，三支队伍进行对话。把情形作为你五分钟角色扮演的背景基础。角色持续到小品结束，并回应动机、目标或者现场评论背后隐藏的意图等类问题。不管与其他队的表演相似，三队中的每一队被要求完成一个五分钟的角色剧。

角色：

- 大学三年级学生，亚裔美国人，21岁，与父母感情很深

- 白人女性，24 岁，对多种人权事件饱含热情
- 校园学生活动部主任；校园学生输入计划的会议召集人

24 名学生正在讨论"2008 年度校园多元化计划"以及对大学的影响。热情高涨的女性指出，计划呼唤民族和种族的多元化，还对多元化做了一个更广泛的界定，包括人们的残疾、性取向、性别、年龄和意识形态。一个亚裔美国学生对此提出质疑，她认为多元化只是指种族和民族问题。在作出任何结论之前，校园学生活动部主任对学生们关于详细界定的讨论非常感兴趣。

社区活动

实地考察

肯定性行动计划是什么？大型组织已经执行了哪些发展和管理员工队伍的政策——肯定性行动计划。到你所在地区的既定商业、政府和教育部门搜集肯定性行动计划。整理并研究每一个计划的主要部分。用地图表示那些组成部分，这样，你能形象直观地展示制度性政策如何影响商业活动。

参与性学习

寻找一家设有多元化专责小组的公司、机构、学校或大学。多元化专责小组负责建立一个多元文化的员工或客户基础，或者招募多元化的人进入行业。研究多元化专责小组的使命和预期的结果。然后安排一系列的召集人或其他重要参与者的访问。讨论多元化专责小组的计划和成就。提供进一步的必要研究，扩展多元化专责小组的目标。最后，写一个反映你对小组价值理解的报告，与被采访的人讨论比较。

后　记

对人类差异的理解如何能解决多元文化社会中的两难问题？

了解过去并讨论美国现有的人类差异是对人类相互作用的新的且至关重要的认识的开始，但这仅仅是开始。了解人际交流如何发生且如何避免或解决人际或群际冲突对于那些改变偏执者的态度毫无用处，他们只有在自己受到的不利影响大于他们所厌恶的人时才会意识到问题的存在；了解产生偏见的原因对于改变那些不重视别人价值的工人来说也毫无意义；认识到国家的前车之鉴对于改变忽视这种经验、谴责抱怨受到歧视的人的邻居也毫无用处；认识到种族歧视、性别歧视、恐同性恋症和其他一些多数群体对少数群体的压迫对于改变那些被允许继续进行骚扰、歧视和压迫的人的行为也毫无意义。

对于多样性的积极态度应该表现出来。当积极行为表现出来时，积极的态度也就随之加强。遵守尊重他人的原则就是对尊重的一种加强。我们应该把这种经验运用在对人类差异的研究中。基因研究显示的科学真理告诉我们，无论住所在哪儿、有过什么样的行为，人类都有96%的相似性。

为什么我们要费时费力地研究那不超过4%的人类差异呢？因为就是那4%不断驱使我们去划分、分隔、激怒、隔离、冒犯并伤害他人。我们过于看重那4%，所以我们要给人分类、分级，贬低他人，还眼睁睁看着别人受苦、挨饿、甚至死去。

实践和重复十分重要，讨论和争论亦如此，提案和磋商也必不可少。如果你不能以积极乐观的态度对待多样性，不能把这种态度付诸实践，那么我们的文章写得就毫无意义。我们认为积极的态度不是不可能，而且我们相信它的重要性。如果有足够多的美国人相信它是对的，我们就可以一起进行这个崇高的事业，并以民主的姿态给所有人以自由和机会平等的许诺。

如果不对学习进行反思，没有机会给个人立场总结观点、价值观念和信仰，那么这个学习经验就不会完整。以下的练习可以让你对当今美国的人类差异进行总结。

复习和讨论

辨析题

促进当今美国人类差异讨论的两个练习。

辨析练习 1. 自测：你会怎么做？

说明：简要回答下面每一题，然后把你的答案分别与组里其他人交换，并与他们各交流 10 分钟，解释你的答案，听对方的解释并评论。在讨论之后总结组内成员答案相同与不同之处，并找出自己和其他组员的回答中你认为最有意思的。

1. 列出你认为最重要的三个人类差异；
2. 举出你亲眼所见的，认为种族主义是一些人群由于遗传基因特点本质上比另外一些人优越或低劣的信仰的例子，并给出如何避免这种情景的建议；
3. 举一个表现文化无知的情景，并解释如何改变这种情况；
4. 描述一个你遇到的民族中心主义的真实或是虚构的情景；
5. 列出三种你认为可以替代"残疾"或"残废"的说法；
6. 介绍一下你现有的文化交流能力；
7. 列出四个能在交流中更好识别文化和民族传统的建议；
8. 想出至少两种可以成为多样性积极倡导者的方法；
9. 举例说明美国文化（工作场所中或个人）因为人类差异而对女性、残疾人或其他少数群体的影响；
10. 说出在美国这个多元社会中你作为一个积极的多元主义者而解决的实际问题。

本练习选自埃弗琳·哈登（Evelyn Harden）《农村地区健康保健：文化能力训练册》(Rural Health Care: Cultural Competence Training Workbook)，国家农村健康协会，2002 年。

辨析练习 2. 个人评估：你的容忍度如何？

说明：我们可以通过一个人的态度来评估他的忍耐程度。诚实回答以下问题，你可以通过这个练习了解自己的忍耐力。回答下列选择题，完成题目后与后面的转换分数对照算出总分，并与练习最后的分数等级进行比对。如果时间允许，分析每一题，把你每题的答案与该题得分最少的答案进行比较。

1. 你大多数朋友
A. 和你很相像
B. 和你很不同
C. 有些地方跟你相像，有些地方则不同

2. 当有人做了你不赞成的事时，你
A. 与他绝交
B. 说出你的感受，并继续与他交往
C. 告诉自己没什么，表现得像平常一样

3. 你最看重哪个优点
A. 善良　　　　B. 客观　　　　C. 服从

4. 当涉及信仰问题时，你
A. 尽一切努力使其他人和你有同样感受
B. 积极表达观点，但并不太多争辩
C. 不表达观点

5. 你会雇佣曾经精神有问题的人吗？
A. 不会
B. 会，只要他完全康复了
C. 会，只要他适合这个工作

6. 你会主动阅读跟你意见相左的文章吗？
A. 从不　　　　B. 有时　　　　C. 经常

7. 你以什么态度对待老年人
A. 耐心　　　　B. 不耐烦
C. 有时耐心，有时不耐烦

8. 你认为"判断对错要具体情况具体分析，根据时间、地点和情况决定"对吗？
A. 十分同意　　　B. 在某种程度上同意
C. 很不同意

9. 你会和不同种族的人结婚吗？

A. 会　　　　　　B. 不会　　　　　　C. 可能不会

10. 如果你家中有人是同性恋，你会

A. 认为是个问题，并试图把他变成异性恋

B. 接受他的性取向，并像从前一样对待他

C. 回避或排斥他

11. 你以什么态度对待小孩

A. 耐心　　　　　B. 不耐烦

C. 有时耐心，有时不耐烦

12. 别人的习惯会使你厌烦吗？

A. 经常　　　　　B. 从不

C. 如果很过分，会

13. 如果你住在一个清洁程度、生活方式、饮食和其他习惯都和你家不一样的地方，你会

A. 很容易适应

B. 很快就会不适应并且很生气

C. 一段时间能适应，但长时间不行

14. 你最同意以下哪种言论？

A. 我们不应该评判别人，因为没人能真正理解别人的真正意图

B. 人要对自己的行为负责，并且接受事情的后果

C. 当判断对错时，动机和行为都很重要

圈出你每题获得的分数并算出总分

1. A=4；B=0；C=2
2. A=4；B=2；C=0
3. A=0；B=2；C=4
4. A=4；B=2；C=0
5. A=4；B=2；C=0
6. A=4；B=2；C=0
7. A=0；B=4；C=2
8. A=0；B=2；C=4
9. A=0；B=4；C=2
10. A=2；B=2；C=4
11. A=0；B=4；C=2

12. A=4；B=0；C=2
13. A=0；B=4；C=2
14. A=0；B=4；C=2

总分

0—14：如果你的分数为 14 及以下，说明你的忍耐力很强，能很从容地处理多样性问题；

15—28：你基本上是一个有忍耐力的人，别人也这么认为。总的来说，多样性不会给你带来很多问题。不过，你对某些问题很开明，但对其他问题就没有这种态度，譬如对待老人或男女性别角色的态度；

29—42：与大多数人相比，你的忍耐力不那么好。你需要加强对与自己不同的人的容忍程度。你较差的忍耐力会影响你的事业和人际关系；

42—56：你对多样性的容忍度很差，只会尊重那些与你有相同信仰的人。你的这种低容忍度会使你在这种多元文化环境中遇到很多困难。

改编自北肯塔基大学玛丽娅·海森尔曼（Maria Heiselman）、内奥米·米勒（Naomi Miller）和鲍勃·斯科勒曼（Bob Schlorman）的忍耐力分级量表和乔治·曼宁（George Manning）、肯特·柯蒂斯（Kent Curtis）和史蒂夫·麦克米伦（Steve McMillen）的《社区建设：工作的人性一面》（In Building Community: The Human Side of Work）第 272—277 页，辛辛那提汤姆森执行出版社，1966 年。

小组活动

小组活动 1. 讨论：你能做什么来改变世界？

说明：站起来给你右边的人读以下评论，并听你左边的人读评论。之后，用 3—5 分钟讨论"你认为人一生中最重要的目标是什么？"讨论后进入第二部分。

改变世界

年轻的时候，我想改变世界。后来我发现这太困难了，所以我试图改变我的国家。但当我发现无法改变我的国家时，我开始把注意力放到我所居住的城镇。可惜我也无法改变它，所以作为家中的长者，我试图改变我的家庭。直到现在我老了，我才发现我唯一能改变的就是我自己。突然我觉得，要是很久以前我就改变了自己，我的家庭也会受到我的影响。这样我和我的家庭也可以影响到我们的城镇，进而影响到我们的国家。实际上，我本来可以改变世界的。

你可以做什么来改变世界？

说明：整个小组起立，轮流朗读四遍以下各项。在此过程中在你会做出的行为前面画钩。想出一个其他行为，并与邻座的同学讨论。每个人都在白板或纸上写出一些其他行为。向全班朗读你写的，并提出其他建议。之后与另外两个同学坐下讨论，大家互换自己勾出的条目，并听你的同学会采取什么行为。从所有的后加条目中选出5条你会做出的举动，告诉你的组员你的选择和你打算何时采取行动。你的老师可能会下发索引卡片记录你的想法。

1. 倾听别人的故事，试图理解他们的想法；
2. 不拿别人的民族、性别、性取向、健康状况和宗教当做笑料；
3. 在别人取笑他人的时候走开而不是倾听，认为嘲笑和保持沉默就是接受；
4. 看到别人被歧视时大声指出来；
5. 会和与你不同的人相处；
6. 会阅读与你意见不同的人写的书；
7. 和人谈论有关歧视的话题；尽可能与各种人做朋友；
8. 发现制度化的压迫已经在社会中蔓延，并且在你读书看报听新闻时影响你的看法；
9. 认识到你作为某一群体（性别、民族、性取向、阶级、宗教或残疾）的成员所享受的优待；
10. 给编辑写信指出你所在社区存在的歧视；
11. 支持反对歧视的团体；
12. 不支持存在歧视的企业和组织；
13. 认识到偏见和歧视以很多种形式存在，接受了其中一种就是接受所有；
14. 认识到自己持有的偏见；
15. 确保你的孩子和社区里其他孩子接受的教育肯定了所有人为社会作出的贡献；
16. 给你所在地国会议员写信或邮件倡导立法中不应存在歧视；
17. 注意使用不带有歧视的语言；
18. 不使用那些表现偏见情绪的种族歧视或性别歧视等语言；

19. 问问题，而不是对人做出臆断；

20. 在反抗歧视取得重大成就后依旧进一步采取措施。不是每个人都得到了公平和平等的待遇；

21. 采取宽容态度；

22. 当别人冒犯你的时候说出你的感受，如果你不说那就是你的问题了；

23. 诚实对待自己所说、所做和所想。

小组活动 2. 建立备忘录：宗教、种族、性别、友谊和邻里

说明：由于以下情景需要，你的团队要办一个社区的追悼会。在实行计划之前，为了保证你能获得足够的信息，先准备 4—6 个与你要完成的任务所需要了解的信息相关的问题。在执行任务之前向班中其他人询问这些问题。

情景：你的四位邻里好友在一场车祸中丧生。你要为他们举办一个与他们信仰相符的追悼仪式。有趣的是，他们种族与宗教信仰各不相同：一个亚裔穆斯林男子，一个非洲裔女基督教徒，一个拉美裔无神论者和一个少时就患有残疾的白人女犹太教徒。

1. 对小组成员提出你的问题，并帮其他组员解决他们计划中的问题；

2. 讨论如何为你的朋友举行一场得体的仪式以及你对将要参与仪式的人的建议；

3. 向其他同学解释你指定计划的根据，把你对参与人的建议具体化；

4. 说明你将如何处理各个细节：如何布置仪式，仪式的地点，哪些对神灵和道德的诉求合理或不合理，怎样和谐处理你四位朋友不同的宗教信仰，这项内容难或不难的理由，怎样才能使这个仪式办得得体。

社区活动

实地考察

下一步要做什么？在你学完有关人类差异的课程后，列出如果不进行探索就会出现的新问题。你想在以后的课程、个人或专业提高中对哪五个领域进行研究探索？把你的问题和研究领域告诉老师，并和至少 3 个学术上的导师或顾问进行探讨。

参与性学习

这学期要做什么？以哥哥、姐姐的方式照顾有需要的孩子？还是在妇女收容所做志愿工作？说说上学期有哪些你愿意在课程结束和毕业后继续做的事。列表要简洁，可以进行排序。说明你会怎么向老师和其他人保证你会实现自己的承诺。

译 者 后 记

《理解人类差异》一书揭示了美国社会深层文化多样性状况，包括美国文化种族主义、阶层、性别及残障偏见及本土主义等问题。此外，我们可以更深层次地看到错误的认识及种族中心主义交织在一起所产生的歧视问题，并会了解不同社会群体的成员身份是如何影响人的认同感及其在社会中的机遇。作者讨论了多元文化可以使民主社会成员受益的合理性以及教育在其中所发挥的作用。

本书是中央民族大学滕星教授在美国讲学时所使用的一本教材，该书较为详细地阐述了美国多元文化现象。此书由滕星教授的教育人类学专业英语课的博士生翻译。其中朱姝担任统稿、校译及译者前言、第8、11章的翻译，其他翻译人员如下：赵北扬（前言）、马效义（第1、2章）、李缅（第3章）、萨韦玲（第4章）、彭亚华（第5章）、王金星（第6章）、胡迪亚（第7章）、顾玉军（第9章）、王永强（第10、12章）、张天军（第13章）、冯汝林（第14章）。杨琦雪、姚霖、陆继锋承担了部分校译工作。

我们相信，这本译著可以使读者更深层地了解美国的多元文化状况，也可以在一定程度上满足某些文化研究者的要求。译本难免有误译及不够周全和细致之处，敬请读者指正。

本书由中央民族大学"985工程"资助出版。